Sylë Ukshini

Die Kosovo-Frage als Herausforderung der Gemeinsamen Außen- und Sicherheitspolitik (GASP) der EU

EUROPÄISIERUNG

Beiträge zur transnationalen
und transkulturellen Europadebatte

herausgegeben von

Prof. Dr. Ulrike Liebert
Prof. Dr. Josef Falke
Prof. Dr. Wolfgang Stephan Kissel

(Universität Bremen)

Band 12

LIT

Sylë Ukshini

Die Kosovo-Frage als Herausforderung der Gemeinsamen Außen- und Sicherheitspolitik (GASP) der EU

Vom Zerfall Jugoslawiens bis zur Unabhängigkeitserklärung des Kosovo

LIT

Umschlagbild: Mit freundlicher Genehmigung von Agan Kosumi

Sylë Ukshini ist Völkerechtler und Historiker. Er hat sein Doktoratsstudium an der Universität Bremen abgeschlossen und promovierte dort zum Thema EU-Außen- und Sicherheitspolitik gegenüber dem Kosovo. Er hat auch Geschichte an der Universität von Prishtina, Graz, Wien und an der Freien Universität Berlin studiert. Derzeit ist er Botschafter des Kosovo in Albanien. Seine Forschungsschwerpunkte liegen in Fragen der europäischen Diplomatie, der Internationalen Beziehungen und der Zeitgeschichte.

Gedruckt auf alterungsbeständigem Werkdruckpapier entsprechend
ANSI Z3948   DIN ISO 9706

Bibliografische Information der Deutschen Nationalbibliothek
Die Deutsche Nationalbibliothek verzeichnet diese Publikation in der Deutschen Nationalbibliografie; detaillierte bibliografische Daten sind im Internet über http://dnb.dnb.de abrufbar.

ISBN 978-3-643-91144-5 (br.)
ISBN 978-3-643-96144-0 (PDF)
Zugl.: Bremen, Univ., Diss., 2017

© LIT VERLAG GmbH & Co. KG Wien,
Zweigniederlassung Zürich 2020
Flössergasse 10
CH-8001 Zürich
Tel. +41 (0) 76-632 84 35   E-Mail:
zuerich@lit-verlag.ch   http://www.lit-verlag.ch

Auslieferung:
Deutschland: LIT Verlag, Fresnostr. 2, D-48159 Münster
Tel. +49 (0) 2 51-620 32 22, E-Mail: vertrieb@lit-verlag.de
E-Books sind erhältlich unter www.litwebshop.de

Danksagung

Die vorliegende Arbeit ist eine geringfügig überarbeitete Fassung meiner Dissertation, die ich im Jahr 2017 am Zentrum für Europäische Rechtspolitik der Universität Bremen abgeschlossen habe. Diese Arbeit berücksichtigte die Entwicklung bis zu Ende des Jahres 2008. Die vorliegende Studie enthält jetzt einige Ergänzungen, die sich auf einige neue Entwicklungen im Zusammenhang mit Kosovo beziehen, wie die Stellungnahme des Internationalen Gerichtshofs (IGH) zur Rechtmäßigkeit der Unabhängigkeitserklärung des Kosovo (Juli 2010) und die Unterzeichnung des Stabilisierungs- und Assoziierungsabkommens (SAA) zwischen der Europäischen Union und dem Kosovo (Oktober 2015).

Zu einem besonderen Dank bin ich dem Betreuer der vorliegenden Arbeit, Professor Dr. Josef Falke, verpflichtet. Er hat die ersten Anregungen zu dieser Arbeit gegeben und deren Entstehung in vielfältiger Weise gefördert. Insbesondere weckte er mein Interesse an der Sache, hielt es aufrecht und stand mir in jeder Phase meines Dissertationsprojektes mit Rat und Tat zur Seite. Er hat den langjährigen Fertigstellungsprozess mit Geduld begleitet. Ich werde die ersten Gespräche mit Prof. Dr. Josef Falke und Prof. Dr. Hagen Lichtenberg über mein Promotionsvorhaben nie vergessen. Bedanken möchte ich mich für die zahlreichen interessanten Debatten und Ideen sowie für die Möglichkeit zur Realisierung dieser Arbeit mit den genannten Ansprüchen.

Für alle Bemerkungen und kritischen Einwände bedanke ich mich insbesondere bei meinen beiden Betreuern Prof. Dr. Claudio Franzius und Prof. Dr. Hagen Lichtenberg. Mit ihren konstruktiven Kritikpunkten zum Thema haben sie mir geholfen, der Arbeit schließlich die finale Form zu geben. Ich möchte an dieser Stelle dem Deutschen Akademischen Austauschdienst (DAAD) danken, der meine Promotion durch die finanzielle Unterstützung zahlreicher Forschungsaufenthalte an der Universität Bremen und an der Freien Universität Berlin gefördert hat. Ein besonderer Dank gilt meinen Lehrern Prof. Dr. Holm Sundhaussen (†), Prof. Dr. Oliver Schmitt und Prof. Dr. Konrad Clewing für ihre wissenschaftliche Beratung. Herzlich danken möchte ich meinen langjährigen Kollegen Dr. Robert Muharremi, Dr. Blerim Reka, Dr. Hamdi Reçiqa und Prof. Dr. Haxhi Gashi für zahllose interessante Diskussionen, aus denen ich wichtige Impulse für diese Arbeit bekommen habe. Ein weiterer ausdrücklicher Dank gebührt Dr. Michael Schmidt-Neke für die Hilfe bei der Korrektur der vorliegenden Arbeit, zudem Mag. Selver Islamaj für die mühevolle Hilfe, sowie Dipl.-Pol. Stephan Lipsius für das ständige Engagement bei der Beschaffung neuer Literatur und Aufsätze, die mit meiner Dissertation zu tun haben.

Ganz besonderer Dank gilt meinen Eltern, die mich während all dieser Jahre bedingungslos durch ihre Geduld und ihr Verständnis unterstützt haben. Von ganzem Herzen danke ich schließlich meiner Ehefrau Ajete, die mir stets geholfen und mich motiviert hat. Insbesondere danke ich meinen geliebten Söhnen Drilon und Valdrin sowie meiner Tochter Morea, die viele Jahre dazu gezwungen waren, ohne meine Anwesenheit zu leben. Darüber hinaus bedanke ich mich bei allen nicht namentlich genannten Personen, die mir fachlich und persönlich geholfen haben.

Ich widme diese Arbeit meiner Tochter Morea.

Bremen, im September 2017   Sylë Ukshini

Inhaltsverzeichnis

Danksagung 2
Abkürzungsverzeichnis 6
Vorwort 9

1. Einführung 12
    1.1. Problemstellung 12
    1.2. Eingrenzung des Themas 20
    1.3. Zur wissenschaftliche Methodik der Arbeit 22
    1.4. Stand der Forschung 22
    1.5. Zum Aufbau der Arbeit 23
    1.6. Quellen und Literatur 28

2. Die Entwicklung der Europäischen Außen- und Sicherheitspolitik bis zur Jugoslawien-Krise 30
    2.1. Die Vorläufer der Gemeinsamen Außen- und Sicherheitspolitik 30
    2.2. Die Europäischen Politische Zusammenarbeit (EPZ) 33
    2.3. GASP: Außenpolitik für ein geeintes Europa 39
    2.4. Rechtliche Hemmnisse für eine effektive Ausübung der GASP 43
    2.5. Weiterentwicklung der GASP 45
    2.6. Entstehung und Entwicklung der ESVP / GSVP 49
        2.6.1. Verteidigungspolitik als Prozess 49
        2.6.2. Zusammenarbeit zwischen EU und NATO 51
        2.6.3. Inhalte der Zusammenarbeit zwischen der EU und den Vereinten Nationen .. 55
    2.7. Zwischenresümee 57

3. Die Rolle der EPZ / GASP im Kontext des Jugoslawien-Zerfallsprozesses und die Entstehung des Kosovo-Problems 59
    3.1. Die Desintegration Jugoslawiens und die Reaktion der EG 59
    3.2. Die Reaktion der EG auf den Kriegsausbruch in Slowenien und Kroatien 62
    3.3. Die Entstehung des Kosovo-Problems 66
        3.3.1. Das Kosovo nach der Annexion durch Serbien 67
        3.3.2. Das Kosovo als Teil der Föderativen Republik Jugoslawien 70
        3.3.3. Die jugoslawische Kosovo-Politik (1974-1989) 72
        3.3.4. Die Abschaffung der Autonomie des Kosovo 73
        3.3.5. Die internationale Dimension der Kosovo-Frage 76
    3.4. Die internationalen Friedenskonferenzen für Jugoslawien 77
        3.4.1. Haager Konferenz 77
        3.4.2. Londoner Konferenz 80
        3.4.3. Sondergruppe für das Kosovo 82
    3.5. Zwischenresümee 84

4. Die EU und die Anerkennung neuer Staaten auf dem Territorium des ehemaligen Jugslawiens 87
    4.1. Die Anerkennung von Slowenien, Kroatien sowie Bosnien-Herzegowina 87
    4.2. Richtlinien für die Anerkennung neuer Staaten (1991) 98
    4.3. Der Einfluss der Badinter-Kommission 101
    4.4. Die Anerkennung Restjugoslawiens und des Kosovo im Schatten von Dayton 105
    4.5. Differenzen zwischen der EU und den USA in der Kosovo-Frage 108

4.6. Zwischenresümee 112
5. Das Kosovo und die Außen- und Sicherheitspolitik der EU in der zweiten Hälfte der 1990er Jahre 114
    5.1. EU-Politik nach Dayton und ihre Folgen 114
    5.2. Die Rückkehr der Balkan-Kontaktgruppe als Akteur der Vermittlungsdiplomatie .. 119
    5.3. Die Friedensbemühungen der EU: die „Kinkel-Védrine-Initiative" 122
    5.4. Ausbruch des Krieges im Kosovo und die randständige Rolle der EU 125
        5.4.1. Der EU-Sondergesandte für das Kosovo – Wolfgang Petritsch 133
        5.4.2. Das Ende der „shuttle diplomacy" und das Verhalten der EU im Kosovo-Konflikt 134
    5.5. Das Holbrooke-Milošević-Abkommen und die Kosovo Verification Mission (KVM) 136
    5.6. Zwischenresümee 138
6. Die diplomatischen Vermittlungsversuche der EU in der Kosovo-Krise 140
    6.1. Die Rolle der EU bei der Kosovo-Friedenskonferenz von Rambouillet und Paris ... 140
    6.2. Die Fortsetzung der Konferenz in Paris 147
    6.3. Die Rolle der EU während der NATO-Intervention 150
    6.4. Der Fischer-Plan als Erfolg der EU 154
    6.5. Ahtisaari als EU-Vermittler (1999) 157
    6.6. Der Kosovo-Krieg und der qualitative Einfluss der GASP 160
7. Elemente der neuen Europäischen Sicherheits- und Verteidigungspolitik (ESVP) 163
    7.1. Einigung auf die Petersberger Erklärung 163
    7.2. „Startschuss" in Saint-Malo 167
    7.3. Vom EU-Gipfel von Köln 1999 bis zum EU-Gipfel von Nizza 2000 168
    7.4. Der Europäische Rat von Laeken 174
    7.5. Weiterentwicklung der Gemeinsamen Verteidigungspolitik 176
    7.6. EU-Sicherheitsstrategie (ESS) 178
    7.7. Verteidigungspolitik im Vorschlag eines Vertrages über eine Verfassung für Europa 180
    7.8. Änderungen im Bereich der ESVP nach dem Reformvertrag von Lissabon 182
    7.9. Zwischenresümee 184
8. Die Rolle der Europäischen Union im Kosovo der Nachkriegszeit 187
    8.1. Der Stabilitätspakt für Südosteuropa 187
    8.2. Die Stabilisierungs- und Assoziierungsabkommen 191
    8.3. „SAP-Tracking-Mechanismus" für das Kosovo 192
    8.4. Stabilisierungs und Assoziierungsabkommen zwischen der EU und dem Kosovo .. 195
    8.5. Abstimmung mit anderen internationalen Akteuren: UNMIK und Kontaktgruppe .. 198
        8.5.1. Internationale Verwaltung 198
        8.5.2. Standards vor dem Status 201
        8.5.3. Standards für das Kosovo 202
    8.6. Der Beginn der Verhandlungen über den Status des Kosovo und die Rolle der EU 205
    8.7. Vorschlag von Ahtisaari und Ablehnung seitens der UNO 207
    8.8. Neue Verhandlungen unter Führung der Troika 211
    8.9. Zwischenresümee 212

9. Unabhängigkeit des Kosovo 214
   9.1. Proklamation der Unabhängigkeit des Kosovo und die Reaktion der EU 214
   9.2. Die Unabhängigkeit des Kosovo und das Völkerrecht 219
   9.3. Befassung des IGH mit der Unabhängigkeitserklärung des Kosovo 222
   9.4. Im Verfahren vor dem IGH vertretene Rechtspositionen 224
   9.5. Das Gutachten des IGH zur Rechtmäßigkeit der Unabhängigkeitserklärung
       des Kosovo und seine Folgen 232
   9.6. Rechtliche und politische Hindernisse der Errichtung der EU-Mission EULEX 236
   9.7. „Rekonfiguration" der UNMIK zur EULEX gemäß den Resolutionen der UN 240
   9.8. Die europäische Zukunft des Kosovo nach der Klärung der Statusfrage 246
   9.9. Zwischenresümee 249

10. Schlusskapitel 251
   10.1. Zerfall Jugoslawiens als Herausforderung für die EG/EU 251
   10.2. Die Anerkennung der jugoslawischen Republiken durch die EG bzw. die EU 252
   10.3. Die Außenpolitik der EU und das Kosovo 252
   10.4. Die Rolle der EU nach der Unabhängigkeit des Kosovo 259
   10.5. Die gewonnenen Erkenntnisse 262

Dokumenten- und Literaturverzeichnis 266
Dokumente und Materialien 266
Monographien, Aufsätze und Artikel 273
Artikel in Zeitungen und im Internet 296

Abkürzungsverzeichnis

ABl.	Amtsblatt der EG / der EU
ACTORD	Activation Order
APuZ	Aus Politik und Zeitgeschichte (Beilage zu „Das Parlament")
Aufl.	Auflage
BDKJ	Bund der Kommunisten Jugoslawiens
BRJ	Bundesrepublik Jugoslawien (Serbien und Montenegro)
BSAM	Begleitender Stabilisierungs- und Assoziierungsmechanismus
Bull.	Bulletin
BVerf	Verfassung der Sozialistischen Föderativen Republik Jugoslawien
DPKO	Department of Peacekeeping Operations
DW	Deutsche Welle
EA	Europa-Archiv (Zeitschrift)
EAD	Europäischer Auswärtiger Dienst
EAG	Europäische Atomgemeinschaft
EBRD	European Bank for Reconstruction and Development
EBWE	Europäische Bank für Wiederaufbau und Entwicklung
ECMI	European Centre for Minority Issues
ECMM	European Community Monitoring Mission
EDA	European Defence Agency (Europäische Verteidigungsagentur)
EEA	Einheitliche Europäische Akte
EG	Europäische Gemeinschaft
EGKS	Europäische Gemeinschaft für Kohle und Stahl
EGV	Vertrag zur Gründung der Europäischen Gemeinschaft
EJIL	European Journal of International Law
endg.	endgültig
ENP	Europäische Nachbarschaftspolitik
EP	Europäisches Parlament
EPG	Europäische Politische Gemeinschaft
EPZ	Europäische Politische Zusammenarbeit
ERRF	Schnelle Eingreiftruppe der EU
ESS	Europäische Sicherheitsstrategie
ESVP	Europäische Sicherheits- und Verteidigungspolitik
EU	Europäische Union
EUBG	EU-Battlegroup
EUFOR	European Union Force
EULEX Kosovo	Rechtsstaatlichkeitsmission der Europäischen Union im Kosovo
EUMC	European Union Military Committee
EUMK	EU-Militärkomitee
EUMM	European Union Monitoring Mission
EUMS	EU-Militärstab
EUOHQ	EU-Operation Headquarter
EUPT	European Union Planning Team for Kosovo
EUPT Kosovo	EU-Planungsteam für eine EU-Rechtsstaatlichkeitsmission im Kosovo
EURATOM	Europäische Atomgemeinschaft
EUSR EU	Special Representative (Sonderbeauftragter der Europäischen Union)

EUV	Vertrag über die Europäische Union
EVA	Europäische Verteidigungsagentur
EVG	Europäische Verteidigungsgemeinschaft
EWG	Europäische Wirtschaftsgemeinschaft
FAZ	Frankfurter Allgemeine Zeitung
FVRJ	Föderative Volksrepublik Jugoslawien
GASP	Gemeinsame Außen- und Sicherheitspolitik
GESVP	Gemeinsame Europäische Sicherheits- und Verteidigungspolitik
GSVP	Gemeinsame Sicherheits- und Verteidigungspolitik
HHG	Helsinki Headline Goal
HR	Hoher Repräsentant
ICO	International Civilian Office
ICR	International Civilian Representative
IGH	Internationaler Gerichtshof
IP	Internationale Politik (Zeitschrift)
IPA	Instrument for Pre-Accession Assistance
ISG	Internationale Steuerungsgruppe
ISS	Institut für Strategische Studien / Institute for Security Studies in Paris
JCMSt	Journal of Common Market Studies
JöR	Jahrbuch des öffentlichen Rechts der Gegenwart
JVA	Jugoslawische Volksarmee
KDOM	Kosovo Diplomatic Observer Mission (Diplomatische Beobachtermission für das Kosovo)
KFOR	Kosovo Force
KG	Kontaktgruppe
KLA	Kosovo Liberation Army
KPC	Kosovo Protection Corps (Kosovo-Schutzkorps)
KPS	Kosovo Police Service (Polizei des Kosovo)
KSZE	Konferenz für Sicherheit und Zusammenarbeit in Europa
KTC	Kosovo Transitional Council
KVM	Kosovo Verification Mission
LDK	Demokratische Liga des Kosovo
MTA	Military Technical Agreement
MUP	Serbische Spezialpolizei
NATO	North Atlantic Treaty Organisation (Organisation des Nordatlantikvertrags)
NATO MC	NATO Military Committee
NSS	National Security Strategy
NZZ	Neue Züricher Zeitung
OSZE	Organisation für Sicherheit und Zusammenarbeit in Europa
PE	Petersberger Erklärung
PfP	Partnership for Peace
PHARE	Poland and Hungary: Action for the Restructring of the Economy
PSK	Politisches und Sicherheitspolitisches Komitee
RRF	Rapid Reaction Force
SAA	Stabilisierungs- und Assoziierungsabkommen
SACEUR	NATO-Oberbefehlshaber in Europa
SAP	Stabilisierungs- und Assoziierungsprozess

SEECP	Südosteuropäischer Kooperationsprozess
SFOR	Internationale Friedenstruppe für Bosnien und Herzegowina
SFRJ	Sozialistische Föderative Republik Jugoslawien
SHAPE	Supreme Headquarters Allied Powers Europe
SOE	Südosteuropa (Zeitschrift)
SRSG	Special Representative of the Secretary General
SSZ	Ständige Strukturelle Zusammenarbeit
SWP	Stiftung Wissenschaft und Politik, Berlin
SZ	Süddeutsche Zeitung
Taz	Die Tageszeitung
TMK	Schutzkorps des Kosovo
UÇK	Ushtria Çlirimtare e Kosovës (Befreiungsarmee des Kosovo)
UÇPMB	Befreiungsarmee von Presheva, Medvedja und Bujanovac
UNHCR	UN-Hochkommissar für Flüchtlinge
UNMIK	Übergangsverwaltungsmission der Vereinten Nationen (VN) im Kosovo
UNO	United Nation Organization
UNOSEK	United Nations Office of the Special Envoy of the Secretary General for the Future Status Process for Kosovo
UNPROFOR	United Nations Protection Force
VN	Vereinte Nationen
VVE	Vertrag über eine Verfassung für Europa
WEU	Westeuropäische Union
ZaöRV	Zeitschrift für ausländisches öffentliches Recht und Völkerrecht
ZBJI	Zusammenarbeit in den Bereichen Justiz und Inneres
ZEI	Zentrum für Europäische Integrationsforschung
ZKMK	Ziviles Krisenmanagementkomitee

Vorwort

Für viele Beobachter der Entwicklungen auf dem Balkan begann die Krise im ehemaligen Jugoslawien bereits in den 1980er Jahren im Kosovo, als die albanische Bevölkerung ihre Forderung nach dem gleichen Status für die Provinz, wie ihn die Republiken der Jugoslawischen Föderation besaßen, artikulierte. Im Kontext des Zerfalls Jugoslawiens und der Kriege in Slowenien, Kroatien und Bosnien-Herzegowina wurden die Kosovo-Frage und die serbische Repression gegen die albanische Bevölkerung von der internationalen Gemeinschaft und der „Gemeinsam Außen- und Sicherheitspolitik" der Europäischen Union weitgehend ignoriert. Gleichwohl entstanden seit den politischen Umwälzungen in Osteuropa bzw. seit dem Ende des Kalten Kriegs und des Falls der Berliner Mauer auch neue Voraussetzungen für die Kosovo-Frage. Die Kosovaren erlebten den Fall der Berliner Mauer im November 1989 tatsächlich so, wie es der deutsche Dichter Johann Wolfgang Goethe aus Anlass der Kanonade von Valmy ausgedrückt hatte (1792): *„Von hier und heute geht eine neue Epoche der Weltgeschichte aus, und ihr könnt sagen, ihr seid dabei gewesen."*[1] Von jenem Moment an gelangte die Kosovo-Frage nach und nach auf die Agenda der „Gemeinsamen Außen- und Sicherheitspolitik" der Europäischen Gemeinschaft, die an die Stelle der „Europäischen Politischen Zusammenarbeit" (EPZ) trat. So markiert der Beginn der Kosovo-Krise auch den Prozess der Herausbildung und Entwicklung der „Gemeinsamen Außen- und Sicherheitspolitik" der Europäischen Gemeinschaft. Auf diese Weise wurde die Kosovo-Krise zudem zu einem Katalysator der Entwicklung und Profilierung der „Gemeinsamen Außen- und Sicherheitspolitik" der EU, die nicht als statische Komponente, sondern als dynamischer Prozess angesehen werden muss.

Meine Arbeit *„Die Kosovo-Frage als Herausforderung der Gemeinsamen Außen- und Sicherheitspolitik (GASP) der EU seit dem Zerfall Jugoslawiens bis zur Unabhängigkeitserklärung des Kosovo"* hat zum Ziel, den Einfluss, die Haltung und die Art und Weise der Annäherung der Europäischen Gemeinschaft bzw. der Europäischen Union an die Kosovo-Frage vor und nach dem Krieg sowie bis zu dem Moment, da das Kosovo eine unabhängige staatliche Entität wurde, darzustellen und zu analysieren. Für viele Theoretiker der internationalen Beziehungen ist die Außenpolitik ein herausforderndes Thema. Die EU ändert ständig ihr politisches Machtgefüge durch die Aufnahme neuer Mitgliedstaaten und die Integration neuer Politikfelder. Die ständige Veränderung der Zusammensetzung der Mitgliedstaaten und der institutionelle Aufbau erschweren auch die klare Identifikation der Anreizstrukturen und die Kommunikationskanäle, die das langfristige Verhalten der EU bestimmen. Die Beitritte immer heterogenerer Staaten verursachten oftmals nationale Präferenzen, häufig bereiteten sie darüber hinaus auch Schwierigkeiten für die Handlungsfähigkeit der Außenpolitik der EU.

In dieser Studie habe ich die Herausforderungen der Entwicklung und Handlungsfähigkeit der „Gemeinsamen Außen- und Sicherheitspolitik" der EU angesichts der Kosovo-Frage vom Beginn des Zerfalls Jugoslawiens an bis zur Unabhängigkeit des Kosovo analysiert. Meine These ist, dass deutlich sichtbar wird, dass das Profil der Außenpolitik der EU fragmentarisch ist. Die EU reagierte vor allem in der Form der Nationalstaaten, dann als Rat, des Sonderbeauftragten der EU und des Sondergesandten der EU. Die gemeinsamen Organe, die Kommission und das Europäische Parlament, blieben hingegen passiv. Diese Situation änderte sich nach dem Ende des Krieges, als insbesondere die Kommission eine aktive Politik im Rahmen der Zielsetzung der Integration der Staaten des Westbalkan einleitete.

---

[1] Prange, Klaus: Schlüsselwerke der Pädagogik, Band 1: Von Plato bis Hegel, Stuttgart 2008, S. 172.

Zur Behandlung des Themas ist ein interdisziplinärer Zugang notwendig, der zahlreiche wissenschaftliche Disziplinen, neben dem Europa- und Völkerrecht auch die politischen und historischen Wissenschaften, einbezieht.

Der Fall Kosovo zeigt sehr deutlich, dass die Außenpolitik der EU durch eine Art Dualismus gekennzeichnet ist, der Ergebnis der supranationalen Komponente der Europäischen Gemeinschaft und der zwischenstaatlichen der EU ist. Diese doppelte Dimensionalität ist auch weiterhin in der EU vorhanden, wenn von der Anerkennung des Kosovo die Rede ist, die das letzte Kapitel des Zerfallsprozesses Jugoslawiens markiert. Das Fehlen einer gemeinsamen europäischen Position im Kosovo, weil fünf Mitgliedstaaten die Unabhängigkeit des Kosovo nicht anerkennen, schwächt die Rolle der EU in der Region und die „Gemeinsame Außen- und Sicherheitspolitik" der Europäischen Gemeinschaft in anderen Teilen der Welt. Tatsächlich hat es die EU auch nach zwei Jahrzehnten des Engagements im Kosovo nicht vermocht, sich auf eine gemeinsame Haltung zum Kosovo sowie tendenziell auch zu den anderen Ländern des Westbalkan zu verständigen. Nach wie vor besteht ein grundlegender Mangel an europäischer Einheit und einer allgemeinen strategischen Vision für die Region, bestehen die Probleme mit der Nichtanerkennung des Kosovo durch fünf Mitgliedstaaten und die nicht einheitliche Haltung zu einer Lösung für den nördlichen Teil des Kosovo. Vor Jahren hat der amerikanischen Politologe Robert Kagan in seinem Buch „*Macht und Ohnmacht – Amerika und Europa in der neuen Weltordnung*"[2] geschrieben, dass der Kosovo-Krieg eine „europäische Niederlage" und die „politische Uneinigkeit Europas" markiert. Daher ist das Auftreten der EU mit „einer Stimme" im Falle des Kosovo eine der wichtigsten Herausforderungen in den kommenden Jahren, dazu gehört auch die Frage der Anerkennung dieses europäischen Staates durch sämtliche EU-Mitgliedstaaten.

Dieser Aufgabe war sich auch die Hohe Vertreterin der EU für die Außenpolitik, Catherine Ashton, vom Beginn ihrer Tätigkeit an auf diesem Posten im Jahr 2010 bewusst. Bei einer Rede vor dem Europäischen Parlament sagte sie: „*In gewisser Hinsicht ist der Balkan der Geburtsort der EU-Außenpolitik. Gerade hier können wir uns kein Scheitern erlauben.*"[3] Tatsächlich bleibt die Europäisierung des Balkan eine der größten Herausforderungen der politischen Agenda der Außenpolitik der EU und ein Testfall für die Überwindung der traditionellen Bindungen, die die europäischen Länder zu den Balkanländern haben. Es müssen die Zweifel beseitigt werden, dass die Mitgliedstaaten der EU ihre nationalen Interessen nur eingeschränkt überwinden können. Der Fall Kosovo ist ein gutes Beispiel dafür, eine gemeinsame Haltung zu demonstrieren und eine solidarische und authentische Haltung in der Außenpolitik zu entwickeln. Ebenso bleibt der Fokus des Engagements der EU im Kosovo zweifelsfrei auf die europäische Assoziierung und Integration gerichtet, die seit dem EU-Gipfel von Saloniki klare Konturen gewonnen hat. Natürlich werden zur Unterstützung des Staatsaufbaus und des Peace-Building-Prozesses im Kosovo politische und ökonomische wie auch militärische Instrumente auf Seiten der EU benötigt, die Vorbedingung auch für die regionale Stabilität auf dem Westbalkan sind.

Warum habe ich diesen Zeitraum als Thema gewählt? Die Idee und Motivation dafür sind Ergebnis meiner theoretischen Kenntnisse und meines Engagements in den politischen Prozessen im Nachkriegs-Kosovo. In der Position des Direktors für Öffentliche Information im Büro des Ministerpräsidenten des Kosovo habe ich die Möglichkeit besessen, unmittelbarer Zeuge bei Gesprächen zwischen zahlreichen EU-Diplomaten und Vertretern des Kosovo während des Verhandlungsprozesses über die Definition des Status des Kosovo (2005-2007) zu sein. Während

---
[2] Kagan, Robert: Macht und Ohnmacht. Amerika und Europa in der neuen Weltordnung, Berlin 2003.
[3] Verhandlungen des Europäischen Parlaments, 10.03.2010, S. 9,
http://www.europarl.europa.eu/RegData/seance_pleniere/compte_rendu/traduit/2010/03-10/P7_CRE%282010%2903-10_DE.pdf.

dieses Prozesses habe ich konstatiert, dass die Rolle der EU und ihrer Protagonisten nicht immer beständig war. Darüber hinaus unterschied sich der Staatsbildungsprozess von dem der anderen Republiken Ex-Jugoslawiens, die ab 1991/1992 das Recht auf Selbstbestimmung gewannen. So wurde denn auch die Lösung der Kosovo-Frage, auch wenn sie stets als ein europäisches Problem betrachtet worden ist, durch eine multilaterale Position aufgrund des Engagements der UNO, der Kontakt-Gruppe, der EU, der OSZE und der NATO gefunden.

Die Lösung des politischen Status des Kosovo hat die Chance zu seiner Integration in Europa eröffnet. In den politischen und kulturellen Debatten in der kosovarischen Gesellschaft erscheint Europa als ein magisches Wort mit einer Strahlkraft, deren Quelle tief in der historischen Vergangenheit zu suchen ist. Das Kosovo und allgemein die Albaner sind für einen fünfhundertjährigen Zeitraum von Europa getrennt worden, als sie sich unter osmanischer Besatzung befanden, und später erlebten die Albaner im Kosovo beinahe einhundert Jahre lang die erbarmungslose serbische Besatzung. Der Versuch, nach Europa zurückzukehren, war nicht so leicht, wie man es zu Beginn der 1990er Jahre gedacht hatte. Gleichzeitig trägt auch die EU Verantwortung dafür, das Kosovo und die Region bei der Überwindung der Kriegsfolgen der neunziger Jahre des zwanzigsten Jahrhunderts zu unterstützen und diese in die Europäische Union zu integrieren. Oftmals aber hat es den Anschein, als sei die EU des Balkan und des Kosovo überdrüssig. Sie betrachtet die Beziehungen zwischen dem Kosovo und Serbien als letzte ungelöste Frage in der Region und fordert die „Normalisierung" der Beziehungen zwischen den beiden Balkanstaaten nicht weniger als die gegenseitige Anerkennung. Berücksichtigt man die Dynamik in der Region, würde diese Normalisierung der Beziehungen zwischen dem Kosovo und Serbien zu einer größeren Stabilität und zu einer schnelleren europäischen Integration der Länder des Westbalkan führen.

Mit dieser Arbeit hoffe ich, einen Beitrag zum expliziten Verständnis der Position und zum Entwicklungsprozess der EU-Außenpolitik im Verhältnis zum Kosovo in einem zeitlichen Rahmen von nahezu zwei Dekaden geben zu können. So werden hier auch die Folgen dargestellt und analysiert, die die Kosovo-Frage für die Dynamik und Entwicklung der „Gemeinsamen Außen- und Sicherheitspolitik" der Europäischen Gemeinschaft gezeitigt haben. Durch die theoretische und empirische Analyse werden kritische Schlussfolgerungen über die Effizienz und das Krisenmanagement im Kosovo seitens der „Gemeinsamen Außen- und Sicherheitspolitik" der EU gezogen und Empfehlungen für ihre künftige Profilierung ausgesprochen. Im Kern ist die vorliegende Arbeit *„Die Kosovo-Frage als Herausforderung der Gemeinsamen Außen- und Sicherheitspolitik (GASP) der EU"* eine unmittelbare Geschichte der Diplomatie, ein Versuch, die Rolle der Außenpolitik der EU hinsichtlich der Kosovo-Frage zu behandeln. Ebenso ist in dieser Arbeit herausgearbeitet, dass der Einfluss der Kosovo-Krise als Katalysator bei der Ausformung der Identität der Außen- und Sicherheitspolitik der Europäischen Gemeinschaft und ihrer Profilierung als ein immer unabhängigerer Akteur dient und dass die „Europäisierung" des Kosovo und des übrigen Teils des Balkan ein wichtiger Test für den Erfolg der „Gemeinsamen Außen- und Sicherheitspolitik" (GASP) bleibt.

1. Einführung

Der Anfang ist die Hälfte des Ganzen. (Aristoteles)

1.1. Problemstellung

Nach dem Fall der Mauer, der Wiedervereinigung Deutschlands und dem Zerfall des Warschauer Paktes, also nach dem Zusammenbruch der kommunistischen Herrschaftssysteme in Mittel-, Ost- und Südosteuropa in den Jahren 1989/90, beendete Europa die Rivalität der antagonistischen Weltmächte und sollte in Belangen der internationalen Sicherheit eine ganz neue Erfahrung machen: Nicht der Krieg zwischen großen Blöcken, sondern regionale Konflikte und Bürgerkriege kamen auf die Tagesordnung. Insbesondere das Ende des Vielvölkerstaates Jugoslawien musste dem neuen Europa auf schmerzliche Art und Weise beweisen, mit was für einer neuen „Qualität" von Krieg man sich zukünftig zu befassen hatte. Das Ende der Ost-West-Konfrontation hat in Europa eine gewaltlose politische Dynamik entfesselt. Doch der anfänglichen Euphorie folgte bald Skeptizismus.[4]

Mit dem Ende des Ost-West-Konfliktes verschwand der Interventions- und Disziplinierungsmechanismus des „Kalten Krieges" und mit ihm die Berechenbarkeit, mit der die Staatenwelt über Jahrzehnte zu leben gelernt hatte. An die Stelle der durch die Rivalität der Weltmächte erzwungenen Bipolarität trat die Regionalisierung; der Debatte über die „Neue Weltordnung" folgte die Furcht von der Entstehung einer „Neuen Weltunordnung". Während der europäische Integrationsprozess voranschritt – am 10. Dezember 1991 beschlossen die europäischen Staats- und Regierungschefs auf dem EG-Gipfeltreffen in Maastricht die Umwandlung der „Europäischen Gemeinschaft" (EG) in die „Europäische Union" (EU) und der „Europäischen Politischen Zusammenarbeit" (EPZ) in die „Gemeinsame Außen- und Sicherheitspolitik" (GASP)[5] –, gab es auch weitläufige Desintegrationsbewegungen auf dem europäischen Subkontinent.

Am heftigen wurde der Vielvölkerstaat Jugoslawien vom weltpolitischen Umbruch getroffen. Die wirtschaftlich mächtige Europäische Union war nicht in der Lage, die Krise zu meistern. Es zeigte sich, dass wirtschaftliche Macht gegenüber zu Gewalt entschlossenen, irrationalen extremistischen Regimen ohne Wirkung bleibt. Die ethnischen Konflikte mündeten in bewaffnete Kämpfe und eskalierten in den Jahren von 1991 bis 1995 sowie 1998/1999 zu den bis dato schlimmsten militärischen Auseinandersetzungen auf europäischem Boden seit dem Ende des Zweiten Weltkrieges. Die Balkankrise war für viele EU-Mitgliedstaaten eine eher traumatische Erfahrung.

---

[4] Vgl. Mearsheimer, John J.: Back to the Future. Instability in Europe After the Cold War, in: *International Security* 15:1 (1990), 5-56.
[5] Mit der Schaffung der GASP wurde keine neue völkerrechtliche Ebene geschaffen, die selber eine eigene Außenpolitik betreiben könnte. Die außenpolitischen Kompetenzen stehen weiter den Unionsstaaten zu. Sie unterwerfen sich im Rahmen der GASP aber einer Koordinationspflicht, die völkerrechtlicher Natur ist. Sie handeln zwar weiterhin selber, müssen sich aber mit den anderen Unionsstaaten abstimmen und gegebenenfalls mit ihnen gemeinsam handeln. Welche Form der Koordination im konkreten Fall gewählt wird, liegt im Ermessen der Unionsstaaten. Vgl. Regelsberger, Elfriede: Die Außen- und Sicherheitspolitik nach ‚Nizza' – in: Mathias Jopp, Barbara Lippert, Heinrich Schneider (Hrsg.): Das Vertragswerk von Nizza und die Zukunft der Europäischen Union, Berlin 2001, S. 112-122 (117-119).

Die Jugoslawien-Krise ebenso wie die folgende Kosovo-Krise[6] stellte einen neuen gravierenden Fall von ethnischem Nationalismus dar und konfrontierte die europäische Außen- und Sicherheitspolitik mit ihrer bis dato größten realpolitischen Herausforderung.[7]

Entgegen allen anderen Behauptungen befasste sich die internationale Gemeinschaft schon frühzeitig mit der Auflösung Jugoslawiens. Umstritten war jedoch, ob und in welcher Form sie in den Zerfall des Vielvölkerstaates eingreifen sollte. Über Monate und Jahre hinweg wurden große Mängel im Westen an historischer und politischer Kenntnis über den Balkan offenbar.

„Das Konfliktpotential in Jugoslawien, gesteigert durch nationalistische Propaganda, wurde stark unterschätzt, vorhandene Informationen unter den Mitgliedstaaten [der Europäischen Gemeinschaft] nicht ausgetauscht, Warnungen der Geheimdienste ignoriert und Anzeichen des Zerfalls Jugoslawiens in den achtziger Jahren übersehen."[8]

Anfangs war die Europäische Gemeinschaft weder militärisch noch zivilgesellschaftlich auf einen solchen Konfliktfall vorbereitet. Der Hystoriker Urs Altermatt schrieb in seinem Buch „*Das Fanal von Sarajevo: Ethnonationalismus in Europa*", dass der jugoslawische Krieg in den Jahren 1991-1995 die Europäer völlig unvorbereitet traf. Die europäischen Institutionen waren nicht fähig, die Nationalkonflikte auf dem Balkan zu „detektieren" und die Kriege und Gewalttätigkeiten zu beenden.[9] Als die gewalttätige Desintegration Jugoslawiens begann, gingen die europäischen Mächte ihren eigenen Wegen nach, ohne dass sie sich für ein gemeinsames Handeln entschieden. Diese Uneinigkeit trug wesentlich dazu bei, dass das Vertrauen in die europäischen Institutionen noch weiter zerstört wurde.

Letztlich führten die Kriege auf dem Balkan in den 1990er Jahren den EU-Mitgliedstaaten ihr eigenes politisches sowie militärisches Unvermögen vor Augen und lösten einen Wandel in der öffentlichen Meinung zugunsten einer stärkeren europäischen Integration aus. So schien es unverständlich, dass die Union den wirtschaftlichen Alltag der Europäer bis ins kleinste Detail regelte, sie aber tatenlos zusehen musste, als schreckliche Verbrechen auf ihrem Kontinent, etwa in Bosnien-Herzegowina und auch in Kosovo, begangen wurden.[10]

Die Erkenntnisse aus den Konflikten auf dem Balkan waren vor allem für Europa ernüchternd. Es war erstens ein schwerer Schlag für das europäische Integrationsprojekt, dass in Europa die eigenen Grundwerte so massiv verletzt wurden und die EU dies nicht verhinderte. Damit verbunden war die Schwächung ihrer Außenwirkung auf die osteuropäischen Länder, die nach Ende der sowjetischen Unterdrückung einen Sicherheitsmantel suchten. Die zweite Erkenntnis war, dass es ohne eine glaubwürdige Gewaltandrohung keine Sicherheit geben könne. Dafür musste die EU die Fähigkeiten zur Planung und Durchführung von friedensschaffenden und friedenser-

---

[6] Kosovo, das im Ersten Balkankrieg 1912 nach jahrhundertelanger Zugehörigkeit zum Osmanischen Reich von serbischen Truppen erobert wurde, hat sich einseitig für unabhängig erklärt. Zuvor hatte Kosovo mehr als neun Jahrzehnte lang zu Serbien und Jugoslawien gehört. Nach dem Kosovo-Krieg 1999 wurde das Gebiet von der UNO verwaltet. Siehe Stieger, Cyrill: Kosovos langer Weg in die Unabhängigkeit. Vom Osmanischen Reich über Jugoslawien zur Eigenstaatlichkeit, http://www.nzz.ch/nachrichten/kultur/literatur_und_kunst/kosovos_langer_weg_in_die_unabhaengigkeit__1.671002.html
[7] Vgl. Griffiths, Stephen Iwan: Nationalism and Ethnic Conflict. Threats to European Security, Oxford 1993, p. 125.
[8] Scherff, Dyrk: Die Fähigkeit der Europäischen Union zum aktiven Krisenmanagement: Lehren aus den Vermittlungsbemühungen 1991/92 während des jugoslawischen Bürgerkrieges und der derzeitige Konflikt im Kosovo, in: *SOE* 47:7-8 (1998), 298-333 (299).
[9] Altermatt, Urs: Das Fanal von Sarajewo. Ethnonationalismus in Europa, Paderborn u.a. 1996.
[10] Haine, Jean-Yves: Eine historische Perspektive, in: Nicole Gnesotto (Hrsg.): Die Sicherheits- und Verteidigungspolitik der EU, Paris 2004: ISS, S. 41-63 (41 f.).

haltenden Operationen entwickeln, um auf vergleichbare Ereignisse frühzeitig reagieren zu können. Drittens wurde den europäischen Ländern vor Augen geführt, dass die Entscheidungsprozesse in der EU zu langwierig waren, kein Mitgliedstaat jedoch in der Lage war, Konflikte dieser Art auf sich allein gestellt zu bewältigen. Diese Entwicklungen in Südosteuropa führten Europa die Abhängigkeit von der Militärmacht USA vor Augen. Erst durch deren Engagement auf dem alten Kontinent konnten die Kriege beendet, die Situation beruhigt und den neu entstehenden Staaten Schutz und Sicherheit gewährleistet werden.

Damit im Jahr 1995 die Daytoner und Pariser Abkommen erreicht werden konnten, wurde das Eingreifen der USA – wie in dem Fall der Kosovo-Krise – unvermeidbar. Unter Vermittlung der USA und einer Beteiligung der EU wurde mit der Unterzeichnung des Friedensabkommens von Dayton am 14. Dezember 1995 der fast vier Jahre lange Krieg in Bosnien-Herzegowina und Kroatien beendet.

Die Europäische Gemeinschaft (EG) versagte wie in einem „impotenten" beklagenswerten Konzert, der Politik der „ethnischen Säuberung" in Ex-Jugoslawien – mehr oder weniger mit verschränkten Händen – zusehend. Zu Beginn des Konflikts kamen wieder die alten nationalistischen Modelle an die Oberfläche, so als wären sie in einem Gefängnis der Geschichte inhaftiert gewesen: Die Deutschen verteidigten die Kroaten und die Slowenen, die Franzosen die Serben, und die Albaner genossen keine Unterstützung der internationalen Gemeinschaft und der EG.

Der Europäischen Gemeinschaft/Union ist vorgeworfen worden, sie habe versäumt, das Kosovo-Problem auf die Tagesordnung zu setzen, als die Zeit dafür reif war. „*Bei den Jugoslawien-Konferenzen, die 1991 in Den Haag begannen und 1995 in Dayton endeten, wurde das Kosovo-Problem unter den Teppich gekehrt.*"[11] Zum einen seien nach der Bundesverfassung Jugoslawiens von 1974 die beiden autonomen Provinzen Kosovo und Vojvodina innerhalb Serbiens den sechs Republiken *de facto* gleichgestellt gewesen und hätten insofern auch von der Schiedskommission der Europäischen Gemeinschaft als souveräne Teile der Föderation anerkannt und ihnen somit das Recht zuerkannt werden können, einen eigenen Staat zu bilden. Zum anderen habe das kosovo-albanische Kalkül, den Konflikt unterhalb der Gewaltschwelle zu halten, „*auf eine staatsrechtliche 'Belohnung' durch die Staatengemeinschaft in Form eines Protektorats als Übergangsstufe zur Unabhängigkeit*" gezielt. Doch „*während die pazifistische Taktik von Internationalen Organisationen und Großmächten mit Wohlwollen zur Kenntnis genommen wurde, ignorierte man das politische Anliegen der Eigenstaatlichkeit*".[12] Dies wird gelegentlich in der Presse und in der Wissenschaft der westlichen Staaten als versäumte Chance der Prävention kritisiert. Doch der Umgang der EU mit Milošević war über viele Jahre hinweg von dem Bemühen geprägt, ihm ein Entgegenkommen in kleinsten Schritten abzuhandeln und dafür eine von ihm geteilte Interpretation der Verfassung von 1974 zugrunde zu legen. Daher schlossen sich die westlichen Staaten der Forderung nach einer Abtrennung des Kosovo nicht an.

Die geänderte Lage in Jugoslawien und die Kriege, die Serbien führte, lassen keinen Zweifel daran aufkommen, dass Serbien die Kosovo-Frage nicht mit friedlichen Mitteln lösen wollte. Was auch für die internationale Gemeinschaft überraschend war, ist, dass die Kosova-Albaner einer friedlichen Option gewählt haben, um die Kosovo-Frage zu lösen.

Dieses Verhalten der kosovarischen Seite erweckte bei der EG nicht den Eindruck, dass es dort Probleme gibt. Andererseits wollte die EG nicht noch eine weitere Front eröffnen, um sich mit der Kosovo-Frage zu beschäftigen. Ohnehin wurde die Situation in Kosovo in dieser Zeit in der öffentlichen und politischen Wahrnehmung von den blutigen Auseinandersetzungen in Kroa-

---

[11] Reuter, Jens: Die internationale Gemeinschaft und der Krieg in Kosovo, in: *SOE* 47:7-8 (1998), 281-297 (203).
[12] Vgl. Troebst, Stefan: Conflict in Kosovo: Failure of Prevention? An Analytical Documentation, 1992-1998, European Centre for Minority Issues (ECMI), Working Paper 1, Flensburg, May 1998, p. 78.

tien und Bosnien überlagert, obwohl die Lage in Kosovo schon im Jahr 1990 vom Europäischen Parlament als sehr explosiv bewertet und befürchtet wurde, dass es zu einem Bürgerkrieg kommen könnte.[13]

In seiner Deklaration von Lissabon (Juni 1992) sprach der Europäische Rat vom *„legitimen Streben der Einwohner des Kosovo nach Autonomie"*, das im Rahmen einer Jugoslawien-Konferenz behandelt werden müsse. Die Deklaration von Edinburgh (Dezember 1992) forderte, *„die Autonomie Kosovo innerhalb Serbiens"* müsse wiederhergestellt werden.[14]

Die Anstrengungen der Europäischen Union richteten sich in der Folgezeit darauf, Gewalt und den Ausbruch von Feindseligkeiten im Kosovo zu verhindern. In dieser Zeit versuchte die Führung der Kosovo-Albaner beharrlich, das Kosovo-Problem zu internationalisieren, ihre politischen Bemühungen blieben jedoch ohne greifbare Resultate. Überall stießen sie auf Verständnis und Entgegenkommen, doch ihre Kernforderungen blieben unerfüllt. Es gab keine internationale Kosovo-Konferenz. Ein UN-Protektorat Kosovo wurde nicht einmal in Erwägung gezogen. Die Idee eines unabhängigen Staates Kosovo wurde anfänglich moderat, später brüsk zurückgewiesen. Die Hoffnungen der Kosovo-Albaner wurden nach und nach zunichte gemacht.

In der Zeit der Kriege in Slowenien, Kroatien und Bosnien-Herzegowina wurden das Kosovo und die Repressionen des Milošević-Regimes gegen die albanische Mehrheitsbevölkerung ungeachtet immer wieder vorgebrachter Mahnungen von der internationalen Staatengemeinschaft weitgehend ignoriert. So wurde die Kosovo-Frage im Dayton-Abkommen von 1995 völlig ausgeklammert. Die Mitgliedstaaten der Europäischen Union zeigten sich außerstande, eine gemeinsame Strategie und Politik in der Kosovo-Frage zu entwickeln. Nach der Konferenz von Dayton war man sich in Brüssel zunächst darüber einig, die Normalisierung der Beziehungen zu Belgrad von substantiellen Verbesserungen der Menschenrechtssituation in Kosovo abhängig zu machen. In der Folge kam es auch zur internationalen Anerkennung Restjugoslawiens als Bundesrepublik Jugoslawien, bestehend aus Serbien und Montenegro. Frankreich war im Februar 1996 mit einer diplomatischen Anerkennung vorgeprescht. Sehr bald folgten die wichtigsten EU-Mitgliedstaaten wie Großbritannien und Deutschland dem Beispiel Frankreichs und erkannten die BR Rest-Jugoslawien als eigenen Staat an.[15]

Am 1. Oktober 1996 wurde dann auch endgültig das UN-Handelsembargo gegen Jugoslawien aufgehoben. Erneut hatte sich die EU als unfähig erwiesen, ihre Politik gegenüber Belgrad abzustimmen und den Schritt der Anerkennung unter bestimmten Bedingungen gemeinsam zu vollziehen. Da half es wenig, dass das Europäische Parlament die EU-Mitgliedstaaten, die Belgrad als erste anerkannt hatten, unter Hinweis auf die andauernden Menschenrechtsverletzungen in Kosovo kritisierte.[16] Ende Oktober 1995 und im April 1996 richtete der Europäische Rat Appelle an Belgrad, Kosovo *„ein hohes Maß an Autonomie"* zu gewähren, bzw. er zeigte sich *„tief besorgt"* wegen der Lage der Menschen- und Minderheitenrechte in der BR Jugoslawien.[17]

Die Ausklammerung des Kosovo-Problems sollte sich später fatal auswirken. Unter diesen Umständen beginnt das politische Bewusstwerden der Kosovo-Albaner. Vor einer Staats-

---

[13] Europäisches Parlament: Entschließung zum Kosovo v. 11.101990, ABl. C 284 v. 12.11.1990, S. 129 f., Abs. G.
[14] Statement on the Situation in Yugoslavia, June 15, 1992, EFPB, Document 92/226; Fabry, Mikulas: Recognizing States, International Society and the Establishment of New States Since 1776, New York ; Troebst, Stefan: Conflict in Kosovo: Failure of Prevention? An Analytical Documentation, 1992-1998, European Centre for Minority Issues (ECMI), Working Paper 1, Flensburg, May 1998, p. 49.
[15] Ramet, Sabrina P.: Die politische Strategie der Vereinigten Staaten in der Kosovo-Krise – Parteipolitik und nationales Interesse, in: Konrad Clewing / Jens Reuter, Jens (Hrsg.): Der Kosovo-Konflikt. Ursachen, Verlauf, Perspektiven, München 2000, S. 365-380 (369).
[16] Vgl. Schmidt, Fabian, Supporting the Status quo, in: War Report, May 1996, p. 32.
[17] Vgl. Troebst, Stefan: Conflict in Kosovo: Failure of Prevention?, p. 49.

gründungsbewegung besteht die Notwendigkeit der Neubeobachtung der politischen Position bzw. die Gründung politisch-militärischer Organisationen.

Hoffnungen, dass die Konferenz von Dayton den Balkan dauerhaft befriedet habe, zerschlugen sich, als im Kosovo Gewalt und Unruhen ausbrachen. Im Kosovo war schon beim Zerfall Jugoslawiens die Forderung nach Unabhängigkeit laut geworden. Zuvor hatte das serbische Parlament die Rechte der damals autonomen Provinz stark eingeschränkt. Vor dem Hintergrund einer gravierenden Missachtung der Menschenrechte und einer sich verschärfenden soziökonomischen Krise trat 1996 die Kosovo-Befreiungsarme (UÇK)[18] in Erscheinung, die im bewaffneten Kampf die Unabhängigkeit des Kosovo durchsetzen wollte. Als Folge davon gelangte die Kosovo-Befreiungsarmee an die Oberfläche, die nicht nur dazu beitrug, dass der Status quo nicht mehr ein zu Kosovos Nachteil gegebener Status war, sondern sie beschleunigte den militärischen Einsatz der NATO. Die serbische Regierung in Belgrad ging seit 1997 mit Sonderpolizei und Armee massiv gegen die albanischen Kämpfer und die zivile Bevölkerung vor.

Obwohl der Kosovo-Krieg seit Jahren schwelte, bewirkte erst das Aufflammen der Gewalt ein stärkeres Engagement der EU in diesem Konflikt. Seit Herbst 1997 befasste sich die Kontaktgruppe mit dem Problem. Die EU-Politik traf jedoch auf einen Zielkonflikt: Einerseits wurde Kosovo aus völkerrechtlichen Gründen als innere Angelegenheit Rest-Jugoslawiens betrachtet, während andererseits schwere Menschenrechtsverletzungen und die humanitären Folgewirkungen eingedämmt werden sollten. Die EU lehnte einen unabhängigen Staat Kosovo nachdrücklich ab und plädierte stattdessen für die maximale Autonomie der Kosovaren innerhalb des serbischen bzw. jugoslawischen Staatsverbandes. Die EU favorisierte den Umbau der Jugoslawischen Föderation, wobei das Kosovo neben Serbien und Montenegro zur dritten Republik im jugoslawischen Staatsverband würde. Dieses Konzept wurde nicht nur von Serbien, sondern mit besonderer Erbitterung auch von den Albanern abgelehnt und war deswegen schwer umzusetzen.

Bei der Skizzierung der innenpolitischen Situation auf dem europäischen Kontinent spielt der Amtsantritt des außenpolitisch noch unerfahrenen Kabinetts Gerhard Schröder nach den Bundestagswahlen 1998 (Deutschland) und ein Jahr zuvor auch Tony Blairs Regierung (Großbritannien) eine spezielle Rolle. Zwar bemühte sich die EU bei dem Konflikt aktiv, vornehmlich mittels politischem Dialogs deeskalierend auf die beteiligten Akteure einzuwirken, erzielte mit ihren Maßnahmen jedoch nur wenig – bisweilen sogar gegensätzlichen – Erfolg, da sie nicht in der Lage war, ihre Vermittlungsbemühungen autoritativ zu unterfüttern. Dies führte dazu, dass sie auf das aktive Eingreifen der USA angewiesen war. Besonderes Gewicht haben die Rolle Europas in der NATO und die Machtasymmetrie im Verhältnis zu den Vereinigten Staaten. Selbst Jahre nach dem Ende der Kampfhandlungen in Bosnien-Herzegowina musste Europa 1998 wiederum amerikanische militärische Hilfe und die NATO in Anspruch nehmen, um erneute Konflikteskalationen zwischen den ethnischen Gruppen um das Kosovo vorübergehend beenden zu können. In dieser Phase wartete Belgrad darauf, dass die Meinungsverschiedenheiten der EU-Mitgliedstaaten zunehmen würden, da sich die EU über einen militärischen Eingriff nicht einig war. Auf der anderen Seite waren die USA durch ihre Probleme mit der Bürokratie und jene, die durch den Kalten Krieg entstanden waren, nicht im Stande, allein in den Konflikt einzugreifen. Somit muss-

---

[18] Die Kosovo-Befreiungsarmee UÇK (Ushtria Çlirimtare e Kosovës) ist ein Zusammenschluss verschiedener Untergrundorganisationen. Diese Organisationen waren alle am letztlich von den serbischen Behörden vereitelten Versuch beteiligt, den albanischen Schattenstaat in Kosovo bereits zu Beginn der 90er Jahre mit einer Art Armee auszustatten. Versprengte Teile dieser zerschlagenen Organisationen sollen sich 1993 zusammengeschlossen haben. Seit Herbst 1997 machte die Befreiungsarmee durch Anschläge auf serbische Polizeistationen und Kasernen, aber auch durch Attentate auf vermeintliche albanische Kollaborateure von sich reden. Diesbezüglich siehe Reuter, Jens: Kosovo 1998, in: *OSZE-Jahrbuch* 4 (1998), 203-214; Lipsius, Stephan: Untergrundorganisationen im Kosovo – Ein Überblick, in: *SOE* 47:1-2 (1998), 75-82.

te die NATO herhalten und intervenieren, damit auch die EU mit gutem Gewissen dahinter stehen konnte.

Nach dem Ende der Kampfhandlungen sind es wieder einmal die USA, die als militärische Macht den entscheidenden Ordnungsfaktor in Europa darstellen und die Situation kontrollieren müssen. In gewisser Hinsicht ist diese Situation eine direkte Folge des Endes des Kalten Kriegs. Das als Abwehr gegen die Bedrohung durch sowjetische Atomwaffen konzipierte SDI-Programm ging unbestreitbar das gesamte Bündnis an, nicht nur die Amerikaner. Doch das Desinteresse der USA gegenüber der europäischen Kritik am NMD (National Missile Defense) war auch ein Zeichen dafür, dass man sich in Washington unabhängig von der Parteizugehörigkeit resigniert damit abgefunden hat, dass es wohl keine Teilung der globalen Verteidigungslasten zwischen den Vereinigten Staaten und ihren europäischen Verbündeten geben wird.

Die transatlantische Diskussion seit der Kosovo-Krise drehte sich in erster Linie um Kapazitäten, nicht um die Frage der Entscheidungsfindung. Bei seinen Ausführungen zu diesem Thema beim International Institute for Strategic Studies, der Führungsakademie der Bundeswehr und auf der Wehrkundetagung fiel der amerikanische Verteidigungsminister 1999/2000 für den europäischen Geschmack häufig etwas mit der Tür ins Haus. Das Kosovo-Problem bestätigte nur die Aussagen, die viele Verteidigungsexperten auf beiden Seiten des Atlantiks über die Kluft zwischen den Kapazitäten der Vereinigten Staaten und denen ihrer Verbündeten seit dem Golfkrieg im Jahre 1991 gemacht hatten.

Seit den Ereignissen im Kosovo sind viele Europäer so mit ihrer eigenen Kritik an den Vereinigten Staaten beschäftigt, dass ihnen die parallele Entwicklung in Washington entgangen ist. Bereits 1992, als Jugoslawien gerade auseinander fiel, beschrieb William Pfaff die Stimmungslage in Amerika, wie sie sich im Jahre 1999 erst recht durchsetzen sollte:

„*The Cold War is finished. The Europeans must be held responsible for themselves. Yet they give every evidence of unwillingness or incapacity to assume that responsibility. Can they really expect the United States to save Europe from itself? A third time in this 20th century? Do they not understand that this may not happen?*"[19]

Doch genau das geschah in Bosnien und im Kosovo, es geschah zum dritten und zum vierten Mal im 20. Jahrhundert. Die EU-Mitgliedstaaten versuchten zwischenzeitlich, ein anderes Thema in den Griff zu bekommen: die Weichenstellung für die zukünftige Entwicklung der EU.

Die Erwartungen an die EU als Sicherheitsakteur sind besonders seit der Kosovo-Krise gestiegen. Während des Kriegs um Kosovo hat in der EU ein Umdenken stattgefunden. Nach den katastrophalen und für viele Menschen tödlichen Fehlern wurde eine Gemeinsame Außen- und Sicherheitspolitik der EU etabliert. Während der „Hohe Beauftragte" Javier Solana als „*Mr. GASP*" für das militärische Krisenmanagement verantwortlich war, war EU-Außenkommissar Chris Patten für die zivile Konfliktbewältigung zuständig.

Der „Startschuss" für die ESVP/GSVP fiel schließlich beim britisch-französischen Gipfeltreffen in Saint-Malo 1998.[20] Die zwischen den zwei größten europäischen Militärmächten erziel-

---

[19] Pfaff, William: Who Would Have Thought Europe So Fragile?, in: *International Herald Tribune*, 26.11.1992.
[20] Die ESVP/GSVP wurde als integraler Bestandteil der GASP etabliert, welche bereits 1993 durch den Vertrag von Maastricht aus der Europäischen Politischen Zusammenarbeit (EPZ) hervorgegangen war. Siehe: Konsolidierte Fassungen des Vertrags über die Europäische Union und des Vertrags über die Arbeitsweise der Europäischen Union, Abschnitt 2: Bestimmungen über die Gemeinsame Sicherheits- und Verteidigungspolitik; Neuhold, Hanspeter: Die Europäische Union auf dem Weg zu einem politischen und militärischen Akteur, in: Hanspeter Neuhold (Hrsg.): Die GASP: Entwicklungen und Perspektiven – La PESC: Évolution et Perspectives, Occasional Papers of the Diplomatic Academy Vienna, No. 4/2000, S. 63-80 (64 f.).

te Einigung sollte sowohl die Theorie als auch die Praxis der europäischen Sicherheits- und Verteidigungspolitik „revolutionieren."[21] Angesichts der Ereignisse im Kosovo bekam diese Initiative rasch europäische Rückendeckung.[22] Beim Treffen des Europäischen Rates in Wien im Dezember 1998 folgten die übrigen 13 Mitgliedstaaten den Forderungen der beiden führenden europäischen Militärmächte. Während des Europäischen Rates von Köln im Juni des folgenden Jahres stimmten alle 15 Mitgliedstaaten den in Saint-Malo gemachten Vereinbarungen zu, präzisierten als Ziel Krisenbewältigung im Bereich der Petersberg-Aufgaben und gaben dem Projekt den Namen GESVP,[23] und der Vertrag von Lissabon nimmt abermals eine Änderung und zwar in Gemeinsame Sicherheits- und Verteidigungspolitik (GSVP) vor.

So wurden die EU-Mitgliedstaaten während der Gipfel von Köln und Helsinki sehr aktiv, indem sie die Außen- und Verteidigungspolitik klarer artikulierten. Der Kosovo-Krieg war ein Wendepunkt und eine Möglichkeit, eine langfristige Außenpolitik zu entwickeln und den Aufbau von Kapazitäten im Bereich der Sicherheits- und Verteidigungspolitik zu ermöglichen. In diesem Zusammenhang steht die Stärkung der Rolle des Vertreters für die Gemeinsame Außen- und Sicherheitspolitik in Richtung eines erfahrenen Akteurs, der in der Außenpolitik tätig ist, und so stellt der Aufbau einer gemeinsamen europäischen Verteidigung einen entscheidenden Schritt hin zu einem handlungsfähigen Europa.

Die Vereinigten Staaten, welche die NATO in der internationalen Konstellation als grundlegendes Instrument des Einflusses über den Atlantik sehen, neigen dazu, diese Organisation als Garant der internationalen Ordnung einzustufen. Auf der anderen Seite haben die EU-Mitgliedstaaten das Ziel, dass ihr Einflussbereich nicht eingeschränkt wird. Die Schwäche und der unzulängliche Wille der innereuropäischen Mechanismen in der bosnischen Krise, der Mangel an notwendigen militärischen Kapazitäten im Kosovo-Krieg und die langsame Entwicklung in der Westeuropäischen Union führten zur Verstärkung der Einsicht, dass nur die NATO die Rolle des Hüters des Gleichgewichts in Europa und global spielen kann.[24]

Nachdem der Kosovo-Krieg zu Beginn des Jahres 1999 die *„Grenzen des sicherheitspolitischen Gestaltungspotential der Europäischen Union"* offengelegt hatte, *„entstand ein deutlicher Handlungszwang zum Ausbau der GASP durch die ESVP"* (Europäische Sicherheits- und Verteidigungspolitik).[25] Den Grundgedanken dieser instrumentellen Erweiterung der GASP stellt die Erwägung dar, die Politik der Europäischen Union notfalls auch mit militärischen Mitteln durchzusetzen. Sofern die Europäische Union als weltpolitischer Akteur wahr- und ernst genommen werden möchte, gibt es dazu keine andere Alternative. Mit Nachdruck stellen viele Autoren heraus, dass dieses Vorhaben nur im Rahmen der transatlantischen Partnerschaft und einer gewandelten NATO erfolgen kann. In diesem Zusammenhang soll sich Europa zu einer *„militärischen Macht"*, *„Weltmacht"* oder *„Supermacht"* entwickeln, wobei es selbst darüber befinden muss, *„welche Mischung aus politischen, diplomatischen, wirtschaftlichen und militärischen Instrumenten es braucht, um seine Sicherheit zu gewährleisten."*[26]

---

[21] Howorth, Jolyon: Security and Defence Policy in the European Union, Basingstoke, Hampshire 2007, p. 33.
[22] Haine, Jean-Yves: Eine historische Perspektive, in: Nicole Gnesotto (Hrsg.): Die Sicherheits- und Verteidigungspolitik der EU. Die ersten fünf Jahre (1999-2004), Paris 2004, S. 51-64 (51).
[23] Neuhold, Hanspeter: Die Europäische Union auf dem Weg zu einem politischen und militärischen Akteur in den internationalen Beziehungen, in: Hanspeter Neuhold (Hrsg.): Die GASP: Entwicklungen und Perspektiven – La PESC: Évolution et Perspectives, Occasional Papers of the Diplomatic Academy Vienna, No. 4/2000, S. 63-80 (70).
[24] Vgl. Davutoglu, Ahmet: Thellësia strategjike. Pozita ndërkombëtare e Turqisë, Shkup, Prishtinë, Tiranë 2010, S. 282 f.
[25] Algieri, Franco, Die Europäische Sicherheits- und Verteidigungspolitik, in: Werner Weidenfeld (Hrsg.): Europa-Handbuch, 2. Aufl., Gütersloh 2001, S. 585-602 (587).
[26] Lübkemeier, Eckhard: Abenteuer Europa, in: *IP* 12/2003, 45-50.

Ein neues Kapitel in der Gemeinsamen Außen- und Sicherheitspolitik wurde mit dem Inkrafttreten des Vertrags von Lissabon am 1. Dezember 2009 aufgeschlagen. Der durch den Vertrag von Nizza eingerichtete Rat für Allgemeine Angelegenheiten und Außenbeziehungen wurde aufgeteilt in einen Rat für Allgemeine Angelegenheiten und einen Rat für Auswärtige Angelegenheiten.

Nach außen wird die EU durch den Hohen Vertreter der EU für Außen- und Sicherheitspolitik vertreten. Dieser ist Vorsitzender des Außenministerrats[27] und zugleich Außenkommissar und Vizepräsident der Europäischen Kommission. Darüber hinaus wurde ein Europäischer Auswärtiger Dienst (EAD) eingerichtet, der dem Hohen Vertreter unterstellt ist.[28]

Zum Stand und zu den Perspektiven des EAD vertrete ich folgende These: Auch wenn die Mitgliedstaaten und die EU-Institutionen dem „Projekt" EAD ehrgeizig gegenüberstanden, divergierten von Beginn an die Modelle einer gemeinsamen Außenvertretung. Zudem mangelte es an Bereitschaft, die institutionelle Basis für einen kohärenten europäischen Auftritt umfassend zu reformieren. Der künftige Erfolg des Dienstes ist abhängig von der Belastbarkeit und Fortentwicklung der neuen Strukturen und Verfahren, vom Engagement der involvierten Personen und von der allgemeinen außenpolitischen Prioritätensetzung und der Ressourcenallokation der Union.[29]

Nach dem Kosovo-Krieg blieb die Rolle der EU allerdings beschränkt und unbedeutend bei der Festlegung des künftigen Status, als das Kosovo zu einem Protektorat des Westens wurde. Die rechtliche Grundlage der UNO-Mission war die Resolution 1244 des Sicherheitsrates. Sie sieht eine weitgehende Autonomie für das Kosovo unter Wahrung der territorialen Integrität Rest-Jugoslawien vor. Das Ziel der UNO-Mission bestand in der Schaffung demokratischer und rechtsstaatlicher Standards; über den endgültigen politischen Status sollte später entschieden werden. Die folgenden Verhandlungen über eine einvernehmliche Lösung des künftigen Status des Kosovo führten, wie das auch nicht anders zu erwarten war, zu keinem Ergebnis. Den Albanern war zudem die Unabhängigkeit praktisch bereits zugesichert worden. Der *„Comprehensive Proposal for the Kosovo Status Settlement"* (Ahtisaari-Plan) des UNO-Vermittlers Ahtisaari,[30] der eine weitgehende Autonomie für die serbische Minderheit und eine von der EU überwachte Eigenstaatlichkeit des Kosovo vorsieht, wurde von Serbien und von Russland abgelehnt. Damit war der Sicherheitsrat – wie schon vor der Intervention der NATO – blockiert. Eine neue Resolution zur Abstützung der im Ahtisaari-Plan vorgesehenen EU-Mission konnte nicht verabschiedet werden. Die USA und die meisten EU-Mitgliedstsaaten sahen angesichts der serbischen und russischen Obstruktionspolitik keinen andern Ausweg aus der verfahrenen Situation, als die einseitige Proklamation der Unabhängigkeit des Kosovo zuzulassen. Die europäischen Reaktionen auf die Unabhängigkeitserklärung Kosovos waren unterschiedlich und reichten von uneingeschränkter Unterstützung (Deutschland, Frankreich, Italien, Großbritannien) bis zur uneingeschränkten

---

[27] Siehe Art. 18 Abs. 1-3 EUV.
[28] Im EU-Vertrag sind die Grundsätze zum auswärtigen Handeln der EU und die GASP in den Artikeln 21 bis 42 geregelt.
[29] Vgl. Lieb, Julia / Kremer, Martin: Der Aufbau des Europäischen Auswärtigen Dienstes: Stand und Perspektiven, in: *integration* 33:3 (2010), 195-208.
[30] Comprehensive Proposal for the Kosovo Status Settlement, 2 February 2007, http://www.kuvendikosoves.org/common/docs/Comprehensive%20Proposal%20.pdf – Der finnische Vermittler Martti Ahtisaari hatte einen Vorschlag für den endgültigen Status des Kosovo erarbeitet und im März 2007 dem Sicheitsrat der Vereinten Nationen vorgelegt. In dem Papier waren eine konditionierte Unabhängigkeit und verschiedene internationale Interventionsmechanismen vorgesehen. Vgl. Deimel, Johana / Garcia Schmidt, Armando: „It's still the status, stupid!" – Eckpunkte einer neuen Politik der Verantwortung im Kosovo, in: *Südosteuropa-Mitteilungen* 1/2009, 36-49.

Ablehnung (Spanien, Rumänien, Slowakei, Zypern und Griechenland). Innerhalb der EU verfolgten einige Mitgliedstaaten ausschließlich nationalstaatliche Interessen.

Darüber hinaus zeigten sich Meinungsverschiedenheiten zwischen den europäischen Regierungen auch über die Aufnahme der Arbeit der EULEX-Mission im Kosovo; diese Mission konnte erst nach fast einem Jahr Verspätung vollständig ihre Arbeit aufnehmen.[31]

Die EU-Mitgliedstaaten diskutierten nicht ernsthaft die Option, mit einer Stimme zu sprechen und der EU somit ein gemeinsames außen- und sicherheitspolitisches Profil zu geben und mehr Gewicht zu verleihen. Die Anerkennung der Unabhängigkeitserklärung des Kosovo[32] bewirkte das genaue Gegenteil: Die Spaltung innerhalb der EU wurde deutlich. Die Zerstrittenheit der EU gipfelte in einer nichtssagend-vielsagenden Erklärung des Außenministerrates einen Tag nach der kosovarischen Unabhängigkeitserklärung, laut der alle EU-Mitgliedstaaten *„in Übereinstimmung mit der nationalen Praxis und dem internationalen Recht über ihre Beziehungen zu Kosovo entscheiden"*.[33] Die Unabhängigkeit des Kosovo wird bislang von 23 der 28 EU-Mitgliedstaaten anerkannt. Griechenland, Rumänien, die Slowakei, Spanien und die Republik Zypern erkennen die Republik Kosovo nicht an. Auch nach dem Gutachten des Internationalen Gerichtshofs (Juli 2010), dass die Unabhängigkeitserklärung des Kosovo das Völkerrecht nicht verletzt habe,[34], befinden sich auch diese fünf EU-Mitgliedstaaten unter den 77 Staaten, die Kosovo immer noch als Teil Serbiens ansehen. Jedoch hat der Rat der Europäischen Union auf seiner Tagung am 19. Juni 2008 betont, dass dem Kosovo ebenso wie dem übrigen westlichen Balkan eine klare europäische Perspektive offensteht. Der Rat erklärte die Bereitschaft der EU, eine führende Rolle bei der Stabilisierung des Kosovo zu spielen.[35] Zugute halten muss man den Befürwortern der Unabhängigkeit des Kosovo dagegen, dass sie, im Gegensatz zu den Ereignissen bei der Lösung Sloweniens und Kroatiens von Jugoslawien Anfang der 90er Jahre, diesmal in einer koordinierten Weise ihre Anerkennung bekannt gegeben haben. Das Kosovo stellt noch immer eine große Herausforderung und Bewährungsprobe für die Europäische Union dar.

Die komplette Unabhängigkeit des Kosovo wurde durch den Ahtisaari-Plan unterlaufen. Nach dem Inkrafttreten der Verfassung des Kosovo am 15. Juni 2008 bestehen auf dem Territorium Kosovos nebeneinander drei „Regierungen": die auf der Grundlage freier Wahlen gebildete reguläre Regierung des neuen Staates Kosovo, UNMIK und EULEX, wobei aber die einzelnen Kompetenzen unklar sind.

1.2. Eingrenzung des Themas

Die Schwierigkeiten, die bei dem Forschungsvorhaben *„Die Kosovo-Frage als Herausforderung der Gemeinsamen Außen- und Sicherheitspolitik (GASP) der EU"* zum Vorschein treten, sind

---

[31] Am 16. Februar 2008 begann die EU ihren zivilen Einsatz EULEX Kosovo. Die Mission konnte jedoch erst im Dezember 2008 vollständig ihre Arbeit aufnehmen, da sie für das gesamte Jahr 2008 durch die serbische Ablehnung und Meinungsverschiedenheiten in der EU behindert worden war. Ziel der Mission ist die Unterstützung der kosovarischen Behörden durch Beratung und Beobachtung in allen Bereichen der Rechtsstaatlichkeit, insbesondere Polizei, Justiz, Zolldienste und Justizvollzug. Siehe: Unterkapitel 9.6 und 9.7, S. 66-275.
[32] Seit der Unabhängigkeitserklärung des Kosovo am 17. Februar 2008 haben 116 von insgesamt 193 Mitgliedstaaten der Vereinten Nationen, 23 der 28 Mitgliedstaaten der Europäischen Union die Republik Kosovo als unabhängigen Staat diplomatisch anerkannt (Stand 2018).
[33] Council meeting General Affairs and External Relations, Brussels, 6496/08 (Presse 41) 18 February 2008, https://www.consilium.europa.eu/ueDocs/cms_Data/docs/pressData/en/gena/98818.pdf (19.01.2019).
[34] International Court of Justice: Accordance with International Law of the Unilateral Declaration of Independence in Respect of Kosovo, Advisory Opinion of 22 July 2010, I.C.J. Reports 2010, pp. 403 et seq., https://www.icj-cij.org/files/case-related/141/141-20100722-ADV-01-00-EN.pdf
[35] Council of the European Union, 19/20 June 2008, Presidency Conclusions, No. 56, https://www.consilium.europa.eu/ueDocs/cms_Data/docs/pressData/en/ec/101346.pdf (19.01.2019).

vielfältig. Die Eingrenzung meines Themas erfordert eine gesonderte Behandlung all jener Gesichtspunkte, die erwähnt wurden und die mit Vorsicht synthetisiert werden müssen, um die Position der europäischen Außenpolitik gegenüber der Kosovo-Frage auf dem Balkan realistisch darstellen zu können.

Um einer bloß deskriptiven Herangehensweise auszuweichen, bedarf es einer vorsichtigen Behandlung der primären und sekundären Quellen, damit mittels einer neutralen und kritischen Methode eine belastbare Analyse erreicht wird und auch damit eigenständige Schlussfolgerungen gezogen werden können.

Die vorgelegte Arbeit soll die Faktoren identifizieren, wie die Kosovo-Frage und die Jugoslawien-Krise zur Entwicklung der Außen- und Sicherheitspolitik der EU beigetragen haben bzw. welche Konsequenzen gezogen wurden. Hat die EU seit dem Krieg um das Kosovo hinzugelernt?

Mein Dissertationsvorhaben behandelt die Rolle der EU in der Kosovo-Frage seit der Entstehung der Gemeinsamen Außen- und Sicherheitspolitik (GASP) bis zur Proklamation der Unabhängigkeit Kosovos am 17. Februar 2008 nach dem Ahtisaari-Plan und den Vorarbeiten zur Einrichtung der bisher größten zivilen Mission der EU, EULEX Kosovo.[36]

Der Untersuchungszeitraum umfasst mit der Zeitspanne vom Beginn des Zerfalls Jugoslawiens bis zur Unabhängigkeitserklärung des Kosovo die Jahre von 1989 bis 2008. Ich wähle diesen Zeitraum, weil er sich mit der Aufhebung der Autonomie des Kosovo durch die serbische Regierung im März 1989 als einem klar definierbaren Ausgangspunkt und mit der Unabhängigkeitserklärung des Kosovo im Februar 2008 als einem klar definierten vorübergehenden Endpunkt einer Entwicklung begründen lässt. Dabei unterteile ich den Untersuchungszeitraum in fünf Zeitphasen: die erste umfasst die Zeitspanne zwischen März 1989 und Ende 1995, die zweite die Zeitspanne zwischen 1995 und Ende 1998, die dritte die Zeit zwischen Februar und Juni 1999, die vierte die Jahre 1999 bis 2008, die fünfte die Rolle der EU nach der Proklamation der Unabhängigkeit Kosovos und die Entsendung der EULEX Kosovo.

Die Untersuchung der Politik der EU wird anhand von zwei ausgewählten Problemkomplexen vorgenommen. Zum einen soll die Rolle der europäischen Außen- und Sicherheitspolitik beim Prozess der Institutionalisierung der EU analysiert werden. Zum anderen werden die außenpolitische Haltung nach dem Kosovo-Konflikt, die Rolle der EU für die Lösung der Frage zum Status des Kosovo und die Entsendung der EULEX-Mission im Mittelpunkt der Untersuchungen stehen.

Berücksichtigt werden soll auch der Zeitabschnitt nach dem Kosovo-Krieg, d.h. ab Sommer 1999 bis zum Jahre 2008. Hierbei wird der Frage nachzugehen sein, welche Haltung die EU in Bezug auf die Frage nach dem Status des Kosovo eingenommen hat, und zwar auch im Kontext der entsprechenden Beratungen und inhaltlichen politischen Abstimmungen zwischen den europäischen Akteuren mit dem Ziel, zu einer EU-einheitlichen Position zur Statusfrage und damit auch zur politischen Zukunft der ehemals autonomen jugoslawischen Provinz zu gelangen.

---

[36] Gemeinsame Aktion 2008/124/GASP des Rates v. 04.02.2008 über die Rechtsstaatlichkeitsmission der Europäischen Union im Kosovo, EULEX KOSOVO, ABl. L 42 v. 16.02.2008, S. 92-98, geändert durch Gemeinsame Aktion 2009/445/GASP des Rates v. 09.06.2009 zur Änderung der Gemeinsamen Aktion 2008/124/GASP über die Rechtsstaatlichkeitsmission der Europäischen Union im Kosovo, EULEX Mission, ABl. L 148 v. 11.06.2009, S. 33.

1.3. Zur wissenschaftlichen Methodik der Arbeit

Der für die Untersuchung gewählte Ansatz erforderte die Einbeziehung mehrere Wissenschaftsdisziplinen (multidisziplinäre Forschung): Rechtswissenschaft mit den Teildisziplinen Europarecht und Völkerrecht, Politikwissenschaft und Geschichtswissenschaft. Bei der wissenschaftlichen Herangehensweise an mein Promotionsthema werde ich den politikwissenschaftlichen Teildisziplinen „Geschichte der Politik" sowie „Internationale Beziehungen" besondere Aufmerksamkeit widmen, da die Position und praktische Politik der EU zum Kosovo-Konflikt ohne eine Einbettung in größere historische Zusammenhänge und ohne eine Einordnung in das System der internationalen Beziehungen nicht hinreichend erklärt werden kann. Angesichts des komplexen Themas ist ein multidisziplinärer Ansatz unerlässlich.

1.4. Stand der Forschung

Die Literaturlage zur GASP im Allgemeinen wie auch zur Reaktion der EU und der EU-Mitgliedstaaten auf die Krisen insbesondere auf dem Balkan mit dem Schwerpunkt auf das Kosovo ist durch eine hohe Quantität gekennzeichnet. Die Anzahl der wissenschaftlichen Publikationen zu diesem Themenkomplex ist fast nicht mehr zu überblicken.

Von wesentlich geringerem Umfang dagegen sind Arbeiten über die neuen Entwicklungen auf dem Balkan, insbesondere vor und nach der Erklärung der Unabhängigkeit des Kosovo. Der Mangel betrifft vor allem die völkerrechtliche Argumentation zum Status des Kosovo im Allgemeinen und zur Rechtmäßigkeit der Unabhängigkeitserklärung des Kosovo und zu dessen Anerkennung sowie die rechtlichen Grundlagen der Entsendung der EU-Mission EULEX zur Rechtsstaatlichkeit im Kosovo im Besonderen. Die völkerrechtliche Einschätzung der Unabhängigkeitserklärung des Kosovo war und ist in wissenschaftlichen Publikationen umstritten. Diese Arbeit soll deutlicher als bisher den rechtswissenschaftlichen Kern der Probleme verdeutlichen und vor allem die Entwicklung der Europäischen Sicherheits- und Verteidigungspolitik mit den Erfahrungen der EU bei der Behandlung der Kosovo-Frage verknüpfen.

Im Rahmen meiner Promotion sollen neben rechtswissenschaftlichen auch politikwissenschaftliche Aspekte besonders zu internationalen Beziehungen analysiert werden. Rechtswissenschaftliche und politikwissenschaftliche Arbeiten stehen bisher relativ unverbunden nebeneinander. Durch die Begleitung des Prozesses des Zerfalls Jugoslawiens soll versucht werden, die Bemühungen der EU, die Krisen zu meistern, die Erfolge und Misserfolge der Union sowie die Lehren, die aus den Krisen für die Gestaltung der Europäischen Sicherheits- und Verteidigungspolitik gezogen worden sind, zu analysieren.

Vor allem soll die Arbeit folgende bisher noch weitgehend ungeklärte Fragen beantworten:

- Welchen Anteil hat die Erfahrung der ohnmächtigen Zuschauerrolle an der Weiterentwicklung der GASP zur ESVP gemäß der Petersberg-Erklärung sowie den Arbeiten des Konvents zum Vertrag über eine Verfassung für Europa bis hin zum Reformvertrag?
- Wie war die Zusammenarbeit zwischen der Außenpolitik der EU und der UNO, den USA, der NATO, der Kontaktgruppe und andere Organisationen im Zusammenhang mit der Lösung der Kosovo-Frage?
- Aus welchem Grund hat die EU lange Zeit versucht, die Option der Unabhängigkeit des Kosovo zu vermeiden? War die Angst vor einem Domino-Affekt der Grund für die restriktive Positon hinsichtlich der Forderung der Kosovo-Albaner nach dem Recht auf Selbstbestimmung?

- Wie haben die Kosovo-Frage und die Auflösung Jugoslawiens zur Entwicklung der Außen- und Sicherheitspolitik der EU beigetragen bzw. welche Konsequenzen wurden daraus gezogen?
- Wird die EU aufgrund der bereits vollzogenen und der beabsichtigten Weiterentwicklung der ESVP derartigen Herausforderungen wie der Kosovo-Frage künftig besser gewachsen sein?
- Inwieweit hat die Kosovo-Frage Auswirkungen auf die Entwicklung der EU-Außenpolitik und umgekehrt?
- Inwieweit hat das Gutachten des Internationalen Gerichtshofs (IGH) zur Unabhängigkeitserklärung Kosovos Auswirkungen auf die Entwicklung des Völkerrechts und auf die Außenpolitik der EU?
- In welcher Weise sind die Missionen, welche die EU im Rahmen der ESVP unternimmt, in das UN-Konzept eingebettet und mit den Beschlüssen des UN-Sicherheitsrates abgestimmt?

1.5. Zum Aufbau der Arbeit

Die vorliegende Dissertation gliedert sich neben der Einführung in das Thema und der Präsentation des Forschungsgegenstands und der Untersuchungsmethode im ersten Kapitel und dem Schlusskapitel in insgesamt zehn Kapitel.

Das *zweite Kapitel* beschäftigt sich zunächst mit den historischen Grundlagen der außenpolitischen europäischen Zusammenarbeit. Dabei sollen die Strukturen und Konzepte der GASP hinsichtlich ihrer zivilmachtpolitischen Orientierung untersucht werden. Folglich werden hier der institutionelle Rahmen der europäischen Sicherheitspolitik dargestellt, die Ziele der GASP inhaltlich erörtert und die Handlungsformen analysiert. Die Anfänge lassen sich bis in die 1970er Jahre zurückverfolgen, als mit dem Luxemburger Bericht (Davignon-Bericht) der Beginn der „Europäischen Politik für Zusammenarbeit" (EPZ) und damit die Institutionalisierung einer Gemeinsamen Außen- und Sicherheitspolitik erstmals konkrete Formen annahmen. Der Bereich der Außen- und Sicherheitspolitik konnte jedoch nicht von der Integrationsdynamik der EG profitieren. Der Grund war, dass die sicherheitspolitische und die wirtschaftliche Integration getrennt voneinander verliefen. Für die eine war die NATO zuständig, für die andere die Europäische Gemeinschaft.

Mit besonderer Betonung der institutionellen und prozeduralen Aspekte, also der juristischen Rahmensetzung, werden die wichtigsten Ereignisse zur Entwicklung der europäischen Außenpolitik und Sicherheitspolitik bis zum Maastrichter Vertrag behandelt und analysiert. Im Zuge der Gründung der EU ist zum ersten Mal das außenpolitische Handeln der Union kodifiziert und die EPZ zur GASP fortentwickelt worden. Die gemeinsame Politik der EU für Äußeres und Sicherheit ist als eigene Säule der EU ausgestaltet und durch die intergouvernementale Zusammenarbeit der EU-Mitgliedstaaten gekennzeichnet.[37]

Als rechtliche Hemmnisse für eine effektive Ausübung der GASP werden neben institutionellen und prozeduralen Aspekten das ungeklärte Verhältnis zur NATO und die Vernachlässigung der Einbettung der GASP in die Sicherheitspolitik der Vereinten Nationen herausgearbeitet.

In der vorliegenden Arbeit werden auch die Rolle und die Bedeutung der EU in den internationalen Beziehungen analysiert. Bei diesem Thema steht die Frage im Mittelpunkt, ob die EU als ein Pol in einer multipolaren Welt in Verbindung mit einer eigenständigen Strategie denkbar ist. Die Bewertung der Positionen der einzelnen EU-Mitgliedstaaten macht deutlich, dass der eu-

---

[37] Giersch, Carsten: Die Europäische Union und der Krieg in Kosovo, in: Konrad Clewing / Jens Reuter (Hrsg.): Der Kosovo-Konflikt. Ursachen, Akteure, Verlauf, München 2000, S. 499-512.

ropäische Einigungsprozess im Hinblick auf die Finalisierung erhebliche Interessenunterschiede aufweist, und zwar sowohl im Binnen- als auch im Außenverhältnis der EU.

Im *dritten Kapitel* werden die Rolle der EPZ / GASP im Kontext des Jugoslawien-Zerfallsprozesses und die Genese des Kosovo-Konflikts in der ersten Hälfte der 90er Jahre des 20. Jahrhunderts behandelt. Die Faktoren hierfür waren vielfältig, jedoch wirkte das Ende des bipolaren Systems, welches eine Veränderung auch innerhalb der europäischen Institutionen Struktur brachte, beschleunigend für den Zerfall Jugoslawiens. Ihr Versagen auf dem Balkan hat die EG Anfang der 90er Jahre in ihrem Willen bestärkt, Konflikte vor der eigenen Haustüre künftig auch autonom, also unabhängig von der NATO, zu bewältigen. Diesem Ziel dient das ambitionierte Projekt einer Europäischen Sicherheits- und Verteidigungspolitik (ESVP), mit dem die EU sowohl ihre zivile als auch ihre militärische Handlungsfähigkeit ausbauen möchte.

Das Streben nach militärischer Handlungsfähigkeit stellt jedoch eine Zäsur in der bisherigen Gestaltung der EU-Außenbeziehungen, wenn nicht sogar einen Bruch dar, denn immerhin hat sich die Gemeinschaft Anfang der 70er Jahre zum Leitbild einer „Zivilmacht Europa"[38] bekannt. Hier werden nicht nur die Ursachen des Konflikts und dessen Verlauf untersucht werden, sondern auch die Rolle der EG und ihre Interventionen. Als Unterpunkt wird auch der politische Einfluss der EG auf Jugoslawien in den ersten Jahren behandelt, als die EG und andere internationale Organisationen daran interessiert waren, am Status quo festzuhalten, um die Integrität und Souveränität des damaligen Jugoslawien zu erhalten.

Auf der anderen Seite wird die Isolationspolitik der USA ins Augenmerk genommen, die gegenüber der EG betrieben wurde, welche durch die Konferenzen in Den Haag (1991) und London (1992) den Zerfall Jugoslawiens zu stoppen versuchte. Doch der Fehler der EG am Anfang des Konflikts war, dass gegenüber der Selbstbestimmung die Souveränität Jugoslawiens garantiert werden sollte, sowie die Position, keine Verhandlungen zur Demokratisierung Jugoslawiens zu führen.[39] In diesem Kontext wurde das Problem des Kosovo in der EG übersprungen, und daher blieb das Kosovo bei fast allen europäischen Konferenzen unberücksichtigt.

Im *vierten Kapitel* wird der Versuch unternommen, die außenpolitische Rolle der EU, vor allem die der wichtigen Akteure innerhalb der EU, im blutigen Zerfallsprozess Jugoslawiens sowie die Beschlüsse der Badinter-Kommission[40] zu analysieren, die sich mit dem Problem des Zerfalls Jugoslawiens und der Anerkennung neuer Staaten auf dem Territorium des ehemaligen Jugoslawiens (Slowenien, Kroatien, Bosnien und Mazedonien) in den Jahren 1991-1992 beschäf-

---

[38] Das Zivilmachtkonzept wurde 1973 in einem von den EG-Außenministern verfassten „Dokument über die Europäische Identität" zum normativen Leitbild der EG für die Gestaltung ihrer Außenbeziehungen erhoben. Hervorgehoben wird in diesem Dokument, dass die europäische Einigung keinem Machtstreben entspringt. Als internationale Aufgabe der EG werden der Kampf gegen die Unterentwicklung und das Bemühen um harmonische und konstruktive Beziehungen zu allen Drittländern genannt. Vgl. Jünemann, Annette / Schörnig, Niklas: Die Sicherheits- und Verteidigungspolitik der „Zivilmacht Europa". Ein Widerspruch in sich?, HSFK-Report 13/2002, S. 4-12.
[39] Shala, Blerim: „Vetëvendosja, secesioni, krijimi i shteteve" (Selbstbestimmungsrecht, Sezession, Gründung neuer Staaten), in: *Zëri*, 11.08.2005.
[40] In der Literatur zum Völkerrecht werden die verschiedenen Stellungnahmen sowie die Rolle der Badinter-Kommission generell sehr unterschiedlich beurteilt. So bewertet Alain Pellet die Stellungnahmen als *„[...] balanced and impartial decisions [...]"*. Vgl. Pellet, Alain: The Opinions of the Badinter Arbitration Commission. A Second Breath for the Self-Determination of Peoples, in: *EJIL* 3 (1992), 178-185 (181). Dagegen stuft der Rechtswissenschaftler Marc Weller sie als *„[...] underpinned by the shallowest legal reasoning and do not appear destined to assist the international community greatly when addressing the potentially dangerous problem of secession in the future"* ein. Vgl. Weller, Marc: International Law and Chaos, in: *Cambridge Law Journal* 52:1 (1993), 6-9 (8). Für den Juristen Wilfried Fiedler hingegen hinterlassen *"[...] die 15 ‚opinions' der Badinter-Kommission den Eindruck einer bewussten humanitären ‚Aufladung' sowohl des Instruments der völkerrechtlichen Anerkennung als auch der Regeln der Staatensukzession insgesamt"*. Vgl. Fiedler, Wilfried: Staatensukzession und Menschenrechte, in: B. Ziemske u.a. (Hrsg.): Festschrift für Martin Kriele, München 1997, S. 1371-1392 (1380).

tigte. Folglich werden hier die Richtlinien und die Kriterien für die Anerkennung der neuen Staaten in Osteuropa und in der Sowjetunion sowie die Beschlüsse der Badinter-Kommission und die Folgen des Daytoner Abkommens (1995) analysiert.

Als Wendepunkte der Kosovo-Krise werden die Daytoner Konferenz sowie die Anerkennung Rest-Jugoslawiens durch EU-Mitgliedstaaten behandelt, ohne dabei die Kosovo-Frage zu lösen und die Differenzen zwischen den USA und der EU zu bereinigen. Durchgängig geht es um Erklärungen und Gründe für die – trotz aller Initiativen – randständige Rolle der EU neben den USA und der NATO. Alle Versuche des Präsidenten der international nicht anerkannten Republik Kosovo, Ibrahim Rugova, das Kosovo-Problem während der Verhandlungen des Daytoner Abkommens zu internationalisieren, waren gescheitert. Um den Bosnien-Krieg zu beenden und in der Folge die Stabilität in dem Balkan-Staat zu garantieren, bedurfte es der Hilfe des serbischen Machthabers Slobodan Milošević. Die Kosovo-Frage blieb deshalb bei den Dayton-Verhandlungen 1995 ausgeklammert und wurde auch in den Jahren danach gegenüber Belgrad so gut wie nicht angesprochen. Der Kosovo bildete somit ohne Zweifel das inhaltliche „Stiefkind" des umfangreichen Vertragswerks. Jens Reuter betrachtet Dayton aus diesem Grund auch als die geistige Geburtsstunde der Befreiungsarmee des Kosovo (UÇK).[41]

Im *fünften Kapitel* werden die alle Bemühungen und die Haltung der Außen- und Sicherheitspolitik der EU zur Lage im Kosovo nach dem Daytoner Abkommen behandelt. Hier werden nicht nur die Ursachen des Konflikts und dessen Verlauf untersucht, sondern auch die randständige Rolle der EU und die Rückkehr der Balkan-Kontaktgruppe als Akteur der Vermittlungsdiplomatie. Auch als sich die Anzeichen für eine Eskalation des Konflikts vor allem im Verlauf des Jahres 1997 erheblich verdichteten, scheute die internationale Staatengemeinschaft vor einem frühen Eingreifen zurück. Dies mag dadurch zu erklären sein, dass ein Großteil der verfügbaren Mittel und Kräfte durch die schleppende zivile Implementierung des Daytoner Abkommens gebunden war.[42] Bei der Analyse der Politik, welche die EU im Vorfeld der Kriege im Kosovo verfolgte, wird untersucht, warum es nicht gelang, ein Übergreifen des Krieges auf das Kosovo zu verhindern, und wieso es die EU nicht schaffte, den Konflikt im Kosovo friedlich beizulegen.

Ich beschäftige mich mit den unterschiedlichen diplomatischen Initiativen der EU und der Kontaktgruppe für das Kosovo, die mit den Verhandlungen über die Normalisierung im Bildungsbereich in einem Abkommen zwischen Milošević und Rugova durch die Vermittlung der Comunità di Sant' Egidio von Rom begonnen hatten, wobei der deutsche Außenminister Kinkel und sein französischer Amtskollege Védrine als Initiatoren galten. Zudem wird sich ein Großteil dieses Kapitels mit der Sanktionspolitik der EU gegenüber Belgrad sowie mit der Ernennung des EU-Sonderbeauftragten für das Kosovo beschäftigen, dem österreichischen Botschafter in Belgrad, Wolfgang Petritsch.

Im *sechsten Kapitel* versuche ich, den Prozess vor, während und nach der Rambouillet-Verhandlung zu analysieren, welche als Produkt der Kontaktgruppe (Deutschland, Frankreich, Großbritannien, Italien, USA und Russland), ausgehend von der europäischen Initiative in London im Januar 1999, angesehen wird. Wegen des Versagens aller diplomatischen Bemühungen sowie des Scheiterns der inoffiziellen Waffenruhe durch die Ereignisse in Reçak und Rugovë waren die wichtigsten EU-Mitgliedstaaten und die Kontaktgruppe entschlossen, eine internationale Konferenz nach dem Muster von Dayton abzuhalten. Unter der Leitung der EU, allen voran

---

[41] Vgl. Reuter, Jens. Die Entstehung der jugoslawischen Krise und ihre Internationalisierung, in: *SOE*, 40:7-8, 343-352.

[42] Vgl. Calic, Marie-Janine: Der Balkan zwischen prekärer Konsolidierung und neuer Kriegsgefahr, in: *Jahrbuch Internationale Politik* 1997-1998, München 2000, S. 136-148 (136 ff.).

durch die französisch-britische Diplomatie, wurde die Konferenz in Rambouillet[43] (Februar 1999) abgehalten, welche wegen der Ablehnung des Vertrags durch die serbische Seite scheiterte und eine negative Bilanz für die europäische Politik kennzeichnete. Dadurch wurde der Weg für eine NATO-Intervention frei, und die Rolle der USA in dem Konflikt um das Kosovo gewann an Bedeutung.

Analysiert werden die Anfänge und Ereignisse auf politisch-diplomatischer Ebene der EU-Mitgliedstaaten, wobei auf der deutschen Position ein wichtiger Schwerpunkt liegen wird, da der Fischer-Plan als eine mögliche Lösungsvariante galt. Wegen der Ratspräsidentschaft in der EU und wegen des Treffens der G8 in Deutschland sowie der Ernennung des Finnen Martti Ahtisaari als EU-Beauftragter für Kosovo ist es wichtig zu sehen, welche Entscheidungen durch Deutschland stark beeinflusst wurden.

Die NATO-Angriffe auf Rest-Jugoslawien stellten schließlich die große Zäsur im Unabhängigkeitskampf der Kosovo-Albaner dar. Die serbisch/jugoslawischen Truppen mussten aus dem Kosovo abziehen. Belgrad entglitt dadurch die direkte Kontrolle über das Geschehen im Kosovo. Diese geriet nach vielen Jahren wieder voll unter albanischen Einfluss. Milošević hatte 1999 das Kosovo *de facto* für Serbien verloren. Die Kosovo-Albaner waren ihrem Ziel eines eigenen Staates einen großen Schritt näher gerückt.

Das *siebte Kapitel* befasst sich mit der Weiterentwicklung der durch den Maastrichter Vertrag begründeten GASP zur Europäischen Sicherheits- und Verteidigungspolitik (ESVP). Dabei werden die Erfahrungen mit den Mängeln der GASP, die bei einzelen außen- und sicherheitspolitischen Missionen der EU deutlich zutage traten, als entscheidende Anstöße berücksichtigt. Nach Art. J.4 EUV/Maastricht umfasst die GASP auch *„sämtliche Fragen, welche die Sicherheit der Europäischen Union (...) betreffen"*. Diese Bestimmung hat es ermöglicht, erste Schritte in Richtung der Entwicklung einer Sicherheits- und Verteidigungspolitik zu gehen.

Eine wichtige Rolle spielt weiter die Petersberg-Erklärung (19. Juni 1992)[44], in der sich die WEU-Mitglieder bereit erklärt haben, die Entscheidungen der Europäischen Union, die verteidigungspolitische Bezüge haben, umzusetzen. In diesem Kontext ist die WEU auf die folgenden Aufgaben konzentriert: humanitäre Aufgaben und Rettungseinsätze; friedenserhaltende Aufgaben; Kampfeinsätze bei der Krisenbewältigung, einschließlich Maßnahmen zur Herbeiführung des Friedens.[45] Diese Aufgaben, bekannt auch als die Petersberg-Aufgaben, stellen das Kernstück der Erklärung dar.

Erst mit dem Amsterdamer Vertrag sind die konkreten Schritte zur Entwicklung der ESVP geschaffen worden. Der Amsterdamer Vertrag verleiht mit seinen Regelungen über die Sicherheits- und Verteidigungspolitik der Union einen Aspekt, der seit der Gründung der ersten Gemeinschaft im Jahr 1951 ausgeschlossen war. Dazu gehört auch die schrittweise Festlegung einer gemeinsamen Verteidigungspolitik, die zu einer gemeinsamen Verteidigung führen könnte, falls der Europäische Rat dies beschließt.[46] Die Weiterentwicklung der ESVP ist mit dem Nizza-Vertrag noch nicht zum Abschluss gekommen. Das Mandat des Europäischen Rates von Laeken hat die Außen- und Sicherheitspolitik sehr deutlich in den globalen Kontext gestellt.

Folglich geht es im letzten Teil dieses Kapitels um die Ausgestaltung der Europäischen Sicherheits- und Verteidigungspolitik nach dem Entwurf eines Vertrages über eine Verfassung

---

[43] Eine umfassende Darstellung der Vorgeschichte sowie des Verlaufs der Konferenzen von Rambouillet und Paris gibt insbesondere Weller, Marc: The Rambouillet Conference on Kosovo, in: *International Affairs* 75:2 (1999), 211-252. Eine umfangreiche Dokumentation findet sich zudem bei Petritsch, Wolfgang / Kaser, Karl / Pichler, Robert (Hrsg.): Kosovo/Kosova: Mythen, Daten, Fakten, Klagenfurt u.a. 1999.
[44] Petersberger Erklärung, abgedruckt in: Europa Archiv 14/1992, D 479-485.
[45] Anhang I Teil III Punkt 4 der Petersberg-Erklärung.
[46] Art. 17 EUV/Amsterdam.

für Europa und nach dem Reformvertrag. Hier wird auch die Ratifizierung des Vertrags von Lissabon[47] (trat am 1. Dezember 2009 in Kraft) durch alle EU-Mitgliedstaaten untersucht. Die Gemeinsame Sicherheits- und Verteidigungspolitik ist mit diesem Vertrag integraler Bestandteil der Gemeinsamen Außen- und Sicherheitspolitik geworden.

Das *achte Kapitel* behandelt die Rolle der EU im Kosovo nach dem Krieg und die Bestimmung des Status des Kosovo. Dabei konzentriere ich mich besonders auf den Stabilitätspakt sowie die Stabilisierungs- und Assoziierungsabkommen als Faktoren der Entwicklung für Stabilisierung und Integration Südosteuropas in die EU. Die Idee für dieses neue Instrument der Krisenprävention entstand bereits Ende 1998, also noch vor Beginn des Kosovo-Krieges. Dennoch hat die NATO-Intervention im Kosovo als wichtigster Katalysator gewirkt, um international den politischen Willen zu einem umfassenden neuen Vorgehen in der Region zu stärken.[48] Die Balkankonflikte wurden zum wichtigsten Katalysator einer eigenständigen Europäischen Sicherheits- und Verteidigungspolitik (ESVP).[49]

Mit dem Ende des Kosovo-Krieges 1999 und der Gründung des Stabilitätspakts für Südosteuropa im Juni 1999 wurden die reaktiven Kriseninterventionen durch eine langfristig angelegte, regional ausgerichtete Stabilitätspolitik in Südosteuropa ersetzt.[50] Ein wichtiges Instrument für eine längerfristige Stabilisierung stellt der Stabilitätspakt dar. Komplementär dazu hat die EU ein Heranführungsinstrumentarium entwickelt, den Stabilisierungs- und Assoziierungsprozess (SAP), der den Abschluss von individuell abgestimmten Stabilisierungs- und Assoziierungsabkommen (SAA) vorsieht. Der Europäische Rat erklärte im Juni 2000 in Santa Maria da Feira, dass *„alle betroffenen Länder potenzielle Kandidaten für die EU-Mitgliedschaft"* sind.[51] Beim EU-Balkan-Gipfeltreffen in Thessaloniki (21. Juni 2003) wurde bestätigt, dass der Balkan als *„ein integraler Bestandteil eines vereinigten Europas"* angesehen wird.[52] Für die europäische Kosovopolitik war die Statusfrage zu dieser Zeit noch kein Thema. Diese kam erst ab 2005 im Rahmen der Balkankontaktgruppe auf die politische Agenda des UN-Generalsekretärs. Hier spiegelt sich die Rolle der Hauptakteure der EU im Rahmen der GASP bei der Bestimmung des kosovarischen Status während der Wiener Verhandlungen zwischen 2005 und 2007 wider. In dieser Arbeit wird der Fokus auf der Rolle der EU-Außenpolitik sowie der Gesandten Stefan Lehne und Wolfgang Ischinger und die Implementierung des Ahtisaari-Plans mit der Bedingung der überwachten Unabhängigkeit liegen.

Die Unabhängigkeitserklärung des Kosovo, das Kosovo-Gutachten des IGH und die Position der EU-Mitgliedstaaten, die Bereitschaft der EU, eine Mission (EULEX) in das Kosovo zu schicken, die europäische Zukunft des Kosovo und das Stabilisierungs- und Assoziierungsabkommen zwischen der EU und dem Kosovo werden im *neunten Kapitel* behandelt. Besonders konzentriere ich mich auf die Haltung von EU-Mitgliedstaaten im Verfahren vor dem Internatio-

---

[47] Vertrag über die Europäische Union und Vertrag über die Arbeitsweise der Europäischen Union in den konsolidierten Fassungen vom 30. März 2010, https://eur-lex.europa.eu/legal-content/DE/TXT/?uri=CELEX:C2010/083/01 (Zugriff am 24.01.2019).
[48] Vgl. Calic, Marie-Janine: Der Stabilitätspakt für Südosteuropa. Eine erste Bilanz, in: *APuZ*, B 13-14/2001, 9-16 (9).
[49] Maull, Hanns W.: Die prekäre Kontinuität: Deutsche Außenpolitik zwischen Pfadabhängigkeit und Anpassungsdruck, in: Schmidt, Manfred G. / Zohlnhöfer, Reimut (Hrsg.): Regieren in der Bundesrepublik Deutschland, Innen- und Außenpolitik seit 1949, Wiesbaden 2006, S. 421-446.
[50] Vgl. dazu Kaiser, Karl: Der Balkan als Modell, in: *IP*, 11/2003, 20-28.
[51] Vgl. Europäischer Rat, Santa Maria da Feira, 19. und 20. Juni 2000, Schlussfolgerungen des Vorsitzes, http://www.europarl.europa.eu/summits/fei1_de.htm; Calic, Marie Janine: Europas Herausforderungen auf dem Balkan, in: *IP* 58:12 (2003), 57-63.
[52] Erklärung von Thessaloniki, Gipfeltreffen EU – Westliche Balkanstaaten, Thessaloniki, 21. Juni 2003, 10229/03 (Presse 163), https://www.consilium.europa.eu/uedocs/cms_data/docs/pressdata/de/misc/76317.pdf.

nalen Gerichtshof in Den Haag zur Rechtmäßigkeit der Unabhängigkeitserklärung des Kosovo. In diesem Zusammenhang werde ich in diesem Kapitel die Verhandlungen und die Schwierigkeiten zwischen der EU und den Vereinten Nationen analysieren, welche sich durch die Politik Russlands im Sicherheitsrat betreffend der EULEX-Mission ergeben haben. Die Mission konnte erst im Dezember 2008 vollständig ihre Arbeit aufnehmen, da sie für das gesamte Jahr 2008 durch serbische Obstruktionen, den Widerstand Russlands im UN-Sicherheitsrat und Meinungsverschiedenheiten in der EU behindert worden war.[53] Zusätzlich wird der Beschluss des UNO-Generalsekretärs analysiert, der eine Umstrukturierung der UNMIK und die Unterstellung der EULEX unter die Mission der UN vorsieht. Hier stelle ich die außen- und sicherheitspolitische Praxis der EU im Zusammenhang mit dem Verhältnis der EU zu den Vereinten Nationen dar.

Jedes der Kapitel wird durch eine Zusammenfassung abgerundet, wobei auch die jeweiligen Resultate präsentiert werden.

Den Abschluss dieser Arbeit bildet ein allgemeines Resümee, welches die Resultate der gesamten Arbeit beinhaltet. Dabei soll auch ein Ausblick auf die Frage gewagt werden, ob die Neustrukturierung der Europäischen Sicherheits- und Verteidigungspolitik die Union besser für solche Herausforderungen wappnet, wie sie die Kosovo-Frage dargestellt hat.

Die Studie endet schließlich mit einer abschließenden Bewertung und einem Ausblick auf die mögliche weitere Entwicklung der Außenpolitik der EU und auf die Frage der Integration des Kosovo in die EU als eine der wichtigsten Herausforderungen an den Prozess der Integration der westlichen Balkanstaaten, nämlich die Europäisierung dieser Region, die seit einem Jahrhundert ein ständiges „Kopfzerbrechen" für Europa gewesen war. Abschließend wird die Beantwortung der zentralen Fragen der Arbeit zusammengefasst, ob die EU in der Kosovo-Frage handlungsfähig blieb und ob die Lehren aus dem Kosovokrieg einen Katalysator für die Weiterentwicklung der GASP dargestellt haben.

1.6. Quellen und Literatur

Die Behandlung und Analyse der Außenpolitik der EU stützt sich auf Literatur, Dokumente, Interviews, Korrespondenzen und Erklärungen (Beschlüsse) der Institutionen sowie der internationalen Mitarbeiter, welche mit den politischen Fragen im Kosovo und in Ex-Jugoslawien, direkt oder indirekt, konfrontiert waren. Als Quellen dienen neben der politik- und rechtswissenschaftlichen Literatur die europäischen und deutschen Dokumente, politische Informationsschriften, Positionspapiere der Parteien und anderer Organisationen. Zahlreiche Aufsätze, Kommentare und Zeitzeugen ergänzten das Material und halfen, die Kommuniqué-Sprache offizieller Dokumente zu durchbrechen. Ich habe mich bemüht, auf breiter Basis Quellen und Sekundärliteratur heranzuziehen und dabei alle wichtigen Darstellungen zu bearbeiten.

Unter Berücksichtigung des neueren internationalen Schrifttums haben eine Reihe von grundlegenden Titeln Eingang gefunden, die mit Blick auf die Haltung der europäischen Außenpolitik während des Zerfallprozesses Jugoslawiens und in der Kosovo-Krise besonders instruktiv erschienen. Auch verwendete Literatur über die internationalen Organisationen, EU, UN und NATO und ihre Reformprobleme sind den Anmerkungen der entsprechenden Kapitel zu entnehmen.

---

[53] „One year on", in: *The Economist*, 14.02.2009, p. 36.

Besonders hinzuweisen ist auf wissenschaftliche Monographien,[54] die sich mit unterschiedlichen Aspekten der EU-Politik betreffend des Kosovo beschäftigt haben, vor allem in der Krisenzeit während des Zerfalls Ex-Jugoslawiens, als der Status des Kosovo das zentrale Problem für die politische Entwicklung der Südostregion darstellte.

Bisher hat sich keine Studie explizit mit der EU-Politik im Zusammenhang mit der Kosovo-Frage beschäftigt. Hierfür mag zum einen die zeitliche Nähe maßgebend sein, zum anderen der Umstand wirken, dass die Außenpolitik der EU erst sehr spät Einfluss auf die Fortentwicklung der Ereignisse nahm, die Untersuchung der anderen Akteure insofern interessanter erscheinen vermochte. Allerdings ermöglicht umfangreiches Material, welches sich partiell mit der Außenpolitik der EU beschäftigt, eine breite Meinungsbildung.

Aufgrund der Aktualität basiert die Behandlung des Kosovo-Konflikts auch auf wissenschaftlichen Aufsätzen, Zeitungberichten und Dokumenten, die sich ebenfalls mit dem Einfluss der Außenpolitik der EU beschäftigen. Zur Bearbeitung der Fragestellungen und Hypothesen werden neben Primär- und Sekundärquellen auch Dokumente der EU analysiert. Konkret werden die Daten mittels Dokumentenanalyse sowie auch mittels Interpretation von Literaturquellen und dem Internet erhoben.

Zuletzt seien die veröffentlichten Quellen aufgeführt, die für die Untersuchung genutzt wurden: Die Zeitschrift „*Europa-Archiv*" (seit 1995 „*Internationale Politik*") hat während des gesamten Konfliktverlaufs einerseits eine Vielzahl von Dokumenten zur Entwicklung im ehemaligen Jugoslawien abgedruckt,[55] zum anderen in bewährter Manier die Reformen der internationalen Organisationen dokumentiert.

---

[54] So etwa die Monographien bzw. Sammelbände *von Aydan Bashlinskaya (2009), Carsten Giersch (1998), Wolfgang Petritsch / Karl Kaser / Robert Pichler (1999), Viktor Meier (1999), Günter Joetze (2001), Rudolf Scharping (1999), Tim Judah (2002), Stefan Troebst (1998), Marc Weller (1999, 2009), Konrad Clewing / Jens Reuter (2000), Thomas Schmidt (1999), Fee Rauert (1999), Marie-Janine Calic (1995), Geert-Hinrich Ahrens (2007, 2010), Arne von Neubeck (2002), Joschka Fischer (2007), Blerim Reku (2007).* Siehe auch Ukshini, Sylë: Kosova në politikën e jashtme të BE-së 1991-2007, Shkup, Tiranë, Prishtinë 2008.
[55] Siehe Volle, Angelika / Wagner, Wolfgang (Hrsg.): Der Krieg auf dem Balkan. Die Hilflosigkeit der Staatenwelt. Beiträge und Dokumente aus dem Europa-Archiv, Bonn 1994.

2. Die Entwicklung der Europäischen Außen- und Sicherheitspolitik

„Europa muss zu einem starken und einflussreichen Akteur auf der internationalen Bühne werden. Es muss bestrebt sein, mit einer Stimme zu sprechen und in Hauptkrisengebieten im Geiste einer offenen und ergiebigen Zusammenarbeit mit den Vereinigten Staaten einzugreifen, um die Sicherheit und den Frieden der Welt aufrechtzuerhalten."[56]

Der Begriff der Außenbeziehungen der EU im rechtlichen Sinn beschreibt „die Summe der rechtlich erheblichen Kontakte" der EU zu Dritten, durch die ihre Existenz im internationalen Verkehr manifestiert wird.[57] Es wird zwischen der integrierten und der intergouvernementalen EU-Außenpolitik unterschieden. Die integrierte europäische Außenpolitik ist supranational ausgestaltet und wird von der EU selbst praktiziert. Zu diesem außenpolitischen Bereich zählen u.a. die Handels-, Entwicklungs-, Assoziierungs- sowie die Beitrittspolitik.[58]

Die intergouvernementale EU-Außenpolitik ist die GASP im Sinne der Art. 24 ff. EUV (ex-Art. 11 ff. EUV). Sie wird von den Regierungen der Mitgliedstaaten gestaltet und ist somit intergouvernemental organisiert.[59] Die GASP wird auch nach dem Reformvertrag nicht „brüsseliert". Vielmehr wird sie als „Zweite Säule" von der EU weitgehend isoliert geführt.[60] Nach der „Lissaboner" Erneuerung ist die EU ein Völkerrechtssubjekt und nimmt als bedeutender eigenständiger Akteur auf der internationalen Bühne teil, indem sie u.a. politische Beziehungen zu Drittstaaten und internationalen Organisationen aufnimmt und unterhält. Um die Außenbeziehungen der EU verstehen zu können, muss zunächst dargestellt werden, wie die Außenpolitik der EU von der Europäischen Politischen Zusammenarbeit (EPZ) zur Gemeinsamen Außen- und Sicherheitspolitik (GASP) entwickelt wurde.

2.1. Die Vorläufer der Gemeinsamen Außen- und Sicherheitspolitik

Europa war für viele Jahrhunderte Schauplatz blutiger Auseinandersetzungen. Viele Kriege haben unzählige Tragödien verursacht. Allein im Zweiten Weltkrieg verloren etwa 65 Millionen Menschen ihr Leben.[61] Unter den Folgen dieser blutigen Kriege und im Schatten der Entwicklung des Kalten Krieges waren die westeuropäischen Staaten in der Lage, die grundlegenden Ideen für die Integration Westeuropas zu formulieren. Die Erfahrungen des Zweiten Weltkrieges waren der „Vater" der Schaffung der Europäischen Union, sagt der britische Experte Timothy Garton Ash.[62] Der europäische Kontinent lag in Trümmern und von dort aus sollte auch das politische Heil gesucht werden. Ehemalige Großmächte wie England und Frankreich waren erschöpft, da ihre Kolonialherrschaft beendet wurde.

Die USA und die Sowjetunion teilten mit dem Beginn des Kalten Krieges die Welt in zwei feindliche Blöcke; es war nicht bekannt, für wie lange sie auf dem europäischen Kontinent

---

[56] Programm des italienischen Vorsitzes des Rates der Europäischen Union, vorgestellt am 27. Juni 2003 in Brüssel, dokumentiert in: IP 9/2003, S. 121.
[57] Reichardt, Hans Wilhelm: Auswärtige Beziehungen der Europäischen Gemeinschaft für Kohle und Stahl zu Drittstaaten und Internationalen Organisationen, Diss., Universität Köln, 1961, S. 76.
[58] Oppermann, Thomas: Europarecht, 3. Aufl., München 2005, Art. 30, Rn. 14 f.; Nawparwar, Manazha: Die Außenbeziehungen der Europäischen Union zu internationalen Organisationen nach dem Vertrag von Lissabon, Beiträge zum Europa- und Völkerrecht, Heft 4, Institut für Wirtschaftsrecht, Forschungsstelle für Transnationales Wirtschaftsrecht, Juristische und Wirtschaftswissenschaftliche Fakultät der Martin-Luther-Universität Halle-Wittenberg, Halle 2009, S. 12.
[59] Oppermann, Thomas: Europarecht, 3. Aufl., München 2005, Art. 30, Rn. 14 f.
[60] Thym, Daniel: Außenverfassungsrecht nach dem Lissaboner Vertrag, in: Ingolf Pernice (Hrsg.): Der Vertrag von Lissabon: Reform der EU ohne Verfassung?, Baden-Baden 2008, S. 173-189.
[61] Schley, Nicole / Busse, Sabine J. / Brökelman, Sebastian: Knaurs Handbuch Europa, München 2004, S. 11.
[62] Garton Ash, Timothy: Zeit der Freiheit: Aus den Zentren von Mitteleuropa, München, Wien 1999, S. 466.

regieren würden. Zu diesem Zeitpunkt wurde Deutschland, das nach dem Zweiten Weltkrieg in Ruinen lag, unter die Aufsicht der internationalen alliierten Streitkräfte gestellt. Das Ergebnis war, dass der deutsche Staat in zwei Teile geteilt und somit zum Epizentrum und zum Symbol der Ost-West-Bipolarität wurde. Unter dieser Konstellation wurde die Nordatlantische Allianz (NATO) der dominante Faktor im westlichen Teil Europas, Sie hatte anfänglich das Ziel, Deutschland (wenn auch geteilt) unter politischer und militärischer Kontrolle zu halten, um so den politischen und militärischen Einfluss der Sowjetunion von der Westeuropäischen Union fernzuhalten und zur gleichen Zeit die politische und militärische Präsenz der Vereinigten Staaten zu stärken und im Einklang mit den Grundsätzen der Vereinten Nationen ein globales System der kollektiven Sicherheit zu etablieren. Kurz gesagt, die Hauptaufgabe des Bündnisses war, eine ausreichende militärische Kapazität zu erhalten und ihre Mitglieder gegen jede Form von Aggression durch die Sowjetunion und den Warschauer Pakt zu verteidigen.[63]

Daher hatten die europäischen Länder nach dem Zweiten Weltkrieg eine Vielzahl von Gründen, um die Idee der europäischen Integration voranzutreiben, was von den Vereinigten Staaten von Amerika unterstützt wurde. In ihrem Kern ist die Idee der institutionalisierten europäischen Integration die Befriedung zwischen den Deutschen und den Franzosen und der Wunsch nach Sicherheit und Frieden. Winston Churchill und andere Politiker wie Robert Schuman[64] und Konrad Adenauer[65] hatten erkannt, dass eine friedliche Ordnung in Europa nur durch die Versöhnung und den Ausgleich zwischen Deutschland und Frankreich möglich war. In diesem Sinne rief Winston Churchill im Jahr 1946 in einer historischen Rede auf zur Schaffung der Vereinigten Staaten von Europa, die von der Annäherung und Versöhnung der beiden wichtigen europäischen Länder Frankreich und Deutschland abhängig sei. „*Der erste Schritt bei der Neugründung der europäischen Familie muss eine Partnerschaft zwischen Frankreich und Deutschland sein. Nur auf diese Weise kann Frankreich die moralische Führung Europas wieder erlangen. Es gibt kein Wiederaufleben Europas ohne ein geistig großes Frankreich und ein geistig großes Deutschland (...) Wir müssen etwas wie die Vereinigten Staaten von Europa schaffen*",[66] sagte Winston Churchill am 19. September 1946 in seiner Rede in der Universität Zürich. Eine solche Partnerschaft werde die Erbfeindschaft zwischen den beiden Ländern beenden und den Frieden in Europa garantieren. Außerdem unterstütze es das Prinzip der „*Balance of Power*".

In diesem Zusammenhang beschlossen die westeuropäischen Staaten die Änderung der grundlegenden Prinzipien in ihren Beziehungen und neutralisierten nicht nur die alten Rivalitäten

---

[63] Vgl. NATO: NATO Transformed, Brussels 2004: Public Diplomacy Division, p. 3.
[64] Jean-Baptiste Nicolas Robert Schuman (1886-1963) war ein deutsch-französischer Staatsmann. Schuman kann als echter Europäer gelten: Als französischer Außenminister setzte er sich für die Aussöhnung mit Deutschland ein. Schuman war Ministerpräsident von Frankreich und bereitete als französischer Außenminister den Weg zur Schaffung der Montanunion (Schuman-Plan) vor. Später war Schuman Präsident des Europäischen Parlaments. Er gilt zusammen mit Jean Monnet als Gründervater der Europäischen Union. Siehe Robert Schuman Foundation: Robert Schuman (Biografie),
http://www.schumanfoundation.eu/index.php?option=com_content&task=view&id=21&Itemid=33.
[65] Konrad Hermann Joseph Adenauer (1876-1967) war von 1949 bis 1963 erster Bundeskanzler der Bundesrepublik Deutschland sowie von 1951 bis 1955 zugleich Bundesminister des Auswärtigen. Als erster Bundeskanzler und Außenminister der Bundesrepublik Deutschland prägte er eine ganze Ära. Der zum Amtsantritt 73-jährige setzte Bonn als Bundeshauptstadt durch, stand für eine Politik der Westbindung und der Europäischen Einigung und eine aktive, auch militärische Rolle der Bundesrepublik in der NATO. Siehe Köhler, Henning: Adenauer. Eine politische Biographie, Berlin 1994.
[66] Rede von Sir Winston Churchill am 19. September 1946 in der Universität Zürich, in: Uwe Holtz (Hrsg.): 50 Jahre Europarat, Baden-Baden 2000, S. 307-310; „Ein britischer Patriot für Europa. Winston Churchills Europa-Rede, Universität Zürich, 19. September 1946", in: *Die Zeit*,
http://www.zeit.de/reden/die_historische_rede/200115_hr_churchill1_englisch.

untereinander, sondern realisierten auch eine gemeinsame Sicherheit durch Integration der transnationalen politischen und militärischen Organisationen.

> *„An die Stelle von Rivalität und Konfrontation traten Kooperation und Integration. Zugleich bot dieses neue Prinzip der Integration eine bisher nicht gekannte Einbindungsmöglichkeit für das besiegte Deutschland, das, anders als mit dem Versailler Friedensvertrag, jetzt eine transatlantische und europäische Integrationsperspektive erhielt und damit seine Rolle als ‚loose cannon' des europäischen Staatensystems dauerhaft hinter sich lassen konnte",*[67] behauptete der ehemalige deutsche Außenminister Joschka Fischer.

Aber das durch Krieg zerrissene Europa konnte die Idee der Einheit nicht ohne US-Wirtschaftshilfe realisieren; die mit dem „Marshall-Plan"[68] entfachte Konjunkturbelebung in Westeuropa wurde durch Dutzende Milliarden von Dollar möglich gemacht.[69] Im Zuge dieser Entwicklung unternahm am 9. Mai 1950 der französische Außenminister Robert Schuman die Initiative für die Schaffung der Europäischen Gemeinschaft für Kohle und Stahl (EGKS).[70] Der Schuman-Plan, der als „erster Schritt zur Schaffung der Europäischen Föderation" gilt, wurde der Schlüssel des neuen Systems und der politischen Identität Europas. Außerdem war sein Ziel, Bedingungen für die Zukunft zu schaffen, um jede Art eines europäischen Krieges zu vermeiden. Nach all dem schien für die europäischen Länder, darunter Frankreich und die Bundesrepublik Deutschland, die Idee einer gemeinsamen Außenpolitik immer noch utopisch. Der Prozess der Europäischen Einigung begann mit der engeren wirtschaftlichen Zusammenarbeit der sechs Gründerstaaten (Deutschland, Frankreich, Italien, Belgien, Niederlande, Luxemburg) und blieb in den Folgejahren nur auf diesen Bereich konzentriert (Gründung der EGKS (sogenannte „Montanunion") 1951, Bildung von EWG und EURATOM 1958).[71]

Durch die Schaffung einer wirtschaftlichen Gemeinschaft wurde das Fundament für eine weitere und tiefgreifende Gemeinschaft der Völker gelegt, die für eine lange Zeit durch blutige Auseinandersetzungen entzweit waren.[72] Die Gründung der Europäischen Gemeinschaft für Kohle und Stahl (EGKS) wurde als institutioneller Rahmen für eine mögliche Politische Union Europas wahrgenommen. Auf diese Weise wurde eine supranationale Einheit geschaffen, wo die europäischen Staaten einen großen Teil ihrer souveränen Rechte auf dem Gebiet der Politik auf die Montanunion delegieren. Durch die Förderung der wirtschaftlichen Integration für freien Warenverkehr hofften die Europäer, dass es ein Modell der Zusammenarbeit werden könnte, die später auf den politischen Bereich ausgedehnt würde, um so ein politisches System auf supranationaler Ebene aufzubauen.[73]

---

[67] Fischer, Joschka: Die Rückkehr der Geschichte. Die Welt nach dem 11. September und die Erneuerung des Westens, Köln 2005, S. 99; siehe zu diesem Buch die Rezension von Sylë Ukshini, in: *Koha Ditore*, 19.11.2006.
[68] George Catlett Marshall, 1880-1959, war ein US-amerikanischer General of the Army und Staatsmann. Am bekanntesten wurde er durch den nach ihm benannten Marshallplan, für den er 1953 den Friedensnobelpreis und 1959 den Karlspreis erhielt.
[69] Vgl. Tafaj, Sinan: Marrëdhëniet e Shqipërisë me vendet anëtare të Bashkimit Ekonomik Evropian, Tiranë 1999, S. 64.
[70] Vor 60 Jahren: Debatte zum Montanunion-Beitritt, http://www.bundestag.de/dokumente/textarchiv/2011/34170545_kw28_montanunion/index.html.
[71] Lipgens, Walter / Loth, Wilfried (Hrsg.): 45 Jahre Ringen um die Europäische Verfassung. Dokumente 1939-1984. Von den Schriften der Widerstandsbewegung bis zum Verfassungsentwurf des Europäischen Parlaments, Bonn 1986, S. 45.
[72] Vertrag über die Gründung der Europäischen Gemeinschaft für Kohle und Stahl vom 18. April 1951, in: Reiner Schulze / Thomas Hoeren (Hrsg.): Dokumente zum Europäischen Recht, Bd. 1: Gründungsverträge, Berlin, Heidelberg, New York 1999, S. 385-428.
[73] Mayer, Lawrence C. / Burnett, John H. / Ogden, Susane / Ymeri, Kujtim / Gazheli, Rudina: Politikat krahasuese: Popujt dhe teoritë në ndryshimin e botës, Tiranë 2003, S. 76.

Die Europäische Union war eine stille Revolution im System der europäischen Staaten, nämlich der Beginn der europäischen Integration, die laut Joschka Fischer Reflexionen des gesamten Systems der internationalen Beziehungen widerspiegelt, *„und es war zugleich die Antwort auf die Frage, was nach dem Untergang des alten Systems des Westfälischen Friedens und nach einem nicht absehbaren Ende des Kalten Krieges an desen Stellte treten sollte".*[74]

Im Bemühen, die europäischen politischen und militärischen Einheiten zu kompensieren, unterzeichneten sechs europäische Länder (Belgien, Frankreich, Deutschland, Holland, Italien und Luxemburg) in Rom am 25. März 1957 zwei Verträge. Durch den ersten wurde die Europäische Wirtschaftsgemeinschaft (EWG), durch den zweiten die Europäische Atomgemeinschaft (Euratom) gegründet. Neben der Entwicklung des Integrationsprozesses entstand die Notwendigkeit für eine bessere Koordinierung der außenpolitischen Fragen. In diesem Zusammenhang wurde im Jahr 1970 die Gründung der Europäischen Politischen Zusammenarbeit vereinbart.

Mit Inkrafttreten des Vertrages von Maastricht über die Europäische Union im November 1993 wurde die Gemeinsame Außen- und Sicherheitspolitik (GASP) als Nachfolgerin der Europäischen Politischen Zusammenarbeit (EPZ) eingeführt. Mit dem Vertrag von Maastricht vom 7. Februar 1992 wird laut Artikel J. des Titels V eine *„Gemeinsame Außen- und Sicherheitspolitik der Europäischen Union eingeführt"*.

Der Vertrag von Lissabon (in Kraft seit dem 1. Dezember 2009) stärkt die GASP weiter. Zwar bleibt das Prinzip der Einstimmigkeit bei der Beschlussfassung (bis auf wenige, eng umgrenzte Ausnahmen) erhalten, aber die institutionelle Neuordnung mit der Schaffung eines Europäischen Auswärtigen Dienstes ist ein wichtiger Fortschritt auf dem Weg zur Integration der EU-Außenpolitik.[75]

Der Prozess der europäischen Einigung wurde von zwei historischen Entwicklungskonzepten geprägt: der Vorstellung einer politischen Integration, bei der einzelstaatliche Hoheitsrechte auf eine supranationale Organisation übergehen, und einer Konzeption, nach der die beteiligten Staaten ihre volle Souveränität behalten und ihre Kompetenzen „gemeinsam nach zwischenstaatlichen Regeln" ausüben.[76] Aufgrund der historischen Genese beider Konzepte und ihrer strukturellen Implementierung ist die Europäische Union (EU) derzeit *„durch ein Nebeneinander von supranationalen Gemeinschaften und Formen zwischenstaatlicher Zusammenarbeit"* gekennzeichnet.[77]

2.2. Die Europäische Politische Zusammenarbeit (EPZ)

Wie schon oben erwähnt, sind die ersten Bemühungen zur Koordinierung der Außenpolitik mit dem Plan des französischen Premierministers René Pleven (*„Der französische Plan zur Verteidi-*

---

[74] Fischer, Joschka: Die Rückkehr der Geschichte. Die Welt nach dem 11. September und die Erneuerung des Westens, Köln 2005, S. 100.
[75] Der EAD ist eine vom Rat und von der Kommission unabhängige, eigenständige Institution. Er besteht aus einer Zentrale in Brüssel und den circa 140 EU-Delegationen in Drittländern und bei internationalen Organisationen („EU-Botschaften"). Die Organisation und Arbeitsweise des EAD ist in einem Ratsbeschluss Ende Juli 2010 festgelegt worden. Der EAD hat im Dezember 2010 seine Arbeit aufgenommen und nach umfangreicher Aufbauarbeit die Sichtbarkeit der EU im außenpolitischen Bereich erhöht. Siehe: Art. 27 Abs. 3 EU-Vertrag in der Fassung des Vertrags von Lissabon; Lieb,Julia und Kremer, Martin: Der Aufbau des Europäischen Auswärtigen Dienstes: Stand und Perspektiven. Integration, Vol. 33, No. 3 (Juli 2010), S. 195-208.
Auswärtiges Amt: „Gemeinsame Außen- und Sicherheitspolitik (GASP)",
http://www.auswaertiges-amt.de/DE/Europa/Aussenpolitik/GASP/Uebersicht.html.
[76] Vgl. Burkard, Johannes: Die Gemeinsame Außen- und Sicherheitspolitik und ihre Berührungspunkte mit der Europäischen Gemeinschaft, Berlin 2001, S. 19.
[77] Ebenda.

gung des Westens")[78] für eine europäische militärische Zusammenarbeit unter der Montanunion bekannt, wo die nationalen Truppen von einer einheitlichen europäischen Armee ersetzt werden würden.

Während auf die Ratifizierung des Vertrags der Europäischen Verteidigungsgemeinschaft (EVG) gewartet wurde, wurde zur gleichen Zeit an einem Statut über eine Europäische Politische Gemeinschaft (EPG)[79] gearbeitet, in dem die Integration der EGKS und EVG vorgesehen war. Laut Artikel 2 des Vertragsentwurfs sollte die EPG folgende allgemeinen Ziele und Aufgaben haben:

- zur Wahrung der Menschenrechte und Grundfreiheiten in den Mitgliedstaaten beizutragen;
- mit den anderen freien Nationen zum Schutze der Mitgliedstaaten gegen jede Aggression beizutragen;
- in den Fragen, die den Bestand, die Sicherheit oder den Wohlstand der Gemeinschaft berühren können, die Koordinierung der Außenpolitik der Mitgliedstaaten zu sichern.[80]

Aber die französische Initiative scheiterte am 30. August 1954 aufgrund der ablehnenden Haltung der neugewählten Französischen Nationalversammlung.[81] Ein weiterer Versuch, eine gemeinsame Politik im Rahmen der Zusammenarbeit zwischen den EG-Mitgliedstaaten zu erreichen, war unter anderem auch die außenpolitische Komponente; ein Teil ist ausschließlich auf den Plan von Fouchet (Fouchet-Plan)[82] der Jahre 1961 und 1962 zurückzuführen. Allerdings gelang die Umsetzung aufgrund der Haltung Frankreichs zur Integration, die sich von der der anderen Ländern der EWG[83] unterschied, nicht, vor allem wegen der Aussicht, die Souveränität über seine eigenen Streitkräfte aufzugeben.[84] Trotz des Bewusstseins für die Notwendigkeit einer gemeinsamen Außenpolitik markierte die französische Ablehnung einen Rückschlag und eine Schwächung des Tempos der europäischen Integration.

---

[78] Vgl. Regierungserklärung des Ministerpräsidenten Rene Pleven vom 24. Oktober 1950, in: Anton Schäfer (Hrsg.): Die Verfassungsentwürfe zur Gründung einer Europäischen Union. Herausragende Dokumente von 1930 bis 2000, Dornbirn 2001, S. 153-155; „Nun werden wir warten", in: *Der Spiegel,* 8/1951; vgl. Anton Schäfer (Hrsg.): Verfassungsentwürfe zur Gründung einer Europäischen Union. Herausragende Dokumente von 1923 bis 2004, Dornbirn 2001, S. 5; *Europa-Archiv* vom 20. November 1950, S. 3518 ff.
[79] Vgl. Entwurf zu einem Vertrag über die Satzung der Europäischen (Politischen) Gemeinschaft (EPG), 10. März 1953, http://www.politische-union.de/epg1.htm.
[80] Entwurf zu einem Vertrag über die Satzung der Europäischen (Politischen) Gemeinschaft (EPG) vom 10. März 1953, Titel I. – Die Europäische Gemeinschaft, Art. 2.
[81] Vgl. Schäfer, Anton (Hrsg.): Die Verfassungsentwürfe zur Gründung einer Europäischen Union. Herausragende Dokumente von 1923 bis 2004, Dornbirn 2001, S. 187.
[82] Christian Fouchet, französischer Diplomat und Politiker (1911-1974).
[83] Glöckler-Fuchs, Juliane: Institutionalisierung der Europäischen Außenpolitik, München 1997, S. 92.
[84] Für die ersten europäischen Bemühungen für eine Wiedervereinigung nach 1954 siehe Gerteiser, Kristina: Die Sicherheits- und Verteidigungspolitik der Europäischen Union: Rechtliche Analyse der gegenwärtigen Struktur und der Option zur Weitentwicklung, Frankfurt a.M. 2002, S. 23.

Übersicht: Entwicklungsetappen der Europäischen Politischen Zusammenarbeit (EPZ)

01.12.1969	Anstoß zur EPZ auf einem Treffen der Staats- und Regierungschefs in Den Haag
20.07.1970	Studienausschuss unter dem Vorsitz von Etienne Davignon; Vereinbarung der Außenminister
07.09.1970	Zuleitung des Davignon-Berichtes an die Regierungen
27.10.1970	Verabschiedung der Vorschläge aus dem Davignon-Bericht auf einer Ratstagung in Luxemburg
19.11.1970	Erstes Konsultationstreffen der EG-Außenminister in München

Quelle: Europa-Archiv 22/1970, D 519

Nach diesem Rückschlag und der Abschwächung des europäischen Integrationsprozesses trotz der starken Fortschritte, welche die EG in wirtschaftlicher Hinsicht gemacht hatte, unternahmen die sechs EG-Mitgliedstaaten neue Schritte zur Koordinierung der Außen- und Sicherheitspolitik und reagierten damit auf die Notwendigkeit zur Harmonisierung der zwischenstaatlichen (intergouvernementalen)[85] und übernationalen (*supranationalen*)[86] Strukturen, um die Zusammenarbeit in der Außenpolitik zu fördern. Am 2. Dezember 1969 unternahmen die Staats- und Regierungschefs der sechs EG-Mitgliedstaaten beim Gipfeltreffen von Den Haag den nächsten Versuch, die Außenpolitik zu vereinheitlichen.[87] Der in Den Haag stattfindende Gipfel der Staats- und Regierungschefs der EG-Mitgliedstaaten beauftragte die Außenminister mit der Prüfung der Frage, *„wie, in der Perspektive der Erweiterung, am besten Fortschritte auf dem Gebiet der politischen Einigung erzielt werden können".*[88]

Der belgische Diplomat Etienne Davignon[89] wurde damit beauftragt, einen Bericht zu verfassen. Mit dem auf dem folgenden Luxemburger Gipfel 1970 verabschiedeten Davignon-Bericht wurde beschlossen, sich durch gegenseitige Unterrichtung und regelmäßige Treffen der politischen Direktoren und Außenminister abzustimmen. Der Davignon-Bericht führte zum Aufbau der Europäischen Politischen Zusammenarbeit (EPZ), die in Zukunft ein inoffizielles Forum für die Koordinierung der Außenpolitik der Teilnehmerstaaten bilden sollte und als Vorläuferin der GASP gesehen wird. Mit dem Luxemburger Bericht legten die sechs EG-Mitgliedstaaten (Deutschland, Frankreich, Italien und die Benelux-Staaten) 1970 den Grundstein für die EPZ. In

---

[85] Intergouvernemental – zwischen Regierungen stattfindende Zusammenarbeit. Sie bedarf im Unterschied zur supranationalen Integration der Einstimmigkeit unter den teilnehmenden Ländern.

[86] Supranational [lat. überstaatlich] – Bezeichnung für einen Zusammenschluss von Staaten, die ihre nationalen Souveränitätsrechte teilweise auf gemeinsame Institutionen übertragen. Beispiel: Die Organe der EU entscheiden nach dem Mehrheitsprinzip in bestimmten Politikbereichen (Binnenmarkt, Agrarpolitik, Währungsunion) verbindlich für alle Mitgliedstaaten. Dagegen muss bei der intergouvernementalen Zusammenarbeit ein Konsens aller hergestellt werden.

[87] Vgl. Kommuniqué der Konferenz der Staats- und Regierungschefs der Mitgliedstaaten der Europäischen Gemeinschaften in Den Haag, 1. und 2. Dezember 1969, in: *Bull.-EG* 2/1970, 12-17.

[88] Vgl. ebenda, Art. 15.

[89] Der Luxemburger Bericht ist auch als Davignon-Bericht bekannt, benannt nach dem belgischen Diplomaten Etienne Davignon, der den Text im Auftrag der Haager politischen Abteilung der sechs Außenministerien erstellte.

diesem Rahmen koordinierten und verstärkten die EG-Mitgliedsaaten ihre außenpolitische Zusammenarbeit, ohne hierbei eine gemeinsame Politik zu begründen.[90]

In diesem Gründungsbericht der EPZ wurde das Ziel formuliert *„eine bessere gegenseitige Verständigung über die großen Probleme der internationalen Politik zu gewährleisten"* sowie *„die Harmonisierung der Standpunkte, die Abstimmung der Haltung..."* und eventuell *„...ein gemeinsames Vorgehen zu begünstigen [...]."*[91] Nach dem Auftrag der Staats- und Regierungschefs enthielt er Vorschläge dazu, *„wie in der Perspektive der Erweiterung"* der Europäischen Gemeinschaften *„am besten Fortschritte auf dem Gebiet der politischen Einigung erzielt werden können".*[92] Die EPZ war allerdings nicht etwa als Vorstufe zu einer Vergemeinschaftung der Außenpolitik konzipiert, sondern ihre Ziele waren bescheidener. Es galt,

- durch regelmäßige Unterrichtung und Konsultationen eine bessere gegenseitige Verständigung über die großen Probleme der internationalen Politik zu gewährleisten sowie
- die Harmonisierung der Standpunkte, die Abstimmung der Haltung und, wo dies möglich und wünschenswert erscheint, ein gemeinsames Vorgehen zu begünstigen und dadurch die Solidarität zu festigen.[93]

In erster Linie strebte der Luxemburger Bericht Konsultationsmechanismen in Fragen der gemeinsamen Außenpolitik an. So sollten künftig auf Initiative des jeweils amtierenden Präsidenten die Außenminister mindestens alle sechs Monate zusammenkommen. *„Im Falle einer ernsten Krise oder Dringlichkeit"* konnten außerordentliche Konsultationen zwischen den Regierungen der Mitgliedstaaten einberufen werden. Weiterhin wurde ein Politisches Komitee gebildet, das sich aus den Leitern der Politischen Abteilungen der damals sechs Außenministerien zusammensetzte.[94]

Das Ziel war eine Harmonisierung der außenpolitischen Positionen und der gemeinsamen Vorgehensweisen, vor allem zur Verbesserung der Kommunikation und der Schaffung einer größeren Konvergenz der Standpunkte der Mitgliedstaaten in allen Fragen der Außenpolitik.[95]

Der Kopenhagener Bericht der Außenminister vom 23. Juli 1973 konkretisiert die in Luxemburg vereinbarten Grundsätze und führte zu einer weiteren institutionellen Verfestigung der EPZ mit dem Ziel, ein geschlossenes Auftreten der Europäischen Gemeinschaft (EG) in außenpolitischen Belangen gegenüber Drittländern zu ermöglichen. Im Bereich der Sicherheitspolitik gaben die Außenminister zu verstehen, es müsse das Ziel der EPZ sein, über eine gesteigerte Koor-

---

[90] Erster Bericht der Außenminister an die Staats- und Regierungschefs der EG-Mitgliedstaaten vom 27. Oktober 1970 (Luxemburger Bericht), in: Hans von der Groeben, Jochen Thiesing, Claus-Dieter Ehlermann (Hrsg.): Handbuch der Europäischen Rechts (Europäische Union: Gemeinsame Bestimmungen, Gemeinsame Außen- und Sicherheitspolitik, Art. 1-28 EUV), 341. Lieferung, Baden-Baden 1996, IA 13/1.2, S. 2 ff; A. Pijpers u. a. (Hg.): Die Europäische Politische Zusammenarbeit in den achtziger Jahren: Eine gemeinsame Außenpolitik für Westeuropa?, Bonn 1989; Europäische Politische Zusammenarbeit (EPZ) | bpb, http://www.bpb.de/nachschlagen/lexika/das-europalexikon/176890/europaeische-politische-zusammenarbeit-epz
[91] Luxemburger Bericht, 2. Teil, Ziff. 1, in: Auswärtiges Amt, 1987, S. 25
[92] Erster Bericht der Außenminister an die Staats- und Regierungschefs der EG-Mitgliedstaaten vom 27. Oktober 1970 (Luxemburger Bericht), Erster Teil, Art. 1.
[93] Erster Bericht der Außenminister an die Staats- und Regierungschefs der EG-Mitgliedstaaten vom 27. Oktober 1970 (Luxemburger Bericht), Zweiter Teil; Schattenmann, Marc: Außenpolitische Perspektiven im europäischen Einigungsprozess, in: Dietmar Herz (Hrsg.): Die Europäische Union. Politik, Recht, Wirtschaft, Frankfurt a.M., S. 232-238 (233).
[94] Pfetsch, Frank R. / Beichelt, Timm: Die Europäische Union: Geschichte, Institutionen, Prozesse, 3. Aufl., München 2005, S. 231.
[95] Borchardt, Klaus-Dieter: Das ABC des Rechts der Europäischen Union, Luxemburg 2010, S. 20.

dinierung der außenpolitischen Angelegenheiten zu verfügen.[96] Obwohl die Teilnehmerstaaten der EPZ langsam begannen, sich als eigene Akteure in den internationalen Beziehungen zu präsentieren, blieb die Zusammenarbeit organisatorisch und institutionell von den Europäischen Gemeinschaften getrennt.[97]

Den Normen des Völkerrechts nicht entsprechend, hatte die EZP noch keinen bindenden Charakter und blieb abhängig von dem Rahmen der politischen Erklärungen der Regierungen der Mitgliedstaaten.[98] Aus diesem Grund konnte die Europäische Politische Zusammenarbeit nicht bei wichtigen außenpolitischen Fragen zum Tragen kommen.[99] Nachdem die EU-Mitgliedstaaten in Kopenhagen im Dezember 1973 das *„Dokument über die europäische Identität"* veröffentlichten[100] bzw. nachdem der Tindemans-Bericht 1975 scheiterte, stagnierte die europäische Außenpolitik für mehrere Jahre. Diese Situation der Stagnation und des Defizits der europäischen Außenpolitik wurde durch die uneinheitliche Linie der Reaktionen Europas im Bezug auf den Einmarsch der sowjetischen Truppen in Afghanistan (1979) bzw. die Geiselnahme von Amerikanern in Teheran (1980) deutlich gemacht. Die EPZ erwies sich als wenig effektiv im Falle des Konflikts zwischen den arabischen Ländern und Israel. Es war die Zeit der noch herrschenden Uneinigkeit, in der die EG-Mitgliedstaaten unkoordiniert und sehr langsam reagierten.[101]

Nach der Krise kam eine allmähliche Erholung: Die EPZ der EG-Mitgliedstaaten erzielte in der zweiten Hälfte der 70er Jahre ihren größten Erfolg. Im Prozess der Konferenz über die Sicherheit und Zusammenarbeit in Europa,[102] die der Vorläufer der Organisation für Sicherheit und Zusammenarbeit in Europa (OSZE) war, zeigte sie einen gemeinsamen und unerschütterlichen Ansatz.[103] Die KSZE-Schlussakte[104] wurde nicht nur von den Staats- und Regierungschefs der jeweiligen Staaten unterzeichnet, sondern das Helsinki-Dokument wurde auch *„im Namen der Europäischen Gemeinschaft"*[105] von Aldo Moro, dem italienischen Premierminister, unterzeichnet, was eine Art Einheit zwischen der EWG und der EPZ symbolisieren sollte.

Erst mit dem Londoner Bericht von 1981, der Feierlichen Erklärung von Stuttgart 1983 und auch der Einheitlichen Europäischen Akte (EEA) von 1986 kam wieder Bewegung in die Bemühungen um eine koordinierte Außenpolitik. Hierin wurde vereinbart, dass die Ratspräsidentschaft immer um operative Unterstützung gebeten werden muss. Die Arbeitslast der Präsi-

---

[96] Vgl. Hafner, Gerhard: Die Gemeinsame Außen- und Sicherheitspolitik, in: Peter Fischer, Franz Köck, Margit Maria Carollus (Hrsg.): Europarecht: Recht der EU/EG, des Europarates und der wichtigsten anderen europäischen Organisationen, 4. Aufl., Wien 2002, S. 926-956.
[97] Vgl. Smith, Michael E.: Diplomacy by Decree: The Legalization of EU Foreign Policy, in: *JCMSt* 39:1 (2001), 79-104 (86).
[98] Siehe Habsburg-Lothringen, Leopold: Die GASP – von Amsterdam bis Nizza: Bilanz und Analyse, Diss., Rechtswissenschaftliche Fakultät der Universität Wien, 2003, S. 7.
[99] Schley, Nicole / Busse, Sabine / Brökelman, Sebastian J.: Knaurs Handbuch Europa, München 2004, S. 34.
[100] Vgl. Kopenhagener Bericht: Zweiter Bericht der Außenminister an die Staats- und Regierungschefs der EG-Mitgliedstaaten vom 23. Juli 1973, in: Auswärtiges Amt (Hrsg.): Gemeinsame Außen- und Sicherheitspolitik (GASP). Dokumentation, 10. Aufl., Bonn 1994, S. 40 ff.
[101] Herz, Dietmar: Die Europäische Union, München 2002, S. 61.
[102] Die Konferenz über Sicherheit und Zusammenarbeit in Europa wurde am 3. Juli 1973 in Helsinki eröffnet und fand am 1. August 1975 ihren Abschluss. Der Generalsekretär der Vereinten Nationen wurde als Ehrengast eingeladen.
[103] Schwerin, Otto Graf: Die Solidarität der EG-Staaten in der KSZE, in: *EA* 30: 15 /1975), 493-492; Auswärtiges Amt (Hrsg.): Gemeinsame Außen- und Sicherheitspolitik (GASP). Dokumentation, 10. Aufl., Bonn 1994, S. 38.
[104] Die Helsinki-Schlussakte ist das „Gründungsdokument" und die wichtigste Leitlinie der OSZE. Vgl. Bashlinskaya, Aydan: Die Europäische Sicherheits- und Verteidigungspolitik der EU. Das Rechtsverhältnis zu den Vereinten Nationen und zu regionalen Sicherheitsorganisationen, Baden-Baden, S. 310 f.
[105] Auswärtiges Amt (Hrsg.): Gemeinsame Außen- und Sicherheitspolitik (GASP). Dokumentation, 10. Aufl., Bonn 1994, S. 38.

dentschaft hatte seit Gründung der EPZ dermaßen zugenommen, dass sich die Außenminister für die Einrichtung eines Troika-Sekretariats entschieden. Die Institutionalisierung blieb zu Beginn schwach, doch im Laufe der Jahre verdichtete sich die Kooperation beträchtlich.[106] So wurden die Belange der EPZ und der Gemeinschaft zunehmend verknüpft und man wollte erreichen, dass die EPZ auf außenpolitische Fragen nicht nur reagiert, sondern Ereignisse auch mitgestalten kann.[107] Die EPZ sollte eine gemeinsame Politik der EG und eine Koordinierung der nationalen Außenpolitiken der Mitgliedstaaten sein.

Mit dem näherkommendem Ende des Kalten Krieges traten positive Entwicklungen im Rahmen der EPZ auf. Mit der Einheitlichen Europäischen Akte (EEA), die 1987 in Kraft trat, wurde durch einen völkerrechtlichen Vertrag die enge Zusammenarbeit der Gemeinschaft auf supranationaler Ebene mit den Regierungen im Bereich der Außenpolitik förmlich statuiert. Der Schwerpunkt lag dabei auf der Ausarbeitung gemeinsamer Perspektiven und Standpunkte, für welche die einzelnen Staaten auf der internationalen Bühne einzutreten hatten. Die Rolle der Kommission wurde dadurch gestärkt, dass ein Mitglied an den Außenministertreffen in vollem Umfang beteiligt wurde. Durch die in der Einheitlichen Europäischen Akte getroffenen Entscheidungen wurde die EPZ auch von außen zunehmend als einheitlicher Akteur gesehen.[108] Trotz der Umsetzung des EEA konnte die EPZ keine besonderen qualitativen Erfolge erzielen. Als Tiefpunkte der EPZ-Aktivitäten werden meistens der Golfkrieg und der Zerfall Jugoslawiens Anfang der 90er Jahre genannt. Als der Ost-West-Konflikt zu Ende ging, sah sich die unvorbereitete Europäische Gemeinschaft mit der Auflösung Jugoslawiens und dem Ausbruch des Krieges auf dem Balkan konfrontiert.

Der Konflikt im damaligen Jugoslawien wurde zum größten Debakel der EPZ seit ihrer Gründung. Die EPZ war überhaupt nicht in der Lage, die Konflikte in Slowenien, Kroatien, Bosnien-Herzegowina und im Kosovo zu regulieren. Scheitern musste die EPZ schließlich an der Tatsache, dass dieser Konflikt nicht mehr ohne militärische Mittel zu lösen war.[109] Die EG besaß weder militärische Mittel, noch gab es eine gemeinsame Führungstruktur, und zudem kamen institutionelle Mängel hinzu: „*The EU was as a child confronted with an adult crisis.*"[110] Der Beitrag der EPZ zum regionalen und interenationalen Krisenmangment wurde vor allem durch zwei Aspekte behindert: Eine oft unterschiedliche nationale Perzeption der Konflikte und die mangelhafte Ausstatung der EPZ mit den notwendigen Instrumenten und Ressourcen führte in vielen Fällen zu verspäteten und unwirksamen Maßnahmen, oder es fehlte eine Strategie zur Lösung der Probleme.[111]

Aufgrund dieser neuen Situation entwickelten die Europäer mit dem Vertrag über die Politische Union eine Gemeinsame Außen- und Sicherheitspolitik (GASP), die die Europäische Politische Zusammenarbeit (EPZ) ablösen sollte, in deren Rahmen die EG-Mitgliedstaaten seit 1970 in der Außenpolitik kooperiert hatten.

---

[106] Leiße, Olaf: Wandel durch Annäherung: Zur Steuerung der Reformpolitik in der Europäischen Union, in: Leiße, Olaf (Hrsg.): Die Europäische Union nach dem Vertrag von Lissabon, Wisbaden 2010, S. 9-22 (hier S. edited by
[107] Vgl. *Bull.-EG*, Beilage 3/81.
[108] Pfetsch, Frank R. / Beichelt, Timm: Die Europäische Union: Geschichte, Institutionen, Prozesse, 3. Aufl., München 2005, S. 218 f.
[109] Saadhoff, Christian: GASP: Außenpolitik für ein geeintes Europa. Die zweite Säule der EU auf dem Prüfstand, Norderstedt 2000, S. 66.
[110] Jacques Delors, *Time*, 30.09.1991.
[111] Saadhoff, GASP: Außenpolitik für ein geeintes Europa, Norderstedt 2000, S. 64.

2.3. GASP: Außenpolitik für ein geeintes Europa

Diese neue Situation nach dem Ende des Kalten Krieges verdeutlichte die Carnegie Commission in ihrer Studie über die Vermeidung von Konflikten mit dem Schlagwort „*From Cold War to Deadly Peace*"[112] und kennzeichnete damit treffend die neue problematische Situation auf dem europäischen Kontinent. Weder die EPZ noch die Nationalstaaten verfügten über die geeigneten Konzepte, Strategien und Instrumente, um angemessen auf diese neue Intensität von Krisen reagieren zu können. Insbesondere für die Europäische Gemeinschaft (EG) als regionalen Akteur, dessen fundamentales Ziel es war, durch die sukzessive Integration der Mitgliedstaaten für einen dauerhaften Frieden in Europa zu sorgen, ergaben sich aus diesem neuralgischen Punkt der europäischen Sicherheit neue Herausforderungen.[113]

Darüber hinaus hatte die EPZ keine Kapazitäten, diese internationalen epochalen Veränderungen und die Krise in Jugoslawien zu bewältigen. Daher musste ein anderer Weg gefunden werden, um die europäische Außenpolitik zu vereinheitlichen. Parallel zu den Ereignissen auf dem Balkan fanden Vorbereitungen für die Maastrichter Regierungskonferenz statt,[114] bei der ein neuer EU-Vertrag vorbereitet und verabschiedet werden sollte. Während die Einheitliche Europäische Akte mit einer vorsichtigen Revision der Gründungsverträge die rechtliche und politische Grundlage für die Vollendung des Europäischen Binnenmarktes geschaffen hatte, bedeutet der nach gründlichen Vorbereitungen vom Europäische Rat in Maastricht im Jahr 1992 verabschiedete Maastrichter Vertrag eine umfassende Weiterentwicklung der rechtlichen Grundlagen des europäischen Integrationsprozesses und legt die Grundlagen zur Schaffung einer Europäischen Union. Als Bestandteil dieser neuen Integrationsdynamik nach Beendigung des Kalten Krieges und dem Wegfall des Eisernen Vorhanges, der Europa jahrzehntelang getrennt hatte, verpflichteten sich die Mitgliedstaaten zum ersten Mal dazu, das Ziel einer Gemeinsamen Außen- und Sicherheitspolitik zu erreichen.[115]

Der Vertrag über die Europäische Union (EUV), der am 7. Februar 1992 in Maastricht unterzeichnet wurde, begründet die Europäische Union. Mit Inkrafttreten des Vertrages von Maastricht über die Europäische Union im November 1993 wurde die Gemeinsame Außen- und Sicherheitspolitik (GASP) als Nachfolgerin der Europäischen Politischen Zusammenarbeit (EPZ) eingeführt.[116] Sie ist mit dem neuen Namen, der aus dem Vertrag von Maastricht hervorging, und den Reformen der GASP durch den Vertrag von Amsterdam in der Essenz eine Weiterentwicklung der Europäischen Politischen Zusammenarbeit.[117] Mit dem Vertrag von Maastricht wurden

---

[112] Siehe Carnegie Commission on Preventing Deadly Conflict (ed.): Preventing Deadly Conflict. Final Report, New York 1997, http://www.dtic.mil/dtic/tr/fulltext/u2/a372860.pdf, p. 11.

[113] Vgl. Müller-Brandeck-Bocquet, Gisela: Das neue Entscheidungssystem in der Gemeinsamen Außen-und Sicherheitspolitik der Europäische Union, in: Gisela Müller-Brandeck-Bocquet (Hrsg.): Europäische Außenpolitik. Die GASP- und ESPV-Konzeptionen ausgewählter Mitgliedstaaten, Baden-Baden 2002, S. 9-27.

[114] Zum Vertrag von Maastricht und zur Bildung der EU siehe Reka, Blerim: Kushtetuta e EU-së, Rubikoni i supranacionales, Shkup, Prishtinë, Tiranë 2007; Axt, Heinz-Jürgen: Die EU nach Amsterdam: Kompetenzzuwachs für Außen- und Sicherheitspolitik, in: *Europäische Rundschau* 25:4 (1997), 3-14; van Eekelen, Wim F.: Perspektiven der Gemeinsamen Außen- und Sicherheitspolitik der EU, ZEI-Discussion Paper C 21/1998.

[115] Vgl. Jürgens, Thomas: Die Gemeinsame Europäische Außen- und Sicherheitspolitik, Köln 1994; Peters, Susanne: GASP und WEU – Wegbereiter einer Supermacht Europa, in: Elfriede Regelsberger (Hrsg.): Die Gemeinsame Außen- und Sicherheitspolitik der Europäischen Union. Profilsuche mit Hindernissen, Bonn 1993, S. 139-154; Saadhoff, Christian: Die Gemeinsame Außen- und Sicherheitspolitik der Europäischen Union. Fragen der Handlungsfähigkeit und der Entwicklungsperspektiven, Dresden 1999 (Magisterarbeit TU Dresden).

[116] Auswärtiges Amt: Gemeinsame Außen- und Sicherheitspolitik (GASP), http://www.auswaertiges-amt.de/DE/Europa/Aussenpolitik/GASP/Uebersicht.html.

[117] Woyke, Wichard (Hrsg.): Handwörterbuch Internationale Politik, 8. Aufl., Bonn 2000, S. 118; Fröhlich, Stefan: Die Europäische Union als globaler Akteur. Eine Einführung, Wiesbaden 2008, S. 85.

neue Formen der Zusammenarbeit zwischen den Regierungen der Mitgliedstaaten in den Bereichen der Verteidigung, Justiz und Inneres eingeführt.[118] Durch die Einbeziehung der Regierungszusammenarbeit in das bestehende Gemeinschaftssystem hat der Vertrag von Maastricht eine neue Struktur geschaffen, wodurch die Europäische Union (EU) entstand.[119] Das Dach, das aus den gemeinsamen Bestimmungen[120] und den Schlussbestimmungen[121] besteht, wird von drei Säulen getragen. Dieses das Säulenmodell begründende Regelwerk beinhaltet auch den schrittweisen Einstieg in eine Politische Union mit einer Gemeinsamen Außen- und Sicherheitspolitik.

Die Grafik zeigt die drei Säulen der EU, die seit dem Vertrag von Maastricht 1992 bis zum Inkrafttreten des Vertrags von Lissabon am 1. Dezember 2009 die Grundstruktur der EU-Politikfelder wiedergaben.

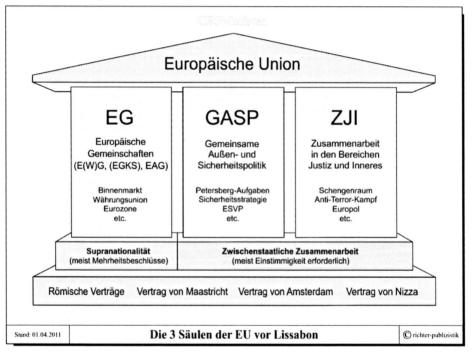

Quelle: http://www.crp-infotec.de/wp-content/uploads/eu-vor-lissabon-3saeulen.gif

I. Die supranationale Erste Säule der Europäischen Gemeinschaft symbolisiert die Europäischen Gemeinschaften (EG), welche die Europäische Wirtschaftsgemeinschaft (EWG)[122], die Europäische Gemeinschaft für Kohle und Stahl (EGKS) und die Europäische Atomgemeinschaft (EURATOM) umfassen.

---

[118] Vgl. Bindi, Federiga: The Foreign Policy of the European Union, Washinton, D.C. 2010, pp. 26-28.
[119] Vgl. Fischer, Peter / Köck, Heribert Franz / Karollus, Margit Maria: Europarecht: Recht der EU/EG, des Europarates und der wichtigsten anderen europäischen Organisationen, 4. Aufl., Wien 2002, S. 60.
[120] Vgl. Art. 1-7 EU-Vertrag.
[121] Vgl. Art. 46-53 EU-Vertrag.
[122] Die EWG wurde mit der Gründung der EU in EG umbenannt.

II. Die zwischenstaatlich organisierte Zweite Säule stellt die Zusammenarbeit im Bereich der Gemeinsamen Außen- und Sicherheitspolitik (GASP)[123] *inklusive der Europäischen Sicherheits- und Verteidigungspolitik (ESVP) dar.*

III. Die zwischenstaatliche Zusammenarbeit mit Gemeinschaftselementen auf dem Gebiet der Justiz und Innenpolitik (ZJIP) als Dritte Säule hat sich im Wesentlichen auf justizielle und polizeiliche Zusammenarbeit beschränkt.

Dabei muss in Betracht gezogen werden, dass sowohl die Erste wie auch die Zweite Säule außenpolitisch relevante Entscheidungen treffen. Dies zeigt sich vor allem in der Form der Koordinierung der Außenpolitik. So wird in der Praxis ein außenpolitischer Beschluss der EU erst mit der Umsetzung in den jeweiligen staatlichen Rechtsordnungen aktiv. Das gemeinsame Vorgehen in den Bereichen der EG nimmt gegenüber nationalem Recht eine Vorrangstellung ein. Faktisch bedeutet dies, dass die EU in drei Bereichen Außenpolitik betreibt:
- in der Wirtschaftspolitik (Erste Säule),
- in der GASP (Zweite Säule),
- jeder Mitgliedstaat auf nationalstaatlicher Ebene.[124]

Der Vertrag schafft für die GASP die rechtlichen und politischen Grundlagen und gibt damit der außenpolitischen Aktion der Union und ihrer Mitgliedstaaten einen neuen Rahmen.[125] Durch den Maastrichter Vertrag gewann die GASP an einer inhaltlichen und institutionellen Gestalt. Die wachsende Bedeutung der GASP wurde durch die Verankerung ihrer Ziele nicht nur im Besonderen Teil (Titel V), sondern auch im Allgemeinen Teil des Vertrags von Maastricht betont. Durch die GASP bemüht sich EU, ihre Identität auf der internationalen Ebene zu befestigen.[126] Titel V des Vertrags begründete die GASP, die sich auf *„alle Bereiche der Außen- und Sicherheitspolitik erstreckt"*, und legte fest: *„Die Mitgliedstaaten unterstützen die Außen- und Sicherheitspolitik der Union aktiv und vorbehaltlos im Geist der Loyalität und gegenseitigen Solidarität. Sie enthalten sich jeder Handlung, die den Interessen der Union zuwiderläuft oder ihrer Wirksamkeit als kohärente Kraft in den internationalen Beziehungen schaden könnte."*[127]

Nach der allgemeinen Zielbestimmung des Vertrags von Maastricht war ein Ziel der EU *„die Behauptung ihrer Identität auf internationaler Ebene, insbesondere durch eine gemeinsame Außen- und Sicherheitspolitik, wozu auf längere Sicht auch die Festlegung einer gemeinsamen Verteidigungspolitik gehört, die zu gegebener Zeit zu einer gemeinsamen Verteidigung führen könnte"*.[128] Die Rolle des Präsidenten des Rates der EU wurde durch den Mitgliedstaat, der die Präsidentschaft im Rat innehatte, in einem rotierenden System für je sechs Monate wahrgenommen (Art. 203 Abs. 2 EG). Die klassischen Aufgaben des Vorsitzes sind, die Tagungen des Rates zu organisieren und zu leiten und dabei Impulse zu geben, Lösungen auf einer Kompromissbasis zu finden und für Folgenmaß-nahmen Sorge zu tragen.[129] Gemäß dem Maastrichter Vertrag spielte

---

[123] Die GASP bildet nach Titel V des EUV die Zweite Säule.
[124] Kapri, Gregor A.: Die EU als ziviler Krisen- und Konfliktmanager. Historische Fundierung, institutionelle Entwicklung, empirische Bewertung, Magisterarbeit, Universität Wien 2009, S. 86.
[125] Pauschenwein, Gernot: Gemeinsame Außen- und Sicherheitspolitik – Motor oder Bremse des Europäischen Integrationszuges?, Masterarbeit an der Theresianischen Militärakademie, Wiener Neustadt 2003, S. 34.
[126] Art. B.spstr. 2 EUV.
[127] Vertrag über die Europäische Union (1992), Art. J.1. Abs. 4.
[128] Vertrag über die Europäische Union (1992), Art. B, dritter Spiegelstrich; Reka, Blerim: Kushtetuta e EU-së, Rubikoni i supracionales, Shkup, Prishtinë, Tiranë 2007, S. 144.
[129] Reqica, Hamdi: Die Entwicklung der Gemeinsamen Sicherheits- und Verteidigungspolitik der Europäischen Union bis zur Ständigen Strukturierten Zusammenarbeit, verdeutlicht und überprüft an den Interventionen auf dem Westbalkan, Berlin 2016, S. 54 f.

er im Bereich der GASP eine maßgebende Rolle. Eine zentrale Aufgabe war die Vertretung der Union in allen Angelegenheiten der GASP nach außen (Art. J.5 Abs. 1 EUV). Mit dem Vertrag von Maastricht bekam der Ratsvorsitzende eine große Verantwortung, die Außenpolitik der Union gegenüber der Außenwelt zu vertreten. Eine besondere Unterstützung bei der Durchführung der Außenpolitik der EU erhielt der Vorsitz von dem vorgehenden und dem ihm nachfolgenden Vorsitz (Troika). Diese sollte die Kontinuität der Arbeit in der Außenpolitik gewährleisten.[130]

Die Rolle der Kommission bei der GASP lässt sich nur schwer definieren. Der intergouvernementale Charakter der GASP auf der einen Seite und die starke Position der EG im Bereich der Ersten Säule sowie die allgemeine Befugnis der Kommission, das Initiativrecht auszuüben, auf der anderen Seite machen die Klärung der Funktion der Kommission im Bereich der GASP nicht gerade leichter. Der Maastrichter Vertrag hatte zwar eine Fortentwicklung der Rechte des Europäischen Parlaments in der Außenpolitik der EU gebracht. Im Rahmen der GASP blieb das Europäische Parlament allerdings am Rande des Entscheidungsprozesses und auf eine rein beratende Funktion beschränkt. Es konnte einen indirekten Einfluss auf die GASP ausüben, z.B. bei der Haushaltsverabschiedung, bei der es das letzte Wort hat.[131]

Zur genaueren Definition der Rolle der EU bei der „*Behauptung ihrer Identität auf internationaler Ebene*" wurden die Zielbestimmungen der GASP unter Titel V weiter konkretisiert:
- Wahrung der gemeinsamen Werte, der grundlegenden Interessen, der Unabhängigkeit und der territorialen Unversehrtheit der Union;
- Förderung von Demokratie, Rechtsstaatlichkeit, Menschenrechten und der Grundsätze des Völkerrechts;
- Wahrung des Friedens, Stärkung der internationalen Sicherheit und Verhütung von Konflikten entsprechend der UN-Charta, der Schlussakte von Helsinki und der Charta von Paris;
- Förderung der nachhaltigen Entwicklung und der Armutsbekämpfung in Entwicklungsländern;
- Förderung der weltwirtschaftlichen Integration und Abbau internationaler Handelshemmnisse;
- Entwicklung internationaler Maßnahmen im Bereich Umweltschutz;
- humanitäre Hilfe bei Naturkatastrophen und von Menschen verursachten Katastrophen;
- Förderung der multilateralen Zusammenarbeit und einer verantwortungsvollen Weltordnungspolitik.[132]

Um diese Ziele zu erreichen, hat die Gemeinsame Außen- und Sicherheitspolitik drei Instrumente zur Verfügung: eine gemeinsame Strategie, gemeinsame Aktionen und Sichtweisen, die bei der Gründung der Politik der Europäischen Union liegen. Da aber die EU kein Nationalstaat ist, sondern eine Organisation „sui generis", war die Verwirklichung der Ziele in der Außenpolitik nicht einfach. Aus diesem Grund werden viele politische Entscheidungen im Bereich der Gemeinsamen Außen- und Sicherheitspolitik noch auf der Grundlage der Zusammenarbeit zwischen den Mitgliedstaaten getroffen.[133] Gemäß dem Abschnitt J.3. legt der Europäische Rat die allgemeinen Rahmen der GASP fest, die durch den Ministerrat der EU umgesetzt werden.

Die Regeln wurden von der außenpolitischen Zusammenarbeit „*intergouvernemental*" ausgestaltet: In den allermeisten Fällen mussten Entscheidungen einstimmig getroffen werden.

---
[130] Die „Troika" im Bereich der Außenpolitik bekam durch den Maastrichter Vertrag mit Art. J.5 Abs. 3 EUV eine vertragliche Grundlage.
[131] Art. 199 ff. EGV.
[132] Siehe Vertrag über die Europäische Union (1992), Art. J.1. Abs. 2.
[133] Borchardt, Klaus-Dieter: ABC des Rechts der Europäischen Union, Luxemburg 2010, S. 21.

Die Europäische Kommission erhielt zwar kein alleiniges Initiativrecht, wurde aber an allen Aspekten der Arbeit beteiligt und konnte neben den Mitgliedstaaten eigene Vorschläge vorbringen. Darüber hinaus wurden konkrete Instrumente für die GASP festgelegt: Die Mitgliedstaaten unterrichteten sich über außen- und sicherheitspolitische Fragen von allgemeinem Interesse im Rat gegenseitig und konnten Gemeinsame Standpunkte festlegen.[134]

Mit dem Vertrag von Maastricht wurden zwei Hauptziele verfolgt: der Abschluss des Prozesses der wirtschaftlichen Integration Europas und die Schaffung der Grundlagen für eine politische Integration Europas, bei der die GASP, im Gegensatz zur EPZ, nun auch politische und militärische Angelegenheiten umfasst. Daher wurde mit dem Vertrag von Maastricht zum ersten Mal seit dem Scheitern der EVG im Jahr 1950 eine Verteidigungspolitik[135] ausdrücklich in die langfristigen politischen Ziele der Europäischen Union einbezogen.[136]

2.4. Rechtliche Hemmnisse für eine effektive Ausübung der GASP

Die GASP zeichnet sich immer noch stärker als andere – vergemeinschaftete – Politiken durch komplizierte und langsame Entscheidungsstrukturen aus.[137] Dazu gehören der Doppelcharakter der europäischen Außenpolitik mit ihren unterschiedlichen institutionellen Zuständigkeiten, die mangelnde Abstimmung und komplizierte Entscheidungsmechanismen innerhalb der verschiedenen EU-Institutionen, unterschiedliche Politikansätze und Interessen der Mitgliedstaaten sowie ein Übermaß an Bürokratie in der Europäischen Kommission.[138] Ein weiteres Problem der GASP ist, dass die meisten ihrer Ergebnisse nur Gemeinsame Standpunkte sind, die nur den kleinsten gemeinsamen Nenner der Mitgliedstaaten darstellen.[139]

Eines der meist beschriebenen und wohl auch das größte reale Problem der GASP ist die Fassbarkeit und Sichtbarkeit, sowohl nach innen gegenüber den EU-Bürgern als auch nach außen gegenüber Drittstaaten und dem internationalen Umfeld.[140]

Trotz des Kohärenzgebots in Art. 3 des Amsterdamer Vertrags ist es oft schwierig, Kohärenz zwischen der GASP und der Politik der Einzelstaaten und zwischen der Arbeit der Ersten Säule, die von der Kommission dominiert wird, und der Zweiten Säule, die vom Rat dominiert wird, herzustellen.[141]

Wie bereits oben angeführt, wird die EU gegenüber dritten Staaten meist durch drei verschiedene Repräsentanten, der sogenannten Troika, vertreten:
- den Außenminister / die Außenministerin des Landes, das die Präsidentschaft innehat;
- den Hohen Vertreter für die GASP und
- die für Außenbeziehungen und Nachbarschaftspolitik zuständige Kommissarin.

---

[134] Außen- und Sicherheitspolitik (GASP), http://www.eu-info.de/europa/eu-aussenpolitik/.
[135] Ebenfalls im Jahre 1992, am 19. Juni, verabschiedete der Ministerrat der WEU die „Petersberg-Deklaration". Die in der Petersberg-Deklaration enthaltenen Aufgaben für militärische Kräfte sollten in weiterer Folge auch für die in der EU aufzubauenden Strukturen gültig sein. Vgl. Western European Union, Council of Ministers, Petersberg Declaration, Bonn, 19. Juni 1992, http://www.weu.int/documents/920619peten.pdf.
[136] Siehe: Vertrag über die Europäische Union (1992), Art. J.4.; Regelsberger, Elfried / Arnswald, Sven: Europäische Außen- und Sicherheitspolitik, Papiertiger oder Ordnungsfaktor, in: Bundeszentrale für politische Bildung (Hrsg.): Europa an der Schwelle zum 21. Jahrhundert, Reform und Zukunft der Europäische Union, Bonn, 1998, S. 261-304.
[137] Vgl. Smith, Hazel: European Union Foreign Policy. What it is and What it Does, London 2002, p. 4.
[138] Vgl. Asseburg, Muriel: Der Nahost-Friedensprozess und der Beitrag der EU – Bilanz und Perspektiven, in: *Friedenswarte* 2-3/2001, 257-288 (281)
[139] Vgl. Peterson, John / Bomberg, Elizabeth: Decision-Making in the European Union, New York 1999, pp. 245 f.
[140] Vgl. Schubert, Klaus / Müller-Brandeck-Bocquet, Gisela: Die Europäische Union als Akteur der Weltpolitik. Ein Resümee, in: Klaus Schubert, Gisela Müller-Brandeck-Boquet (Hrsg.): Die Europäische Union als Akteur der Weltpolitik, Opladen 2000, S. 281-288 (283).
[141] Vgl. Saadhoff, Christian: GASP: Außenpolitik für ein geeintes Europa, Dresden 1999, S. 94.

Trotz der integrierenden Rolle, die Javier Solana als „Mr. GASP" zehn Jahre lang spielte, konnte er die Probleme der halbjährlich rotierenden Präsidentschaft mit unterschiedlichen Prioritäten und Eitelkeiten und den oft auftretenden Kompetenzstreitigkeiten zwischen Rat und Kommission nicht lösen. Eine zentrale Schwäche liegt in den strukturellen Grundlagen der Europäischen Union, wie sie 1992 festgeschrieben wurden. Mit dem Vertrag von Maastricht wurde die Drei-Säulen-Struktur in die Aufteilung und Zuordnung der gemeinsamen Politikfelder eingeführt und eine klare Abgrenzung zwischen supranationalen und intergouvernementalen Politikfeldern vorgenommen. Die Gemeinsame Außen- und Sicherheitspolitik im engeren Sinne fällt in den Bereich der Zweiten Säule, die eine ausschließlich intergouvernementale Zusammenarbeit der Mitgliedstaaten vorsieht. Bei der GASP handelt es sich daher nicht um eine „gemeinschaftliche", sondern um eine „gemeinsame" Außen- und Sicherheitspolitik oder, wie Matthias Dembinski es bezeichnet, um ein *„System zusammengesetzter Außenpolitik"*.[142]

Aufgrund institutioneller und prozeduraler Probleme versagte die EU bei der Umsetzung ihrer Initiativen zur Lösung internationaler Krisen. Dieses Versagen wurde besonders im Falle des Konfliktmanagements im Gebiet des ehemaligen Jugoslawiens deutlich. Dieses Defizit der EU führte zu einem Mangel an Einhaltung der Grundsätze der Loyalität und Solidarität im Rahmen der Gemeinsamen Außen- und Sicherheitspolitik (GASP). Der Rat der EU war nicht kritisch bei der Umsetzung der Bestimmungen des EU-Vertrags, die auf die Gemeinsame Außen- und Sicherheitspolitik (GASP) verweisen.

Auf der anderen Seite war das Europäische Parlament über das Scheitern des Artikels J.7. EUV besorgt, auf dessen Grundlage das Parlament über GASP-Maßnahmen konsultiert werden sollte.[143] Wegen der Nichtbeteiligung des Europäischen Parlaments war die demokratische Durchführung der GASP-Mechanismen mangelhaft, vor allem wegen der gegenseitigen Kontrollmechanismen in der Zweiten Säule der EU und deren intergouvernementaler Ausgestaltung. Außerdem war das Entscheidungsverfahren im Rahmen des Vertrags von Nizza weder wirksam noch praktikabel.[144] Erst die Vorarbeiten zu einer Europäischen Verfassung durch den Europäischen Verfassungskonvent enthielten den Vorschlag, dass die Europäische Union einen gemeinsamen Außenminister haben soll, der im Namen aller Mitgliedstaaten sprechen könnte und dadurch eine einheitliche Stimme repräsentieren würde. Bis zur Weiterentwicklung der GASP unter Integration dieses Vorschlags gelang es dem Hohen Vertreter nicht ausreichend, die Stärkung der Kapazitätsplanung der Gemeinsamen Außen- und Sicherheitspolitik der EU durchzusetzen, um so frühe Stadien von Krisenherden zu identifizieren und politische Optionen zu erarbeiten.[145]

Bei der kritischen Würdigung der ersten Phase der Gemeinsamen Außen- und Sicherheitspolitik ist die Tatsache zu berücksichtigen, dass die EU kein Staat ist. Die Kritiker der Idee einer europäischen Außenpolitik äußerten, die EU sei zu schwach und könne deswegen weder gemeinsame Beschlüsse treffen noch diese in eine gemeinsame Außenpolitik umsetzen. Dies war auch wieder deutlich bei der Entwicklung einer EU-Position in Bezug auf die „Unabhängigkeitserklärung des Kosovo". Der Rat der Europäischen Union trifft in seiner Erklärung zum Kosovo

---

[142] Vgl. Renne, Barbara: Die Europäische Sicherheits- und Verteidigungspolitik zwischen Anspruch und Wirklichkeit: Probleme und Perspektiven der EU-Eingreiftruppe unter besonderer Berücksichtigung ihres Verhältnisses zur NATO-Response Force, Hamburg, Institute for Peace Research and Security Studies, Heft 134, Januar 2004, S. 30; Dembinski, Matthias: Perspektiven der Europäischen Sicherheits- und Verteidigungspolitik, HFSK-Report 11/2000, http://www.bits.de/CESD-PA/HSFK-REP11-00.pdf, S. 37.
[143] Das Europäische Parlament hatte im Rahmen GASP beratende Funktion; es wurde „unterrichtet", „gehört", seine Auffassungen wurden „gebührend berücksichtigt" und es konnte „Anfragen oder Empfehlungen" an den Rat richten (Art. 36 EUV, ex-Art. 21 EUV).
[144] Beck, Ulrich / Giddens, Anthony: „Ein blau-gelbes Wunder", in: *SZ*, 01.10.2005.
[145] Vgl. Herz, Die Europäische Union, München 2002, S. 99.

am 18. Februar 2008[146] die Aussage, dass die Mitgliedstaaten „*im Einklang mit ihren nationalen Gepflogenheiten und dem Völkerrecht über ihre Beziehungen zum Kosovo beschließen werden*". Dies zeigt die Spaltung der EU, die nicht in der Lage war, sich auf einen gemeinsamen Ansatz für die Anerkennung der Unabhängigkeit des Kosovo zu einigen. Katja Ridderbusch stellt fest: „*Die Einstimmigkeit in Europas Außenpolitik sei des Teufels, klagte kürzlich ein frustrierter EU-Diplomat. Tatsächlich kann eine einzige Vetostimme einen Plan kippen. Das heißt in der Praxis: Am Ende landet man stets beim kleinsten gemeinsamen Nenner. Es gibt wenig Hoffnung, dass sich das in absehbarer Zeit ändert [...]. Eine Änderung des Vertrages wiederum erfordert, und da schließt sich der vertrackte europäische Zirkel: Einstimmigkeit.*"[147]

Andere weisen hingegen darauf hin, die EU sei im Stande, Entscheidungen zu treffen, aber ihre schwachen Kapazitäten machten eine wirksame Umsetzung unmöglich, so dass sie nicht wie Nationalstaaten als Akteur in der Außenpolitik gesehen werden könne. Die Hauptkritik richtet sich auf die angesprochene strukturelle und institutionelle Ebene, zu der festgestellt wird, dass die EU nicht über eine komplette Souveränität verfügt und auf die Bereitschaft der Mitgliedstaaten angewiesen ist sowie keine zentrale Autorität zur exekutiven Entscheidungsfindung hat.[148] So scheint das Defizit einer Gemeinsamen Außen- und Sicherheitspolitik in der Freiheit der Mitgliedstaaten zu liegen, eigenständige nationale Maßnahmen zu ergreifen, wenn sie mit Gemeinsamen Aktionen nicht einverstanden sind. Ein weiterer Mangel für ein kohärentes Vorgehen sind die Mitgliedschaft von EU-Mitgliedstaaten in internationalen Organisationen, wie zum Beispiel NATO, OSZE oder Vereinte Nationen, sowie die Beziehungen der EU zu diesen Organisationen.

2.5. Weiterentwicklung der GASP

Die Mechanismen und komplexen Methoden der Zweiten Säule führen dazu, dass die Gemeinsame Außen- und Sicherheitspolitik der EU oft langsam und schwerfällig agiert. Natürlich hat die EU versucht, diese Mängel während der Fortentwicklung dieses Politiksektors allmählich zu vermindern, um die Effizienz und ihre Glaubwürdigkeit zu erhöhen und ihren Einfluss auf die internationale Politik zu zeigen.[149]

Basierend auf dieser Erfahrung zogen die EU-Mitgliedstaaten ihre Konsequenzen. Vor allem im Kontext der Entwicklungen in Kroatien, Bosnien und Herzegowina, später im Kosovokrieg reagierten sie schnell. Als Folge dieser Kriege hat die EU in den Jahren 1997-1999 die Weiterentwicklung der GASP eindeutig beschleunigt. Da der Vertrag von Maastricht keinen ausreichenden Grad an Klarheit für die GASP gebracht hatte, war es notwendig geworden, einige Verbesserungen einzuführen. Dies geschah mit dem Vertrag von Amsterdam – unterzeichnet am 2. Oktober 1997, in Kraft getreten am 1. Mai 1999 –, der als Kompromiss das Ergebnis langer Verhandlungen bei einer Regierungskonferenz war. Dabei gelang es, die GASP weiterzuentwickeln und des Weiteren einige Reformschritte zu vereinbaren.[150]

In diesem Vertrag wurde dem Europäischen Rat in der Zweiten Säule die Kompetenz zur Festlegung von Leitlinien eingeräumt. Außerdem wurde in Amsterdam die so genannte „kon-

---

[146] Vgl. Mitteilung an die Presse, 2851. Tagung des Rates, Allgemeine Angelegenheiten und Außenbeziehungen, Brüssel, 18. Februar 2008; http://www.consilium.europa.eu/uedocs/cms_data/docs/pressdata/de/gena/99070.pdf.
[147] Ridderbusch, Katja: „Außenpolitische EU-Kakophonie", in: *Die Welt*, 13.09.2004.
[148] Vgl. Smith, Hazel: European Union Foreign Policy. What it is and What it Does, London 2002, pp. 1 f.
[149] Vgl. Hafner, Gerhard: Rechtsprobleme der GASP, in: Hanspeter Neuhold (Hrsg.): Die GASP. Entwicklungen und Perspektiven – La PESC. Évolution et Perspectives, Occasional Papers of the Diplomatic Academy Vienna, No. 4/2000, S. 45-55.
[150] Vgl. Vertrag von Amsterdam zur Änderung des Vertrages über die Europäische Union, der Verträge zur Gründung der Europäischen Gemeinschaften sowie einiger damit zusammenhängender Rechtsakte, ABl. C 340 v. 10.11.1997, S. 1-144.

struktive Enthaltung" beschlossen. Sie ermöglicht es Staaten, sich der Stimme zu enthalten, ohne das Zustandekommen einer Maßnahme zu blockieren.[151] Der dritte Teil des Vertrages – betreffend eine effektive und kohärente Außenpolitik – schlug eine „*Strategieplanungs- und Frühwarneinheit*" im Rat vor und zudem die Einführung eines „*Hohen Repräsentanten für die GASP*", der zugleich Generalsekretär des Rates sein sollte.[152]

Nach dem Beschluss durch den EU-Gipfel in Köln im Jahr 1999 hat Javier Solana als „der erste Herr GASP" am 18. Oktober 1999 seine neue Arbeit aufgenommen. Das zeigt, dass die langjährigen Bemühungen um eine einheitliche europäische Stimme auf der internationalen Bühne einen sichtbaren Fortschritt mit sich gebracht haben.[153] Durch die Vertragsreformen von Amsterdam und Nizza – die Etablierung des Hohen Vertreters, Mehrheitsentscheidungen, konstruktive Enthaltungen, verstärkte Zusammenarbeit, Eingreiftruppe – wurden einige neue Elemente in das GASP-System eingefügt, die von koordinierter Außenpolitik verstärkt zu gemeinsamer Außenpolitik führten.

Darüber hinaus wurde für die GASP das Ziel gesetzt, ein einheitliches Europa zu präsentieren und den Entscheidungsprozess zu erleichtern. Nach dem Vertrag von Amsterdam ersucht die Union die als „integraler Bestandteil der Entwicklung der Europäischen Union" eingestufte Westeuropäische Union (WEU), „die Entscheidungen und Aktionen der Union, die verteidigungspolitische Bezüge haben, auszuarbeiten und durchzuführen".[154] Mit dieser Stärkung der sicherheitspolitischen Dimension der GASP im Rahmen des Vertrags von Amsterdam sollten die Effizienz der EU-Maßnahmen in der internationalen Arena erhöht und die militärische Einsatzfähigkeit und Effizienz in der Verteidigungspolitik gestärkt werden.

Dies spiegelt die lehrreiche Erfahrung, die die EU aus der jüngsten Vergangenheit im ehemaligen Jugoslawien gezogen hat, wider. Kurz gesagt, wurde nun eine europäische Identität in der Verteidigungsangelegenheit notwendig, um auf Krisen innerhalb und außerhalb des europäischen Kontinents reagieren zu können. Obwohl in die Struktur der zwischenstaatlichen Entscheidungsbildung nicht eingegriffen wurde, hat die GASP durch Reformen des Vertrags von Amsterdam eine qualitative Steigerung und höhere Effektivität erzielt. Dies markiert einen Höhepunkt in der Entwicklung und eine Steigerung der Effizienz und der Auswirkungen der Gemeinsamen Außen- und Sicherheitspolitik der EU.

Ein wichtiger Schritt zur besseren Institutionalisierung der Sicherheits- und Verteidigungspolitik der EU ist auf dem Gipfel der Staats- und Regierungschefs der EU in Nizza[155] im Jahr 2000 geschehen. Neben der Schaffung des Politischen und Sicherheitspolitischen Komitees wurde die Westeuropäische Union in Art. 17 EUV/Nizza noch enger in die Gemeinsame Verteidigungspolitik der EU eingebunden. Nach Art. 17 Abs. 1 UAbs. 2 EUV/Nizza eröffnet die WEU der Union „*den Zugang zu einer operativen Kapazität*" und „*unterstützt die Union bei der Festlegung der verteidigungspolitischen Aspekte der Gemeinsamen Außen- und Sicherheitspolitik*". „*Die Union fördert daher engere institutionelle Beziehungen zur WEU im Hinblick auf die Möglichkeit einer Integration der WEU in die Union, falls der Europäische Rat dies beschließt.*" Es wird die Meinung vertreten, dass die Weiterentwicklung der GASP durch den Vertrag von Nizza

---

[151] Vgl. Beck, Ulrich / Giddens, Anthony: „Ein blau-gelbes Wunder", in: *SZ*, 01.10.2005.
[152] Vgl. Schlussakte des Vertrags von Amsterdam, Nr. 6. Erklärung zur Schaffung einer Strategieplanungs- und Frühwarneinheit; Kapri, Gregor A.: Die EU als ziviler Krisen- und Konfliktmanager. Historische Fundierung, institutionelle Entwicklung, empirische Bewertung, Magisterarbeit, Universität Wien 2009, S. 91.
[153] Europäischer Rat, Köln, 3. und 4. Juni 1999, Schlussfolgerungen des Vorsitzes, Anhang III – Erklärung des Europäischen Rates und Bericht des Vorsitzes über die Stärkung der Gemeinsamen Europäischen Sicherheits- und Verteidigungspolitik, http://www.europarl.europa.eu/summits/kol2_de.htm#an3.
[154] EU Vertrag von Amsterdam, Art. J.4 Abs. 2.
[155] EU Vertrag von Nizza, Art. 27c.

nicht verwendet wurde, um operationelle Fähigkeiten und die Entscheidungsfindung in der EU zu verbessern, sondern um die „abschreckende Macht" bestimmter Staaten zu erweitern.[156]

Nach dem Vertrag von Nizza beschloss der Europäische Rat in Laeken (2001), dass ein Basisdokument mit verfassungsrechtlichem Charakter für die EU ausgearbeitet werden sollte, nämlich eine europäische Verfassung. Aufgrund dieses Mandates hat der Europäische Konvent in knapp anderthalbjähriger Arbeit den Entwurf eines Vertrages für eine Verfassung für Europa erarbeitet und dem Europäischen Rat am 18. Juli 2003 überreicht.[157] Auf dieser Grundlage erarbeitete die Konferenz der Vertreter der Regierungen der Mitgliedstaaten den Wortlaut eines Vertrages über eine Verfassung für Europa, der am 29. Oktober 2004 in Rom unterzeichnet wurde.[158] Wichtige Neuerungen dieses Vertrages über eine Verfassung für Europa (VVE), der jedoch an der Ratifizierung scheiterte, bezogen sich auf das politische System und insbesondere auf die EU-Entscheidungsprozesse und sahen u.a. das neue Amt des Präsidenten des Europäischen Rates und seine Wahl mit qualifizierter Mehrheit durch den Europäischen Rat für eine Amtszeit von zweieinhalb Jahren vor.[159] Darüber hinaus sollte die EU rechtliche Subjektivität (Rechtspersönlichkeit) erlangen,[160] Ratsentscheidungen sollten im Regelfall mit qualifizierter Mehrheit getroffen werden. Ein wichtiges Instrument der GASP sind völkerrechtliche Verträge, welche die EU als Völkerrechtssubjekt nach Art. 37 EUV mit Drittstaaten oder internationalen Organisationen schließen kann. Solche völkerrechtlichen Abkommen der EU sind erst seit dem Vertrag von Lissabon möglich, da die EU erst durch ihn Rechtspersönlichkeit erhielt.

Auch der Ausbau der institutionellen Architektur im Bereich der GASP sollte eine zentrale Stellung im Verfassungsvertrag einnehmen. Besondere Bedeutung kommt dabei der Rolle des zu schaffenden EU-Außenministers und der geplanten flexibleren Zusammenarbeit der EU-Mitgliedstaaten in der ESVP zu.[161]

Im Rahmen der GASP kann die EU nach Art. 31 EU-Vertrag keine Gesetzgebungsakte erlassen. Stattdessen gibt es zur Festlegung und Durchführung der GASP verschiedene andere Politikinstrumente, auf die der Europäische Rat und der Rat für Auswärtige Angelegenheiten zurückgreifen können. Der Europäische Rat legt die *strategischen Interessen der Union* und die *allgemeinen Leitlinien der GASP* fest, die bis zum Vertrag von Lissabon als *Gemeinsame Strategien* bezeichnet wurden. Nach dem Verfassungsentwurf sollte der Europäische Rat mit qualifizierter Mehrheit mit Zustimmung des Präsidenten der Kommission den Außenminister der Union ernennen. Er sollte dessen Mandat nach dem gleichen Verfahren beenden können.[162] Der Außenminister der Union sollte einer der Vizepräsidenten der Kommission sein. Er sollte für die Kohärenz des auswärtigen Handelns der Union sorgen und innerhalb der Kommission mit deren Zuständig-

---

[156] Vgl. Schumann, Wolfgang: Bashkimi Evropian, http://www.dadalos-europe.org/alb/grundkurs5/bilanz.htm, siehe auch die Webseite „Entwicklung der Verträge und Strukturen der EU", http://www.crp-infotec.de/eu-entwicklung-vertraege-strukturen.
[157] Europäischer Konvent: Entwurf eines Vertrages über eine Verfassung für Europa. Vom Europäischen Konvent im Konsensverfahren angenommen am 13. Juni und 10. Juli 2003, dem Präsidenten des Europäischen Rates in Rom überreicht, 18. Juli 2003, Luxemburg 2003.
[158] Konferenz der Vertreter der Regierungen der Mitgliedstaaten, Vertrag über eine Verfassung für Europa CIG 87/2/04 REV 2, 29.10.2004, veröffentlicht in ABl. C 310 v. 16.12.2004 und vom Amt für amtliche Veröffentlichungen der Europäischen Gemeinschaften: Vertrag über eine Verfassung für Europa, Luxemburg 2005.
[159] Art. I-22 VVE.
[160] Art. I-7 VVE. Vgl. Erlbacher, Friedrich: Rechtspersönlichkeit und Rechtsnachfolge, in: Waldemar Hummer / Walter Obwexer (Hrsg.): Der Vertrag von Lissabon, Baden-Baden 2009, S. 123-132 (124).
[161] Art. I-28 und Art. I-41 VVE.
[162] Art. I-28 Abs. 1 VVE.

keiten im Bereich der Außenbeziehungen und mit der Koordinierung der übrigen Aspekte des auswärtigen Handelns der Union betraut werden.[163]

Mit einer solchen Normierung sowie mit der Eröffnung von zwei neuen Positionen innerhalb der institutionellen Struktur, dem gewählten Präsidenten des Europäischen Rates und dem Posten des EU-Außenministers, sollte die institutionelle Struktur der EU gestärkt werden. Der Außenminister vertrat einen einzigartigen diplomatischen Posten der EU, wonach vorgesehen war, dass zwei identische Positionen in ihm zusammenfließen: nämlich der Hohe Vertreter, der für die Gemeinsame Außen- und Sicherheitspolitik des Rates zuständig ist, und der Vizepräsident, der innerhalb der Kommission zuständig ist für den Bereich Außenbeziehungen und für die Koordinierung der übrigen Aspekte des auswärtigen Handelns.[164] Darüber hinaus sollte nach dem Verfassungsentwurf die GASP Teil eines umfassenden Politikverständnisses auswärtigen Handelns sein. Art. I-16 VVE sollte mit der Auflösung des „Zweiten Pfeilers" die Zuständigkeit der Union für alle Bereiche der Außen- und Sicherheitspolitik begründen.

Aber mit dem Scheitern der Ratifizierung des Verfassungsvertrags zeigte sich, dass die zukünftige politische und militärische Integration der EU ein sehr schwieriger und langwieriger Prozess ist. Darüber hinaus wurde deutlich, dass die Mitgliedstaaten befürchteten, dass eine „Pan-EU-Verfassung" den Rubikon des Supranationalen überschreiten und somit zu einer weiteren Aushöhlung der nationalen Souveränität führen würde.[165]

Da die Ratifizierung des Verfassungsvertrags scheiterte, wurde dieser Plan erst mit dem Vertrag von Lissabon 2007 umgesetzt. Durch das Amt des „Hohen Vertreters der Union für Außen- und Sicherheitspolitik" werden die Funktionen des EU-Außenbeauftragten und des EU-Außenkommissars vereint, wobei der Begriff „Außenminister" durch die neue Bezeichnung als Hoher Vertreter der EU für Außen- und Sicherheitspolitik ersetzt wurde. Der Hohe Vertreter[166] leitet die GASP, wobei er im Auftrag des Rates handelt sowie gleichzeitig das Amt eines der Vizepräsidenten der Europäischen Kommission innehat. Gemäß Art. 18 Abs. 4 Lissabonner EUV ist der Hohe Vertreter in der Kommission für die Außenbeziehungen zuständig. Diese Zusammenlegung soll zur größeren Kohärenz in den Außenbeziehungen zwischen Rat und Kommission führen. Der Hohe Vertreter übernimmt daher den ständigen Vorsitz im Rat „Auswärtige Angelegenheiten". Außerdem wurde mit dem Vertrag von Lissabon der Europäische Auswärtige Dienst geschaffen,[167] der den Hohen Vertreter unterstützt. Das hat die Koordination der GASP wesentlich vereinfacht. Zudem wurde die Struktur der drei Säulen aufgelöst und die EU erhielt eine eigene Rechtspersönlichkeit,[168] was ihren Auftritt auf der internationalen Bühne erleichtern sollte. Die bisherige „vertikale" Anordnung der Politikbereiche in den drei Säulen der EU ist mit dem Vertrag von Lissabon einer „horizontalen" Anordnung der Ebenen – je nach der Arbeitsweise der EU und deren Abstimmungsmodalitäten gewichen. Die GSVP wurde zudem integraler Bestandteil der GASP und schließt die Option zu einer Ständigen Strukturellen Zusammenarbeit (SSZ) ein. Nicht verändert wurden allerdings die Entscheidungsmechanismen, die weiterhin auf dem Prinzip der Einstimmigkeit aller Regierungen der Mitgliedstaaten beruhen. Bei der Durchführung der GASP nimmt der Hohe Vertreter der EU für Außen- und Sicherheitspolitik eine

---

[163] Art. I-28 Abs. 4 VVE.
[164] Vgl. Norman, Peter: The Accidental Constitution: The Making of Europe's Constitutional Treaty, 2nd ed., Brussels 2005, pp. 113-116.
[165] Vgl. Reka, Blerim: Kushtetuta e EU-së, Rubikoni i supracionales, Shkup, Prishtinë, Tiranë 2007, S. 9.
[166] Der Hohe Vertreter wird vom Europäischen Rat mit qualifizierter Mehrheit und mit Zustimmung des Präsidenten der Kommission ernannt. Demselben Verfahren folgend kann er wieder abberufen werden (Art. 18 Abs. 1 Lissabonner EUV).
[167] Lissabonner EUV, Art. 27 Abs. 3.
[168] Lissabonner EUV, Art. 47.

Schlüsselrolle ein, er vertritt die EU auch gegenüber Drittstaaten und internationalen Organisationen.[169] Der Hohe Vertreter, umgangssprachlich auch als EU-Außenminister bezeichnet, ist zugleich Vorsitzender des Außenministerrates und Vizepräsident der Europäischen Kommission; er vereint dadurch die außenpolitischen Kompetenzen beider Organe.[170] Der Hohe Vertreter koordiniert zudem die Arbeit der EU-Sonderbeauftragten. Zur Erfüllung seines Auftrages wird dem Hohen Vertreter erstmals ein eigener Europäischer Auswärtiger Dienst zur Seite gestellt.[171] Auf Vorschlag des Hohen Vertreters kann der Rat zudem nach Art. 33 EUV für bestimmte Aufgaben und Handlungsfelder Sonderbeauftragte ernennen.

Das Europäische Parlament hat dagegen im Bereich der GASP nur geringe Mitspracherechte. Nach Art. 36 EUV muss der Hohe Vertreter ihm regelmäßig Bericht erstatten und bei seiner Tätigkeit die Auffassungen des Parlaments „gebührend berücksichtigen".[172] Mit dem Vertrag von Lissabon trat die EU die Rechtsnachfolge der Europäischen Gemeinschaft an.

Aber auch dieser Corpus der europäischen Außenpolitik, der zuvor von zwei EU-Institutionen geleitet wurde, dem Hohen Vertreter für die GASP und dem Kommissar für Außenbeziehungen, nimmt mit dem Vertrag von Lissabon die Eigenschaften der klassischen Diplomatie an, weswegen einige Autoren sie die *„Reorganisierung einer größeren Bürokratie der EU"* nennen.[173]

2.6. Entstehung und Entwicklung der der ESVP/GSVP[174]

2.6.1. Verteidigungspolitik als Prozess

In den frühen 50er Jahren wurde durch eine Initiative Frankreichs die Frage der Europäischen Verteidigungsgemeinschaft (EVG) diskutiert, die eine gemeinsame europäische Armee vorsah. Als die Mehrheit der Mitgliedstaaten sich auf dieses Projekt einigte, scheiterte es 1954 an der Weigerung der Französischen Nationalversammlung, es zu ratifizieren.[175] Als alternative Lösung für die EVG wurde mit dem Vorschlag Großbritanniens im Jahr 1954 die Westeuropäische Union (WEU) gegründet, die während ihres Bestehens keinen besonderen Beitrag vor allem für die Verteidigung leistete, sondern als eine Art Überwachung der bundesdeutschen Wiederbewaffnung diente.[176]

Die jahrzehntelange Gewährleistung einer militärischen Protektion durch die USA während des Ost-West-Konflikts erlaubte der europäischen Staatengemeinschaft, sich zunächst ausschließlich auf ihre wirtschaftliche Integration zu konzentrieren. Ein Abhängigkeitsverhältnis wurde installiert, das den strategischen Horizont der Europäer verkleinerte und ihren Verantwor-

---

[169] Lissabonner EUV, Art. 27 Abs. 2.
[170] Lissabonner EUV, Art. 15 Abs. 6.
[171] Lissabonner EUV, Art. 27 Abs. 3.
[172] Walter, Florian: Erfolge und Defizite der Europäischen / Gemeinsamen Sicherheits- und Verteidigungspolitik unter besonderer Berücksichtigung ihrer Operationen in Afrika, Diss. Wien 2010, S. 40.
[173] Fitzgerald, Shane: David Cameron's European Strategy: An Initial Assessment, edited by Paul Gillespie, Dublin 2009.
[174] Die ursprüngliche Bezeichnung Gemeinsame Europäische Sicherheits- und Verteidigungspolitik (GESVP) wurde zuerst in Europäische Sicherheits- und Verteidigungspolitik (ESVP) und schließlich – durch den am 1. Dezember 2009 in Kraft getretenen Vertrag von Lissabon – in Gemeinsame Sicherheits- und Verteidigungspolitik (GSVP) geändert. Diesbezüglich siehe die detaillierte Beschreibung in Bashlinskaya, Aydan: Die Europäische Sicherheits- und Verteidigungspolitik der EU, Baden-Baden 2009.
[175] Vgl. Weidenfeld, Werner / Wessels, Wolfgang (Hrsg.): Europa von A bis Z. Taschenbuch der europäischen Integration, Institut für Europäische Politik, 8. Aufl., Bonn 2002, S. 15 f.
[176] Vgl. Bretherton, Charlotte / Vogler, John: The European Union as a Global Actor, 2nd ed., London 2005, p. 200.

tungssinn schwächte: „*What ever the Europeans thought about any problem, the ultimate answer would always come from Washington.*"[177]

Doch seit dem Vertrag von Maastricht (1992) hat die Entwicklung der Europäischen Sicherheits- und Verteidigungspolitik große Schritte getätigt, was verwunderlich erscheint, da die Verteidigungspolitik für die nationale Souveränität der Mitgliedstaaten besonders sensibel ist. Mit dem Maastrichter Vertrag wurde die sicherheits- und verteidigungspolitische Zusammenarbeit innerhalb der EU nun deutlich weiter gefasst. Art. J.4. Abs. 1 EUV/Maastricht bezieht sich auf die Vorbereitung einer gemeinsamen Verteidigungspolitik, die zu einer gemeinsamen Verteidigung führen könnte:

„*Die gemeinsame Außen- und Sicherheitspolitik umfaßt sämtliche Fragen, welche die Sicherheit der Europäischen Union betreffen, wozu auf längere Sicht auch die Festlegung einer gemeinsamen Verteidigungspolitik gehört, die zu gegebener Zeit zu einer gemeinsamen Verteidigung führen könnte.*"

Die Westeuropäische Union (WEU) wird zum „integralen Bestandteil der Entwicklung der Europäischen Union" erklärt; sie soll die Entscheidungen und Aktionen der Union, die verteidigungspolitische Bezüge haben, ausarbeiten und durchführen.[178] Dieser Prozess sollte keine negativen Auswirkungen auf die Rechte und Pflichten der bestehenden Sicherheits- und Verteidigungssysteme, wie der NATO, haben. Um eine bessere Kooperation und Transparenz zwischen beiden Organisationen zu gewährleisten, wurde der Sitz der WEU nach Brüssel verlegt, wo auch die NATO ansässig ist.[179]

Ein weiterer wichtiger Schritt in der Entwicklung der Europäischen Verteidigungspolitik war durch den Vertrag von Amsterdam gemacht worden, der neben den so genannten Petersberg-Aufgaben[180] auch die humanitären und militärischen Aufgaben beinhaltete. Mit diesem Vertrag wurde der Grundstein für eine schnellere Entwicklung der Europäischen Sicherheits- und Verteidigungspolitik gelegt. Ohne Zweifel haben die Kriege in Kroatien, Bosnien-Herzegowina, und später im Kosovo als Katalysator für die Entwicklung der Europäischen Sicherheits- und Verteidigungspolitik (ESVP) gedient. Diese Kriege haben gezeigt, dass die Gemeinsame Außen- und Sicherheitspolitik unkoordiniert und konzeptlos war. Obwohl mit dem Vertrag von Maastricht die Sicherheits- und Verteidigungspolitik zu einem integralen Bestandteil der Gemeinsamen Außen- und Sicherheitspolitik (GASP) wurde, war die praktische Umsetzung sehr rudimentär.

Entscheidend für die raschen Fortschritte im Bereich der ESVP/GSVP war eine 180-Grad-Wende der britischen Politik, die bis zu diesem Zeitpunkt einer weiteren Integration im Bereich der Sicherheits- und Verteidigungspolitik ablehnend gegenüberstand.[181] Erste Andeutungen für eine Änderung der britischen Position wurden bereits im Oktober 1998 von Tony Blair bei einem informellen Treffen der Staats- und Regierungschefs der Union im österreichischen Pörtschach gemacht.[182] Der britisch-französische Gipfel von Saint-Malo (3./4. Dezember 1998) gilt

---

[177] Andréani, Gilles / Bertram, Christoph / Grant, Charles: Europe's Military Revolution, London 2001: Centre for European Reform, p. 18.
[178] EUV/Maastricht, Art. J.4.2.
[179] Vgl. Erklärung zur Westeuropäischen Union, ABl. C 340 v. 10.11.1997, S. 125-131.
[180] Benannt sind die Aufgaben nach dem Tagungsort, dem Gästehaus der Bundesrepublik Deutschland auf dem Petersberg. Alle diese Aufgaben fallen in die sicherheitspolitische Zuständigkeit der EU und können daher im Rahmen der ESVP durchgeführt werden, wobei die Petersberg-Aufgaben als eigenständige Handlungsform im Bereich der Sicherheitspolitik im Rahmen des Art. 17 Abs. 2 EUV und Art. III-309 Abs. 1 VVE anzusehen sind und einer einstimmigen Beschlussfassung unterliegen. Für eine umfassende Beschreibung siehe Bashlinskaya, Aydan: Die Europäische Sicherheits- und Verteidigungspolitik der EU, Baden-Baden 2009, S. 353-360.
[181] Howorth, Jolyon: Security and Defence Policy in the European Union, Basingstoke, Hampshire 2007, p. 36.
[182] Informal European Summit Pörtschach, 24-25 October 1998, in: Maartje Rutten: From St-Malo to Nice. European defence: core documents, *Chaillot Paper* No. 47, May 2001, Paris: ISS, pp. 1-3 (1).

als „*start of the European defence project*". Im Zentrum der Vereinbarung von Saint-Malo 1998 stand die Notwendigkeit des Aufbaus von militärischen Fähigkeiten, um auf internationale Krisen autonom reagieren zu können.[183] Rückendeckung bekam diese Initiative durch die Ereignisse im Kosovo.

Der „*Höhepunkt des Primats der NATO*" leitete damit die entscheidende Wende in Richtung einer autonomen Europäischen Sicherheits- und Verteidigungspolitik (ESVP)[184] ein, die sich im Vergleich zu anderen Integrationsprojekten mit erstaunlicher Schnelligkeit entwickeln sollte.[185] Der Europäische Rat in Köln im Juni 1999 bezeichnete deshalb die Entwicklung militärischer Fähigkeiten bei der EU zutreffend als Teil der schrittweisen Festlegung einer „*gemeinsamen Verteidigungspolitik gemäß Art. 17 EUV*".[186] Dieser Gipfel ist zur Geburtsstunde der Gemeinsamen Sicherheits- und Verteidigungspolitik der EU geworden. Die in Köln beschlossene Weiterentwicklung der im Vertrag von Maastricht vereinbarten Gemeinsamen Außen- und Sicherheitspolitik (GASP) zur Europäischen Sicherheits- und Verteidigungspolitik (ESVP) wurde später im Vertrag von Nizza (2003) verankert. Sie umfasst Maßnahmen der EU auf dem Gebiet des Krisenmanagements und der Konfliktverhütung. Aufgebaut wurde eine „schnelle Eingreiftruppe" von 60.000 Soldaten. Sie ist vorgesehen für humanitäre Missionen und Rettungseinsätze, Frieden schaffende und erhaltende Maßnahmen und zur Terrorismusbekämpfung.[187]

Der (gescheiterte) Verfassungsvertrag sah eine Erweiterung der Petersberg-Aufgaben um Abrüstungsmaßnahmen, militärische Beratung, Aufgaben der Konfliktverhütung und Operationen zur Stabilisierung der Lage nach Konflikten vor (Art. I-41 Abs. 1, Art. III-309, Abs. 1 VVE). Weitere Anhaltspunkte liefert die erste gemeinsame europäische Sicherheitsstrategie, die der Europäische Rat am 12. Dezember 2003 mit dem Titel „Ein sicheres Europa in einer besseren Welt" verabschiedet hat.[188] Diese definiert erstmals eine EU-Sicht auf die im 21. Jahrhundert vorherrschenden Sicherheitsgefahren und mögliche Antworten auf diese.[189]

2.6.2. Zusammenarbeit zwischen EU und NATO

Die Frage der europäischen Sicherheit während des Kalten Krieges war aufgrund der Bedrohung durch die Sowjetunion eng mit den USA und der NATO verbunden. Durch das Ende des Kalten Krieges verlor die NATO auf der einen Seite ihre *Raison d'être*, die EU auf der anderen Seite musste sich den neuen Sicherheitsherausforderungen stellen. Die NATO musste sich, wollte sie die Verteidigungsorganisation bleiben, grundlegend ändern und den neuen Gegebenheiten anpas-

---

[183] Siehe International Institute for Strategic Studies: European Military Capabilities: Building Armed Forces for Modern Operations, London 2008.
[184] Wichtige Dokumente zur Entwicklung der ESVP und zu den Beziehungen zur NATO finden sich in den vom Institut für Sicherheitsstudien herausgebenen *Chaillot Papers* No. 47 (Mai 2001), 51 (April 2002), 67 (Dezember 2003) und 75 (Februar 2005); vgl. Bashlinskaya, Aydan: Die Europäische Sicherheits- und Verteidigungspolitik der EU, Baden-Baden 2009, S. 332.
[185] Renne, Barbara: Die Europäische Sicherheits- und Verteidigungspolitik zwischen Anspruch und Wirklichkeit: Probleme und Perspektiven der EU-Eingreiftruppe unter besonderer Berücksichtigung ihres Verhältnisses zur NATO-Response Force, Hamburg, Institute for Peace Research and Security Studies, Heft 134, Januar 2004, S. 18.
[186] Vgl. Europäischer Rat in Köln am 3./4. Juni 1999, Schlussfolgerungen des Vorsitzes, Anhang III – Bericht des Vorsitzes über die Stärkung der gemeinsamen Europäischen Sicherheits- und Verteidigungspolitik.
[187] Siehe Middel, Andreas, „Schnelle Eingreiftruppe der EU nimmt Gestalt an", Die Welt, 15.06.2000.
[188] Vgl. Europäischer Rat: Europäische Sicherheitsstrategie. Ein sichereres Europa in einer besseren Welt, 12. Dezember 2003, http://www.consilium.europa.eu/uedocs/cmsUpload/031208ESSIIDE.pdf,auch in: *IP* 6/2004, 162-170.
[189] Meiers, Franz-Josef: Die „NATO Response Force" und die „European Rapid Reaction Force": Kooperationspartner oder Konkurrenten?, in: Johannes Varwick (Hrsg.): Die Beziehungen zwischen NATO und EU-Partnerschaft, Konkurrenz, Rivalität?, Opladen 2005, S. 119-138 (138).

sen. Ein wesentlicher Beitrag dazu ist ihre Beziehung zur EU, da die meisten EU-Mitgliedstaaten auch NATO-Mitglieder sind.[190]

Der Hintergrund der Entwicklung der strukturellen institutionellen Beziehungen zwischen der EU und der NATO bildet die Grundlage der politischen Entscheidung, das EU-Krisenmanagement nicht in Konkurrenz zur NATO aufzustellen und zu realisieren. Dies hatte die US-Außenministerin Madeleine Albright unmittelbar nach dem französisch-britischen Gipfel in Saint-Malo schon 1998 mit den sogenannten „Drei-D" („no duplication, no decoupling, no discrimination") die als Bedingung für Washingtons Zustimmung zum Aufbau der ESVP galten,[191] treffend zum Ausdruck gebracht. Die ESVP darf also nicht von der NATO abgekoppelt sein. Sie soll die NATO nicht duplizieren und NATO-Mitglieder, die nicht der EU angehören, nicht diskriminieren.[192] Aus diesem Grund legt die EU Wert auf die Weiterentwicklung ihrer Fähigkeiten zur Krisenbewältigung in Kooperation mit der NATO.

Die enge Zusammenarbeit zwischen den beiden Organisationen zeigte sich im Falle der NATO-Intervention beim blutigen Zerfall des ehemaligen Jugoslawiens, zuerst in Bosnien und danach im Kosovo. Zur gleichen Zeit wurde klar, dass die NATO die wichtigste Institution zur Gewährleistung der Sicherheit in Europa blieb. Inzwischen waren Bemühungen einzelner Länder wie Frankreich, die Westeuropäische Union (WEU) als eine Art dritte autonome Kraft zu etablieren, gescheitert. Dies unterstreicht deutlich den langen Weg der Rückkehr Frankreichs in die NATO und die flexible Haltung der britischen Regierung gegenüber der europäischen Integration.

Die abgeschlossenen Vereinbarungen für die WEU-NATO-Zusammenarbeit von 1991 bis 2000 bildeten die Grundlage für die weitere Entwicklung der Beziehungen zwischen der EU und der NATO.[193] Zur gleichen Zeit bildete sich Zustimmung zur Notwendigkeit der Übernahme einer größeren Verantwortung der EU-Mitgliedstaaten für ihre Gemeinsame Sicherheit und Verteidigung heraus. Die Einführung dieser neuen Ansätze für die Probleme der europäischen Sicherheit war aufgrund der tief greifenden Auswirkungen der Konflikte im westlichen Balkan der 90er Jahre erfolgt. Aber die Unfähigkeit der EU, zu intervenieren bzw. solche Konflikte zu lösen, führte zu der gemeinsamen Auffassung, dass die EU ihre militärischen Kapazitäten ausbauen muss.[194]

Auch in den Schlussfolgerungen des Europäischen Rates in Köln und Helsinki wird deutlich, dass eigene EU-geführte Krisenbewältigungseinsätze, die „unbeschadet von Maßnahmen der NATO" erfolgen sollen, nur dann im Frage kommen, „wenn die NATO als ganzes nicht beteiligt ist".[195] Bei der Versammlung der NATO-Staaten am 23./24. April 1999 in Washington wurde die Initiative der EU begrüßt, die europäischen militärischen Fähigkeiten zum autonomen Handeln auszubauen, mit dem Argument, dass eine stärkere Rolle Europas dazu beitragen wird, der Allianz eine größere Vitalität im 21. Jahrhundert zu geben. Die NATO-Führung ermutigte auch

---

[190] NATO: What is NATO?, Brussels 2012: NATO, Public Diplomacy Division, p. 31.
[191] Albright, Madeleine: The Right Balance will Secure NATO's Future, in: *Financial Times*, 07.12.1998; abgedruckt auch in: Maartje Rutten: From St-Malo to Nice: European defence: core documents, *Chaillot Paper* No. 47, May 2001, Paris: ISS, Doc. 4; Erler, Gernot: Die Zukunft der GASP – Sozialdemokratische Perspektiven für die „Gemeinsame Außen- und Sicherheitspolitik" der Europäischen Union, http://www.gernot-erler.de/cms/upload/Texte/ZukunftGASP.pdf.
[192] Reiter, Erich: Die Entwicklung der ESVP und der transatlantischen Beziehungen. Die europäische Sicherheitsstrategie wird die transatlantischen Beziehungen bestimmen, Wien 2004, S. 9.
[193] Siehe NATO Handbook, Brussels 2006: NATO, Public Diplomacy Division, p. 247.
[194] Ebenda, pp. 245 f.
[195] Europäischer Rat am 10. und 11. Dezember 1999 in Helsinki, Schlussfolgerungen des Vorsitzes, Anlage 1 zu Anlage IV, Einleitung, Abs. 2.

den Aufbau von transparenten und beratenden Mechanismen zwischen der EU und der NATO.[196] Die Washingtoner Erklärung beinhaltet die grundsätzliche Zustimmung der NATO zur Übertragung der Aufgaben des Krisenmanagements der WEU auf die EU. Gleichzeitig wurde eine Übereinstimmung darüber erzielt, die institutionellen Verbindungen der EU zu übernehmen und zu vertiefen.[197] Auf dem folgenden EU-Gipfel wurde eine Reihe von Maßnahmen und Vorschlägen getroffen und vorbereitet, die zur Entwicklung der Modalitäten für die Beziehungen zwischen der EU und der NATO dienen.

Die Auseinandersetzungen über den Irak-Krieg überschatteten die anfängliche Zusammenarbeit zwischen EU und NATO. Wie später noch erklärt wird, führte der „Pralinengipfel" von 2003 dazu, dass die EU ihr „eigenes" Operationszentrum im NATO Hauptquartier bekam.[198] Im Bericht zur Implementierung der Europäischen Sicherheitsstrategie[199] wird eingeräumt, dass die Beziehungen zwischen der EU und der NATO „noch formal" sind und nicht weiter ausgebaut werden, unabhängig von der Anwesenheit auf dem Balkan und in Afghanistan. Ein bedeutender militärpolitischer Schritt war die im Jahr 2002 angenommene so genannte „Berlin Plus"-Vereinbarung[200], welche die militärischen Beziehungen der Union zur NATO regelte.[201]

Dies führte zur Entwicklung einer strategischen Partnerschaft (*NATO-EU Declaration on the European Security and Defence Policy*) zwischen der EU und der NATO.[202] Sie wurde unter der Voraussetzung geschaffen, die Mittel und Fähigkeiten der NATO für militärische Operationen zu nutzen, die von der EU geführt werden. Diese Vereinbarung hat der strategischen Partnerschaft eine vitale Form gegeben und ebnete den Weg für ein koordiniertes Vorgehen zwischen diesen Organisationen, zudem schuf sie die Grundlage für eine Zusammenarbeit bei der Krisenbewältigung in Bosnien-Herzegowina und im Kosovo sowie für die Weiterentwicklung der Zusammenarbeit in anderen Bereichen.[203] Unter anderem hat der Fall des Kosovo kräftige Impulse zur Errichtung einer Gemeinsamen Europäischen Sicherheitspolitik in Abstimmung mit der NATO gegeben, und gleichzeitig wurde die Verantwortung für die meisten Funktionen übernommen, die von der Westeuropäischen Union durchgeführt worden sind.

Darüber hinaus wurde eine Vereinbarung getroffen, einen Kern der EU im Hauptquartier der Alliierten Mächte Europas mit der Basis in Mons (Belgien) und einer NATO-Vertretung im

---

[196] Vgl. Washington Summit Communiqué, issued by th Heads of State and Goverment participating in the meeting of the North Atlantic Council in Washington, D.C. on 25th April 1999, An Alliance for the 21st Century, http://www.nato.int/docu/pr/1999/p99-064e.htm, Nos. 9.a, 10; Bashlinskaya, Aydan: Die Europäische Sicherheits- und Verteidigungspolitik der EU, Baden-Baden 2009, S. 332.
[197] Ausführlich dazu Dietrich, Sascha: Die Europäische Sicherheits-und Verteidigungspolitik (ESVP): Die Entwicklung der rechtlichen und institutionellen Strukturen der sicherheits- und verteidigungspolitischen Zusammenarbeit im Europäischen Integrationsprozess von den Brüsseler Verträgen bis zum Vertrag über eine Verfassung für Europa. Baden-Baden 2006, S. 379.
[198] Vgl. Haine, Jean-Yves: Eine historische Perspektive, in: Nicole Gnesotto (Hrsg.): Die Sicherheits- und Verteidigungspolitik der EU. Die ersten fünf Jahre (1999-2004), Paris 2004, S. 51-64 (55 f.).
[199] Report on the Implementation of the European Security Strategy: Providing Security in a Changing World, S407/08, Brussels, 11 December 2008, http://www.consilium.europa.eu/ueDocs/cms_Data/docs/pressdata/EN/reports/104630.pdf, p. 11.
[200] Siehe Bashlinskaya, Aydan: Die Europäische Sicherheits- und Verteidigungspolitik der EU, Baden-Baden 2009, S. 364 f.
[201] Siehe: Bashlinskaya, Aydan: Die Europäische Sicherheits- und Verteidigungspolitik der EU, Baden-Baden 2009, S. 340 f.; EU-NATO Declaration on ESDP, NATO Press Release (2002) 142, 16 December 2002, http://www.nato.int/docu/pr/2002/p02-142e.htm.
[202] Siehe Dietrich, Sascha: Die Europäische Sicherheits-und Verteidigungspolitik (ESVP), Baden-Baden 2006, S. 376.
[203] Vgl. NATO Handbook, Brussels 2006, p. 243.

EU-Militärstab zu haben.[204] Das Ziel der NATO-EU-Zusammenarbeit im Bereich der Sicherheit ist es, die vorhandenen Alternativen zu erhöhen, um Krisen und Konflikte besser zu bewältigen, damit deren Intensivierung vermieden wird. Dies führt zur Stärkung der europäischen militärischen Fähigkeiten, so dass künftige Operationen unter Führung der EU als Operationen gesehen werden können, die mit Krisen umzugehen wissen, wenn die Allianz sich als Ganzes beteiligt.

In der Tat bestimmen diese Abkommen die Möglichkeit einer Unterstützung durch die NATO für EU-geführte Operationen, an denen die Allianz selbst nicht beteiligt ist.[205] Zudem wird klar, dass die USA mehr als eine militärische Autonomie Europas verlangten, nämlich die Stärkung des „europäischen Pfeilers" der NATO. Das militärische Defizit der EU gegenüber den USA, genauer gesagt der NATO, wird aus ihren beiden strategischen Dokumenten, der *National Security Strategy* der USA[206] vom März 2006 und der Europäischen Sicherheitsstrategie vom 15. Dezember 2003,[207] sowie an den finanziellen Prioritäten erkennbar. Die USA hatte z.B. im Jahr 2005 ein jährliches Militärbudget von $ 463 Milliarden, während die EU-Mitgliedstaaten zusammen rund $ 186 Milliarden für Militärausgaben aufwandten.[208] Natürlich führt dieser große Unterschied dazu, dass die EU eine größere Abhängigkeit von den militärischen Kapazitäten der NATO, insbesondere denen der USA, hat. Mit Recht sagt der ehemalige deutsche Verteidigungsminister Rudolf Scharping: *„Wir haben nicht zu viel Amerika in der NATO, sondern zu wenig Europa. Im Übrigen: Wir haben zu viele Institutionen, aber zu wenig gemeinsame Politik, jedenfalls im Bereich der Außen- und Sicherheitspolitik."*[209]

Die aktuelle Partnerschaft und Zusammenarbeit zwischen der NATO und der EU beinhaltet den Plan zur Entwicklung der Kapazitäten zur Krisenprävention und Beilegung bewaffneter Konflikte in und außerhalb Europas, zudem auch den Kampf gegen den Terrorismus und gegen die Verbreitung von Massenvernichtungswaffen.[210] Diese wichtige Partnerschaft hat ihr Potenzial noch nicht ausgeschöpft. Im Strategischen Konzept von 2010 wird hervorgehoben, dass „die EU ein einzigartiger und unverzichtbarer Partner für die NATO ist". Die enge Zusammenarbeit zwischen ihnen sei ein wichtiger Bestandteil des „Comprehensive Approach" zum Managen von Operationen und Krisen. Gleichzeitig unterstützt die NATO angesichts des Ziels des Aufbaus einer transatlantischen Partnerschaft den Aufbau von Kapazitäten der EU im Bereich der Sicherheit.[211]

Schließlich ist auch das internationale Krisenmanagement immer wichtiger und komplexer, da verlangt wird, dass die teilnehmenden Akteure sich gegenseitig unterstützen. Eine starke EU ist keine Bedrohung für die NATO. Militärische Operationen wie die militärische Intervention und die Friedensmission im Kosovo (KFOR) sind nicht ohne NATO möglich.

---

[204] NATO Transformed, Brussels 2004: NATO, Public Diplomacy Division, p. 8.
[205] Siehe NATO Handbook, Brussels 2006, p. 265.
[206] Vgl. The National Security Strategy of the United States of America, Washington 2006, http://www.state.gov/documents/organization/63562.pdf.
[207] Vgl. Europäischer Rat: Europäische Sicherheitsstrategie. Ein sichereres Europa in einer besseren Welt, 12. Dezember 2003; auch in: *IP* 6/2004, 162-170.
[208] Vgl. Lindstrom, Gustav: EU-US Burdensharing. Who does what?, *Chaillot Paper* No. 82, September 2005, Paris: ISS, p. 89.
[209] Siehe Scharping, Rudolf: Wir dürfen nicht wegsehen. Der Kosovo-Krieg und Europa, Berlin 1999, S. 35.
[210] Vgl. Bashlinskaya, Aydan: Die Europäische Sicherheits- und Verteidigungspolitik der EU, Baden-Baden 2009, S. 344 f.
[211] NATO: What is NATO?, Brussels 2012: NATO, Public Diplomacy Division, pp. 31 f.

2.6.3. Inhalte der Zusammenarbeit zwischen der EU und den Vereinten Nationen

Die Europäische Union und die Vereinten Nationen haben unterschiedliche Rollen und komplementäre Funktionen in der Förderung von Frieden und Stabilität sowie in Bereichen wie Konfliktvermeidung und Krisenbewältigung. Die Europäische Union und die Vereinten Nationen sind natürliche Partner. Sie werden von den Grundwerten, die in der Charta der Vereinten Nationen (1945) und der Allgemeinen Erklärung der Menschenrechte von 1948 gesetzt wurden, vereint.[212] Unter Art. 11 Abs. 1 EUV ist festgelegt, dass alle genannten Ziele im Einklang mit der Charta der Vereinten Nationen verfolgt werden.[213] Obwohl die EU und die UN sich auf gemeinsame Werte und Interessen stützen, wurde ihre Zusammenarbeit erst in den späten 1990er Jahren und vor allem seit 2003 intensiviert.

Dass die Vereinten Nationen mit der Europäischen Union partnerschaftliche Beziehungen unterhalten, hat erstmals der Maastrichter Vertrag betont. Der durch den Vertrag von Amsterdam eingeführte Art. 19 EUV, der das Verhalten der Mitgliedstaaten bei internationalen Organisationen und Konferenzen regelt, fasst die zuvor in Art. J.2 Abs. 3 und Art. J.5 Abs. 4 EUV enthaltenen Bestimmungen zu einer einheitlichen Regel zusammen.[214]

Die Vereinten Nationen räumen nach Art. 4 Abs. 1 Charta der VN Internationalen Organisationen nicht das Recht ein, Mitglied zu werden. Die Mitgliedschaft bei den UN ist ausschließlich auf Staaten beschränkt. Die EG[215] besaß Beobachterstatus bei den Vereinten Nationen, und die Generalversammlung räumte der EG bereits 1974 ein Rederecht ein. Alle EU-Mitgliedstaaten sind Mitglieder der Vereinten Nationen, zudem sind zwei EU-Mitgliedstaaten, Frankreich und Großbritannien, ständige Mitglieder im Sicherheitsrat der Vereinten Nationen.[216]

Allerdings ist die UNO kein Modell für die Europäische Union; und die EU ist auch politisch nicht im System der UN präsent und spielt daher hauptsächlich eine reaktive Rolle. Dies geschieht aufgrund des Mangels an Koordination zwischen den EU-Mitgliedstaaten, was im Falle von sensiblen Entscheidungen des Sicherheitsrates sichtbar wird. Auf der anderen Seite ist die EU der zweitgrößte Beitragszahler und Sponsor von globalen Entwicklungsprogrammen. Aber gleichzeitig präsentiert sich die EU immer noch nicht als eine Einheit; obwohl die EU-Mitgliedstaaten versuchen, einheitliche Positionen zu entwickeln, sind ihre politischen Agenden in spezifischen Interessen der Nationalstaaten verankert.[217]

Mit der Gründung der ESVP hat die EU erklärt, dass dieses Instrument in den Dienst der Vereinten Nationen und ihrer Prioritäten für die Gewährleistung des weltweiten Friedens gestellt werden soll. In diesem Zusammenhang gewinnt die Position der EU eine große Bedeutung und wird zu einem ernstzunehmenden Partner der UN zur Friedenssicherung.[218] Nach Art. III-303 VVE soll die Union „*Übereinkünfte mit einem oder mehreren Staaten oder internationalen Organisationen schließen*" können. Die Union wird zudem nach Art. I-13 Abs. 2 VVE die aus-

---

[212] Siehe United Nations (ed.): The partnership between the UN and the EU. The United Nations and the European Commission working together in Development and Humanitarian Cooperation, Brussels 2006, p. 6.
[213] Art. 11 Abs. 1 EUV.
[214] Bericht über die Beziehungen zwischen der Europäischen Union und den Vereinten Nationen, EP-Dok. A5-0480/2003 endg. v. 16.12.2003.
[215] *De jure* besitzt lediglich die Erste Säule der Europäischen Union, die Europäische Gemeinschaft, als supranationale Institution einen Beobachterstatus bei einer internationalen Organisation. Informell wird jedoch zumeist keine Unterscheidung gemacht zwischen EU und EG.
[216] Vgl. Staber, Maria Franziska: Militärisches Krisen- und Konfliktmanagement der Europäischen Union unter besonderer Berücksichtigung der Kooperation mit den Vereinten Nationen, Diplomarbeit, Universität Wien, 2009, S. 82.
[217] Schminke, Alexander: Die Sicherheitspolitik der Europäischen Union, Diplomarbeit, Berlin 2004, S. 112-114.
[218] Dembinski, Matthias / Förster, Christian: Die EU als Partnerin der Vereinten Nationen bei der Friedenssicherung. HSFK-Report 7/2007, S. 16.

schließliche Zuständigkeit für den Abschluss internationaler Übereinkommen erhalten. Schwierigkeiten entstehen bei der Frage der Umsetzung der Militäraktionen des UN-Sicherheitsrates gemäß Art. 42 der UN-Charta. Angesichts des Erfordernisses der Einstimmigkeit bei den Beschlüssen über militärische Maßnahmen im Rahmen der ESVP, wäre eine Beschlussfassung gegen einen oder mehrere EU-Mitgliedstaaten nicht möglich.[219] In einem anderen Fall könnten die EU-Mitgliedstaaten die Sanktionen des UN-SR gegen ein eigenes Mitglied dadurch umsetzen, dass sie aufgrund von Art. 53 Abs. 1 Satz 1 UN-Charta über militärische Zwangsmaßnahmen der EU beschließen. Daraus entsteht allerdings die Frage, ob man bei einer derartigen Beschlussfassung immer noch aufgrund des EU-Vertrages handeln würde. Denn wenn die EU-Mitgliedstaaten aufgrund von Art. 53 Abs. 1 Satz 1 UN-Charta abstimmen würden, würden sie außerhalb der ESVP der Union und damit auch außerhalb des EU-Vertrages handeln.[220]

Obwohl die EU ein strukturelles Interesse hat, die UN und ihre Rolle als Garant des Friedens zu stärken, wurde im Falle der Kriege auf dem Territorium Jugoslawiens in den 90er Jahren des 20. Jahrhunderts deutlich, dass diese beiden Organisationen keine ausreichende militärischen Instrumente zur Krisenbewältigung haben und dass sie auch weiterhin abhängig von der NATO bleiben werden.

Eine weitere Priorität der EU ist die Absicht, eine aktive und wichtige Rolle im UN-Reformprozess zu spielen, was bedeutet, dass die EU die Stärkung einer globalen Führungsrolle der UN favorisiert. Ebenso versucht die EU, als leistungsstarker Mechanismus und mit mehr Einfluss innerhalb der UN hervorzugehen. Mit allen notwendigen Voraussetzungen hat die EU ihr Potenzial, für die Gestaltung einer gemeinsamen Politik innerhalb der Vereinten Nationen eine stärkere Rolle zu spielen, nicht ausreichend genutzt. Stattdessen dominieren innerhalb der EU noch immer die nationalen Interessen und Ambitionen der einzelnen EU-Mitgliedstaaten.

Die Zielvorgaben des Verfassungsentwurfs umfassen einen ehrgeizigen Katalog: *„Frieden, Gerechtigkeit und Solidarität in der Welt"* (Präambel), *„nachhaltige Entwicklung der Erde, Solidarität und gegenseitige Achtung unter den Völkern"* (Art. I-3 Abs. 4 VVE), *„Achtung der Grundsätze der Charta der Vereinten Nationen und des Völkerrechts"* (Art. III-292 Abs. 1 VVE), *„eine Weltordnung, die auf einer verstärkten multilateralen Zusammenarbeit und einer verantwortungsvollen Weltordnungspolitik beruht"* (Art. III-292 Abs. 2 lit. h) VVE). Dies sind wiederkehrende Begriffe.[221]

Bis zur Unterzeichnung des Lissabonner Vertrags wurden die Interessen der EU bei den Vereinten Nationen von drei Akteuren vertreten: der Europäischen Kommission, dem Rat der EU sowie der jeweiligen Ratspräsidentschaft. Entsprechend der Charta der Vereinten Nationen soll die Union zur *„Friedenssicherung, Konfliktverhütung und Stärkung der internationalen Sicherheit"* (Art. I-41 Abs. 1 VVE) beitragen. Unter dem Druck des internationalen Terrorismus wurden durch den Konvent die unter dem Begriff „Petersberg-Aufgaben" subsumierten Maßnahmen um gemeinsame Abrüstungsmaßnahmen und Operationen zur Stabilisierung der Lage (Art. III-309 Abs. 1 VVE) ergänzt.[222]

---

[219] Bashlinskaya, Aydan: Die Europäische Sicherheits- und Verteidigungspolitik der EU, Baden-Baden 2009, S. 255.
[220] Ebenda, S. 256.
[221] Büchse, Nicolas: Die reformierte Gemeinsame Außen- und Sicherheitspolitik. Stärkung und Weiterentwicklung der GASP im Verfassungsentwurf des Europäischen Konvents, Göttingen 2004, Seminarreferat, http://www.iuspublicum.thomas-schmitz.uni-goettingen.de/Downloads/Buechse_Reformierte_GASP.pdf, S. 13.
[222] Vgl. Algieri, Franco / Bauer, Thomas: Europa – die gespaltene Macht. Die Konventsvorschläge zur Sicherheits- und Verteidigungspolitik, in: Claus Giering (Hrsg.): Der EU-Reformkonvent – Analyse und Dokumentation, Gütersloh, München 2003, S. 103-110 (110).

2.7. Zwischenresümee

Um die Situation und die Entwicklung der europäischen Außenpolitik nur zum Teil verstehen zu können, müssen Entwicklungswege, die Komplexität der Institutionen und Handlungen sowie die Rolle der beteiligten Akteure in der EU beschrieben werden. Die EPZ / GASP stellt vom ersten Tag an bis heute einen kontinuierlichen Prozess der Vertiefung der Zusammenarbeit zwischen den EU-Mitgliedstaaten auf dem Gebiet der Außen- und Sicherheitspolitik dar, die eine gute Koordinierung der EU-Mitgliedstaaten widerspiegelt. Trotz all dieser Fortschritte ist die Außenpolitik der EU immer noch im Prozess der Weiterentwicklung und der Profilierung.

Die Entwicklung der GASP und der Verteidigungspolitik war ein sehr langer Prozess, obwohl die EU-Mitgliedstaaten betonen, dass eine engere Zusammenarbeit in der Außen- und Verteidigungspolitik im Interesse und zum Vorteil des Aufbaus eines EU-Profils als globaler Akteur ist. Aber noch nie dagewesene Herausforderungen, denen sich die EU in den frühen 1990er Jahren stellen musste, brachten die Entwicklungsprobleme der GASP an die Oberfläche. Die größte Herausforderung kam aus Jugoslawien, wo im Juni 1991 der erste kriegerische Konflikt in Europa seit dem Ende des Zweiten Weltkriegs ausbrach. Gleichzeitig war dies der größte Katalysator für die Entwicklung der GASP und insbesondere eine gemeinsame EU-Verteidigungspolitik. Es war ein riesiges Defizit, dass die EU auf die Hilfe der Vereinigten Staaten angewiesen war, um die serbische Aggression erst in Kroatien, dann in Bosnien und später im Kosovo aufzuhalten. Chris Patten, Kommissar für Außenbeziehungen, 1999-2004, hob hervor: *„The people of the Western Balkans are our fellow Europeans. We cannot wash our hands of them. Let us remember the consequences of our refusal to get involved. The shattered ruins of Vukovar. The ghastly siege of Sarajevo. The charnel house of Srebrenica. The smoking villages of Kosovo. The European Union did not commit these crimes. (...) As Europeans we cannot avoid a heavy share of responsibility for what happened."*[223]

Letztlich könnte eine stärker atlantisch orientierte EU die Vielseitigkeit der Vereinigten Staaten fördern, vor allem in beunruhigenden Anliegen, die beide Seiten des Atlantiks betreffen.[224] Daher konnte selbst die Grundlegung der europäischen Sicherheitspolitik nur mit der Beteiligung der NATO durchgeführt werden. So wurde in den Abschlussgesprächen in Maastricht ein Kompromiss zwischen dem französisch-deutschen Konzept und dem britisch-italienischen Modell eines europäischen Pfeilers innerhalb der NATO gefunden. In einer der Schlussakte zum Maastrichter Vertrag beigefügten Erklärung zur Westeuropäischen Union heißt es u.a.: *„Die WEU wird als Verteidigungskomponente der Europäischen Union und als Mittel zur Stärkung des europäischen Pfeilers der Atlantischen Allianz entwickelt."*[225] Die EU versucht, sich als Friedensmacht zu profilieren, indem sie eine Entscheidung getroffen hat, eine schnelle Eingreiftruppe innerhalb des Jahres 2003 zu etablieren. Diese Entscheidung war teilweise eine Folge der europäischen militärischen Schwäche, die sich im Kosovo-Krieg (1999) zeigte.

Die drei Reformen der Gründungsverträge – Maastricht (1991), Amsterdam (1997) und Nizza (2000) – sollten die institutionelle europäische Außenpolitik stärken. Der Wunsch, die GASP zu stärken, war ohne Zweifel der Hauptgrund für die Änderung des Vertrags über die Europäische Union durch den Vertrag von Amsterdam. Für die Zukunft der internationalen Rolle der EU waren die Beendigung des Kosovo-Konfliktes und die Verabschiedung einer Erklärung sowie eines Präsidentschaftsberichtes über die Stärkung der Gemeinsamen Europäischen Sicher-

---

[223] Speech by The Rt. Hon. Chris Patten to German Bundestag, 'European Affairs Committee', Berlin, 28 April 2004, http://ec.europa.eu/enlargement/archives/ear/publications/main/pub-speech_berlin_20040428.htm.
[224] Bugajski, Janusz: „Bashkimi i dobët evropian", in: *Koha Ditore* 2006, 10 f.
[225] Schlussakte des Maastrichter Vertrages, Erklärung 30 zur Westeuropäischen Union, Ziff. 2 Satz 1.

heits- und Verteidigungspolitik in Köln von entscheidender Bedeutung. Während des NATO-Luftkrieges gegen die Bundesrepublik Jugoslawien hielt der EU zusammen.

Ein weiterer großer Schritt konnte auf dem EU-Gipfel in Helsinki im Dezember 1999 verwirklicht werden. Dort einigte man sich, eine gemeinsame Europäische Sicherheits- und Verteidigungspolitik (ESVP) aufzubauen. Der Beginn der *„Militarisierung der Außen- und Sicherheitspolitik"* und als Folge des wechselnden Paradigmas der Sicherheit nach den Terroranschlägen vom September 2001 bestimmten die Konstruktion der militärischen Strukturen der EU und die Entwicklung der Europäischen Sicherheits- und Verteidigungspolitik (ESVP).

Die Außen- und Sicherheitspolitik der EU verzeichnete eine neue Dynamik, vor allem seit dem Ende des Jahres 1998, sowohl in institutioneller als auch in prozeduraler Hinsicht. Die Ernennung des Hohen Vertreters der GASP, Javier Solana, im Oktober 1999 ist als wichtige Entscheidung im Bemühen um die Erhöhung der Effizienz und Profilierung der Außenpolitik der EU als globaler Akteur zu betrachten. Die GASP erfuhr mit dem Vertrag von Amsterdam und später mit dem Vertrag von Nizza zahlreiche Korrekturen bezüglich der Organisation der Zusammenarbeit. Der Vertrag von Lissabon hat die GASP weiter gestärkt.

Zwar bleibt das Prinzip der Einstimmigkeit bei der Beschlussfassung (bis auf wenige, eng umgrenzte Ausnahmen) erhalten. Die institutionelle Neuordnung mit der Schaffung eines Europäischen Auswärtigen Dienstes ist jedoch ein wichtiger Fortschritt auf dem Weg zur Integration der EU-Außenpolitik.[226] Allerdings ist es der EU mit dem Vertrag von Lissabon (2010) nicht gelungen, alleinige Kompetenzen in zwei politisch sensiblen Bereichen, nämlich im diplomatischen und im militärischen Bereich, auf die zentrale Ebene der EU zu übertragen.[227] Bisher hat sich gezeigt, dass die EU mit dem Vertrag von Lissabon keine vollständige politische Integration abschließen oder zu einem globalen Akteur werden konnte, da die nationalen Interessen der Mitgliedstaaten diesen Prozess oft in Frage gestellt haben.

---

[226] Vgl. Auswärtiges Amt: „Gemeinsame Außen- und Sicherheitspolitik (GASP)", http://www.auswaertiges-amt.de/DE/Europa/Aussenpolitik/GASP/Uebersicht.html.
[227] Vgl. „The Future of Europe: A Stronger Union or a Smaller One?", 13.08.2011, http://debtcrisis.wordpress.com/2011/08/13/the-future-of-europe-a-stronger-union-or-a-smaller-one/.

3. Die Rolle der EPZ / GASP im Kontext des Jugoslawien-Zerfallsprozesses und die Entstehung des Kosovo-Problems

3.1. Die Desintegration Jugoslawiens und die Reaktion der EG

Im ersten Bericht der „*Carnegie International Commission on the Balkans*" im Frühjahr des Jahres 1914 über die Ursachen und Entwicklungen der Balkankriege von 1912-1913 wird folgender Schluss gezogen: „*Europe and the great powers (...) could, in spite of everything, solve the problem if they were not determined to remain blind.*"[228] Wie haben die EU-Mitgliedstaaten vor dem Hintergrund dieser Einschätzung nach 80 Jahren reagiert, um den wiederkehrenden Problemen auf dem Balkan zu begegnen?

In der Jugoslawien-Krise wird die ambivalente Haltung der europäischen Außenpolitik seit dem Ende des Kalten Krieges belegt, das mit dem Zusammenbruch der Berliner Mauer begann, auf die die Vereinigung von Deutschland folgte, und das fortgesetzt wurde mit der sanften Revolution in der Tschechoslowakei, dem Putsch gegen Zhivkov in Bulgarien und der Hinrichtung von Ceaușescu in Rumänien. Im Zuge dieser Ereignisse, aber auch im Laufe der 80er Jahre war die Europäische Gemeinschaft bemüht, Jugoslawien aufgrund der Verschlechterung der wirtschaftlichen Situation zu unterstützen.[229] Mit dieser Aktion wollte die EG eine Destabilisierung des Landes vermeiden, dessen strategische Bedeutung bis zum Ende des Kalten Krieges besonders hoch war.[230] In diesem Zusammenhang wurden Jugoslawien von Seiten der EG Darlehen und Finanzhilfen in Aussicht gestellt und weiter wurde es in das Programm für Wirtschaftshilfe für Osteuropa, PHARE[231], aufgenommen. Und in einer Zeit, in der es schien, dass Jugoslawien in Richtung europäische Integration ging, begann seine Eskalation der Gewalt, die die Absicht dieses Staates in Frage stellte, ein assoziiertes Mitglied der EG zu werden. Unterdessen stellten sich die europäischen Politiker gegen den Zerfall Jugoslawiens und gegen die Schaffung neuer Staaten. „*In Europa gibt es keinen Platz für neue Staaten, es gibt auch keinen Platz für ein eigenständiges Slowenien*"[232], sagte der italienische Außenminister de Michelis als Präsident des Rates der EG im Dezember 1990.

Aber die EG reagierte zu spät, um den Zerfall des jugoslawischen Staates verhindern zu können, der durch die Ambitionen Belgrads, ein Groß-Serbien zu schaffen, in die Richtung eines Konfliktes entlang ethnischer Linien ging. Die EG erlitt ein Debakel in der Jugoslawienkrise, da sie sich sehr träge zeigte und noch keine Strategie verabschiedet hatte, wie die Jugoslawienkrise zu bewältigen sei.[233] EG hatte keine ausreichenden Verwaltungskapazitäten und militärischen Truppen, um die Krise zu bewältigen und erfolgreich zu lösen.

In der Tat war der Zerfall Jugoslawiens ein Prozess ohne einen klaren Anfang. Seine Ursachen waren zahlreich: die Ungleichheit unter den Völkern, die in der Föderation lebten, und die permanente serbische Dominanz. Stefan Kux hat in einer Studie über den Zerfall Jugoslawiens

---

[228] Vgl. Unifinished Peace. Report to the International Commission on the Balkans, Aspen Institute Berlin and Carnegie Endowment for International Peace, Washington, 1996, p. xiii.
[229] Vgl. Oschlies, Wolf: Jugoslawien 1988 – eine kurze Bestandsaufnahme, in: *SOE* 38:1 (1989), 19-27 (21 f.).
[230] Reuter, Jens: Prioritäten der jugoslawischen Außenpolitik: EFTA und/oder EG?, in: *SOE* 40:1 (1991), 10-16 (11).
[231] Das PHARE Hilfsprogramm zur wirtschaftlichen Umgestaltung der mittel- und osteuropäischen Länder wurde 1989 von 24 Ländern (EG, EFTA, USA, Kanada, Australien, Türkei, Neuseeland, Japan) beschlossen. PHARE war ein wichtiger Baustein für die Integration der mittel- und osteuropäischen Länder in die Europäische Union. Das PHARE-Programm wurde am 1. Januar 2007 durch das Instrument für Heranführungshilfe (IPA) ersetzt.
[232] Giersch, Carsten / Eisermann, Daniel: Die westliche Politik und der Kroatien-Krieg 1991-1992, in: *SOE* 43:3-4 (1994), 91-125 (96); Neubeck, Arne von: Die Europäische Union als außenpolitischer Akteur – Konfliktmanagement auf dem Balkan, Norderstedt 2002, S. 39.
[233] Vgl. Ahrens, Geert-Hinrich: Diplomacy on the Edge (Diplomacia mbi tehun e shpatës), Tiranë 2010, p. 38.

die Faktoren genannt, die zur Desintegration dieses Staates geführt haben: wirtschaftliche, soziale, politische, demographische, psychologische sowie internationale Faktoren.[234] Tatsächlich entstanden viele Konflikte in Jugoslawien lange vor 1991. Während der innerslawische Konflikt als Folge des Zusammenbruchs der jugoslawischen Idee zu sehen ist und einen lokalen Charakter hatte, war der Konflikt zwischen ethnischen Albanern auf der einen Seite und Serben, Mazedoniern und Montenegrinern auf der anderen Seite von regionaler Natur, der sich in Südosteuropa entwickelte und dem Balkan den historischen Beinamen „Pulverfass" gab.[235] Abgesehen von den Änderungen der geografischen Standorte gibt es auch Unterschiede in ihrer Entwicklungszeit. Während der erste zwischen-slawische Krieg im Jahr 1991 begann, hatte der albanisch-slawische Konflikt im Kosovo seine Entstehungszeit in den Balkankriegen 1912/13, als Serbien den Kosovo militärisch besetzte (siehe Unterkapitel 3).

Aus dieser Perspektive betrachtet, kann man sagen, dass die Auflösung der Sozialistischen Föderativen Republik Jugoslawien[236] nicht ganz unerwartet kam. Bereits im Dezember 1990 veröffentlichte die New York Times Berichte der US Central Intelligence Agency (CIA), wonach Jugoslawien innerhalb von achtzehn Monaten aufgrund der ethnischen Spannungen und wegen der innenpolitischen Krisen zwischen den Republiken zerfallen werde.[237] Aber dieser Warnung wurde von den Europäern nicht viel Aufmerksamkeit geschenkt, sie waren deshalb unvorbereitet. Die EG, die eine führende Rolle in der Krise übernahm, versuchte, die Kontinuität dieses Staates zu wahren, und war davon überzeugt, dass sie auch allein, ohne die Hilfe der USA, diese Krise auf dem Balkan managen könne.[238] Die bekannte Aussage des damaligen Außenminister von Luxemburg und Ratspräsidenten der Europäischen Kommission, Jacques Poos, lautete: „Das ist die Stunde Europas, nicht die Stunde der Amerikaner,"[239] während der italienische Außenminister de Michelis sich mit noch mehr Selbstvertrauen äußerte: „Washington wird informiert, aber es wird nicht konsultiert."[240]

Aber unmittelbar nach diesem großen Vorhaben begann nach Meinung vieler Beobachter der „tragische Anfang" eines mehrjährigen Scheiterns der EG.[241] Die Stunde Europas dauerte sehr lange und überdauerte die Kriege in Slowenien, Kroatien, Bosnien und Kosovo. Darüber hinaus führte dieses Versäumnis bald zur Balkanisierung der EG-Politik, die in einer Vertiefung der Unterschiede und Feindseligkeiten zwischen den Ländern der EG mündete, die sich oft gegenseitig als proserbisch oder als prokroatisch beschuldigten.[242] Auf der anderen Seite zeigte die Kriegspropaganda von Belgrad und Milošević, die beabsichtigten, ein zentrales Jugoslawien zu schaffen, ihre negativen Auswirkungen.[243] So schienen Ende Januar 1991 alle EG-Bemühungen,

---

[234] Kux, Stephan: Ursachen und Lösungsansätze des Balkankonflikts: Folgerungen für das Abkommen von Dayton, Basel 1996. S. 15-17.
[235] Ahrens, Geert-Hinrich: Diplomacy on the Edge: Containment of Ethnic Conflict and the Minorities, Working Group of the Conferences on Yugoslavia, Washington, D.C. 2007, pp. 3 f.
[236] Im internationalen Recht ist es immer noch unklar, ob es sich während der Auflösung Jugoslawiens um eine Dismembration oder einer Sezession gahandelt hat.
[237] Udovicki, Jasminka / Rideway, James (eds.): Makthi etnik i Jugsllavisë, Tiranë 1998, S. 4.
[238] Shala, Blerim: Lufta diplomatike për Kosovën (Dialog me ambasadorin Christopher Hill), Prishtinë 2003: Zëri, S. 29.
[239] Fröhlich, Stefan: Die Europäische Union als globaler Akteur: Eine Einführung, 2. Aufl., Wiesbaden, 2014, S. 12.
[240] Kirste, Knut: Der Jugoslawienkonflikt (DFG-Projekt "Zivilmächte", Fallstudie), Trier 1998, S. 12.
[241] Vgl. Varwick, Johannes: Frankreich auf dem Balkan, in: Bernd Rill (Hrsg.): Deutschland und Frankreich: Gemeinsame Zukunftsfragen, München 2000, S. 101-111 (103).
[242] Vgl. Scherff, Dyrk: Die Fähigkeit der Europäische Union zum aktiven Krisenmanagement: Lehren aus den Vermittlungsbemühungen 1991/92 während des jugoslawischen Bürgerkrieges und der derzeitige Konflikt im Kosovo, in: SOE 47:7-8 (1998), 298-233 (304).
[243] Vgl. Ramet, Sabrina P.: Die drei Jugoslawien. Eine Geschichte der Staatsbildungen und ihrer Probleme, München 2011, S. 510 f.

den Krieg zu vermeiden, hoffnungslos. Wegen der offenen Ambitionen der staatlichen Führung Serbiens, einen zentralisierten Staat zu schaffen, der von Belgrad beherrscht wird, beschlossen Slowenien und Kroatien, Jugoslawien zu verlassen. Die EG-Mitgliedstaaten und die europäischen Staats- und Regierungschefs sprachen sich weiterhin gegen eine Sezession der jugoslawischen Republiken und gegen ihre Anerkennung aus und plädierten gegen jede finanzielle Unterstützung für die abtrünnigen Republiken.[244] Es scheint, dass die Drohung der Europäer wohl Auswirkungen in Sarajevo und Skopje hatte. Die Präsidenten von Mazedonien, Gligorov, und Bosnien-Herzegowina, Izetbegović, versuchten, dem Kurs einer Vermittlung zu folgen.

In einer noch schwierigeren Situation war Kosovo, da es in eine untergeordnete Rolle gedrängt wurde und ohne jegliche Chance für die Realisierung der nationalen Interessen im Rahmen der neuen internationalen Entwicklungen nach der „demokratischen Revolution" in Osteuropa dastand.[245] Der Kosovo-Krise fehlte die angemessene Aufmerksamkeit von Seiten der EG, obwohl hier „*das friedliche Zusammenleben in Jugoslawien und damit die Einheit Jugoslawiens*" in Brand gesetzt wurde.[246] Trotz dieser bedrohlichen Situation äußerten sich die zwölf Mitgliedstaaten der EG in ihrer ersten Stellungnahme im März 1991 besorgt über diese Entwicklungen und zur gleichen Zeit argumentierten sie, dass ein „*geeintes demokratisches Jugoslawien die besten Chancen hat, in das neue Europa integriert zu werden*".[247] Die Notwendigkeit der Erhaltung der Einheit des jugoslawischen Staates betonte die EG in der ersten Hälfte des Jahres 1991, genauer in der zweiten Anweisung der EPZ-Erklärung vom 9. Mai 1991, worin die Position gegen die Auflösung Jugoslawiens erneut genannt wird.[248] Die Weigerung einer Intervention der europäischen Zwölf wird mit dem Argument, dass sie sich nicht in innere Angelegenheiten des jugoslawischen Staates einmischen wollen, gerechtfertigt.[249] Diese interne Positionierung der europäischen Diplomatie und die Hoffnung, dass die Einheit des gemeinsamen jugoslawischen Staates noch immer erhalten werden kann, stärkten die politischen großserbischen Kreise und die „Armee der Sozialistischen Föderativen Republik Jugoslawiens".[250] Der serbische Block verhinderte die Ernennung von Stipe Mesić an der Spitze der jugoslawischen Präsidentschaft. Ebenso versuchte Serbien, die Unterstützung der USA und von EG zu nutzen, um die „Einheit" Jugoslawiens zu erhalten, falls die anderen jugoslawischen Republiken sich als von Belgrad unabhängig erklären sollten.[251]

Auf der anderen Seite verwendeten die Europäer neben politischen Erklärungen andere Instrumente, um im jugoslawischen Konflikt Einfluss auszuüben, wie die Vermittlungsformen der Diplomatie[252], wirtschaftliche Sanktionen[253] und Überwachungsmissionen[254]. In der Tat fehl-

---

[244] Vgl. Reuter, Jens: Die Entstehung der jugoslawischen Krise und ihre Internationalisierung, in: *SOE* 40/1991, 343-352 (346).
[245] Petritsch, Wolfgang / Pichler, Robert: Rruga e gjatë në luftë, Prishtinë 2002: Koha, S. 71 f.
[246] Vgl. Genscher, Hans-Dietrich: Erinnerungen, München 1997, S. 930.
[247] EPZ-Erklärung zu Jugoslawien, Luxemburg, Brüssel, 26. März 1991, in: *EA* 21/1991, D 527-528 (528).
[248] EPZ-Erklärung zu Jugoslawien, Luxemburg, Brüssel, 9. Mai 1991, in: *EA* 21/1991, D 528.
[249] Archiv der Gegenwart vom 1. Juli 1991, S. 35795; vgl. Damaschke, Cornelia / Schliewenz, Brigit: Spaltet der Balkan Europa?, Berlin 1994, S. 235.
[250] Damaschke, Cornelia / Schliewenz, Brigit: Spaltet der Balkan Europa?, Berlin 1994, S. 235.
[251] Siehe Zimmermann, Warren: Origins of a Catastrophe. Yugoslavia and its Destroyers: America's Last Ambasador Tells What Happened and Why, New York 1996, pp. 149 f.
[252] Vgl. Dammann, Michael: Internationale Bearbeitung des Kosovokonflikts 1990-1991, Trierer Arbeitspapiere zur Internationalen Politik Nr. 3, Universität Tier, 2000, S. 14.
[253] Vgl. Schmalz, Uwe: Kohärenz der EU-Außenbeziehungen? Der Dualismus von Gemeinschaft und Gemeinsamer Außen-und Sicherheitspolitik in der Praxis (Arbeitspapier der Konrad-Adenauer-Stiftung, Bereich Forschung und Beratung – Internationale Politik), Sankt Augustin 1997, S. 24.
[254] Maurer, Daniel: Europäische Sicherheit: Konfliktmanagement am Beispiel „Ex-Jugoslawien", Zürich 2001, S. 71.

ten der EG ein klares Konzept und eine aktive und einheitliche Politik. In dieser Situation, erklärten Slowenien und Kroatien, trotz der europäischen und amerikanischen Appelle[255] zur Zurückhaltung und zur Erhaltung der territorialen Einheit Jugoslawiens, ihre Unabhängigkeit.[256] Diese Entwicklungen markierten *de facto* das Ende Jugoslawiens, das im Jahre 1992 auch *de jure* aufgehört hat zu existieren, nachdem die Badinter-Kommission erklärte, dass *„die Bundesrepublik Jugoslawien sich im Prozess der Desintegration befindet".*[257] Hiermit wurden die Ansprüche Miloševićs nichtig, dass Rest-Jugoslawien (Serbien und Montenegro) der einzige legitime Nachfolger bzw. die Fortsetzung der Sozialistischen Föderativen Republik Jugoslawien (SFRJ) werden kann.

3.2. Die Reaktion der EG auf den Kriegsausbruch in Slowenien und Kroatien

Die Politik der EG gegenüber dem Konflikt in Jugoslawien im Jahr 1991 zeigte die Diskrepanz zwischen theoretischen Grundlagen der Gemeinsamen Außen- und Sicherheitspolitik und dem Mangel an Sicherheit und militärischen Fähigkeiten, diese Krise in der Praxis zu bewältigen. Während Belgrad die jugoslawische Armee gegen die zwei nördlichen Republiken Slowenien und Kroatien nicht genutzt hat, versuchte die EG, vor allem durch wirtschaftliche Instrumente Einfluss auf die Jugoslawien-Krise auszuüben. Es fehlte ihr ein Gesamtkonzept. Die EG und die Vereinigten Staaten beharrten darauf, dass sie die Trennungstendenzen nicht unterstützen werden.[258] Sloweniens und Kroatiens Unabhängigkeitserklärungen stellten jedoch die territoriale Einheit Jugoslawiens und die offizielle Position in Brüssel und Washington in Frage. Obwohl die EG sich aktiv einschaltete, gab es unter den Mitgliedstaaten erhebliche Unterschiede in Bezug auf die Art der Regelung der jugoslawischen Krise. Während Deutschland und Österreich sich auf der Seite Sloweniens und Kroatiens positionierten, stellten sich Frankreich und Großbritannien auf die Seite Serbiens. Weil die Kosovo-Albaner die Unterstützung keiner europäischen Partei genossen, orientierten sie sich nach Washington, das zu diesem Zeitpunkt ihre Ziele für die Unabhängigkeit auch nicht unterstützte. Diese historische Regression in der Haltung der mächtigsten europäischen Staaten gegen die explosive Situation in Jugoslawien und die Vernachlässigung der großserbischen Tendenzen markierten das Wiederaufleben einer Konstellation von vergrabenen europäischen Politiken aus der Zeit vor 1914.[259] Natürlich hatte dies fatale Folgen, weil es für eine lange Zeit den Aufbau einer einheitlichen europäischen Politik gegenüber Jugoslawien verhinderte.[260]

---

[255] Der slowenische Staatspräsident Kučan berichtete, er habe versucht, James Baker klar zu mache, dass es viel zu spät sei, um die Durchsetzung der Unabhängigkeit aufzuhalten, dass Baker aber nicht auf ihn hören wollte. Siehe dazu: Ramet, Sabrina P.: Die drei Jugoslawien. Eine Geschichte der Staatsbildungen und ihrer Probleme, München 2011, S. 525.
[256] Vgl. Unabhängigkeitserklärung der Republik Slowenien vom 25. Juni 1991, in: *EA* 21/1991, D 528-531 sowie die in der Wortwahl wesentlich aggressivere Erklärung über die Schaffung der souveränen und unabhängigen Republik Kroatien vom 25. Juni 1991, in: *EA* 21/1991, D 531-534; Neubeck, Arne von: Die Europäische Union als außenpolitischer Akteur – Konfliktmanagement auf dem Balkan, Norderstedt 2002, S. 41; Weller, Marc: Contested Statehood: Kosovo's Struggle for Independence, Oxford 2009, pp. 41 f.
[257] Siehe „Opinion No. 1 of the Arbitration Commission of the Peace Conference on Yugoslavia", Paris, 29 November 1991, in: *International Legal Materials* 31 (1992), pp. 1494 ff., nachgedruckt in: Snezana Trifunovska (ed.): Yugoslavia Through Documents. From its Creation to its Dissolution, Dordrecht 1993, pp. 415-417.
[258] Vgl. Witte, Erica A.: Die Rolle der Vereinigten Staaten im Jugoslawien-Konflikt und der außenpolitische Handlungsspielraum der Bundesrepublik Deutschland (1990-1996), München 2000, S. 31.
[259] Siehe Fischer, Joschka: Die Rückkehr der Geschichte: Die Welt nach dem 11. September und die Erneuerung des Westens, Köln 2005, S. 107.
[260] Ebenda, S. 107 f.

Nach einigem Zögern und einer Art politischem Status quo in der Jugoslawien-Krise, beschloss schließlich der Europäische Rat auf der Tagung vom 28./29. Juni 1991 in Luxemburg die sofortige Entsendung der Troika des Europäischen Rates, um in Belgrad zu vermitteln. Dies war aber kein innovativer Ansatz, da aufgrund unterschiedlicher nationaler Interessen eine umfassende Strategie zur Bewältigung und Koordinierung der Krise fehlte. Die EG-Bemühungen zielten auf die Wiederherstellung des Status quo. In diesen Zusammenhang ist auch die Bilanz der europäischen Troika einzuordnen. Sie war in der Lage, einen Waffenstillstand und folgende Regelungen auszuhandeln: den Rückzug der Armee in die Kasernen, die Aussetzung der Erklärungen der Unabhängigkeit für drei Monate und die Achtung der verfassungsmäßigen Ordnung durch die Wahl von Stipe Mesić an der Spitze der jugoslawischen Präsidentschaft.[261] Doch rasch wurde deutlich, dass die Drei-Punkte-Vereinbarung trotz der Drohungen der EG, die Wirtschaftshilfen einzufrieren, nicht eingehalten wird.

Trotz allem setzten die EG-Mitgliedstaaten ihr Bemühen um eine gemeinsame Politik gegenüber Jugoslawien fort, indem sie versuchten, ihre alten Feindschaften vom Ersten und Zweiten Weltkrieg, die das Projekt für ein vereintes Europa gefährden könnten, nicht wieder aufleben zu lassen.[262] Aufgrund der Priorität der Einstimmigkeit sollte jede Politik der EG zur Bewältigung der Krise in Jugoslawien auf einen gemeinsamen Nenner reduziert werden. Die EG war sich im Klaren, dass nach der Unabhängigkeitserklärung Sloweniens und Kroatiens, und vor allem wegen des Verlustes der geopolitischen Wichtigkeit Jugoslawiens nach dem Ende des Ost-Westkonflikts ein neuer politischer Akzent gesetzt werden musste. Nun wollte die EG eine größere und tragende Rolle in europäischen Krisen spielen. Ihre Bemühungen, in der Jugoslawienkrise zu vermitteln, begann die EG mit dem Anspruch des Mottos „*This is the hour of Europe. It is not the hour of the Americans*"[263]. In Wahrheit hat sich eine unabhängige Handlungstendenz schon 1990 gezeigt, als die EG den Vorschlag der USA, die NATO in der Jugoslawienkrise beratend heranzuziehen, abgelehnt hatte.[264]

In dieser Krise sah die EG ihre Chance, ein wichtiger Faktor in der internationalen Politik zu werden. Die Europäer wollten ihre Fähigkeiten in der Außenpolitik zeigen, um ihr ein Profil zu geben, und mit ihrem Engagement in der Jugoslawienkrise wollten sie veranschaulichen, dass die Uneinigkeit und Unfähigkeit der europäischen Institutionen überwunden wurden. Die EG-Mitgliedstaaten begannen daran zu glauben, dass sie allein auf sich gestellt einen Erfolg in der Jugoslawienkrise erreichen könnten. Gemäß dieser Linie erzielten die Außenminister der zwölf EG-Mitgliedstaaten während des Treffens des Rates der EG am 5. Juli 1991 eine gegenseitige Vereinbarung, ein Embargo gegen Jugoslawien zu errichten sowie das erste und zweite Protokoll zur Finanzierung Jugoslawiens aufzuheben.[265] Tatsächlich erwies sich diese politische Maßnahme der EG als ein falscher Schritt, weil sie in erster Linie die Opfer betraf. Während die jugoslawische Armee, die von Belgrad kontrolliert wurde, das gesamte militärische Arsenal des gemeinsamen Staates besaß, waren die Slowenen, Kroaten, Bosnier, Albaner und die anderen völlig unbewaffnet.

In den offiziellen Schlussfolgerungen wird dieser Schritt mit dem Recht auf Selbstbestimmung und der Unverletzlichkeit der Staaten begründet. Diese duale Formulierung war ein Ausdruck der Differenzen innerhalb der EG, zwischen Deutschland auf der einen Seite und Frankreich, Großbritannien, Spanien, auf der anderen Seite, im Hinblick auf die Frage der Aner-

---

[261] Meier, Viktor: Wie Jugoslawien verspielt wurde, München 1999, S. 391.
[262] Vgl. Genscher, Hans Dietrich: Erinnerungen, München 1997, S. 932.
[263] Zitiert nach Eyal, Jonathan: Europe and Yugoslavia: Lessons from a Failure (Whitehall Paper Series 1993, Royal United Services Institute for Defence Studies), Weymouth 1993, p. 25.
[264] Vgl. Gimpert, David: How to Defeat Serbia, in: *Foreign Affairs* 73:4 (1994), 30-47.
[265] Siehe EPZ-Erklärung zur Lage in Jugoslawien, Den Haag, 5. Juli 1991, in: *EA* 21/1991, D 536-537.

kennung von Slowenien und Kroatien. Zum ersten Mal in dieser Sitzung schlug Deutschland die internationale Anerkennung der beiden jugoslawischen Republiken vor.[266] Mit dem Brioni-Abkommen[267], ausgehandelt am am 7. und 8. Juli 1991, setzte die EG-Troika unter Führung des niederländischen Außenministers Hans van den Broek den militärischen Auseinandersetzungen in Slowenien ein Ende. Darüber hinaus wurden noch folgende Entscheidungen getroffen: die Entsendung einer europäischen Beobachtermission, ein dreimonatiges Moratorium für die Verwirklichung der Unabhängigkeit Sloweniens und Kroatiens; die Rückkehr der Truppen der Jugoslawischen Volksarmee (JVA) in die slowenischen und kroatischen Kasernen; die Deaktivierung der slowenischen Streitkräfte; Zustimmung zur slowenischen Kontrolle bei den Grenzübergängen; Bestätigung der Wahl von Stipe Mesić zum Ratspräsidenten der Sozialistischen Föderativen Republik Jugoslawien.[268] Gemäß den Vereinbarungen von Brioni war der Beginn der internen jugoslawischen Gespräche für die Zukunft des Landes bis spätestens 1. August 1991 vorgesehen.[269] Aber der Lösungsvorschlag der EG schuf nur die Illusion, dass Jugoslawien noch existiere. Somit hatte die EG auch keine adäquate Antwort, als die jugoslawische Armee gegen Kroatien intervenierte. Dabei ging es nicht mehr um die Wahrung der jugoslawischen Einheit, sondern um Territorien der serbischen Minderheit, die von Belgrad unterstützt wurden. Die Appelle der EG, die Gewalt einzustellen und die Wiederaufnahme der Gespräche einzuleiten, blieben ohne Erfolg, und am 4. August 1991 berichtete die Mission der EG-Troika, dass es für sie nichts mehr zu tun gibt.[270]

Die Schwäche der EG auf dem Feld der Außenpolitik zeigte sich in der Tatsache, dass sie keine Bereitschaft zur klaren Sanktionierung der Verantwortlichen für die Krise und zum Einsatz von militärischer und paramilitärischer Gewalt fand und zudem an dem Ziel der Aufrechterhaltung des Status quo in Jugoslawien festhielt. Ein Fehler war zudem, dass es keine Differenzierung des Konflikts zwischen ethnischen und strukturellen Problemen sowie deren Verbindung mit dem Verfassungskonflikt gab. In Bezug auf die Position der Europäer kommen Laura Silber und Allan Little zu der Einschätzung, dass diese sich seit Beginn ihrer Vermittlung sich so verhielten, als hätte der Krieg keinerlei strukturelle Ursachen gehabt und als sei der Konflikt von einigen kranken Persönlichkeiten verursacht worden, ohne dabei in der Lage zu sein, das Wesen des Konflikts zu verstehen.[271] Über dies hinaus war die Hauptschwäche der EG-Politik, dass sie keine dauerhafte Lösung für die Probleme des Konflikts bot.[272] Trotz allem stellte das Ende des Krieges in Slowenien und die Entsendung einer Beobachterkommission zur Sicherung des Waffenstillstandes eine Erweiterung der damaligen Instrumente der EPZ dar. Sicherlich erlangte diese Maßnahme der EG in der Jugoslawienkrise eine internationale Dimension und markierte *de facto* den Beginn einer Art Anerkennung der internationalen Subjektivität Sloweniens und Kroatiens. Schließlich wurde am 6. August 1991 beim außerordentlichen Treffen der EG-Außenminister in Den Haag zum ersten Mal die Jugoslawienkrise behandelt. Letzten Endes wurden speziell

---

[266] Vgl. Heinz-Jürgen Axt, Hat Genscher Jugoslawien entzweit? Mythen und Fakten zur Außenpolitik des vereinten Deutschland, in: *EA* 12/1993, 351-360 (352).
[267] Vgl. Gemeinsame Erklärung der Ministertroika der EG und der jugoslawischen Konfliktparteien über einen Friedensplan für Jugoslawien, Brioni am 7. Juli 1991, in: *EA* 21/1991, D 537-539.
[268] Vgl. Meier, Viktor: Wie Jugoslawien verspielt wurde, München 1999, S. 391-395.
[269] Genscher, Hans-Dietrich: Erinnerungen, München 1997, S. 940; Gemeinsame Erklärung der Ministertroika der EG und der jugoslawischen Konfliktparteien über einen Friedensplan für Jugoslawien, Brioni, 7. Juli 1991.
[270] Vgl. Giersch, Carsten: Konfliktregulierung in Jugoslawien 1991-1995. Die Rolle von OSZE, EU, UNO und NATO, Baden-Baden 1998, S. 127.
[271] Vgl. Silber, Laura / Little, Allan: The Death of Yugoslavia, London 1995, p. 159.
[272] Vgl. Scherff, Dyrk: Die Fähigkeit der Europäische Union zum aktiven Krisenmanagement. Lehren aus den Vermittlungsbemühungen 1991/92 während des jugoslawischen Bürgerkrieges und der derzeitige Konflikt im Kosovo, in: *SOE* 47:7-8: (1998), 298-333 (304).

die Serben als Aggressor für die militärischen Operationen verurteilt.[273] In der EPZ-Erklärung wurden die „*fortgesetzte Gewaltanwendung und Versuche seitens einer Republik, den anderen Republiken mit Gewalt Lösungen aufzuzwingen*",[274] entschieden verurteilt. Darüber hinaus ist zu beachten, dass die Forderung nach Verhandlungen über die Zukunft Jugoslawiens die Grundsätze zur Regelung des Konflikts beinhalteten. In diesem Fall, bezogen sich die EG-Außenminister auf die Prinzipien der KSZE, die besagen „*dass jede gewaltsame Veränderung der innerstaatlichen und internationalen Grenzen nicht annehmbar ist und dass jede Lösung die Rechte der Minderheiten in allen Republiken gewährleisten soll*".[275]

Ebenso wurde verlangt, dass die EG-Mitgliedstaaten über eine Reihe von wirtschaftlichen und finanziellen Maßnahmen informiert werden, die gegen die Parteien eingeleitet werden können, die sich nicht an den Waffenstillstand halten und die genannten Vereinbarungen verletzen. Gleichzeitig wurde den kooperierenden Parteien wirtschaftliche und finanzielle Unterstützung versprochen.[276] Die Gründung einer Kommission, die die möglichen wirtschaftlichen Sanktionen kontrollieren und den UN-Sicherheitsrat über die Vermittlung der EG informieren sollte, führte zu einem bescheidenen Ergebnis.[277]

Im August 1991 erklärten die EG-Mitgliedstaaten, die EG und ihre Mitgliedstaaten würden, falls bis Ende August 1991 keine Einigung über die Überwachung des Waffenstillstands und dessen Einhaltung erzielt wird, zusätzliche Maßnahmen ergreifen. Die EG schob die Verantwortung nach mehreren Versuchen bei der außerordentlichen Sitzung der Außenminister am 27./28. August 1991 der jugoslawischen Armee zu, da „*die jugoslawische Volksarmee die serbische Seite aktiv unterstützen*" würde. Die EG-Außenminister machten deutlich, dass sie die Änderung der Grenzen nie anerkennen werden.[278] Damit wurden die innerstaatlichen Grenzen der Jugoslawischen Föderation, wie sie in der Bundesverfassung von 1974 normativ-rechtlich festgelegt worden waren und mit der Zustimmung der föderativen Einheiten verändert werden konnten, wie existierende internationale Grenzen behandelt.[279] Im Wesentlichen kennzeichnete diese Erklärung der europäischen Zwölf den Beginn des Wandels der EG-Politik gegenüber der zunehmenden Eskalation der jugoslawischen Krise. Darüber hinaus stellte diese Erklärung eine *de facto* Anerkennung der nationalen Rechte Kroatiens und Sloweniens dar. Es ist wichtig, dass die EG-Außenminister in der oben genannten Sitzung eine weitere Strategie vereinbarten: das Erreichen eines Waffenstillstandsabkommens, auf welche eine internationale Friedenskonferenz und eine Schiedskommission folgen sollten. In der Zeit bis zum Beginn der internationalen Konferenz über Jugoslawien unternahm die EG eine Reihe weiterer Aktivitäten, einschließlich der Ernennung des britischen Außenministers Lord Carrington zum Sonderbeauftragten der EG für Jugoslawien, und zusätzlich wurde eine Ad hoc-Gruppe für Jugoslawien gegründet, die begann, mögliche Fortschritte einer Verhandlungslösung zu erarbeiten.

Bedauerlicherweise konnte trotz aller Bemühungen der EG kein Frieden erreicht werden. Der Krieg weitete sich trotz der Brioni-Vereinbarung auf Kroatien aus. Dies zeigte, wie klein der Einfluss der EG war. Der serbische Angriff auf Kroatien zeigte, dass der Frieden mit politischen Mitteln nicht ohne eine militärische Intervention von außen erreicht werden konnte, wofür es aber keine Einigkeit unter den zwölf Mitgliedstaaten der EG gab. Auch in Bosnien-Herzegowina konnte die europäische Diplomatie keine Erfolge erzielen. Nach dem Scheitern des sogenannten

---

[273] Ahrens, Geert-Hinrich: Diplomacia mbi tehun e shpatës, Tiranë 2010, S. 43.
[274] EPZ-Erklärung zu Jugoslawien, Den Haag, 6. August 1991, in: *EA*, 21/1991, D 540-541.
[275] Ebenda.
[276] Ebenda.
[277] Ebenda.
[278] EPZ-Erklärung zu Jugoslawien, Brüssel, 27. August 1991, in: *EA* 21/1991, D 543-544.
[279] Staub, Christian: Kosovo. Eine rechtliche Analyse, Norderstedt 2008, S. 186.

Vance-Owen-Plans, der die Teilung Bosnien-Herzegowinas in zehn autonome Provinzen (drei muslimische, drei serbische, drei kroatische und Sarajewo als „freie Stadt" mit Sonderstatus)[280] vorsah, steckten die Vermittlungsversuche im Frühling des Jahres 1993 in einer Sackgasse fest.[281] Die letzten Vermittlungsbemühungen unternahm die EU mit der Entwicklung eines Aktionsplans wenige Tage nach dem Inkrafttreten des Vertrags von Maastricht (1. November 1993), der vom deutschen und französischen Außenminister Klaus Kinkel und Alain Juppé vorgeschlagen wurde. Obwohl die EU die Strategie „carrot and stick" („Zuckerbrot und Peitsche") anwendete, scheiterten letzten Endes die Gespräche, die am 29. November 1993 begannen und bis Januar 1994 andauerten, wodurch auch die dominierende europäische Vermittlungspolitik ein Ende fand. Dies zeigte zudem einen Mangel an Glaubwürdigkeit und die Unfähigkeit, eine Lösung im Jugoslawienkonflikt zu finden, nachdem die EU sich relativ früh von der Option, mittels einer militärischen Intervention den Konflikt zu lösen, distanziert hatte.[282] Unter diesen Umständen begann die Initiative, auf die Kontaktgruppe für den Balkan überzugehen, welche von den USA gegründet und auch zum Hauptakteur für das Friedensabkommen von Dayton wurde.[283]

3.3. Die Entstehung des Kosovo-Problems

Aus der Sicht der Forscher, vor allem aus Österreich und Deutschland, ist Kosovo der zentrale Teil der Geschichte der Albaner, die als Nachfahren der Illyrer gelten. Dieses indo-europäische Volk hat seit 1000 v. Chr. den Westbalkan, das Gebiet des heutigen Albanien und Kosovos, bewohnt. Deshalb sagen die Kosovo-Albaner, dass sie eine ununterbrochene Kontinuität im Kosovo haben und sich daher als altbalkanisches Volk sehen.

Das Gebiet des heutigen Kosovo war in der Antike unter dem Namen Dardania bekannt und wurde von der illyrisch-dardanischen Bevölkerung bewohnt. Dardania wurde nach der römischen Herrschaft byzantinisch. Der Name Kosovo wurde nach der osmanischen Eroberung im 14. Jahrhundert, d.h. nach der ersten (1389) und zweiten (1448) Schlacht am Amselfeld (Fushë Kosovë) und während der osmanischen Besetzung von 1455-1912 beibehalten. Das Vilayet des Kosovo (Vilayet Kosova) war eine politische und administrative Einheit der Osmanen, die 1877 gegründet wurde. Im Norden und Nordosten grenzte es an Serbien, im Südosten an Mazedonien, im Süden an das Vilayet von Monastir, im Südwesten an das Vilayet von Shkodra und im Nordosten an Montenegro und Bosnien. Die bekannte osmanische Enzyklopädie Kamus-ul-a'lam erwähnt diese Sandschaks (Regionen/Bezirke), welche dem Vilayet Kosova angehörten: Üsküb (Skopje),

---

[280] Der Vance-Owen-Plan (auch Vance-Owen-Friedensplan) war ein Vorschlag zur Beilegung des Bosnienkriegs. Er wurde Anfang Januar 1993 von den beiden Vorsitzenden der Genfer Jugoslawienkonferenz, Cyrus Vance und David Owen, vorgelegt. Der Plan hielt äußerlich an der Eigenstaatlichkeit von Bosnien und Herzegowina fest, sah aber einen dezentralisierten Staat vor, in dem die meisten Regierungsfunktionen von zehn weitgehend autonomen Provinzen ausgeübt werden. Jede der drei Ethnien würde in je drei Provinzen die Mehrheit in der Bevölkerung bilden, während die Hauptstadt Sarajevo den Status eines ethnisch gemischten, entmilitarisierten Bundesdistrikts mit Sitz der Zentralregierung haben sollte. Die Bundeskompetenzen sollten auf Verteidigung, Außenpolitik und Handel eingeschränkt werden. Eine Präsidentschaft als höchstes Staatsorgan sollte aus je drei Vertretern der großen Volksgruppen bestehen. Am 17. Juni 1993 erklärte David Owen den Plan offiziell für gescheitert. Vgl. Calic, Marie-Janine: Der Krieg in Bosnien-Herzegovina. Ursachen, Konfliktstrukturen, Internationale Lösungsversuche, Frankfurt a.M. 1995; Ahrens, Geert-Hinrich: Diplomacy on the Edge: Containment of Ethnic Conflict and the Minorities, Working Group of the Conferences on Yugoslavia, Washington, D.C. 2007; Owen, David: Balkan-Odyssee, München, Wien 1996.
[281] Vgl. Schwarz, Oliver: Auf dem Weg zur Friedensmacht? Stationen europäische Außenpolitik in Bosnien-Herzegovina 1991-2003, Diplomarbeit, Duisburg 2003, S. 39 f.
[282] Vgl. Giersch, Carsten: Konfliktregulierung in Jugoslawien 1995-1995. Die Rolle von OSZE, EU, UNO und NATO, Baden-Baden 1998, S. 168.
[283] Vgl. Ukshini, Sylë: Kosova në politikën e jashtme të BE-së 1991-2007, Shkup, Tiranë, Prishtinë 2008, S. 141.

Prizren, Ipek (Peja/Pec), Novi Pazar und Taslidza (Plevlja).[284] Von 1879-1893 war Prishtina Hauptstadt des Vilayet Kosova und von 1893-1912 war es Skopje.[285]

Das Kosovo wurde hauptsächlich von Albanern bewohnt, dann von Serben, Türken, slawischen Muslimen, Vlachen (Walachen), Zigeunern, Juden und anderen, die hier gelebt und eine typisch balkanische Gesellschaft repräsentiert haben.[286] Ungeachtet der religiösen und ethnischen Vielfalt war das Kosovo zentraler Bestandteil des albanischen ethnolinguistischen Raumes, der hauptsächlich von Albanern bevölkert war und sich von den angrenzenden Territorien, bewohnt von Montenegrinern und Serben im Norden, Bulgaren im Osten und Griechen im Süden, deutlich unterschied.[287]

In der Geschichte des Kosovo vor und während der osmanischen Herrschaft fanden viele Kriege in diesem Territorium statt; von ihnen war jedoch keiner Teil eines ethnischen Konfliktes zwischen Serben und Albanern.[288] Der ethnische Konflikt zwischen diesen beiden Völkern, der ähnlich anderen ethnischen Konflikten weltweit ist, ist das Ergebnis der Gründung der Nationalstaaten und des Zerfalls des Osmanischen Reiches seit dem Ende des 19. Jahrhunderts.[289]

3.3.1. Kosovo nach der Annexion durch Serbien

In der Zeit, als das Osmanische Reich stark war, hatten die Albaner unter der Führung der Osmanen einen starken Einfluss auf dem Balkan. Nach dem Niedergang und Fall des Osmanischen Reiches begannen sie jedoch, schwere Schläge zu erleiden. Der Ausbruch des Ersten Balkankrieges im Oktober 1912 war für die Albaner ein tragisches Ereignis. Das Osmanische Reich, auf dessen Territorium sich die vier osmanischen Vilayets mit albanischer Mehrheit befanden,[290] erlitt militärische Niederlagen und zog sich aus seinen europäischen Gebieten zurück, während das Kosovo und andere ethnisch-albanische Gebiete von Serbien und Montenegro besetzt wurden. Die Annektierung albanischer Gebiete durch Serbien und Montenegro, die durch die Botschafterkonferenz in London (1912-1913) abgesegnet wurde, berücksichtigte den albanischen Charakter des Kosovo nicht. Der damalige britische Außenminister, Edward Grey, gestand auf eine naive Art und Weise, dass die ethnische Komponente bei der Festlegung der Grenzen während der Botschafterkonferenz in London nicht berücksichtigt wurde, sondern betonte, dass es um die Befriedigung der Großmachtinteressen ging.[291] Die serbische Hegemonialbestrebung, das Kosovo zu erobern, wurde für eine lange Zeit zum Problem der europäischen Politik, nachdem Wien, Rom und Berlin daran interessiert waren, den Status quo auf dem Balkan zu erhalten, vor allem die Wahrung des europäischen Teils des Osmanischen Reiches. Unter diesen politischen und militärischen Gegebenheiten entstand das Albaner-Problem des Kosovo, während zeitgleich ein kleiner albanischer Staat entstand, in dem nur die Hälfte aller Albaner lebte.

---

[284] Frashëri, Sami: Kamus-ul-a'lâm, in: Enciklopedia - Pjesë të zgjedhura, Prishtinë 1984, S. 75-80.
[285] Hoxhaj, Enver: Politika etnike dhe shtetndërtimi i Kosovës, Pejë 2008, S. 256.
[286] Tërnava, Muhamet: Popullsia e Kosovës gjatë shekujve XIV/XVI, Instituti Albanologjik, Prishtinë 1995; Malcolm, Noel: Kosovo. A Short History, London 1998, pp. 22-41.
[287] Frashëri, Sami: Mbi hapësirën shqiptare në shek. e 19-të, shih vështrimin e ideologut kombëtar, 1999, S. 51-53; Hoxhaj, Enver: Mythen und Erinnerungen der albanischen Nation – Illyrer, Nationsbildung und nationale Identität, Digitale Ausgabe des Tyche-Bandes 20, Wien 2005, S. 47-76.
[288] Hoxhaj, Enver: Politika etnike dhe shtetndërtimi i Kosovës, Pejë 2008, S. 257.
[289] Ebenda, S. 138.
[290] Auf der Balkan-Halbinsel wurden im Jahre 1864 drei Vilayets mit albanische Mehrheit gebildet: Vilayet von Shkodra, Monastir und Janina, und im Jahre 1868 wurde Vilayet des Kosovo gebildet mit der Hauptstadt Prizren und später Shkup. Siehe auch: Kaleshi, Hasan / Jürgen, Hans: Vilajeti i Prizrenit, „Përparimi", nr. 2, Prishtinë 1965, S. 32.
[291] Vgl. Reuter, Jens: Die Albaner in Jugoslawien, München 1982, S. 32; Rauert, Fee: Das Kosovo. Eine völkerrechtliche Studie, Wien 1999, S. 10.

Hinsichtlich der Folgen des Balkankrieges wird das Kosovo als Beispiel für die Politik der systematischen Vernichtung, Zerstörung der Häuser und der Deportation des Albaner, des Völkermordes und einer systematisch durchgeführten ethnischen Säuberung genannt.[292] Dies wird auch in dem vom *Carnegie Endowment for International Peace* im Jahre 1914 veröffentlichten Bericht[293] über die Balkankriege erwähnt.

Auf der anderen Seite steht die serbische Wahrnehmung, basierend auf politisch motivierten Erfindungen der Vergangenheit, welche Konstruktionen von mythischen Geschichten für nationalistische Zwecke waren und die Invasion des Kosovo als „Befreiung" bewerteten, nachdem die Serben den Krieg gegen das Osmanische Reich gewonnen hatten. Für den serbischen Staat war die Aufnahme des Kosovo in Serbien der Schlüssel, um seine Rolle als Regionalmacht auf dem Balkan zu erhalten. Viele Argumente und Theorien wurden, rund um die Entstehung des ethnischen Konfliktes im Kosovo und seiner Lösung, vertreten. Viele Gelehrte und gute Kenner der Entwicklungen auf dem Balkan haben das Kosovo-Problem und die Ereignisse als klassischen „territorialen"[294], „ethnoterritorialen"[295], „politischen"[296], und speziell „ethnopolitischen" Konflikt bezeichnet. Schließlich hat Jens Reuter eine Theorie präsentiert und in Bezug auf die Entstehung der Konflikte um das Kosovo gute Argumente, die eine große Bedeutung für dieses Kapitel haben, vorgetragen. Reuter argumentiert, dass, während die Serben ihre sogenannten historischen Ansprüche erheben, die auf das Mittelalter zurückgehen, die Albaner ihrerseits nicht nur ihre historischen Argumente, dass sie von dem illyrischen Stamm der Dardaner abstammen, sondern auch die ethnischen Fakten auf ihrer Seite haben, da über 90 Prozent der Einwohner ethnische Albaner sind.[297] Einer der renommiertesten Experten und Theoretiker der Geschichte des Balkan, Holm Sundhaussen, stellt in seiner Abhandlung der Geschichte des Kosovo-Konflikts die Frage: Wem gehört das Kosovo? Seine Antwort darauf lautet: *„Wenn wir vom Recht auf Selbstbestimmung der Bevölkerung, die dort lebt, ausgehen, gibt es keinen Zweifel, dass das Kosovo in erster Linie den Albanern gehört."*[298] Weiter betont Sundhaussen: *„Die Serben sagen: ‚Kosovo wurde 1912/1913 befreit'. Was bedeutet das? Ein Gebiet ist weder frei noch besetzt (unterdrückt). Frei oder unterdrückt sind die Menschen, die dort leben. Die meisten Menschen, die ‚von der türkischen Herrschaft befreit wurden', waren Albaner."*[299] Diese serbische Expansionspolitik auf die albanischen Gebiete während der osmanischen Herrschaft hat ihren Ursprung beim Großserbienprojekt von Ilija Garašanin, bekannt als „Načertanija" (Entwurf) (1844)[300] und wurde im frühen 20. Jahrhundert nach dem Zerfall des Osmanischen Reiches während der Balkankriege (1912/1913) fortgesetzt.

---

[292] Sundhaussen, Holm: Eine Konfliktgeschichte, in: Konrad Clewing / Jens Reuter: Der Kosovo-Konflikt. Ursachen, Verlauf, Perspektiven, München 2000, S. 65-88 (67-69).
[293] The Carnegie Endowment for International Peace: Report of the International Commission to Inquire into the Causes and Conducts of the Balkan Wars, Washington 1914, p. 151.
[294] Reuter, Jens: Die Entstehung des Kosovo-Problems, in: *APuZ*, B 34/1999, 3-12 (3).
[295] Clewing, Konrad: Mythen und Fakten zur Ethnostruktur in Kosovo – Ein geschichtlicher Überblick, in: Konrad Clewing / Jens Reuter (Hrsg.): Der Kosovo-Konflikt. Ursachen, Akteure, Verlauf, München, 2000, S. 17-63 (45).
[296] Troebst, Stefan: Chronologie einer gescheiterten Prävention. Vom Konflikt zum Krieg im Kosovo, 1989-1999, in: *Osteuropa* 8/1999, 777-795 (777).
[297] Vgl. Reuter, Jens: Die Enstehung des Kosovo-Problems, in: *APuZ*, B 34/1999, 3-12 (3); vgl. Weller, Marc: Contested Statehood: Kosovo's Struggle for Independence, Oxford 2009, p. 69.
[298] Sundhaussen, Holm: Eine Konfliktgeschichte, in: Konrad Clewing / Jens Reuter (Hrsg.): Der Kosovo-Konflikt. Ursachen, Verlauf, Perspektiven, München 2000, S. 65-88.
[299] Ebenda, S. 67.
[300] Malcom, Noel: Kosovo. A Short History, New York 2000, p. 189; Petritsch, Wolfgang / Pichler, Robert: Kosovo: Der lange Weg zum Frieden, Klagenfurt, Wien, Ljubljana, Sarajevo 2005, S. 113 f.

Seit dieser Zeit, wurde der Konflikt um das Kosovo zu einem Konflikt zwischen den serbischen/jugoslawischen Regierungen und der albanischen Bevölkerung im Kosovo, bei dem es um Territorium und politische Macht ging.[301] *„Wenn man sich die Geschichte des Kosovo seit 1912 genauer anschaut, wird deutlich, dass das Kosovo nicht als Teil eines demokratischen Staates, sondern zuerst als Kolonialgebiet behandelt wurde, da der Begriff Kolonisierung von Serbien in diesem Prozess eingesetzt wurde, d.h. sie schickten Kolonisten dorthin. Und in vielerlei Hinsicht unterschied sich das, was Serbien im Kosovo damals getan hat, nicht sehr von dem, was die Franzosen, sagen wir, in Algerien machten. Können wir nun sagen, dass Algerien ein wesentlicher Teil des französischen Territoriums ist? Ich glaube nicht",*[302] betont der Historiker Noel Malcolm.

Von dieser Zeit an wurden die Albaner im Kosovo mit ihrem nationalen Überleben konfrontiert, da die serbische und montenegrinische Herrschaft über dieses Gebiet im Laufe des 20. Jahrhunderts äußerst repressiv und diskriminierend war. Dieser großserbischen Repression versuchten die Albaner mit einem bewaffneten Widerstand in Richtung eines Nationalen Verteidigungskomitees des Kosovo entgegenzuwirken, das in seinem Programm die Befreiung des Kosovo und anderer albanischer Gebiete vorsah. Auf der anderen Seite war es das wesentliche Ziel der serbischen Politik, die Veränderung der ethnischen Struktur und die Auflösung des historischen Kosovo zu erreichen. Im Kosovo breiteten sich die Aktivitäten der Cemiyet-Partei (Vereinigung) aus, die an den jugoslawischen Parlamentswahlen der Jahre 1919-1924 teilnahm und die Autonomie des Kosovo unterstützte.[303] Aus diesem Grund verabschiedete das serbisch-kroatisch-slowenische Königreich (als der neue jugoslawische Staat)[304] Regelungen, um das Projekt der Agrarkolonisation umzusetzen, beginnend mit dem Gesetz vom 25. September 1919[305], um die gewaltsame Vertreibung der Albaner in die Türkei bis zum Ausbruch des Zweiten Weltkrieges weiterzuführen.[306] Diese Politik der Deportation und Serbisierung des Kosovo beruhte auf dem Memorandum des serbischen Akademikers Vasa Čubrilović, der Methoden und Strategien vorstellte, die die Regierung in Belgrad verwenden sollte, um mit dem „albanischen Problem" abschließen zu können.[307]

„Bei der Vertreibung sollte man sich folgende Dinge vor Augen halten: Zunächst wäre es angebracht, sich der Vertreibung der Bauern zuzuwenden, danach erst sind die Stadtbewohner an der Reihe. Die Dorfbewohner sind zusammenhängender; deshalb sind sie auch gefährlicher. Danach sollte man nicht in den Fehler verfallen, nur die Armen zu vertreiben; das Rückgrat eines jeden Volkes sind die mittleren und die reicheren Schichten. Auch sie müssen verfolgt und vertrieben werden. (...) Unser Staat wird nicht Millionen ausgeben, um den Albanern das Leben zu erleichtern, sondern um sich eine möglichst große

---

[301] Vgl. Hoxhaj, Enver: Politika etnike dhe shtetndërtimi i Kosovës, Pejë 2008, S. 139.
[302] Interview mit Noel Malcolm: „Pretendimet serbe nuk jane te vërteta", in: *Shekulli*, 23.10.2007; vgl. Malcolm, Noel: „Is Kosovo Serbia? We ask a historian", in: *The Guardian*, 26.02.2008, http://www.guardian.co.uk/world/2008/feb/26/kosovo.serbia.
[303] Vgl. Petritsch / Kaser / Pichler (Hrsg.): Kosovo/Kosova: Mythen, Daten, Fakten, Klagenfurt u.a. 1999, S. 102.
[304] Am 1. Dezember 1918 wurde der neue jugoslawische Staat, das Königreich der Serben, Kroaten und Slowenen, gegründet. Siehe dazu Kristian, Ivan: Verfassungsentwicklung in Slowenien, in: *JöR* 42 (1991), 59-110 (63).
[305] Akademia e Shkencave dhe Arteve të Kosovës: Kosova, Vështrim monografik: Prishtinë 2011, S. 231.
[306] Malcolm, Noel: Kosovo. A Short History, London 1998, pp. 280 f.
[307] Petritsch / Kaser / Pichler (Hrsg.): Kosovo/Kosova: Mythen, Daten, Fakten, Klagenfurt u.a. 1999, S. 114-127; Čubrilović, Vasa: Die Vertreibung der Albaner. Memorandum, dem Parlament in Belgrad am 7. März 1937 präsentiert (Archiv der ehemaligen jugoslawischen Armee; das Dokument ist als „vertraulich" bezeichnet unter dem Verweis „Nr. 2, Ordner 4, Kiste 69").

Zahl von ihnen vom Hals zu schaffen", sagte er in seiner Denkschrift über die Vertreibung der Arnauten (Albaner).[308]

Im Allgemeinen wurden die Kosovo-Albaner zwischen den beiden Weltkriegen, aber auch danach vom jugoslawischen Staat als geographische Kolonie mit fremder Religion gesehen, in der sich der Staat nur mit Gewalt durchsetzen könne. Diese Strategie wird auf zwei Arten umgesetzt: durch die Kolonisierung des Kosovo mit serbischen Kolonisten aus verschiedenen Teilen Jugoslawiens und durch eine erzwungene Völkerwanderung der Albaner in die Türkei. In diesem Konflikt gibt es zwei Spieler, die zu einer Änderung dieses Zustand der Kosovo-Albaner beigetragen haben: erstens die internationale Gemeinschaft, die einer traditionellen politischen Agenda auf dem Balkan folgte, was die strategischen Interessen der Großmächte spiegelte, und zweitens Albanien, das wegen seiner militärischen und diplomatischen Schwäche nie einer irredentistischen Politik in Bezug auf Kosovo folgte.[309] Allerdings verursachte diese für die Albaner ungünstige Situation, die mit dem Versailler System zementiert wurde, mit dem Beginn des Zweiten Weltkriegs eine radikale Veränderung, als das Gebiet von den Italienern, Deutschen und Bulgaren besetzt wurde.

Die Situation änderte sich nach dem Ende des Zweiten Weltkrieges, als nach der militärischen Niederlage der Achsenmächte im Jahre 1945 die Sozialistische Jugoslawische Föderation die bisherigen Grenzen des Königreichs Jugoslawien beschloss. Die jugoslawischen Kommunisten hatten versprochen, das Recht der Kosovo-Albaner auf Selbstbestimmung anzuerkennen. Das Recht auf Selbstbestimmung der Albaner war auf der Partisanenkonferenz von Bujan vom 31. Dezember 1943 bis zum 2. Januar 1944 bestätigt worden: *„Kosovo und Dukađin sind ein Territorium, das zum größten Teil von albanischen Volksangehörigen bewohnt wird, die sich wie schon immer, so auch heute, wünschen, sich mit Albanien zu vereinen."*[310]

3.3.2. Das Kosovo als Teil der Föderativen Republik Jugoslawien

Am Ende des Zweiten Weltkrieges nach dem Sieg der Kommunisten im Jahr 1945 wurde das Kosovo als autonome Region Teil des neuen Jugoslawien mit der Aussicht, dass es eine vollständige nationale, verfassungsrechtliche, wirtschaftliche und kulturelle Unabhängigkeit innerhalb der Sozialistischen Jugoslawischen Föderation erlangen werde. In Wirklichkeit sind die Versprechungen von Tito 1943 in Jajce (Bosnien und Herzegowina) im Hinblick auf die Gleichheit aller Völker innerhalb der Jugoslawischen Föderation nicht für die Albaner umgesetzt worden. Im Februar 1945 stellte Josip Broz Tito, unter dem Vorwand der Beendigung der albanischen „Konterrevolution", das Kosovo unter eine Militär-Administration. Die Versammlung des Kosovo in Prizren im Jahre 1945 verkündete unter dem Druck des jugoslawischen Militärregimes die „Verschmelzung" mit Jugoslawien und hob damit die Erklärung von Bujan auf. Die Serben begannen wieder mit den alten drastischen und willkürlichen Methoden gegen die Albaner. Die Position war fast identisch mit der in der Zeit des Königreichs von Jugoslawien. Der Hauptverantwortliche für die repressive Politik gegen die Albaner war Aleksandar Ranković, Vizepräsident von Jugoslawien und Chef des jugoslawischen Geheimdienstes. Dies markiert die erste Phase der jugoslawischen Politik gegenüber dem Kosovo (1945-1966), die auch als Ranković-Ära bekannt

---

[308] Vgl. Petritsch / Kaser / Pichler (Hrsg.): Kosovo/Kosova: Mythen, Daten, Fakten, Klagenfurt u.a. 1999, S. 122 f.; Rauert, Fee: Das Kosovo. Eine völkerrechtliche Studie, Wien 1999, S. 13.
[309] Vgl. Hoxhaj, Enver: Politika etnike dhe shtetndërtimi i Kosovës, Pejë 2008, S. 140.
[310] Vickers, Miranda: Between Serbs and Albanian: A History of Kosovo, London 1998, p. 136; Petritsch / Kaser / Pichler (Hrsg.): Kosovo/Kosova: Mythen, Daten, Fakten, Klagenfurt u.a., S. 134 f.; Akademia e Shkencave të Shqipërisë (Hrsg.): E vërteta mbi Kosovën dhe shqiptarët në Jugosllavi, Tiranë 1990; Dokumente: Këshilli Popullor i Krahinës Autonome të Kosovë-Metohisë (1943-1944), Prishtinë, S. 7-12; Bytyqi, Enver: Vetëvendosja e Kosovës, Tiranë 2007, S. 52; Stavileci, Esat: Kosova nën administrimin ndërkombëtar, Gjakovë 2000, S. 378.

ist. Während dieser Zeit wurden die Kosovo-Albaner wieder als Türken betrachtet, damit dies als Vorwand für ihre Auswanderung in die Türkei genutzt werden konnte. Peter Bartl beschreibt die Situation mit den folgenden Worten: *„Die Albaner waren de facto Staatsbürger 2. Klasse."*[311] Er fügt hinzu, dass als Ergebnis dieser Politik bis 1966 aus dem Kosovo mehr als 200.000 Albaner vertrieben wurden.[312]

Die verfassungsrechtliche Stellung des Kosovo wurde nach der Änderung der Verfassung Jugoslawiens im Jahr 1963 leicht verbessert, nachdem die Volksrepublik Jugoslawien in die Bundesrepublik Jugoslawien umbenannt worden war.[313] Nach Art. 111 BVerf 1963 erhielt das Kosovo den Status einer „autonomen Provinz" und wurde juristisch mit der Vojvodina gleichgestellt. Damit hatte es das Recht auf eine eigene Provinzversammlung.[314] Zwischen den Republiken und Autonomen Provinzen bestand nach wie vor ein klares Über- und Unterordnungsverhältnis. Während die Republiken ein Selbstorganisationsrecht besaßen, konnten die Autonomen Provinzen nur den durch die Verfassung der Reublik Serbien festgelegten Aufgabenkreis wahrnehmen.[315] Die Autonomen Provinzen hatten keine Verfassung, sondern nur Statute und glichen daher mehr einer Gemeinde als einer Republik.[316] Sie waren zudem kein eigenständiger Teil des Territoriums der SFR Jugoslawien.

Daraus kann trotz dieser verfassungsrechtlichen Änderungen geschlossen werden, dass die Position des Kosovo in formal-rechtlicher Hinsicht sehr stark mit der Republik Serbien verbunden blieb,[317] ähnlich wie im Jahre 1945 und gemäß der Verfassung von 1953,[318] obwohl es zum ersten Mal seine Delegierten in den Nationalitätsrat entsandte.[319] Die Situation der Kosovo-Albaner änderte sich erst mit dem Sturz (der Entmachtung) des serbischen Innenministers Aleksandar Ranković[320] im Jahr 1966 im „Plenum von Brioni". Daraufhin verurteilte auch Belgrad offiziell das Regime des Terrors im Kosovo, das von Ranković und den jugoslawischen Bundesbehörden durchgeführt wurde.

In der darauffolgenden Zeit unternahm die Kommunistische Partei Jugoslawiens die Initiative für eine weitere Föderalisierung der staatlichen Struktur, einschließlich der autonomen Provinzen. Aufgrund von Änderungen innerhalb der Kommunistischen Partei und der albanischen Sezessionsbewegung gelang es dem Kosovo, einige fortschrittliche Entwicklungen zu durchlaufen.[321] Aber die Kosovo-Albaner verlangten eine Gleichstellung der Autonomen Provinz mit der der konstitutionellen Republik. Und direktes Ergebnis der 1968er Demonstration war die Hauptforderung der Albaner nach einer „Republik Kosovo".[322]

---

[311] Bartl, Peter: Die Albaner, in: Michael W. Weithmann (Hrsg.): Der ruhelose Balkan. Die Konfliktregionen Südosteuropas, München 1993, S. 176-204 (199).
[312] Ebenda.
[313] Siehe Krbek, Ivo: Die Verfassung der Sozialistischen Föderativen Republik Jugoslawien vom 7. April 1963, in: *JöR* 13 (1964), 289-324.
[314] Siehe Art. 112 Abs. 1 i.V. Art. 78 Abs. 1 BVerf 1963.
[315] Art. 112 BVerf 1963.
[316] Statuti i Krahinës Autonome të Kosovës e Metohis in: Fletorja Zyrtare e Krahinës Autonome të Kosovës e Metohis, Nr. 7, XVIII, Prishtinë, 10.04.1963.
[317] Art. 111 Abs. 3 BVerf 1963.
[318] Schultz, Lothar: Die jüngste Verfassungsreform der Sozialistischen Föderativen Volksrepublik Jugoslawien, in: *Jahrbuch des Ostrechts* 13 (1972), 7-36.
[319] Art. 165 Abs. 2 BVerf 1963.
[320] Petritsch / Kaser / Pichler (Hrsg.): Kosovo/Kosova: Mythen, Daten, Fakten, Klagenfurt u.a. 1999, S. 138; Kohl, Christine von / Libal, Wolfgang: Kosovo: Gordischer Knoten des Balkan, Wien, Zürich 1992, S. 61 f.
[321] Siehe dazu Reuter, Jens: Die Kosovo-Albaner im ehemaligen Jugoslawien, in: Georg Brunner / Hans Lemberg (Hrsg.): Volksgruppen in Ostmittel- und Südosteuropa, Baden-Baden 1994, S. 187-194 (189 f.).
[322] Rauert, Fee: Das Kosovo. Eine völkerrechtliche Studie, Wien 1999, S. 26.

3.3.3. Die jugoslawische Kosovo-Politik (1974-1989)

Als Jugoslawien in den Folgejahren Verfassungsänderungen vornahm, verbesserte sich der Status des Kosovo und der Albaner deutlich, und eine Garantie für die Selbstverwaltung der Albaner auf föderaler Ebene wurde beschlossen. Die Verfassung von 1974 bot Kosovo eine größere Autonomie von Belgrad und zudem weitreichende Befugnisse,[323] die *de facto* denen der anderen Republiken gleich kamen.[324] Durch die neue Verfassung versuchte Tito, ein Gleichgewicht der politischen Macht zwischen den Republiken der Jugoslawischen Föderation zu schaffen und gleichzeitig interne Konfrontationen und den Zerfall des multinationalen Staates zu verhindern.[325]

Zur gleichen Zeit wurde mit der Verfassung von 1974 die Forderung der Albaner nach einer Republik Kosovo verstärkt, die zum ersten Mal bei der Demonstration von 1968 erhoben wurde. Obwohl die jugoslawischen Kommunisten gezwungen waren, den Begriff der nationalen Minderheit zu vermeiden, hatten sie den Albanern gegenüber den Status der „Nationalität"[326] anerkannt, eine Kategorie und ideologische Konstruktion in der Sphäre der Politik, die in dieser Form außerhalb des jugoslawischen Raumes nicht existierte und auch keine Unterstützung in internationalen Dokumenten fand, wodurch das Recht der Albaner auf Selbstbestimmung verhindert wurde. Gemäß der jugoslawischen Bundesverfassung von 1974 konnten Nationalitäten nicht zu einer konstitutiven Nation innerhalb einer Föderation erklärt werden und auch keine eigene föderale Einheit erhalten.[327]

Diese Position des Kosovo und der Albaner innerhalb der Jugoslawischen Föderation wurde nach dem sowjetischen Modell konstruiert, dessen Äquivalent eine „autonomen Republik" war.[328] Diese juristisch „hybride" Position des Kosovo im Zusammenhang mit der Jugoslawischen Föderation und zeitgleich auch mit Serbien war ein „fauler Kompromiss", der nicht auf Dauer gehalten werden konnte.[329] Ihre schwache Stellung in den nichtnormativen Verfassungsbestimmungen zeigte sich besonders in zwei Aspekten: Die sechs Föderationsmitglieder, die der Bezeichnung nach Republiken waren, wurden in der Bundesverfassung als Staaten umschrieben (Art. 3), während die Föderationsmitglieder Kosovo und Vojvodina, die der Bezeichnung nach

---

[323] Vgl. Verfassung der Sozialistischen Autonomen Provinz Kosovo vom 27. Februr 1974, in: *Službeni list SAP Kosovo* 1974 Nr. 4.

[324] Art. 2 BVerf 1974 lautete: „Die Sozialistische Föderative Republik Jugoslawien bilden: die Sozialistische Republik Bosnien und Herzegovina, die Sozialistische Republik Kroatien, die Sozialistische Republik Mazedonien, die Sozialialitische Autonome Gebietskörperschaft Kosovo und die Sozialistische Autonome Gebietskörperschaft Vojvodina im Verband der Sozialistischen Republik Serbien und die Sozialistische Republik Slowenien." Siehe Ustava Socialističне federativne republike Jugoslavije, 1974 (Verfassung der Sozialistischen Föderativen Republik Jugoslawien), Beograd 1974; siehe auch: Die neue Verfassung der Sozialistischen Föderativen Republik Jugoslawien vom 21. Februar 1974, in: *Jahrbuch für Ostrecht* 15 (1974), 13 ff.; Die Verfassung der SFR Jugoslawien, eingeleitet von Herwig Roggemann, Berlin 1980.

[325] Vgl. Schmidt, Fabian / Moore, Patrick: Die Albaner im ehemaligen Jugoslawien als Sicherheitsproblem, in: Gerhard Seewann (Hrsg.): Minderheiten als Konfliktpotential in Ostmittel-und Südosteuropa, München 1995, S. 70-139; Rauert, Fee: Das Kosovo. Eine völkerrechtliche Studie, Wien 1999, S. 20 f.; Brunner, Georg: Völkerrecht und Selbstbestimmungsrecht in Kosovo, in: Konrad Clewing / Jens Reuter (Hrsg.): Der Kosovo-Konflikt. Ursachen, Verlauf, Perspektiven, München 2000, S. 117-135.

[326] Vgl. Art. 1 BVerf 1974; Vasileviq, Vlladan: Kosova: realizmi dhe mbrojtja e të drejtave të njeriut, in: Konflikt apo dialog, Pejë 1995, S. 75.

[327] Verfassungsgrundsatz I der BVerf 1974.

[328] Vgl. Zajmi, Gazmend: Shpërbërja e Jugosllavisë dhe çështja shqiptare, in: Konflikt apo dialog, Pejë 1995, S. 182.

[329] Vgl. Bebler, Anton: Der Untergang des jugoslawischen Modells des föderalistischen Kommunismus, in: *Europäische Rundschau* 20:3 (1992), 3-20 (13); Hyseni, Hydajet: „U përcaktuam për kërkesën Kosova Republikë", in: Zëri, 26.10.2001.

autonome Provinzen waren, nur als Gemeinschaften definiert wurden (Art. 4).[330] Die autonome Provinz Kosovo sei nicht nur ein Teil der Republik Serbien, sondern zugleich auch Teil der Föderativen Republik Jugoslawien gewesen, und aus diesem Doppelstatus würden die Albaner das Recht auf Sezession ableiten.[331]

Mit dem Tod Titos im Mai 1980 erloschen die verfassungsmäßigen Funktionen des Präsidenten der SFR Jugoslawien, und das jugoslawische Präsidium nahm alle Rechte und Pflichten wahr.[332] Das Präsidium der SFRJ war als wirkliches Kollegialorgan konzipiert. Jedes Föderationsglied entsandte einen Vertreter ins jugoslawische Präsidium. In dem kollektiven Präsidium hatte auch das Kosovo seinen Vertreter, der im Jahr 1986 zum Staatspräsidenten Jugoslawiens gewählt wurde.[333]

Andererseits wurde die Unterdrückungspolitik der kommunistischen Machthaber im Kosovo fortgesetzt.[334] Im März 1981, weniger als ein Jahr nach dem Tod des Staats- und Parteichefs Tito, brachen die Demonstrationen der Studenten an der Universität Prishtina aus, die den Status einer Republik Kosovo verlangten. Die Demonstrationen der Albaner im Kosovo forderten, das nationale Problem gemäß der Prämisse der kommunistischen Doktrin zu lösen, und zeigten, dass die Kosovo-Frage immer noch ein ungelöstes Problem war.[335]

In dieser Periode startete Belgrad eine repressive und aggressive Kampagne, die von dem serbischen Nationalismus von Slobodan Milošević unterstützt wurde, der 1986 zum Präsidenten des Bundes der Kommunisten Serbiens gewählt wurde. In der Tat begann er, die Idee eines „zentralisierten Jugoslawien", die in einem Memorandum der Akademie der Wissenschaften und Künste von Serbien (1986)[336] entwickelt wurde, zu realisieren. Im Jahr 1987 kam Milošević nach Kosovo und hielt eine Rede vor versammelten serbischen Bürgern in Kosovo Polje (Fushë Kosovë). Hier machte er seine berühmte Aussage: „*Niemand darf euch schlagen (...) Ihr müsst hier bleiben. Dies ist euer Land. Dies sind eure Wiesen und eure Gärten, eure Erinnerungen.*"[337]

3.3.4. Die Abschaffung der Autonomie des Kosovo

In den späten 1980er Jahren wurde das Kosovo zum Ausgangspunkt für den Beginn der Realisierung der großserbischen Idee Milošević's. Obwohl die Albaner sich mit Hungerstreiks und Demonstrationen gegen diese aggressiv nationalistische Politik stellten, schaffte das Regime in Belgrad mit Hilfe von Panzern am 23. März 1989 die Autonomie des Kosovo ab und rief sofort den Ausnahmezustand aus.[338] Die Änderung der Verfassung im Jahr 1989 führte dazu, dass Serbien weitreichende Kompetenzen im Bereich der öffentlichen Verwaltung, Polizei, Justiz, Verteidi-

---

[330] Beckmann-Petey, M.: Der jugoslawische Föderalismus. München, 1990, S. 113; Staub, Christian: Kosovo. Eine rechtliche Analyse, Norderstedt 2008, S. 51.
[331] Staub, Christian: Kosovo. Eine rechtliche Analyse, Norderstedt 2008, S. 53.
[332] BVerf 1974, Art. 328 Abs. 6 Satz 1.
[333] Staub, Christian: Kosovo. Eine rechtliche Analyse, Norderstedt 2008, S. 58-59.
[334] In der Jugoslawischen Föderation gab es Anfang 1984 18.000 Strafgefangene gegenüber nur 13.000 im Jahr 1969. Davon stellten die politischen Gefangenen einen großen Anteil. Siehe Maier, Wiktor: Jugoslawien, S. 38-66.
[335] Weller, Marc: Contested Statehood: Kosovo's Struggle for Independence, Oxford 2009, p. 75; Petritsch / Kaser / Pichler (Hrsg.): Kosovo/Kosova: Mythen, Daten, Fakten. Klagenfurt u.a. 1999, S. 155; Qosja, Rexhep: Çështja shqiptare, historia dhe politika, Prishtinë 1994; Hoti, Ukshin: Filozofia politike e çështjes shqiptare, Prishtinë 1996; Çeku, Ethem: Mendimi politik i lëvizjes ilegale në Kosovë 1945-1981, Prishtinë 2003; Kosumi, Bajram: Koncept për mendimin e ri polltik, Prishtinë 2001
[336] Das Memorandum blieb bis Anfang 1989 geheim und gelangte nur über Umwege an die Öffentlichkeit, siehe Brey, Thomas: Die Logik des Wahnsinns: Jugoslawien – von Tätern und Opfern, Freiburg 1993, S. 62.
[337] Funke, Hajo / Rhotert, Alexander: Unter unseren Augen. Ethnische Reinheit: Die Politik des Milošević-Regimes und die Rolle des Westens, Berlin 1999, S. 16.
[338] Gashi, Dardan / Steiner, Ingrid: Albanien: archaisch, orientalisch, europäisch, Wien 1994, S. 224.

gung, Finanzen und im sozialen und pädagogischen Bereich gewann.[339] Besonders der rechtliche Status des Kosovo war durch die Artikel XXIX und XLVII der Verfassung degradiert worden. Diese Aktionen von Belgrad gegen die Autonomie des Kosovo lösten eine nationalistische Euphorie in der serbischen Gesellschaft aus, und die Idee eines Groß-Serbien nahm sogar noch mehr zu. Milošević, Dobrica Ćosić und andere nationalistische Führer traten offen für die Idee: „Dort wo es einen Serben gibt, ist Serbien", ein.[340]

„Die Politik Miloševićs seit 1989 war bis in Details hinein identisch mit der Denkschrift eines radikalen serbischen Nationalisten, Vaso Čubrilović, die im März 1937 in Belgrad entstanden war. Die Frankfurter Rundschau (FR) hatte sie am 28. April 1999 nachgedruckt. Čubrilović, ebenso wie sein wegen des Attentats auf den österreichischen Thronfolger hingerichteter älterer Bruder, gehörte zu den Attentätern von Sarajevo im Juni 1914",[341] schreibt Joschka Fischer in seinen Memoiren.

Gegenüber dieser Krise im Kosovo und Jugoslawien war die Diplomatie der europäischen Zwölf völlig unvorbereitet und uninteressiert. Gleichzeitig hatten die europäischen Institutionen keine Instrumente oder Strategien, wie sie sich der internen jugoslawischen Krise nähern sollten. Daher reduzierte sich alles auf Rhetorik, um Jugoslawien zusammenzuhalten, ohne in der Lage zu sein, sich auf eine Gemeinsame Aktion zu einigen. Die Europäer hatten Schwierigkeiten im Umgang mit der Situation, weil sie in der Koordinierung ihrer nationalen Außenpolitik unterschiedliche Ansichten hatten.[342]

Zu diesem Zeitpunkt begann die Kosovo-Frage, die vom damaligen jugoslawischen kommunistischen Regime als „gelöstes" Problem dargestellt wurde, die Grenzen des ehemaligen Jugoslawiens zu verlassen. Aber in den europäischen politischen Kreisen wurde sie immer noch als ein Problem wahrgenommen, das im Rahmen der Jugoslawischen Föderation gelöst werden sollte. Den Ausgangspunkt des europäischen Interesses für den Kosovo markiert die Resolution des Europäischen Parlaments vom 12. April 1989 zur Lage im Kosovo,[343] durch welche den jugoslawischen Behörden in Belgrad eine Warnung gegen die ausgeübte Unterdrückung der Kosovo-Albaner ausgesprochen wurde. Des Weiteren wurde die Einschätzung ausgesprochen, dass *„der Frieden bedroht wäre, wenn Jugoslawien weiterhin nationalistische Gefühle nähren sollte, etwas, das nicht ohne Folgen für den europäischen Kontinent bleiben würde".*[344]

Das Kosovo-Problem wurde zu diesem Zeitpunkt von den Institutionen der Europäischen Gemeinschaft unter dem Gesichtspunkt einer nationalen Minderheit und mit dem Ziel angesprochen, vor allem die Option einer Unabhängigkeit zu vermeiden, bis diese im Jahre 2008 unvermeidbar wurde. Nur einen Monat nach der Resolution des Europäischen Parlaments wurde das Kosovo Gegenstand des Interesses einer Delegation von europäischen Parlamentariern, die in ihren Forderungen gegenüber Belgrad weitergingen und von den jugoslawischen Behörden verlangten, der Unzufriedenheit der albanischen Bevölkerung wegen der einseitigen und gewalttätigen Aufhebung der Autonomie des Kosovo[345] gemäß der Verfassung von 1974 Rechnung zu tra-

---

[339] Rauert, Fee: Das Kosovo. Eine völkerrechtliche Studie, Wien 1999, S. 38.
[340] Vgl. Grmek, Mirko / Gjidara, Mac / Simac, Neven (Hrg.): Spastrimi etnik, Dokumente historike mbi një ideologji serbe, Tiranë 2002, S. 230.
[341] Vgl. Fischer, Joschka: Die rot-grünen Jahre. Deutsche Außenpolitik – Vom Kosovo bis zum 11. September, Köln 2007, S. 184.
[342] „Pavarësia dhe fati i minoriteteve (1991-1992)", in: *Koha Ditore*, 10.05.2005, 8.
[343] Akademia e Shkencave të Shqipërisë (Hrsg.): E vërteta mbi Kosovën dhe shqiptarët në Jugosllavi, Tiranë, 1990; Auerswald, Philip E. / Auerswald, David P. (eds.): The Kosovo Conflict: A Diplomatic History Through Documents, Novell, Mass. / The Hague 2000, pp. 26-54.
[344] Ebenda.
[345] Vgl. Meier, Viktor: Wie Jugoslawien verspielt wurde, München 1999, S. 154-182; Malcolm, Noel: Kosova, një histori e shkurtër, Prishtinë, Tiranë 2001, S. 358 f.

gen.[346] Darüber hinaus war der Fall des Kosovo und die Verschlechterung der Beziehungen zwischen der albanischen Bevölkerung und den repressiven staatlichen Behörden Jugoslawiens eine letzte Warnung vor dem Zerfall der Multinationalität.[347]

Aber in Brüssel wie auch in Washington wurde das Kosovo-Problem weiterhin mit einer Art Gleichgültigkeit gesehen. Diese langsame Annäherung der europäischen und internationalen Gemeinschaft an diesen Krisenherd wurde viele Jahre später von dem ehemaligen deutschen Außenminister Hans-Dietrich Genscher kritisch gesehen. Die Ereignisse im Kosovo sowie jene in anderen Teilen Jugoslawiens hätten nach Genscher die europäische und weltweite öffentliche Meinung erschüttern müssen, weil *„das friedliche Zusammenleben in Jugoslawien und mit diesem die Einheit des Landes"*[348] in Brand gesetzt wurde, wobei Florjan Lipus noch kritischer gegen Europas Position im Bezug auf die dramatischen Entwicklungen im Kosovo vorgeht: *„ Ganz Europa schaute mit Gleichgültigkeit zu, während den Albanern im Kosovo systematisch die Menschenrechte durch die Serben genommen wurden",*[349] sagte er.

Die Kosovo-Albaner setzten ihre Proteste gegen den Abbau des Status des Kosovo auf der Ebene der „territorialen Autonomie" fort. Das Parlament des Kosovo verabschiedete verfassungsrechtliche und politische Dokumente wie die konstitutionelle Erklärung vom 2. Juli 1990[350] und die in Kaçanik am 7. September 1990 ausgerufene Verfassung.[351] Am 30. September 1991 beschloss die Bevölkerung Kosovos mit überwältigender Mehrheit (99,87%) in einem ofiziellen Referendum, das auf Beschluss des rechtmäßig gewählten kosovarischen Parlaments durchgeführt wurde war, die Souveränität und Eigenständigkeit des Kosovo. Unter der Führung der Demokratischen Liga des Kosovo wurde eine Exilregierung für das Kosovo gebildet. Die neue kosovarische Regierung bestätigte später das Ergebnis des Referendums und erklärte das vormalige Föderationsmitglied Kosovo als unabhängigen und selbständigen Staat, der nie international anerkannt wurde. Albanien war der einzige Staat, der die Republik Kosovo als souveränen und unabhängigen Staat anerkannte.[352]

Diese politischen und verfassungsrechtlichen Akte wurden durch die europäischen Konferenzen in Den Haag (1991) und London (1992) und auch von der Badinter-Kommission und der Dayton-Konferenz (1995) nicht anerkannt. So wurde die Kosovo-Frage ignoriert, als die EG in zwei Richtungen tätig war: Zum einen war sie intern mit der Entwicklung ihrer Identität als einer der führenden Akteure im Bereich der Außen- und Sicherheitspolitik befasst. Zum anderen unternahm sie bei der Gestaltung ihrer Außenbeziehungen den Versuch, die Jugoslawien-Krise zu „verwalten", die territoriale Einheit Jugoslawiens zu wahren und die Anwendung serbischer militärischer Gewalt durch Belgrad gegen Slowenien und Kroatien zu verhindern.[353] Die EG konzentrierte sich vor allem auf den bewaffneten Konflikt in Slowenien und Kroatien, als bereits klar war, dass Belgrad die Idee eines Großserbien – Vereinigung aller Serben in einem Staat – verfolgte und zu deren Realisierung am Kosovo, das überwiegend albanisch bewohnt war, mit Ge-

---

[346] Vgl. Ukshini, Sylë: Refleksione historiografike, Prishtinë 2002, S. 104 f.
[347] Vgl. Woyke, Wichard (Hrsg.): Handwörterbuch Internationale Politik, Bonn 2000, S. 11.
[348] Genscher, Hans-Dietrich: Erinnerungen, München 1997, S. 930.
[349] György, Konrád / Handke, Peter / Lipus, Florjan: Europa im Krieg: Die Debatte über den Krieg im ehemaligen Jugoslawien, Frankfurt a.M. 1992, S. 53-57.
[350] Siehe Weller, Marc (ed.): The Crisis in Kosovo 1989-1999: From the Dissolution of Yugoslavia to Rambouillet and the Outbreak of Hostilities, Cambridge 1999, p. 64; Staub, Christian: Kosovo. Eine rechtliche Analyse, Norderstedt 2008, S. 192.
[351] Abgedruckt in Weller, Marc (ed.): The Crisis in Kosovo 1989-1999: From the Dissolution of Yugoslavia to Rambouillet and the Outbreak of Hostilities,, Cambrifge 1999, pp. 65-71.
[352] Clark, Howard: Civil Resistance in Kosovo, London 2000, p. 92.
[353] Vgl. Declaration by the Informal European Political Cooperation Ministerial Meeting on Yugoslavia, Château de Senningen, 26 March 1991.

walt festhielt.³⁵⁴ Diese Situation ebnete den Weg für die Anerkennung der staatlichen Unabhängigkeit Kroatiens und Sloweniens, aber auch Bosnien-Herzegowinas und Mazedoniens. Aber das Kosovo, das laut Verfassung bereits eine föderale Einheit war, wurde sowohl von der EG als auch vom Badinter-Schiedsgericht (Badinter-Kommission), die von den Regierungen der EG dafür eingesetzt worden war, nicht ein einziges Mal mit Namen erwähnt. Dies implementierte einen restriktiven Ansatz und hielt sich an die traditionelle völkerrechtliche Form der Staatsbildung.³⁵⁵ Dazu versuchte es, so objektiv wie möglich zu erläutern, ob ein Volk die traditionellen Attribute der Staatlichkeit (Staatsgebiet, Staatsvolk und Staaatsgewalt) hat oder nicht. Laut der Badinter-Kommission, geleitet vom französischen Juristen Badinter, hatten nur die Republiken das Recht auf Abspaltung, denen auch die Verantwortung für die Lösung von post-jugoslawischen Problemen „*in Übereinstimmung mit den Regeln des Völkerrechts*" oblag.³⁵⁶ Dieses Recht wurde Kosovo nicht zuerkannt, obwohl es nach Fee Rauert die Kriterien des Begriffs „europäisch" mit dem Recht auf Sezession erfüllte, aber nicht die Kriterien des Konzepts des „klassischen" Völkerrechts,³⁵⁷ da es bis zur Abschaffung der Autonomie nur den Status der Provinz und nicht den einer Republik genoss.

3.3.5. Die internationale Dimension der Kosovo-Frage

Im Rahmen der Bemühungen, das Problem des Kosovo zu internationalisieren, sind weiterhin Kontakte und Kommunikationen mit europäischen Ländern und mit verschiedenen Institutionen aufgebaut worden. Das Kosovo hoffte, dass nach dem Kalten Krieg und dem Zerfall Jugoslawiens die Forderung der Albaner nach Unabhängigkeit anerkannt werden würde, aber dies sollte bis 2008 nicht der Fall sein. Da die EU bei den Konferenzen in Den Haag und London einen umfassenden Rahmen für die Lösung der jugoslawischen Krise vermieden hatte, wurde die Kosovo-Frage im Rahmen des Kapitels „Angelegenheiten von Minderheiten" und innerhalb der „Special Working Group of the Conference on Yugoslavia" unter der Leitung des deutschen Botschafters Geert-Hinrich Ahrens behandelt.³⁵⁸

Obwohl es keine Fortschritte in der Frage der Bildung gab, machte die Existenz der „Special Group" den Eindruck, dass das Problem des Kosovo in einem internationalen Forum behandelt würde, wobei dieser Eindruck jedoch nur bis zur Dayton-Konferenz (1995) aufrecht erhalten werden konnte, die zum Wendepunkt der internen Entwicklungen im Kosovo wurde und die Glaubwürdigkeit der gewaltfreien Politik Ibrahim Rugovas untergrub.³⁵⁹

Aber auch nach der Dayton-Konferenz war die EG nicht in der Lage, an der Entwicklung einer gemeinsamen Strategie und Politik für das Kosovo-Problem zu arbeiten. In Brüssel wurde die Normalisierung der Beziehungen mit Belgrad vereinbart, und zwar ohne wesentliche Verbesserung der Situation der Menschenrechte in Kosovo. Erst als die Kämpfe zwischen der Befrei-

---

³⁵⁴ Vgl. Weller, Marc: Contested Statehood: Kosovo's Struggle for Independence, Oxford 2009, p. 45.
³⁵⁵ Bezüglich der Entscheidungen der Badinter-Kommission siehe Craven, Matthew C.R.: The European Community Arbitration Commission on Yugoslavia, in: *British Yearbook of International Law* 66 (1995), 333-413; Pellet, Alain: The Opinions of the Badinter Committee: A Second Breath for the Self-Determination of Peoples, in: *EJIL* 3 (1992), 178; Weller, Marc: Contested Statehood: Kosovo's Struggle for Independence, Oxford 2009, pp. 100 f.
³⁵⁶ Vgl. Meier, Viktor: EG-Sanktionen und Verzögerung der Anerkennung schaffen eine schwere Lage, in: *FAZ* 28.11.1991; Meier, Viktor: Wie Jugoslawien verspielt wurde, München 1999, S. 418; Caplan, Richard: International diplomacy and the crisis in Kosovo, in: *International Affairs* 74:4 (1998), 745-761 (747).
³⁵⁷ Vgl. Rauert, Fee: Das Kosovo. Eine völkerrechtliche Studie, Wien 1999, S. 210 f.
³⁵⁸ Vgl. Ahrens, Geert-Hinrich: Diplomacy on the Edge: Containment of Ethnic Conflict and the Minorities, Working Group of the Conferences on Yugoslavia, Washington, D.C. 2007, pp. 45-50; siehe dazu auch Weller, Marc (ed.): The Crisis in Kosovo 1989-1999: From the Dissolution of Yugoslavia to Rambouillet and the Outbreak of Hostilities, Cambridge 1999, p. 76.
³⁵⁹ Vgl. Calic, M.J.: Die Jugoslawienpolitik des Westens seit Dayton, in: *APuZ*, B 34/99, 22 f.

ungsarmee des Kosovo (UÇK) und dem serbischen Militär begannen, bestand die EG auf weiteren Sanktionen gegen Rest-Jugoslawien, ohne auf die Erfahrungen des Vorjahres zu achten, dass diese keinen Einfluss auf das Belgrader Regime haben würden. Aber dieses Mal waren die EG und die Kontaktgruppe (USA, Großbritannien, Frankreich, Italien, Deutschland und Russland) sich einig und machten deutlich, dass im Kosovo die Wiederholung eines zweiten Bosnien nicht toleriert werden wird (siehe die beiden Folgekapitel).[360]

3.4. Die Europäischen Friedenskonferenzen für Jugoslawien

Laut Robert L. Hutchings war das Hauptproblem, dass die Regierungen in den meisten europäischen Hauptstädten der Krise in Jugoslawien keine Relevanz zusprachen und dass sie nicht glaubten, dass die Jugoslawien-Krise eine Bedrohung ihrer Sicherheit werden kann.[361] Dies zeigt, mit welcher Leichtfertigkeit die europäische Politik das tatsächliche Ausmaß der Jugoslawien-Krise beurteilte. Der Leiter der europäischen Delegation bei der Konferenz von Brioni, der Niederländer Hans van den Brook, erklärte, dass sie keine Ahnung hatten, was dort los war. Darüber hinaus war die EG nicht neutral bei der Friedenslösung, da einige Mitgliedstaaten ihre eigenen wirtschaftlichen und historischen Interessen in unterschiedlichen Teilen Jugoslawiens hatten.[362] Während in Slowenien der Konflikt ein Ende fand, verursachte die Gewalt in Kroatien zahlreiche Opfer. Bosnien-Herzegowina war kurz vor einem Kriegsausbruch. Montenegro war unter der Kontrolle von Milošević, während im Kosovo und in der Vojvodina jede rechtliche Subjektivität und Einbindung auf der Ebene der Föderation aufgehoben waren. Dies war die Situation in Jugoslawien, als die Europäische Konferenz in Den Haag den Beginn ihrer Arbeit plante.[363]

3.4.1. Haager Konferenz (1991)

Um ihre ehrgeizigen Mandate und die Illusion zu erfüllen, dass die territoriale Einheit Jugoslawiens erhalten werden kann, luden die Außenminister nach vielen Fehlschlägen der EPZ die Konfliktparteien ein, die Zukunft ihrer Länder in einer internationalen Friedenskonferenz in Den Haag ab dem 7. September 1991 zu besprechen. Diese diplomatische Initiative war eine sehr vielversprechende Innovation des europäischen Managements der Jugoslawien-Krise. Die Europa-Konferenz wurde von dem Sonderbeauftragten der EG, Lord Carrington, der zuvor britischer Verteidigungs- sowie Außenminister in den Regierungen Heath und Thatcher und 1984-88 Generalsekretär der NATO war, geleitet. Die Ernennung des erfahrenen Diplomaten und die Abhaltung der Konferenz sind das Ergebnis eines Konsenses zwischen den EG-Mitgliedstaaten, da zu diesem Zeitpunkt klar war, dass keine Übereinstimmung zugunsten einer gemeinsamen militärischen Intervention erreicht werden kann. In der feierlichen Erklärung hieß es, dass es das gemeinsame Ziel der EG-Vertreter und der Vertreter der jugoslawischen Republiken ist, den Frieden in Jugoslawien zu erreichen und eine dauerhafte Lösung zu finden, die eine Lösung für ihre Sorgen und Hoffnungen liefern würde.

Verbunden mit diesem Ziel beschlossen die EG-Vertreter im Rahmen der Konferenz auch, eine Schiedskommission unter der Leitung des französischen Juristen Robert Badinter zu

---
[360] Interview mit Wolfgang Schüssel, Bundesaußenminister Östereichs, in: *Die Woche*, 07.08.1998; Ukshini, Sylë: Lufta për Kosovën, Prishtinë 2008, S. 51. Mein Interview mit Stephan Lipsius, „UÇK-ja e detyroi Perëndimin të merret me Kosovën", in: *Koha Ditore*, 17.10.1998.
[361] Hutchings, Robert L.: Als der Krieg zu Ende war. Ein Bericht aus dem Inneren der Macht, Berlin 1999, S. 385.
[362] „Komuniteti ndërkombëtar dhe ish-Republika e Jugosllavisë", in: *Koha Ditore*, 21.07.2005, 15.
[363] Vgl. Ahrens, Geert-Hinrich: Diplomacy on the Edge: Containment of Ethnic Conflict and the Minorities, Working Group of the Conferences on Yugoslavia, Washington, D.C. 2007, p. 45.

bilden,[364] der damit beauftragt werden sollte, Meinungen und Schiedsentscheidungen aus rechtlicher Sicht zur Lösung der schwierigen verfassungsrechtlichen Probleme, welche die Jugoslawienkrise aufwarf, entwickeln sollte. Wie wir weiter unten sehen werden, wurden die Stellungnahmen dieser Schiedskommission eine wichtige Basis für die Arbeit der Friedenskonferenz über Jugoslawien.

In Bezug auf ihre legitimen Ziele gab die Konferenz an, sich auf alle Grundsätze und Verpflichtungen des KSZE-Prozesses zu stützen, und zur gleichen Zeit brachte sie ihrer Entschlossenheit zum Ausdruck, dass sie eine Änderung der Grenzen mit Gewalt nicht anerkennen werde.[365] Von diesem Moment an kann von einer Festlegung der rechtlichen Grundlagen für das weitere Vorgehen der internationalen Gemeinschaft gesprochen werden.[366]

Als die Konferenz in Den Haag begann, die die größte europäische Vermittlung in Jugoslawien darstellt, waren bereits drei Leitprinzipien festgelegt worden: 1. Die Jugoslawische Föderation wird zerfallen. 2. Die Binnengrenzen unter allen Teilrepubliken werden als internationale Grenzen anerkannt. 3. Die Rechte aller Minderheiten sind zu schützen und alle legitimen Interessen und Bemühungen sind zu respektieren.[367] In der Tat waren dies Prinzipien, die mit der serbischen hegemonialen Positionen kollidierten, und daher brachte auch Belgrad Opfer, um die friedlichen Ziele der Konferenz zu erreichen.

Aber Lord Carrington, der als offizieller Vermittler der EG handelte, hatte wenig Spielraum. Er konnte sich nicht auf eine gemeinsame Position und ein politisches Konzept der EG-Mitgliedstaaten sowie die Bereitschaft, Druckmittel zu verwenden, verlassen.[368] Die schwache Position Carringtons und der Verzicht der EG auf Zwangsmittel führten vor allem dazu, dass die serbische Seite auf Zeit spielte, um Sanktionen und auch die damit verbundenen Bedingungen zu vermeiden. Carrington hatte den Auftrag, den an der Konferenz teilnehmenden Parteien einen Plan für eine friedliche Lösung vorzulegen, bei der schwierige und kontroverse Fragen im Einklang mit den Empfehlungen der Internationalen Schiedskommission gelöst werden sollten.

Die Regierung in Belgrad konnte zu Beginn der Konferenz die Teilnahme des Kosovo an dieser europäischen Konferenz erfolgreich verhindern. Nur das Kosovo fehlte im Konferenzsaal. Die inkonsequente Haltung der europäischen Zwölf ausnutzend, konnte die serbische Delegation im Verlauf der Konferenz auch jede internationale Initiative für die Wiederherstellung der Autonomie des Kosovo abweisen.[369] Und während in Den Haag die europäische Konferenz über Jugoslawien abgehalten wurde, setzte Belgrad seinen Feldzug in Kroatien fort. Der Beginn der Friedenskonferenz war nicht vielsprechend, da sich die Konfliktparteien auf ihre bisherigen Positionen versteiften. Milošević verlegte sich auf eine Doppelstrategie des Zeitgewinns, indem er die Konferenz blockierte und gleichzeitig seine expansionistischen großserbischen Pläne auf Kosten der anderen Föderationsglieder vorantrieb.[370]

---

[364] Ebenda, p. 44.
[365] Ebenda.
[366] Vgl. Studnitz, Ernst Jörg von: Die Internationalisierung der Jugoslawienkrise 1991/92, in: Hans Peter Lins / Roland Schoenfeld (Hrsg.): Deutschland und die Völker Südosteuropas, Festschrift für Walter Althammer, München (*Südosteuropa-Jahrbuch* 23), S. 88.
[367] Vgl. Ahrens, Geert-Hinrich: Diplomacy on the Edge: Containment of Ethnic Conflict and the Minorities, Working Group of the Conferences on Yugoslavia, Washington, D.C. 2007, p. 86; Maurer, Daniel: Europäische Sicherheit. Konfliktmanagment am Beispiel „Ex Jugoslawien", Zürich 2001, S. 78.
[368] Vgl. Giersch, Carsten: Konfliktregulierung in Jugoslawien 1991-1995. Die Rolle von OSZE, EU, UNO und NATO, Baden-Baden 1998, S. 129.
[369] Dammann, Michael: Internationale Bearbeitung des Kosovokonfliktes 1990-1999, Trierer Arbeitspapiere zur Internationalen Politik Nr. 3, Universität Trier, 2000, S. 25.
[370] Staub, Christian: Kosovo. Eine rechtliche Analyse, Norderstedt 2008, S. 190.

Nach internen Diskussionen präsentierte Carrington den Plan für die Reorganisierung der Jugoslawischen Föderation, der vorsah: 1. Jugoslawien soll als eine Gemeinschaft von souveränen Staaten mit einem internationalen Status beibehalten werden. 2. Es soll eine Einheit aus freien Republiken mit internationalem Status gebildet werden. 3. Es wird eine umfassende Einigung zum Schutz der Menschenrechte getroffen, einschließlich geeigneter Aufsichtsmechanismen und eines besonderen Status für einige Gruppen und Regionen, die vor allem von Minderheiten bevölkert werden.[371] Vor allem beinhaltete bereits der zweite Punkt explizite Verweise auf den künftigen Status der autonomen Provinzen: Sie sollten den Status, den sie vor 1989 hatten, genießen.[372] Aber dieser Plan, der von fünf Präsidenten der jugoslawischen Republiken angenommen wurde, wurde von Milošević abgelehnt, und so wurde die Konferenz in eine Krise gestürzt. Auch als das Scheitern der Konferenz offensichtlich wurde, sprachen sich die Außenminister der EG-Mitgliedstaaten explizit gegen eine militärische Intervention aus. Natürlich hat diese Aktion der EG die serbische Politik in Belgrad weiter gefördert, die Friedensversuche der Europäer zu kritisieren und den Plan von Lord Carrington abzulehnen.

Im Ergebnis war die EG Anfang November 1991 gezwungen, eine neue Version des Friedensplans zu entwickeln, der die Wiederherstellung der Autonomie des Kosovo nicht erwähnte. Stattdessen wurden nur Gebiete mit einem besonderen Status genannt. Aber auch dieser Vorschlag konnte die serbische Führung nicht zufriedenstellen, da die Serben eine Jugoslawische Föderation anstrebten, die als einziger Nachfolger der SFRJ übrig bleiben und „alle Republiken und Völker" vereinen würde, die dies wünschten, was im Wesentlichen die Umsetzung der Strategie von einem Großserbien war.[373] Daher konnte die Haager Konferenz, neben der Bestätigung des Zerfalls Jugoslawiens nach der Rechtsauffassung der Schiedskommission[374], nicht die anfänglichen Erwartungen erfüllen, die Jugoslawien-Krise zu lösen und eine klare Lösung für die Zukunft aller dort lebenden Völker vorzugeben.

Ein weiterer Fehler war die Hoffnung der europäischen Diplomatie, dass der Zerfall Jugoslawiens vermieden werden könne, indem man mit Modellen einer Konföderation experimentierte oder die diplomatische Anerkennung der abgespaltenen Einheiten ablehnte.[375] Sie hofften, sich dadurch die Bereitschaft Belgrads zur Akzeptanz des Friedensplanes erkaufen zu können. Daher ging der Vermittler der Konferenz einen schlechten Kompromiss mit Milošević ein, indem dessen Bedingung, die Frage des Kosovo beiseite zu legen, anerkannt wurde. Aber das, was der europäische Vertreter in der Haager Konferenz nicht tat, tat die slowenische Delegation. Wegen der fehlenden Belastung einer serbischen Minderheit in Slowenien, wie dies in Kroatien in der Krajina der Fall war, hatten die Slowenen eine stärkere Haltung in Bezug auf die Albaner des Kosovo. Später erinnerte sich der slowenische Diplomat Dimitri Rupel daran, dass in der Haager Konferenz vor allem die Frage des Kosovo die Serben verunsicherte, während sie es auf der anderen Seite als schmerzliche Tatsache sahen, dass eine serbische Minderheit im kroatischen Staat leben musste. „Dort habe ich eingegriffen und sagte, dass in dieser neuen Regelung alle Minderheiten gleiche Rechte haben sollten, einschließlich der Albaner",[376] sagte Rupel.

---

[371] Trifunovska, Snezana (ed.): Yugoslavia through Documents, From its creation to its dissilution, Dordrecht 1993, Doc. 124, pp. 357-363; Dammann, Michael: Internationale Bearbeitung des Kosovokonfliktes 1990-1999, Trierer Arbeitspapiere zur Internationalen Politik Nr. 3, Universität Trier, 2000, S. 25.
[372] Vgl. Troebst, Stefan: The Kosovo War, Round One, in: *SOE* 48:3-4 (1998), 156-190 (162).
[373] „Komuniteti ndërkombëtar dhe ish-Republika e Jugosllavisë", in: *Koha Ditore*, 23.07.2005, 5.
[374] Ebenda.
[375] Vgl. Ahrens, Geert-Hinrich: Diplomacy on the Edge: Containment of Ethnic Conflict and the Minorities, Working Group of the Conferences on Yugoslavia, Washington, p. 86.
[376] Vgl. Silber, Laura / Little, Allan: The Death of Yugoslavia, London 1995, p. 213.

Auf der anderen Seite, ohne dabei das Kosovo und die Vojvodina zu erwähnen, bot Carrington in seinem zweiten Punkt eine internationale Beteiligung der Überwachung der Situation in Gebieten mit besonderem Status oder Autonomie an. Dabei sollten die Republiken vertrauenswürdig die Bestimmungen für autonome Provinzen wie vor 1990 umsetzen.[377] Aber auch wenn dieses Projekt wirklich realisierbar gewesen wäre, war eine Rückkehr zur Situation vor 1990 nicht mehr möglich, da durch die Unabhängigkeit von Kroatien und Slowenien neue Bedingungen geschaffen wurden. Das Verbleiben des Kosovo innerhalb Rest-Jugoslawiens, wo Serbien jede Form der Autonomie mit Gewalt zerstört hatte, war undenkbar für die Kosovaren.[378]

Eine solche unentschlossene Haltung der EG war durch das Ziel motiviert, Belgrads Zustimmung für den Friedensplan für das ehemalige Jugoslawien mit allen Mitteln und in jedem Fall zu bekommen, um den Krieg in Kroatien zu beenden und sich keinem serbischen Widerstand auszusetzen. Dieser zögerliche Ansatz der Leiter der Europäischen Konferenz führte zu einem größeren Kompromiss, und das Problem des Kosovo und anderer Minderheiten in Jugoslawien wurde auf das Problem des Status ethnischer Gruppen reduziert.[379] Außerdem wurde ein weiterer Fehler der europäischen Diplomatie begangen, als die Erwartung aufkam, dass Kriege außerhalb des serbischen Gebietes vermieden werden können, indem die Serben in Kroatien und Bosnien-Herzegowina davon überzeugt werden, innerhalb der unveränderten Grenzen der neuen souveränen Staaten zu leben. Das Scheitern der Friedensverhandlungen in der Haager Konferenz ist auf die Tatsache zurückzuführen, dass die EG-Verhandler auf Kroatien und Slowenien Druck ausübten, anstatt dies gegen Serbien zu tun.[380] Daher ist die Äußerung des US-Außenministers James A. Baker zutreffend, dass es keinen ernsthaften Dialog über die Zukunft Jugoslawiens geben werde, obwohl alle die nahende Kriegsgefahr spürten.[381]

3.4.2. Londoner Konferenz (1992)

Während in Kroatien und in Bosnien-Herzegowina die Kriege weiterhin im Gange waren, hatte das Vereinigte Königreich, das ab dem 1. Juli 1992 den rotierenden Ratspräsidenten der EG stellte, im Einvernehmen mit anderen europäischen Partnern, den Vereinten Nationen und den USA die Londoner Konferenz[382] im August 1992 einberufen. Mit dieser neuen europäischen Konferenz zielte man darauf ab, die Krise im ehemaligen Jugoslawien zu lösen und eine bessere Koordinierung der Aktivitäten internationaler Organisationen und unterschiedlicher Staaten bei friedenserhaltenden Bemühungen zu ermöglichen.[383] In der Tat wollte der britische Premierminister John Major durch die Konferenz von London einen diplomatischen Prestigegewinn erreichen und die Rolle Großbritanniens im europäischen Integrationsprozess stärken. Als Reaktion auf Kongress-Initiativen und die öffentlichen Zustimmung zu einem aktiveren Ansatz in der Krise im ehemaligen Jugoslawien und mit dem Ziel, die Unterschiede zwischen Lord Carrington und dem

---

[377] Weller, Marc (ed.): The Crisis in Kosovo 1989-1999: From the Dissolution of Yugoslavia to Rambouillet and the Outbreak of Hostilities, Cambridge 1999, p. 80.
[378] Ukshini, Sylë: Kosova në politikën e jashtme të BE-së 1991-2007, Shkup, Tiranë, Prishtinë 2008, S. 124-127.
[379] Vgl. Genscher, Hans-Dietrich: Erinnerungen, München 1997, S. 941.
[380] Vgl. Ahrens, Geert-Hinrich: Diplomacy on the Edge: Containment of Ethnic Conflict and the Minorities, Working Group of the Conferences on Yugoslavia, Washington, D.C. 2007, p. 53.
[381] Vgl. Baker, James A.: The Politics Diplomacy. Revolution, War and Peace, New York 1995, p. 483.
[382] Erklärungen der Staats- und Regierungschefs Deutschlands, Frankreichs, Großbritanniens, Italiens, Japans, Kanadas und der Vereinigten Staaten sowie Vetretern der Europäischen Gemeinschaft zum Wirtschaftsgipfel in München vom 6. bis zum 8. Juli 1992, in: *EA* 17/1992), 516-520 (519).
[383] Ukshini, Sylë: Kosova në politikën e jashtme të BE-së 1991-2007, Shkup, Tiranë, Prishtinë 2008, S. 128.

Generalsekretär der Vereinten Nationen Boutros Ghali zu mildern, ernannte US-Präsident George H.W. Bush einen amerikanischen Vermittler.[384]

So hat die Londoner Konferenz in der Nachfolge der Haager Konferenz die bis dahin führenden drei Vermittler für Jugoslawien, die EG, die Vereinten Nationen (UN) und die Vereinigten Staaten, zusammengebracht. Ihr Charakter war hoffnungsvoller und ambitionierter als der ihrer Vorgängerin. Sie versammelte die zwölf Außenminister der EG-Länder, die fünf ständigen Mitglieder des UN-Sicherheitsrates und sechs direkte Nachbarn der ehemaligen Sozialistischen Föderativen Republik Jugoslawien, die Leiterin der KSZE, Kanada, Japan und die Türkei als Vertreterin der Organisation der Islamischen Konferenz (OIC). Vom ehemaligen Jugoslawien nahmen die sechs Präsidenten der Republiken sowie die Vertreter der nationalen Minderheiten teil, die letzteren folgten den Gesprächen der Konferenz indirekt über einen Monitor.[385] Die Londoner Konferenz wurde in die „Internationale Konferenz über das ehemalige Jugoslawien" mit Sitz in Genf umgewandelt, in deren Rahmen die Konfliktbereiche im ehemaligen Jugoslawien ausnahmslos diskutiert werden sollten.[386]

Trotz eines vielversprechenden Beginns schaffte es die Londoner Konferenz nicht einmal, die vorbereitete feierliche Erklärung zu verabschieden. Allerdings definierte sie fünf grundlegende Strukturen der Internationalen Konferenz über das ehemalige Jugoslawien: zwei Verhandlungsführer (EG und UN); einen hochrangigen Orientierungsausschuss unter dem Vorsitz des Vertreters der EG-Präsidentschaft und des Vertreters des UN-Generalsekretärs; sechs Arbeitsgruppen in Form einer kontinuierlichen Sitzung der UN-Büros in Genf/Schweiz; die Schiedskommission als Überbleibsel der Konferenz von Den Haag, aber mit einer umformulierten Rolle und in ihrer Bedeutung reduziert; Aufrechterhaltung der Zusammenarbeit zwischen der EG und den UN mit Unterstützung des Sekretariats in Genf.[387]

In der ersten Periode, zwischen September 1992 und Mai 1993, wurde auf der Londoner Konferenz ein Versuch unternommen, den Konflikt in Bosnien und Herzegowina durch den Vance-Owen-Friedensplan zu lösen. Aber wie in der ersten so auch in der zweiten Phase, von Mai 1993 bis April 1994, erlebte man, wie die Autorität der Konferenz von London durch den Mangel an Erfolgen erodierte. Nachdem die EG und die UN damit scheiterten, die Krise im ehemaligen Jugoslawien zu lösen, begannen die USA, die bis dahin nur ein niedriges Engagement gezeigt hatten, allmählich, die Führung zu übernehmen. Die Aktivitäten der USA in dieser Phase der Krise im ehemaligen Jugoslawien führten zur Bildung der Kontaktgruppe (1994),[388] die einen neuen Ansatz der multilateralen Diplomatie zur Mediation, oder eine Art von „ad hoc multilateraler Diplomatie" zur Verfügung stellte.[389]

Im Gegensatz zu früheren Konferenzen wurde die Kosovo-Frage auf die Tagesordnung der Konferenz in London gesetzt, obwohl dies von Belgrad kritisiert wurde. Doch der europäische Ansatz war noch immer minimalistisch, und das Kosovo wurde als Randthema behandelt. Dies wird auch durch die Art seiner Vertretung deutlich, weil der international unbekannte Präsident des Kosovo, Ibrahim Rugova, gezwungen war, die Beratungen der Konferenz über den

---

[384] „Komuniteti ndërkombëtar dhe ish-Republika e Jugosllavisë", in: *Koha Ditore*, 08.08.2005, 7.
[385] Ahrens, Geert-Hinrich: Diplomacy on the Edge: Containment of Ethnic Conflict and the Minorities, Working Group of the Conferences on Yugoslavia, Washington, D.C. 2007, p. 56.
[386] Erklärungen zum Abschluss der internationalen Jugoslawien-Konferenz in London am 26. und 27. August 1998, in: *EA* 19/1992, D 584-590.
[387] Ebenda.
[388] Die Kontaktgruppe besteht aus den Vereinigten Staaten von Amerika, Deutschland, Großbritannien, Frankreich, Italien und Russland.
[389] Im weiteren Sinne für die Bildung und den Betrieb der Kontakt-Gruppe vgl. Kirste, Knut: Der Jugoslawienkonflikt. Fallstudie im DFG-Projekt „Zivilmächte", Fassung: 07.01.1998, Trier 1998.

Fernseher im Nebenraum zu verfolgen. So wurde im Rahmen der Arbeitsgruppe für Minderheiten und ethnischen Gruppen eine Sondergruppe für das Kosovo (Kosovo Special Group) gebildet; sie stand unter der Leitung des deutschen Diplomaten Geert-Hinrich Ahrens und konzentrierte sich auf die Lösung des Konfliktes zwischen den Albanern des Kosovo und Serbien. Ein weiteres Ereignis im Bezug auf das Kosovo, das getrennt gehört wurde, war der erfolglose Versuch Albaniens, als Sprecher des Kosovo sowie der Albaner in Südserbien (Preševo), Montenegro und Mazedonien zu verhandeln.

Da ein wesentliches Engagement der EG fehlte, wurde der Fall des Kosovo wie eine interne Angelegenheit Rest-Jugoslawiens (Serbien und Montenegro) behandelt. Diese Position wurde auf dem Gipfel des Rates der Europäischen Gemeinschaft in Edinburgh, am 12. Dezember 1992 bekräftigt, indem verkündet wurde, dass *„die Autonomie des Kosovo innerhalb Serbiens wiederhergestellt werden kann"* und dass *„die Menschenrechte der Bevölkerung des Kosovo zu respektieren"* seien.[390] Der gleichen Linie folgte Lord Carrington in der einseitigen Erklärung, bekannt als „Dokument des Leiters", worin verdeutlicht wird, dass Serbien und Montenegro begonnen haben, die den Bewohnern des Kosovo ihre vollen bürgerlichen und verfassungsmäßigen Rechte zurückzugeben.[391] Aber die Deklaration stellte keine unmittelbare Verpflichtung für Serbien dar, das es ablehnte, sich schriftlich zu verpflichten, und darauf bestand, das Kosovo-Problem sei zur Gänze eine innere Angelegenheit. Auch wenn sie verpflichtend gewesen wäre, wurde im Wesentlichen eine solche Aussage nicht als Thema für den politischen Status des Kosovo behandelt.[392] In der Tat enthalten die Grundsätze der Londoner Konferenz Widersprüche und Unklarheiten in der Frage der nationalen Selbstbestimmung in Zusammenhang mit dem Zusammenbruch eines Staates. Dass auch die Londoner Konferenz die erwarteten Ergebnisse nicht erzielte, reduzierte die Bedeutung der Außenpolitik der EG weiter.

3.4.3. Sondergruppe für das Kosovo

Die Londoner Konferenz sollte mit einem fortlaufenden Prozess von Sitzungen in Genf auch die Kosovo-Frage klären. Aber als erwartet wurde, dass sie im Statusplan der Sondergruppe weiterentwickelt werden würde, versuchte die europäische Diplomatie, Schritt für Schritt eine Einigung zwischen den Kosovo-Albanern und der serbischen Regierung zu erreichen. Dies geschah aufgrund des Drängens von Belgrad, die Kosovo-Frage nur im Rahmen des Kapitels über die „Frage der nationalen Minderheiten" zu behandeln. Die Kosovo-Albaner, die im ehemaligen Jugoslawien unmittelbar nach den Serben und Kroaten die drittgrößte Bevölkerungsgruppe ausmachten, lehnten ihre Behandlung als „Minderheit" kategorisch ab, da solch ein Begriff abwertend und politisch inakzeptabel sei.[393] Doch im Rahmen der „Sondergruppe" wurde ein Konsens gefunden, und jede Partei durfte ihren Standpunkt über den Status beibehalten. Die Sondergruppe für das Kosovo, die die folgenden Sitzungen in Genf, Belgrad und Prishtina abhielt, hat von Anfang an die heikle Statusfrage des Kosovo[394] umgangen und alle serbisch-albanischen Gespräche auf sekundäre und praktische Angelegenheiten konzentriert.[395] Diese damalige Situation erinnert an die

---

[390] Vgl. Ahrens, Geert-Hinrich: Diplomacy on the Edge: Containment of Ethnic Conflict and the Minorities, Working Group of the Conferences on Yugoslavia, Washington, D.C. 2007, pp. 345 f.
[391] Vgl. ebenda, pp. 48 f.
[392] Vgl. ebenda, pp. 48 f.
[393] Vgl. ebenda, p. 64.
[394] Vgl. Ukshini, Sylë: Nga lufta në paqe, Prishtinë 2004, S. 73.
[395] Siehe Weller, Marc: Contested Statehood: Kosovo's Struggle for Independence, Oxford 2009, p. 49; Report of the Secretary-General, 11 November 1992, p. 24795, paras. 90 ff., in: Marc Weller (ed.): The Crisis in Kosovo 1989-1999: From the Dissolution of Yugoslavia to Rambouillet and the Outbreak of Hostilities, Cambridge 1999, p. 89.

so genannten technischen Gespräche von März 2011,[396] die von technischen Gesprächen zu einer erstrangigen politischen Angelegenheit gereift sind, speziell auf die Statusfrage der Serben im Norden des Kosovo bezogen. Die Sondergruppe für das Kosovo beschloss, dass zu Beginn die schwierigen Fragen des Status umgangen werden und stattdessen versucht wird, sich auf praktische Fragen des Lebens in dem Gebiet zu konzentrieren. In diesem Zusammenhang wurde die Frage der Bildung als einer der Bereiche ausgesucht, in denen Fortschritte und eine effektive Beruhigung der Lage möglich schienen.[397] So wurde das Problem des Kosovo auf die Frage des Bildungsniveaus reduziert.

Im Rahmen der repressiven Politik und der Serbisierung jeder öffentlichen Institution verbot Serbien die Hochschulbildung für die kosovo-albanische Bevölkerung, die über 90 Prozent der Bevölkerung ausmachte, und die universitäre Lehre wurde nur in serbischer Sprache abgehalten. Für die Primar- und Sekundarschulen wurde der serbische Lehrplan verbindlich vorgeschrieben. Den albanischen Professoren und Lehrern wurden die staatlichen Gehälter entzogen. In Reaktion darauf gründeten die Kosovaren ihr eigenes paralleles Bildungssystem, das als unbewaffnete Mobilisierung der gesamten Bevölkerung gegenüber der Apartheidpolitik Belgrads verstanden wurde.[398]

Trotz aller hoffnungsvollen Anzeichen, dass das Problem der Bildung im Kosovo gelöst werden könne, war es klar, dass die serbisch-albanischen Verhandlungen äußerst schwierig werden. Da es keine Verhandlungen über rechtliche und verfassungsrechtliche Grundsatzfragen des Kosovo gab, war eine endgültige Lösung für den Bildungsbereich fast unmöglich. Darüber hinaus war die Frage der Bildung genauso politisch wie auch verfassungsrechtlich zentral; hier entwickelte sich ein besonders fundamentaler ziviler Widerstand der Albaner gegen das Milošević-Regime, dessen Politik auf die Serbisierung des Kosovo ausgerichtet war. Im Wesentlichen war die Frage der Bildung eigentlich eine Konsequenz der größeren Debatte über die autonome Macht des Kosovo, die sich auf spezifische Themen bezog.[399]

Davon ausgehend, dass beiden Parteien, die Republik Kosovo und Rest-Jugoslawien, die internationale Anerkennung fehlte, gelang es dem Vorsitzenden der Sondergruppe, die Zustimmung beider Parteien zu bekommen, dass sie das Dokument annehmen würden und dass es nicht möglich sein würde, die grundlegenden Fragen zu diskutieren, die mit der verfassungsrechtlichen Stellung der Kosovo-Albaner in Verbindung standen.[400] So einigten sich in der Zeit von September bis Dezember 1992 beide Seiten, dass *„ein pragmatischer Ansatz gegenüber den Angelegenheiten, die eine dringende Lösung ohne Voreingenommenheit gegenüber der Stellung der Parteien zu den breiteren politischen Themen verlangten, verabschiedet werden sollte"*.[401] Die Chancen schienen günstig, die Konfliktparteien einander näher zu bringen, da die Parteien sich geeinigt hatten, *„dass die derzeitige Situation sich ändern muss"* und *„die Rückkehr zu normalen Arbeits-*

---

[396] Erstmals seit der Abspaltung vor drei Jahren haben sich Vertreter des Kosovo und Serbiens in Brüssel zu Verhandlungen an einen Tisch gesetzt. Während die Serben hofften, dass der staatsrechtliche Status des Kosovo noch einmal auf den Tisch kommt, wollten Prishtina und Brüssel nur über „praktische Themen" wie zum Beispiel den Zoll, die Energieversorgung und die Grenzsicherung sprechen. Siehe: Serbien-Kosovo: „Ein Koffer voller neuer Vorschläge", in: *Die Presse*, 08.03.2011, http://diepresse.com/home/politik/aussenpolitik/640371/SerbienKosovo_Ein-Koffer-voller-neuer-Vorschlaege.
[397] Weller, Marc (ed.): The Crisis in Kosovo 1989-1999: From the Dissolution of Yugoslavia to Rambouillet and the Outbreak of Hostilities, Cambridge 1999, p. 76.
[398] Siehe hierzu: Dufour, Pierre: Kosova Paqja e shpërfilluar (*Kosovo on a marché sur la Paix*), Prishtinë 2010, S. 82.
[399] Vgl. Weller, Marc: Contested Statehood: Kosovo's Struggle for Independence, Oxford 2009, p. 50.
[400] Ebenda.
[401] Ahrens, Geert-Hinrich: Diplomacy on the Edge: Containment of Ethnic Conflict and the Minorities, Working Group of the Conferences on Yugoslavia, Washington, D.C. 2007, p. 338.

verhältnissen in Schulen und anderen Bildungseinrichtungen" im Kosovo erfolgen soll.[402] Besonders vielversprechend schien die Position des moderaten Premierministers von Rest-Jugoslawien, Milan Panić, der durch seine Handlungen die Lösung der Kosovo-Frage voranzubringen schien.[403] Aber nach dem Sturz von Panic gerieten die Verhandlungen durch seinen Nachfolger Dobrica Ćosić in eine Sackgasse, da Belgrad die letzte Runde der Verhandlungen über die Frage der Bildung mit der Begründung boykottierte, dass Serbien nicht in einem anderen Staat über „innere Angelegenheiten" sprechen könne.[404] In der Tat konnten nach dieser Abwehrhaltung Belgrads die EG und die Sondergruppe zum Kosovo keinen Schritt zur Lösung der albanischsprachigen Bildung im Kosovo vorankommen. Der einzige Effekt dieser Unternehmung der EG-Politik zu der Zeit war, den Eindruck bei den Kosovo-Albanern zu erwecken, dass die Frage des Kosovo in einem internationalen Forum diskutiert wird.[405] Damit fiel die Sondergruppe[406] in eine Phase der Untätigkeit, und so erzielte die EPZ das nächste Versagen in Bezug auf Kosovo. Das, was dem Forum der europäischen Außenpolitik nicht erreichte, schaffte die italienische katholische NGO „Comunità di Sant' Egidio" am 1. September 1996,[407] also vier Jahre später, als zwischen Rugova und Milošević ein Memorandum of Understanding zur Normalisierung des Betriebs von Schulen und zur Rückkehr der albanischen Schüler und Studenten an die Schulen und universitären Einrichtungen erreicht wurde.[408]

3.5. Zwischenresümee

In der Landschaft der europäischen Veränderungen der frühen 1990er Jahre nahm der Zerfall des multinationalen Jugoslawien eine besondere Dimension an. Durch die dramatischen und blutigen Entwicklungen in Jugoslawien war die gesamte Region Südosteuropas betroffen. In diesem Zusammenhang wurde die Kosovo-Frage zu einer der wichtigsten Herausforderungen für den Zusammenhalt der Europäischen Politischen Union, die sich zu diesem Zeitpunkt reformierte und eine außen- und sicherheitspolitische Identität entwickelte. Die EG erwies sich als unvorbereitet und ohne ausreichende Kapazitäten, um die Jugoslawien-Krise bzw. die Kosovo-Frage im Rahmen des Zusammenbruchs des bipolaren Systems zu lösen. Die EPZ/GASP hatte neben der verspäteten Reaktion auch keine Strategie und keine einheitliche politische Haltung, keine Strukturen und keine ausreichende militärische Ressourcen sowie keine Prioritäten gehabt. Dem Engagement der europäischen Zwölf folgte eine Art „Diplomatie von Erklärungen", die Folgendes beinhaltete: die Politik der Wirtschaftssanktionen, Überwachungsmissionen, Friedenskonferenzen, Sonderbeauftragte und fruchtlose Diskussionen über eine militärische Intervention.[409]

Ohne Zweifel war der erste Fehler, den die EG beging, nicht auf die Entwicklungen im Kosovo im Jahre 1989 und 1990 zu reagieren, als Serbien mit Gewalt die Autonomie Kosovos und anderer autonomer Institutionen aufhob. Auch nach der Unabhängigkeitserklärung Sloweniens und Kroatiens verteidigte die EG energisch die Idee der Erhaltung der territorialen Einheit

---

[402] Vgl. ebenda, p. 341.
[403] Vgl. Sell, Luis: „Fakte të reja për Kosovën e viteve 1991-1999", in: *Zëri*, 27.01.2003, S. 6.
[404] Vgl. Dammann, Michael: Internationale Bearbeitung des Kosovokonfliktes 1990-1999, S. 30.
[405] Vgl. Weller, Marc (ed.): The Crisis in Kosovo 1989-1999: From the Dissolution of Yugoslavia to Rambouillet and the Outbreak of Hostilities, Cambridge 1999, p. 77.
[406] Vgl. Ahrens, Geert-Hinrich: Diplomacy on the Edge: Containment of Ethnic Conflict and the Minorities, Working Group of the Conferences on Yugoslavia, Washington, D.C. 2007, p. 81.
[407] Vgl. Rüb, Mathias: „Schulabkommen unterzeichnet, Vereinbarung zwischen Kosovo-Albanern und serbischer Regierung", in: *FAZ*, 24.03.1998.
[408] Ukshini, Sylë: Kosova në politikën e jashtme të BE-së 1991-2007, Shkup, Tiranë, Prishtinë 2008, S. 150-153.
[409] Vgl. Neubeck, Arne von: Die Europäische Union als außenpolitischer Akteur – Konfliktmanagement auf dem Balkan, Norderstedt 2002, S. 60-65.

Jugoslawiens. Die europäischen Zwölf, stärker beunruhigt durch die Auflösung der Sowjetunion und das Verhalten des wiedervereinigten Deutschlands, betrachtete die Entwicklungen im Kosovo und später in Slowenien und Kroatien nicht als ernstzunehmende Probleme für das Schicksal Jugoslawiens.[410]

Der Ansatz der EG zur Jugoslawien-Krise Ende 1991 kann in drei Stufen eingeteilt werden: 1. Versuch einer neutralen Vermittlung zwischen den Konfliktparteien bis August 1991; 2. Vermittlungsbemühungen innerhalb der Europäischen Konferenz in Den Haag von September bis November 1991 und 3. Entscheidung über die Anerkennung der Unabhängigkeit der jugoslawischen Republiken im Dezember 1991[411], koordiniert durch die Empfehlungen der Badinter-Kommission, sowie Fortsetzung der diplomatischen Bemühungen auf der Londoner Konferenz, die von den Aktivitäten der Sondergruppe für Kosovo fortgesetzt wurde. Die Europäische Politische Zusammenarbeit (EPZ) wurde zu Beginn des Jugoslawien-Konflikts durch die Troika vertreten, und dieses Instrument hat sich oft als wirkungslos erwiesen. In erster Linie hatte die Troika der EG keine weitreichende Zuständigkeit. Zweitens konnte sie als politisches Instrument für Erklärungen dienen. Und drittens erschienen für die Konfliktparteien regelmäßig neue Gesprächspartner; da sich nach jedem Halbjahr die Präsidentschaft änderte, änderte sich auch die Zusammensetzung der Troika. Eine weitere Schwäche der europäischen Troika war zu dieser Zeit die spezifische Konstellation, dass Luxemburg die Präsidentschaft innehatte und Italien und die Niederlande Mitglieder der Troika waren, also keine Macht wie Großbritannien, Frankreich oder Deutschland in diesem Gremium vertreten war.[412] So konnte die EPZ der europäischen Außenpolitik keine Stimme geben, zudem war sie ständig von der Orientierung und dem Kampf um nationale Interessen und den Schwierigkeiten bei der fristgerechten Entscheidungsfindung dominiert. Die EG begab sich als einziger Vermittler in die Jugoslawienpolitik, ohne sich dabei bewusst zu sein, ob sie die durch die Enthaltsamkeit der Amerikaner entstandene Lücke würde füllen können.

Hinsichtlich des Kosovo schlossen die Europäer eine Reihe von Kompromissen mit Belgrad, in der Hoffnung, dass auf diese Weise der Konflikt im ehemaligen Jugoslawien einfacher und schneller beendet werden könnte. In den Gutachten Nr. 1 bis 10 der Badinter-Kommission, die von den Regierungen der Europäischen Gemeinschaft eingesetzt worden war, um die juristischen Fragen zu klären, die der Zerfall Jugoslawiens in den frühen 1990er Jahren mit sich brachte, blieb der Status des Kosovo komplett ausgeblendet. Obwohl das Kosovo außerhalb des Rahmens der Arbeit der Badinter-Kommission und der Haager Konferenz blieb, fand ein kleiner Wendepunkt mit seiner Beteiligung an der Londoner Konferenz statt, die in einer sensiblen Art die diplomatische institutionelle Struktur aufbaute, die die „Verwaltung" des Zerfallsprozesses von Jugoslawien übernehmen sollte. Die EG schuf die Sondergruppe für das Kosovo, die die Kosovo-Frage aus dem breiteren Kontext der politischen und verfassungsrechtlichen Probleme auf das Problem der schulischen und universitären Ausbildung verengte. Aber auch an diesem Punkt scheiterte sie.

Der mangelnde Fortschritt der internationalen Initiativen im Kosovo und die Herabstufung des Problems auf das Ende der Liste der außenpolitischen Prioritäten der EG waren vor allem die Folge der Fokussierung der internationalen Gemeinschaft darauf, den Frieden in Kroatien

---

[410] Vetschera, Heinz: Früherkennung krisenhafter Entwicklungen am Beispiel der Jugoslawien-Krise, in: Wolfgang Pühs, Thomas Weggel, Claus Richter (Hrsg.): Sicherheitspolitisches Symposium Balkankonflikt. Instrumente des Internationalen Krisenmanagements, Baden-Baden 1994, S. 17-37 (28); Neubeck, Arne von: Die Europäische Union als außenpolitischer Akteur – Konfliktmanagement auf dem Balkan, Norderstedt 2002, S. 59.
[411] Maurer, Daniel: Europäische Sicherheit: Konfliktmanagment am Beispiel „Ex-Jugoslawien", Zürich, 2001,S. 76.
[412] Vgl. Giersch, Carsten: Konfliktregulierung in Jugoslawien 1991-1995. Die Rolle von OSZE, EU, UNO und NATO, Baden-Baden 1998, S. 126.

und dann in Bosnien und Herzegowina zu sichern. Im Falle des Kosovo gingen die Erklärungen der EG nicht über die kontinuierliche Rhetorik hinaus, dass die friedliche Lösung des Kosovo-Problems unterstützt und gefördert werde und ein Dialog zu einer einvernehmlichen Lösung führen solle. Allenfalls wurde ein Aufruf zur „*Wiederherstellung der Autonomie innerhalb Serbiens*" formuliert.

Als Folge wurde das Kosovo für mehrere Jahre in die Peripherie abgeschoben; somit ging die Möglichkeit verloren, seinen Fall innerhalb der allgemeinen jugoslawischen Krise zu lösen. Erst ab der zweiten Hälfte der 1990er Jahre begann die ungelöste Kosovo-Frage eine internationale Dimension anzunehmen.

4. Die EU und die Anerkennung neuer Staaten auf dem Territorium des ehemaligen Jugoslawiens

In diesem Kapitel werden der Prozess der Staatsbildung in Jugoslawien und die Anerkennungspolitik der EU sowie das Zurückbleiben des Kosovo im Schatten dieser Entwicklungen behandelt. Hier werden insbesondere strategische Überlegungen beschrieben, die die europäische Anerkennungspolitik bestimmten, und die Auswirkungen dieser Politik im strategischen Umfeld des ehemaligen Jugoslawiens identifiziert. Damit setzt sich die Analyse mit dem Vorurteil auseinander, dass die Politik in einigen europäischen Ländern zum Ausbruch der jugoslawischen Kriege geführt habe.

Die Anerkennungspolitik der EU war nicht der Grund für den Beginn der Gewalt und für den Zerfall Jugoslawiens, sondern nur die späte Anerkennung oder ihr Ausbleiben zur richtigen Zeit. Der Ansatz, der von der Europäischen Kommission für die „bedingte" Anerkennung der Staaten des ehemaligen Jugoslawiens verfolgt wurde, kann ein kleiner und begrenzter Beitrag sein, um neue Konflikte zu lösen, aber nicht unbedingt dazu, Gewalt zu vermeiden.

Die Anerkennungspolitik der EU erwies sich durch die Anwendung der Politik von „Zuckerbrot und Peitsche" („carrot and stick") nicht als wirksam, insbesondere im Hinblick auf den Schutz von Minderheiten oder im Falle des Kosovo, das seit einem Jahrzehnt im Schatten der Kriege im Gebiet des ehemaligen Jugoslawiens stand.

4.1. Die Anerkennung von Slowenien, Kroatien sowie Bosnien-Herzegowina

Die politische Macht in Jugoslawien wurde durch die Verfassung von 1974 bis 1990 vom Zentrum in Belgrad in die jugoslawischen Republiken und Provinzen verschoben. Die stärksten Anreize für Reformen und Dezentralisierung der Macht kamen aus Slowenien, das der Motor des politischen Wandels in Jugoslawien wurde.[413] So machte die Entscheidung des slowenischen Parlaments, die Föderation zu verlassen, es trotz der finanziellen Angebote und diplomatischen Bemühungen der EG unmöglich, den Zerfall Jugoslawiens zu stoppen.[414]

Mit dem Satz „Die Auflösung des föderativen Jugoslawien wurde heute besiegelt", begannen die Nachrichten der westlichen Nachrichtenagenturen am 25. Juni 1991. Slowenien und Kroatien erklärten an diesem Tag ihre Unabhängigkeit von Belgrad, ein Schritt, dem auch Kosovo im September 1991 folgte, was aber ohne internationale Unterstützung blieb.[415] Aber die Anerkennung von Slowenien und Kroatien als unabhängige Staaten spaltete die Mitgliedstaaten der EG. Tatsächlich erreichten die EG-Mitgliedstaaten keine gemeinsame Linie für ihre Aktionen und ihre Reaktionen waren irreführend. Während Länder wie Frankreich, Großbritannien und Spanien, die selbst mit regionalen separatistischen Bewegungen konfrontiert waren, den Status quo bewahren wollten, engagierte sich Deutschland stark für die Anerkennungen.[416]

In ihrem Buch „Balkan Tragedy", schreibt Susan Woodward:

---

[413] Vgl. Reuter, Jens: Slowenien, Kroatien und Serbien: Wie groß ist der Abstand zur Europäischen Union?, in: *SOE* 47:5-6 (1998), 190-205 (190).
[414] Scherff, Dyrk: Die Fähigkeit der Europäischen Union zum aktiven Krisenmanagement: Lehren aus den Vermittlungsbemühungen 1991/92 während des jugoslawischen Bürgerkrieges und der derzeitige Konflikt im Kosovo, in: *SOE* 47:7-8 (1998), 298-333 (300); Bendiek, Annegret: Der Konflikt im ehemaligen Jugoslawien und die Europäische Integration, Wiesbaden 2004, S. 55.
[415] Siehe: Ukshini, Sylë: „Pavarësia e Sllovenisë dhe Kroacisë, 20 vjet të shkatërrimit të Jugosllavisë", in: *Kosova sot*, 10.07.2011; „Genschers Alleingang", in: *SZ*, 23.11.2011, http://www.sueddeutsche.de/politik/slowenien-und-kroation-jahre-unabhaengigkeit-genschers-alleingang-1.1112330.
[416] Ebenda.

"As the EC became more directly engaged, [...] the Yugoslav quarrel would become fully enmeshed in the internal politics of Western integration, including the bargaining over the Maastricht Treaty, the competition already emerging amongst Western countries over potential spheres of influence in Eastern Europe, and the heightened sensitivity within the EC to the potential power of a united Germany."[417]

Trotz erfolgloser Bemühungen der europäischen Zwölf während des Mediationsverfahrens im August 1991 zeigte sich der deutsche Außenminister Genscher überzeugt, dass nur eine europäische Antwort gegenüber der jugoslawischen Krise möglich ist. Aber die Anerkennung der Unabhängigkeit der Republiken verursachte Zusammenstöße und keine Einigkeit unter den EG-Mitgliedstaaten, vor allem bei denen, die für die Erhaltung der territorialen Einheit Jugoslawiens plädierten, die es *de facto* nicht mehr gab. Besonders sichtbar waren die Unterschiede zwischen der fortschrittlichen Haltung von Deutschland auf der einen Seite, das eine schnelle Anerkennung der Unabhängigkeit Sloweniens und Kroatiens forderte, und den anderen EG-Mitgliedstaaten die sich noch für die Erhaltung der territorialen Einheit Jugoslawiens engagierten. Diese Unterschiede wurden während des Außerordentlichen Gipfeltreffens der Staats- und Regierungschefs der EG-Mitgliedstaaten, das im Juni 1991 in Luxemburg stattfand, deutlich sichtbar. Während Deutschland in einer gemeinsamen Erklärung über die Situation in Jugoslawien das Recht auf Selbstbestimmung betonen wollte, wurde dies von Frankreich, Großbritannien und Spanien blockiert. Am Ende entschieden sie, die Außenminister der Troika der EG nach Belgrad und Zagreb zu entsenden,[418] und drohten, alle EG-Wirtschaftshilfen für Jugoslawien einzufrieren.[419]

Inzwischen stand Außenminister Genscher, der Leiter der deutschen Delegation, auf der Bühne und warnte, dass im Falle des Versagens der Friedensbemühungen Bonn die Unabhängigkeit von Slowenien und Kroatien anerkennen würde.[420] Die Bemühungen der Europäer schienen durch das Erreichen einer Waffenruhe im Igallo (Montenegro) am 17. September 1991 von Erfolg gekrönt zu sein. Aber auch dieser Versuch des EG-Beauftragten ging ins Leere, weil diese Vereinbarung nicht eingehalten wurde[421] und die jugoslawische Armee ein Viertel des kroatischen Territoriums kontrollierte. Zur Intervention der jugoslawischen Armee und der unentschlossenen europäischen Haltung der EG in dieser Zeit richtete France Bučar, der Präsident des Slowenischen Parlaments, einige kritische Worte an die EG:[422] *„Objektiv unterstützt der Westen heute die bolschewistisch orientierte Armee und damit die Milošević-Politik [...]. Der Westen will um jeden Preis den Frieden und den eigenen Lebensstandard sicherstellen. Das Benehmen des Westens ist mehr als zynisch. [...] Ich glaube, daß die Armee und Markovic nichts ohne Bakers Zustimmung unternommen hätten."*[423]

Ferner war laut Viktor Meier, einem guten Kenner der Entwicklungen in Jugoslawien, die Ernennung von Lord Carrington als Beauftragter für Jugoslawien in den Augen einiger Staaten mit dem Ziel der Wiederherstellung der territorialen Integrität Jugoslawiens verknüpft. Allerdings brachte die erste Phase der Anhörung keine Resultate, weil am 19. September 1991 die europäi-

---

[417] Zitiert nach Ischinger, Wolfgang: Kosovo: Germany Considers the Past and Looks to the Future, in: Wolfgang-Uwe Friedrich (ed.): The Legacy of Kosovo: German Politics and Policies in the Balkans, Washington, D.C. 2000, pp. 27-37 (28).
[418] Vgl. Witte, Eric A.: Die Rolle der Vereinigten Staaten im Jugoslawien-Konflikt und der außenpolitische Handlungsspielraum der Bundesrepublik Deutschland (1990-1996), München 2000, S. 57.
[419] Vgl. EG droht Jugoslawien mit Sperrung der EG-Hilfe, in: *SZ*, 01.07.1991, S. 1.
[420] Genscher droht Serbien mit Anerkennung Kroatiens, in: *SZ*, 07.08.1991, S. 2.
[421] Erklärung zu einem Waffenstillstand in Jugoslawien, 17. September 1991, in: *EA* 21/1991, D 548.
[422] Interview mit Sloweniens Parlamentspräsidenten France Bucar: „Der Westen ist zynisch", in: *Der Spiegel*, 27/1991, 01.07.1991.
[423] Ebenda.

schen Außenminister die Idee von Van den Broek, eine kleine europäische „leicht bewaffnete" Friedenstruppe in die Konfliktzone zu entsenden, nicht unterstützten. Diese Entscheidung stellt ein definitives Ende der Bemühungen der EG zur Unterstützung der sogenannten „Erhaltung des Friedens" (Peacekeeping) dar.[424]

Allerdings waren die Unterschiede und die Uneinigkeit der EG-Mitgliedstaaten bis am Vorabend der Europäischen Konferenz in Den Haag nicht beseitigt worden. Diese begann ihre Arbeit in einer Zeit, als die Kriege nach dem erfolglosen Versuch Hans van den Broeks, einen neuen Waffenstillstand auszuhandeln, der als Voraussetzung für die Arbeit der Haager Konferenz galt,[425] weiterhin wüteten. In dieser Situation hatten die Europäer die Möglichkeit einer militärischen Intervention ausgeschlossen, und es blieben nur noch zwei Instrumente, um die Konfliktparteien zu beeinflussen: selektive Wirtschaftssanktionen und die Möglichkeit der Anerkennung der Unabhängigkeit der Republiken.

Es wurde jedoch eine entscheidende Wende der Status quo-Politik durch den ersten Friedensplan deutlich, den Lord Carrington den Konfliktparteien in der Haager Friedenskonferenz präsentierte und der im Laufe der Konferenz überarbeitet wurde. Dieser Friedensplan, der die Unterstützung der EG, der USA und der Sowjetunion hatte, sah erstens die Anerkennung der jugoslawischen Republiken als Subjekte des Völkerrechts und zweitens eine Vereinigung der Republiken nach dem Vorbild der EG vor. Dieser Plan wurde nur von Serbien abgelehnt, das mit der großserbischen Idee Miloševićs auf Konfrontationskurs mit den anderen Nationen Jugoslawiens und mit der internationalen Gemeinschaft war. In dieser Situation hat die EG Serbien ein Ultimatum gestellt, dass, falls es an den zukünftigen Sitzungen der Konferenz nicht teilnehmen sollte, eine politische Lösung zur Anerkennung der Unabhängigkeit der Republiken gewählt würde, die dieses Ziel verfolgen.[426]

Zur gleichen Zeit, da Jugoslawien *de facto* aufgehört hatte, als Staat zu funktionieren, sah die EG positive Ausgleichsmaßnahmen für die Parteien vor, die zu einer umfassenden politischen Lösung, basierend auf den Vorschlägen der Kommission, beitragen würden, was aber nicht bedeutete, dass die Frage der Anerkennung der Republiken von vornherein klar wäre. Für die Entwicklungen in Jugoslawien waren die Schlussfolgerungen der KSZE-Treffen in Haarzuilens von besonderer Bedeutung, bei der auch diese Organisation die Frage der Anerkennung der Republiken, die sich loslösen wollten, nicht mehr ausschloss. Die Ergebnisse der Konferenz von Haarzuilens sollten von Van den Broek, der zu dieser Zeit die sechsmonatige Präsidentschaft des Europäischen Rates innehatte, zur Anwendung gebracht werden. Der Minister zeigte sich optimistisch, dass der Frieden erreicht werden könne, und sprach die Hoffnung aus, dass während der niederländischen Ratspräsidentschaft ein Frieden ausgehandelt werden könne.[427] Van den Broek konkretisierte diese Haltung dann auch in der österreichischen Tageszeitung „Die Presse", indem er versprach, dass die Lösung nur in einem oder zwei Monaten erreicht werden könne, und warnte, falls dies es nicht geschehe, werde die internationale Gemeinschaft gezwungen sein, eine Entscheidung über die Anerkennung von Slowenien und Kroatien zu treffen.[428] Dieses Ultimatum steht im Einklang mit der Position der deutschen Regierung, die Druck machte, dass das Problem bis Ende 1991 abgeschlossen werden soll. Schließlich zeigte sich die EG nicht bereit, auf unbestimmte Zeit eine Entscheidung über die Unabhängigkeit der jugoslawischen Republiken zu ver-

---

[424] Vgl.: Meier, Viktor: Wie Jugoslawien verspielt wurde, München 1999, S. 402 f.; EPZ-Erklärung zu Jugoslawien, Den Haag, 19. September 1991, in: *EA* 21/1991, D 549-550 (D 550).
[425] Siehe Abkommen über einen Waffenstillstand in Kroatien, 1. September 1991 in Belgrad, in: *EA*, 21/1991, D 544-555 (D 544).
[426] EPZ-Erklärung zur Lage in Jugoslawien, Brüssel, 28. Oktober 1991, in: *EA* 3/1992, D 117-118.
[427] Vgl. Genscher, Hans-Dietrich: Erinnerungen, München 1997, S. 954.
[428] „In zwei Monaten entscheiden wir über die Anerkennung", in: *Die Presse*, 18. Oktober 1991.

schieben, da die Staats- und Regierungschefs der EG-Mitgliedstaaten, insbesondere die deutsche Regierung, den Gipfel von Maastricht nicht mit diesem Thema belasten wollten. Allerdings war der mangelnde Fortschritt bei den Verhandlungen vor allem auf die Abwehrhaltung Serbiens zurückzuführen, der einzigen Republik, die ein Friedensabkommen ablehnte.[429] Aber auch das Fehlen einer gemeinsamen Position der Mitgliedstaaten der EG erschwerte die Situation noch weiter, so dass nicht nur der Konflikt in Kroatien nicht gelöst wurde, sondern sich der Konflikt bald nach Bosnien ausbreiten sollte. Nach zahlreichen Androhungen, die überhaupt nicht funktionierten, und nach mehreren erfolglosen Versuchen, eine versöhnende Einigung zu erzielen, legten die EG-Außenminister beim NATO-Gipfel im November 1991 eine Reihe von ausgewählten diplomatischen und wirtschaftlichen Sanktionen gegen Jugoslawien fest.

Die Maßnahmen umfassten: 1. die sofortige Aussetzung des Handels- und Kooperationsabkommens mit Jugoslawien und die Kündigung dieses Abkommens; 2. die Wiedereinführung der mengenmäßigen Beschränkungen im Textilbereich; 3. die Streichung Jugoslawiens von der Liste der Nutznießer des Systems der allgemeinen Präferenzen; 4. den formellen vorläufigen Ausschluss Jugoslawiens von den Begünstigungen durch das PHARE-Programm.[430]

Trotz allem hatten die Europäer eine restriktive Haltung in der Angelegenheit der Anerkennung der Unabhängigkeit der Republiken, die sich aus der jugoslawischen Bundesrepublik abspalten wollten. Die EG verteidigte die Position der Anerkennung der Republiken, die nur im Rahmen einer umfassenden Lösung, einschließlich Garantien für den Schutz der Menschenrechte und der Rechte der nationalen und ethnischen Gruppen möglich sein sollte.[431] Dies schien von dem Bestreben getragen zu sein, ein serbisches Veto gegen den Friedensplan für das ganze ehemalige Jugoslawien zu vermeiden.

Diese Aussage der EG relativierte im Wesentlichen gänzlich das Gewicht der Sanktionen gegen Serbien und Montenegro, da es unmöglich war, eine Lösung in einem allgemeinen Rahmen zu suchen, wo die Dinge zu weit gegangen waren. Die Rückkehr zur Situation vor 1990 konnte nicht die Umstände zurückbringen, die vor 1990 existierten, als Serbien einseitig die Subjektivität des Kosovo, der Vojvodina und Montenegros eliminiert hatte. Selbst von der gewalttätigen Aufhebung der Autonomie des Kosovo ging kein Handlungsimpuls für die EG aus. Alle europäischen Projekte waren hauptsächlich darauf konzentriert, eine Lösung für die Serben in Kroatien und anderswo anzubieten, um so die Gegenwehr Serbiens gegen die Unabhängigkeit der Republiken zu reduzieren und zudem die Umsetzung der Agenda zur Schaffung eines Großserbien zu bremsen. Allerdings herrschte unter den EG-Mitgliedstaaten eine verwirrende Haltung zur Krise in Jugoslawien, speziell um die Angelegenheiten der Anerkennung der Republiken.

Aber dann änderte die EG ihre Taktik, und bot den Republiken die gewünschte Anerkennung der Unabhängigkeit unter der Voraussetzung an, dass sie sich bestimmten vorgeschlagenen Bedingungen im Carrington-Plan unterordnen:

„*The Community and its members agree to recognize the independence of all the Yugoslav Republics fulfilling all the conditions set out below. The implementation of this decision will take place on January 15, 1992. They are therefore inviting all Yugoslav Republics to state by 23 December whether:*
- *they wish to be recognized as independent States;*

---

[429] UN Doc. S/23169, pp. 9-10; Both, Norbert: From Indifference to Entrapment: The Netherlands and the Yugoslav Crisis 1990-1995, Amsterdam 2000, pp. 126 f.; Caplan, Richard, Europe and the Recognition of New States in Yugoslavia, Cambridge 2005, p. 21.
[430] EPZ-Erklärung zu Jugoslawien, Rom, 8. November 1991, in: *EA* 3/1992, D 118-119.
[431] EPZ-Erklärung zu Jugoslawien, Rom, 8. November 1991, in: *EA* 3/1992, D 118-119; Weller, Marc (ed.): The Crisis in Kosovo 1989-1999: From the Dissolution of Yugoslavia to Rambouillet and the Outbreak of Hostilities, Cambridge 1999, p. 80.

- *they accept the commitments contained in the above-mentioned guidelines;*
- *they accept the provisions laid down in the [Carrington] draft Convention especially those in Chapter II on human rights and national or ethnic groups – under consideration by the Conference on Yugoslavia;*
- *they continue to support the continuation of the Conference on Yugoslavia.*"[432]

Obwohl dieser neue Ansatz der EG einen guten Weg eröffnete, um die Unabhängigkeit Kroatiens und Sloweniens sowie Bosnien-Herzegowinas und Mazedoniens anzuerkennen, wurde der Fall der Kosovo-Albaner völlig vernachlässigt. Das Kosovo hatte zusammen mit den anderen Republiken formell den Antrag auf Anerkennung durch ein offizielles Schreiben, gerichtet an Lord Carrington, den Vorsitzenden der Jugoslawien-Konferenz, und die Außenminister der zwölf EG-Mitgliedstaaten, gestellt.[433] Das den EG-Außenministern zugesandte offizielle Schreiben des kosovarischen Ministerpräsidenten, mit dem er die formelle Anerkennung des Kosovo als unabhängiger Staat beantragt hatte, wurde überhaupt nicht berücksichtigt.[434]

Im Allgemeinen drohte die Anerkennung der Unabhängigkeit der Republiken die EG-Mitgliedstaaten zu spalten. Deutschland erhöhte konsequent den Druck auf die anderen EG-Mitgliedstaaten, um eine schnellere Anerkennung der Republiken Slowenien und Kroatien zu erreichen.[435] Während Deutschland durch seine entschiedene Position der Vorläufer der Anerkennung der Unabhängigkeit jener Republiken wurde,[436] die den Bund verlassen wollten, und Serbien unter Milošević klar als Aggressor identifizierte, waren Frankreich und Großbritannien weiterhin gegen die Adressierung der Schuld. Doch das Problem der Anerkennung der Republiken rückte nun in den Mittelpunkt der Jugoslawien-Politik der EG. In diesem Zusammenhang bat Carrington am 20. November 1991 die Badinter-Kommission um die Erstellung eines Gutachtens zu der Frage, ob die Bestrebungen nach Unabhängigkeit der Republiken als Abspaltung zu sehen sind oder sich der Bund in Auflösung befinde und damit die Notwendigkeit, über die Frage der Staatennachfolge unter allen Republiken verhandelt gehöre.[437] Die Schiedskommission beschäftigte sich auf Antrag der EG mit den juristischen Aspekten der Forderungen nach Unabhängigkeit Sloweniens, Kroatiens und der anderen Republiken, die unabhängig werden wollten.[438] Sie legte die Regeln für Schiedsverfahren fest. Bis zum 15. Januar 1992 sollte festgestellt werden, ob die beiden Republiken Slowenien und Kroatien die EG-Kriterien für den Schutz der Rechte von Minderheiten und Menschenrechten erfüllt haben. Die juristische Stellungnahme, die von der Badinter-Kommission gefordert wurde, sollte die Basis für eine neue Vereinbarung sein.

Am 7. Dezember 1991 hat die Schiedskommission mit ihrem ersten Gutachten ein Dokument von großer Bedeutung für die Politik der EG präsentiert und gab dieses öffentliche und unumstrittene Statement ab: *„Die Sozialistische Föderative Republik Jugoslawien befindet sich im*

---

[432] Siehe: Hill, Christopher / Smith, Karen E. (eds.): European Foreign Policy: Key Documents, London 2000, p. 282; Weller, Constested Statehood: Kosovo's Struggle for Independence, Oxford 2009, p. 45.

[433] Das Schreiben ist in Deutsch abgedruckt in: Kohl, Christine von und Libal, Wolfgang: Kosovo: Gordischer Knoten des Balkan, Wien; Zürich 1992, S. 149 ff. Siehe Staub, Christian: Kosovo. Eine rechtliche Analyse, Norderstedt 2008, S. 203-206. Der erwähnte Brief von Dr. Ibrahim Rugova an Lord Carrington vom 22. Dezember 1991 ist abgedruckt in: Weller, Marc (ed.): The Crisis in Kosovo 1989-1999: From the Dissolution of Yugoslavia to Rambouillet and the Outbreak of Hostilities, Cambridge 1999, p. 81.

[434] Staub, Christian: Kosovo. Eine rechtliche Analyse, Norderstedt 2005, S. 214-215.

[435] Giersch, Carsten / Eisermann, Daniel E.: Die westliche Politik und der Kroatien-Krieg 1991-1992, in: SOE 43:3-4 (1994), 91.125 (113).

[436] Vgl. Deutschlands Rolle im Jugoslawien-Konflikt, in: DW, 19.07.2010.

[437] Vgl. Giersch, Carsten: Konfliktregulierung in Jugoslawien 1991-1995. Die Rolle von OSZE, EU, UNO und NATO, Baden-Baden 1998, S. 138 f.

[438] Vgl. Udovicki, Jasminka / Rideway, James (eds.): Makthi etnik i Jugosllavisë, Tiranë 1998, S. 9.

Prozess der Auflösung."⁴³⁹ Die Republiken werden verpflichtet, die Probleme der Nachfolgestaaten, die aus diesem Prozess entstehen, in Übereinstimmung mit den Prinzipien und Regeln des Völkerrechts zu lösen und die Menschenrechte und die Rechte der Völker und Minderheiten zu respektieren. Es sei die Angelegenheit der Republiken, falls dies gewünscht werde, eine neue Vereinigung mit demokratischen Institutionen zu schaffen.⁴⁴⁰ Albanien war der einzige Staat, der den Kosovo und seine Unabhängigkeit offiziell anerkannt hatte. Externe Akteure scheinen nicht zur Kenntnis genommen zu haben, dass die Unabhängigkeit proklamiert worden war, obwohl die Vereinigten Staaten, die EG und andere die Entwicklungen im Kosovo aufmerksam beobachteten; die Republik Kosovo beantragte im Dezember 1991 die Anerkennung durch die EG.⁴⁴¹ Im Juni 1992 missverstand die EG die Ziele der Kosovo-Albaner eindeutig, als sie in der Erklärung von Lissabon kundtat:

"The Community and its Member States recall that frontiers can only be changed by peaceful means and remind the inhabitants of Kosovo that their legitimate quest for autonomy should be dealt with in the framework of the EC Peace Conference. They also call upon Albanian government to exercise restraint and act constructively."

Die EG und ihre Mitgliedstaaten erinnerten daran, dass Grenzen nur durch friedliche Mittel verändert werden können und dass das legitime Streben der Bewohner des Kosovo nach Autonomie im Rahmen der EG-Friedenskonferenz behandelt werden sollte. Sie forderten auch die albanische Regierung auf, Zurückhaltung zu üben und konstruktiv zu handeln.⁴⁴² Auch die Europäische Kommission stellte fest, die Badinter-Kommission gehe davon aus, dass die Bundesrepublik Jugoslawien sich im Prozess der Auflösung befinde und sich nun alles um die Frage der Anerkennung der Unabhängigkeit der Republiken drehe,⁴⁴³ da die Institutionen des Bundes dysfunktional geworden seien und von Miloševićs Serbien besetzt würden. In der Tat wurde zusammen mit dem Einsatz der Armee im Dienste Belgrads die jugoslawische kollektive Präsidentschaft unter die Kontrolle des serbischen Blocks gebracht, da die Vertreter von Slowenien, Kroatien und Bosnien-Herzegowina abwesend waren und währenddessen der kosovarische Repräsentant (Riza Sapunxhiu) aus dieser Institution suspendiert wurde.

Darüber hinaus hatte die EG auf diese Maßnahmen des serbischen Staatsoberhauptes reagiert und sich gegen die serbischen Tendenzen gestellt, als nachfolgende Rechtspersönlichkeit Jugoslawiens aufzutreten. Dies öffnete den Weg für eine *de jure* vollständige Anerkennung der Auflösung der Sozialistischen Föderativen Republik Jugoslawien. All jene Ethnien, die aus ihr hervorgehen würden, würden als neue Staaten behandelt werden. Danach war klar, dass Belgrad der Unabhängigkeit der Republiken zustimmen könnte, aber nicht bereit war, auf die Lösung der Kosovo-Frage einzugehen, da das Kosovo nach der Verfassung von 1974 eine föderale Einheit war und direkt in den Institutionen des Bundes vertreten war. Allerdings war die EG bezüglich der Frage der Anerkennung weiterhin geteilt. Während Italien, Deutschland und Dänemark von

---

⁴³⁹ Vgl. Gutachten Nr. 1 vom 29. November 1991.
⁴⁴⁰ Vgl. Genscher, Hans-Dietrich: Erinnerungen, München 1997, S. 959; Opinion No. 1 of the Arbitration Commission of the Peace Conference on Yugoslavia, 29 November 1991, in: Snezana Trifunovska (ed.): Yugoslavia through Documents. From its Creation to its Dissolution, Dordrecht 1993, pp. 415-417.
⁴⁴¹ Siehe das Schreiben des Vorsitzenden der Versammlung der Republik Kosovo vom 16. Dezember 1991 an die außerordentliche Sitzung der Europäischen Gemeinschaft in Brüssel am 21. Dezember 1991. Vgl. Trifunovska, Snezana (ed.): Former Yugoslavia Through Documents: From its Dissolution to the Peace Settlement, The Hague 1999, pp. 767-769; Staub, Christian: Kosovo. Eine rechtliche Analyse, Norderstedt 2008, S. 204-206.
⁴⁴² Fabry, Mikulas: Recognizing States. International Society and the Establishment of New States Since 1776, New York 2010, pp. 202-203.
⁴⁴³ Opinion No. 1 of the Arbitration Commission of the Peace Conference on Yugoslavia, 29 November 1991, in: Trifunovska, Snezana (ed.): Yugoslavia through Documents, From its Creation to its Dissolution, Dordrecht 1993, pp. 415-417.

November 1991 an auf die Notwendigkeit der Anerkennung hinwiesen, waren auf der anderen Seite vor allem Frankreich, Großbritannien und Spanien nicht dazu zu bewegen, ihre ablehnende Position aufzugeben.

Während durch die Vereinbarung von Brioni die Entscheidung für drei Monate hinausgeschoben wurde, führte das Scheitern der Haager Konferenz dazu, dass Deutschland auf der Anerkennung von Slowenien und Kroatien beharrte. Der deutsche Bundeskanzler Helmut Kohl kündigte in einer Erklärung vor dem Bundestag an, die Entscheidung seiner Regierung zur diplomatischen Anerkennung von Slowenien und Kroatien werde im Dezember 1991 getroffen werden.[444] Auf der anderen Seite unternahmen Großbritannien und Frankreich, zusammen mit den Vereinigten Staaten und dem Generalsekretär der Vereinten Nationen, im Dezember 1991 einen letzten Versuch, Deutschland von der Linie der Anerkennung abzubringen.[445] Dies belegt, dass es keine Strategie der europäischen Politik gab, um die Jugoslawien-Krise zu lösen, da es an einer kohärenten Haltung in der Außenpolitik fehlte. In der Zeit vor dem Gipfel von Maastricht, wo über die Schaffung der Gemeinsamen Außen- und Sicherheitspolitik entschieden werden musste, wurde diese Uneinigkeit zu einem unangenehmen zentralen Thema der EG. Es wird auch vermutet, dass EG-Mitgliedstaaten sich hinter den Kulissen von Maastricht im Dezember 1991 trafen, um die Grundlagen für ein neues und auch politisch vereintes Europa zu etablieren, und sich dabei auch auf die nächsten Schritte in Bezug auf die Jugoslawien-Krise einigten.

Später wurde in Verbindung mit der Einschätzung des deutschen Außenministers Hans-Dietrich Genscher, die Anerkennung Kroatiens und Sloweniens als Ergebnis der objektiven Entwicklung der Ereignisse einzustufen, bekannt, dass nicht einmal der Appell der US-Regierung und Großbritanniens Wirkung erzielten und auch nicht der emotionale Appell des bosnischen Präsidenten Alija Izetbegović, dass diese Anerkennung Krieg für Bosnien bedeute.[446] So spielte die Frage der Anerkennung der beiden nördlichen Republiken durch Deutschland eine wichtige Rolle bei dem Schlichtungsversuch der EG. Bis zum 2. Dezember 1991 war die EG bei ihren Maßnahmen gegen Serbien eingeschränkt. Die für die Außen- und Sicherheitspolitik zuständigen Minister forderten die Konfliktparteien auf, dass sie „*die notwendigen Voraussetzungen für die rasche Ausweitung der Konferenz schaffen*".[447] Nach dem Scheitern der Konferenz von Den Haag im November 1991 entfernte sich die EG aus der Szene der Verhandlungen, ohne dabei die direkte Verantwortung für das Scheitern des Friedensabkommens offiziell an Serbien adressiert zu haben.[448] Allerdings wurde die Anerkennung der Republiken, die sich loslösen wollten, zu einer Härteprobe. Deutschland erhöhte den Druck für die Anerkennung von Kroatien und Slowenien, und eine offene Meinungsverschiedenheit mit den EG-Partnern, vor allem Großbritannien und Frankreich, war deutlich zu sehen. So setzte am 16. Dezember 1991, sechs Tage nach dem Gipfel von Maastricht, die deutsche Regierung schließlich, von Belgien, Dänemark und Italien unterstützt, ihre Position beim Treffen der Außenminister durch.[449] Als Genscher nach dem Grund für diesen Alleingang gefragt wurde, lautete seine Antwort:

„*Wir wurden von Anfang an von Dänemark, Belgien und zu einem gewissen Grad von den Italienern unterstützt. Am 16. Dezember kam man überein, das Timing den Mitgliedsländern zu überlassen. Dreimal habe ich erklärt: ‚Deutschland muss es erlaubt sein, am 18.*

---

[444] Siehe „Komuniteti ndërkombëtar dhe Republika e ish-Jugosllavisë", in: *Koha Ditore*, 24.07.2005.
[445] Paulsen, Thomas: Die Jugoslawienpolitik der USA 1989-1994, Baden-Baden 1995, S. 51.
[446] Meier, Viktor: Wie Jugoslawien verspielt wurde, München 1999, S. 415.
[447] EPZ-Erklärung zu Jugoslawien, Rom, 8. November 1991, in: *EA* 3/1992, D 118-119.
[448] Vgl. Meier, Viktor: Wie Jugoslawien verpielt wurde, München 1999, S. 413.
[449] Vgl. Richtlinien für die Anerkennung neuer Staaten in Osteuropa und in der Sowjetunion; Gemeinsamer Standpunkt im Hinblick auf die Anerkennung jugoslawischer Republiken, Brüssel, 16.12.1991, in: *EA* 3/1992, D 120-121.

Dezember über die Anerkennung zu befinden. Uns muss gestattet sein, das im Zeitraum von zwei Tagen zu vollziehen77.'"[450]

Mit dieser Aktion ignorierte Deutschland tatsächlich die Badinter-Kommission und wartete nicht auf deren Gutachten, zu deren Erstellung sie von der EG eingesetzt worden war. Zeitgleich mit weiteren vier Gutachten legte sie am 11. Januar 1992 ihre Gutachten Nr. 5 und 7 zur Anerkennung Kroatiens und Sloweniens durch die EG und deren Mitgliedstaaten vor.

Die Erklärungen der Unabhängigkeit Sloweniens und Kroatiens waren eine Anerkennung des Rechts auf Selbstbestimmung. Die Tatsache, dass die bosnischen Serben mit der jugoslawischen Armee im August/September 1991 die gewaltsame Teilung von Bosnien und Herzegowina vorbereitet hatten, zeigt, dass früher oder später auch ohne internationale Anerkennung Kroatiens und Sloweniens der Krieg in Bosnien und Herzegowina ausgebrochen wäre. Die Vermeidung des Krieges hing also nicht von der internationalen Anerkennung Sloweniens und Kroatiens ab, sondern von der Bereitschaft der internationalen Gemeinschaft, effektive und vorbeugende Maßnahmen für Bosnien und Herzegowina zu treffen. Diese Bereitschaft war jedoch nicht vorhanden.[451]

Das Hauptargument der Deutschen für die diplomatische Anerkennung der beiden Republiken war verbunden mit der Internationalisierung des Krieges. Der Bürgerkrieg wuchs sich zu einem zwischenstaatlichen Krieg aus, weswegen die Aktionen der Jugoslawischen Volksarmee als illegitim angesehen wurden, und dies würde aus deutscher Sicht eine militärische Intervention auch ohne die Zustimmung der Serben ermöglichen.[452] Die Kritik von Großbritannien und Frankreich, die sich für die Erhaltung des Status quo und gegen die deutsche Position stark machten und somit Verständnis für Serbien zeigten, war durch ihre Tradition des zentralisierten Staates und durch ihre Minderheitenprobleme mit Nordirland und Korsika motiviert. Ihre proserbische Haltung hat historische Hintergründe, vor allem wegen ihrer Allianz mit den Serben im Zweiten Weltkrieg. Insbesondere vermied Frankreich jede Gelegenheit, die Serben als Aggressoren anzuklagen oder als Aggressoren zu isolieren, wie es Deutschland verlangt hatte.[453] Diese Haltung der deutschen Diplomatie sollte sich zwei Jahrzehnte später im Falle des Kosovo wiederholen, wo Berlin offiziell eine standhafte und fortschrittliche Haltung im Bezug auf den Kosovo und ihre Beziehung zu Serbien zeigte. Im August 2011 warnte die deutsche Bundeskanzlerin Angela Merkel Belgrad, es werde sich mit einem Stopp der Beitrittsverhandlungen zur EU konfrontiert sehen, wenn Serbien die illegalen Strukturen nicht auflöse und Abstand von dem illegalen Eindringen in die Republik Kosovo nehme und wenn es eine weitere Ausdehnung der Autorität der KFOR und von EULEX verhinderte und die Teilnahme des Kosovo an regionalen Initiativen blockiere. Aber diese deutsche Position hat, wie einst, auch heute nicht viele Verbündete innerhalb der EU.[454]

---

[450] Vgl. Genscher, Hans-Dietrich: Erinnerungen, München 1997, S. 959 f.
[451] Vgl. Hoffmann, Stanley: Yugoslavia: Implications for Europe and for European Institutions, in: Richard H. Ullman (ed.): The World and Yugoslavia's Wars, New York 1996, p. 107.
[452] Vgl. Scherff, Dyrk: Die Fähigkeit der Europäischen Union zum aktiven Krisenmanagement: Lehren aus den Vermittlungsbemühungen 1991/92 während des jugoslawischen Bürgerkrieges und der derzeitige Konflikt im Kosovo, in: *SOE* 47:7-8 (1998), 299-333 (306).
[453] Vgl. Rosefeldt, Martin: Deutschlands und Frankreichs Jugoslawienpolitik im Rahmen der Europäischen Gemeinschaft, Diss., München 1993, S. 117.
[454] Es war ein ungewöhnlich offen ausgetragener Streit: Bundeskanzlerin Angela Merkel forderte von Serbien direkte Gespräche mit dem Kosovo zur Lösung des Grenzkonflikts. *„Wir wünschen uns, dass Direktgespräche zwischen Serbien und dem Kosovo so geführt werden, dass auch Resultate herauskommen"*, sagte Merkel. So könne die Gefahr einseitiger Schritte beider Seiten verringert werden. Zudem müsse die EU-Rechtsstaatsmission EULEX die Möglichkeit erhalten, vernünftig im Kosovo zu arbeiten. Auch sei ein Abbau von kosovarisch-serbischen Parallelstrukturen in dem von einer serbischen Mehrheit bewohnten umstrittenen Nord-Kosovo notwendig. Es könnten

Allerdings zeigte sich die deutsche Diplomatie stur angesichts des Widerstands einiger EG-Mitgliedstaaten. Besonders Genscher trat dafür ein, die EG solle das Gutachten der Badinter-Kommission respektieren, um ihre Glaubwürdigkeit zu bewahren. Jedes Zögern auf Seiten der EG werde von Belgrad und der jugoslawischen Armee genutzt, die nun mit ihrem ganzen Arsenal im Dienste Miloševićs stand. Es scheint, dass diese Entschlossenheit Deutschlands Großbritannien und Frankreich dazu zwang, ihren Widerstand zur weiteren Unterstützung der Idee einer Lösung, die eine Reform der Jugoslawischen Föderation vorsah, aufzugeben. Tatsächlich vereinbarten Bonn und Paris die Erarbeitung gemeinsamer Grundsätze für die Anerkennung neuer Staaten, die aus der Sowjetunion und Osteuropa hervorgingen. Diese Grundsätze sollten Teil einer gemeinsamen europäischen Position zur internationalen Anerkennung von Slowenien und Kroatien sein. Obwohl wegen der Gutachten Nr. 5 und 7 der Badinter-Kommission vom 11. Januar 1992 zur Anerkennung Kroatiens und Sloweniens durch die EG und deren Mitgliedstaaten noch eine kleine Weile abgewartet werden musste,[455] sollte im Gegensatz zu der Vereinbarung der EPZ die Anerkennung Kroatiens und Sloweniens nicht verzögert werden. Auch Bonn erwartete nicht, dass die Republiken die auferlegten Bedingungen der EG-Zwölf erfüllen würden. Schließlich gelang es dem deutschen Außenminister Hans-Dietrich Genscher, den hartnäckig erstrebten Erfolg zu erzielen: am 15. Januar 1992 wurden Kroatien und Slowenien als unabhängige Staaten von der EG anerkannt.[456]

„*Wir haben uns um die Anerkennung bemüht, da diese auf dem Selbstbestimmungsrecht der Völker beruht*", erinnert sich der deutsche EU-Abgeordnete, Elmar Brok. „*Speziell wir Deutschen wissen aus Erfahrung, dass das Recht auf Selbstbestimmung der Menschen, die die deutsche Vereinigung brachte, auch für andere Staaten, wie für Slowenien und Kroatien, eine offene Option sein sollte*",[457] verdeutlichte Brok.

Deutschland, das gegenüber Kroatien und Slowenien die Anerkennung bis Weihnachten angekündigt hatte, handelte außerhalb des Rahmens der EG und anerkannte am 23. Dezember 1991 die Unabhängigkeit der beiden Republiken an, ohne auf dem Gutachten der Badinter-Kommission zu warten. Somit war die EG gezwungen, der deutschen Initiative zu folgen und Slowenien und Kroatien am 15. Januar 1992 anzuerkennen. Die Anerkennung von Mazedonien, das laut dem Gutachten Nr. 6 der Badinter-Kommission vom 11. Januar 1992 gemeinsam mit Slowenien die notwendigen Voraussetzungen für die Anerkennung erfüllt hatte, wurde aufgrund des Namens dieses Landes von Griechenland blockiert.[458]

Der EG und vor allem Deutschland wurde besonders von der serbischen Seite sowie von einem Teil der europäischen Beobachter vorgeworfen, die Anerkennung dieser Republiken habe zum Ausbruch des Krieges in Bosnien-Herzegowina geführt, wo die Frage der Unabhängigkeit oder des Verbleibs in Jugoslawien in der bosnischen, kroatischen und serbischen Bevölkerung

---

„*nicht alle Fragen mit einem Zug gelöst werden*". Deswegen sei ein schrittweises, pragmatisches Vorgehen sinnvoll, sagte Merkel. Siehe Konflikt zwischen Berlin und Belgrad über Kosovo, http://www.focus.de/politik/ausland/international-konflikt-zwischen-berlin-und-belgrad-ueber-kosovo_aid_658001.html.

[455] Das Bundeskabinett verabschiedete in seiner letzten Sitzung vor Weihnachten am *19. Dezember* die Anerkennung für den *23. Dezember*. Der Bericht der Badinter-Kommission stimmte der Anerkennung erwartungsgemäß am *11. Januar* zu, sodass die EG die Anerkennung am *15. Januar* vornahm.

[456] Vgl. Libal, Michael: Limits of Persuasion. Germany and the Yugoslav Crisis, 1991-1992, Westport, London 1998, p. 85. Im Gespräch: Marie-Janine Calic: „Die Deutschen waren eingeschüchtert", in: *FAZ*, 15.01.2012, http://www.faz.net/aktuell/politik/ausland/im-gespraech-marie-janine-calic-die-deutschen-waren-eingeschuechtert-11605776.html.

[457] 20 vjet nga pavarësimi i Kroacisë, in: *DW*, 13.01.2012, http://www.dw.de/dw/article/0,,15664837,00.html.

[458] Vgl. Axt, Heinz-Jürgen: Mazedonien: ein Streit um Namen oder ein Konflikt vor dem Ausbruch?, in: *EA* 48/1993, 65-75.

sehr umstritten war. Aber diese These kann nicht aufrecht erhalten werden, da die Kriege in Slowenien und Kroatien schon lange vor deren Unabhängigkeitserklärung begonnen hatten, bevor sie als unabhängige Staaten anerkannt wurden, während im Kosovo, wo die Unterdrückung und Ermordung von Albanern zum Alltag geworden war, das Staatsoberhaupt Serbiens den Ausnahmezustand ausgerufen hatte. Daher würde die Nichtanerkennung der serbischen Seite signalisieren, dass die EG ihre gewalttätigen Aktionen tolerieren würde.

Die Entwicklung der Ereignisse in der Zeit vom Sommer 1991 bis Januar 1992 in Jugoslawien machte deutlich, dass innerhalb der EPZ weder die Einheit noch die Strategie für die friedliche Lösung der Krise existierte. Unter diesen Umständen nahm die deutsche Regierung mit ihren Handlungen, eine herausragende Rolle ein. Deshalb ist die Kritik, dass die EG-Außenpolitik durch die deutsche Position scheiterte, nicht zutreffend, sondern dass die Konstellation der EG-Politik von den Interessen der Nationalstaaten dominiert wurde. Von diesem Punkt ausgehend können wir erschließen, dass die Reaktion Deutschlands mehr als Antwort gegenüber seinen europäischen Partnern zu sehen ist. Und genau daran und nicht an anderen Punkten müssen sich die Kritiken orientieren.

Soweit wir die wichtige Bedeutung der Anerkennung für die Entwicklung auf dem Balkan und im Rahmen der EG erläutern können, scheint es im Bezug auf das Völkerrecht zweitrangig zu sein. Es ist klar, dass dieser Schritt rein politisch war.[459] Wie die Entwicklung der Ereignisse zeigte, stützte sich die Politik der Anerkennung ursprünglich auf die Bewertung der Situation, die viel näher an der Realität war als die der Wahrnehmung der EG-Vertreter Carrington, van den Broek und Douglas Hurd. Der Versuch der EG, die Krise zu regulieren, war völlig fehlgeschlagen. Die EG versuchte, den Konflikt in erster Linie mit wirtschaftlichen Strafmaßnahmen, einschließlich einem Handels- und Waffenembargo, dem Verbot internationaler Hilfen und einem Embargo für den Kauf von Öl, zu lösen. Wie bereits erwähnt, war insbesondere die Anwendung von Wirtschaftssanktionen, ohne zu differenzieren, der falsche Weg. Auf der anderen Seite stand die Außenpolitik Deutschlands das die Situation auf dem Balkan früher als andere EG-Mitgliedstaaten erkannt hatte. Genscher stellte mit Recht fest, die Kritiken, das deutsche Vorgehen habe die Situation verschlechtert, seien grundsätzlich fehlgeleitet.

Dazu sagte er: *„Es war umgekehrt. Die Anerkennung von Slowenien und Kroatien brachte Slobodan Milošević dazu, den Krieg gegen diese beiden Staaten zu beenden. Ist das nichts?"*[460]

Um nicht den europäischen Zusammenhalt im Bereich der Außenpolitik zu gefährden, waren die anderen EG-Mitgliedstaaten verpflichtet, die Unabhängigkeit Kroatiens und Sloweniens anzuerkennen. In diesem Zusammenhang ist die interessante Tatsache erwähnenswert, dass nicht nur einige EG-Mitgliedstaaten mit der Anerkennung neuer Staaten zögerten, sondern auch die Bosnier und Mazedonier[461] gegen die Anerkennung von Slowenien und Kroatien waren, im Glauben, dass sie auf diese Weise einen Krieg vermeiden könnten. Vor allem die politische Führung in Sarajewo wusste, dass die Proklamation der Unabhängigkeit von Bosnien und Herzegowina Krieg mit den Serben provozieren konnte, die für eine Vereinigung aller Serben in einem Staat kämpften. Aber die Anerkennung von Slowenien und Kroatien hatte einen Domino-Effekt, so dass Bosnien im Februar 1992 ein Referendum über die Unabhängigkeit abhielt. Obwohl es von den

---

[459] Weller, Marc: The International Response to the Dissolution of the Socialist Federal Republic of Yugoslavia, in: *American Journal for International Law* 86:3 (1992), 569-607 (586).
[460] Siehe „Genschers Alleingang", in: *SZ*, 23.11.2011, http://www.sueddeutsche.de/politik/slowenien-und-kroatien-jahre-unabhaengigkeit-genschers-alleingangs-1.1112330.
[461] Schon im Oktober 1991 baten Bosnien-Herzegowina und Mazedonien die EG, eine Anerkennung der Republiken Slowenien und Kroatien zu verschieben. Begründet wurde die Bitte mit der Gefahr gewalttätiger Auseinandersetzungen in Bosnien-Herzegowina und Mazedonien.

Serben boykottiert wurde, nahm es die EG zustimmend zur Kenntnis und erkannte daher am 6. April 1992 die völkerrechtliche Souveränität Bosnien-Herzegowinas an. Aber dies bedeutete nicht die Vermeidung des Krieges. Trotz der Schwäche der EPZ, die zur Abwehrhaltung Griechenlands führte, wurde Mazedonien am 8. April 1992 von der UN unter dem provisorischen Namen „Ehemalige Jugoslawische Republik Mazedonien" anerkannt, und unter diesem Namen anerkannten sechs EG-Mitgliedstaaten die Unabhängigkeit dieser Republik am 16. April 1993 an.

Im Rahmen der europäischen diplomatischen Bemühungen, der jugoslawischen Krise Herr zu werden, wurde die Frage des Kosovo, das seine Unabhängigkeit von Belgrad ausgerufen hatte, niemals mit Priorität behandelt. Die EG/EU versuchte vor allem, die Option der Unabhängigkeit des Kosovo zu vermeiden. Doch die Kosovo-Seite versuchte, im Gleichschritt mit den anderen jugoslawischen Republiken mitzuhalten, und präsentierte der „Europäischen Friedenskonferenz über Jugoslawien" den Antrag auf internationale Anerkennung des unabhängigen Staates „Kosovo".[462] Allerdings hat diese Forderung keine positive Antwort auf Seiten der EU oder des Restes der internationalen Gemeinschaft gefunden, da die wirkliche Macht im Kosovo von Serbien ausgeübt wurde und feststand, dass diese Option nicht eine endgültige Lösung für das Kosovo sein konnte. Diese Haltung manifestierte sich bis in die Zeit, als das Kosovo im Juni 1999 befreit wurde, vor allem bis zu den Verhandlungen zwischen den Albanern und den Serben über den endgültigen Status des Kosovo (2005-2007). Die Uneinigkeit durch die heterogenen Positionen in der EU wurde im Fall der Unabhängigkeit des Kosovo im Februar 2008,[463] die auf der umfassenden Grundlage des Berichtes des UNO-Sondergesandten Martti Ahtisaari verkündet wurde, wieder deutlich. Bei dieser Gelegenheit verlor die EU die Chance, eine Einheit für die diplomatische Anerkennung der Unabhängigkeit des Kosovo aufzubauen. Obwohl Kosovos Unabhängigkeitserklärung nicht unilateral war, da sie in Abstimmung mit der internationalen Gemeinschaft nach einem umfassenden Verhandlungsprozess in den Jahren 2006 und 2007 erklärt wurde, scheiterte die EU daran, einen Vorschlag zu unterstützen, der das Ergebnis der Arbeit war, bei der die EU bis zum Schluss teilgenommen hatte. Und der nächste Augenblick, bei der die EU-Außenpolitik in Bezug auf das Kosovo verloren hatte, war, als der IGH eine klare Position einnahm und erklärte, dass die Erklärung der Unabhängigkeit des Kosovo nicht im Widerspruch zum Völkerrecht stehe. Auch nach dieser Entscheidung anerkannten weiterhin fünf EU-Länder, die bis dahin ihre ablehnende Position gegenüber der Unabhängigkeit des Kosovo mit der Berufung auf das Völkerrecht gerechtfertigt hatten, die Republik Kosovo nicht an.[464] Daher ist Kosovo der beste Nachweis dafür, dass die Gemeinsame Außenpolitik der EU ohne eine Einheit der EU-Mitgliedstaaten an Glaubwürdigkeit verliert.

Allerdings blieben der Westbalkan und insbesondere Kosovo für zwei Jahrzehnte Regionen, in denen die EU eine wichtige Rolle spielt. Nach dem Scheitern in den frühen 90er Jahren bleibt die Integration des westlichen Balkans und des Kosovo bis heute die größte Herausforderung der Gemeinsamen Außen- und Sicherheitspolitik der EU. Damit die europäische Diplomatie mit einer Stimme im Fall des Kosovo sprechen kann, müssen alle EU-Mitgliedstaaten das Kosovo als Staat anerkennen. Dies würde der EU ermöglichen, nicht nur ihre Arbeit im Kosovo besser zu erledigen, sondern sich endlich auch mit den Problemen außerhalb des europäischen Kontinents zu befassen.

---

[462] Den ganzen Wortlaut dieses Antrags findet man unter: Akademie der Künste und Wissenschaften der Republik Albanien (Hrsg.). Die Wahrheit über Kosovo, Tirana 1993, S. 341-343.
[463] Siehe Mitteilung an die Presse, 2851. Tagung des Rates, Allgemeine Angelegenheiten und Außenbeziehungen, 6496/08 (Presse 41), Brüssel, 18. Februar 2008,
http://www.consilium.europa.eu/ueDocs/cms_Data/docs/pressData/de/gena/99070.pdf.
[464] Vgl. „EU und das Kosovo", in: *FAZ*, 02.08.2010.

4.2. Richtlinien für die Anerkennung neuer Staaten (1991)

Die EG war nicht auf den gewaltsamen Zerfall Jugoslawiens vorbereitet und auch nicht bereit, militärisch zu intervenieren. Die Situation war komplizierter aufgrund der Tatsache, dass die USA mit der Krise in der Golfregion beschäftigt und nicht daran interessiert war, sich mit der Krise in Jugoslawien zu beschäftigen. In dieser Situation trat die deutsche Diplomatie auf und brandmarkte Serbien als Aggressor. Gleichzeitig ermutigte die Auflösung der Sowjetunion die jugoslawischen Republiken, die Unabhängigkeit zu verlangen. Zudem nahmen die Forderungen nach Unabhängigkeit aufgrund des Beharrens von Serbien zu, das gegen jede andere Lösung als eine zentrale Jugoslawische Föderation war, hinter der sich der Beginn eines Großserbien versteckte. In dieser Situation verabschiedeten die EG-Mitgliedstaaten auf Antrag des Europäischen Rates in einer außerordentlichen Sitzung am 16. Dezember 1991 *die Richtlinien für die Anerkennung neuer Staaten in Osteuropa und der Sowjetunion*, durch die die Bedingungen für die Beziehungen und die internationale diplomatische Anerkennung definiert wurden.[465] Die Entwicklung von Grundsätzen für die Anerkennung neuer Staaten war das Ergebnis des anhaltenden Engagements der österreichisch-deutschen Diplomatie und ihres Druckes auf die EG, die Unabhängigkeit von Slowenien und Kroatien anzuerkennen.

Es gab drei Problembereiche, die zu überwinden waren: Zunächst waren die Grundsätze für die Anerkennung neuer Staaten in Osteuropa und der Sowjetunion zu formulieren. Dann waren zusätzliche Kriterien, die speziell auf die Umstände in Jugoslawien gerichtet waren, zu entwickeln, und schließlich war ein weiterer Zeitraum für die Formulierung der EU-Politik für Jugoslawien nötig.

Die Anerkennung wurde mit den drei folgenden Kriterien verknüpft:

„Die Gemeinschaft und ihre Mitgliedstaaten verlangen auch von jeder jugoslawischen Teilrepublik vor der Anerkennung, dass sie sich verpflichtet, für verfassungsrechtliche und politische Garantien zu sorgen, die sicherstellen sollen, dass sie keine Ansprüche auf Gebiete eines benachbarten Mitgliedstaats der Gemeinschaft hegt und dass sie keine feindliche Propaganda gegen einen benachbarten Mitgliedstaat im Sinn hat – worunter auch der Gebrauch eines Namens zu verstehen ist, der Gebietsansprüche nach sich zieht."[466]

Darüber hinaus legten die EG-Außenminister am Ende der Richtlinien für die Anerkennung neuer Staaten in Osteuropa und der Sowjetunion fünf grundlegenden Kriterien fest, die nicht nur für die Anerkennung Kroatiens und Sloweniens, sondern für alle jugoslawischen Republiken und Republiken in Osteuropa, die anerkannt werden wollen, galten. Sie mussten die folgenden fünf Kriterien erfüllen:

1. Einhaltung der Bestimmungen der UN-Charta, der Schlussakte von Helsinki und der Charta von Paris für ein neues Europa, insbesondere der Abschnitte, die sich mit Rechtsstaatlichkeit, Demokratie und Menschenrechten befassen;
2. Garantien für die Rechte von Volksgruppen und nationalen Minderheiten;
3. Achtung der Unverletzlichkeit der Grenzen, die nur mit friedlichen Mitteln und im gegenseitigen Einvernehmen geändert werden dürfen;

---

[465] Richtlinien für die Anerkennung neuer Staaten in Osteuropa und in der Sowjetunion, Brüssel, 16.12.1991, in: *EA* 3/1992, D 120-121. Siehe auch Erklärung zu den Richtlinien für die Anerkennung neuer Staaten in Osteuropa und in der Sowjetunion (Brüssel 16. Dezember 1991). Beschlüsse der EG-Außenminister zur Anerkennung neuer Staaten, Außerordentliche EPZ-Ministertagung in Brüssel.
[466] Tziampiris, Aristotelis: Europäische Union und Makedonische Frage, http://www.macedonian-heritage.gr/HistoryOfMacedonia/Downloads/History_Of_Macedonia_DE-18.pdf; Giannis, Valinakis / Sotiris, Dalis: To Zitima ton Skopion [Das Skopje-Problem], Athen 1994, S. 52.

4. Akzeptieren aller wesentlichen Verpflichtungen zur Abrüstung und Nichtverbreitung von Atomwaffen sowie derjenigen, die mit der regionalen Sicherheit und Stabilität zu tun haben;
5. Engagement für die Lösung regionaler Konflikte, die bei der Regelung der Staatennachfolge auftreten.[467]

Die Minister der EPZ nahmen in der Sitzung einen Gemeinsamen Standpunkt bezüglich der Bedingungen ein, die für die Anerkennung der verschiedenen Republiken erfüllt werden mussten.[468] Die Anträge auf Anerkennung sollten bis zum 23. Dezember 1991 gestellt werden. Man einigte sich auch darauf, dass die Schiedskommission Ratschläge zu den Vorteilen der verschiedenen Anträge einbringen sollte.

Am 15. Januar 1992 sollten dann die Republiken, die alle Grundsätze gemäß der Gutachten der Badinter-Kommission erfüllt haben, anerkannt werden.[469] Die Badinter-Kommission bestätigte in ihren Gutachten vom 11. Januar 1992, dass nur Slowenien und Mazedonien die von der EG gesetzten Kriterien für die internationale Anerkennung erfüllt haben. Nach Angaben der Badinter-Kommission könnte Kroatien erst nach weiterer Stärkung des rechtlichen Schutzes von Minderheiten anerkannt werden.

Trotz dieser Empfehlung waren die EG-Mitgliedstaaten gezwungen, ihren Zusammenhalt zu zeigen, und zogen an einem Strang, indem sie dem Weg von Deutschland folgten, also Slowenien und Kroatien als selbständige Staaten anerkannten. Im Fall von Mazedonien sprach die EG entgegen dem befürwortenden Gutachten der Badinter-Kommission zunächst keine Anerkennung der Selbständigkeit aus und nahm damit Rücksicht auf die Weigerung von Griechenland, das den Namen der Republik ablehnte, weil dieser identisch mit dem einer griechischen Region war (erst 2019 wurde dieser Streit beigelegt, indem sich das Land in „Republik Nord-Mazedonien" umbenannte).[470]

Die Frage der Anerkennungspolitik der EG wurde zu einer Art Affäre und ist unter Experten und Politikern seit vielen Jahren ein Diskussionsthema. Die angeblich vorzeitige Anerkennung der beiden neuen Staaten Slowenien und Kroatien wurde dem deutschen Außenminister Genscher angelastet. Dass er einen schweren Fehler gemacht habe, wurde oft als historisches Faktum dargestellt. Dies war ein völlig grundloses Missverständnis, das schnell beseitigt wurde. Die andauernden Kriege im ehemaligen Jugoslawien stellten nicht nur die Grundlagen der moralischen und politischen Werte der euro-atlantischen Gemeinschaft in Frage, sondern zeigten auch, dass die gemeinsamen amerikanischen und europäischen Interessen an der friedlichen Beilegung von Konflikten und die erzielte dauerhafte Stabilität in der Region traditionelle Freundschaften und die Verfolgung nationaler Interessen erleichtert hat.[471]

Genscher und die deutsche politische Elite wurden beschuldigt, höhere Motive zu haben, und auch wegen der Verbreitung der Angst, dass *„die alten Gewohnheiten von Großdeutschland*

---

[467] Siehe: Richtlinien für die Anerkennung neuer Staaten in Osteuropa und in der Sowjetunion, Brüssel, 16. Dezember 1991, in: *EA* 3/1992, D 120-121; Kuçi, Hajredin: Independence of Kosova: a stabilizing or destabilizing Factor in the Balkans?, Houston 2005; Rauert, Fee, Das Kosovo: Eine völkerrechtliche Studie, Wien 1999, S. 116 f.; Caplan, Richard: Europe and the Recognition of New States in Yugoslawien, Cambridge 2005, p. 16; Shala, Blerim: „Vetëvendosje, secesion, krijimi i shteteve", in: *Zëri*, 01.08.2005.
[468] Siehe EPC Press Release P. 128/91, 16. Dezember 1991. Diese Bedingungen sollten auch für die Anerkennung der Länder Osteuropas und die ehemalige Sowjetunion zur Anwendung kommen.
[469] Gemeinsamer Standpunkt im Hinblick auf die Anerkennung jugoslawischer Republiken, Brüssel, 16. Dezember 1991, in: *EA* 3/1992, D 121.
[470] Siehe: Troebst, Stefan: Makedonische Antwort auf die „Makedonische Frage" 1944-1992: Nationalismus, Republiksgründung, *nation-building*, in: *SOE* 41 (1992), 423-442; Piotrowski, Ralph: Sprache und Außenpolitik. Der deutsche und US-amerikanische Diskurs zur Anerkennung Kroatiens, Diss., Freie Universität Berlin, 2003, S. 72.
[471] Vgl. Genscher: „Es war kein Alleingang", in: *DW*, 22.06.2011, http://www.dw-world.de/dw/article/0,6553943,00.html.

nicht gestorben sind".⁴⁷² Aber im Laufe der Zeit scheint diese Version nicht mehr haltbar zu sein. Michael Libal, der damalige Leiter der europäischen Abteilung des deutschen Außenministeriums für Osteuropa, schreibt in seinem Buch „Limits of Persuasion", dass die deutsche Regierung versucht habe, die Methode der Anerkennung als Druckmittel gegen die kroatischen Serben und die Regierung in Belgrad zu verwenden, um die Feindseligkeiten einzustellen.⁴⁷³ Dies hätte aus der Sicht der Deutschen den Weg für die internationale Gemeinschaft eröffnet, um die Krise im Einklang mit Kapitel VII der UN-Charta zu beurteilen. Im Gegensatz dazu hätte die Ablehnung der Anerkennung der jugoslawischen Republiken Umstände schaffen können, die von den Serben als Legitimierung ihrer aggressiven Politik gegen den anderen Republiken hätte interpretiert werden können.⁴⁷⁴

Auf der anderen Seite lehnten einige Mitgliedstaaten der EG die deutsche Haltung, über grundsätzliche Fragen hinauszugehen, ab, weil sie einen wachsenden deutschen Einfluss im Gebiet des ehemaligen Jugoslawiens befürchteten. Deshalb führten diese Unterschiede zwischen den EG-Mitgliedstaaten und die Notwendigkeit zur Überwindung dieser Differenzen zur Entwicklung der Anerkennungskriterien, die in Form eines Gemeinsamen Standpunktes als „Kriterien für die Anerkennung neuer Staaten in Osteuropa und der Sowjetunion" am 16. Dezember 1991 verabschiedet wurden. Diese Bedingungen, die nur das Recht der Unabhängigkeit der Republiken anerkannten, wurden von Serbien abgelehnt, da die Binnengrenzen zwischen den sechs Teilrepubliken als internationale Grenzen anerkannt werden sollten. Diese Tatsache wurde in Belgrad als internationales rechtliches Hindernis für die Schaffung eines Großserbien gesehen, weil dadurch der Jugoslawien-Konflikt eine internationale Dimension annahm. Auf der anderen Seite bedeutete die Schaffung neuer Staaten, dass die Serben, die bis dahin eine herrschende Position innerhalb der Republiken hatten, auf den Rang von Minderheiten zurückfielen. So kündigten die Serben an, dass sie in Kroatien und Bosnien-Herzegowina ihre unabhängigen Republiken erklären (ausrufen)⁴⁷⁵ und deren Zusammenschluss mit Serbien fordern werden. Aus diesem Grund lehnte die Badinter-Kommission im Januar 1992 einen Antrag auf Anerkennung von Bosnien-Herzegowina ab⁴⁷⁶ und schlug die Abhaltung eines Referendums, das dann auch am 1. März 1992 durchgeführt wurde, als Voraussetzung für die Anerkennung vor. Am 6. April 1992 gaben die EG-Außenminister die Anerkennung von Bosnien-Herzegowina bekannt. Aber die EG-Politik in Bezug auf Bosnien-Herzegowina war zu langsam und zu schwach. Allerdings markierte die Anerkennung Sloweniens und Kroatiens, bevor die Frist abgelaufen war, die die EG-Mitgliedstaaten in ihrer Stellungnahme festgelegt hatten, den Abschluss der ersten Phase der europäischen Politik gegen-

---

⁴⁷² Ischinger, Wolfgang: Kosovo: Germany Considers the Past and Looks to the Future, in: Wolfgang-Uwe Friedrich (ed.): The Legality of Kosovo: German Politics and Policies in the Balkans, Washington, D.C. 2000, pp. 27-38 (28).
⁴⁷³ Vgl. Libal, Michael: Limits of Persuasion. Germany and the Yugoslav crisis, 1991-1992, Westport / London 1998, S. 40.
⁴⁷⁴ Siehe Weller, Marc, The International Response to the Dissolution of the Socialist Federal Republic of Yugoslavia, in: *American Journal of International Law* 86:3 (1992), 386 f.
⁴⁷⁵ Scherff, Dirk: Die Fähigkeit der Europäischen Union zum aktiven Krisenmanagment: Lehren aus den Vermittlungsbemühungen 1991/92 während des jugoslawischen Bürgerkrieges und der derzeitige Konflikt im Kosovo, in: *SOE* 47:7-8 (1998), 298-333 (311).
⁴⁷⁶ Von Anfang an war klar, dass der Prozess zur Erlangung der Unabhängigkeit der Republik Bosnien und Herzegowina desto schwieriger sein würde. In dieser Republik lebten drei Völker: Bosniaken (Muslime), Serben und Kroaten. Nach den Aufzeichnungen des Jahres 1991 lebten in Bosnien-Herzegowina 43,7% Bosniaken, 31,4% Serben und 17,3% Kroaten, während nur 5,5% als Jugoslawen bezeichnet wurden. Mehr dazu: Meier, Viktor: Wie Jugoslawien verspielt wurde, München 1999, S. 349-380.

über Jugoslawien und gleichzeitig den Verzicht auf das ursprüngliche Ziel der Erhaltung des jugoslawischen Staates.[477]

Es muss erwähnt werden, dass das EG-Dokument noch immer den Kern der Bestimmungen des Carrington-Vorschlags bewahrte, der die Bestimmungen der Republiken einseitig akzeptierte, und des Weiteren an einer gemeinsamen Vereinbarung arbeitete.[478] Diese doppelte Strategie der EG sollte zwei Zwecke erfüllen: Erstens überbrückte sie die Unterschiede zwischen der deutschen und französischen Diplomatie in der Zeit, als der Zusammenhalt dieser beiden europäischen Länder im Zuge des Maastricht-Gipfels (Dezember 1991) notwendig war. Zweitens gaben die Kriterien der EG der jugoslawischen Krise eine internationale Dimension und dienten bis zu einem gewissen Grad als Prävention für die Legitimierung der repressiven Politik der ethnischen Säuberung. Daraus kann geschlossen werden, dass es das gesetzte Hauptziel der EG war, Bedingungen zu schaffen, die die Aufnahme diplomatischer Beziehungen mit den neuen Entitäten ermöglichten, aber nicht über die grundlegenden Kriterien des Völkerrechts hinausgingen. Durch die Ablehnung jeglicher Legitimität sowie internationalen Position des jugoslawischen Staates anerkannte die EG nur die äußere Selbstbestimmung für die jugoslawischen Republiken an. So können die Binnengrenzen der Republiken in internationalen Grenzen mit dem Prinzip *uti possidetis*, das die Wahrung des territorialen Status quo bedeutete, umgewandelt werden.[479] Obwohl das Kosovo und die Vojvodina stabile Grenzen hatten, die laut der Verfassung von 1974 nicht einseitig geändert werden konnten,[480] wurde ihr Recht auf äußere oder innere Selbstbestimmung nicht anerkannt. Die EG zögerte, von Serbien die Wiederherstellung der Autonomie des Kosovo und der Vojvodina, die im Jahr 1989 mit Gewalt aufgehoben wurde, zu verlangen.

So ignorierten die EG-Kriterien für die Anerkennung von Staaten diese beiden föderalen Einheiten. Daher wurden sie nicht im Prozess der Selbstbestimmung berücksichtigt, die später von der Badinter-Kommission entwickelt wurde, die der EG einen Rahmen sicherte, um die Probleme der Souveränität und Selbstbestimmung der sechs Republiken Jugoslawiens zu lösen.[481] Es kann gesagt werden, dass dadurch diese erste Phase der Behandlung der jugoslawischen Krise durch die gemeinsame europäische Politik beendet wurde, die trotz diplomatischer Bemühungen und anderer Maßnahmen auf Grund von institutionellen Schwächen bei der Krisenbewältigung, eines Mangels an klaren Strategien und vor allem wegen der Verfolgung eigener nationaler Interessen auf dem Balkan keinen Erfolg hatte. Dies war der tragische Verlauf der Ereignisse, die die ursprüngliche Forderung der Europäer widerlegte, die den Vereinigten Staaten von Amerika zeigen wollten, dass „die Stunde Europas" gekommen war.

4.3. Der Einfluss der Badinter-Kommission

In der zweiten Hälfte des Jahres 1991 sah sich die EG mit zwei Tatsachen konfrontiert: Erstens war ein europäisches Land auf dem Balkan, das bis dahin eine geostrategische Bedeutung hatte, dabei zu zerfallen, und zweitens nahm die Zahl der neu entstandenen Staaten in dessen Hoheitsgebiet, die nach internationaler Anerkennung suchten, zu. Um dieser Entwicklungen Herr zu

---

[477] Filipiak, Rainer: Europäische Sicherheitspolitik und amerikanische Verteidigungskonzeption, Diss., Universität Duisburg-Essen, 2006.
[478] Vgl. Richtlinien für die Anerkennung neuer Staaten in Osteuropa und in der Sowjetunion, Brüssel, 16. Dezember 1991, in: *EA* 3/1992, D 120-121.
[479] Ahrens, Geert-Hinrich: Diplomacy on the Edge: Containment of Ethnic Conflict and the Minorities, Working Group of the Conferences on Yugoslavia, Washington, D.C. 2007, pp. 88 f.
[480] Verfassung der Sozialistischen Föderativen Republik Jugoslawien, erster Teil, Abschnitt 5, Absatz 2.4.
[481] Siehe Gow, James: Serbian Nationalism and the Hissing Snake in the International Order: Whose Sovereignty? Which Nation?, in: *Slavic and East European Review* 72 (1994), 456-476.

werden, beschlossen die EG-Mitgliedstaaten, eine Schiedskommission zu gründen,[482] deren Mitglieder Robert Badinter, der Präsident des Französischen Verfassungsrates, und die Präsidenten des deutschen, italienischen, belgischen spanischen Verfassungsgerichtes waren.

Die Schiedskommission, die besser unter dem „Badinter-Kommission"[483] bekannt ist, ist das Symbol einer neuen Rechtspraxis der EG-Mitgliedstaaten. Ihre Aufgabe war es, die Voraussetzungen für die Anerkennung der jugoslawischen Republiken, die eine Abspaltung und Unabhängigkeit von Belgrad wollten, zu bestimmen. Die Schiedskommission sollte den Weg zu einer rechtlich nicht angreifbaren Anerkennung dieser Republiken ebnen.

Der Badinter-Kommission wurde von der durch Carrington koordinierten Friedenskonferenz über Jugoslawien am 20. November 1991 die Aufgabe übertragen, eines der wichtigsten Themen auf der Friedenskonferenz zu klären, nämlich die Frage, ob die Unabhängigkeitserklärungen von Slowenien und Kroatien als Abspaltung aus einem bestehenden Zustand (so nach der serbischen Interpretation) betrachtet werden können oder ob Jugoslawien sich in einem Prozess der Auflösung befindet und die Unabhängigkeitserklärungen den legitimen Willen (der Völker) ausdrücken.[484] Die Badinter-Kommission gelangte in ihrem ersten Gutachten vom 29. November 1991 zu dem Ergebnis, Jugoslawien befinde sich im Prozess der Auflösung (wie es den Ansichten der einzelnen Republiken außer Serbien und Montenegro entsprach), und unterstützte damit die Unabhängigkeitsbestrebungen der einzelnen Republiken. Die Schiedskommission urteilte, dass Jugoslawien weiterhin als Subjekt des Völkerrechts betrachtet werde, aber dass es die Autorität des Bundesorganes mangels Erfüllung der drei für Staaten konstitutiven Elemente verloren habe. Weiter betonte sie die Notwendigkeit eines allgemeinen Schutzes der Minderheiten in den neuen Staaten.[485] Bezüglich der neuen Staaten, betonte die Badinter-Kommission, dass diese im Falle des Wunsches einer Zusammenarbeit eine neue Union, basierend auf demokratischen Institutionen, gründen könnten.[486] In weiteren Gutachten hat die Badinter-Kommission für die Anerkennung dieser Staaten durch die EG und deren Mitgliedstaaten klare Bedingungen vorgegeben. Die Kommission empfahl die sofortige Anerkennung von Slowenien und Mazedonien, die bedingte Anerkennung Kroatiens unter der Voraussetzung der Garantie spezifischer Rechte für die serbische Minderheit und ein Referendum für Bosnien, das nur dann gültig sei, wenn alle drei Gemeinschaften (Muslime, Serben und Kroaten) in entsprechender Anzahl teilnehmen würden.[487] Der Status des Kosovo und das Begehren der Albaner nach Unabhängigkeit wurden überhaupt nicht behandelt.

Hinsichtlich Kroatiens und Mazedoniens standen die Positionen der Badinter-Kommission in Diskrepanz zu denen der EG-Institutionen. Obwohl die Badinter-Kommission bei Kroatien Vorbehalte in der Frage der Garantien für die serbische Minderheit hatte, stand Deutschland wegen der gegenüber Zagreb und Ljubljana gemachten Versprechungen im Wort und beschloss am 23. Dezember 1991, die Unabhängigkeit Kroatiens und Sloweniens anzuerkennen. Diese

---

[482] Mehr hierzu: Pellet, Alain: The Opinions of the Badinter Arbitration Committee. A Second Breath for the Self-Determination of Peoples, in: *EJIL* 3 (1992), 178-185.
[483] Vgl. Fiedler, Wilfried: Staatensukzession und Menschenrechte, in: B. Ziemske u.a. (Hrsg.): Festschrift für Martin Kriele, München 1997, S. 1371-1391; Meier, Viktor: Wie Jugoslawien verspielt wurde, München 1999, S. 416.
[484] Zeitler, Klaus Peter: Deutschland Rolle bei der völkerrechtlichen Anerkennung der Republik Kroatien unter besonderer Berücksichtigung des deutschen Außenministers Genscher, Marburg 2000, S. 140 f.
[485] Nach der 3-Elementen-Lehre von Jellinek besteht ein Staat aus den drei konstituiven Einheiten Staatsgebiet, Staatsvolk und Staaatsgewalt. Siehe Neubeck, Arne von: Die Europäische Union als außenpolitischer Akteur – Konfliktmanagement auf dem Balkan, Norderstedt 2002, S. 56; Meier, Viktor: Wie Jugoslawien verspielt wurde, München, S. 417 f.
[486] Vgl. Genscher, Hans-Dietrich: Erinnerungen, München 1997, S. 959.
[487] Siehe „Komuniteti ndërkombëtar dhe ish-Republika e Jugosllavisë", in: *Koha Ditore,* 27.07.2005, 7.

deutsche Handlung führte dazu, dass einige andere starke EG-Mitgliedstaaten diesem Schritt trotz der Warnungen der Badinter-Kommission folgten.[488]

Auch in der Frage der Anerkennung von Mazedonien wurde die mangelnde Bedeutung der Badinter-Kommission offensichtlich: Athen verhinderte mit seinem Veto die Umsetzung der Anerkennung durch den Ministerrat, obwohl die Badinter-Kommission in ihrem Gutachten vom 11. Januar 1992 zu dem Ergebnis gelangt war, die Voraussetzungen für die Anerkennung seien erfüllt.[489] Auf diese Weise geriet die EG in die Zwickmühle zwischen den mazedonischen Forderungen und dem internen, durch Griechenland ausgeübten Druck, was dazu führte, dass dies eine der passiven Hauptursachen für die Instabilität des südlichen Balkan wurde. Damit hat die EG auch an Glaubwürdigkeit im Bereich der Außenpolitik verloren.[490]

Die Badinter-Kommission befasste sich nicht mit Serbien und Montenegro und legte auch keine Schlussfolgerungen für den Kosovo und anderen Regionen vor, in denen die Rechte von ethnischen Gruppen missachtet wurden. In diesem Zusammenhang ist die Aussage von Alain Pellet zutreffend, dass die einschlägigen völkerrechtlichen Konventionen keine Deckung für Menschenrechte, für das Recht auf Selbstbestimmung oder für den Schutz von Minderheiten bieten.[491]

Die Arbeit der Badinter-Kommission orientierte sich an Meinungen zu der Frage, ob die Grenzen der ehemaligen jugoslawischen Republiken als Staatsgrenzen anerkannt werden sollten. Es war eine außergewöhnliche Situation, da es bis dahin nur wenige Staaten gegeben hatte, der sich in einige unabhängige Staaten aufgelöst hatte (z. B. Österreich-Ungarn). Deshalb berief sich die Badinter-Kommission auf Artikel 5 der Verfassung Jugoslawiens, wonach die Grenzen der Republiken nicht ohne ihre Zustimmung geändert werden können, und empfahl die Anwendung des Prinzips „*uti possidetis juris*"[492]. Die Badinter-Kommission stellte fest, dass dieser Grundsatz sich auch auf den Fall der Desintegration Jugoslawiens anpassen lasse. In keiner Weise werde das Recht auf Selbstbestimmung die Änderungen der Binnengrenzen bedeuten. Daher sollten alle neuen Staaten, die aus dem multinationalen Jugoslawien entstanden waren, den Grundsatz der Unverletzlichkeit der Binnengrenzen respektieren. Aus der damaligen und heutigen Perspektive betrachtet, ist die Anwendung des Grundsatzes „*uti possidetis juris*"[493] im Gegensatz zu den anderen Ethnien im ehemaligen Jugoslawien im Fall des Kosovo ganz ungünstig gewesen, da das Kosovo damals von Serbien besetzt war und darüber hinaus weder das Gebiet noch seine Bevölkerung kontrollierte. Auch die Badinter-Kommission hatte den Antrag der Kosovo-Albaner auf staatliche Anerkennung im Rahmen der Auflösung des jugoslawischen Staates abgelehnt.[494]

---

[488] Siehe „Pavarësia dhe fati i minoriteteve (1991-1992)", in: *Koha Ditore*, 08.05.2005, 8.
[489] Siehe Report of the European Community Arbitration Committee, Opinion No. 6 – The recognition of the Republic of Macedonia, in: Yugoslav Survey, No. 1/1992, pp. 127-130.
[490] Vgl. Meier, Viktor: Wie Jugoslawien verspielt wurde, München 1999, S. 423.
[491] Pellet, Alain: The Opinions of the Badinter Arbitration Committee. A Second Breath for the Self-Determination of Peoples, in: *EJIL* 3 (1992), 178-185.
[492] Siehe dazu Caplan, Richard: Europe and the Recognition of New States in Yugoslavia, Cambridge 2005, p. 68.
[493] *Uti possidetis* (latein was ihr besitzt; vollständig Uti possidetis, ita possideatis: wie ihr besitzt, so sollt ihr besitzen) ist eine Ausformung des völkergewohnheitsrechtlichen Effektivitätsgrundsatzes. Ursprünglich besagte *Uti possidetis*, dass die Parteien einer kriegerischen Auseinandersetzung das Territorium und andere Besitzungen behalten dürfen, die sie während des Krieges gewonnen und zum Zeitpunkt des Friedensschlusses in Besitz hatten. In ihrer heutigen Ausformung beschränkt sich die Regel auf den Grundsatz der stabilen Grenzen. Anwendung erfuhr und erfährt sie insbesondere im Rahmen der Unabhängigkeit der kolonialen Besitzungen sowie bei der Dismembration oder Sezession von Staaten. Vgl. Zeitler, Klaus Peter: Deutschlands Rolle bei der völkerrechtlichen Anerkennung der Republik Kroatien unter besonderer Berücksichtigung des deutschen Außenministers Genscher, Marburg 2000; Caplan, Richard: Europe and the Recognition of New States in Yugoslawien, 2005.
[494] Vgl. Caplan, Richard: Europe and the Recognition of New States in Yugoslawien, Cambridge 2005, p. 68.

Warum wurde der Fall des Kosovo ignoriert? Die Formierung der serbischen Entität in der Krajina in Kroatien mit Gewalt und später der „Republika Srpska" in Bosnien und Herzegowina war eine Strategie Belgrads. Ich denke, dass durch diese beiden mittels Anwendung von Gewalt geschaffenen Entitäten Serbien die Kosovo-Frage auf der Tagesordnung der Europäischen Gemeinschaft und der Badinter-Kommission „einfrieren" konnte. Darüber hinaus war die Badinter-Kommission nur mit der Überprüfung der rechtlichen Fragen zwischen den Republiken beauftragt worden. Daher wurde das Kosovo, das von Serbien besetzt war, weder als rechtlicher Gegenstand der Kommissionsarbeiten noch als Problem des Rechts auf Selbstbestimmung der Völker behandelt.

Doch laut Georg Brunner, einem deutschen Experten des Völkerrechts, gab es gute Gründe für die Anwendung des Grundsatzes der Selbstbestimmung.[495] Der folgende Absatz im ersten Gutachten der Badinter-Kommission klang hoffnungsvoll für das Kosovo:

„*That in the case a federal-type state, which embraces communities that possess a degree of autonomy and, moreover, participate in the exercise of political power within the framework of institutions common to the Federation, the existence of the state implies that the federal organs represent the components of the Federation and wield effective power.*"[496]

Laut der Verfassung von 1974 war das Kosovo eine föderale Einheit, die direkt in den zentralen Institutionen Jugoslawiens vertreten war und eine paritätische Vertretung in der kollektiven Präsidentschaft hatte, was zu dem Argument führt, dass bei der Trennung von Jugoslawien diesem auch das Recht auf Konstitutionalität zuerkannt werden sollte. Allerdings setzte die Badinter-Kommission restriktive Ansätze durch und entschied, dass nur die Republiken das Recht hatten, als Staaten aus dem Zerfall Jugoslawiens hervorgehen zu dürfen. Weil die Badinter-Kommission die Verfassung der Sozialistischen Föderativen Republik Jugoslawien von 1974 (Abschnitt 1.C) als Basis nahm, anerkannte sie weder den vorherigen Status des Kosovo als Bestandteil im Bund noch die Verfassungserklärung des Kosovo vom 2. Juli 1990. Dies geschah, weil das Kosovo weder eine Republik war noch sein Hoheitsgebiet effektiv kontrollieren konnte, da es sich zu dieser Zeit unter totaler Kontrolle der Republik Serbien befand.[497]

Tatsächlich waren die Ziele der Badinter-Kommission pragmatischer Natur. Laut ihres Arbeitsauftrages agierte die Badinter-Kommission bei der Konfliktprävention bezüglich der Grenzprobleme als Vermittler zwischen den neuen unabhängigen Staaten, die aus dem ehemaligen Jugoslawien hervorgegangen waren.[498] Maßgeblich war das juristische Prinzip „*uti possidetis*", wonach die Badinter-Kommission die ehemaligen Grenzen der Republiken als internationale Grenzen anerkannte, was auch das Ziel der europäischen Außenpolitik im Falle der Auflösung Jugoslawiens war.

Die Gutachten der Badinter-Kommission[499] dienten zur Umsetzung des sogenannten „Carrington Dokuments" bzw. des Dokuments der Haager Konferenz mit dem Titel „Elemente

---

[495] Vgl. Brunner, Georg: Völkerrecht und Selbstbestimmungsrecht in Kosovo, in: Konrad Clewing / Jens Reuter (Hrsg.): Der Kosovo-Konflikt, Ursachen, Akteure, Verlauf, München 2001, S. 117-135.
[496] Opinion No. 1 of the Arbitration Commission of the Peace Conference on Yugoslavia, Paris, 29 November 1991, 31 ILM 1488 (1992): Weller, Marc: Contested Statehood: Kosovo's Struggle for Independence, Oxford 2009, p. 46.
[497] Weller, Marc: Contested Statehood: Kosovo's Struggle for Independence, Oxford 2009, p. 47; Reka, Blerim: Diplomacia preventive dhe Kosova, Prishtinë 1994, S. 144.
[498] Opinion No. 2 of the Arbitration Commission, para. 2.1.
[499] Opinions of the Arbitration Commission, in: Bertrand G. Ramcharan (ed.): The International Conference on the Former Yugoslavia. Official Papers, Vol. 2, The Hague 1997, pp. 1259-1302.

der allgemeinen Zustimmung zur Lösung der jugoslawischen Krise"[500], laut dem der Status der ethnischen Gruppen *„in den Gebieten, in denen sie keine Mehrheit haben"*, reguliert werden sollte. Dieses Papier trug zu einem Dualismus bei der Lösung des Status der nationalen Gruppen im ehemaligen Jugoslawien bei. Mit der Anerkennung eines „besonderen Status" verlieh man ethnischen Gruppen mehr Rechte, als ihnen nach der jugoslawischen Verfassung von 1974 zustanden, während dem Kosovo keine Art von Status zuerkannt wurde. Natürlich bedeutete dies für das Kosovo eine politische, rechtliche und territoriale Verschlechterung.[501]

Im Allgemeinen ist die fehlende Behandlung der Kosovo-Frage in diesem Zeitraum in den EG-Foren im Kontext ihrer Politik der Anerkennung der ehemaligen jugoslawischen Republiken zu sehen. Diese Politik wurde durch die Gutachten der Badinter-Kommission beeinflusst, deren Arbeiten nichts anderes waren als eine weitere Operationalisierung von Leitlinien für die internationale Anerkennung der ehemaligen jugoslawischen Republiken, die innere Souveränität genossen, und eine Quelle für die Anerkennung der äußeren Souveränität wurden.

Angesichts der Sorge, dass das Auseinanderbrechen Jugoslawiens einen Einfluss in der Sowjetunion haben könnte, und der Tatsache, dass viele europäische Länder ihre Probleme mit ethnischen Minderheiten hatten, musste die Badinter-Kommission auf Empfehlung der EG das Recht auf Selbstbestimmung auf die sechs jugoslawischen Republiken beschränken, da sie laut der jugoslawischen Verfassung von 1974 souverän waren, während den Provinzen dieser Status verweigert wurde. Die ausgewogenen Stellungnahmen der Badinter-Kommission wurden zu Orientierungslinien für die Anerkennung neuer Staaten wie Slowenien und Kroatien im Januar 1992 und später für die Anerkennung von Bosnien-Herzegowina im April 1992. Aber wenn es einen entsprechenden guten Willen der Vermittler der europäischen Konferenzen gegeben hätte, hätte das Kosovo-Problem zu diesem Zeitpunkt ohne kriegerische Auseinandersetzungen gelöst werden können. Außerdem hatte die EG es vermieden, in der Zwischenzeit die Möglichkeit der Unabhängigkeit des Kosovo zu eruieren, und suchte stattdessen nach einer Lösung im Rahmen der Autonomie.

4.4. Die Anerkennung Restjugoslawiens und des Kosovo im Schatten von Dayton

Der Wendepunkt der Krise im ehemaligen Jugoslawien kam im November 1995, als die internationale Gemeinschaft unter der Führung der Vereinigten Staaten von Amerika die Friedenskonferenz in Dayton organisierte, die das Kapitel des Krieges in Bosnien-Herzegowina und Kroatien abschloss.[502] Damit beginnt auch die zweite Phase der EU-Außenpolitik im Verhältnis zum ehemaligen Jugoslawien oder Restjugoslawien, wie es in der deutschen Literatur bezeichnet wurde. Bei aller Ungerechtigkeit des Friedens, der mit der Anerkennung der „Republika Srpska", die mittels Gewalt und ethnischer Säuberungen geschaffen worden ist, besiegelt wurde, wurden laut Absatz 7 des Dayton-Abkommens[503] die unterzeichnenden Parteien gezwungen, die Rückkehr der vertriebenen und deportierten Bevölkerung in ihre Häuser zu ermöglichen. Dies war eine Neuheit in Bezug auf den Vertrag von Lausanne, als im Jahr 1923 die internationale Gemeinschaft als *ultima ratio* „Lösung" dem obligatorischen Austausch der unerwünschten griechischen und türkischen Bevölkerung zustimmte.

---

[500] Siehe „Dokumenti i Keringtonit", *Bujku*, 22.10.1991; Reka, Blerim: Diplomacia preventive dhe Kosova, Prishtinë, S. 145.
[501] Vgl. Reka, Blerim: Diplomacia preventive dhe Kosova, Prishtinë, S. 146.
[502] Hierzu siehe: Calic, Marie-Janine: Krieg und Frieden in Bosnien-Hercegovina, erweiterte Neuausgabe, Frankfurt a.M. 1996; Petritsch, Wolfgang: Bosnien und Herzegowina 5 Jahre nach Dayton. Hat der Friede eine Chance?, Klagenfurt, Wien, Ljubljana, Tuzla, Sarajevo 2001; Ukshini, Sylë: Nga lufta në paqe, Prishtinë 2004, S. 73.
[503] The Dayton Peace Accords – General Framework on Peace in Bosnia and Herzegovina, 21 November 1995.

Aber die EU hatte wieder einmal, wie in den frühen 90er Jahren, die Kosovo-Frage bei dieser Konferenz komplett umgangen, und das Misstrauen der Kosovo-Albaner, dass ihre Angelegenheit mit politischen Mitteln gelöst werden könne, begann zu wachsen. Darüber hinaus war die Lage im Kosovo ruhig und die Klärung der Kosovo-Frage stellte keine Dringlichkeit für die EU zu einem Zeitpunkt dar, als der Krieg in Bosnien und Kroatien wütete. Die zutreffendste Antwort für die Ausklammerung der Kosovo-Frage in Dayton gab der Chef der US-Botschaft in Belgrad und Teilnehmer an der Friedenskonferenz für Bosnien-Herzegowina in Dayton, Rudolf Perrine. Als er nach einem Treffen mit Dr. Ibrahim Rugova in Prishtina gefragt wurde, warum die Kosovo-Frage in Dayton nicht angesprochen wurde, antwortete er, *„dass in Dayton nur diejenigen eingeladen wurden, die gekämpft haben".*[504]

Und zur gleichen Zeit diente das Dayton-Abkommen Serbien und Milošević dazu, für die Kriege und die schlimmsten Verbrechen, die seit dem Ende des Zweiten Weltkriegs in Europa begangen wurden, rehabilitiert zu werden, da als er als Partner und Garant des Dayton-Abkommens galt. Diese Situation wurde durch die EU-Mitgliedstaaten, aber nicht von den Vereinigten Staaten von Amerika genutzt. Kurz nach der Dayton-Konferenz begnügten sich die EU-Mitgliedstaaten wie zu Beginn des Zerfalls von Jugoslawien damit, eine einheitliche Linie für die Normalisierung der diplomatischen Beziehungen mit Belgrad zu zeigen, was in Verbindung mit einer deutlichen Verbesserung der Situation der Menschenrechte im Kosovo stand. Dies bedeutete, dass die EU die Kosovo-Frage auf die der Menschenrechte reduzierte, und damit weitaus niedriger einstufte als auf den Konferenzen für Jugoslawien in Den Haag (1991) und London (1992). Entsprechend dieser Linie begannen im Frühjahr 1996 einige EU-Länder, eine kooperative Haltung gegenüber Rest-Jugoslawien zu zeigen; insbesondere Frankreich zeigte keine Bereitschaft, die Anerkennung Rest-Jugoslawiens durch irgendwelche Bedingungen mit dem Fortschritt bei der Lösung des Kosovo-Konflikts zu verknüpfen. Frankreich bevorzugte es, wie in den frühen 90er Jahren auch jetzt im Gegensatz zu den USA und auch den anderen EU-Partnern keine harte Linie gegen Serbien zu vertreten, und sprach sich kategorisch gegen eine internationale Rehabilitierung Belgrads in einem Junktim mit der Lösung der Kosovo-Frage aus.[505] Obwohl Belgrad weiterhin die Verfolgung der Kosovo-Albaner fortsetzte, beschlossen die EU-Mitgliedstaaten am 9. April 1996 die internationale Anerkennung Rest-Jugoslawiens.[506] So wurde Frankreich nur wenige Monate nach der Dayton-Konferenz das erste Land, das Rest-Jugoslawien anerkannte, gewissermaßen als „Racheakt" für die deutsche Anerkennung von Slowenien und Kroatien in den frühen 90er Jahren. Die anderen EU-Mitgliedstaaten sahen sich gezwungen, dem Schritt Frankreichs zu folgen. Deutschland war der letzte Staat, der Rest-Jugoslawien anerkannte. Es realisierte sofort den Druck auf Belgrad durch die Unterzeichnung eines Vertrags mit der serbischen Regierung über die Rückkehr von 130.000 Kosovo-Albaner, die in Deutschland Asyl beantragt hatten,[507] weil sie wegen polizeilicher und sozialer Repression durch Belgrad gezwungen waren zu fliehen.

Natürlich war dieses Handeln der EU-Mitgliedstaaten beunruhigend für die Kosovo-Albaner, weil ihre Angelegenheit nicht in Richtung einer Lösung vorangetrieben, sondern nur marginalisiert wurde, während die serbische Repression im Kosovo sich sogar noch mehr verschärfte. Als das Abkommen von Dayton abgeschlossen wurde, glaubten einige, dass der „Republika Srpska" ein höherer Status in Bosnien-Herzegowina als dem Kosovo innerhalb Serbiens

---

[504] Siehe Shala, Blerim: Vitet e Kosovës 1998-1999, Prishtinë 2003, S. 21 f.
[505] Clewing, Konrad: Amerikanische und französische Kosopolitik vor Dayton, in: SOE, 45 (1992) 1/2, 179-186.
[506] Vgl. Bendiek, Annegret: Der Konflikt im ehemaligen Jugoslawien und die Europäische Integration, Wiesbaden 2004, S. 68.
[507] Vgl. Troebst, Stefan: In Dayton vergesen: Die deutsche Balkanpolitik schürt den Konflikt zwischen Serben und Albanern im Kosovo, in: Der Tagesspiegel, 31.05.1996.

gewährleistet werde. Obwohl das Kosovo Teil der Jugoslawischen Föderation war und eigene Grenzen hatte sowie eine ethnische Zusammensetzung von 90% Albanern aufwies, wurde das Kosovo-Problem als Angelegenheit nationaler Minderheiten innerhalb Rest-Jugoslawiens behandelt, wohingegen die „Republika Srpska", die basierend auf Völkermord und ethnischen Säuberungen[508] geschaffen wurde und keine rechtliche Existenz im Vorkriegs-Jugoslawien hatte, einen staatsähnlichen Status innerhalb des Staates Bosnien-Herzegowina gewann. In dieser Situation hatten die Vertreter des Kosovo in Brüssel ihre Sorge wegen der verfrühten Anerkennung Rest-Jugoslawiens durch die EU vorgebracht. Die Führer der albanischen politischen Parteien warnten in einem offiziellen Protest Brüssel vor den unvorhersehbaren Folgen aufgrund der diplomatischen Anerkennung, die sozusagen die serbische Politik der Aggression legitimiere.[509] Aber die EU begnügte sich mit einem Appell, gerichtet an Belgrad im April 1996, und trug darin eine deklarative Mahnung an die serbische Regierung, „*dem Kosovo eine weitreichende Autonomie*" zu gewährleisten, und zudem eine „tiefe Besorgnis" wegen der Situation der Menschenrechte und der Minderheiten in Rest-Jugoslawien vor. In der Tat geschah die Anerkennung von Rest-Jugoslawien in Abweichung von den eigenen EG-Kriterien vom Dezember 1991, wonach ein Staat nur anerkannt wird, wenn eine Garantie für die Achtung der Rechte der nationalen Minderheiten und Volksgruppen gegeben ist. Außerdem hielt sich die EU in diesem Fall auch nicht an die eigens vorgegebenen Pflichten für Rest-Jugoslawien, das das Projekt der Konferenz über Jugoslawien von 1991 respektieren musste (das sogenannte „Carrington Project"), das einen besonderen Status für die neuen Staaten vorsah, die aus dem ehemaligen Jugoslawien entstanden waren.[510]

Diese alte Position hätte den bereits bekannten Standpunkt der EU gegen eine Änderung des territorialen Status quo Rest-Jugoslawiens gestärkt. Stattdessen wurde erneut die alte Idee des „Dialogs" und der „vertrauensbildenden Maßnahmen" proklamiert.[511] Auf diese Weise konnte Serbien sich nach dem Dayton-Abkommen beruhigt fühlen, weil die EU seine Grenzen, innerhalb derer sich auch das Kosovo befand, als internationale Grenzen anerkannte.

Auf der anderen Seite brachte die US-Regierung ihre Wut gegen die Haltung der EU in Bezug auf die einseitige Vermeidung einer gemeinsamen Linie gegenüber Rest-Jugoslawiens zum Ausdruck. Im Gegensatz zur EU schränkte die USA die Aussetzung des „*outer wall of sanctions*" gegen Rest-Jugoslawien vom Beginn des Dialogs an zwischen Serbien und den Vertretern der Kosovo-Albaner mit der Forderung nach deutlicher Verbesserung der Menschenrechte im Kosovo ein.[512] Die Amerikaner verkündeten, dass diese Position auch ohne die Unterstützung der europäischen Verbündeten gehalten werde und auch die diplomatische Anerkennung Rest-Jugoslawiens bis dahin abgelehnt werde, da wesentliche Fortschritte im Bezug auf die Beilegung des Kosovo-Konfliktes erreicht werden müssten.[513]

---

[508] Vgl. „Jovanović's statement prompts debate on Republika Srpska",
http://newsdemo.atlasproject.eu/asset_demo/news/details/en/details.html?hl=%D0%98%D0%B2%D0%B8%D1%86
%D0%B0%20%D0%94%D0%B0%D1%87%D0%B8%D1%87&ci=1e01ff2e-b609-4c25-a3be-3382e87a043a.
[509] Vgl. Lipsius, Stephan: Untergrundorganisationen im Kosovo – Ein Überblick, in: SOE 47:1-2 (1998), 75-82.
[510] Vgl. Pippan, Christian: Die Herausforderungen der Kosovo-Frage für die Europäische Union vor dem Hintergrund des Statusprozesses, in: Georg Nolte / Peter Hilpold (Hrsg.): Auslandsinvestitionen – Entwicklung großer Kodifikationen – Fragmentierung des Völkerrechts – Status des Kosovo, Frankfurt a.M. 2008, S. 231-258 (237).
[511] Reuter, Jens: Die Kosovo-Politik der internationalen Gemeinschaft in den neunziger Jahren, in: Konrad Clewing / Jens Reuter (Hrsg.): Der Kosovo-Konflikt. Ursachen, Akteure, Verlauf, München 2000, S. 321-334 (323).
[512] Vgl. Jureković, Predrag: Die politische Dimension des Krieges im Kosovo und in der BR Jugoslawien, in: Erich Reiter (Hrsg.): Der Krieg um das Kosovo 1998/99, Mainz 2000, S. 39-80 (43).
[513] OMRI Daily Report vom 10. Mai 1996, zitiert nach Glawe, Robert: Der Zerfall Jugoslawiens, in: *Wissenschaft & Sicherheit online* 5/2006, 20,
http://www.sicherheitspolitik.de/uploads/media/wus_05_2006_DerZerfallJugoslawiens-WiSiOnline.pdf.

Es muss zugegeben werden, dass der „*outer wall of sanctions*"einen signifikanten Einfluss im Jahr 1996 hatte. In der Tat ist diese Maßnahme der USA nicht nur ein Ausgleich für die inkonsistente Haltung der EU in Bezug auf das Kosovo, sondern disziplinierte bis zu einem gewissen Grad die repressive Politik Belgrads gegenüber den Albanern, und die Zahl der Stimmen für den Dialog mit den Albanern begann zu wachsen.[514] Weitere Zeichen für die größere Zurückhaltung des serbischen Regimes waren die Eröffnung eines Büros des UN-Hochkommissars für Flüchtlinge (UNHCR) in Prishtina und die Eröffnung des „Information Office" der Vereinigten Staaten im Juli 1996.[515] Natürlich wurde an eine solche internationale Präsenz die Hoffnung geknüpft, dass die Kosovo-Frage und das Schicksal der Albaner zumindest von den Amerikanern, deren Einfluss in dieser Phase eine deutliche Überlegenheit im Vergleich zur EU markierte, nicht aufgegeben wurde. Und an diesem Punkt sollte die Antwort beim großen amerikanischen Einfluss im Kosovo im Zusammenhang mit der EU gesucht werden.

Es schien, dass die Haltung der USA die Vereinten Nationen „wiederbelebte", die am 12. Dezember 1996 einen Appell and die Belgrader Behörden richteten, in dem gefordert wurde, den Aufbau demokratischer Institutionen im Kosovo, einschließlich des Parlaments und der Justiz, zu ermöglichen sowie den Willen des Volkes als bestes Mittel zu respektieren, um die Eskalation des Konflikts zu vermeiden und einen konstruktiven Dialog mit den Vertretern der Albaner zu beginnen.[516] Zur gleichen Zeit kam die Antwort von der EU bzw. dem Europäischen Auswärtigen Kommissar Hans van den Broek, der erklärte, dass die Frage der Beziehungen der EU zu Rest-Jugoslawien nicht losgelöst von der Frage des Kosovo betrachtet werden kann. In dieser Hinsicht ist die Rückkehr des erneuten Interesses der EU an der Frage des Kosovo auch in Zusammenhang mit der Eröffnung des EU-Informationsbüros im Kosovo zu sehen. Jedoch ist dieses Interesse nicht über die konstante Haltung der EU hinausgegangen, dem Kosovo wieder die Autonomie, die es bis 1989 hatte, zurückzugeben.[517]

Es ist offensichtlich, dass auch in der Post-Dayton-Periode die Rolle der Gemeinsamen Außen- und Sicherheitspolitik der EU in Bezug auf Kosovo sich an die Linie der temporären Lösung hielt, die in jeder Variante die Unabhängigkeit des Kosovo außer Acht ließ. Diese Position der EU machte es möglich, dass sich Serbien und das repressive Milošević-Regime behaglich fühlen konnten. Daher wurde in den Augen der Kosovo-Albaner die Vermittlerrolle der europäischen Diplomatie durch negative Assoziationen überschattet. „*Die Anerkennung Jugoslawiens durch die Europäische Union nach der Dayton-Konferenz hat sicherlich viel beeinflusst*",[518] schätzt Tim Judah. Mit diesem Schritt verlor die EU-Außenpolitik ihr letztes Mittel, um Druck auf Belgrad ausüben zu können, nachdem durch die Anerkennung Rest-Jugoslawiens, das Kosovo *de jure* als interne Angelegenheit von Belgrad gesehen wurde. Daher versagte die EU mit der Anerkennung Rest-Jugoslawiens ein weiteres Mal im Bereich der Außenpolitik.[519]

4.5. Differenzen zwischen der EU und den USA in der Kosovo-Frage

Im 20. Jahrhundert waren die USA das Land mit dem entscheidenden Einfluss in den internationalen Beziehungen. „*Seit Amerika auf der Bühne der internationalen Politik im Jahre 1917 aufgetreten war, hatte es eine kräftemäßige Überlegenheit und war überzeugt von seinen Idealen der*

---

[514] Siehe Malcolm, Noel: Kosovo. A Short History, London 1998, S. 355.
[515] Dufour, Pierre: Kosova. Paqja e shpërfilluar, S. 124 f.
[516] Petritsch / Kaser / Pichler: Kosovo/Kosova: Mythen, Daten, Fakten, Klagenfurt u.a. 1999, S. 199.
[517] „Van den Broek Meets FRY Foreign Minister", Together in Europe – Newsletter for Central Europe, No. 100, 15.12.1996; Besuch von Außenminister Milutinovic bei der Kommission am 26. November, in: *Bull.-EU* 11-96, S. 96.
[518] Judah, Tim: Kosova – Luftë dhe Hakmarrje, Prishtinë 2002, S. 160.
[519] Sell, Luis: „Fakte të reja për Kosovën e viteve 1991-1999", in: *Zëri*, 29.01.2003, S. 8.

Gerechtigkeit, so dass die amerikanischen Werte in die wichtigsten internationalen Abkommen eingebettet wurden – ausgehend vom Völkerbund und vom Kellogg-Briand-Pakt bis zur Charta der Vereinten Nationen und der Schlussakte von Helsinki", schrieb Henry Kissinger.[520] Nach dem Ende des Zweiten Weltkriegs war die europäische Wirtschaft total zerstört, und die europäischen Staaten waren nicht nur wirtschaftlich von den Vereinigten Staaten von Amerika abhängig, sondern auch politisch und militärisch wegen der Bedrohung durch die Sowjetunion. Das Konzept der amerikanischen Politik dieser Zeit wollte nicht nur einen wirtschaftlich und politisch starken europäischen Partner konsolidieren, sondern auch dazu beitragen, eine Struktur aufzubauen, die die Sicherheitsinteressen Nordamerikas sichern würde.

Die Jahre 1989 und 1990 wurden durch den Fall der Berliner Mauer und den Zusammenbruch des sozialistischen Systems in Osteuropa geprägt. Damals spielte Jugoslawien eine zweitrangige Rolle und die verfassungsrechtlichen internen Konflikte, die vom Kosovo bis nach Slowenien gingen, wurden von der EG nicht ernst genommen. Erst 1991, nachdem klar wurde, dass solche Konflikte zum Zerfall des multinationalen Jugoslawiens führen könnten, reagierte die EG mit einem Übermaß an Selbstlob, indem sie behauptete, dass dies „die Stunde Europas" sei. In der Tat gab es zwischen der EG und den Vereinigten Staaten von Anfang an Unterschiede in der Herangehensweise an die Krise und den Zerfall Jugoslawiens, und in diesem Zusammenhang auch hinsichtlich der Frage des Kosovo. Die Amerikaner, die seit ihrem Auftreten auf der weltpolitischen Bühne, im Gegensatz zu den Europäern in den europäischen Problemen neutral gewesen sind, gaben den Europäern die Möglichkeit, sich auf dem Balkan zu beweisen. *„Es war die Zeit, als die Europäer einen Schritt nach vorne ergreifen mussten, um die Rolle einer vereinten Kraft spielen zu können. Jugoslawien war der beste Test für sie"*,[521] schreibt der frühere US-Außenminister James Baker in seinen Memoiren. In der Tat gab es signifikante Trends der Europäer seit dem Ende des Kalten Krieges, sich als Konkurrent der USA zu präsentieren, oder genauer gesagt versuchten die Europäer, die Amerikaner so weit wie möglich vom Balkan zu halten.[522] Aber laut Karl Kupchan bleibt die amerikanische internationale Dominanz weiterhin unangefochten durch die Europäer, obwohl sich Europa zunehmend zu einem Hauptkonkurrenten der Vereinigten Staaten entwickelt.[523] In der Tat stärkt die europäische Integration auch die militärischen Elemente und das Auftreten der EU als Einheit im Bereich der Außenpolitik, wobei dies im Falle des Kosovo weiterhin eine unüberwindbare Herausforderung blieb. So ist die Wahrnehmung der Mehrheit der amerikanischen Beobachter korrekt, dass die internationale Gemeinschaft nur dann etwas auf dem Balkan erreichen kann, wenn die Vereinigten Staaten dort engagiert sind.[524]

Die amerikanische Position in der Kosovo-Frage begann nur wenige Monate nach der gewaltsamen Aufhebung der Autonomie durch das Milošević-Regime klarer hervorzutreten, was sich zuerst durch eine autorisierte Stellungnahme des US-State Departments, welches durch den US-Senat genehmigt worden war (18. Juli 1989), zeigte.[525] Auf der anderen Seite gingen zum Zeitpunkt, als der gewaltsame Zerfall Jugoslawiens begann, die europäischen Mächte ihren eigenen spezifischen nationalen Interessen nach, ohne sich auf ein gemeinsames Vorgehen einigen zu können. In diesem Zusammenhang hatte die Kosovo-Frage für die EG keine Priorität. Währenddessen lud der US-Kongress die zwei bekanntesten kosovarischen Politiker, Ibrahim Rugova und

---

[520] Kissinger, Henry: Diplomacy, New York 1994, p. 760.
[521] Siehe „Komuniteti ndërkombëtar dhe Republika e ish-Jugosllavisë", in: *Koha Ditore*, 18.08.2005.
[522] Siehe Ukshini, Sylë; Kosova në politikën e jashtme të BE-së 1991-2007, Shkup, Tiranë, Prishtinë 2008, S. 89-94.
[523] Siehe Kupchan, Charles: Die europäische Herausforderung. Vom Ende der Vorherrschaft Amerikas, Berlin 2003.
[524] Vgl. Paulsen, Thomas: Die Jugoslawienpolitik der USA 1989-1994, Baden-Baden 1995, S. 180.
[525] Vgl. Auerswald, Philip E. / Auerswald, David P. (eds.): The Kosovo Conflict. A Diplomatic History Through Documents, Novell, Mass. / The Hague 2000, p. 36.

Rexhep Qosja, zu einem öffentlichen Auftritt ein, um über die politischen Entwicklungen nach der Aussetzung der Autonomie zu berichten.[526] Ein besonders entscheidender Moment in der amerikanischen Politik gegenüber dem Kosovo ist das „*Christmas Warning*" im Dezember 1992 durch Präsident Bush, das er gegen Slobodan Milošević richtete. Er drohte der serbischen Führung mit Luftangriffen gegen strategische Ziele, falls Belgrad eine militärische Kampagne im Kosovo beginnen sollte.[527] Die wichtigste Kehrtwende der politischen Unterschiede zwischen den USA und den Europäern in Bezug auf das Kosovo wurde unmittelbar nach dem Abschluss der Dayton-Konferenz deutlich, als die Rolle der Vereinigten Staaten in der Frage des Kosovo entscheidend wurde, vor allem durch die sogenannte „Außenwand von Sanktionen" und die wachsende diplomatische Präsenz, zunächst durch das „Information Office" in Prishtina sowie durch ihre Weigerung, Rest-Jugoslawien anzuerkennen.

Insbesondere mit dem Amtsantritt der Clinton-Administration[528] zeichnete sich zunächst in Bosnien und dann im Kosovo die wichtigste Wende in der politischen Entwicklung auf dem Balkan ab. Diese Wende betonte deutlich die entscheidende Rolle der USA und der NATO für die Sicherheit auf dem gesamten europäischen Kontinent nach dem Ende des Kalten Krieges. Daher wurden die USA wie im Fall von Bosnien und Herzegowina zum wichtigsten Akteur für die Beilegung der Kosovo-Frage, die in der Post-Dayton-Periode eine dramatische Wende nahm, obwohl die USA sich noch nicht in der Lage sahen, die Option eines unabhängigen Staates der Kosovo-Albaner zu unterstützen.[529] Allerdings verteidigten die Amerikaner ihre Sichtweise, dass nicht jedes Problem oder jeder Konflikt durch friedliche und langwierige Verhandlungen gelöst werden kann, wie es die Mitgliedstaaten der EU bevorzugten.[530]

„*Der Balkankonflikt zu Beginn des Jahrzehnts enthüllte die militärische Ohnmacht und die politische Uneinigkeit Europas; der Kosovokonflikt am Ende des Jahrzehnts offenbarte die transatlantische Kluft im Bereich der Militärtechnologie und der Fähigkeit zur modernen Kriegsführung, die in den folgenden Jahren nur noch breiter werden sollte. Außerhalb Europas war die Disparität Ende der neunziger Jahre sogar noch offenkundiger, als sich zeigte, das den europäischen Staaten sowohl die Fähigkeiten als auch der Wille fehlte, einzeln oder gemeinsam eine nennenswerte Militärmacht in außereuropäische Konfliktregionen zu projizieren*",[531] schreibt der amerikanische Politologe Robert Kagan. Die Unterschiede zwischen der EU und den USA, die in der Kosovo-Frage im Laufe der 1990er Jahren aufgetaucht sind, sollten im Rahmen der Sicherheitspolitik gesehen werden, insbesondere in der Doktrin von Präsident Bill Clinton über die Balkanländer, die auf der einen Seite eine Politik der serbischen Entmachtung im Balkan verfolgte und auf der anderen Seite die Schaffung eines neuen Systems der geopolitischen Partnerschaft mit den anderen osteuropäischen Staaten ver-

---

[526] Clark, Howard: Civil Resistance in Kosovo, London 2000, p. 89; Ramet, Sabrina P.: Die politische Strategie der Vereinigten Staaten in der Kosovo Krise, in: Konrad Clewing / Jens Reuter (Hrsg.): Der Kosovo-Konflikt. Ursachen, Verlauf, Perspektiven, München 2000, S. 365-380 (369).
[527] Siehe Auerswald, Philip E. / Auerswald David P. (eds.): The Kosovo Conflict. A Diplomatic History Through Documents, Novell, Mass. / The Hague 2000, p. 65; Baliqi, Bekim: Die US-Außenpolitik in Bezug auf Kosovo, *Globi*, Iliria Royal University, Prishtinë, 2008, S. 42-60 (46).
[528] Siehe Clinton, William Jefferson: MyLife, New York 2004.
[529] Vgl. Jureković, Predrag: Die Entwicklung des Konflikts im Kosovo seit „Dayton", in: *Österreichische Militärische Zeitschrift* 35:3 (1997), 309-316 (311).
[530] Bergström, Hans: „Evropa në sytë e Amerikës", in: *Koha Ditore*, 24.05.2004, 11.
[531] Robert Kagan macht in seinem Buch klar: Es geht beim Streit zwischen den USA und Europa nicht um Recht und Moral. Er erinnert daran, dass im 19. Jahrhundert die USA gegenüber den expandierenden europäischen Kolonialmächten den Standpunkt vom unbedingten Vorrang des Völkerrechtes gegenüber den nationalen Interessen vehement vertraten. Damals also redete die Regierung in Washington so wie heute die europäischen Staaten. Siehe Kagan, Robert: Macht und Ohnmacht. Amerika und Europa in der neuen Weltordnung, Berlin 2003, S. 9.

suchte. Die Differenzen in der Kosovo-Frage wurden immer tiefer, vor allem nach dem Ausbruch des Krieges im Kosovo, als die Amerikaner für einen militärischen Einsatz optierten, während die EU eine diplomatische Lösung bevorzugte. In diesem Zusammenhang zeigten der Kosovo-Krieg und die NATO-Militärintervention die große Veränderung in der Fähigkeit der Amerikaner und der Europäer, einen modernen Krieg zu führen. Aber gleichzeitig zeigte dieser den Wert der Unterstützung, die eine Solidarität zwischen den USA und der EU bieten kann.[532] Europa ist kein Gegengewicht zu den Vereinigten Staaten, auch wenn transatlantische Streitigkeiten in Bezug auf den Balkan existieren, was aus einem Interview der ehemaligen US-Außenministerin Albright in der Zeitschrift „Der Spiegel" deutlich wird:

„Die Krise im Kosovo hat einerseits gezeigt, dass Europäer und Amerikaner wegen ihrer unterschiedlichen Auffassung eine lange Zeit mit Konsultationen verbracht haben. Ich brauche in meinem Buch allein drei Kapitel, in denen ich all die Telefonate beschreibe, die nötig waren, um die NATO an Bord zu holen und den Konflikt zu beenden. Aber es war auch ein Paradebeispiel dafür, wie man einen Konflikt internationalisieren kann",[533] sagte Albright.

Die Clinton-Administration war auch besorgt über die politische Stabilität der verbündeten Länder der EU.[534] Die Instabilität des Balkan, die durch eine Welle von Flüchtlingen einen Einfluss auf die wichtigsten EU-Länder hatte, die gleichzeitig auch Mitglieder der NATO waren, ist der Hauptgrund für die NATO-Intervention. Aber ein anderes wichtiges Motiv, warum sich die Vereinigten Staaten für eine militärische Intervention im Kosovo stark machten, war, die Glaubwürdigkeit der NATO zu erhalten. Nach harscher Kritik an den Vereinigten Staaten, die gezwungen waren, das Zögern der NATO-Aktion im bosnischen Krieg zu akzeptieren, nahmen die USA jetzt im Falle des Kosovo die führende Rolle ein, die ihren Höhepunkt in der Stationierung der KFOR und der UN-Zivilverwaltung im Kosovo fand. In Bezug auf diese Unterschiede zwischen den Amerikanern und den Europäern wirft für den Falle einer militärischen Intervention im Kosovo-Krieg Robert Kagan eine grundsätzliche Frage auf: *„ Ob die Europäer 1999 Belgrad bombardiert hätten, wenn die Amerikaner sie nicht zum Handeln gezwungen hätten, ist eine interessante Frage."*[535]

Aber damit war nur das kurzfristige Ziel der politischen Stabilität erreicht, und die Frage des politischen Status des Kosovo blieb weiterhin offen. Die unterschiedlichen Positionen zwischen den USA und einigen EU-Ländern[536] wurden in den Verhandlungen über den Status des Kosovo in den Jahren 2006-2007 und vor allem nach der Unabhängigkeitserklärung deutlich. Bis dahin, so hoffte man, würden alle EU-Mitgliedstaaten der Position der Vereinigten Staaten folgen und die Unabhängigkeit des Kosovo, die auf der Grundlage des Ahtisaari-Plans erklärt wurde, akzeptieren. Die zögerliche Haltung der EU war es, die Russland ermutigte, sein Veto im UN-

---

[532] Madeleine Korbel Albright ging als mächtigste Politikerin der USA in die Geschichte ein. Als erste Frau übernahm sie 1997 unter Präsident Clinton das Außenministerium und repräsentierte ihr Land in unverwechselbarer Manier. Ihre Leistungen sind eindrucksvoll: Albrights Politik trug maßgeblich zur Beendigung des Völkermords im Kosovo bei, sie suchte den Ausgleich mit Jelzins Rußland, im Unterschied zur Bush-Administration bemühte sie sich zusammen mit Bill Clinton ernsthaft um eine Friedenslösung für den Nahen Osten. In ihrer Biografie blickt Madeleine Albright auf eine atemberaubende Karriere und ein hochbewegtes Leben zurück. Vgl. Albright, Madeleine: Madam Secretary – Die Autobiographie, München 2003, S. 494-517.
[533] Das Gespräch mit Madeleine Albright: „Europa ist kein Gegengewicht", in: *Der Spiegel*, 29.09.2003, S. 132-138, http://www.spiegel.de/spiegel/print/d-28721229.html.
[534] Schwabe, Klaus, Weltmacht und Weltordnung. Amerikanische Außenpolitik von 1898 bis zur Gegenwart: Eine Jahrhundertgeschichte, Paderborn 2007, S. 437-449.
[535] Kagan, Robert: Macht und Ohnmacht. Amerika und Europa in der neuen Weltordnung, Berlin 2003, S. 11.
[536] Vgl. „Gefährlicher politischer Stillstand in Kosovo", in: *NZZ*, 30.07.2007, http://www.nzz.ch/nachrichten/politik/international/gefaehrlicher_politischer_stillstand_in_kosovo_1.534498.html.

Sicherheitsrat gegen die Initiative der Vereinigten Staaten und Großbritannien zur Unterstützung des Ahtisaari-Plan einzubringen. Diese Situation veranlasste die USA zu verkünden, dass sie den Kosovo als Staat anerkennen. Aber die Notwendigkeit der Schaffung einer Europäischen Mission EULEX auf Basis des Ahtisaari-Plans verlangte einen breiteren Konsens mit den Europäern. In einer Zeit, als die internationale Troika, USA, EU und Russland, ihre Verhandlungen für weitere 120 Tage fortsetzten, wurde das Engagement der Vereinigten Staaten für die Unabhängigkeit noch deutlicher. Während seines Besuchs in Albanien am 10. Juni 2007 betonte US-Präsident George W. Bush erneut, dass er keine Alternative zur Unabhängigkeit für den Kosovo kenne. *„Wenn es keinen diplomatischen Fortschritt in der Frage des künftigen völkerrechtlichen Status des Gebiets gibt, ‚werden wir uns bewegen müssen' – und ‚das Ergebnis ist die Unabhängigkeit'"*[537], sagte Bush.

Zum Verständnis dieses Ansatzes und der ausgesprochen pro-amerikanischen Haltung der Kosovo-Albaner muss man berücksichtigen, dass diese seit dem Zerfall der österreichisch-ungarischen Monarchie im Jahre 1918, über keinen europäischen „Beschützer" verfügten, der die albanischen Interessen schützen würde, wie dies bei den Serben war, die immer einen großen slawischen Staat, Russland, an ihrer Seite hatten oder die Kroaten und Slowenen Österreich und Deutschland.[538]

Die Balkan-Politik der Vereinigten Staaten bleibt ein Schlüsselfaktor ihres Einflusses in Europa und zeigt, dass eine Politik des Desinteresses schnell zum Verlust ihres politischen Einflusses in Europa führen kann. Darüber hinaus ist die Frage der Beziehungen zwischen den USA und Europa untrennbar mit der Zukunft der NATO verbunden, die sowohl das Kosovo als auch die anderen Ländern des Balkan integrieren will.[539] Diese Verknüpfung sieht auch Henry Kissinger, welcher der jetzigen Herausforderung der NATO besondere Bedeutung beimisst. Darüber hinaus sei die NATO die einzige Institution, die Europa mit den USA in gewisser Weise organisch verbinde. Natürlich gebe es auch ohne NATO gemeinsame Interessen. Aber es gebe keine formalen Institutionen, in denen die USA und Europa bei der Definierung gemeinsamer Probleme teilnehmen.[540] Dies zeigt sich im Kosovo, wo mit all den Unterschieden zwischen den USA und der EU deren gemeinsame Maßnahmen im Bereich der Sicherheit die beste Antwort auf alle sicherheitspolitischen Herausforderungen ist und den gesamten Balkan stabiler macht.

4.6 Zwischenresümee

Während der verfassungsrechtliche Konflikt in Jugoslawien immer mehr zu einem ethnoterritorialen Konflikt wurde, waren die EG und ihre Mitgliedstaaten vor allem damit beschäftigt, eine Neuausrichtung der nationalen Außenpolitiken nach der Auflösung des Ostblocks in Osteu-

---

[537] Bush in Albanien: Für Kosovo-Unabhängigkeit, in: *Die Presse*, 10.06.2007, http://diepresse.com/home/politik/aussenpolitik/309517/Bush-in-Albanien_Fuer-KosovoUnabhaengigkeit; vgl. König, Marietta S.: Auswirkungen der Kosovo-Statusverhandlungen auf das Verhältnis zwischen Russland und der EU sowie auf die De-facto-Staaten im postsowjetischen Raum, in: *OSZE-Jahrbuch* 2007, 39-53; Radio Free Europe / Radio Liberty: Kosovo: ‚Frozen-Conflict' Zones React to Bush's Independence Remarks, 11.06.2007, http://www.rferl.org/content/article/1077075.html.
[538] Vgl. Altermatt, Urs: Etnonacionalizmi në Evropë, Tiranë 1996; „Gefährlicher politischer Stillstand in Kosovo", NZZ, 30.07.2007, http://www.nzz.ch/nachrichten/politik/international/gefaehrlicher_politischer_stillstand_in_kosovo_1.534498.html.
[539] Albanien und Kroatien sind am 04.04.2009 als Mitgliedstaat der NATO beigetreten und offiziell in die NATO aufgenommen worden. Durch den Beitritt der beiden Balkanstaaten erweitert sich das Militärbündnis auf 28 Mitglieder. Siehe „Albanien und Kroatien sind neue NATO-Mitglieder", in: *Spiegel Online*, 01.04.2009, http://www.spiegel.de/politik/ausland/0,1518,616846,00.html.
[540] Kissinger, Henry A.: Die künftigen Beziehungen zwischen Europa und den Vereinigten Staaten, in: *EA* 1992, 671-679 (674).

ropa vorzunehmen. In diesem Zusammenhang wurde ein weiteres besonderes Augenmerk auf die Gefahr des Zusammenbruchs der Sowjetunion und die dringende Aufstockung der Kapazitäten des Managements und auf den Zusammenhalt in der europäischen Außenpolitik vor und nach Maastricht gerichtet. Die Anerkennung der Unabhängigkeit Sloweniens und Kroatiens durch die Bundesrepublik Deutschland ist ein typisches Beispiel für die ineffektiven Bemühungen der europäischen Politik im Rahmen der EPZ. Das Fehlen eines gemeinsamen Willens der EG manifestierte sich im Fall von Bosnien-Herzegowina deutlich, das sich vor der Alternative befand, entweder unter serbischer Herrschaft innerhalb Jugoslawiens zu verbleiben oder sich um seine Unabhängigkeit zu bemühen. Die bosnische Regierung entschied sich im April 1992 für die zweite Variante und traf die Entscheidung zur Erklärung der Unabhängigkeit Bosnien-Herzegowinas nach dem Referendum im März des gleichen Jahres. Aber die Anerkennung durch die EU und die USA erfolgten aufgrund der Zurückhaltung der EU und der Vereinigten Staaten erst, nachdem der Krieg begonnen hatte.

Die EG hatte durch die Badinter-Kommission, die eine weitere Aufschlüsselung der Kriterien für die Anerkennung und Behandlung der Frage der Selbstbestimmung vornahm, einen entscheidenden Einfluss auf den Prozess der Anerkennung neuer Staaten, die aus dem Zerfall Jugoslawiens entstanden. Die Badinter-Kommission erkannte in ihren Gutachten die externe Selbstbestimmung der jugoslawischen Republiken an und wandte die alte Regel des *uti possidetis juris* an.

Durch die erneute Festlegung der Unabhängigkeitserklärungen, basierend auf den administrativen Gebieten der ehemaligen jugoslawischen Republiken, machte die EG deutlich, dass das Recht auf Abspaltung nur den Republiken des jugoslawischen Staates zuerkannt werde. Es ist klar, dass die EG dem klassischen Modell für die internationale Anerkennung eines Staates folgte, unter Berücksichtigung der Existenz einer Regierung, die eine effektive Kontrolle über das Gebiet und seine Bevölkerung hat. Auf dieser Grundlage begegnete die EU dem Begehren des Kosovo auf verfassungsrechtliche Selbstbestimmung mit einer restriktiven Perspektive und weigerte sich bis zum Ahtisaari-Plan (2007), das Recht des Kosovo auf Staatlichkeit anzuerkennen.

5. Das Kosovo und die Außen- und Sicherheitspolitik der EU in der zweiten Hälfte der 1990er Jahre

5.1. EU-Politik nach Dayton und ihre Folgen

In der ersten Hälfte der 90er Jahren hatte die internationale Gemeinschaft wenig auf die explosive Kosovo-Problematik geachtet. Tatsächlich hat die Bush-Regierung sowie auch jene von Clinton Belgrad vor einer Eskalation im Kosovo in den sogenannten „Christmas Warnings"[541] gewarnt, was jedoch ohne Erfolg blieb. Der Schwerpunkt der Dayton-Verhandlungen im Jahr 1995[542], die den Höhepunkt des internationalen diplomatischen Engagements im ehemaligen Jugoslawien kennzeichnen, war die Beendigung des Krieges in Bosnien-Herzegowina.[543] Dieses Ereignis hatte zwei parallele Auswirkungen: Erstens stellte es ein Defizit beim Engagement der Gemeinsamen Außen- und Sicherheitspolitik der EU in der Balkan-Krise dar, und zweitens wurde die Behandlung des Kosovo-Problems auch in der folgenden Periode, die bis Anfang 1998 andauerte, vermieden. Der britische Balkan-Experte James Pettifer kritisierte teilweise die europäischen Regierungen und vor allem die konservative Regierung in London für die Nichteinbeziehung der Kosovo-Problematik in die Dayton-Verhandlungen und auch für die Blockade der US-Pläne für eine militärische Intervention in der Jugoslawien-Krise[544] im Jahre 1993 aufgrund ihrer pro-serbischen Haltung.

In der Tat ging mit den Dayton-Verhandlungen[545] die diplomatische Initiative auf die USA über, die Herr der Lage geworden waren, während die EU-Außenpolitik ein Fiasko erlitten hatte. Bezüglich dieser Situation hat der ehemalige NATO-Kommandeur General Wesley Clark eine Erklärung; er sagte, dass die Europäer sich durch die Vereinbarung der Amerikaner gedemütigt fühlten. Um das Gesicht der Europäer zu wahren, seien die Amerikaner darum bemüht gewesen, dass die Unterzeichnungszeremonie in Europa erfolgen sollte.[546] Allerdings schuf die Unterzeichnung des Abkommens von Dayton in Paris einen Handlungsraum, „einen konstruktiven Ausgangspunkt" für eine neue Außenpolitik der EU, die den gesamten Balkan abdecken sollte.

Unter anderen machte die Internationale Konferenz von Dayton drei grundlegende Fehler: Erstens wurde während des Lösungsprozesses Slobodan Milošević erlaubt, die bosnischen Serben zu vertreten.[547] Zweitens wurden die Vertreter des Kosovo nicht eingeladen.[548] Drittens legitimierte abschließend diese internationale Konferenz die „Republika Srpska", die durch Gewalt und ethnische Säuberungen entstanden war. Obwohl nach Absatz 7 des Dayton-Abkommens die Unterzeichner verpflichtet sind, die Rückkehr der vertriebenen und deportierten Bevölkerung in ihre Häuser zu ermöglichen, akzeptierten sie die Ergebnisse des Krieges.

Allerdings gab es in Dayton zumindest eine formalrechtliche „Neuheit" im Vergleich zu Lausanne, als die internationale Gemeinschaft 1923 die *ultima ratio* als „Lösung" anerkannt und

---

[541] Daadler, Ivo / O'Hanlon Michael: Winning Ugly. NATO's War to Save Kosovo, Washington, D.C. 2000, p. 29.
[542] Siehe Dayton Peace Accords. General Framework Agreement for Peace in Bosnia and Herzegovina, Annex 7: Agreement on Refugees and Displaced Persons, available at https://avalon.law.yale.edu/20th_century/day01.asp.
[543] Hierzu siehe: Calic, Marie-Janine: Krieg und Frieden in Bosnien-Hercegovina, erweiterte Neuausgabe, Frankfurt a.M. 1996; Petritsch, Wolfgang: Bosnien und Herzegovina 5 Jahre nach Dayton. Hat der Friede eine Chance? Klagenfurt, Wien, Ljubljana, Tuzla, Sarajevo 2001; Ukshini, Sylë: Nga lufta në paqe, Prishtinë 2004, S. 73.
[544] Pettifer, James: Kosova Express: A Journey in Wartime, London 2005, p. 69.
[545] Vertragsstaaten der Vereinbarung von Dayton sind die Republiken Bosnien und Herzegowina, Kroatien und Jugoslawien (Serbien und Montenegro).
[546] Siehe Clark, Wesley K.: Të bësh luftë moderne, Prishtinë 2001, S. 97.
[547] Vgl. Weller, Marc: Contested Statehood: Kosovo's Struggle for Independence, Oxford 2009, p. 76.
[548] Vgl. Biermann, Rafael: Lehrjahre im Kosovo: Das Scheitern der internationalen Krisenprävention vor Kriegsausbruch, Paderborn u.a. 2006, S. 471-475.

den obligatorischen Austausch der griechischen und türkischen Bevölkerung akzeptiert hatte.[549] Das Abkommen von Dayton bereitete den Weg der Ungleichheit zwischen den Parteien in Bosnien-Herzegowina vor.[550] Die einzige Garantie dieser Vereinbarung war die internationale Truppe, bestehend aus einer Mehrheit der NATO-Staaten, nämlich der EU, die nach der Unterzeichnung der Vereinbarung in Bosnien-Herzegowina stationiert wurden. Während den bosnischen Serben der Status der Republik zuerkannt wurde, wurde die Kosovo-Frage außer Acht gelassen.

Zudem legitimierten die EU und die internationale Gemeinschaft mit der Anerkennung nicht nur Rest-Jugoslawien (Serbien und Montenegro), sondern behandelten die Kosovo-Frage als internes Problem Belgrads und als „bloße" Angelegenheit der Menschenrechte.[551]

„Milošević musste daraus den Schluss ziehen, dass der Westen am Schicksal der Kosovo-Albaner nicht wirklich interessiert ist. Und so unrecht hatte er damit gar nicht: Es ist eine bittere Ironie, dass die Kosovo-Albaner gerade deshalb nicht das Interesse des Westens auf sich ziehen konnten, weil sie sich als einzige Volksgruppe im Balkankonflikt sehr lange Zeit strikt friedlich verhielten",[552] resümiert Richard Herzinger.
Die Nichtachtung der friedlichen albanischen Bewegung durch Dayton bedeutete trotz der Sympathie und der moralischen Unterstützung der Europäischen Union[553] sowie anderer internationaler Faktoren, dass dies nicht der Weg war, über den das Recht auf Abspaltung von Belgrad erreicht werden konnte. Zur Teilnahme an den Verhandlungen in Dayton wurden diejenigen eingeladen, die gekämpft hatten. Das Daytoner Abkommen ist ein Friedensabkommen, das zwischen an den Kriegen in Kroatien und Bosnien-Herzegowina beteiligten Parteien erreicht wurde,[554] erklärte Robert Perina, Chef der US-Botschaft in Belgrad und Teilnehmer an den Dayton-Verhandlungen. Es war offensichtlich, dass der EU weiterhin die Kapazitäten und eine Kohäsionsstrategie fehlten, um das Problem des Kosovo im Rahmen der allgemeinen Krise im ehemaligen Jugoslawien anzugehen. Die Balkan-Politik der EU reduzierte alles auf die anerkannte Rhetorik der Menschenrechte.[555] Daher war ihr Ansatz defensiver als in den frühen 1990er Jahren des 20. Jahrhunderts.

Die EU erkannte von Anfang an, dass die Nachfolgestaaten des ehemaligen Jugoslawiens Hilfe brauchen würden, um demokratische und wirtschaftliche Reformen durchführen zu können. Zu diesem Zweck führte die EU im Oktober 1995 das Konzept des „regionalen Ansatzes" ein.[556] Neben der langsamen Politik zielte die EU darauf ab, die neuen Staaten, die aus dem ehemaligen Jugoslawien entstanden waren, zu beeinflussen, um sich gegenseitig anzuerkennen und damit die Hindernisse für die Rückkehr der Flüchtlinge und für die erfolgreiche Konsolidierung des Frie-

---

[549] Vgl. Sundhaussen, Holm: Von „Lausanne" nach „Dayton". Ein Paradigmenwechsel bei der Lösung ethnonationaler Konflikte, in: Rüdiger Hohls / Iris Schröder / Hannes Siegrist (Hrsg.): Europa und die Europäer. Quellen und Essays zur modernen europäischen Geschichte, Stuttgart 2005, 409-414; Sundhaussen, Holm: Nur Menschen können frei sein, nicht Territorien, Forum für Politik, Ökonomie, Kultur 25:3 (2007), 39-43.
[550] Vgl. Davutoglu, Ahmet: Thellësia strategjike. Pozita ndërkombëtare e Turqisë, Shkup, Prishtinë, Tiranë 2010, S. 366.
[551] Vgl. Auswärtiges Amt (Hrsg.): Deutsche Außenpolitik 1995: Auf dem Weg zu einer Friedensregelung für Bosnien und Herzegowina: 53 Telegramme aus Dayton. Eine Dokumentation, Bonn 1995, S. 67.
[552] Herzinger, Richard: Unheiliger Wahnsinn hockt über grimmigen Waffen. Vom Versagen des Westens zum Krieg der Werte, in: Thomas Schmid (Hrsg.): Krieg im Kosovo, Hamburg 1999, S. 243-268 (260 f.).
[553] Neubeck, Anne von: Die Europäische Union als außenpolitischer Akteur – Konfliktmanagement auf dem Balkan, Norderstedt 2002, S. 85.
[554] Siehe Shala, Blerim: Vitet e Kosovës 1998-1999, Prishtinë 2000, S. 22.
[555] Petritsch / Kaser / Pichler (Hrsg.): Kosovo/Kosova: Mythen, Daten, Fakten, Klagenfurt u.a. 2005, S. 196.
[556] Vgl. Schlussfolgerungen des Rates zum ehemaligen Jugoslawien vom 30. Oktober 1995, in: *Bull.-EU* 10-1995, S. 99 f.; Lippert, Barbara: Mittel- und Osteuropa, in: *Jahrbuch der Europäischen Integration* 1996/97, 231-240 (238 f.).

dens in der Region zu beseitigen.[557] Dies wurde besonders deutlich im Fall der Wiederaufnahme Rest-Jugoslawiens in die europäischen Strukturen und in die relevanten internationalen Institutionen. Diesbezüglich gab der EU-Rat die Anerkennung Rest-Jugoslawiens durch die Mitgliedstaaten in einer Erklärung im April 1996 bekannt, verknüpft mit der Bedingung der Garantie der Menschenrechte und Minderheitenrechte im Kosovo, um die vollständige Normalisierung der Beziehungen mit der internationalen Gemeinschaft gewährleistet zu bekommen.[558] In der Zwischenzeit hatte sich auch der international unbekannte Präsident des Kosovo, Ibrahim Rugova, an Brüssel gerichtet, um die Position des Kosovo zu erläutern und um die europäischen Diplomaten über die fehlende Dialogbereitschaft Belgrads zu informieren.

Doch nur wenige Monate nach dem Friedensabkommen von Dayton tauchten im Westen unter den EU-Mitgliedstaaten Unterschiede hinsichtlich des Umgangs mit Belgrad auf. So hat Frankreich im Jahre 1996, ohne eine Vereinbarung mit den europäischen Partnern zu treffen, die Bundesrepublik Jugoslawien (nun bestehend aus Serbien und Montenegro) einseitig anerkannt[559] und war gegen eine Verbindung der Suspendierung von Sanktionen mit dem Kosovo-Problem.[560] Deutschland vertrat eine striktere Haltung gegenüber Serbien, ähnlich jener von 2011, indem es die Frage des EU-Kandidatenstatus für Serbien mit der Bedingung der Auflösung der illegalen Parallelstrukturen im Kosovo und der Normalisierung der Beziehungen mit Prishtina verband. Allerdings folgten Deutschland, Großbritannien, Italien und die Niederlande der französischen Rücksichtslosigkeit, nicht dagegen die USA. Diese Art der Anerkennung Rest-Jugoslawiens erinnert an das abweichende Verhalten unter den europäischen Ländern im Jahr 1991 in Bezug auf die Frage der Anerkennung neuer Staaten. Die EU war erneut unfähig, mit einer Stimme zu sprechen und die Kohärenz in der Außen- und Sicherheitspolitik zu zeigen, die mit großen Erwartungen durch den Vertrag von Maastricht[561] angekündigt worden war.

Mit dieser Anerkennung, zusammen mit der fehlenden Einbindung der Achtung der Menschenrechte im Kosovo, verlor die EU-Außenpolitik die Druckmittel gegen Rest-Jugoslawien. Auch geschah die Anerkennung Rest-Jugoslawiens entgegen der Empfehlung des Europäischen Parlaments vom 29. Februar 1996, in der unter anderem festgestellt wurde:

„Das Parlament äußert die Befürchtung, dass die Verfolgung der albanischen Mehrheit im Kosovo durch die Regierung der neuen Bundesrepublik Jugoslawien (Serbien/Montenegro) zu einem bewaffneten Konflikt im Kosovo führen könnte. Im Einklang mit Artikel J.7 des Vertrags über die Europäische Union empfiehlt es dem Rat, in einer Gemeinsamen Aktion gemäß Artikel J.3 des Vertrags über die Europäische Union zu beschließen, dass die volle diplomatische Anerkennung der neuen Bundesrepublik Jugosla-

---

[557] Neubeck, Arne von: Die Europäische Union als außenpolitischer Akteur – Konfliktmanagement auf dem Balkan, Norderstedt 2002, S. 87.
[558] *Bull.-EU* 4-1996, Ziffer 1.4.7; Neubeck, Arne von: Die Europäische Union als außenpolitischer Akteur – Konfliktmanagement auf dem Balkan, Norderstedt 2002, S. 88.
[559] Manche Autoren meinen sogar, dass dies als französische Gegenleistung bei Geheimverhandlungen mit Belgrad 1995 in Aussicht gestellt worden war. Damals hatte die serbische Führung mitgeholfen, dass zwei französische Bomberpiloten, die sich in der Hand der bosnischen Serben befunden hatten, freigelassen worden waren. Sehr bald folgten die wichtigsten EU-Mitgliedstaaten wie Großbritannien und Deutschland dem Beispiel Frankreichs und erkannten die BR Jugoslawien als eigenen Staat an. Vgl. Reuter, Jens: Die Kosovo-Politik der internationalen Gemeinschaft in den neunziger Jahren, in: Konrad Clewing / Jens Reuter (Hrsg.): Der Kosovo-Konflikt. Ursachen, Akteure, Verlauf, München 2000, S. 321-334 (323).
[560] Dammann, Michael: Internationale Bearbeitung des Kosovokonfliktes 1990-1999, Trierer Arbeitspapiere zur Internationalen Politik Nr. 3, Universität Trier, 2000, S. 36; Neubeck, Arne von: Die Europäische Union als außenpolitischer Akteur – Konfliktmanagement auf dem Balkan, Norderstedt 2002, S. 87.
[561] Vgl. Dammann, Michael: Internationale Bearbeitung des Kosovokonfliktes 1990-1999, S. 36; Neubeck, Arne von: Die Europäische Union als außenpolitischer Akteur, S. 37.

wien und die Aufhebung aller gegen sie noch geltenden Sanktionen davon abhängen, ob eine umfassende und zufriedenstellende Regelung zwischen Slobodan Milošević und den gewählten Vertretern der Bevölkerung des Kosovo erzielt wird. Ferner äußert das Parlament den Wunsch, dass die Kommission im Kosovo ein Büro einrichtet."[562]
Im Fall der schnellen Anerkennung von Rest-Jugoslawien versuchte die EU allerdings, ihren Schritt damit zu rechtfertigen, dass dies zu einer engeren Zusammenarbeit mit Belgrad führen könne und damit eine politische Lösung des Kosovo-Problems durch Bedingungen erleichtert werde. Dies war eine typische Vorgehensweise der EU; bei Abwesenheit einer kohärenten Außen- und Sicherheitspolitik galt es, mit dieser Strategie der Verzögerung der Angelegenheiten Zeit zu gewinnen. Eine solche ähnliche Position der Europäer gab es im Februar 2012, als Serbien der Kandidatenstatus für die EU erteilt wurde, obwohl Belgrad die Hauptbedingungen Brüssels nicht erfüllt hatte: den Abbau illegaler Sicherheitsstrukturen im Kosovo und die Normalisierung der Beziehungen zwischen dem Kosovo und Serbien sowie die Ausdehnung der Autorität der EULEX im Norden des Kosovo.[563]

Die frühzeitige Anerkennung Rest-Jugoslawiens[564] bedeutete vor allem das Scheitern der albanischen Führung, die Anerkennung der Unabhängigkeit des Kosovo zu erreichen, weil sie bedeutete, dass das Kosovo Teil Serbiens bleibt. Außerdem setzte die EU im September 1996 die wichtigsten Sanktionen gegen Rest-Jugoslawien aus, obwohl das Europäische Parlament fortdauernde Menschenrechtsverletzungen im Kosovo festgestellt hatte.[565] Dieser voreilige Schritt der Europäer stieß auf die Kritik der Vereinigten Staaten, die die sogenannte „äußere Mauer von Sanktionen" gegen Belgrad aufrecht erhielten und deren Beseitigung mit der Lösung der Kosovo-Frage verknüpften. In der Sicht der Kosovo-Albaner wurde dieser EU-Schritt der bedingungslosen Anerkennung Rest-Jugoslawiens als Legitimierung der serbischen repressiven Politik interpretiert.[566] Dieses Vorgehen stand im Widerspruch zu den im Dezember 1991 beschlossenen Grundsätzen der Europäischen Gemeinschaft[567] und den Stellungnahmen der Badinter-Kommission.[568] Der wacklige Kurs der EU gegenüber Belgrad kam nach der leichtfertigen Einschätzung, die „konstruktive und integrative Politik" Miloševićs könne als Garant des internationalen Übereinkommens von Dayton dienen.

---

[562] *Bull.-EU* 1-2-1996, Ziffer 1.4.110. Natürlich gilt es zu bedenken, dass die Kompetenzen des Europäischen Parlaments im Rahmen der GASP nach Art. J.7. EUV auf Anhörung und Unterrichtung beschränkt blieben; somit ging von derartigen Stellungnahmen keinerlei bindende Wirkung aus. Siehe Neubeck, Arne von: Die Europäische Union als außenpolitischer Akteur, S. 87.
[563] Vgl. „Serben ärgern sich über Merkel. Wütende Reaktionen auf Forderungen zum Kosovo", in: *Der Tagesspiegel*, 20.12.2011.
[564] Siehe dazu Hille, Saskia: Völkerrechtliche Probleme der Staatenanerkennung bei den ehemaligen jugoslawischen Teilrepubliken, München 1996, S. 55-66.
[565] Vgl. Giersch, Carsten: Die Europäische Union und der Krieg in Kosovo, in: Konrad Clewing / Jens Reuter (Hrsg.): Der Kosovo-Konflikt. Ursachen, Akteure, Verlauf, München 2000, S. 499-512 (501).
[566] Vgl. Lipsius, Stephan: Untergrundorganisationen im Kosovo – Ein Überblick, in: *SOE* 47:1-2 (1998), 75-82.
[567] Vgl. Erklärung zu den Richtlinien für die Anerkennung neuer Staaten in Osteuropa und in der Sowjetunion. Beschlüsse der EG-Außenminister zur Anerkennung neuer Staaten, Außerordentliche EPZ-Ministertagung in Brüssel, 16. Dezember 1991, in: *EA* 3/1992, D 120-121.
[568] Vgl. Pellet, Alain: The Opinions of the Badinter Arbitration Committee. A Second Breath for the Self-Determination of Peoples, in: *EJIL* 3 (1992), 178-185; Opinions of the Arbitration Commission, in: Bertrand G. Ramcharan (ed.): The International Conference on the Former Yugoslavia. Official Papers, Vol. 2, The Hague 1997, pp. 1259-1302; Radan, Peter: Post-Secession International Borders: A Critical Analysis of the Opinions of the Badinter Arbitration Commission, in: *Melbourne University Law Review* 24 (2000) 50-76; Rich, Roland: Recognition of States: The Collapse of Yugoslavia and the Soviet Union, in: *EJIL* 4 (1993), 36-65; Türk, Danilo: Recognition of States: A Comment, in: *EJIL* 4 (1993), 66-71.

Trotz dieses Fehltrittes der Europäer, der von Belgrad als Zeichen verstanden wurde, dass die EU von nun an die Kosovo-Frage als innere Angelegenheit Rest-Jugoslawiens betrachte, versuchte die EU, eine diplomatische Initiative zur Errichtung eines politischen Dialogs zwischen Serbien und den Kosovo-Albanern zu unternehmen. Aber die Initiative, die finanziert war vom EU „*Conflict Prevention Network*", einem Netzwerk von Experten und Wissenschaftlern, das verpflichtet war, der EU Vorschläge für die Lösung des Kosovo-Problems anzubieten, hatte keine Auswirkungen und führte zu keinem konkreten Ergebnis.[569] Dieser ineffiziente Ansatz der EU in Bezug auf Kosovo führte zu einem weiteren Verlust an Glaubwürdigkeit der europäischen Außenpolitik.

Ein wichtiges Signal während dieser Zeit war die erfolgreiche Initiative der Vermittlung der italienischen katholischen Organisation *Comunitá di Sant' Egidio*, die in der Lage war, die Unterzeichnung eines Abkommens zwischen Rugova und Milošević zur Lösung des Problems der kosovo-albanischen Bildung zu vermitteln, die die tatsächliche Aufhebung der ethnischen Diskriminierung in den Schulen und der Universität von Kosovo bewirkte. Das Ziel war klar gesetzt, indem die Gespräche von der Frage der Bildung schrittweise zur politischen Statusfrage des Kosovo führen sollten.[570] Obwohl auch diese Vereinbarung nicht umgesetzt wurde, hatte sie ein großes positives Echo in der internationalen Gemeinschaft, so dass alle Resolutionen und Dokumente der UN, EU, OSZE und der Kontaktgruppe sich auf ein solches Dokument beriefen.[571]

Während Milošević weiterhin das Daytoner Abkommen als politisches Werkzeug verwendete, um seine Macht in Serbien zu festigen und sein eigenes Image als Garant des Friedens zu verbessern, wurde die Rückkehr Belgrads in die Vereinten Nationen, die OSZE, die Weltbank und den Internationalen Währungsfonds vom Westen mit dem konstruktiven Dialog zwischen den serbischen und kosovo-albanischen Vertretern und mit einer deutlichen Verbesserung der Situation der Menschenrechte im Kosovo begründet.[572] Gleichzeitig wurde die Notwendigkeit der Bewahrung der territorialen Integrität Rest-Jugoslawiens unterstrichen. Dieser Standpunkt der EU zeigte, dass sie weder eine Sezession noch die Unabhängigkeit des Kosovo noch den Status quo, sondern ein gewisses Maß an Autonomie innerhalb des (serbisch-montenegrinischer) Bundesstaates unterstützte.

Das Daytoner Abkommen und diese Haltungen der EU wurden zum Wendepunkt für die Entwicklungen im Kosovo. Weil die mehrjährigen Bemühungen der politischen Führung der Albaner um eine politische Lösung der Kosovo-Frage nicht mit Erfolg gekrönt waren, begann Rugova, an Autorität zu verlieren. Die Ignorierung des Kosovo in Dayton scheint für Milošević als Legitimation wahrgenommen worden zu sein, dieses Gebiet permanent zu unterwerfen. Doch gerade diese Ignorierung der Kosovo-Frage in und nach Dayton[573] war laut Jens Reuter, einem Experten für Osteuropa, die Geburtsstunde der Kosovo-Befreiungsarmee (UÇK).[574]

Während dieser Zeit, stand die EU weiterhin vor einem Konfrontierungs- und einem Kooperationsdilemma. Diese diffuse Politik der EU gegenüber Milošević führte zu einer Schwächung des Images der europäischen Außenpolitik. Dies geschah auch mit der kleinen europäi-

---

[569] Siehe Dammann, Michael: Internationale Bearbeitung des Kosovokonfliktes 1990-1999, S. 40.
[570] Siehe Ukshini, Sylë: Nga lufta në paqe, Prishtinë 2004, S. 72.
[571] Siehe Dammann, Michael: Internationale Bearbeitung des Kosovokonfliktes 1990-1999, S. 41 f.
[572] Vgl. Schlussfolgerungen des Rates zum ehemaligen Jugoslawien vom 30. Oktober 1995, in: *Bull.-EU* 10-1995, S. 99 f.
[573] Vgl. Ukshini, Sylë: Nga lufta në paqe, Prishtinë 2004, S. 75; Giersch, Carsten: Multilateral Conflict Regulation, The Case of Kosovo, Weatherhead Center for International Affair, Working Paper Series, 4/2000, Cambridge, Mass. 2000, p. 34.
[574] Siehe: Reuter, Jens: Die Entstehung des Kosovo-Problems, in: *APuZ*, B 34/1999, 3-10 (9); Pettifer, James: Kosova Express: A Journey in Wartime, London 2005, pp. 85-120.

schen Beobachtermission (ECMM)[575], die später zu einem Symbol der europäischen Untätigkeit bzw. Ineffizienz wurde. Das nächste Versagen kam mit der Ernennung des ehemaligen spanischen Ministerpräsidenten Felipe González zum EU-Sonderbeauftragten für den Balkan,[576] um das Problem des Kosovo zu adressieren.[577] Jedoch scheiterte seine Mission, bevor sie begonnen hatte, da Belgrad sich weigerte, mit dem spanischen Diplomaten zusammenzuarbeiten. Ein solches Vorgehen Belgrads determinierte den aktiven Kurs der europäischen Diplomaten. Es war jedoch noch zu früh, um von einem militärischen Eingriff zu sprechen, wie dies der Fall in Bosnien war. Die europäischen Diplomaten versuchten, noch eine weitere Initiative für die Senkung der sozialen Spannungen im Kosovo zu unternehmen, um ein Klima für einen Dialog zu schaffen. Der schwedische Diplomat Carl Bildt empfahl dem deutschen Botschafter Martin Lutz, dem europäischen Verantwortlichen für den Kontakt mit dem Kosovo, er solle sich zum Sondergesandten der EU ernennen lassen, um ein neues Verfahren für die Lösung des Kosovo-Problems einzuleiten. Aber diese Initiative des EU-Verhandlungsführers für das ehemalige Jugoslawien wurde von der EU und den USA abgelehnt. In erster Linie waren die Niederlande dagegen, weil sie befürchteten, dass die Mission ihres Botschafters für Menschenrechte, Max van der Stoel, zum Scheitern verurteilt sein würde. Inzwischen hatten die Vereinigten Staaten kein Interesse daran, den Europäern die diplomatische Initiative im ehemaligen Jugoslawien zu ermöglichen. Zweifelsohne schadete diese Uneinigkeit der Europäer zusätzlich dem Zusammenhalt und der Identität der Außen- und Sicherheitspolitik der EU.[578]

5.2. Die Rückkehr der Balkan-Kontaktgruppe als Akteur der Vermittlungsdiplomatie

Die bewaffneten Konflikte im ehemaligen Jugoslawien während der Periode vom Juli 1991 bis Oktober 1995 hinterließen eine enttäuschende Bilanz für die EU-Außenpolitik.[579] Der Konflikt im ehemaligen Jugoslawien wurde vor allem aus der Sicht der Interessen der Mitgliedstaaten auf dem Balkan wahrgenommen. So war es auch nur ein Funke Hoffnung für die europäische Außenpolitik, dass es ein baldiges Ende des Konflikts geben werde. Zudem gab es eine selektive Wahrnehmung über die Kompromissbereitschaft von Milošević.[580] Die Position der EU-Mitgliedstaaten gegen den Zerfall Jugoslawiens und das Beharren auf der Erhaltung der Einheit

---

[575] European Union Monitoring Mission (EUMM, dt.: Überwachungsmission der Europäischen Union) ist ein Überwachungsprogramm, das unter dem Dach der GASP durchgeführt wird. Das Programm startete 1991 unter dem Namen *European Community Monitor Mission* (ECMM, dt.: Überwachungsmission der Europäischen Gemeinschaft) mit der Überwachung der innerethnischen Beziehungen, Flüchtlingsströme und politischen und sicherheitspolitischen Entwicklungen im ehemaligen Jugoslawien. Am 22. Dezember 2000 wurde das Programm in *European Union Monitoring Mission* umbenannt. Vgl. Tiede, Wolfgang / Schirmer, Jakob: Die rechtlichen Grundlagen der Überwachungsmission der Europäischen Union in Georgien (EUMM), in: *Osteuropa-Recht* 4/2009, 403-413.
[576] Weller, Marc: Contested Statehood: Kosovo's Struggle for Independence, Oxford 2009, pp. 80 f.; Council Conclusion on Kosovo, 31 March 1998, in: Marc Weller (ed.): The Crisis in Kosovo 1989-1999, Cambridge 1999, p. 229; Joint Action on the nomination of an EU Special Representative for the FRY, 8 June 1998, in: Marc Weller (ed.): The Crisis in Kosovo 1989-1999, Cambridge 1999, pp. 229 f.
[577] Troebst, Stefan: Conflict in Kosovo: Failure of Prevention?, p. 41; OSCE Urges FRY to Cooperate Fully with Gonzales, OSCE Press Release No. 18/98, 11 March 1998.
[578] Vgl. Sell, Luis: „Fakte të reja për Kosovën e viteve 1991-1999", in: *Zëri*, 29.01.2003, S. 8.
[579] Vgl. Giersch, Carsten: Konfliktregulierung in Jugoslawien 1991-1995, S. 15.
[580] Maull, Hanns W. / Stahl, Bernhard: Durch den Balkan nach Europa? Deutschland und Frankreich in den Jugoslawienkriegen, in: *Politische Vierteljahresschrift* 43:1 (2002), 82-111 (99-101).

des jugoslawischen Staates[581], auch wenn sie nur in Form einer Konföderation existieren würde,[582] sollte sich als falsch erweisen. Auch der Versuch, den ethnischen Konflikt durch die Diplomatie von Konferenzen zu lösen, brachte weder einen Erfolg noch die erwarteten Effekte.

Nachdem die EU und die UN im Lauf der ersten Hälfte der 1990er Jahre daran gescheitert waren, die Krise im ehemaligen Jugoslawien zu lösen, begannen die USA allmählich die Führung zu übernehmen. Auf ihre Initiative hin wurde am 26. April 1994 die Balkan-Kontaktgruppe, bestehend aus den USA, Großbritannien, Deutschland, Frankreich, Italien und Russland, gebildet.[583] Dieser neue internationale Mechanismus wurde geschaffen, um die vorherrschenden Unterschiede zwischen den zwölf EU-Mitgliedstaaten zu vermeiden und die Diplomatie der Großmächte zu koordinieren, vor allem um die Standpunkte zwischen der EU und den USA über die Region des ehemaligen Jugoslawiens auszugleichen.[584] Die Kontaktgruppe für den Balkan gehört zu *„ad hoc multilateral diplomacy"*[585], da vier der sechs Mitglieder auch Mitglieder des UN-Sicherheitsrats (USA, Frankreich, GB, Russland) waren.

Durch die Kontaktgruppe zielte die USA zusammen mit Deutschland darauf ab, ein internationales diplomatisches Gleichgewicht zur Behandlung und zum Management der Krise im ehemaligen Jugoslawien zu schaffen. In diesem Zusammenhang erwarteten die Amerikaner eine starke Unterstützung der deutschen Diplomatie in ihren Beziehungen mit der EU, der weiterhin ein gemeinsames Vorgehen zur Lösung der Probleme von Bosnien-Herzegowina und der Kosovo-Krise, die sich allmählich deutlich zeigte, fehlte. Auf diese Weise wurde gegenüber der französisch-britischen Position, die konsequent gegen eine militärische Intervention gegen die serbische Aggression war, eine Art deutsch-amerikanisches Gegengewicht geschaffen, das in den folgenden Jahren ausschlaggebend für die Lösung der Balkan-Krise war. Der individuelle Einfluss der großen EU-Länder führte in diesem ad hoc-Mechanismus einen Schritt zurück in die Art und Weise des Aufbaus einer Gemeinsamen Europäischen Außen- und Sicherheitspolitik. Deshalb war die Rolle der EU sekundärer Natur, da es an einer Repräsentierung im Namen der gemeinsamen Organe der EU fehlte. Ein sorgfältiger Blick auf die Gruppe der internationalen Verhandler in der Kontaktgruppe zeigt jedoch, dass gerade die Vertretung der EU durch die einzelnen Mitgliedstaaten in Übereinstimmung mit den Institutionen der EU, eine einheitliche europäische Politik möglich machen würde und dadurch einen EU-Einfluss sichern könnte.[586]

Nach der Beilegung der Krise in Bosnien-Herzegowina begann die wichtigste Zeit des Engagements der Kontaktgruppe für den Kosovo im September 1997, als sich die ersten Anzeichen des Krieges zwischen der Befreiungsarmee des Kosovo (UÇK) und den serbischen Militär- und Polizeitruppen zeigten. Laut dem Experten für internationales Recht Marc Weller verwendete die Kontaktgruppe drei Elemente, um die Kosovo-Krise anzugehen: Die Aufnahme Russlands in den Vorstand sollte sicherstellen, dass Moskau sich mit Belgrad beschäftigte. Die EU sollte die

---

[581] Für eine detaillierte Beschreibung siehe Meier, Viktor: Wie Jugoslawien verspielt wurde, München 1999.
[582] Vgl. Bendiek, Annegret: Der Konflikt im ehemaligen Jugoslawien und die Europäische Integration, S. 87 f.
[583] Durch die Initiative der USA wurde 1994 die Kontaktgruppe für den Balkan ins Leben gerufen, die immer noch als Entscheidungsträger für Südosteuropa agiert. Dieser Mechanismus war ähnlich wie die „Europäische Direktion", die nach dem Aufruf der Londoner Botschafterkonferenz der sechs Großmächte gebildet wurde: Österreich-Ungarn, Deutschland, Großbritannien, Frankreich, Italien und Russland. Der einzige Unterschied ist also, dass der Platz von Österreich-Ungarn heute durch die USA besetzt ist. Vgl. Schwegmann, Christoph: Die Jugoslawien-Kontaktgruppe in den Internationalen Beziehungen, Baden-Baden 2002.
[584] Vgl. Schwegmann, Christoph: Die Jugoslawien-Kontaktgruppe in den Internationalen Beziehungen, Baden-Baden 2002.
[585] Ausführlich über die Bildung und Aktivität der Kontaktgruppe siehe Kirste, Knut: Der Jugoslawienkonflikt. Fallstudie im DFG-Projekt „Zivilmächte", Fassung: 07.01.1998, Trier 1998.
[586] Schwegmann, Christoph: Kontaktgruppen und EU-3-Verhandlung. Notwendige Flexibilisierung Europäischer Außenpolitik, *SWP-Aktuell* 62/2005.

Methode von „Zuckerbrot und Peitsche" bezüglich EU-Integration und Finanzhilfen für Serbien verwenden. Die USA sollten in der Lage sein, eine harte Linie gegenüber Milošević zu demonstrieren, mit der Option der Anwendung militärischer Gewalt.[587] Aber auch dieser internationale Mechanismus folgte einer Strategie der Verzögerung der Frage des endgültigen Status des Kosovo, was weder die Unabhängigkeit noch die Fortsetzung des Status quo unterstützte. Die Prinzipien der Kontaktgruppe für die Lösung des Kosovo-Problems basierten auf der territorialen Integrität der Republik Jugoslawien und nahmen Bezug auf die OSZE-Standards sowie die Prinzipien von Helsinki und die Charta der Vereinten Nationen. Diese Haltung würde eine besondere Stellung des Kosovo innerhalb Jugoslawiens mit einem hohen Grad an Autonomie und Selbstverwaltung bedeuten.

„*Regarding the dispute over Kosovo's status, the position of the Contact Group countries is clear: We do not support independence and we do not support maintenance of the status quo. We support an enhanced status for Kosovo within in accordance with OSCE standards and the UN Charter. As a first step to reduce tensions, it is essential that dialogue begins*",[588] hieß es in der ersten Mitteilung der Kontaktgruppe über die Lage im Kosovo am 24. September 1997.

Die Kontakt-Gruppe und die EU schlugen über die Jahre 1997-1998[589] konsequent solche Kompromisslösungen[590] vor und begannen später, die Notwendigkeit „*irgendeiner gemeinsamen Lösung, welche die demokratischen Standards respektierte*", zu unterstützen, um eine Reduzierung der Spannungen zu bewirken. In diesem Zusammenhang wird als wichtiger Schritt für die Deeskalierung der Situation und einer politischen Lösung für den Status des Kosovo[591] die Umsetzung der Vereinbarung über die Bildungsfragen, die von Milošević und Rugova am 1. September 1996 unterzeichnet wurde, gesehen.[592]

In der Tat war die Position der Kontaktgruppe fast identisch mit den Schlussfolgerungen der Amsterdamer Tagung des Rates der EU-Außenminister am 16. und 17. Juni 1997, in denen der seit Jahren bekannte Standpunkt wiederholt wurde, dass dem Kosovo eine „weitgehende Autonomie" gegeben werden sollte und das die Änderung des territorialen *Status quo* Rest-Jugoslawiens nicht als Lösung gesehen werde. Zudem wurde die alte Idee des „Dialogs" und der „vertrauensbildenden Maßnahmen" bekräftigt.[593]

Die Positionen der Kontaktgruppe und der EU waren das Ergebnis der großen Unterschiede zwischen den EU-Mitgliedstaaten, den USA und Russland in Bezug auf die Herangehensweise an das Kosovo-Problem. Diese Unterschiede wurden durch die Formulierung und die Inhalte der Aussagen und offiziellen Dokumente deutlich, die nachweislich das Ergebnis der Ba-

---

[587] Siehe Weller, Marc: Contested Statehood: Kosovo's Struggle for Independence, Oxford 2009, p. 81.
[588] Siehe: Statement on Kosovo of the Contact Group Foreign Ministers, New York, 24 September 1997, in: Weller, Marc (ed.): The Crisis in Kosovo 1989-1999, Cambridge 1999, p. 234; Troebst, Stefan: Conflict in Kosovo: Failure of Prevention?, pp. 48-53.
[589] Vgl. Statement on Kosovo of the Contact Group Foreign Ministers, New York, 24 September 1997.
[590] Vgl. Statement on Kosovo, Contact Group Meeting in Washington, D.C., 8 January 1998.
[591] Vgl. Statement on Kosovo of the Contact Group Foreign Ministers, New York, 24 September 1997; Troebst, Stefan: Conflict in Kosovo: Failure of Prevention?, pp. 48-53.
[592] Dammann, Michael: Internationale Bearbeitung des Kosovokonfliktes 1990-1999, S. 41; Rüb, Mathias: „Schulabkommen unterzeichnet, Vereinbarung zwischen Kosovo-Albanern und serbischer Regierung", in: *FAZ*, 24. 03.1998; Petritsch / Kaser / Pichler Hrsg.): Kosovo/Kosova: Mythen, Daten, Fakten, S. 209 f.; Ukshini, Sylë: Kosova dhe Perëndimi, S. 36-40; Biermann, Rafael: Lehrjahre im Kosovo: Das Scheitern der internationalen Krisenprävention vor Kriegsausbruch, Paderborn u.a. 2006, S. 308-312.
[593] Siehe Europäischer Rat, Amsterdam, 16. und 17. Juni 1997, Schlussfolgerungen des Vorsitzes.

lance der unterschiedlichen Auffassungen der Mitgliedstaaten waren.[594] Russland unterstützte wegen der traditionellen Bindungen in der Regel die serbische Seite; Frankreich und Deutschland wollten ungern eine Konfrontation mit Moskau eingehen; Italien hatte weitreichende geschäftliche Beziehungen mit Serbien und war daher gegen Sanktionen.[595] Sogar innerhalb einer solchen Gruppe vertraten die Europäer keine einheitliche Stimme und schufen so Raum für Russland, jede amerikanische Initiative für ein härteres Vorgehen gegen Belgrad abzulehnen. Das Fehlen einer klaren Adressierung der Verantwortung für militärische Angriffe gegen albanische Siedlungen an Serbien sollte als Folge des russischen Widerstands gesehen werden, das den Antrag der anderen Mitglieder für die Ablehnung von Visa für die hohen serbischen Beamten, die für die militärischen und polizeilichen Maßnahmen im Kosovo verantwortlich waren, nicht unterstützte.

Darüber hinaus zeigte die internationale Gemeinschaft nicht, dass sie einen konkreten Plan für eine diplomatische Lösung der Kosovo-Frage hatte. Eine solch undeutliche Haltung gegenüber Belgrad und unter Ausschluss jeglicher Lösung außerhalb der Grenzen von Rest-Jugoslawien waren der Beweis dafür, dass die Mitglieder der Kontaktgruppe und die meisten EU-Mitgliedstaaten auch nach dem Ende des Kalten Krieges immer noch der staatlichen Souveränität den Vorrang gaben, nämlich dem „Westfälischen Konzept" des Staates, gegenüber den Menschenrechten und dem Recht auf Selbstbestimmung des Kosovo. Allerdings wurde dieser internationale Mechanismus, der in der Folgezeit den Ton des internationalen Engagements, um die Kosovo-Krise zu lösen, angab, entschlossener, um nicht ein zweites Bosnien im Kosovo zu wiederholen, da dies das Risiko und die Möglichkeit der Ausbreitung des Konflikts in der gesamten Region erhöhte. Die Kosovo-Albaner konnten nach den schlechten Erfahrungen der Vergangenheit einen besonderen Status innerhalb der Grenzen Jugoslawiens nicht akzeptieren. Ihr Ziel blieb die Unabhängigkeit.

5.3. Die Friedensbemühungen der EU: die „Kinkel-Védrine-Initiative"

Die EU bemühte sich um die Implementierung der Bildungsvereinbarung *„Memorandum of Understanding"* (1. September 1997), die durch die italienische katholische Organisation „Comunità di Sant' Egidio" mit Sitz in Rom vermittelt worden war.[596] Die Umsetzung dieser Vereinbarung, die das Ziel einer Normalisierung des Bildungssystems vorsah sowie die Rückkehr der albanischen Schüler und Studenten in die Bildunsgeinrichtungen und Universitäten, aus denen sie in den Jahren 1990 und 1991 mit Gewalt vertrieben worden waren, konnte nicht realisiert werden. Die europäische Diplomatie versuchte, die Milošević-Rugova-Vereinbarung umzusetzen, indem sie Belgrad finanzielle Hilfe und die Verbesserung der bilateralen Beziehungen anbot. Aber wie üblich hielt Milošević sein Versprechen zur Realisierung dieser Vereinbarung nicht ein, da Belgrad befürchtete, dass irgendwelche Zugeständnisse die serbische Kontrolle über das Kosovo

---

[594] Vgl. Neubeck, Arne von: Die europäische Union als außenpolitischer Akteur – Konfliktmanagement auf dem Balkan, Norderstedt 2002, S. 92 f.
[595] Vgl. Albright, Madeleine: Madam Secretary – Die Autobiographie, München 2003, S. 463 f.
[596] Die englische Version des Memorandums, das ebenso auf serbo-kroatisch wie auch auf albanisch veröffentlicht wurde, ist abgedruckt in: Veremis, Thanos: The Kosovo Puzzle, in: Thanos Veremis, Evangelos Kofos (eds.): Avoiding another War, Athens 1998: ELIAMEP, University of Athens, pp. 17-42. Vgl. Dammann, Michael: Internationale Bearbeitung des Kosovokonfliktes 1990-1999, Trierer Arbeitspapiere zur Internationalen Politik Nr. 3, Universität Trier, 2000, S. 41; Troebst, Stefan: Conflict in Kosovo: Failure of Prevention? An Analytical Documentation, 1992-1998, European Centre for Minority Issues (ECMI), Working Paper 1, Flensburg, May 1998, pp. 79 f.

aufheben könnten.[597] Leider war diese Vereinbarung trotz des guten Willens der Organisation „Comunità di Sant' Egidio" und der politischen Unterstützung der EU und der Kontaktgruppe eine verpasste Chance, da es unmöglich war, die Frage des albanischen Bildungssystems getrennt vom Kontext des politischen Status des Kosovo zu lösen.

Ihr Scheitern führte zu einer Verschlechterung der Situation im Kosovo. Als die Befreiungsarmee des Kosovo sich auf der politischen Bühne meldete, verursachte sie ein „Erdbeben" in der politischen Landschaft des Kosovo. In der Zwischenzeit wurde auch eine kosovo-albanische Studentenbewegung aktiv, die im Oktober 1997 friedliche Demonstrationen organisierte und das Recht auf Bildung in albanischer Sprache einforderte. Nach vielen Jahren des gewaltlosen politischen Handelns konnte die Studentenvereinigung der Universität Prishtina ein erhöhtes Interesse in der Diplomatie der EU-Mitgliedstaaten und der Vereinigten Staaten bewirken.[598] Einen Wendepunkt des Engagements der EU-Politik sind die Schlussfolgerungen des Rates der EU für Allgemeine Angelegenheiten vom 5. September 1997, in denen die Besorgnis über die Lage im Kosovo zum Ausdruck kam. Der Rat erinnerte an seine Schlussfolgerungen vom 29. April 1997 und beauftragte die zuständigen Gremien, die Überprüfung der Beziehungen zwischen der EU und der Bundesrepublik Jugoslawien im Hinblick auf die Ausarbeitung eines kohärenten Standpunktes zu aktualisieren. Eine solche Prüfung müsse sich vor allem auf Folgendes erstrecken:

- *„die Lage im Kosovo und die Festlegung der konkreten Einzelheiten einer Präsenz der EU in Prishtina;*
- *die Führung eines echten Dialogs mit den Albanern des Kosovo über den Status des Kosovo innerhalb der Grenzen der Bundesrepublik Jugoslawien;*
- *die Durchführung der Vereinbarung Milošević/Rugova über das Bildungswesen und die Möglichkeit einer finanziellen Unterstützung durch die EU;*
- *die Frage der Rückkehr der langfristigen Mission der OSZE in die Minderheitenregionen der Bundesrepublik Jugoslawien;*
- *die weitere Zusammenarbeit der EU mit der PIC-Arbeitsgruppe 'Ethnische und nationale Gemeinschaften und Minderheiten'."*[599]

Der deutsche Außenminister Klaus Kinkel, der bei seinem verstärkten internationalen Engagement über diese Erkenntnisse hinausging, warnte, dass Belgrad das Kosovo nicht mehr als innere Angelegenheit Serbiens behandeln könne.[600] Der Beginn der Wende des europäischen Interesses die Kosovo-Frage betreffend ist auf die diplomatischen Initiativen Kinkels und seines französischen Amtskollegen Hubert Védrine vom November 1997 zurückzuführen,[601] die in einem gemeinsamen Schreiben Milošević einen „direkten Dialog" mit Prishtina vorschlugen, der durch eine dritte Partei vermittelt werden könne. Die beiden europäischen Diplomaten verlangten außerdem, dass dem Kosovo „ein besonderer Status" gewährt werden solle. In der diplomatischen Initiative der Spitzendiplomaten dieser zwei wichtigen EU-Länder wurde die Bereitschaft erklärt, dass als Gegenleistung die Rückkehr Rest-Jugoslawiens in alle internationalen Organisationen

---

[597] Petritsch / Kase / Pichler (Hrsg.): Kosovo/Kosova: Mythen, Daten, Fakten, Klagenfurt u.a. 1999, S. 209 f.
[598] Ukshini, Sylë: Kosova dhe Perëndimi, Prishtinë 2001, S. 36-40.
[599] Tagung des Rates, Allgemeine Angelegenheiten, Brüssel, 15. September 1997, Schlussfolgerungen.
[600] Siehe Bundesaußenminister Dr. Klaus Kinkel erklärte heute (02.10.) zu den Demonstrationen der kosovo-albanischen Studenten in Pristina,
http://www.bndlg.de/~wplarre/protest2.htm#Kinkel%20zu%20Demonstrationen%20kosovo-albanischer%20Studenten%20in%20Pristina.
[601] Der Kinkel-Védrine-Initiative war im Oktober 1995 eine ähnliche deutsch-französische Initiative vorausgegangen; siehe Clewing, Konrad: Amerikanische und französische Kosovopolitik vor Dayton, *SOE* 45:1-2 (1996), 179-186 (185); Milo, Paskal: Bashkimi Evropian: ideja, integrimi, identiteti, e ardhmja, Tiranë 2002, S. 254; Troebst, Stefan: Conflict in Kosovo: Failure of Prevention? An Analytical Documentation, 1992-1998, European Centre for Minority Issues (ECMI), Working Paper 1, Flensburg, May 1998, pp. 99-102.

ermöglicht werde; diesbezüglich wurde verlangt, einen konstruktiven Dialog mit Prishtina zu beginnen und der Rückkehr der OSZE-Langzeitmission sowie der Öffnung eines EU-Büros in Prishtina zuzustimmen.

Im Text des Briefes wurde unter anderem erklärt:
- *„Gemeinsam mit den anderen Außenministern der Kontaktgruppe haben wir am 24. September 1997 die Situation im Kosovo diskutiert und unsere tiefe Besorgnis über die Lage dort zum Ausdruck gebracht. Wir haben Ihre Regierung und die Führung der Kosovo-Albaner zur Aufnahme eines friedlichen Dialoges aufgerufen.*
- *Die internationale Staatengemeinschaft hat vielfach erklärt, daß weder eine Unabhängigkeit des Kosovo noch der Status quo Grundlagen für eine langfristige friedliche Regelung sein können. Eine dauerhafte Lösung auf europäischem Niveau muß einen Sonderstatus für Kosovo vorsehen.*
- *Jede Lösung muß demokratischen Prinzipien entsprechen. Deutschland und Frankreich werden sich dafür einsetzen, daß die Europäische Union und die internationale Gemeinschaft positiv auf Fortschritte hin zu einer friedlichen Lösung des Kosovo-Problems reagieren. [...]*
- *Eine Vertretung der Europäischen Union in Prishtina könnte Definition und Ausführung derartiger Projekte erleichtern und zur Vertrauensbildung beitragen.“*[602]

Die oben genannten Positionen wurden weiterhin von den großen EU-Mitgliedstaaten wiederholt, vor allem durch diejenigen, die Teil der Kontaktgruppe waren und weiter diplomatischen Druck ausübten. In einem Interview für den Deutschlandfunk erklärte Kinkel, die Ausübung von Gewalt im Kosovo müsse unabhängig davon, von welcher Seite sie ausgeübt werde, bestraft werden und es sei dringend notwendig, einen Dialog zwischen Belgrad und den Kosovo-Albanern über den zukünftigen Status des Kosovo zu führen.

„Es ist klar: Weder der Status quo der aktuellen Situation noch die Unabhängigkeit des Kosovo können die Grundlage einer dauerhaften friedlichen Lösung des Kosovo-Problems sein", erklärte Kinkel, was darauf hinweist, dass das Ziel ein Kompromiss sein sollte, dem Kosovo einen besonderen Status innerhalb der Grenzen Jugoslawiens zu geben. Dies bedeutete, dass die EU weder die serbische noch die kosovarische Seite in ihren sich diametral gegenüber stehenden Positionen unterstützen werde.[603]

Doch dieser Ansatz der EU-Außenpolitik im Jahre 1997 schien nur die Fehler der vergangenen Jahre zu wiederholen, da die Kinkel-Védrine-Initiative das Kosovo-Problem nicht in ihrer Essenz behandelte. Im Allgemeinen war es das Merkmal der europäischen Außenpolitik, einen politischen Kompromiss mit Milošević zu suchen, der erfolgreich die EU-Sanktionen vermied, da es ihr an der notwendigen Einheit und Geschlossenheit in der Außen- und Sicherheitspolitik fehlte. Die Initiative versuchte, durch einen Kompromiss einen bewaffneten Konflikt mit den Kosovo-Albanern zu vermeiden und gleichzeitig die Grenzen Rest-Jugoslawiens zu bewahren und den Kosovo-Albanern ein gewisses Maß an Selbstverwaltung einzuräumen. Es ist erwähnenswert, dass auch Dušan Janjić, Koordinator des Forums für ethnische Beziehungen in Belgrad, eine solche Ansicht vertrat. In einem „Sonderstatus" für das Kosovo sah er die Chance zur Vermeidung eines albanischen Aufstands und die Chance, die Transformation des Kosovo in eine dritte föde-

---

[602] Die Situation im Kosovo, Brief von Bundesaußenminister Klaus Kinkel und Außenminister Hubert Védrine an den Präsidenten der Bundesrepublik Jugoslawien Slobodan Milošević, Frankfurt an der Oder, 19. November 1997, zitiert nach Troebst, Stefan: Conflict in Kosovo. Failure of Prevention? An Analytical Documentation, 1992-1998, European Centre for Minority Issues (ECMI), Working Paper 1, Flensburg 1998, pp. 61 f.
[603] *Naša Borba*, 29.12.1997; vgl. Interview mit dem deutschen Außenminister Klaus Kinkel, *Deutschlandfunk*, veröffentlicht in: *Koha Ditore*, 05.03.1998.

rale Einheit in Rest-Jugoslawien zu verhindern.[604] Die Initiative der Außenminister der beiden wichtigsten EU-Mitgliedstaaten blieb jedoch wegen der ablehnenden Haltung Belgrads wirkungslos, da Belgrad im November 1997 durch den Minister für auswärtige Angelegenheiten, Milan Milutinović, erklärte, das Kosovo-Problem sei eine interne Angelegenheit.[605] Mit dieser politischen Rechtfertigung lehnte Belgrad auch die Vermittlung durch den EU-Vertreter, den ehemaligen spanischen Ministerpräsidenten Felipe Gonzáles, ab. Diese Haltung zeigte deutlich, dass Belgrad nicht bereit war, irgendwie nachzugeben, da das Kosovo als „historisches Recht" behandelt wurde und damit die Rückkehr zu ihrer ursprünglichen „Staatlichkeit" vor der osmanischen Eroberung stützte. Wie in Bosnien war auch im Kosovo die „ethnische Säuberung" das Hauptziel von Belgrad.[606]

Auf der anderen Seite war für die Kosovo-Albaner jede Art von Autonomie unter Belgrader Kontrolle nicht nur undenkbar, sondern hatte auch keinen Wert.[607] Vor diesem Hintergrund erhob die Regierung des Kosovo *a priori* keinen Einspruch gegen die diplomatische Kinkel-Védrine-Initiative noch brachte sie ihre Unterstützung zum Ausdruck:

„Aber das ist auch keine Lösung. Ich habe nach einem internationalen Protektorat für den Kosovo verlangt. Auch in der internationalen rechtlichen Terminologie ist das Protektorat nur eine Übergangszeit. Während des internationalen Protektorats im Kosovo würde die Demilitarisierung des Kosovo durchgeführt werden und die demokratischen Institutionen würden arbeiten sowie die Erholung der Wirtschaft vonstatten gehen, wodurch umso leichter eine Lösung für den Kosovo gefunden werden kann, natürlich in Richtung einer Unabhängigkeit des Kosovo",[608] erklärte Ibrahim Rugova, Präsident des Kosovo.

Während die westeuropäischen Regierungen eine mögliche Option für die Lösung des künftigen Status des Kosovo besprachen, wuchsen auf dem Boden die Spannungen und militärischen Auseinandersetzungen zwischen den Aufständischen der Kosovo-Befreiungsarmee[609] und den serbischen Polizei- und Militärtruppen. Die Gewalt schuf eine neue Realität im Kosovo. Daher musste die EU nach neuen Möglichkeiten suchen, um in der Kosovo-Krise zu intervenieren. Die Kontakt-Gruppe, die bereits im bosnischen Konflikt als *intergouvernementales* Ad-hoc-Gremium handelte, verfolgte weiterhin die Linie, mittels eines internationalen Engagements eine Lösung der Kosovo-Frage zu finden. Sowohl Washington als auch die europäischen Mitglieder der Kontaktgruppe waren schließlich nicht mehr länger bereit, auf ein einstimmiges Votum der europäischen Fünfzehn zu warten.

5.4. Ausbruch des Krieges im Kosovo und die randständige Rolle der EU

Als im Frühjahr 1998 der Kosovo-Konflikt zu eskalieren begann, entwickelte die EU ein aktiveres Engagement auf dem Balkan. Die EU versuchte, eine stärkere einheitliche Haltung gegenüber Belgrad zu schaffen. In erster Linie versuchte sie, durch wirtschaftlichen Druck Belgrad in Be-

---

[604] Siehe „Statusi special e ndalon kryengritjen në Kosovë", in: *Danas*, 25.12.1997.
[605] „Belgrad lehnt Sonderstatus für Kosovo ab", in: *NZZ*, 27.11.1997, S. 4.
[606] Vgl. Hoxhaj, Enver: Politika etnike dhe shtetndërtimi i Kosovës, Pejë 2008, S. 148 f.
[607] Vgl. Reuter, Jens: Die Kosovo-Politik der internationalen Gemeinschaft in den neunziger Jahren, in: Konrad Clewing / Jens Reuter (Hrsg.): Der Kosovo-Konflikt. Ursachen, Akteure, Verlauf, München 2000, S. 321-334 (323).
[608] Siehe Interview mit Ibrahim Rugova: „As ‚status special', as republikë e tretë, vetëm pavarësi ", in: *Zëri*, Dezember 1997.
[609] Vgl. Petritsch / Kaser / Pichler (Hrsg.): Kosovo/Kosova: Mythen, Daten, Fakten, Klagenfurt u.a. 1999, S. 130-148.

wegung zu setzen. Vor allem wegen der dramatischen Entwicklungen im Kosovo beschloss die EU endlich, die wirtschaftlichen Erleichterungen für Rest-Jugoslawien aufzuheben. Aber Milošević, der im Westen immer noch als wichtiger Partner für die Umsetzung des Friedensabkommens für Bosnien gesehen wurde, konnte nicht von seinem ablehnenden Kurs abgebracht werden. Gleichermaßen negativ war die serbische Reaktion auf die Erklärung von Kinkel, dass es nicht *„toleriert werden kann, dass 90 Prozent der Bevölkerung des Kosovo von den restlichen 10 Prozent unterdrückt werden"*. Obwohl er erklärte, dass eine „ausgebaute Autonomie" und nicht die Unabhängigkeit die Lösung für das Problem des Kosovo sei, interpretierte Belgrad diese Position als Tendenz der versteckten Destabilisierung der Region unter dem Deckmantel der Sorge um die Rechte der Albaner.[610]

Unabhängig von der Belgrader Haltung setzten drei wichtigsten EU-Länder, Großbritannien, Frankreich und Deutschland, weiterhin den diplomatischen Druck auf Milošević fort, um eine politische Lösung mit den Kosovo-Albanern zu erreichen, in erster Linie durch die Umsetzung der Vereinbarung über die Bildungsfragen. Allerdings fehlte im März 1998 der EU-Außenpolitik noch immer die Einheit in Bezug auf Belgrad, obwohl man Milošević ein Ultimatum stellte und mit Sanktionen drohte, was aber diese Maßnahmen aufgrund mangelnder Einheitlichkeit hinauszögerte.[611] Der Rat bekräftigte seine Überzeugung, *„dass die Parteien dringend einen sinnvollen Dialog ohne Vorbedingungen aufnehmen müssen, und als Endergebnis der Verhandlungen zwischen der Regierung in Belgrad und der Führung der Kosovo-Albaner über den Status des Kosovo wird er weder eine Unabhängigkeit noch die Beibehaltung des derzeitigen Status akzeptieren"*.[612] Inzwischen begannen die serbischen Regierungsstreitkräfte Anfang März 1998 im Kosovo eine brutale militärische Kampagne. Diese Ereignisse, die ihren Höhepunkt mit dem Massaker im Dorf Prekaz (die Tötung des UÇK-Führers Adem Jashari und seiner 50-köpfigen Familie) erreichten, waren ein schwerer Schlag für die Bemühungen der europäischen Außenpolitik. Die Orientierungslosigkeit und die Unfähigkeit der Europäer wird auch aus der Position Klaus Kinkels klar, der zur Eskalation des Konflikts im Kosovo, erklärte, dass *„die jüngsten gewalttätigen Ausschreitungen zwischen den serbischen Sicherheitskräften und den Kosovo-Albanern extrem beunruhigend sind"* und dass die beste Möglichkeit für die Vermeidung des Konflikts *„eine politische Lösung des Kosovo-Problems"* sei.[613]

Zur gleichen Zeit forderte Großbritannien im Namen der EU von Serbien eine Erklärung zu den Ereignissen im Kosovo und forderte die sofortige Einstellung der Gewalt,[614] aber ohne dabei eine klare Position für die nächsten Schritte zu beziehen. In der Tat war die EU, zusammen mit Mitgliedern der internationalen Gemeinschaft, einschließlich der USA, Russlands, der Vereinten Nationen und der OSZE, noch auf der Suche nach der Koordinierung ihrer Positionen im Bezug auf das Kosovo.[615] In der Zwischenzeit wiederholte der britische Außenminister Robin Cook die bereits bekannte Position, dass *„die Europäische Union keine Abspaltung und Unabhängigkeit des Kosovo unterstützt, sondern nur eine weitreichende Autonomie"*.[616] Diese Aussage zeigt, dass die EU noch immer eine ambivalente Politik gegenüber Serbien verfolgte. Im März

---

[610] Skandalöse Äußerung Kinkels zum Kosovo: Rest-Jugoslawien reagiert gereizt, in: *Der Tagesspiegel*, 09.02.1998.
[611] Vgl. Schlussfolgerungen des Rates (Allgemeine Angelegenheiten) vom 31. März 1998; Troebst, Stefan: The Kosovo War, Round One, in: *SOE* 48:3-4 (1998), 156-190 (171).
[612] Siehe Schlussfolgerungen des Rates (Allgemeine Angelegenheiten) vom 31. März 1998.
[613] Erklärung von Bundesaußenminister Dr. Klaus Kinkel zu den anhaltenden gewaltsamen Ausschreitungen in der serbischen Provinz Kosovo, Pressereferat des Auswärtigen Amtes, Bonn, 115/98, 02.03.1998.
[614] Vgl. „BE-ja kërkon shpjegime nga serbia për njarjet në Kosovë", in: *Koha Ditore*, 02.03.1998.
[615] Siehe „Trazirat në Kosovë nuk mund të trajtohen si çështje e brendshme e Serbisë", in: *Koha Ditore*, 04.03.1998.
[616] Vg. *Bull.-EU* 6-1998, Ziffer 1.4.23; „Cook angazhohet për një shkallë të lartë të autonomisë për Kosovën", in: *Koha Ditore*, 05.03.1998.

1998 waren die Europäischen Fünfzehn aufgrund ihrer Unentschlossenheit und Uneinigkeit noch nicht dazugekommen, eine Entscheidung über die Anwendung der übrigen wirtschaftlichen Sanktionen gegen Jugoslawien zu treffen. Innerhalb der EU begann Großbritannien von 1998 an, eine härtere Linie gegen Milošević zu verfolgen.[617]

In dieser Zeit war die EU darüber besorgt, dass der Kosovo-Konflikt sich nach Albanien, Mazedonien und andere Länder in der Region ausbreiten könnte. Deshalb wollten die Außenminister der EU-Mitgliedstaaten über die Frage des Kosovo beim Gipfel von Edinburgh diskutieren, und zur gleichen Zeit gingen die Außenminister von Deutschland, Frankreich und Russland nach Belgrad. Diese Handlungen der EU-Außenpolitik zielten darauf ab, Milošević mit diplomatischen Maßnahmen zu überzeugen, den Kosovo-Albanern ein gewisses Maß an Selbstverwaltung zuzuerkennen und die Vermittlung des ehemaligen spanischen Ministerpräsidenten Felipe Gonzáles als Vertreter der OSZE und dann auch der EU zu akzeptieren. Aber es war fraglich, ob Belgrad nun nachgeben würde, da es sich in den letzten zehn Jahren geweigert hatte, dies zu tun.[618] Belgrad bewegte sich nicht, obwohl der Rat der EU wiederholte, dass er die Option der Unabhängigkeit des Kosovo nicht unterstütze, und die kosovo-albanische Führung aufrief, die Forderungen nach der Unabhängigkeit aufzugeben und sich an den Verhandlungstisch mit Belgrad zu setzen, um über einen „autonomen Status" innerhalb der territorialen Integrität der Jugoslawischen Föderation zu diskutieren.[619] Die Position der EU und der anderen internationalen Institutionen zur Unverletzlichkeit der Grenzen Rest-Jugoslawiens festigte weiter die Idee von Großserbien über den Kosovo und das Recht der Serben, über die Mehrheit der Bevölkerung zu regieren.[620]

Die Unentschlossenheit der EU ist in der mangelnden Bereitschaft zu sehen, Rest-Jugoslawien für die Nichteinhaltung der Forderungen und Pflichten im Kosovo zu bestrafen, sowie in den Meinungsverschiedenheiten zu den USA, die eine entschlossene Haltung in der Beziehung zu Belgrad forderten.[621] Richard Holbrooke verlangte von der EU, einen stärkeren wirtschaftlichen und militärischen Druck gegen die Aggression Belgrads auszuüben, bevor die Situation außer Kontrolle geriete.[622] In diesem Zusammenhang müssen die bilateralen Konsultationen in Bonn zwischen der US-Außenministerin Madeleine K. Albright und dem deutschen Außenminister Klaus Kinkel gesehen werden. Bonn und Washington wollten verdeutlichen, dass die internationale Gemeinschaft, vor allem die Mitglieder der Kontaktgruppe, zu einer schnellen und entschei-

---

[617] Der Regierungswechsel 1997 resultierte indes ein Jahr später in einem überraschenden Wandel der britischen ESVP-Politik und der Haltung gegenüber Jugoslawien. Vgl. Richardson, Louise: A Force for God in the World? Britains Role in the Kosovo Crisis, in: Pierre Martin / Mark Brawlez (eds.): Alliance Politics, Kosovo, and NATO's War: Allied Force or Forced Allies? Basingstoke, Hampshire 2000, pp. 145-164 (146).
[618] Tylor, Paul: „Gjërat duken mjaft zi në horizontin diplomatik të Kosovës", in: *Koha Ditore*, 09.03.1998.
[619] Die Außenminister der Europäischen Union (EU) haben bei ihrem informellen Treffen im schottischen Edinburgh vor allem über den Kosovo-Konflikt beraten. Außenminister Kinkel bekräftigte in einer Gesprächspause das Verlangen der EU nach Aufnahme eines Dialogs zwischen Belgrad und Prishtina. Er erinnerte an seinen Brief an den Präsidenten der Kosovo-Albaner, Ibrahim Rugova, in dem er ihn unmissverständlich aufgefordert hatte, sich dem jüngsten serbischen Gesprächsangebot nicht zu verweigern. Vgl. „EU-Außenminister beraten über Kosovo-Konflikt. Kinkel appelliert an Rugova" / „Einen eigenen Staat unterstützen wir nicht", in: *FAZ*, 14.03.1998, S. 1; Erklärung des Ministertreffens der Kontaktgruppe am 9. März in London zu Kosovo, in: *IP* 4/1998, 115-118. Vgl. Tahiri, Edita: Konferenca e Rambujesë: Procesi negociator & dokumentet (= The Rambouillet Conference: negotiating process & documents), Pejë 2001, S. 44; Petritsch / Kaser / Pichler (Hrsg.): Kosovo/Kosova: Mythen, Daten, Fakten, Klagenfurt u a 1999, S. 212; Albright, Madeleine K.: Madame Secretary – Die Autobiographie, München 2003, S. 462-464; „Kinkel e Vedrine sjellin karrota për Milosheviqin?", in: *Koha Ditore*, 18.03.1998.
[620] Siehe Zimmermann, Warren: „The Demons of Kosovo", in: *The National Interest* No. 52 (Spring 1998), pp. 3-13 (5-6).
[621] Vgl. „Holbrooke kërkon unitet të Perëndimit për Kosovën", in: *Koha Ditore*, 28.03.1998.
[622] „Kosova mund të përfundojë me një ‚intifadë' shqiptare!", in: *Koha Ditore*, 05.04.1998.

denden Reaktion bereit waren.[623] Danach verständigten sich die EU und die Vereinigten Staaten darauf, gemeinsame Sanktionen festzulegen, um den Druck auf Belgrad zu erhöhen. Am 19. März 1998 einigte sich der Rat auf *„ein Waffenembargo, die Verweigerung von Material, das für interne Repressionsmaßnahmen oder für Terrorakte genutzt werden könnte, ein Moratorium für Ausfuhrkredite sowie ein Visumverbot für eine Anzahl serbischer Amtsträger, für die festgestellt wurde, dass sie eindeutig die Verantwortung für die Sicherheit im Kosovo tragen"*.[624]

Dieser Schritt der EU-Außenpolitik war nicht die richtige Maßnahme, um die repressive Kampagne Belgrads im Kosovo zu verhindern. Die „soft sanctions" erwiesen sich insbesondere dann als wirksam, wenn intensive zwischenstaatliche Beziehungen bestanden, deren Beeinträchtigung zu befürchten war, bzw. wenn die Vorteile zukünftiger Kooperation auf dem Spiel standen. Im Falle einer EU-Mitgliedschaft greift mittlerweile Art. 7 EUV, der im Falle schwerwiegender und anhaltender Verletzung der in Art. 2 EUV genannten Grundsätze die Ergreifung von Sanktionen vorsieht.[625] Darüber hinaus zeigte das Fehlen militärischer Maßnahmen, dass die Europäer nicht entschlossen waren, die Krise im Kosovo im Kern anzugehen.

In der Tat wurde die Kosovo-Frage immer komplizierter, weil niemand die Forderung der Kosovo-Albaner nach Unabhängigkeit unterstützte; daher wurde klar, dass das Kosovo in Richtung eines Krieges ging. Deshalb begannen die Kosovo-Albaner nach acht Jahren des gewaltfreien Widerstands und der vergeblichen Hoffnung auf Hilfe durch die internationale Gemeinschaft bewaffneten Widerstand gegen das Regime in Belgrad. Durch diese Radikalisierung verlor Kosovo die einzige Karte, die des gewaltlosen Widerstands, die seit fast einem Jahrzehnt keine Ergebnisse gebracht hatte.[626] Im Juni 1998 kontrollierte die UÇK weite Teile des Zentralkosovo. Die UÇK weitete fortlaufend ihre „freien Zonen" im Zentrum, Westen und Süden des Kosovo aus. Auf der anderen Seite bereitete sich Belgrad auf eine militärische Großoffensive im Kosovo vor. Es wurde klar, dass alle Anstrengungen für eine schnelle diplomatische Lösung für das Problem des Kosovo gescheitert waren.

Die einseitige Unabhängigkeitserklärung des Kosovo wurde international nicht unterstützt, und die militärische Straflosigkeit der Belgrader Gewaltausübung im Kosovo vertiefte die Kosovo-Krise weiter. Die internationalen Beobachter vor Ort vertraten die Meinung, dass dieser Konflikt so lange nicht gelöst werden könne, solange gegen Belgrad keine militärischen Strafmaßnahmen unternommen werden. Darüber hinaus war die Maßnahme unzureichend, die Rückkehr Belgrads nach Europa und in die internationalen Organisationen sowie Finanzinstitutionen mit dem Verhalten gegenüber der Kosovo-Frage zu konditionieren.[627] Der Rat der EU musste bei der nachfolgenden Sitzung den Mangel an Fortschritten konstatieren. Die EU-Außenminister mussten bei der Ratssitzung am 27. April 1998 in Luxemburg abschließend feststellen, dass keine Fortschritte in Richtung des Beginns eines Dialogs gemacht wurden und dass Rest-Jugoslawien die auferlegten Bedingungen nur unzureichend erfüllt hat.[628]

Der Rat betonte, bei dieser Krise sei ein kohärentes internationales Vorgehen erforderlich. Er begrüßte den jüngsten Besuch der Troika auf der Ebene hoher Beamter in Bulgarien, Rumäni-

---

[623] Vgl. Pressekonferenz der Außenminister Deutschlands und der Vereinigten Staaten, Klaus Kinkel und Madeleine Albright, nach ihrem Gespräch am 8. März 1998 in Bonn, in: *IP* 53:4 (1998), S. 112.
[624] *Bull.-EU* 3-1998, Ziffer 1.3.12.
[625] Vgl. Pernthaler, Peter / Hilpold, Peter: Sanktionen als Instrument der Politikkontrolle – der Fall Österreich, in: *Integration* 23:2 (2000), 105-119.
[626] „Serben lassen Panzer rollen", in: *Die Welt*, 06.03.2003.
[627] Vgl. Interview mit dem deutschen Außenminister Klaus Kinkel, in: *Koha Ditore*, 23.04.1998.
[628] Vgl. Tagung des Rates Allgemeiner Angelegenheiten am 27.04.1998 in Luxemburg, PRES/98/109.

en und Ungarn. Er werde weiterhin eng mit den Ländern der Region, nicht zuletzt auch in der Frage der Sicherheit der Grenzen zusammenarbeiten.[629]

Unter dem Druck der USA und angesichts der aktiven Rolle Großbritanniens in der folgenden Periode war bei den großen EU-Mitgliedstaaten eine Weiterentwicklung in Bezug auf den künftigen Status des Kosovo zu sehen. Die EU erklärte zum ersten Mal, dass sie jede Lösung unterstützen werde, die zwischen Belgrad und den Vertretern der Kosovo-Albaner zustande kommt.[630] Am 7. Mai bzw. am 8. Juni 1998 beschloss der EU-Ministerrat gemäß Artikel J.2 EUV restriktive wirtschaftliche Maßnahmen gegen Rest-Jugoslawien und traf die Entscheidung, das ausländische Kapital Serbiens/Jugoslawiens[631] einzufrieren sowie neue Kredite für den Export aus Serbien zu verbieten. Er ernannte den damaligen Zuständigen für die OSZE, Felipe Gonzáles, als Sonderbeauftragten der EU in der Angelegenheit des Kosovo.[632]

Allerdings ist es fraglich, ob die EU-Wirtschaftssanktionen in der ersten Hälfte des Jahres 1998 einen Einfluss auf die Politik Miloševićs gegenüber Kosovo hatten. Vielleicht kann die Antwort in der feindseligen Haltung Belgrads gegenüber dem EU-Vermittler gesucht werden, gestützt auf die bereits bekannt Position, eine solche Mission sei eine „Einmischung in innere Angelegenheiten" Belgrads.[633] Auf diese Weise verlor die EU ihre Chance, durch einen Delegierten Einvernehmen mit dem US-Botschafter in Mazedonien Christopher Hill und dem Sondergesandten der US-Regierung Richard Holbrooke herzustellen.[634] Man versuchte, diesen Nachteil durch die „Kosovo Diplomatic Observer Mission" (KDOM) im Juli 1998 und ein kleines Kontingent vom „European Community Monitoring Mission" (ECMM) zu kompensieren, jene Missionen, die als Kern der künftigen internationalen Präsenz im Kosovo gesehen werden können.[635]

Der Mangel an klaren Ergebnissen im Kosovo im Laufe des Jahres 1998 zwang die EU, Forderungen an die internationalen Sicherheitsorganisationen zu stellen, Bemühungen zu beginnen und alle Optionen zu prüfen, einschließlich derjenigen der vom UN-Sicherheitsrat zu beschließenden Maßnahmen bei Bedrohung oder Bruch des Friedens gemäß Kapitel VII der UN-Charta.[636] Laut Kapitel VII muss zunächst der Sicherheitsrat feststellen, „ob eine Bedrohung oder ein Bruch des Friedens oder eine Angriffshandlung vorliegt" (Art. 39).[637] Um einer Verschärfung der Lage vorzubeugen, kann das Gremium die Konfliktparteien auffordern, den „für notwendig

---

[629] Ebenda.
[630] „BE-ja iu afrua qëndrimit amerikan për Kosovën", in: *Koha Ditore*, 29.04.1998.
[631] Siehe Common Position by the Council on freezing of funds held abroad by FRY and Serbian Governments, 7 May 1998, in: Heike Krieger (ed.): The Kosovo Conflict and International Law. An Analytical Documentation, Cambridge 2001, p. 141.
[632] Ebenda, p. 142.
[633] Siehe Statement issued by the Contact Group, 8 July, in: Marc Weller (ed.): The Crisis in Kosovo 1989-1999: From the Dissolution of Yugoslavia to Rambouillet and the Outbreak of Hostilities, Cambridge 1999, p. 238.
[634] Vgl. Giersch, Carsten: Die Europäische Union und der Krieg in Kosovo, in: Konrad Clewing / Jens Reuter (Hrsg.): Der Kosovo-Konflikt. Ursachen, Akteure, Verlauf, München 2000, S. 499-512 (502 f.).
[635] Vgl. McBreen, Orla: The Diplomatic Involvement of the EU in the Kosovo Crisis, in: Dieter Mahncke (ed.): Old Frontiers – New Frontiers. The Challenge of Kosovo and its implications for the EU, Bern u.a. 2001, p. 97.
[636] Siehe: Council Common Position, Ban on flights by Yugoslav carriers between FRY and the EC, 29 June 1998, in: Krieger, Heike (ed.): The Kosovo Conflict and International Law. An Analytical Documentation, Cambridge 2001, pp. 146 f.
[637] Art. 39: *„Der Sicherheitsrat stellt fest, ob eine Bedrohung oder ein Bruch des Friedens oder eine Angriffshandlung vorliegt; er gibt Empfehlungen ab oder beschließt, welche Maßnahmen auf Grund der Artikel 41 und 42 zu treffen sind, um den Weltfrieden und die internationale Sicherheit zu wahren oder wiederherzustellen. Siehe Charta der Vereinten Nationen. Kapitel VII – Maßnahmen bei Bedrohung oder Bruch des Friedens und bei Angriffshandlungen,*

oder erwünscht erachteten vorläufigen Maßnahmen Folge zu leisten" (Art. 40). Art. 41 regelt,[638] welche Maßnahmen jenseits militärischer Gewalt ergriffen werden können. Dazu gehören Wirtschaftssanktionen oder ein Abbruch der diplomatischen Beziehungen.

So unterstützte der EU-Ministerrat, neben den wiederholten Forderungen, dass Belgrad die Polizei aus dem Kosovo zurückziehen soll, auch die Entsendung einer Beobachtermission in das Kosovo. Unter anderem hoben die EU-Minister in den Schlussfolgerungen auch ihre Frustration darüber hervor, dass Milošević in seinen Versprechungen beim Treffen mit dem russischen Präsidenten Jelzin in Moskau am 16. Juni 1998[639] keine der Forderungen der Tagung des Ministerrats der EU in Cardiff am 15. und 16. Juni 1998 berücksichtigt hatte, vor allem den Abzug der Spezialeinheiten, die für Repressionsmaßnahmen gegen albanische Zivilisten im Kosovo eingesetzt wurden.[640] Basierend auf den in Cardiff verabschiedeten Schlussfolgerungen beschloss der Rat einen Gemeinsamen Standpunkt zum Flugverbot jugoslawischer Flugzeuge zwischen EU-Mitgliedstaaten und Rest-Jugoslawien und bekräftigte die volle Unterstützung für die Mission von Felipe Gonzáles.[641] Allerdings war die EU wegen der serbischen Weigerung, mit González zusammenzuarbeiten, gezwungen, die Initiative dem US-Botschafter in Mazedonien, Christopher Hill, zu überlassen, der den politischen Dialog zwischen den Serben und den Kosovo-Albanern führen und einen Entwurf über einen Kompromiss für das Kosovo erarbeiten sollte.[642] Während die Clinton-Regierung die Ausarbeitung der Elemente für den künftigen politischen Status des Kosovo begann, der dann Prishtina und Belgrad vorgelegt werden sollte,[643] hatte die EU noch keinerlei ausgearbeitete Strategie, wie man sich dem Problem des Kosovo nähern könne.

Die Unterschiede bestanden auch innerhalb der Kontaktgruppe, vor allem zwischen den EU-Mitgliedstaaten, die keine einheitliche Linie zu weiteren Maßnahmen gegen Belgrad hatten,[644] was an ihre Positionen zu Beginn der Krise in Jugoslawien erinnert. Mit dieser Haltung

---

[638] Der Sicherheitsrat kann beschließen, welche Maßnahmen – unter Ausschluss von Waffengewalt – zu ergreifen sind, um seinen Beschlüssen Wirksamkeit zu verleihen; er kann die Mitglieder der Vereinten Nationen auffordern, diese Maßnahmen durchzuführen. Sie können die vollständige oder teilweise Unterbrechung der Wirtschaftsbeziehungen, des Eisenbahn-, See- und Luftverkehrs, der Post-, Telegraphen- und Funkverbindungen sowie sonstiger Verkehrsmöglichkeiten und den Abbruch der diplomatischen Beziehungen einschließen.
[639] Siehe FRY-Russian Federation, Joint Declaration Signed in Moscow by President Yeltsin and President Milošević, Moscow, 16 June 1998, in: Heike Krieger (ed.): The Kosovo Conflict and International Law. An Analytical Documentation, Cambridge 2001, p. 144.
[640] Der Europäische Rat forderte Präsident Milošević auf, insbesondere in den vier folgenden Bereichen unverzüglich tätig zu werden:
• Abbruch aller Operationen der Sicherheitskräfte gegen die Zivilbevölkerung und Abzug der für die Unterdrückung der Zivilbevölkerung eingesetzten Sicherheitseinheiten;
• Ermöglichung einer wirksamen und ständigen internationalen Überwachung im Kosovo;
• Erleichterung der Rückkehr aller Flüchtlinge und Vertriebenen in ihre Häuser und des ungehinderten Zugangs für humanitäre Organisationen;
• Erzielung rascher Fortschritte im politischen Dialog mit der Führung der Kosovo-Albaner *sowie*
unterstützt auch die baldige Rückkehr der OSZE-Langzeitmissionen. Siehe Europäischer Rat: Schlußfolgerungen des Vorsitzes - Cardiff, Anlage II Erklärung zu Kosovo, 15 und 16. Juni 1998, SN 150/1/98 REV 1.
[641] Vgl. Europäischer Rat: Schlussfolgerungen des Vorsitzes - Cardiff, Anlage II Erklärung zu Kosovo, 15 und 16. Juni 1998; Council Common Position, Ban on flights by Yugoslav carriers between FRY and the EC, 29 June 1998, in: Heike Krieger (ed.): The Kosovo Conflict and International Law. An Analytical Documentation, Cambridge 2001, pp. 146 f.
[642] Vgl. Tahiri, Edita: Konferenca e Rambujesë: Procesi negociator & dokumentet (= The Rambouillet Conference: negotiating process & documents), Pejë 2001, S. 45 f.
[643] Vgl. Contact Group Statement, Bonn, 8 July 1998, http://www.ohr.int/?ohr_archive=contact-group-statement-bonn-8-july-1998.
[644] Ukshini, Sylë: Kosova dhe Perëndimi, Prishtinë 2001, S. 79-80 (31); Petritsch / Kaser / Pichler (Hrsg.): Kosovo/Kosova: Mythen, Daten, Fakten, Klagenfurt u.a. 1999, S. 216.

zeigten die Kontakt-Gruppe und die EU-Mitgliedstaaten, die den Ton in der Außen- und Sicherheitspolitik angeben mussten, ihre Ohnmacht und ihre Ineffektivität, mit der Kosovo-Krise umzugehen.

„Bei der Sitzung der Balkan-Kontaktgrupe, deren Vorsitz der deutsche Außenminister Klaus Kinkel übernommen hatte, einigte man sich im Wesentlichen auf nichts; ein Umstand, der mich davon überzeugte, dass diese Gruppe nicht das richtige Gremium war, um Milošević Paroli zu bieten. Russland sträubte sich offensichtlich; Frankreich und Deutschland zögerten nahezu immer, wenn es drum ging, Moskau die Stirn zu bieten; die Italiener unterhielten umfangreiche Geschäftsbeziehungen mit den Serben und lehnten aus diesem Grund Sanktionen ab. Für Milošević war es in Leichtes, diese Länder mit leeren Gesten und vertröstenden Versprechungen zum Stillhalten zu bewegen",[645] resümierte Albright.

Ein Wendepunkt in der europäischen Außenpolitik und im internationalen Engagement zur Lösung des Kosovo-Problems ergab sich in den NATO-Ratssitzungen im Juli und August 1998. In diesen Treffen begann man, über „vorbeugende Maßnahmen" und die Möglichkeit einer militärischen Boden- bzw. Luftintervention gegen Serbien zu sprechen.[646] Die EU-Mitgliedstaaten sprachen sich für den Einsatz militärischer Gewalt aus, jedoch nur mit einem UN-Mandat. Allerdings war ein solches Mandat unmöglich, solange Moskau die offizielle Ansicht der serbischen Politik übernommen hatte, während andere europäische Länder sich für die Intervention aussprachen und damit argumentierten, dass im Falle der Gefahr für Frieden und Sicherheit Kapitel VII der Charta der Vereinten Nationen eine kollektive militärische Aktion ohne die Zustimmung eines Staates ermögliche. In der Tat verfolgten zu dieser Zeit die EU-Mitgliedstaaten eine duale Strategie, die neben diplomatischen Bemühungen intensive Vorbereitungen für eine militärische Operation vorsah. Im Juli 1998 plädierte Deutschland zum ersten Mal für die Stationierung einer internationalen Streitmacht, die einen Waffenstillstand zwischen der UÇK und den serbischen Militär- und Polizeikräften gewährleisten könnte.[647] Die EU-Außenpolitik nahm die Entwicklung der Krise im Kosovo von der *„Verletzung der Menschenrechte"* über eine *„Bedrohung für die regionale Stabilität"* bis hin zur *„Notwendigkeit der Bestimmung des Status des Kosovo durch Mediation einer dritten Partei"* wahr. Das Kosovo hatte schon früher das Eingreifen einer dritten Partei gefordert. Seine G15-Verhandlungsgruppe[648], die beschlossen hatte, die Verhandlungen mit der serbischen Seite zu stoppen, forderte die internationale Gemeinschaft auf, ein Internationales Ad-hoc-Komitee einzurichten, um die Situation in den Regionen des Kosovo, die im Kampf verwickelt waren, zu überwachen.[649]

---

[645] Siehe Albright, Madeleine: Madam Secretary – Die Autobiographie, München 2003, S. 463-646.
[646] Vgl. Joetze, Günter: Der letzte Krieg in Europa? Das Kosovo und die deutsche Politik, Stuttgart, München 2001, S. 35.
[647] Vgl. Kinkel ruft im Kosovo-Konflikt nach Zwangsmaßnahmen der Vereinten Nation, in: *FAZ*, 23.07.1998.
[648] Das Kosovo-Verhandlungsteam (G-15) wurde von Ibrahim Rugova am 24. März 1998 gebildet.
[649] Ab Mitte Juli startete die erwähnte serbischen Großoffensive gegen die UÇK, die am 15. August mit dem Fall Juniks und einem am 17. August von der KDOM vermittelten Waffenstillstandsabkommen für den Westen des Kosovo endete. Allerdings kämpften die serbische Armee und die Sonderpolizei in den folgenden sechs Wochen im Zentralkosovo weiter gegen die UÇK. Die Bilanz des Krieges bis zum Herbst 1998 waren etwa 1.600 Gefallene (1.500 Kosovaren und 100 Serben), 45.000 zerstörte Häuser, 200.000 innerhalb des Kosovo vertriebene und 98.100 aus dem Kosovo geflohene Albaner. Vgl. Human Rights Watch, Humanitarian Law: Violations in Kosovo, New York 1998.

Trotz all dem nahm die Gewalt im Kosovo weiterhin zu: Von März bis September 1999 zerstörten serbische Polizei- und Militäreinheiten mehr als 300 Dörfer,[650] und laut Angaben des UNHCR wurden etwa 300.000 Menschen, vor allem Kosovo-Albaner, aus ihren Häusern vertrieben und mussten unter freiem Himmel leben.[651] In dieser Situation sprach die EU nicht nur deutlich die Verantwortung Belgrads für den Krieg im Kosovo an, sondern betonte auch die Notwendigkeit des Abzugs der jugoslawischen bewaffneten Spezialeinheiten aus dem Kosovo.[652] Die Europäer identifizierten die Praktiken der serbischen Regierung, *„die weit verbreitete Verbrennung von Häusern und unkontrollierte Angriffe mit Artillerie auf albanische Dörfer"* durchführte, ausdrücklich als den Beginn einer neuen Phase der ethnischen Säuberung.[653] Gleichzeitig einigten sich die Europäer darauf, dass *„fast alle Methoden verbraucht wurden, um durch weitere Sanktionen gegen Milošević Druck zu machen, damit dieser im Kosovo-Konflikt nachgab"*.[654]

Daher ist in einigen EU-Mitgliedstaaten, vor allem in Frankreich und Deutschland, die Idee entstanden, die Angelegenheit des Kosovo könne in einer internationalen Konferenz nach dem Modell von Dayton in Europa geklärt werden.[655] In der Zwischenzeit wurden die zwei durch den US-Botschafter Christopher Hill vorgeschlagenen Pläne für den zukünftigen Status des Kosovo von der kosovo-albanischen und von der serbischen Seite abgelehnt. Von diesem Moment an wurde seine Rolle marginalisiert und trieb die Europäer an, sich einer offensiveren Rolle auf der politischen Bühne zuzuwenden sowie einem Engagement für eine substantielle Außen- und Sicherheitspolitik der EU gegenüber der Kosovo-Frage.

Allerdings hatte die EU weiterhin keinen konkreten Plan für den Status des Kosovo und sprach über einige Autonomiemodelle[656], wie Südtirol, Katalonien, die schwedische Minderheit in Finnland, Tatarstan in Russland, Kaukasus oder Usbekistan oder die Autonomie nach dem Z-4-Plan in Kroatien[657]. Die EU sah sich in dieser Zeit mit dem Mangel an innerer Einheit und der Weigerung Russlands konfrontiert, das die westlichen Bemühungen zur Lösung des Kosovo-Problems nicht unterstützte. Österreich, das den Vorsitz des Ministerrats des EU-Gipfels in Salzburg (Oktober 1998) innehatte, stärkte die Rolle der EU-Außenpolitik und wies auf die Notwendigkeit hin, einen Hohen Vertreter für die GASP zu haben; es erklärte, Europa solle mit einer Stimme zum Kosovo-Problem sprechen.[658] Österreichs Kanzler Viktor Klima sagte, die EU könne sich in außenpolitischen Krisen wie im Kosovo nicht immer auf die USA verlassen. *„Ich halte*

---

[650] Vgl. Malcolm, Noel: The War over Kosovo, in: Brad K. Blitz (ed.): War and Change in the Balkans. Nationalism, Conflict and Cooperation, Cambridge 2006, pp. 143-155 (147).
[651] Vgl. UNHCR Press Release: UN Seeks US$ 54.3 Million for Kosovo, 8 September 1998.
[652] Europäische Kommission, Gesamtbericht über die Tätigkeit der Europäischen Union 1998, Kapitel V: Die Rolle der Union in der Welt; Bull.-EG 6-1998, Ziff. I. 35.
[653] Siehe: European Council, Cardiff Summit, 16 June 1998, Annex II, Declaration on Kosovo, in: Weller, Marc (ed.): The Crisis in Kosovo 1989-1999, Cambridge 1999, p. 230; Weller, Marc: Contested Statehood: Kosovo's Struggle for Independence, Oxford 2009, p. 84.
[654] „Fuqitë e mëdha do të hartojnë themelet e statusit të Kosovës", in: *Koha Ditore*, 09.07.1998.
[655] Vgl. Krause, Joachim: Deutschland und die Kosovo-Krise, in: Konrad Clewing / Jens Reuter (Hrg.): Der Kosovo-Konflikt. Ursachen, Akteure, Verlauf, München 2000, S. 395-416 (403).
[656] „BE: Për Kosovën – autonomia sipas planit Z-4", in: *Koha Ditore*, 22.08.1998.
[657] Der Z-4-Plan steht für den Zagreb-4-Friedensvorschlag zur Beendigung des Kroatienkrieges. Der Vorschlag wurde von der Zagreb-4-Gruppe (USA, Russland, Frankreich und Deutschland) in Zusammenarbeit mit dem UN-Sicherheitsrat ausgearbeitet und Anfang 1995 vorgestellt. Er hatte die friedliche Reintegration der sogenannten Republik Serbische Krajina in den kroatischen Staat und damit die Wiederherstellung der territorialen Integrität Kroatiens zum Ziel. Ihr Plan wurde nie umgesetzt, da er von der Führung der Krajina-Serben abgelehnt wurde, Vgl. Leutloff-Grandits, Carolin: Claiming Ownership in Postwar Croatia, Münster u.a. 2004, S. 119.
[658] Siehe Österreichische EU-Präsidentschaft, 1.7.-31.12.1998, Nr. 16 der Schriftreihe des Landes-Europabüros, Salzburg 1999, S. 34 f.

es für nicht tragbar, daß sich die EU zu einer starken wirtschaftlichen Kraft entwickelt, Europa jedoch im kommenden Jahrhundert ein politischer Zwerg bleibt",[659] sagte Klima.
Dieses aktive Engagement der europäischen Außenpolitik hinsichtlich der Bemühungen, eine Lösung in der Kosovo-Frage zu finden, kam auch als Reaktion auf die Kritik des US-Gesandten Christopher Hill an der Inaktivität der EU, nämlich, dass *„die europäischen Staats- und Regierungschefs dem Balkan den Rücken zugedreht haben"*.[660] Darüber hinaus, zeigte die Reaktion der EU die Notwendigkeit, einen Sondervermittler für das Kosovo zu ernennen, und signalisierte den Wunsch der EU, diese Frage als europäisches Problem zu behandeln.

5.4.1. Der EU-Sondergesandte für das Kosovo – Wolfgang Petritsch

Die Entscheidung der EU-15 in der Sitzung von Salzburg im Oktober 1998, den österreichischen Botschafter in Belgrad, Wolfgang Petritsch, zum EU-Sonderbeauftragten für Kosovo[661] zu ernennen, zeigte die Erfolglosigkeit der Mission von Felipe Gonzáles. Der österreichische Diplomat diente als Beweis, dass die EU-Außenpolitik nun eine aktivere Rolle in den Prozessen, die im Kosovo stattfinden werden, spielen soll. Allerdings war es für Petritsch klar, dass es nicht leicht sein wird, die 15 EU-Mitgliedstaaten zu repräsentieren.[662] Zur gleichen Zeit wurde die Vermittlerrolle des US-Botschafters in Mazedonien, Christopher Hill, marginalisiert, der den politischen Dialog zwischen den Serben und den Kosovo-Albanern zu organisieren versuchte und eigene Vorschläge für den Status des Kosovo anbot. Petritschs Ernennung zum EU-Sonderbeauftragten für den Balkan markiert die Rückkehr der EU in die internationale politische Szene als wichtiger Akteur für die Lösung des Kosovo-Problems. Nach dieser Personalentscheidung sollte nach der Ablehnung von Felipe Gonzáles durch Belgrad keine weitere Zeit verloren gehen. Diese Entscheidung ist als Reaktion auf die Kritik an dem unzureichenden Engagement der Europäer in der Kosovo-Krise einzustufen.[663] Der österreichische Diplomat, der für sein Engagement und seine diplomatische Zusammenarbeit mit dem US-Botschafter Christopher Hill bekannt wurde,[664] verbesserte das Profil der EU im Bereich der Politik der äußeren Sicherheit.

„Die EU hat spezifische Interessen im Kosovo, da der Kosovo auch Teil Europas ist. Aus diesem Grund denke ich, dass wir viel mehr Interesse daran haben, dass das Kosovo-Problem mit einem Kompromiss so schnell wie möglich gelöst wird, wobei der Wunsch aller berücksichtigt wird, die im Kosovo leben, vor allem die Wünsche und Interessen der albanischen Bevölkerung des Kosovo, da sie die absolute Mehrheit der Bewohner stellen",[665] fasste Botschafter Petritsch die Position der EU in Bezug auf das Kosovo zusammen.

Dies war nicht das Ende des Weges, sondern erst der Beginn des Prozesses für eine friedliche Beilegung. Im Gegensatz zu den anderen Gesandten unternahm er sofort die Initiative, die UÇK in die Verhandlungen einzubeziehen,[666] nachdem ihm klar wurde, dass ein Weg zum Frieden und eine eventuelle Einigung über Kosovo nicht ohne die Vertreter der Kosovo-Guerilla gefunden

---

[659] „EU-Ratspräsident will Ernennung von Beauftragtem für Außenpolitik", Wien *(dpa)*, 18.10.1998.
[660] Vgl. „Hill: Kosova është problemi më i rëndë që kam parë ndonjëherë", in: *Koha Ditore*, 06.09.1999.
[661] Vgl. „Die Europäer warnen Milošević. Kofi Annan setzt weiter auf Diplomatie", in: *FAZ*, 06.10.1998.
[662] Vgl. Interview mit dem Sondergesandten für den Kosovo, Wolfgang Petritsch, in: *Koha Ditore*, 28.10.1998.
[663] Vgl. Petritsch / Kaser / Pichler (Hrsg.): Kosovo/Kosova: Mythen, Daten, Fakten, Klagenfurt u.a. 1999, S. 231 f.
[664] Vgl. Neubeck, Arne von: Die Europäische Union als außenpolitischer Akteur – Konfliktmanagement auf dem Balkan, Norderstedt 2002, S. 93.
[665] Vgl. Interview mit dem Sondergesandten für den Kosovo, Wolfgang Petritsch, in: *Koha Ditore*, 28.10.1998.
[666] Vgl. Perritt, Jr., Henry H.: Kosovo Liberation Army: The Inside Story of an Insurgency, University of Illinois Press 2008 (published in Albanian as Ushtria Çlirimtare E Kosovës: Rrëfim prej brenda për një kryengritje, Prishtinë 2008; „Petritsch: UÇK-ja duhet të përfshihet në procesin e çfarëdollojt negociatash", in: *Koha Ditore*, 18.12.1998.

werden konnte. An den Vertreter der UÇK, Hashim Thaçi, fand er einen guten Kooperationspartner. Die EU verabschiedete nach einem Bericht Petritschs an den Rat der EU in Brüssel am 26. Oktober 1998 eine Erklärung über die Entwicklungen im Kosovo, durch die die Konfliktparteien aufgefordert wurden, das Holbrooke-Milošević-Abkommen sowie die Resolutionen 1199 und 1203 des UN-Sicherheitsrates vom 23. September 1998 und vom 24. Oktober 1998 zu respektieren sowie Bereitschaft zum Dialog zu zeigen. Verbunden mit dem Holbrooke-Milošević-Abkommen konnte der EU-Sondergesandte Petritsch Ibrahim Rugova zu einer öffentlichen Erklärung bewegen, durch den die albanische Seite die Umsetzung dieser Vereinbarung ermöglichen sollte.[667] Nach dem Scheitern der Shuttle-Diplomatie bereiteten Petritsch und der deutsche Diplomat Axel Dittmann einen Katalog von Richtlinien vor, die eine Basis für die Gespräche über einen vorläufigen Status des Kosovo bilden sollten.[668] Besonders Wolfgang Petritsch gebührt das Verdienst für die Idee der Einbeziehung der Kosovo-Befreiungsarmee als Verhandlungspartner in der Konferenz von Rambouillet (Februar-März 1999). Er und der deutsche Botschafter Christian Paulus sollten auch die Koordinierung eines Teams von europäischen Diplomaten bei der Rambouillet-Konferenz übernehmen, was der EU die Rolle eines Mediators in Rambouillet und Paris gab.

5.4.2. Das Ende der „shuttle diplomacy" und das Verhalten der EU im Kosovo-Konflikt

In der zweiten Hälfte des Jahres 1998 wurde die humanitäre Situation im Kosovo noch dramatischer. Trotz der Anwesenheit einer diplomatischen Beobachtermission im Kosovo (KDOM) eskalierte der Kampf, und die Zahl der vertriebenen und geflohenen Menschen wuchs auf 300.000 an. Um den Weg zu einer militärischen Intervention zu öffnen, ging die Initiative zum UN-Sicherheitsrat über, der auf Initiative der europäischen Länder (Frankreich, Großbritannien und Deutschland) am 23. September 1998 die Resolution 1199 verabschiedete, die sich auf Kapitel VII der UN-Charta als *ultima ratio* bezieht, der auch die Maßnahmen mit militärischen Mitteln berücksichtigte. In diesem Beschluss wurde Serbien zum ersten Mal als Hauptverantwortlicher für die Situation im Kosovo genannt und an Belgrad wurde eine Reihe von Forderungen gerichtet. Die Resolution forderte die sofortige Einstellung aller militärischen Operationen, den Abzug der serbischen Spezialeinheiten aus dem Kosovo und den Beginn konstruktiver Verhandlungen zwischen den Konfliktparteien, zudem auch den freien Zugang für humanitäre Organisationen sowie die uneingeschränkte Zusammenarbeit der Belgrader Behörden mit dem Kriegsverbrecher-Tribunal in Den Haag.[669] Auch die EU-Erklärung von Cardiff gab dem Kosovo-Problem eine weite Dimension und stufte zum ersten Mal die Umstände im Kosovo als „*Bedrohung für den Frieden und die Sicherheit in der Region*" ein.[670] Vor allem die USA und die wichtigsten EU-Mitgliedstaaten Großbritannien, Deutschland, Italien und Frankreich sahen diese Resolution als Weg, um eine zukünftige militärische Operation gegen Rest-Jugoslawien legitimieren zu können.[671] Allerdings waren die meisten EU-Mitgliedstaaten, mit Ausnahme von Großbritannien, weiterhin zögerlich bezüglich der Möglichkeit einer militärischen Intervention im Kosovo ohne

---

[667] Siehe Giersch, Carsten: Die Europäische Union und der Krieg in Kosovo, in: Konrad Clewing / Jens Reuter (Hrsg.): Der Kosovo-Konflikt. Ursachen, Akteure, Verlauf, München 2000, S. 499-512 (504).
[668] Vgl. Petritsch / Kaser / Pichler (Hrsg.): Kosovo/Kosova: Mythen, Daten, Fakten Klagenfurt u.a., S. 195.
[669] Vgl. Resolution 1199 (1998) adpted by the Security Council at its 3930th meeting on 23 September 1998, abgedruckt in: IP 5/1999, 88-91; Volle, Angelika / Weidenfeld, Werner (Hrsg.): Der Balkan zwischen Krise und Stabilität, Bielefeld 2002, S. 116-119.
[670] Europäischer Rat: Schlußfolgerungen des Vorsitzes - Cardiff, Anlage II Erklärung zu Kosovo, 15 und 16. Juni 1998, S.35-37.
[671] Vgl. Albright, Madeleine: Madam Secretary – Die Autobiographie, München 2003, S. 472.

vorherige Genehmigung des UN-Sicherheitsrats.[672] Unter Berücksichtigung der neuen Kämpfe und der großen Zahl von Flüchtlingen suchten die Vereinigten Staaten und Großbritannien mehr und mehr nach Möglichkeiten zu einer humanitären NATO-Intervention und verteidigten ihre Position damit, die Resolution 1199 des UN-Sicherheitsrates sei dafür eine ausreichende Rechtsgrundlage.[673]

Durch die bosnische Erfahrung war deutlich geworden, dass die Regierung in Belgrad nicht von der repressiven Politik im Kosovo abzubringen war, ohne dass die Forderungen des UN-Sicherheitsrates durch eine glaubwürdige militärische Bedrohung untermauert werden. In dieser Hinsicht muss auch die Entscheidung des Nordatlantikrats gesehen werden, die begrenzten militärischen (OCTWARN)[674] Operationen zu reaktivieren. Der damalige Präsident Rest-Jugoslawiens reagierte auf den wachsenden Druck der NATO.

Das Dilemma der EU-Mitgliedstaaten drückte die Schwäche der Außen- und Sicherheitspolitik der EU aus. Die Außenminister der EU konnten sich in einer Besprechung am 5. Oktober 1998 nicht zu schärferen Sanktionen gegen Belgrad durchringen.[675] Im Gegensatz zum Rat der EU forderte das Europäische Parlament die NATO auf, eine militärische Intervention, falls erforderlich auch ohne UN-Mandat, durchzuführen.[676]

Weil die NATO sah, dass Milošević weiterhin die Umsetzung der Resolution 1199 verweigerte, erließ sie am 13. Oktober 1998 den Aktivierungsbefehl („Activation Order"), wonach ein begrenzter Luftangriff vorgesehen wurde, wenn Belgrad seine Position nicht innerhalb von 96 Stunden ändern sollte. Diese koordinierten Aktionen der internationalen Institutionen und der wichtigen EU-Mitgliedstaaten, die zeitgleich auch Mitglied der NATO waren, bedeuteten eine wachsende Entschlossenheit, in der Kosovo-Krise einzugreifen. Darüber hinaus brachte das Fehlen einer politischen Lösung den diplomatischen Architekten des Dayton-Friedensabkommens im Jahr 1995, Richard Holbrooke, wieder auf die Bühne,[677] der von den Außenministern der Kontaktgruppe beauftragt wurde, einen Katalog von Forderungen an Belgrad vorzulegen. Der wichtigste Punkt auf der Tagesordnung des Treffens von Holbrooke mit Milošević war die Reaktivierung der OSZE im Rahmen einer künftigen Aufsichtsmission im Kosovo.[678] Nun wurde das Erreichen eines Waffenstillstandes als Voraussetzung für die Suche nach einer politischen Lösung für den Kosovo-Status zum Ziel.

Als die Bemühungen des amerikanischen Vermittlers, Christopher Hill, und des EU-Sonderbeauftragten Wolfgang Petritsch keinen Erfolg erzielten, verschärfte im Dezember 1998 der Rat der EU den politischen Kurs gegenüber Belgrad, das zum Hauptverantwortlichen für die Krise im Kosovo gemacht wurde. In diesem Zusammenhang unterstützte der Rat die Position der Chefanklägerin für Kriegsverbrechen im ehemaligen Jugoslawien, die Ereignisse im Kosovo unter die Gerichtsbarkeit des Internationalen Strafgerichtshofes für das ehemalige Jugoslawien zu stellen. Es sollte auch darauf hingewiesen werden, dass der Rat der EU vorbehaltlos die Aktivitä-

---

[672] Vgl. Judah, Tim: Kosova – Luftë dhe Hakmarrje, Prishtinë 2002, S. 226.
[673] Weller, Marc (ed.): The Crisis in Kosovo 1989-1999: From the Dissolution of Yugoslavia to Rambouillet and the Outbreak of Hostilities, Cambridge 1999, p. 285.
[674] Press Statement by the NATO Secretary-General, Brussels, 24 September 1998.
[675] Dammann, Michael: Internationale Bearbeitung des Kosovokonfliktes 1990-1999, Trierer Arbeitspapiere zur Internationalen Politik Nr. 3, Universität Trier, 2000, S. 58.
[676] „Das EU-Parlament für Militäraktion im Kosovo", in: NZZ, 09.10.1998.
[677] Holbrooke wurde 1941 in New York geboren. Holbrookes Eltern, beide Juden, stammten aus Europa und waren Ende der 1930er Jahren in die USA eingewandert. International bekannt wurde er als US-Sondergesandter für den Balkan in den 1990er Jahren. Er gilt als „Architekt" des Dayton-Abkommens, mit dem der Bosnienkrieg beigelegt wurde. Von 2009 bis zu seinem Tod war er US-Sondergesandter für Afghanistan und Pakistan. Vgl. Richard Holbrooke gestorben, in: NZZ, 14.12.2010.
[678] Vgl. Foreign Secretary of State Robin Cook: Contact Group Discussion on Kosovo, 8 October 1998.

ten der Experten aus Finnland unterstützte, die im Namen der EU Untersuchungen im Kosovo für spezielle Fälle durchführten, in denen davon ausgegangen wurde, dass Verbrechen begangenen worden sind, die unter die Zuständigkeit des Internationalen Kriegsverbrechertribunals fallen.[679] Wegen des Scheiterns der sogenannten „Shuttle-Diplomatie" mit ihren Bemühungen, eine friedliche Lösung für den künftigen Status des Kosovo zu finden, schlugen die EU-Mitgliedstaaten in Wien zum ersten Mal eine internationale Konferenz für das Kosovo vor, die im Februar oder März 1999 stattfinden könne.[680] Tatsächlich unterbrach von diesem Moment an die internationale Gemeinschaft[681] die „Shuttle-Diplomatie" und konzentrierte sich auf die Organisierung von direkten Verhandlungen zwischen Vertretern des Kosovo und Serbiens. In diesem Fall wurde der Rahmen schnell festgelegt, innerhalb dessen eine Lösung durch Verhandlungen gefunden werden sollte: Für das Kosovo wurde eine substanzielle Autonomie vorgesehen, während Rest-Jugoslawiens territoriale Souveränität intakt bleiben sollte.

5.5. Das Holbrooke-Milošević-Abkommen und die Kosovo Verification Mission (KVM)

Nach der Anwendung von Wirtschaftssanktionen durch die EU, die Kontaktgruppe und die UNO sowie nach den militärischen Drohungen der NATO am 13. Oktober 1998 vereinbarte Milošević die Unterzeichnung des Abkommens mit Holbrooke, der von den Außenministern autorisiert wurde, Belgrad einen Katalog von Forderungen vorzulegen, in dem der entscheidende Punkt die Reaktivierung der OSZE im Kosovo als Aufsichtsbehörde war.[682] Mit dem Elf-Punkte-Abkommen vom Oktober 1998 wurde Milošević gezwungen, erhebliche Zugeständnisse zu machen. Die Kosovo-Krise gewann mit Beteiligung der OSZE und der NATO bei der Überwachung des Vertrags tatsächlich an Wichtigkeit auf internationaler Ebene, genau das, was Belgrad zu vermeiden suchte.

Das Holbrooke-Milošević-Abkommen ist eine politische Rahmenvereinbarung, die bestimmte Eckpunkte festlegt. Die Kosovo-Verifizierungsmission (KVM) wurde am 25. Oktober 1998 mit dem Beschluss Nr. 263 des Ständigen Rates der OSZE eingerichtet. Sie sollte dafür sorgen, dass die Grundsätze der Resolution Nr. 1199 des Sicherheitsrates der Vereinten Nationen vom 23.September 1998 eingehalten werden, und enthielt u.a. die folgenden wesentlichen Regelungen:[683]
- Einstellung der Kampfhandlungen,
- Rückzug der Truppen auf ihre Position vor dem März 1998,
- freier Zugang für Hilfsorganisationen,
- vollständige Zusammenarbeit mit dem Internationalen Jugoslawientribunal,
- Rückkehr der Flüchtlinge,
- Beginn von Verhandlungen über eine Interimslösung,
- Berechtigung der NATO zu unbewaffneten Aufklärungsflügen in der Region,

---

[679] Vgl. „Këshilli i BE-së: Beogradi mban përgjegjësinë më të madhe për krizën në Kosovë", in: *Koha Ditore*, 02.12.1998.
[680] Vgl. Europäischer Rat, Wien, 11. und 12. Dezember 1998, Schlussfolgerungen des Vorsitzes; „Në mars duhet organizuar Konferencë ndërkombëtare për Kosovën", in: *Koha Ditore*, 12.12.1998.
[681] Dabei sind die VN, die OSZE und die EU zu erwähnen.
[682] Foreign Secretary of State Robin Cook: Contact Group Discussion on Kosovo, 8 October 1998; Keohane, Dan: The Debate on British Policy in the Kosovo Conflict: An Assessment, in: *Contemporary Security Policy* 21:3 (2000), 78-94.
[683] Jahresbericht 1999 über die Aktivitäten der OSZE (1. Dezember 1998 - 31. Oktober 1999), Wien 1999, S. 24.

- Einreise einer Verifikationsmission der OSZE mit UN-Mandat, die die Erfüllung der Auflagen kontrollieren sollte (2.000 Personen).[684]

Auf der anderen Seite sah die Vereinbarung vor, dass Serbien eine Anzahl von 15.000 Soldaten und 10.000 Polizisten im Kosovo haben durfte. Die Mitglieder der OSZE-Mission sollten unbewaffnet sein und die internationale Gemeinschaft gab ihr den Auftrag, die Entwicklungen vor Ort zu überwachen, aber sich nicht in den serbisch-albanischen Verhandlungen über den künftigen Status des Kosovo einzumischen. Der UN-Sicherheitsrat beschloss die Verifikationsmission mit der Resolution 1203 vom 24. Oktober 1998 auf Initiative Frankreichs – unterstützt von Großbritannien und den USA.[685] Allerdings wurde diese Vereinbarung in London mit Skepsis aufgenommen, da die britische Regierung der Meinung war, dass Milošević nur durch eine militärische Intervention aufgehalten werden kann.[686] Genau dies war der Grund, warum London anstelle der unbewaffneten Beobachter die Stationierung einer leicht bewaffneten internationalen Truppe verlangte. Die Tatsache, dass sich auch Russland der Umsetzung des Holbrooke-Milošević-Abkommens anschloss, war für die völkerrechtliche Argumentation durchaus hilfreich. Diese Tatsache konnte innerhalb des UN-Rahmens als nachträgliche Legitimation verstanden werde.[687] Inzwischen setzte Milošević die Vereinbarung teilweise und sehr zögerlich um. Inzwischen erklärte der Generalstab der UÇK, obwohl sie keine direkte Partei dieser Vereinbarung war, einseitig die Bereitschaft zur Einhaltung der Bestimmungen[688] und zeigte so Verantwortung bei der Lösung der Kosovo-Krise.

Angesichts des Ausmaßes und der Dringlichkeit der Mission bemühte sich die OSZE um den schnelleren Aufbau einer Beobachtermission.[689] Aber aufgrund logistischer Probleme und Schwierigkeiten bei der Rekrutierung sowie der Zurückhaltung einiger Länder, ihre Mitarbeiter sofort zu entsenden, kam das erste Kontingent der OSZE-Beobachter erst im Dezember 1998 im Kosovo an.[690] Die OSZE-Beobachter sollten von der sogenannten „Extraction Force" der NATO, die in Mazedonien stationiert war und unter französischem Kommando stand, geschützt werden. Dies war das Mandat für eine eventuelle Evakuierung der OSZE-Beobachter im Kosovo und war ein Zeichen für die Bereitschaft der Europäer, mehr Verantwortung in Bezug auf die Lage im Kosovo zu übernehmen. Die Unterstützung der EU kommt in ihrer Erklärung zu einem Gesamtkonzept für das Kosovo vom 27. Oktober 1998[691] zum Ausdruck. Darin heißt es u.a.:

„Die EU als wichtiger Faktor für die Stabilität auf dem Balkan wird ihre Bemühungen um eine Wiederherstellung des Friedens im Kosovo fortsetzen. Im Rahmen dieser Bemühungen wird die EU weiterhin den Verhandlungsprozeß, insbesondere durch die Tätigkeit des EU-Sonderbeauftragten, Herrn Botschafter Petritsch, auf der Grundlage des geänderten

---

[684] Bellamy, Alex J. / Griffin, Stuart: OSCE Peacekeeping: Lessons from the Kosovo Verification Mission, in: *European Security* 11:1 (2002), 1-26.
[685] Vgl. Formann, Michel / Viau, Hélène: A Model Ally? France and the US during the Kosovo Crisis of 1998-99, in: David G. Haglund (ed.): The France-US Leadership Race: Closely Watched Allies, Kingston, Ontario 2000: Queens University Press,, pp. 87-109 (96).
[686] Rentoul, John: Tony Blair – Prime Minister, London 2001, p. 15.
[687] Siehe Fischer, Joschka: Die rot-grünen Jahre. Deutsche Außenpolitik – vom Kosovo bis zum 11. September, Köln 2007, S. 110.
[688] Krasniqi, Jakup: Kthesa e madhe, Ushtria Çlirimtare e Kosovës, Prishtinë 2006, S. 157; Deklarata politike e SHP të UÇK-së, nr. 12.
[689] Siehe: Mitteilung der OSZE vom 25. Oktober 1998 „Kosovo Verification Mission", http://www.osce.org/kosovo/58550; Flottau, Renate und Schleichler, Roland: Marsch in die Sackgasse, in: *Der Spiegel* 12/1999, 22.03.1999, S. 196-198, http://www.spiegel.de/spiegel/print/d-10246239.html.
[690] Meyer, Berthold / Schlotter, Peter: Die Kosovo-Kriege 1998/9. Die internationale Intervention und ihre Folgen, Frankfurt a.M. 2000, S. 18.
[691] Erklärung der EU zu einem Gesamtkonzept für Kosovo, P/98/128, 27. Oktober 1998.

US-Vorschlags, dem sich die Kontaktgruppe und die EU angeschlossen haben, aktiv mit unterstützen.
Die EU begrüßt die Stationierung von Sicherheitskräften, die schnell eingreifen können, Die EU unterstützt ferner die NATO-Verifikationsmission für den Luftraum und würde die Beteiligung Russlands und anderer nicht der NATO angehörender Länder begrüßen."
Der Schwachpunkt dieser Mission war die Unfähigkeit, direkt zwischen den Konfliktparteien zu intervenieren,[692] und umso mehr waren für ihre Sicherheit serbische Behörden verantwortlich, die das geringste Interesse am Erfolg der Beobachtermission hatten. Ebenso war eine weitere Bedingung für die Errichtung einer Verifizierungsmission des Kosovo die Umgehung der albanischen politischen und militärischen Faktoren.[693] Allerdings erzielte die Verifizierungsmission im Kosovo eine psychologische Wirkung, da bei den Kosovaren für kurze Zeit das Gefühl einer relativen Sicherheit geschaffen wurde. Zur gleichen Zeit wurde den Beobachtern der OSZE die Möglichkeit gegeben, die serbischen Ziele und militärischen Kapazitäten im Kosovo genau zu erfassen.

Tatsächlich war der Einfluss der OSZE-Beobachter in Bezug auf wichtige strategische und militärische Entwicklungen im Kosovo begrenzt. Deshalb stieg im Dezember erneut der militärische Druck auf die UÇK sowie die Unterdrückung und Vertreibung der Zivilbevölkerung im Kosovo durch das serbische Militär und die serbische Polizei. Mitte Januar 1999 alarmierte die Nachricht über das Massaker in Raçak die westlichen Medien. Dieses Massaker zeigte wieder einmal die Ohnmacht der unbewaffneten OSZE-Beobachter, die zwischen den Konfliktparteien vermitteln sollten, und gleichzeitig führte dies zur Wende bei der internationalen Neubewertung des Kosovo-Konflikts. Schließlich zogen sich nach dem Scheitern der Verhandlungen in der Konferenz von Rambouillet/Paris am 20. März 1999, am Vorabend der NATO-Luftangriffe, die Beobachter der OSZE-Mission aus dem Kosovo zurück.

5.6. Zwischenresümee

Mit der frühzeitigen Anerkennung von Rest-Jugoslawien wiederholte die EU-Außenpolitik ihre Fehler der frühen 1990er Jahre. Das wichtigste Merkmal der EU-Außenpolitik war die Hoffnung auf eine einfache Lösung der Kosovo-Frage innerhalb Rest-Jugoslawiens und die falsche Wahrnehmung über die Kompromissbereitschaft Miloševićs. Die EU-Mitgliedstaaten konnten ihre nationalen Interessen im Bezug auf Kosovo nicht vollständig überwinden. Auf diese Weise zeigte die Kosovo-Frage, dass sich die europäische Außenpolitik mehrfachen und mehrdimensionalen Herausforderungen stellen musste. In diesem Fall kann noch nicht von einer Gemeinsamen Außen- und Sicherheitspolitik der EU gesprochen werden. Die fehlende Einigkeit untergrub die Glaubwürdigkeit der EU-Außenpolitik und die Absicht der EU, eine Rolle als globaler Akteur zu spielen.

Erst Ende des Jahres 1997 und im Laufe des Jahres 1998 begann eine Neubewertung der Kosovo-Krise. Die Gemeinsame Außen- und Sicherheitspolitik der EU stand zu diesem Zeitpunkt aber noch im Schatten der Haltung der EU-Mitgliedstaaten im Rahmen der Balkan-Kontaktgruppe als intergouvernementales *Ad-hoc*-Gremium. In der EU-Politik war eine Lücke zwischen der *„early warning"* und *„early action"*, da der EU-Außenpolitik ein einheitliches Konzept und eine klare Vorstellung davon, wie sie handeln sollte, fehlte. Zumindest war die europäische Außenpolitik sich in einem gewissen Punkt mit der Position der Kontaktgruppe, der USA, der UNO sowie der OSZE einig, dass sie nicht die vollständige Unabhängigkeit des Kosovo unterstützen werde, aber auch nicht den Status quo dulde. Zu diesem Zeitpunkt verfolge die EU drei Richtungen für eine Lösung des Kosovo-Problems: erstens durch bilaterale Kontakte mit Belgrad

---

[692] Vgl. Rathfelder, Erich: Heikle Mission mit vielen Schwachstellen, in: *Die Presse*, 09.01.1999, S. 4.
[693] Vgl. Petritsch / Kaser / Pichler (Hrsg.): Kosovo/Kosova: Mythen, Daten, Fakten, Klagenfurt u.a. 1999, S. 228.

und Prishtina; zweitens auf regionaler Ebene durch die Zusammenarbeit mit den Ländern der Region und insbesondere mit der Regierung in Albanien über die Festlegung eines Status für das Kosovo, was zu einem wichtigsten europäischen Thema wurde; drittens versuchte die europäische Außenpolitik auf internationaler Ebene, durch Zwangsmaßnahmen gegenüber Belgrad und internationale diplomatische Foren eine multilaterale Lösung des Kosovo-Problems zu finden.

Als sich 1998 die Krise im Kosovo von einem Menschenrechtsproblem in eine humanitäre Krise mit einer Gefährdung der internationalen Sicherheit entwickelte, begann die EU-Außenpolitik, Sanktionen auf wirtschaftlicher Ebene als politisches Instrument zu verwenden, und versuchte dann durch die „Shuttle-Diplomatie" mit ihrem Sonderbeauftragten Wolfgang Petritsch, eine politische Lösung zu erreichen. Tatsächlich haben diese Sanktionen zum zunehmenden Druck auf die Behörden in Belgrad beigetragen, wobei ihre Bedeutung im Vergleich zu den Drohungen mit NATO-Luftangriffen bescheiden war. Diese wirtschaftlichen Sanktionen erwiesen sich nicht als effektiv, da sie keine Allgemeingültigkeit hatten, weil Länder wie Russland weiterhin wirtschaftliche Beziehungen zu Rest-Jugoslawien aufrecht hielten. Solange sich die Lage im Kosovo weiter verschärfte, brachte Deutschland, das zu jener Zeit die Ratspräsidentschaft der EU und der G8-Gruppe[694] innehatte, die Idee einer internationalen Konferenz nach dem Modell einer Art „Mini-Dayton" zur Lösung der Kosovo-Krise ins Spiel.[695] Mit dieser Initiative wollten die wichtigsten EU-Mitgliedstaaten, allen voran die *glorious nations* Frankreich und Großbritannien, erreichen, dass diese Konferenz in Europa und nicht erneut in den USA abgehalten würde. Diese Friedenskonferenz, die im Februar und März 1999 zunächst in Schloss Rambouillet, dann in Paris stattfand, bei der die EU als Vermittler tätig war, stellte den letzten Versuch dar, die Kosovo-Krise durch Verhandlungen zu lösen. *De facto haben* das Scheitern der Friedenskonferenz und der Beginn der NATO-Luftangriffe gegen die repressive und militärische Infrastruktur Rest-Jugoslawiens und *de jure* der Unterzeichnung des militär-technischen Abkommens von Kumanovo vom 9. Juni 1999, die das Ende des Kosovo-Krieges markiert und die vollständige Entfernung der serbischen Militär- und Polizeikräfte aus dem Kosovo vorsieht,[696] Wolfgang Petritschs Mission als EU-Sonderbeauftragten für das Kosovo beendet.

---

[694] Die Gruppe der Acht (G8) fasst die größten Industrienationen der Welt zusammen. Die Gruppe bezeichnet sich selbst als ein „Abstimmungsforum", das Fragen der Weltwirtschaft im Konsens erörtert. Ihr gehört neben Deutschland, den Vereinigten Staaten, Japan, dem Vereinigten Königreich, Kanada, Frankreich und Italien (G7) auch Russland an. Sie ist aus der Gruppe der Sieben (1976–1998) hervorgegangen, der Russland noch nicht angehörte. Daneben ist in dem Gremium auch die Europäische Kommission mit einem Beobachterstatus vertreten. Den Vorsitz übernimmt jeweils ein Land für die Dauer eines Jahres. Vgl. Fischer, Joschka: Die rot-grünen Jahre. Deutsche Außenpolitik – vom Kosovo bis zum 11. September, Köln 2007, S. 128
[695] Vgl. Joetze, Günther: Der letzte Krieg in Europa? Stuttgart/München, 2001, S. 45; Fischer, Joschka: Die rot-grünen Jahre. Deutsche Außenpolitik – vom Kosovo bis zum 11. September, Köln 2007, S. 12-130.
[696] Vgl. Neubeck, Arne von: Die Europäische Union als außenpolitischer Akteur – Konfliktmanagement auf dem Balkan, Norderstedt 2002, S. 101.

6. Die diplomatischen Vermittlungsversuche der EU in der Kosovo-Krise

6.1. Die Rolle der EU bei der Kosovo-Friedenskonferenz von Rambouillet und Paris

Am 15. Januar 1999 exekutierten die serbischen Kräfte in Raçak 45 albanische Zivilisten. De facto markierte dieses Massaker auch das Ende des Holbrooke-Milošević-Abkommens und wird gleichzeitig als Wendepunkt in der europäisch-westlichen Politik gegenüber der Kosovo-Krise bzw. in der Haltung gegenüber Rest-Jugoslawien eingestuft.[697] Die europäischen Regierungen, die sich bis zu diesem Zeitpunkt zögerlich gezeigt hatten, begannen, sich der scharfen Linie der USA und Großbritanniens anzunähern. Tatsächlich gehörte der britische Premierminister Tony Blair, der eine Wende in der britischen und europäischen Balkan-Politik vollzog, zu den entschlossensten Befürwortern einer Militärintervention.[698] Unter seinem Druck verschärfte die NATO ihren Kurs gegenüber Belgrad. Als Folge warnten die EU und die NATO die serbische Regierung, dass sie entschlossen seien, zur Lösung des Konflikts militärisch einzugreifen. Parallel zur Militärstrategie der NATO unterstrichen die wichtigsten europäischen Länder, insbesondere die Mitgliedsländer der Kontaktgruppe, die Notwendigkeit einer kraftvolleren politischen Anstrengung, um eine vorübergehende Lösung der Kosovo-Krise zu finden. Inzwischen hatte der EU-Sonderbeauftragte Wolfgang Petritsch einen Projektvorschlag ausgearbeitet, der Formulierungen aus dem Holbrooke-Milošević-Abkommen, einige Standpunkte der albanischen Seite sowie der Kontaktgruppe enthielt. Die Idee einer internationalen Kosovo-Konferenz wurde unvermeidlich, um die serbische Regierung und die Führer der Kosovo-Albaner miteinander zu konfrontieren.

Der endgültige Vorschlag zur Friedenskonferenz kam dennoch von der Kontaktgruppe bei ihrem Kosovo-Treffen, das am 29. Januar 1999 in London abgehalten wurde.[699] Die Kontaktgruppe wies die Konfliktparteien an, ab dem 6. Februar 1999 Verhandlungen zu einer politischen Lösung bei der Konferenz von Rambouillet/Frankreich aufzunehmen.

Die Konferenz von Rambouillet sollte die Außenminister Frankreichs und Großbritanniens, Hubert Védrine und Robin Cook, leiten, teilnehmen sollten auch der amerikanische Botschafter Hill und der russische Botschafter Majorski.[700] Die EU wollte demonstrieren, dass sie in der Lage waren, die Führung bei der Lösung ihrer europäischen Angelegenheiten, wie sie die Kosovo-Krise darstellte, zu übernehmen.[701] Insbesondere bedeutete diese Konferenz eine Abkehr von der *Shuttle-Diplomatie* zwischen Prishtina und Belgrad, die sowohl die Europäer als auch die Amerikaner bis zu jenem Zeitpunkt praktiziert hatten. Die Forderungen der Kontaktgruppe an die Konfliktparteien gliederten sich in einen zivilen und in einen militärischen Teil und hatten nach Einschätzung des EU-Vermittlers Wolfgang Petritsch den „Charakter eines Diktats".[702] Geplant war ein absichtlich eng gehaltener Zeitplan, um die Konfliktparteien schnell zu einer Einigung zu zwingen. Verzögerungstaktiken sollten weitgehend vermieden werden.

---

[697] „Racak war ein Massaker", *Der Tagesspiegel*, 06.06.2002; Albright, Madeleine: Madam Secretary – Die Autobiographie, München 2003, S. 477-479; Ramet, Sabrina P.: Die politische Strategie der Vereinigten Staaten in der Kosovo-Krise: Parteipolitik und nationales Interesse, in: Clewing, Konrad / Reuter, Jens (Hrsg.): Der Kosovo-Konflikt: Ursachen, Verlauf, Perspektiven, München 2000, S. 365-380 (372).
[698] Vgl. Sundhaussen, Holm: Jugoslawien und seine Nachfolgestaaten 1943-2011, Wien, Köln, Weimar 2012, S. 366-380.
[699] Albright, Madeleine: Madam Secretary – Die Autobiographie, München 2003, S. 479.
[700] Vgl. Fischer, Joschka: Die rot-grünen Jahre. Deutsche Außenpolitik – vom Kosovo bis zum 11. September, Köln 2007, S. 12-130; Joetze, Günter, Der letzte Krieg in Europa? Das Kosovo und die deutsche Politik, Stuttgart, München 2001, S. 62.
[701] Fischer, Joschka: Die rot-grünen Jahre. Deutsche Außenpolitik – vom Kosovo bis zum 11. September, Köln 2007, S. 129.
[702] Vgl. Friedrich, Roland: Die deutsche Außenpolitik im Kosovo-Konflikt, Wiesbaden 2005, S. 73.

Die Konferenz hatte jedoch im Unterschied zu der von Dayton von Beginn an einige entscheidende Mängel. Der Hauptakteur, also Slobodan Milošević, hatte seine Teilnahme in Rambouillet[703] verweigert (er schickte eine zweitrangige Delegation), und vorsorglich war zwischen den Konfliktparteien ein Waffenstillstand erreicht worden. Auf diese Weise wurden sämtliche Szenarien, Druck auf die beiden Seiten auszuüben und sie davon zu überzeugen, einem Friedensabkommen zuzustimmen, abgeschwächt.[704] Die Teilnehmer der kosovo-albanischen Delegation in Rambouillet waren von amerikanischer Seite vorgegeben, da sich die Kosovo-Albaner nicht auf eine eigene Delegation einigen konnten. Als Delegationsleiter wurde der erst 30-jährige Hashim Thaçi ausgewählt, seine Stellvertreter waren Ibrahim Rugova und Rexhep Qosja.[705] Im Bemühen, bei der Konferenz für den Kosovo eine aktivere Rolle zu spielen, hatte die EU einen Katalog von Maßnahmen erarbeitet, die beiden Seiten als Anreiz für den Abschluss eines Friedensabkommens in Rambouillet dienen sollten. Ebenso hatte die EU eine Reihe weiterer Maßnahmen für den Fall des Scheiterns bei der Suche nach einer friedlichen Lösung vorgesehen.

EU incentives and deterrents for the Kosovo political process FRY
  Incentives
  a. *progressive relaxation of Kosovo related sanctions regime;*
  b. *explicit inclusion of Serb-populated areas into EU assistance to Kosovo;*
  c. *prospects of the FRY being allowed to participate fully in more international organizations;*
  d. *EU support for modification of the „outer wall of sanctions";*
  e. *EU support for limited access to IFI funds for immediate relief of FRY population needs.*
  Deterrents
  a. *progressive tightening of the existing Kosovo related sanctions regime:*
  b. *consideration of new measures i.e., visa ban on FRY/Serb Governments, sports ban, trade sanctions, etc.;*
  c. *freeze of all public and private Yugoslav and Serbian financial assets in EU MS.*
  Kosovo-Albanians
  Incentives
  a. *clear, firm and continuing EU commitment to (and involvement in) substantial autonomy for Kosovo;*
  b. *reconstruction and humanitarian assistance;*
  c. *resume education agreement implementation as of signature of autonomy agreement.*

---

[703] Fischer, Joschka: Die rot-grünen Jahre. Deutsche Außenpolitik – vom Kosovo bis zum 11. September, Köln 2007, S. 133 f.

[704] Giersch, Carsten: Die Europäische Union und der Krieg in Kosovo, in: Konrad Clewing / Jens Reuter (Hrsg.): Der Kosovo-Konflikt. Ursachen, Akteure, Verlauf, München 2000, S. 499-512 (505).

[705] In der albanischen Delegation waren abgesehen von Adem Demaçi, dem politischen Repräsentanten der UÇK, alle wichtigen politischen Köpfe vertreten. Sie setzte sich aus fünf Vertretern von Rugovas Partei LDK, fünf Vertretern der UÇK, vier Angehörigen der liberalen Partei LDB und zwei parteifreien Verhandlern zusammen. Für die LDK verhandelten Kosovo-Präsident Ibrahim Rugova, Exil-Premier Bujar Bukoshi, Fehmi Agani, Edita Tahiri und Idriz Ajeti. Die UÇK war unter anderem durch den Chef ihres politischen Direktorates Hashim Thaçi und ihren Sprecher Jakup Krasniqi vertreten, die LDB unter anderem durch Rexhep Qosja und Bajram Kosumi. Als parteifreie Verhandler traten der Herausgeber der Tageszeitung *Koha Ditore*, Veton Surroi, und der Herausgeber der Zeitung *Zëri*, Blerim Shala, auf. Vgl. Fischer, Joschka: Die rot-grünen Jahre. Deutsche Außenpolitik – vom Kosovo bis zum 11. September, Köln 2007, S. 134.

Deterrents
a. *action to stop flow of money to Kosovo (KLA);*
b. *international presence in Albania and FYROM to stop flow of weapons; sea patrols if necessary;*
c. *non-renewal of visa and „permis de sejour" in EU countries to Kosovo Albanian leadership;*
d. *(if provocations the ground continue and KLA holds up negotiating process) refer to KLA as a „terrorist organisation".*[706]

Was beinhaltete das Rambouillet-Abkommen (*Interim Agreement for Peace and Self-Government in Kosovo*)[707]? Die Verhandlungen zum diesem Abkommen begannen in dem Rahmen, der für den Abschluss eines Kosovo-Abkommens von den Verhandlungsführern der EU und der USA ausgearbeitet und aktualisiert worden war. Das Abkommen wies einige allgemeine Fortschritte auf. Der unter der Bezeichnung „Zehn Prinzipien" geführte Plan enthielt Vorschläge für die Herstellung eines autonomes Kosovo sowie zur Stationierung der NATO-Truppen im Kosovo. Die NATO stellte ein Ultimatum an Serben und Kosovo-Albaner, in dem beiden Seiten zur Aufnahme von Verhandlungen auf Basis der „*Zehn Prinzipien*" aufgefordert wurden. Neben allgemeinen Prinzipien enthielt dieses Abkommen (der Rambouillet Vertrag) in seinem zivilen Teil Grundsätze zur demokratischen Selbstverwaltung im Kosovo[708], zur öffentlichen Sicherheit[709], zur Überwachung von Wahlen, zu wirtschaftlichen Fragen, zu humanitären Hilfen, zum Aufbau und zur Entwicklung der Wirtschaft, zur Exekutive und zur Legislative, zur Militärpräsenz der NATO, zur Entwaffnung der UÇK, zur Rückkehr der Flüchtlinge, zum Abzug der paramilitärischen Einheiten aus dem Kosovo sowie zur Zusammenarbeit mit dem Haager Kriegsverbrechertribunal.[710] Dieses Abkommen hob deutlich die Grundsätze der territorialen Integrität des verstümmelten Jugoslawien hervor, eine Tatsache, die eine Zustimmung der Kosovo-Albaner zu dem endgültigen Abkommen beinahe unmöglich machte.[711] Die EU und die internationalen Vermittler hatten die Frage der Festlegung des endgültigen Status des Kosovo bewusst vermieden, um eine Kompromiss- und Übergangslösung leichter erreichen zu können. Es war dort die Rede von einem Autonomiestatus, und aus nachvollziehbaren diplomatischen Gründen wurde dies alles als „Übergangslösung" bezeichnet, da bei dieser Konferenz eine endgültige Lösung nicht erreicht werden konnte.
Die Festlegung, dass das Kosovo Bestandteil Jugoslawiens bzw. Serbiens bleiben sollte, bedeutete für die Albaner eine Enttäuschung.[712] Angesichts der über lange Zeit erlebten Unterdrückung durch die Serben und ihrer eigenen Forderungen nach Unabhängigkeit würden die Albaner im Kosovo einen bloßen Autonomiestatus im Rahmen Serbiens nicht mehr akzeptieren. Nach der Verfassung von 1974 war Kosovo noch ein konstitutiver Bestandteil der Vielvölkerföderation, nach dem jetzt vorliegenden Vorschlag hingegen Teil einer amputierten Föderation, in

---

[706] Maßnahmenkatalog der EU zur Vorbereitung der Gespräche in Rambouillet. Siehe Petritsch / Kaser / Pichler (Hrsg.): Kosovo/Kosova: Mythen, Daten, Fakten, Klagenfurt u.a. 1999, S. 276 f.
[707] Interim Agreement for Peace and Self-Government in Kosovo Rambouillet, France, 23 February 1999, S/1999/648.
[708] Chapter 1, Interim Agreement for Peace and Self-Government in Kosovo (Rambouillet, 23 February 1999, Chapter 8, Art. 3. The Lord Byron Foundation for Balkan Studies, Centre for Peace in the Balkans (eds.): Kosovo under NATO. Anatomy of an Unjust War, London, Aiken, Toronto 2000, p. 17; vgl. Milo, Paskal, Ditari i një Ministri të Jashtëm, Tiranë 2009, S. 144.
[709] Chapter 2: Police and Civil Public Security.
[710] Article XI: Establishment of a Joint Military Commission, Article 4.
[711] Ebenda.
[712] Vgl. Sundhaussen, Holm: Jugoslawien und seine Nachfolgestaaten 1943-2011, Wien, Köln, Weimar 2012, S. 366-368.

der Serbien dominierte; damit wäre die Autonomie des Kosovo sehr viel brüchiger und instabiler.[713] Tatsächlich zielte die internationale Gemeinschaft mit den politischen Festlegungen für eine *„Übergangslösung für Frieden und Selbstverwaltung im Kosovo"* darauf ab, ein Gleichgewicht zwischen den diametral entgegengesetzten Interessen von Albanern und Serben zu schaffen.[714]

In Kapitel VIII, Artikel I, Paragraph 3 hieß es:

„Three years after the entry into force of this Agreement, an international meeting shall be convened to determine a mechanism for a final settlement for Kosovo, on the basis of the will of the people, opinions of relevant authorities, each Party's efforts regarding the implementation of this Agreement, and the Helsinki Final Act, and to undertake a comprehensive assessment of the implementation of this Agreement and to consider proposals by any Party for additional measures."[715]

Dieser Paragraph hatte jedoch nach dem Völkerrecht keinen verbindlichen politischen Charakter.[716] Gleichwohl war es wenig verheißungsvoll, dass nach diesem Abkommensvorschlag der Status des Kosovo provisorisch war. Der Vorschlag für das Abkommen von Rambouillet ging also nicht weiter als bis zur Anerkennung des Rechts auf innere Selbstbestimmung der Kosovo-Albaner. Die Lösung blieb einer internationalen Konferenz vorbehalten, die bei der Beschlussfassung den „Volkswillen" berücksichtigen sollte. Die Konferenz von Rambouillet, die einen einzigartigen Versuch oktroyierter Verhandlungen darstellte, hatte vorsorglich den Rahmen für Verhandlungen über „nicht verhandelbare Grundsätze" (*non-negotiable principles*) festgelegt, denen beide Seiten bereits vor Beginn der Konferenz zuzustimmen hatten.

Diese Grundsätze und Grundelemente des geplanten Abkommens von Rambouillet entsprangen ganz allgemein den Formulierungen und Vorschlägen der EU, der Kontaktgruppe sowie der Beratungsinitiative der Venedig-Kommission des Europarats vom November und Dezember 1998. Bei ihrer Ausarbeitung waren sowohl die albanische als auch die serbische Seite involviert. Die wichtigsten Elemente der *„non-negotiable principles"* waren:

1. Die Souveränität und territoriale Integrität Jugoslawiens soll bei einer künftigen Lösung für den Kosovo gewahrt bleiben.
2. Der Kosovo soll ein hohes Maß an Selbstverwaltung mit eigener Legislative, Exekutive und Jurisdiktion erhalten.
3. Nach einer dreijährigen Periode soll der endgültige Status des Kosovo festgelegt werden. Der Interimsstatus für den Kosovo darf nicht unilateral verändert werden.
4. Amnestie für politische Gefangene. Niemand darf wegen der Kämpfe im Kosovo gerichtlich verfolgt werden, sofern er sich nicht Kriegsverbrechen oder Verbrechen gegen die Menschlichkeit schuldig gemacht hat.

---

[713] Vgl. Fischer, Joschka: Die rot-grünen Jahre. Deutsche Außenpolitik – vom Kosovo bis zum 11. September, Köln 2007, S. 133 f.; Weller, Marc (ed.): The Crisis in Kosovo 1989-1999: From the Dissolution of Yugoslavia to Rambouillet and the Outbreak of Hostilities, Cambridge 1999, p. 416; Petritsch / Kaser / Pichler (Hrsg.): Kosovo/Kosova: Mythen, Daten, Fakten, Klagenfurt 1999, S. 199.
[714] Siehe Entwurf eines Interimsabkommens für Frieden und Selbstregierung im Kosovo vom 23. Februar 1999, vorgelegt in Rambouillet, in: *IP* 5/1999, 104-114.
[715] Siehe dazu: Chapter 8, Article I, Amendment and Comprehensive Assessment, paragraph 3.
[716] Vgl. Fischer, Joschka: Die rot-grünen Jahre. Deutsche Außenpolitik – vom Kosovo bis zum 11. September, Köln 2007, S. 143; Petritsch / Kaser / Pichler (Hrsg.): Kosovo/Kosova: Mythen, Daten, Fakten; Klagenfurt u.a. 1999, S. 192.

5. Der internationalen Gemeinschaft kommt bei der Lösung der Kosovo-Frage eine wichtige Rolle zu. Die OSZE und andere internationale Organisationen müssen an der Implementierung eines Abkommens und der Überwachung der Menschenrechte beteiligt werden.[717] Tatsächlich glichen die nicht diskutierbaren Grundsätze des geplanten Interim-Abkommens (lediglich 20 % konnten als verhandelbar angesehen werden) in vielerlei Hinsicht der Elf-Punkte-Erklärung des Holbrooke-Milošević-Abkommens vom 13. Oktober 1998, und die Bedingungen, die den Parteien aufgenötigt werden sollten, stimmten großteils mit dem Vorschlag von Belgrad überein. Die Verhandlungen wurden in der Weise geführt, dass Rest-Jugoslawien wichtige Zugeständnisse gemacht wurden, in der Hoffnung, so leichter dessen Zustimmung zu erhalten.[718] Für den Fall der Weigerung Belgrads wären jedoch die Luftangriffe der NATO autorisiert.

Für den Fall, dass die kosovarische Delegation sich dem Rambouillet-Projekt widersetzen sollte, würde die internationale Unterstützung beendet, auch jene durch die USA, und darüber hinaus würden die Nachschubwege für die Versorgung mit Waffen unterbrochen.[719]

Tatsächlich wollte der Westen ein Abkommen nach dem multiethnischen Prinzip Bosniens erreichen. Auch im Fall Kosovo war dem amerikanischen Diplomaten Warren Zimmermann zufolge die Formel von Rambouillet ein Versuch, zwei gegensätzliche Forderungen zu versöhnen – die serbische Souveränität und die albanische Unabhängigkeit – in einem multiethnischer Rahmen, der mit dem Bosniens vergleichbar war.[720]

Mehr noch, auch wenn die Orientierungsgrundsätze eine Legislative (Parlament), Exekutive (Präsident und Regierung des Kosovo) sowie eine Jurisdiktion vorsahen, so betonten sie ausdrücklich die Unantastbarkeit der Souveränität und der territorialen Integrität Rest-Jugoslawiens.[721] Offiziell wurde die Beteiligung der NATO nicht erwähnt, jedoch hatte diese Organisation seit dem 30. Januar 1999 in der Erklärung zum Kosovo deutlich ihre Haltung zum Ausdruck gebracht, dass die Kosovo-Krise eine Bedrohung für den Frieden und die Sicherheit in der Region bleibe und dass sie eine dauerhafte politische Lösung für den Kosovo unterstützen würde.[722]

Zur Überwachung des Friedens und zur Implementierung des Abkommens im Kosovo war die Stationierung einer durch die NATO geführten Militärtruppe (KFOR) vorgesehen. Für die Kosovaren stellte die NATO-Präsenz ein Schlüsselelement für die Implementierung des geplanten Abkommens dar, und sie hielten von Anfang an entschieden an dieser Bedingung für die Zustimmung zum Rambouillet-Projekt fest.[723]

Die beiden Seiten wiesen nicht nur bei diesem Element Unterschiede und Unverträglichkeiten auf, aber nach den Konferenzprozeduren war keine Abänderung des Originaldokuments statthaft. Daher war es klar, dass die ursprünglichen Vorschläge der Kontaktgruppe weitgehend unberührt blieben.[724]

Anhang B des Abkommens sicherte der NATO Bewegungsfreiheit in ganz Jugoslawien zu, darunter auch im Luftraum. Artikel 8 des Anhang B besagte:

---

[717] Petritsch / Kaser / Pichler (Hrsg.): Kosovo/Kosova: Mythen, Daten, Fakten, Klagenfurt u.a. 1999, S. 196.
[718] Weller, Marc: Contested Statehood: Kosovo's Struggle for Independence, Oxford 2009, pp. 119 f.
[719] Vgl. Vorläufiges Abkommen für Frieden und Selbstverwaltung im Kosovo, Rambouillet, 23. Februar 1999, *Blätter für deutsche und internationale Politik* 44:5 (1999), 611-629.
[720] Zimmermann, Warren: „Diplomacia e pushkës së brazët", in: *Zëri*, 24.12.2002, S. 19.
[721] Siehe: Rambouillet Agreement- Interim Agreement for Peace and Self-Government in Kosovo, Article I: Principles, Abs.2.
[722] Weller, Marc (ed.): The Crisis in Kosovo 1989-1999: From the Dissolution of Yugoslavia to Rambouillet and the Outbreak of Hostilities, Cambridge 1999, p. 416; Petritsch / Kaser / Pichler (Hrsg.): Kosovo/Kosova: Mythen, Daten, Fakten, Klagenfurt u.a. 1999, S. 196.
[723] Vgl. Weller, Marc: Contested Statehood: Kosovo's Struggle for Independence, Oxford 2009, p. 132; Fischer, Joschka: Die rot-grünen Jahre. Deutsche Außenpolitik – vom Kosovo bis zum 11. September, Köln 2007, S. 127.
[724] Vgl. Weller, Marc: Contested Statehood: Kosovo's Struggle for Independence, Oxford 2009, p. 128.

"Das NATO-Personal soll sich mit seinen Fahrzeugen, Schiffen, Flugzeugen und seiner Ausrüstung innerhalb der gesamten Bundesrepublik Jugoslawien einschließlich ihres Luftraumes und ihrer Territorialgewässer frei und ungehindert sowie ohne Zugangsbeschränkungen bewegen können. Das schließt ein – ist aber nicht begrenzt auf – das Recht zur Errichtung von Lagern, die Durchführung von Manövern und das Recht auf die Nutzung sämtlicher Regionen oder Einrichtungen, die benötigt werden für Nachschub, Training und Feldoperationen."[725]
Diese Bestimmungen waren für die serbische Seite unannehmbar, so wie für die kosovarische Seite die Auflösung der UÇK drei Monate nach Unterzeichnung des Abkommens nicht hinnehmbar war. In der Realität sollte die machtvolle internationale Militärpräsenz im Kosovo den Kern einer dauerhaften Lösung darstellen. Anhang B, der den Bestimmungen des Dayton-Abkommens glich,[726] stellte eine spürbare Einschränkung der Souveränität Rest-Jugoslawien dar. Gleichwohl sollten nach diesem Militäranhang 2.500 serbische Soldaten im Kosovo verbleiben können.[727]

Es wird davon ausgegangen, dass der Inhalt des militärischen Teils der tatsächliche Grund für die serbische Weigerung war,[728] das Abkommen von Rambouillet zu unterzeichnen. Es gibt aber auch Stimmen, die sagen, dass Serbien Anhang B lediglich als Vorwand für die Zurückweisung des Abkommens nutzte. Die serbische Delegation war nicht einmal bereit, Anhang B des Kapitels 8 des Abkommens (welcher unverhandelbar war) zu diskutieren, da ihm zufolge die NATO-Truppen uneingeschränkte Handlungsfreiheit hatten und das Kosovo-Problem endgültig zu einer Frage von internationalem Charakter wurde.[729]

Danach waren die Verhandlungen von Rambouillet in eine Sackgasse geraten. Daher begannen der deutsche Außenminister Joschka Fischer und der Sondervermittler der EU Wolfgang Petritsch, Druck auf die Delegation des Kosovo auszuüben, damit wenigstens diese das Friedensabkommen billigen würde. So unternahm Deutschland, das in der EU turnusmäßig die Ratspräsidentschaft innehatte, Bemühungen zur politischen Koordination der europäischen Staaten. Um in den Reihen der EU Konflikte zu vermeiden und damit die EU in der Kosovo-Frage künftig mit einer einheitlichen und entschlossenen Haltung auftreten könnte, wurden die Außenminister der EU-Mitgliedstaaten bei einem Treffen in Paris von den vier Außenministern Großbritanniens, Frankreichs, Italiens und Deutschlands informiert. Mit Ausnahme Griechenlands, das in einigen Nuancen eine unterschiedliche Meinung vertrat, unterstützten die Außenminister der EU die Verhandlungen in Rambouillet in ihren Hauptlinien.[730] Gleichwohl beklagte der deutsche Außenminister die untergeordnete Rolle der EU in Rambouillet, da es nach französischer Ansicht keines Sondervermittlers der EU bedurfte. Die Rolle des EU-Vermittlers Petritsch bei diesen Verhandlungen wurde von Zeit zu Zeit desavouiert,[731] da für Frankreich und Deutschland nationales Prestige größere Bedeutung hatte als eine einheitliche Haltung der EU-Mitgliedstaaten und der Ein-

---

[725] Appendix B: Status of Multi-National Military Implementation Force.
[726] Vgl. Dayton Peace Agreement, Annex IA Agreement between FRY and NATO, No. 2 and No. 11.
[727] Siehe Interim Agreement for Peace and Self-Government in Kosovo Rambouillet, France, 23 February 1999, S/1999/648, Article XVI: K-Day, Appendix A.
[728] Giersch, Carsten: Die Europäische Union und der Krieg in Kosovo, in: Konrad Clewing / Jens Reuter (Hrsg.): Der Kosovo-Konflikt. Ursachen, Akteure, Verlauf, München 2000, S. 499-512 (507).
[729] Interim Agreement for Peace and Self-Government in Kosovo Rambouillet, France, 23 February 1999, S/1999/648, Article XVI.
[730] Fischer, Joschka: Die rot-grünen Jahre. Deutsche Außenpolitik – vom Kosovo bis zum 11. September, Köln 2007, S. 129.
[731] Weller, Marc: The Rambouillet Conference on Kosovo, in: *International Affairs* 75:2 (1999), 211-252 (235); Fischer, Joschka: Die rot-grünen Jahre. Deutsche Außenpolitik – vom Kosovo bis zum 11. September, Köln 2007, S. 130.

fluss der EU.[732] Darüber hinaus waren die Verhandlungspartner in den wichtigsten Punkten uneins: Während die Amerikaner eine unbeirrbare Haltung des Westens gegenüber Belgrad forderten, wollten die Europäer, allen voran der französische Außenminister Védrine, nicht von der neutralen Vermittlungsposition abgehen.[733]

Unabhängig von den politischen und juristischen Prämissen der nationalen Interessen bei der Bewertung des geplanten Rambouillet-Abkommens und der späteren Intervention der NATO prallen zwei grundsätzliche Haltungen aufeinander: jene, welche die staatliche Souveränität zum Ausgangspunkt ihrer Bewertung nimmt, und jene, die Menschenrechte in den Mittelpunkt ihrer Argumentation stellt. Diese divergenten Haltungen wurden unüberwindlich und spalteten jetzt auch den UN-Sicherheitsrat in zwei Lager. Unüberwindlich wurden auch die Unterschiede zwischen den Verhandlungsparteien bei der Konferenz von Rambouillet, insbesondere die Verweigerungshaltung Serbiens, keinerlei politische Lösung zu akzeptieren, da es jede Änderung des Status quo als Einstieg in den endgültigen Verlust des Kosovo ansah. Während die Kosovo-Albaner auf der Präsenz von NATO-Truppen bestanden, begriffen die Serben internationale Truppen als Besatzung. Darüber hinaus stellte das Fehlen eines vorläufigen Waffenstillstands zwischen der UÇK und den serbischen Militärtruppen eine dauerhafte Belastung des Verhandlungsprozesses dar und begünstigte die Position Serbiens. Tatsächlich zeigten die Serben keinerlei Kompromissbereitschaft.

Während die westlichen Diplomaten sich um eine Aussöhnung der Parteien bemühten, wurden parallel dazu die militärischen Vorbereitungen fortgesetzt. In dieser Phase gab es für die europäische Außenpolitik keine andere Option. Mit jeder Weigerung, sich den Handlungen der NATO anzuschließen, hätte sich die EU isoliert und die Gefahr heraufbeschworen, dass die europäischen Mitgliedstaaten der Kontaktgruppe unabhängig von Brüssel operierten. Ohne das Scheitern einer solchen Konferenz in Erwägung zu ziehen, wirkte sich die Kosovo-Krise auf die Änderung und Profilierung in der Außenpolitik der EU aus. Andererseits versuchte auch die EU, ihre Rolle bei diesen Verhandlungen zu spielen, die im ersten Teil der Konferenz nicht zu einer Annahme des Abkommens seitens der beiden Parteien führte. Gleichzeitig zielte man in dieser Phase darauf ab, die Einheit der EU hinsichtlich der Kosovo-Frage zu wahren. Unter der Leitung der deutschen Ratspräsidentschaft hatte die EU einen detaillierten Plan für die Aufhebung der Sanktionen gegen Restjugoslawien ausgearbeitet, falls es dem Abkommen zustimmen sollte. Nach den Vorstellungen der EU würde dies die Rückkehr Rest-Jugoslawiens in die europäischen Strukturen bedeuten. Doch der bislang wichtigste Schritt der EU für Belgrad wirkte sich in keiner Weise auf die Entscheidung der serbischen Delegation aus, das Abkommen zu akzeptieren.[734]

Ebenso richtete kurz nach Ablauf der Frist, die den Parteien zur Annahme des Abkommens eingeräumt worden war, der deutsche Außenminister Joschka Fischer in seiner Eigenschaft als Vorsitzender des Europäischen Rates einen letzten dringenden Appell an Milošević, den er aufforderte, eine Wahl zwischen dem Frieden und dem „*inneren Chaos und internationaler Isolation*" und letztendlich dem Verlust des Kosovo zu treffen.[735] Andererseits bemühte sich die EU, die Zustimmung der Kosovo-Albaner auch durch die Unterstützung des offiziellen Tirana zu erreichen, das die Standpunkte der internationalen Gemeinschaft befürwortete.[736] Bei ihren Bemühungen, Einfluss auf die Mitglieder der Kosovo-Delegation zu nehmen, hatten Joschka Fischer und Wolfgang Petritsch gesonderte Treffen mit ihnen abgehalten, ihnen die politischen Positio-

---

[732] Fischer, Joschka: Die rot-grünen Jahre. Deutsche Außenpolitik – vom Kosovo bis zum 11. September, Köln 2007, S. 139.
[733] Wiegel, Michaela: „Gegen Amerikas Ein-Mann-Show", in: *FAZ*, 25.02.1999.
[734] Siehe Petritsch / Kaser / Pichler (Hrsg.): Kosovo/Kosova: Mythen, Daten, Fakten, Klagenfurt u.a. 1999, S. 216.
[735] Ebenda, S. 306 f.
[736] Siehe Milo, Paskal: Ditari i një ministri të jashtëm. Konflikti i Kosovës, Tiranë 2009, S. 139-178.

nen der EU zur Erreichung des Friedens übermittelt und ihnen auch die Zusage der EU ausgerichtet, Hilfestellung beim Wiederaufbau und der wirtschaftlichen Entwicklung des Kosovo zu leisten.[737]

Doch die Konferenz von Rambouillet brachte keinen Erfolg, auch wenn in der Abschlusserklärung die Möglichkeit des Erreichens eines Abkommens offen blieb. Da die kosovarische Seite ihre Zustimmung zum Rambouillet-Abkommen im Grundsatz gegeben hatte, suchte die EU nach Wegen, Belgrad davon zu überzeugen, ein solches Abkommen zu billigen. Daher fassten die internationalen Vermittler dieser Konferenz den Beschluss, die Verhandlungen am 15. März 1999 abzubrechen, in der Hoffnung, bis zu einer Folgekonferenz in Paris eine Übereinkunft zwischen den Parteien zu erzielen.[738]

6.2. Die Fortsetzung der Konferenz in Paris

Nach erfolglosen Vermittlungsbemühungen der EU-Vertreter, Belgrad zum Einlenken zu bewegen, trafen sich nun der europäische Vermittler Wolfgang Petritsch und der deutsche Botschafter Christian Pauls mit der kosovarischen Seite,[739] damit diese noch einmal ihre Bereitschaft zur Annahme des Friedensabkommens bekräftige. *„Die europäische Diplomatie ist bereit, Druck auf Belgrad auszuüben, doch zuvor benötigen wir das ‚Ja' der Albaner, (...) während die NATO nicht hierher kommt, um ein Vakuum zuzulassen, um den Kosovo schutzlos zu lassen"*,[740] hatte Pauls erklärt.

Es war klar, dass die serbische Weigerung nach und nach die Initiative von der EU zur NATO übertrug,[741] die Belgrad nicht gestatten sollte, im Kosovo vollendete Tatsachen zu schaffen, indem es die albanische Bevölkerung vertrieb.[742] Jetzt bestand innerhalb der EU ein größerer Konsens als bei Bosnien, was den Grundsatz der politischen Legitimation und die Menschenrechte anbelangte. Es war klar, dass diejenigen, die die Menschenrechte missachteten wie Milošević in Kosovo, sich nicht hinter den Prinzipien der Souveränität verstecken könnten, während sie Verbrechen an der Menschlichkeit verübten. Milošević stützte sein Kalkül im Wesentlichen auf zwei Alternativen, die kosovarische Haltung und die europäische: Zunächst hoffte er, dass die Kosovaren das Abkommen nicht akzeptieren würden und die NATO auf militärische Drohungen gegen Belgrad verzichten würde, im Glauben, dass einige europäische Staaten nicht zum Eintritt in einen Krieg bereit wären.[743]

Nach dieser *Shuttle-Diplomatie* der EU, nach der Vermittlung in Belgrad und Prishtina fokussierte man sich auf die Sicherung der Zustimmung in den politischen Zentren der Region für die Strategie der Vermittler in der aktuellen Verhandlungsphase. In dieser äußerst komplizier-

---

[737] Siehe Qosja, Rexhep: Paqja e përgjakshme – Konferenca Ndërkombëtare për Kosovën, Tiranë 1999: Toena, S. 166-188.
[738] „Kosovo-Konferenz geht in die zweite Verlängerung", in: *Die Welt*, 22.02.1999.
[739] Petritsch / Kaser / Pichler (Hrsg.): Kosovo/Kosova: Mythen, Daten, Fakten, Klagenfurt u.a., 1999, S. 217 f.; Krasniqi, Jakup: Kthesa e madhe, Ushtria Çlirimtare e Kosovës, Prishtinë 2006, S. 188; Ruhnke, Andre: Der Kosovo-Krieg 1998-1999, Universität Rostock, Institut für Politik und Verwaltungswissenschaft, Rostock 2004, S. 14.
[740] Krasniqi, Jakup: Kthesa e madhe, Ushtria Çlirimtare e Kosovës, Prishtinë 2006, S. 189.
[741] „Rettungsversuche für Rambouillet", in: *NZZ*, 08.03.1999; Petritsch / Kaser / Pichler (Hrsg): Kosovo/Kosova: Mythen, Daten, Fakten, Klagenfurt u.a. 1999, S. 243.
[742] Giersch, Carsten: NATO und militärische Diplomatie im Kosovo-Konflikt, in: Konrad Clewing / Jens Reuter (Hrsg.): Der Kosovo-Konflikt, Ursachen, Akteure, Verlauf, München 2000, S. 443-466 (455).
[743] Weller, Marc (ed.): The Crisis in Kosovo 1989-1999: From the Dissolution of Yugoslavia to Rambouillet and the Outbreak of Hostilities, Cambridge 1999, p. 392; Gashi, Shkëlzen: Marrëveshja për Paqe të Përkohshme, Prishtinë 2004, S. 257-268 (262); Ukshini, Sylë: Kosova dhe Perëndimi, Prishtinë 2001, S. 208; Scharping, Rudolf: Wir dürfen nicht wegsehen. Der Kosovo-Krieg und Europa, Berlin 1999, S. 67-76; Wiegel, Michaela: „Gegen Amerikas Ein-Mann-Show", in: *FAZ*, 25.02.1999.

ten Phase markierte die Aktivität des EU-Gesandten Petritsch, dessen Rolle zeitweilig marginalisiert wurde, eine neue Qualität der europäischen Außenpolitik.

„Angesichts der verfahrenen Lage erschien mir auch die Tatsache, dass erstmals ein Vertreter der Europäischen Union im NATO-Rat berichtete, nur als ein Fortschritt, der für die europäische Rolle und Verantwortung in der NATO symbolisch war, aber für die Entwicklung auf dem Balkan noch wenig bedeutete",[744] schreibt Scharping. Die Konferenz von Paris war ausschließlich auf die Aspekte der Umsetzung des Abkommens fokussiert, die in Rambouillet nicht hatten diskutiert werden können.[745] Anstatt die Möglichkeit der Unterzeichnung sofort anzubieten, übten die Vermittler bei der Konferenz von Paris, die ihre Arbeit am 15. März 1999 aufnahm, Druck auf die Kosovaren aus, einen solchen Schritt aufzuschieben, damit in der Zwischenzeit Zusatzgespräche mit der serbischen Delegation geführt werden könnten und diese hinsichtlich der Umsetzung des Abkommens überzeugt werden könnte.

Es wurde versucht, den Anhang B über die Umsetzung des Abkommens seitens der NATO erneut zu diskutieren, doch hatte die serbische Seite kein weiteres Interesse an dem Abkommen. Tatsächlich stellte für die Serben nicht der Anhang B ein Hindernis für die Unterzeichnung des Abkommens dar, sondern der Plan der internationalen Gemeinschaft, NATO-Truppen im Kosovo zu stationieren,[746] was nach ihrem Verständnis ein Schritt in Richtung eines sukzessiven Herauslösens des Kosovo aus der Jurisdiktion Rest-Jugoslawiens darstellte bzw. eine Zwischenphase zur Unabhängigkeit des Kosovo. Davon ausgehend trat Milošević mit der Idee auf, die Verhandlungen von neuem zu beginnen, und kam mit einem Vorschlag, der außerhalb der nicht diskutablen Prinzipien des Rambouillet-Projekts lag.[747] Dieses Manöver, alles, was in Rambouillet diskutiert worden war, einfach wegzuwischen, ließ keinen Raum, darauf zu hoffen, dass auch die serbische Seite das Rambouillet-Abkommen unterzeichnen würde. Das war auch dem russischen Botschafter Majorski bewusst, der der diplomatische Schutzschirm für Serbien war, als es das Abkommen früher schon zurückgewiesen hatte.[748]

Obwohl das Abkommen auch für das Kosovo keine Ideallösung darstellte, wurde es als pragmatische Interimslösung akzeptiert. Letztendlich machte die Konferenz von Rambouillet die UÇK zur Tatsache und legitimierte sie international als Schlüsselfaktor für die Herstellung des Friedens im Kosovo.[749] Dieses Ergebnis bewirkte, dass der Konsens des politisch-militärischen Faktors im Kosovo letztlich praktisch unvermeidlich war. Im Verlauf des Krieges wurde im Kosovo eine Interims-Regierung gebildet,[750] die aufgrund der Weigerung der LDK, ihr beizutreten, auch nach Kriegsende nicht vollkommen effektiv war.

In den an den Vorsitzenden des Rates der Europäischen Union, Joschka Fischer, und den Sonderbeauftragten der EU, Wolfgang Petritsch, geschickten Briefen bekräftigte der Leiter der Delegation des Kosovo, Hashim Thaçi, die Zustimmung zum Abkommen, würdigte die europäische Vermittlung während des Verhandlungsprozesses[751] und brachte seine Hoffnung *„auf die*

---

[744] Scharping, Rudolf: Wir dürfen nicht wegsehen. Der Kosovo-Krieg und Europa, Berlin 1999, S. 60.
[745] Weller, Marc: Contested Statehood: Kosovo's Struggle for Independence, Oxford 2009, p. 144.
[746] Vgl. Luis Sell, „Fakte të reja për Kosovën e viteve 1991-1999", in: *Zëri*, Februar 2003.
[747] Ebenda, S. 151.
[748] Ebenda.
[749] Vgl. Kraja, Mehmet: Mirupafshim në një luftë tjetër, Prishtinë 2003, S. 175.
[750] Vgl. Lipsius, Stephan, Neue Minister und Ressorts in Kosovo, in: *SOE* 48:9-10 (1999), 497-505 (496); Lipsius, Stephan: Kosovo: Politische Führung zerstritten, in: *SOE* 48:7-8 (1999), 359-372 (360); Kondi, Arben: Krimi i fundshekullit, Tiranë 1999, S. 10.
[751] Vgl. Ukshini, Sylë: Kosova dhe Perëndimi, Prishtinë 2001, S. 238.

Unterstützung der Europäischen Gemeinschaft für die Zukunft der Bevölkerung des Kosovo zum Ausdruck".[752]

Schließlich unterzeichnete die Delegation des Kosovo am 18. März 1999 auch offiziell das Abkommen von Rambouillet in einer einfachen Zeremonie, ohne Reden und ohne Erklärungen. Das Dokument unterzeichneten, so wie es vorgesehen war, auch zwei Vermittler, der Sondergesandte der EU Wolfgang Petritsch und der amerikanische Botschafter Christopher Hill. Die kategorische Weigerung des russischen Vermittlers Boris Majorski, der zwar bei der Zeremonie anwesend war, war ein deutliches Zeichen dafür, dass Russland die militärische Intervention der NATO ablehnte und blockierte.

Unabhängig davon gelang es nicht, Belgrad zur Unterzeichnung des Abkommens zu bewegen. Um Luftangriffe der NATO zu vermeiden, reiste am 22. März 1999 auch Holbrooke nach Belgrad, aber auch dieser amerikanische Versuch blieb ergebnislos. Am 23. März 1999 gab die NATO bekannt, dass die Luftangriffe, die wegen des russischen Vetos nicht das Mandat des Sicherheitsrates hatten, am folgenden Tag beginnen würden.[753] Darüber hinaus verteidigten die europäischen Länder die Idee, dass die bestehenden Resolutionen 1199 (September 1998)[754] und 1203 (Oktober 1998)[755] des Sicherheitsrates eine nicht diskutierbare Grundlage für eine bewaffnete Intervention darstellen und diese als gemäß Kapitel VII der UN-Charta[756] gerechtfertigte Maßnahme unterstützen. Einige Autoren vertreten die Ansicht, dass, falls die NATO keine Luftangriffe gegen Rest-Jugoslawien unternehmen würde, dem Westen im Kosovo zum zweiten Male, wie schon in Bosnien, eine nicht nur politische, sondern auch moralische Kapitulation drohte.[757]

Unter diesem Gesichtspunkt betrachtet, zeigt das Beispiel des Kosovo: In der neuen Ordnung nach dem Kalten Krieg kann ein Staat sich nicht auf seine Souveränität berufen, wenn er die Rechte und Privilegien der Bürger überschreitet und zerstört.[758] Die Intervention der NATO befand sich in Übereinstimmung mit den Forderungen nach einem humanitären Eingreifen; die Lage im Kosovo stellte eine Bedrohung für den Frieden in Südosteuropa dar, und Rest-Jugoslawien war für die entstandene Situation verantwortlich.

Wie kann die europäische Rolle bei dieser Konferenz charakterisiert werden? Die europäischen Vertreter waren bei diesem „europäischen Dayton" vorwiegend repräsentativ. Die beiden Außenminister Védrine und Cook spielten als „Ko-Vorsitzende" eher eine Rolle als Impulsgeber denn als Gestalter. Auf dem Verhandlungsparkett war Wolfgang Petritsch am aktivsten, der neben den Vertretern der EU auch die Position Deutschlands vertrat, das zu jener Zeit die turnusmäßige Ratspräsidentschaft der EU innehatte. Da jedoch keine starke Führungsrolle der EU bestand, wurde in der letzten Phase der Verhandlungen die Rückkehr der dominanten Rolle der

---

[752] Auerswald, Philip E. / Auerswald, David P. (eds.): The Kosovo Conflict. A Diplomatic History Through Documents, Novell, Mass. / The Hague 2000, pp. 622 f.
[753] Vgl. Scharping, Rudolf: Wir dürfen nicht wegsehen. Der Kosovo-Krieg und Europa, Berlin 1999, S. 49 f.; Troebst, Stefan: Chronologie einer gescheiterten Prävention. Vom Konflikt zum Krieg in Kosovo, 1989-1999, in: *Osteuropa* 8/1999), 777-795 (791); Ukshini, Sylë: Kosova dhe Perëndimi, Prishtinë 2001, S. 244.
[754] Resolution 1199 (1998), in: http://www.un.org/Depts/german/sr/sr-998/sr1199.htm; Volle, Angelika / Weidenfeld, Werner (Hrsg.): Der Balkan zwischen Krise und Stabilität, Bielefeld, 2002, S. 116-119.
[755] Resolution 1203(1998), adopted by the Security Council at its 3937th meeting, on 24 October 1998.
[756] Dieses Kapitel der 1945 unterzeichneten Charta der Vereinten Nationen soll greifen, wenn Weltfrieden und internationale Sicherheit bedroht sind. Siehe UN-Charta, Kapitel VII, Maßnahmen bei Bedrohung oder Bruch des Friedens und bei Angriffshandlungen.
[757] Siehe Ukshini, Sylë: Kosova dhe Perëndimi, Prishtinë 2001, S. 244.
[758] Vgl. Weller, Marc: Contested Statehood: Kosovo's Struggle for Independence, Oxford 2009, p. 2; Ischinger, Wolfgang: Kosovo, Germany Considers the Past and Looks to the Future, in: Wolfgang-Uwe Friedrich (ed.): The Legality of Kosovo, German Politics and Policies in the Balkans, Washington, D.C. 2000, pp. 27-37 (34).

Vereinigten Staaten von Amerika deutlich. Daher besteht auch die Auffassung, dass die EU es auch in Rambouillet nicht vermochte, als ein globaler Player mit starkem Profil aufzutreten.

6.3. Die Rolle der EU während der NATO-Intervention

Nach dem Scheitern der Friedenkonferenz in Rambouillet und Paris befand sich die Handlungsfähigkeit der Außen- und Sicherheitspolitik der EU vor einer entscheidenden Wende. Es stellte sich die Frage, ob die europäische Außenpolitik eine alternative Option zur Militärintervention der NATO hatte.

Die Kommandostruktur der NATO bot zwei theoretische Möglichkeiten an, die Aktion ACTORD zu blockieren oder durch Tolerierung lediglich die Entscheidung zu billigen. Für die großen europäischen Mitgliedstaaten der NATO hätte die erste langfristige Option das Ende der Allianz bedeutet. Aber auch die Entscheidung für die zweite Option, den Rückzug der EU vom Krisenmanagement im Kosovo, hätte zum Verlust an Glaubwürdigkeit der europäischen Außenpolitik geführt und als Folge zum Verlust an Einfluss und der Möglichkeit für die EU, die Rolle eines aktiven globalen Players zu spielen. Vor dem Hintergrund dieser dramatischen und entscheidenden Lage beschlossen die EU-Mitgliedstaaten, sich der Militärintervention der NATO im Kosovokrieg anzuschließen, selbst ohne Mandat des Sicherheitsrates der UNO, da China und Russland einen solchen Beschluss nicht unterstützten.[759] Aus diesem Grund vermieden es die EU und die USA, einen Antrag auf Verabschiedung einer neuen Resolution im UN-Sicherheitsrat einzubringen. Stattdessen verlegten die europäischen Staaten und die USA ihre eigenen Aktivitäten in den NATO-Rat, in dem Russland nicht vertreten war.

Nach dem jahrelangen Scheitern der internationalen Gemeinschaft in Bosnien waren die Europäer höchst entschlossen und vereint, militärisch gegen Rest-Jugoslawien vorzugehen, selbst ohne Beschluss des UN-Sicherheitsrates. Zum ersten Mal griff die NATO einen souveränen Staat an, um ihm die Grundwerte des internationalen Systems zu oktroyieren, und bewegte sich dabei auf einem schmalen Grat „zwischen Gerechtigkeit und Legitimität".[760] Die unabhängige Internationale Kosovo-Kommission kam in ihrem Bericht 2000 zu dem Schluss, dass die NATO-Intervention „illegal, jedoch legitim" gewesen sei.[761] Sie war illegal, weil sie nicht zuvor die Zustimmung des Sicherheitsrates der Vereinten Nationen erhalten hatte, aber die Kommission vertrat die Ansicht, dass die Intervention legitim gewesen sei, weil zuvor bereits sämtliche diplomatischen Möglichkeiten ausgeschöpft worden waren. Nach dem Scheitern der Friedenskonferenzen von Rambouillet und Paris und nachdem am 20. März 1999 die OSZE-Mission den Kosovo verlassen hatte, begannen als Gegenantwort auf die Offensive der serbischen Kräfte zur massiven Vertreibung der Albaner am 24. März 1999 die Bombardements der NATO gegen die repressive Infrastruktur Rest-Jugoslawiens („Operation Allied Force").

Der Krieg der NATO war tatsächlich ein Krieg für einen gerechten Frieden bzw. ein Versuch, Belgrad dazu zu zwingen, das Abkommen als politische Kompromisslösung in der Kosovo-Frage zu akzeptieren. Die humanitäre Intervention[762] der NATO im Kosovo, hinter den sich auch

---

[759] Siehe Sundhaussen, Holm: Jugoslawien und seine Nachfolgenstaten 1943-2011, Wien, Köln, Weimar 2012, S. 366-380.
[760] Vgl. Preuß, Ulrich K.: Zwischen Legalität und Gerechtigkeit. Der Kosovo-Krieg, das Völkerrecht und die Moral, in: Blätter für deutsche und internationale Politik 44 (1999), 816-828.
[761] The Kosovo Report. The Independent International Commission on Kosovo, Oxford University Press, New York 2000, S.4.
[762] Vgl. Merkel, Reinhard (Hrsg.): Der Kosovo-Krieg und das Völkerrecht, Frankfurt a.M. 2000.

die EU stellte, belegte, dass das „Westfälische System" nicht mehr den Rahmen für internationale Beziehungen darstellte. Unter den Bedingungen des Kalten Krieges erlitt das Prinzip der Souveränität eine Erosion, hingegen gewann das Prinzip der politischen Legitimität und der Menschenrechte Priorität. Tatsächlich war das Terrain für die Erosion der Souveränität bereits vor der Intervention im Kosovo während der so genannten humanitären Interventionen[763] der 1990er Jahre in Somalia, Haiti, Bosnien und anderen Ländern bereitet worden. Wie dem auch sei, mit dieser Aktion des Westens hatten sich nicht die Erwartungen Belgrads erfüllt, dass das Zögern einiger europäischer Staaten gegenüber der Option der Anwendung von Militärgewalt, anschließend die Differenzen zwischen der EU und den USA sowie die ambivalente Haltung Russlands bezüglich des Friedensplans[764] die Anwendung von militärischer Gewalt gegen die repressive Infrastruktur Belgrads unmöglich machen würde. Das Ziel der militärischen Intervention der NATO gegen Rest-Jugoslawien bestand darin, der schweren und systematischen Verletzung der Menschenrechte vorzubeugen und eine humanitäre Katastrophe im Kosovo zu verhindern.

Die Einheit des Westens geriet aufgrund des Rückzugs der EU jedoch spürbar ins Wanken. Daher engagierte sich die deutsche Regierung für das Erreichen einer gemeinsamen Position bezüglich der Lage im Kosovo. Am 24. und 25. März 1999 fand in Berlin unter deutscher Leitung der Gipfel der Regierungschefs und Außenminister der EU-Mitgliedstaaten statt, die einstimmig eine Erklärung verabschiedeten, durch die sie ihre rückhaltlose Unterstützung für die Militärintervention der NATO gegen Rest-Jugoslawien mit dem Ziel der Schaffung von Vorbedingungen für eine friedliche Lösung der Kosovo-Frage zum Ausdruck brachten. Für die europäischen Länder war die brutale Behandlung der Kosovo-Albaner durch Milošević im Europa des zwanzigstens Jahrhunderts unannehmbar.

„*An der Schwelle zum 21. Jahrhundert darf Europa eine humanitäre Katastrophe in seiner Mitte nicht tolerieren. Inmitten Europas ist es nicht zuzulassen, dass die zahlenmäßig stärkste Volksgruppe im Kosovo kollektiv entrechtet wird und schwere Menschenrechtsverletzungen gegen sie verübt werden. Wir, die Länder der Europäischen Union, sind moralisch verpflichtet, sicherzustellen, dass Willkür und Gewalt, greifbar geworden durch das Massaker in Raçak im Januar 1999, sich nicht wiederholen [...] Aggression darf sich nicht lohnen. Ein Aggressor muß wissen, daß er einen hohen Preis bezahlen muß. Das ist die Lehre des 20. Jahrhunderts"*,[765] stellten die Staats-und Regierungschefs fest.

Diese Erklärung stellt die politische Entschlossenheit der EU-Mitgliedstaaten heraus, ein zweites Bosnien im Kosovo nicht zuzulassen, sowie das Engagement zur Wahrung der Solidarität innerhalb der NATO und die öffentliche Reaktion gegenüber der von Milošević durchgeführten ethnischen Säuberung. Diese einheitliche und entschlossene Haltung der EU, sich mit den Amerika-

---

[763] Als „*humanitäre Intervention*" wird ein Eingriff mit bewaffneten Truppen in das Hoheitsgebiet eines anderen Staates bezeichnet, der den Schutz von Menschen in einer humanitären Notlage, beispielsweise bei großflächigen Menschenrechtsverletzungen, zum Ziel hat. Im engeren Sinn beziehen sich „humanitäre Interventionen" auf die einheimische Bevölkerung, nicht auf den Schutz von Staatsbürgern der intervenierenden Länder (humanitäre Rettung). Vorausgesetzt wird, dass der betroffene Staat nicht in der Lage oder nicht willens ist, den Gefährdeten selbst Schutz zu bieten. Die „humanitäre Intervention" ist nicht als Instrument in der Charta der Vereinten Nationen verankert und kollidiert mit dem Souveränitätsprinzip, weswegen die völkerrechtliche Zulässigkeit der „humanitären Interventionen" umstritten ist.
[764] Dammann, Michael: Internationale Bearbeitung des Kosovokonfliktes 1990-1999, Trierer Arbeitspapiere zur Internationalen Politik Nr. 3, Universität Trier, 2000, S. 67.
[765] Siehe: Europäischer Rat, Berlin, 24. und 25. März 1999, Schlussfolgerungen des Vorsitzes, 1001/1/99, Teil III – Erklärung zum Kosovo, http://ec.europa.eu/regional_policy/sources/docoffic/official/regulation/pdf/berlin_de.pdf; D´Alema, Massimo: Kosova, italianët dhe lufta (Intervistë e gazetarit Federico Rampini), „Uegen", Tiranë 2004, S. 125.

nern in der Militärintervention der NATO gegen militärische Ziele in Rest-Jugoslawien zusammenzuschließen[766] war für die politische Kohärenz der Außenpolitik der EU von großer Bedeutung. Und wie Joschka Fischer sagte, war die Erklärung der europäischen Führer mehr als ein bedruckter Brief, da er Belgrad und Moskau verdeutlichte, dass auch die neutralen Staaten in der EU die Militäroperation *Allied Forces* gegen Serbien unterstützten und dass es zwischen der NATO und der EU, wenn es um das Kosovo ging, keinerlei Unterschiede gab.[767] Dies war das erste Mal in der Geschichte der Europäischen Union, dass die Mitgliedstaaten, die auch Teil der NATO sind, eine militärische Aktion im Namen der Verteidigung der Menschenrechte unternahmen.[768]

Mehr noch, die EU unternahm eine Reihe diplomatischer Initiativen, die hauptsächlich von der deutschen Diplomatie ausgehen sollten, die in jener Zeit der europäischen Außenpolitik einen klaren Ton und ein klares Profil gaben und eine besondere Rolle dabei spielten, Russland mit an Bord zu holen. In diesem Kontext stimmte der Europäische Rat einem Sondertreffen am 8. April 1999 zur Entwicklung der Idee eines Stabilitätspakts für Südosteuropa zu, der den ersten ernsthaften Versuch darstellte, eine langfristige Politik der Konfliktvermeidung zu entwickeln.[769] Darüber hinaus verstärkten die Minister der wichtigsten EU-Mitgliedstaaten, der sogenannten „Quinti", spürbar die Koordination mit den Vereinigten Staaten, indem sie eine Art politisches Leitungsgremium während des Kosovo-Krieges bildeten. Im Rahmen dieser *ad hoc*-Gruppe und nicht im NATO-Rat wurden politische Fragen diskutiert und gleichzeitig informelle Beschlüsse gefasst.[770] Vor allem wurde die „Quinti" für die EU ein überaus effektives Instrument zur Beschlussfassung und Ausübung von Einfluss auf wichtige transatlantische Entscheidungen, die vorab zwischen Washington und den europäischen Hauptstädten diskutiert wurden.

Die Koordination und das wachsende Gewicht der europäischen Länder während des Kosovo-Kriegs werden auch anhand der Einbeziehung der Erklärung des EU-Gipfels vom 8. April 1999 in Luxemburg in die Erklärung der Staatspräsidenten und Regierungschefs auf dem NATO-Gipfel deutlich, der am 23. und 24. April 1999 in Washington abgehalten wurde.[771] Der Kosovo-Krieg wurde zum ersten Beispiel einer erfolgreichen Zusammenarbeit innerhalb der EU im Bereich der Gemeinsamen Außen- und Sicherheitspolitik. Die EU-Erklärung beinhaltete fünf Hauptforderungen:
- die überprüfte Beendigung der Gewalttaten und repressiven Aktionen im Kosovo;
- der überprüfte Rückzug sämtlicher Militärkräfte aus dem Kosovo;
- das Einverständnis von Milošević zur Stationierung von internationalen Friedenstruppen im Kosovo;
- die Garantie der sicheren Rückkehr sämtlicher Vertriebener und des ungehinderten Zugangs internationaler humanitärer Organisationen in den Kosovo und

---

[766] Vgl. Perritt, Jr., Henry H.: Kosovo Liberation Army: The Inside Story of an Insurgency, University of Illinois Press 2008, p. 198.
[767] Fischer, Joschka: Die rot-grünen Jahre. Deutsche Außenpolitik – vom Kosovo bis zum 11. September, Köln 2007, S. 163.
[768] Siehe Kadare, Ismail: Ballkani: Të vërteta dhe të pavërteta; in: Ismail Kadare / Predrag Simic / Ljubimir Frckovski / Ylber Hysa, Ballkani i Jugut: Perspektiva nga rajoni, Tiranë 2001, S. 19.
[769] Calic, Marie Janine: Der Stabilitätspakt für Südosteuropa, in: *APuZ* B 13-14/2001, 9-16; Wittkowsky, Andreas: Der Stabilitätspakt für Südosteuropa und die „führende Rolle" der Europäischen Union, in; *APuZ* B 29-30/2000, 3-13.
[770] Siehe Fischer, Joschka: Die rot-grünen Jahre. Deutsche Außenpolitik – vom Kosovo bis zum 11. September, Köln 2007, S. 167-169.
[771] Vgl. ebenda, S. 186.

- die Bereitschaft Belgrads zur Zusammenarbeit bei der Implementierung dieser Schlussfolgerungen über die Grundprinzipien des Abkommens von Rambouillet.[772]

Die Schlussfolgerungen der EU legten die Hauptlinien des Westens fest und ermöglichten den zweiten Schritt der Europäer für eine weitere Initiative mit den Mitteln der Diplomatie, die sich vollkommen im Einklang mit den Zielsetzungen der NATO befinden sollte. Gleichzeitig hielten sich sowohl die NATO als auch die EU auch nach der Luftintervention und darüber hinaus an das „Westfälische Modell" der Souveränität, um zu wiederholen, dass sie das Kosovo auch weiterhin als Bestandteil Rest-Jugoslawiens betrachteten. Und sie beendeten diesen Krieg, indem sie dieses Engagement auch in der Resolution 1244 des UN-Sicherheitsrats[773] mit Leben erfüllten. Sowohl die EU als auch die NATO berücksichtigten also nicht das Prinzip der *clausula rebus sic stantibus* des Völkerrechts.[774] Eines der EU-Mitgliedsländer, Griechenland, unterstützte die Militärintervention nicht und bemühte sich gemeinsam mit Tschechien, die Angriffe zu stoppen, und verlangte die Rückkehr der Parteien an den Verhandlungstisch.[775]

Als bekannt wurde, dass Griechenland und Italien trotz der Kriegsaktionen Serbien auch weiterhin mit Öl versorgten, fasste die EU am 23. April 1999 einen Beschluss zum Ölembargo, dem sich formal auch die Staaten der Region anschlossen.[776] Dieser Maßnahme folgte die Ausweitung des Katalogs von Bedingungen der NATO, als bekannt wurde, dass Belgrad nicht schnell nachgeben würde, und insbesondere, als sich die Kritiken an den Ländern des Westens wegen ihrer Unfähigkeit mehrten, die Vertreibungskampagne gegen die Albaner des Kosovo zu unterbinden. Die Haltung der EU-Mitgliedstaaten war sowohl im Zeitraum der Bombardements als auch vor und nach dem Kosovo-Krieg unterschiedlich; grundsätzlich reagierte die EU in Form von Nationalstaaten (*siehe Tabelle unten*), vor allem durch die Sondervermittler der EU oder den Europäischen Rat; dies ließ das Profil der Außenpolitik der EU fragmentarisch erscheinen.

	Position zum gemeinsamen Handeln (Phasen 1-3)	**Bevorzugte Institutionen**	**Eingesetzte Mittel**
Vereinigtes Königreich	1. initiierend 2. vorantreibend 3. unterstützend	KG, NATO, multilaterale Initiativen	aktive Diplomatie; Sanktionen; Teilnahme an Luftangriffen; Sektorverwaltung
Niederlande	unterstützende Politik in allen Phasen	UN; EU; NATO	Diplomatie; Sanktionen, Teilnahme an Luftangriffen; Bereitstellung von Truppen für Sektor

---

[772] Siehe: Rezac, David: Militärische Intervention als Problem des Völkerrechts. Eine Untersuchung bewaffneten Eingreifens in innerstaatliche Konflikte anhand des Kosovo-Krieges, Wien 2002, S. 109 f.; Fischer, Joschka: Die rotgrünen Jahre. Deutsche Außenpolitik – vom Kosovo bis zum 11. September, Köln 2007, S. 189.
[773] Resolution 1244 (1999) adopted by the Security Council at its 4011th meeting, on 10 June 1999, http://kossev.info/dokumenti/Resolution%201244.pdf.
[774] Die *clausula rebus sic stantibus* (dt. etwa: Bestimmung bei gleich bleibenden Umständen) ist ein ursprünglich aus dem römischen Recht stammender allgemeiner Grundsatz. Die *clausula rebus sic stantibus* erlaubt, Verträge zu ändern, wenn sich die entscheidenden Umstände änderten, welche die Geschäftsgrundlage bilden. Vgl. Gieg, Georg: Clausula rebus sic stantibus und Geschäftsgrundlage. Ein Beitrag zur Dogmengeschichte, Aachen 1994.
[775] Vgl. Athens News Agency, 26. März 1999; Swoboda, Veit / Stahl, Bernhard: Die EU im Kosovo-Konflikt (1996-1999), in: Bernhard Stahl, Sebastian Harnisch (Hrsg.): Vergleichende Außenpolitikforschung und nationale Identitäten: die Europäische Union im Kosovo-Konflikt 1996-2008, Baden-Baden 2009, S. 59-80 (70).
[776] Vgl. Giersch, Carsten: Die Europäische Union und der Krieg in Kosovo, in: Konrad Clewing / Jens Reuter (Hrsg.): Der Kosovo-Konflikt. Ursachen, Akteure, Verlauf, München 2000, S. 499-512 (510).

Deutschland	1. passiv 2. unterstützend 3. vorantreibend	EU; KG; OSZE; G8 (NATO)	aktive Diplomatie; Sanktionen; Teilnahme an Luftangriffen; Sektorverwaltung
Frankreich	1. initiierend 2. unterstützend 3. passiv	UN; KG; OSZE; multilaterale Iniativen	aktive Diplomatie; Sanktionen; Teilnahme an Luftangriffen; Sektorverwaltung
Griechenland	1. unterstützende Diplomatie 2. Widerstand 3. widerwillig folgend	EU; OSZE	Diplomatie; Sanktionen z.T. unterlaufen; keine Beteiligung an Luftangriffen, aber an UNMIK

Verhalten einzelner EU-Mitgliedstaaten bezüglich der NATO-Intervention[777]

Den letzten Schritt zur Konsolidierung der europäischen Außenpolitik stellt die Friedensinitiative der bundesdeutschen Regierung dar, als Mitte April 1999 Kanzler Gerhard Schröder den Sondergipfel der Außenminister und Regierungschefs der EU-Mitgliedstaaten einberief. Zum ersten Mal war auch UN-Generalsekretär Kofi Annan bei dem Treffen des Europäischen Rates anwesend, seine Teilnahme markierte einen Moment der Kooperation mit der UNO mit der Hoffnung auf Einflussnahme auch auf Russland.[778] Dies war ein Signal, welches deutlich zeigte, dass die EU nach Wegen suchte, auch Russland, das besondere Beziehungen zu Belgrad unterhielt, „an Bord" zu bekommen. Dies war besonders wichtig für die Phase, in der es darum ging, mit diplomatischen Initiativen den Sicherheitsrat der UN für die Zeit nach dem Krieg im Kosovo wieder ins Spiel zu bringen.

Tatsächlich wurde diese Position der europäischen Diplomatie offiziell durch den Friedensplan Joschka Fischers („Fischer-Plan") und durch die Ausarbeitung der Kriterien durch die G8-Staaten zum Ausdruck gebracht.[779]

Der EU und der internationalen Gemeinschaft stellte sich jetzt also nicht nur die Aufgabe, ein friedliches und demokratisches Zusammenleben im Kosovo zu ermöglichen, sondern auch das Ziel, Südosteuropa langfristig eine europäische Perspektive zu garantieren. Die EU konnte sich nicht der unabdingbaren Aufgabe der Weiterentwicklung des Völkerrechts in der Zeit nach dem Kalten Krieg entziehen. Diesbezüglich vertrat Rudolf Scharping die Meinung, dass ein neues Gleichgewicht zwischen den Prinzipien des Völkerrechts, also der staatlichen Souveränität, und der Gültigkeit der Menschenrechte erreicht werden müsse.[780] So wurden der Kosovo-Krieg und das militärische Eingreifen des Westens lediglich zum Beginn eines solchen internationalen Lernprozesses.

6.4. Der Fischer-Plan als Erfolg der EU

Die deutsche Bundesregierung nutzte ihre turnusmäßige Ratspräsidentschaft in der EU und bei den G8-Staaten dazu, eine politisch-diplomatische Initiative zur Zerschlagung des „gordischen

---

[777] Swoboda, Veit / Stahl, Bernhard: Die EU im Kosovo-Konflikt (1996-1999): Von der Vernachlässigung zur Verantwortung, in: Bernhard Stahl, Sebastian Harnisch (Hrsg.): Vergleichende Außenpolitikforschung und nationale Identitäten. Die Europäische Union im Kosovo-Konflikt 1996-2008, Baden-Baden 2009, S. 59-80 (76).
[778] Vgl. Friedrich, Roland: Die deutsche Außenpolitik im Kosovo-Konflikt, Wiesbaden 2005, S. 105.
[779] Siehe: Fischer, Joschka: Die rot-grünen Jahre. Deutsche Außenpolitik – vom Kosovo bis zum 11. September, Köln 2007, S. 189; „Der deutsche Friedensplan für den Kosovo", http://www.glasnost.de/kosovo/friedensplan.html.
[780] Scharping, Rudolf: Wir dürfen nicht wegsehen. Der Kosovo-Krieg und Europa, Berlin 1999, S. 222.

Knotens"[781] im Kosovo zu starten. Der „Fischer-Plan", offiziell „Deutscher Friedensplan" genannt, ebnete später als „Deutsche Friedensinitiative für Kosovo" dem Ende der Bombardements der NATO und der schrittweisen Annäherung Russlands den Weg. Die Ausarbeitung der „fünf Punkte" durch die Balkan-Experten im Auswärtigen Amt basierte auf einer diplomatischen *road map*.

Nach der Einigung der politischen Direktoren der G8-Staaten auf ein gemeinsames Papier war der Weg für den sogenannten „Fischer-Plan" freigeräumt worden, der dann ab dem 12. April 1999 in der Öffentlichkeit debattiert wurde. Dieser Plan umfasste sechs Stufen zur Umsetzung der fünf Punkte:

„*Erstens* ein G8-Ministertreffen, das den Zeitpunkt des vollständigen Rückzuges aller serbischen Sicherheitskräfte und den Zeitpunkt des Abschlusses dieses Rückzugs festlegen sollte;
parallel dazu eine Verpflichtung der UÇK, alle Feindseligkeiten einzustellen und ihre Positionen dann nicht mehr zu verändern;
die Einrichtung einer internationalen Friedenstruppe unter Kapitel VII der UN-Charta, die robust sein und unter einem einheitlichen Kommando stehen sollte;
die sofortige Arbeitsaufnahme der internationalen Hilfsorganisationen im Kosovo;
die Rückkehr der Flüchtlinge, Deportierten und Vertriebenen und der Beginn des Wiederaufbaus;
Unterstellung des Kosovo unter eine Übergangsverwaltung der UN bis zu einer endgültigen politischen Regelung.
Zweitens die Befassung des Sicherheitsrates, der möglichst schnell die Einigung der Minister in eine Kapitel VII-Resolution umwandeln sollte.
Drittens die Umsetzung der vorher vereinbarten Schritte.
Viertens die militärische Absicherung dieses Prozesses durch die NATO im Luftraum des Kosovo und von Albanien und Mazedonien aus.
Fünftens der Beginn der internationalen Hilfe.
Sechstens die Flüchtlingsrückkehr und der Beginn des Wiederaufbaues."[782]

Dieses gesamte Forderungspaket sollte jetzt nicht mehr durch einen völkerrechtlichen Vertrag umgesetzt werden, sondern durch eine Resolution des UN-Sicherheitsrates Rechtskraft erlangen.[783]

Der Rambouillet-Entwurf und die darin vorgesehene OSZE-Verwaltung waren damit aus der Diskussion. Tatsächlich sah der „Fischer-Plan", der zunächst in Washington und Brüssel mit Skepsis betrachtet wurde,[784] erstmals die Einsetzung einer internationalen Interims-Verwaltung und die Stationierung einer friedenserhaltenden Truppe vor, die mit einem robusten Mandat entsprechend Kapitel VII der UN-Charta ausgestattet werden sollte.

Mit diesem Plan sollten also die UNO und der Sicherheitsrat wieder ins Spiel gebracht werden, die mit der Aufnahme der Bombardements der NATO ohne vorheriges Mandat umgangen worden waren. Dies bedingte von Beginn an die Notwendigkeit eines Kompromisses in der

---

[781] Krause, Joachim: Deutschland und die Kosovo-Krise, in: Clewing, Konrad / Reuter, Jens (Hrsg.): Der Kosovo-Konflikt. Ursachen, Akteure, Verlauf, München 2000, S. 395-416 (412).
[782] Fischer, Joschka: Die rot-grünen Jahre. Deutsche Außenpolitik – vom Kosovo bis zum 11. September, Köln 2007, S. 195; zum „Fischer-Plan" vgl. Ein Stabilitätspakt für Südosteuropa, 09.04.1999, http://www.bndlg.de/~wplarre/back243.htm. Zu einer Interpretation vgl. auch Schlegel, Dietrich: Wie kann Südosteuropa langfristig stabilisiert werden? – Eine deutsche Initiative, in: *SOE*, 49:1 (1999), 17-25.
[783] Vgl. Joetze, Günter: Der letzte Krieg in Europa? Das Kosovo und die deutsche Politik, Stuttgart, München 2001, S. 108.
[784] Vgl. „Die NATO eröffnet die Phase 3 ihrer Luftangriffe", in: *FAZ*, 01.04.1999.

Art und Weise, dass sich weder Russland noch China widersetzten, wenn der Plan für die Zivilverwaltung die Billigung sämtlicher Mitglieder des Sicherheitsrates finden sollte. Mit dieser diplomatischen Initiative oktroyierte die EU also der internationalen Gemeinschaft eine Grundplattform für das Finden eines Kompromisses zwischen der NATO und dem Milošević-Regime und für die Rückkehr auch Russlands an Bord. In diesem Kontext wurde Wolfgang Ischinger, Staatssekretär im Außenministerium, mit dem Ziel nach Moskau entsandt, die Russen für diesen Plan zu gewinnen,[785] da Russland bis zu jener Zeit scharfe Kritik an den Operationen der NATO gegen Rest-Jugoslawien geäußert hatte. Es muss noch hervorgehoben werden, dass der „Fischer-Plan" im Rahmen der EU ebenfalls breite Unterstützung fand, und sehr schnell sollte sich dieser Friedensplan in einen politischen Erfolg für die Außenpolitik der EU ummünzen.

Wie bereits weiter oben ausgeführt, kehrte mit dem „Fischer-Plan" die UNO ins „Spiel" zurück, die künftig im Kosovo beim Prozess der Herstellung des Friedens und der Organisation der Interims-Verwaltung eine zentrale Rolle spielen sollte.[786] Gleichzeitig aber ließ dieser Plan die Kernfrage offen, nämlich die Festlegung des politischen Status des Kosovo. Eine weitere Neuheit war die Intention, die Gruppe der acht größten Industriestaaten zu aktivieren, an der auch Russland beteiligt war, die Deutschland beim künftigen Verhandlungsprozess mit Belgrad reaktivieren wollte. Mehr noch wurde dies notwendig bezüglich der Zusammenarbeit mit den Russen während des Prozesses der Ausarbeitung der Kosovo-Resolution im Sicherheitsrat, die das Ende der Luftangriffe ermöglichen sollte.[787] Neben der Zustimmung der EU, der Vereinigten Staaten und der G8-Staaten fand der „Fischer-Plan" auch die Unterstützung des russischen Präsidenten Boris Jelzin, der als Antwort darauf den ehemaligen Ministerpräsidenten Viktor Tschernomyrdin ernannte.[788] Und die Vereinigten Staaten beauftragten den stellvertretenden Staatssekretär Strobe Talbott, einen außergewöhnlichen Russlandexperten, sich mit dem Friedensplan für den Kosovo zu beschäftigen. So wurde der „Fischer-Plan", anfangs von einigen belächelt, von vielen kritisiert, in den folgenden Tagen als Hoffnungsschimmer von den Regierungschefs der NATO-Länder als offizielle transatlantische Strategie gebilligt.[789] Parallel zu den Bombardements der NATO trug dieser Plan auf diese Weise deutlich zur Beendigung des Krieges bei bzw. zu einem Rückzugsweg für Serbien aus dem Kosovo. Die Akzeptanz für den „Fischer-Plan" unter den Staaten zeigte deutlich, dass die NATO-Staaten aufgrund des fehlenden militärischen Erfolgs sehr an einer diplomatischen Lösung interessiert waren.

Es ist zu ergänzen, dass der „Fischer-Plan" weniger Referenzpunkte im Abkommen von Rambouillet hatte bzw. der Anhang B abgeschwächt worden war, so dass die Aktivität der KFOR jetzt ausschließlich auf den Kosovo beschränkt war. Das Paket des Plans beinhaltete die Option einer Übergangslösung, einer zivilen Interims-Verwaltung bis hin zur Notwendigkeit der Festlegung des künftigen politischen Status des Kosovo. Unabhängig davon, dass sich die NATO im Krieg mit Rest-Jugoslawien befand, gingen die Zielsetzungen dieses Plans also nicht über eine Kompromisslösung hinaus, die eine dauerhafte Lösung der Kosovo-Frage anbot. Dies geht auch aus dem Résumé hervor, welches Wolfgang Ischinger zum „Fischer-Plan" zieht.

„Foreign Minister Fischer's peace plan, however, represented only one part of our Balkan concept, limited to resolving the immediate crisis, not to curing the symptoms. In our view, the Kosovo conflict had in fact shown that the whole of southeastern Europe

---

[785] Siehe Ischinger, Wolfgang: Kosovo: Germany Considers the Past and Looks to the Future in: Wolfgang-Uwe Friedrich (ed.): The Legality of Kosovo: German Politics and Policies in the Balkans, Washington, D.C. 2000, p. 34.
[786] Siehe Beste, Ralf: „Fischers Plan sieht Pause bei Angriffen vor", in: *Berliner Zeitung*, 14.04.1999.
[787] Siehe Volle, Angelika / Weidenfeld, Werner (Hrsg.): Der Balkan zwischen Krise und Stabilität, Bielefeld 2002, S. 126.
[788] Vgl. Judah, Tim, Kosova – Luftë dhe Hakmarrje, Prishtinë 2002, S. 331.
[789] Siehe Scharping, Rudolf: Wir dürfen nicht wegsehen. Der Kosovo-Krieg und Europa, Berlin 1999, S. 135.

needed a comprehensive approach to stabilization. The international community had for too long limited itself to crisis management, neglecting longer-term crisis prevention. A concept was now required to help bring the countries of southeastern Europe, where old patterns of conflict dating back to Ottoman times linger on, into modern Europe." [790]
Dennoch wurde diese deutsche diplomatische Initiative, die das Siegel der europäischen Außenpolitik erhielt, zur einzigen Alternative für einen *exit* des Westens aus dem Krieg in Rest-Jugoslawien. Ebenso ging dieser Plan einem anderen europäischen Projekt voraus, dem sogenannten Stabilitätspakt für Südosteuropa, der auf dem Kölner Gipfel vom 10. Juni 1999 verabschiedet wurde.[791]

6.5. Ahtisaari als EU-Vermittler (1999)

Am 6. Mai 1999, dem Tag, an dem die G8-Staaten über die Prinzipien des "Fischer-Plans" Übereinkunft erzielten, ernannte der deutsche Kanzler Gerhard Schröder in seiner Funktion als damaliger EU-Ratsvorsitzender den finnischen Präsidenten Martti Ahtisaari zum EU-Vertreter für den Friedensprozess im Kosovo.[792] Gleichzeitig sollte er auch mit dem Mandat des UN-Generalsekretärs Kofi Annan tätig sein.[793] Interessant ist, dass Annan parallel zum Auftreten von Ahtisaari gleich zwei Vertreter ernannte: den ehemaligen schwedischen Ministerpräsidenten Carl Bildt und den Außenminister der Slowakei, Eduard Kukan, die ihn bei den Bemühungen unterstützen sollten, Frieden und Sicherheit in der Region zu etablieren und Bedingungen für die Rückkehr der Flüchtlinge in ihre Häuser, insbesondere im Kosovo, zu schaffen. Ihre Mission war jedoch eine unnötige Verquickung mit der Mission der EU-Vertreter und von Anfang an zum Scheitern verurteilt, umso mehr, als Bildt die NATO-Bombardements als falsche Lösung kritisiert hatte, und diese Tatsache sollte die Zusammenarbeit mit den westlichen Ländern erschweren.[794]

Ahtisaari genoss nicht nur in Washington und bei der UNO hohe Reputation, sondern er hatte auch gute Kontakte zu Moskau und kannte die Arbeit diplomatischer Verhandlungen im Detail. Ein weiterer Vorteil von Martti Ahtisaari bestand darin, dass er aus Finnland stammte, einem neutralen Land mit guten Beziehungen zum Osten, Süden und Westen. Mehr noch, mit der Ernennung Ahtisaaris zum Sonderrepräsentanten der EU hatte der diplomatische Prozess zur Suche einer friedlichen Lösung der Kosovo-Krise seinen Verlauf auf drei Schienen genommen: EU, G8 und bilaterale Kontakte. Die EU spielte durch das Engagement der deutschen Diplomatie beim abschließenden diplomatischen Spiel bzw. dabei, auch Russland an Bord zu holen, eine wichtige Rolle. Als Ergebnis war nun eine internationale Troika aktiv, die aus Ahtisaari, Talbott und Tschernomyrdin bestand, die die EU, die USA und Russland vertraten.

In der Zwischenzeit wurde innerhalb der G8-Staaten die parallele Arbeit der politischen Direktoren und Außenminister fortgeführt, die sich vor allem auf die Ausarbeitung der Resolution des UN-Sicherheitsrats konzentrierte, die der Schaffung des Friedens, der internationalen Verwaltung und der Stationierung friedenserhaltender Truppen, deren Kern aus NATO-Truppen bestehen sollte, konzentrierte.

Die Außenminister der G8-Staaten wollten den „Fischer-Plan" auf dem Petersberg/Deutschland einer ernsthaften Überprüfung unterziehen und über die Grundprinzipien der politischen Lösung übereinkommen, auch wenn Russland deutlich machte, dass eine politische Lösung

---

[790] Wolfgang Ischinger, Kosovo: Germany Considers the Past and Looks to the Future, in: Wolfgang-Uwe Friedrich (ed.): The Legality of Kosovo: German Politics and Policies in the Balkans, Washington, D.C. 2000, pp. 34 f.
[791] Stabilitätspakt für Südosteuropa, in: *IP* 54:8 (1999), 120-130.
[792] Vgl. Ukshini, Sylë: Kosova dhe Perëndimi, Prishtinë 2001, S. 289.
[793] Siehe Ahtisaari, Martti: Detyra në Beograd, Prishtinë 2008, S. 38.
[794] Ebenda, S. 39 f.

nur erreicht werden könnte, nachdem die Bombardements beendet worden wären. Der deutsche Außenminister Joschka Fischer hob in einem Bericht über das Ergebnis des Treffens vom Petersberg hervor, dass mit der Unterstützung für seinen Plan ein wichtiger Schritt vorwärts erreicht sei, um der Vertreibung und der Ermordung von Kosovo-Albanern ein Ende zu setzen.[795]

Die Verhandlungen wurden vorsorglich entlang der Trennungslinie 7 plus 1 abgehalten. Russland verhandelte mit allen übrigen Staaten der G8-Gruppe, die von den USA geführt wurde.[796] Entgegen dem Druck Russlands, das lediglich fünf Punkte der Erklärung favorisierte,[797] billigten die Außenminister der G8-Mitgliedstaaten die als *Petersberger Erklärung* bekannten Grundprinzipien, die in dieser Phase zur politischen Lösung der Kosovo-Krise abgegeben wurden:

- *unverzügliches und nachprüfbares Ende der Gewalt und Unterdrückung im Kosovo;*
- *Rückzug militärischer, polizeilicher und paramilitärischer Kräfte aus dem Kosovo;*
- *Stationierung von wirksamen internationalen zivilen und Sicherheitspräsenzen im Kosovo, die von den Vereinten Nationen gebilligt und beschlossen und in der Lage sind, die Erreichung der gemeinsamen Ziele zu garantieren;*
- *Einrichtung einer vom Sicherheitsrat der Vereinten Nationen zu beschließenden Übergangsverwaltung für den Kosovo, um die Bedingungen für ein friedliches und normales Leben für alle Einwohner im Kosovo sicherzustellen;*
- *die sichere und freie Rückkehr aller Flüchtlinge und Vertriebenen und ungehinderter Zugang zum Kosovo für humanitäre Hilfsorganisationen;*
- *ein politischer Prozeß zur Schaffung einer politischen Übergangsrahmenvereinbarung, die eine substantielle Selbstverwaltung für den Kosovo unter voller Berücksichtigung des Rambouillet-Abkommens und der Prinzipien der Souveränität und territorialen Unversehrtheit der Bundesrepublik Jugoslawien und der anderen Länder der Region sowie die Demilitarisierung der UÇK vorsieht;*
- *umfassendes Vorgehen zur wirtschaftlichen Entwicklung und Stabilisierung der Krisenregion.*[798]

Neben diesen Grundsätzen beauftragten die G8 die politischen Direktoren, mit der Ausarbeitung des Projekts der Resolution des UN-Sicherheitsrats und des Programms zu beginnen, mit dem ein Zeitplan abgesteckt werden sollte, in dem die weiteren konkreten Schritte in Richtung der Erzielung des Friedens im Kosovo festgelegt werden sollten. Der vierte Punkt der Erklärung trug Deutschland, das den Vorsitz der G8 und die EU-Ratspräsidentschaft innehatte, auf, die chinesische Regierung über die Ergebnisse des Treffens zu informieren.[799] Ebenso begann die internationale Troika Ahtisaari, Talbott und Tschernomyrdin auf der Grundlage des Katalogs der oben genannten Forderungen damit, die Details des Friedensdokuments auszuarbeiten, das sie Belgrad übergeben sollten. Das Dokument enthielt zehn Punkte und einige Interpretationen,[800] die mit den Schlussfolgerungen der G8 und den Grundprinzipien des Fischer-Plans nahezu identisch waren. Entsprechend dem Dokument von Ahtisaari-Talbott-Tschernomyrdin sollte Belgrad keinerlei

---

[795] Vgl. Ukshini, Sylë: Kosova dhe Perëndimi, Prishtinë 2001, S. 275.
[796] Siehe Fischer, Joschka: Die rot-grünen Jahre. Deutsche Außenpolitik – vom Kosovo bis zum 11. September, Köln 2007, S. 229.
[797] Vgl. Joetze, Günter: Der letzte Krieg in Europa? Das Kosovo und die deutsche Politik, Stuttgart, München 2001, S. 235.
[798] Erklärung des Vorsitzenden zum Abschluss des Treffens der Außenminister der G8 auf dem Petersberg am 6. Mai 1999, http://www.glasnost.de/kosovo/g8erkl.html.
[799] Ebenda.
[800] Dieses Dokument hat Ahtisaari in seinem Buch veröffentlicht. Siehe Ahtisaari, Martti: Detyra në Kosovë, Prishtinë 2008, S. 142 f.

Einfluss auf die Zusammensetzung, Leitung und Stationierung der internationalen Truppen haben. Darüber sollten die NATO, die EU, Russland und jene neutralen Länder entscheiden, die an der Operation teilnehmen wollten. Auf der anderen Seite war eine Bedingung für die Aufstellung der Truppen, dass der UN-Sicherheitsrat eine umsetzbare Resolution verabschieden würde.[801]

Der Kern dieses Dokuments bestand darin, dass das Kosovo Teil Rest-Jugoslawiens bleiben würde, was die Einheit dieses Staates garantieren würde. Gleichzeitig schränkte dieser Vorschlag in gewissem Maße die Souveränität Rest-Jugoslawiens ein.[802] Schließlich zeigte die Zwangsdiplomatie ihre Ergebnisse, Milošević hatte zwischen Frieden und Bombardements und zu erwartendem Bodenkrieg zu wählen. Rest-Jugoslawien hatte es nicht erreicht, die eigenen Ziele zu verwirklichen, stattdessen war es am 2. Juni 1999 gehalten, das Dokument von Ahtisaari-Talbott-Tschernomyrdin zu billigen.[803] Milošević hatte mehr verloren als nach den Verhandlungen in Rambouillet. Durch den Krieg hatte er nur ein Ziel erreicht: die Zerstörung seines Landes.[804]

Der Erfolg von Ahtisaari hatte auch den EU-Gipfel in den Schatten gestellt, der am selben Tag in Köln abgehalten wurde.[805] Bei dieser Gelegenheit erklärte der Leiter des Gipfels, der deutsche Kanzler Gerhard Schröder: *„Dies ist ein guter Tag für Europa; ein guter Tag für Europa, und nach meiner Meinung ist auch das jugoslawische Volk ein Teil von ihm. Dies ist auch ein großer Tag für den Präsidenten der Republik Finnland, Martti Ahtisaari, denn Geduld, Diplomatie und die Achtung vor den Prinzipien durch ihn haben dieses Endergebnis ermöglicht."*[806]

Anschließend erledigte die G8 ihre eigene Arbeit, arbeitete den Resolutionsentwurf (1244) für den Sicherheitsrat aus, der am 10. Juni 1999 vom Sicherheitsrat der Vereinten Nationen verabschiedet wurde, nachdem einen Tag zuvor zwischen der NATO und der Armee Rest-Jugoslawiens das Technisch-Militärische Abkommen von Kumanovo erreicht worden war.[807] Der Krieg im Kosovo war beendet und damit auch die 78 Tage andauernden Angriffe der NATO gegen militärische Ziele in Rest-Jugoslawien. Damit ging auch die Mission des Sonderbeauftragten der EU für den Kosovo, Martti Ahtisaari, zu Ende.[808]

Schließlich wurde Serbien als Folge des Krieges im Einklang mit der Resolution 1244 des UN-Sicherheitsrates die gesamte Kontrolle über das Kosovo entzogen, und sämtliche Vollmachten gingen für unbestimmte Zeit auf die internationale Zivilverwaltung (UNMIK) und die Militärverwaltung (KFOR) über.[809]

Damit beschritt das Kosovo schlussendlich den Weg zur Unabhängigkeit bzw. der Finalisierung des Staatsbildungsprozesses,[810] der im Jahr 1991 auf dem Gebiet Ex-Jugoslawiens begonnen hatte.

---

[801] Ebenda.
[802] Ebenda, S. 149.
[803] Vgl. Scharping, Rudolf: Wir dürfen nicht wegsehen. Der Kosovo-Krieg und Europa, Berlin 1999, S. 190 f.
[804] Jelzin, Boris: Mitternachtstagebuch, Berlin, München 2000, S. 255.
[805] Siehe Gerhard Schröder, Entscheidungen. Mein Leben in der Politik, Hamburg 2007, S. 139.
[806] Ahtisaari, Martti: Detyra në Beograd, Prishtinë 2008, S. 38.
[807] NATO Handbook, Brussels 2006, p. 130.
[808] Joetze, Günther: Der letzte Krieg in Europa? Das Kosovo und die deutsche Politik, Stuttgart, München 2001, S. 156.
[809] Siehe Ukshini, Sylë: Kosova dhe Perëndimi, Prishtinë 2001, S. 295-303.
[810] Mehr dazu: Baliqi, Bekim: Externes State-Building durch die Vereinten Nationen: Am Fallbeispiel des Kosovo. Diss., Universität Wien, 2008; Eiff, Hansjörg: Zum Problem des Kosovo-Status, Discussion Paper, Zentrum für Europäische Integrationsforschung, Bonn 2005; Hoxhaj, Enver: Politika etnike dhe shtetndërtimi i Kosovës, Pejë 2008; Ignatieff, Michael: Empire Lite. Nation-Building in Bosnia, Kosovo and Afghanistan, London 2003.

6.6. Der Kosovo-Krieg und der qualitative Einfluss der GASP

Welche Lehren können aus dem Kosovo-Krieg gezogen werden? Waren die Erfahrungen der letzten Monate auf sämtlichen Ebenen der Außen- und Sicherheitspolitik der EU ausreichend miteinander harmonisiert? Welchen Einfluss hatte der Kosovo-Krieg auf die Mechanismen der europäischen Politik und Sicherheit? Waren die politischen und diplomatischen Aktivitäten der EU-Mitgliedstaaten ab dem Beginn der Luftangriffe ausreichend?

Die Bemühungen der EU im Rahmen der Außen- und Sicherheitspolitik zur Verhinderung von Gewalt und später zum Konfliktmanagement waren von Problemen begleitet, und wir sehen, wie schwierig es war, eine Strategie zur Lösung der Kosovo-Frage zu entwickeln. Auch wenn das Kosovo seit der ersten serbischen Besetzung 1912/1913 koloniales Territorium war, so bestand das Kosovo-Problem, weil die internationale Gemeinschaft nicht das Recht der Albaner auf äußere Selbstbestimmung anerkannte. Die EU behandelte die Kosovo-Frage so wie zu Beginn der Jugoslawien-Krise stets außerhalb des kolonialen Kontextes, um nicht die Existenz eines jugoslawischen Staates in Frage zu stellen. Das lange Zögern der EU und NATO, im Kosovo einzugreifen, und das Engagement bei den Verhandlungen zu einer Souveränität nach dem *"Westfälischen Modell"* bzw. die beharrliche Suche nach einer Lösung im Rahmen Rest-Jugoslawiens hatte zwei negative Effekte: Es ließ in Belgrad die Erwartung entstehen, dass das Kosovo unter allen Bedingungen in der Souveränität Rest-Jugoslawiens gehalten werden konnte, was indirekt die Position von Milošević stärkte und eine dauerhafte und langfristige Lösung für das Kosovo nur hinauszögerte.

Dies geschah auch in der Folgezeit, von der Konferenz von Rambouillet bis hin zur Resolution 1244 des UN-Sicherheitsrates, die den Weg für den Beginn der Zivilverwaltung der Vereinten Nationen und den Einmarsch der friedenswahrenden KFOR-Truppen ebnete. Die Außenpolitik der EU reagierte auf dem Höhepunkt der Eskalation des Kosovo-Kriegs vorwiegend mit fragmentarischen diplomatischen Bemühungen. Die Reaktion der EU erfolgte vor allem durch die Nationalstaaten und eine nicht gut koordinierte Aktivität der wichtigsten Institutionen der EU. Die gemeinsamen Organe bzw. die Kommission und das Europäische Parlament blieben passiv. In dieser Zeit ging die Initiative auf die NATO und die „*Quinti*" genannte Ländergruppe über, die sich im Kosovo-Krieg zu einem Leitungsgremium wandelte. Tatsächlich fand im Rahmen dieser Ländergruppe während der Militärintervention im Kosovo eine engere Zusammenarbeit mit der Kontaktgruppe, der EU und den USA statt. Auch wenn die Militäraktion ohne vorheriges Mandat des UN-Sicherheitsrats durchgeführt wurde, so war sie unter Bezug auf die Befugnis, die die bestehenden Resolutionen des Sicherheitsrates verliehen hatten, gerechtfertigt.[811] Gleichzeitig betrafen ihre humanitären Besorgnisse eine Provinz, die sie stets als Teil Rest-Jugoslawien anerkannt hatten. Gleichwohl markierte die Kosovo-Krise den Höhepunkt einer Anzahl von Eingriffen im Namen der Menschenrechte und menschlichen Werte. Diese militärische Intervention, der sich die EU-Mitgliedstaaten anschlossen, hatte eine gemeinsame Charakteristik: Sie reflektierte keinen Begriff des nationalen amerikanischen Interesses, konnte sich jedoch im Sinne seines Ergebnisses in jeder Weise auf die historische Bestimmung der europäischen Sicherheit auswirken.

Blickt man noch einmal zurück auf die Maßnahmen der internationalen Gemeinschaft, so zeigt sich ein Dreierakkord von politisch-diplomatischen Initiativen, militärischen Maßnahmen und humanitären Hilfen, Zusätzlich zu nennen sind die enge Koordinierung dieser Ebenen, die Kohärenz innerhalb der NATO und die Fähigkeit, auch Russland einzubeziehen.

---

[811] Vgl. Weller, Marc: Contested Statehood: Kosovo's Struggle for Independence, Oxford 2009, pp. 165-178.

In dieser Phase nahm der Kosovo-Konflikt die Dimension einer Krise von internationalem Charakter an. Im Unterschied zur Bosnien-Krise setzte die europäische Reaktion im Kosovo-Krieg früher ein, und die Rolle ihrer Außenpolitik gewann an Profil und Einfluss.[812]

Tatsächlich wurde der Kosovo-Krieg zu einem Entwicklungsgenerator der Außen- und Sicherheitspolitik der EU. Dieser dynamische Prozess, der insbesondere ab Jahresende 1998 Form annahm, führte zu der Notwendigkeit, für die EU mit einer gemeinsamen Stimme zu sprechen bzw. einen Vertreter für die Außen- und Sicherheitspolitik der EU ernennen.[813] Auch bei der Konferenz von Rambouillet gewann die europäische Außenpolitik Akzent, aber dazu zwang sie vielleicht der diplomatische Kontakt Deutschlands, das in dieser Zeit turnusmäßig die EU-Ratspräsidentschaft innehatte und die G8 leitete.[814]

Der Übergang von der „diplomacy backed by threat" zur „diplomacy backed by force" stellte die gesamte politische und militärische Kapazität der EU auf die Probe, als sie sich vorbehaltlos der Militärkampagne der NATO gegen Rest-Jugoslawien anschloss. Wichtig war für die EU die Tatsache, dass die EU-Mitgliedstaaten wie niemals zuvor eine Kohärenz in der Außenpolitik gezeigt hatten und belegten, dass zwischen NATO, USA[815] und EU in Bezug auf die Behandlung der Kosovo-Krise Einheit bestand. Darüber hinaus stellten die Teilnahme der EU-Mitgliedstaaten an der NATO-Operation gegen Rest-Jugoslawien und ihre Rolle bei der diplomatischen Lösung der Kosovo-Krise durch den „Fischer-Plan" den Höhepunkt des militärischen und diplomatischen Engagements der EU dar. Einen besonderen Erfolg hatte die europäische Außenpolitik auch bei der konstruktiven Zusammenarbeit mit Russland zu verzeichnen, die später die Verabschiedung der Petersberger Erklärung bzw. der UN-Resolution 1244 ermöglichte. Entscheidend war ebenso, dass in der G8-Gruppe eine politische Ebene gefunden wurde, die die USA und Russland einschloss, die gleichzeitig europäische Initiativen annahmen, z.B. den Vorschlag des deutschen Kanzlers zur Ernennung des finnischen Präsidenten Martti Ahtisaari als Vertreter der EU. Die EU blieb sogar trotz der Möglichkeiten, die ihr der Vertrag von Maastricht in Art. J.4. gegeben hatte, außerhalb des Spiels, und ihre Rolle im Kosovo-Krieg war marginal. Daher operierten die EU-Mitgliedstaaten ausschließlich im Rahmen der NATO und nicht im Rahmen einer derart passiven und profillosen Institution.[816]

Allgemein förderte die Intervention im Kosovo zwei wesentliche Elemente an die Oberfläche: Erstens wurde dieser Krieg zum Katalysator für die Entwicklung und Profilierung der Außen- und Sicherheitspolitik der EU. Zweitens, wenn die Europäer auch mit ihren Initiativen und diplomatischen Emissären die amerikanische Vormachtstellung in der Kosovo-Frage brachen, so gaben die USA in Sicherheits- wie Militärfragen weiterhin den Ton an und hatten gegenüber den EU-Ländern eine nicht wegzudiskutierende Dominanz. Aufgrund ihrer *zwischenstaatlichen* Struktur war der Effekt der Außen- und Sicherheitspolitik der EU bei ihren militärischen Aktivitäten begrenzt, weshalb der damalige deutsche Außenminister Joschka Fischer fol-

---

[812] Petritsch / Kaser / Pichler (Hrsg.): Kosovo/Kosova: Mythen, Daten, Fakten, Klagenfurt u.a. 1999, S. 353.
[813] „EU-Ratspräsident will Ernennung von Beauftragtem für Außenpolitik, Wien" (dpa), 18.10.1998.
[814] Fischer, Joschka: Die rot-grünen Jahre . Deutsche Außenpolitik – vom Kosovo bis zum 11. September, Köln 2007, S. 127-251.
[815] Madeleine Albright hatte Europa immer verstanden – gerade auch in den Zeiten der Tragödien auf dem Balkan. Und dort, wo dies nicht der Fall war, hatte sie zumindest immer versucht, dieses in amerikanischen Augen bisweilen recht verrückt wirkende Europa zu verstehen. Ähnliches konnte man seit dem Ende des Ost-West-Konflikts leider nicht mehr von allzu vielen Amerikanern sagen. Siehe Fischer, Joschka: Die rot-grünen Jahre . Deutsche Außenpolitik – vom Kosovo bis zum 11. September, Köln 2007, S. 386.
[816] Vgl. Neubeck, Arne von: Die Europäische Union als außenpolitischer Akteur – Konfliktmanagement auf dem Balkan, Norderstedt 2002, S. 107.

gende Formel aufstellte: „*Der Kontinent wird immer fremdbestimmt bleiben, wenn die Europäer nicht zu einer Europäischen Sicherheits- und Verteidigungspolitik finden.*"[817]

Das Ende des Kosovo-Kriegs schuf für die Europäer auf dem Gebiet der Außen- und Sicherheitspolitik eine wesentlich motivierende Situation bzw. determinierte die Notwendigkeit einer neuen und effektiven Orientierung bei der Anhebung der militärischen Kapazitäten der EU für das Krisenmanagement.[818] Es wurde die Notwendigkeit verspürt, dass die EU „*Kapazitäten für autonomes Handeln*" besitzt. Die EU begann, ihre Strategien und Aufgaben den neuen globalen Herausforderungen anzupassen, und vertiefte die Profilierung der Gemeinsamen Europäischen Außen- und Verteidigungspolitik ((GSVP)[819], ebenso der wichtigen Instrumente für den Prozess der europäischen Integration.

Unter dem Einfluss der abgestuften Kosovo-Krise zogen die Europäer nach einem entscheidenden Fortschritt auf dem französisch-britischen Gipfel des Jahres 1998 in Saint-Malo[820] die notwendigen Lehren, um die „*Kapazitäten für autonomes Handeln*" zu besitzen. Der Europäische Rat legte auf dem Kölner Gipfel im Juni 1999 die Fundamente einer Europäischen Sicherheits- und Verteidigungspolitik (ESVP)[821] und für die Aufstellung einer Truppe von 60.000 Mann für das schnelle Eingreifen in Krisenregionen.[822]

Worüber man jahrzehntelang keinen Konsens gefunden hatte, schien nun innerhalb weniger Monate realisierbar. Am 10. Juni 1999 fasste die EU den Beschluss zur Schaffung des Amts des Hohen Vertreters für Außen- und Sicherheitspolitik,[823] das der Außenpolitik der EU mehr Profil und Offensive verleihen sollte. Aus dieser Perspektive betrachtet, hatte der Kosovo-Krieg entscheidende Bedeutung für die Belebung der Kohärenz und der Zielsetzungen der Außen- und Sicherheitspolitik der EU.

---

[817] Vgl. Karakas, Cemal: Die Balkankrise als Gegenstand der Gemeinsamen Außen- und Sicherheitspolitik (GASP). Die EU zwischen Integration und Kooperation, Frankfurt a.M. 2004, S. 161.
[818] Vgl. 3. Bericht der Bundesregierung über die Umsetzung des Aktionsplans "Zivile Krisenprävention, Konfliktlösung und Friedenskonsolidierung", Berlin 2010,
http://www.auswaertiges-amt.de/cae/servlet/contentblob/384190/publicationFile/44790/Aktionsplan-Bericht3-de.pdf.
[819] Vgl. Ehrhart, Hans-Georg (Hrsg.): Die Europäische Sicherheits- und Verteidigungspolitik. Positionen, Perzeptionen, Probleme, Perspektiven (Demokratie, Sicherheit, Frieden, 142). Nomos, Baden-Baden 2002.
[820] Vgl. Französisch-britische Erklärung von St. Malo, 4. Dezember 1998.
[821] Vgl. Flechtner, Stefanie: Neue Impulse in der europäischen Außen- und Sicherheitspolitik. Der Verfassungsentwurf des Konvents und die Sicherheitsstrategie von Solana, http://library.fes.de/pdf-files/id/01969.pdf.
[822] European Rapid Reaction Force (ERRF) bzw. EU Battle Groups.
[823] Das Amt des Hohen Vertreters für die GASP („High Representative" – HR) wurde erstmals mit dem Vertrag von Amsterdam (1999) geschaffen. Hiernach war der Hohe Vertreter in „Personalunion" Generalsekretär des Rates (GS), eine Position die von 1999 bis 2009 der Spanier Dr. Javier Solana innehatte. Vgl. Hochleitner, Erich Peter: Das europäische Sicherheitssystem zu Beginn des 21. Jahrhunderts, Wien, Köln, Weimar 2000, S. 187.

7. Elemente der neuen Europäischen Sicherheits- und Verteidigungspolitik (ESVP)

„Ziele für die Zukunft der EU sind der Aufbau einer Europa-Armee und klarere EU-Strukturen. Wir müssen einer gemeinsamen europäischen Armee näher kommen."[824]

(Bundeskanzlerin Angela Merkel)

Die mit dem Vertrag von Maastricht eingeführte Gemeinsame Außen- und Sicherheitspolitik (GASP) wurde auf dem Europäischen Rat von Köln 1999 um die sogenannte Europäische Sicherheits- und Verteidigungspolitik (ESVP) erweitert. Der Europäische Rat in Köln im Juni 1999 ist die Geburtsstunde der Gemeinsamen Sicherheits- und Verteidigungspolitik der EU geworden. Die Europäische Sicherheits- und Verteidigungspolitik (ESVP) markiert einen Meilenstein der europäischen Integration in den letzten Jahren. Die Instrumente der Gemeinsamen Verteidigungspolitik bilden die vom Ministerrat der Westeuropäischen Union (WEU) festgelegten Petersberger Aufgaben, die Eingang zunächst in Art. 17 Abs. 2 EUV/Amsterdam, dann in Art. 43 Abs. 1 EUV/Lissabon gefunden haben.

Mit Inkrafttreten des Vertrags von Lissabon wurde die Europäische Sicherheits- und Verteidigungspolitik (ESVP) in Gemeinsame Sicherheits- und Verteidigungspolitik (GSVP) umbenannt. Zwar bedeutet auch der Lissabonner Vertrag keinen Systemwechsel im Sinne eine Vergemeinschaftung der Außen- und Sicherheitspolitik. Die Staaten bleiben Herren des Geschehens. Der Einfluss der Kommission auf die GASP und die EU-Außenbeziehungen wird durch den Vertrag sogar beschnitten.[825] Die wichtigste Neuerung besteht im Ausbau und der engeren Verzahnung der außen- und sicherheitspolitischen Verwaltungsstäbe unter dem neu geschaffenen Amt des Hohen Vertreters, der in Personalunion sogleich Vizepräsident der Kommission ist. Damit könnten sich Kontinuität und Kohärenz der EU-Außen- und Sicherheitspolitik nachhaltig verbessern.[826] Die neu eingerichtete Ständige Strukturierte Zusammenarbeit gestattet es zudem einer Gruppe von Mitgliedstaaten, unter dem Dach der EU weiterführende Integrationsschritte bei der Entwicklung militärischer Fähigkeiten zu gehen. Zudem wirkt sich auch auf dem Gebiet der GSVP die verbesserte Kohärenz der EU-Außenpolitik durch das neue Amt eines Hohen Vertreters aus.

7.1. Einigung auf die Petersberger Erklärung

Auf dem Weg zur Entwicklung der militärischen Fähigkeiten und zu Verantwortlichkeit für mehr Sicherheit in Europa war den Regierungschefs der EU sehr wohl bewusst, dass die Westeuropäische Union (WEU) ein Verteidigungsbündnis war, das in der Zeit nach dem Zweiten Weltkrieg geschaffen wurde und während des Kalten Krieges im Schatten der NATO blieb. Nach dem Ende des Ost-West-Konflikts wurde die WEU zu einem Forum für Konsultationen über die Sicherheitspolitik, vor allem mit den Ländern die nicht der NATO angehörten. In ihrer Erklärung Nr. 30 zum Maastrichter Vertrag erklären die Staaten, die gleichzeitig Mitgliedstaaten der EU und der

---

[824] Bundeskanzlerin Angela Merkel am 27.03.2007.
[825] Dembinski, Matthias: EU-Außenbeziehungen nach Lissabon, S.9. in: Europa nach Lissabon. Aus Politik und Zeitgeschichte, 18/2010, 3. Mai 2010, S. 9-15 (9).
[826] Ebenda.

WEU sind, ihre Absicht, *„die operationelle Rolle der WEU durch die Prüfung und Festlegung geeigneter Aufgaben, Strukturen und Mittel"* zu stärken.[827]

Aus diesem Grund kamen die Außen- und Verteidigungsminister der WEU-Mitgliedstaaten am 19. Juni 1992 auf dem Bonner Petersberg zusammen und gaben die sogenannte Petersberg-Erklärung ab, die im II. Teil die Stärkung der operationellen Rolle der WEU thematisiert. Besondere Bedeutung kommt der „Petersberger Erklärung", in der die operationellen Aufgaben der WEU konkretisiert wurden, zu. Darin bekundeten die WEU-Mitgliedstaaten grundsätzlich ihre Bereitschaft, *„militärische Einheiten des gesamten Spektrums ihrer konventionellen Streitkräfte für unter der Befehlsgewalt der WEU durchgeführte militärische Aufgaben zur Verfügung zu stellen"* (Teil II Abs. 2 PE).[828] Durch die Aufnahme der Petersberg-Aufgaben in den EUV wurde ein wichtiger Fortschritt im Bereich der Sicherheits- und Verteidigungspolitik erzielt.[829]

Die Petersberg-Aufgaben[830] stellen einen Katalog von Aufgaben dar, der vom WEU-Ministerrat im Juni 1992 für die WEU aufgestellt wurde und die Leitlinien für die Weiterentwicklung der WEU festlegt und den Handlungsspielraum definiert. Neben dem gegenseitigen Beistand gemäß Art. 5 des WEU-Vertrages können die militärischen Verbände der WEU zu folgenden Aufgaben eingesetzt werden:
- humanitäre Einsätze und Rettungsmaßnahmen in Katastrophenfällen;
- friedenserhaltende Aufgaben;
- Kampfeinsätze zur Bewältigung von Krisen und friedensschaffende Maßnahmen.[831]

Zur Aufgabendefinition der GASP wurden hauptsächlich die Petersberg-Beschlüsse der WEU herangezogen, die das Konfliktmanagement zum Inhalt haben. Viele der EU-Mitgliedstaaten legten besonderen Wert darauf, dass eine verteidigungspolitische Komponente der GASP keinesfalls eine Konkurrenz zur NATO sein dürfte; alle Aspekte der kollektiven Verteidigung und großangelegter militärischer Operationen sollten daher weiterhin der Nordatlantischen Allianz überlassen werden. Diese Aufgaben gingen später auf die Europäische Sicherheits- und Verteidigungspolitik der Europäischen Union über, ebenso wie die meisten Komponenten der WEU. Das zunächst in Art. J.4 Abs. 1 EUV/Maastricht, dann auch in Art. 17 Abs. UAbs. 1 EUV/Amsterdam, schließlich in Art. 42 Abs. 2 EUV/Lissabon als Möglichkeit skizzierte Ziel der gemeinsamen Verteidigung wird also bisher nicht aktiv verfolgt; wohl aber gibt es Bemühungen, die Kooperation und Koordination in der Verteidigungspolitik zu verstärken.[832] Der *„Spillover-Effekt"* von der Wirtschafts- auf die Außenpolitik war bisher relativ begrenzt gewesen.[833] Während der 1993 in Kraft getretene

---

[827] Ziffer 5 der Erklärung Nr. 30 zum Maastrichter Vertrag.
[828] Tagung des Ministerrates der WEU am 19. Juni 1992, http://www.glasnost.de/militaer/weu/92weubonn.html.
[829] Brok, Elmar: Der Amsterdamer Vertrag – Eine Bewertung des Gipfels von Amsterdam, in: Claus-Dieter Ehlermann (Hrsg.): Rechtliche Grenzen eines Europas in mehreren Geschwindigkeiten und unterschiedlichen Gruppierungen, Köln 1999, S. 151-154.
[830] Benannt sind die Aufgaben nach dem Tagungsort, dem Gästehaus der Bundesrepublik Deutschland auf dem Petersberg. Siehe: Petersberg Declaration, Western European Union Council of Ministers, Bonn, 19 June 1992, http://www.weu.int/documents/920619peten.pdf.
[831] Vgl. Vertrag von Amsterdam, Art. J.7, Ziff. 2; Petersberg-Erklärung v. 19.05.1992, Teil II, Punkt 4, in: Europa Archiv 14/92, D479-485; Pechstein, Matthias / Koenig, Christian: Die Europäische Union. Die Verträge von Maastricht und Amsterdam, Tübingen 2000, S. 159.
[832] Siehe Saadhoff, Christian: GASP: Außenpolitik für ein geeintes Europa. Die zweite Säule der EU auf dem Prüfstand, Norderstedt 2000, S. 113.
[833] Vgl. Haine, Jean-Yves: Eine historische Perspektive, in: Nicole Gnesotto (Hrsg.): Die Sicherheits- und Verteidigungspolitik der EU. Die ersten fünf Jahre (1999-2004), Paris 2004: ISS, S. 41-63 (41 f.).

Vertrag von Maastricht im Bereich der Außenpolitik einen Durchbruch darstellte, wurden Verteidigungsfragen auf unbestimmte Zeit zurückgestellt.[834]

Im Jahr 1997 wurde im Amsterdamer Vertrag die fünf Jahre zuvor in Maastricht vereinbarte GASP ausgebaut. Neu war vor allem die Funktion des Hohen Vertreters für die Gemeinsame Außen- und Sicherheitspolitik, deren erster Amtsinhaber der ehemalige NATO-Generalsekretär Javier Solana war. Seine Aufgabe war es, der EU in wichtigen außenpolitischen Fragen eine gemeinsame Stimme und ein Gesicht zu geben. In Amsterdam wurde darüber hinaus vereinbart, den mit dem Ziel einer GASP eingeschlagenen Weg fortzusetzen sowie in ihrem Rahmen die Voraussetzungen für eine Europäische Sicherheits- und Verteidigungspolitik (ESVP) zu schaffen und für diesen Zweck die WEU in die EU zu integrieren (siehe im Einzelnen Art. 17 Abs. 1 UAbs. 2 und Art. 17 Abs. 3 EUV/Amsterdam).[835] Letztlich führten die Kriege auf dem Balkan in den 1990er Jahren den EU-Mitgliedstaaten ihr eigenes politisches sowie militärisches Unvermögen vor Augen und lösten einen Wandel in der öffentlichen Meinung zugunsten einer stärkeren europäischen Integration aus.[836]

Ein weiterer Anstoß für die EU war die Frage der politischen Stabilität auf dem westlichen Balkan nach dem Dayton-Abkommen, das die Abhängigkeit der Europäer von den USA zeigte. Die dominante Rolle der Vereinigten Staaten im Friedensprozess auf dem Balkan war offensichtlich. Das Scheitern der Bemühungen der EU, den Konflikt im ehemaligen Jugoslawien, vor allem im Kosovo zu lösen, stellte wieder einmal innerhalb eines Jahrzehnts die Glaubwürdigkeit und Einheit der EU in Bezug auf die Außen- und Sicherheitspolitik auf die Probe.

Mit dem Vertrag von Amsterdam (EUV) von 1997 wurden die genannten Petersberg-Aufgaben der Europäischen Union (WEU) durch Art. 17 Abs. 2 EUV/Amsterdam übernommen. Diese reichen von humanitären Aufgaben über Friedenssicherung bis zu Kampfeinsätzen und Wiederherstellung des Friedens. Die Durchführung dieser Maßnahmen sollte der WEU übertragen werden.[837] Darüber hinaus ermächtigte Art. 24 EUV/Amsterdam die EU, mit Drittstaaten oder internationalen Organisationen völkerrechtliche Verträge im Bereich der GASP abzuschließen.

Aus sicherheitspolitischer Perspektive war die behutsame Konkretisierung einer gemeinsamen Verteidigungspolitik bedeutsam, welche nun nicht „auf längere Sicht", wie im Vertrag von Maastricht festgehalten ist, sondern „schrittweise" festgelegt werden soll.[838] Über diese inhaltliche Präzisierung des sicherheitspolitischen EU-Einsatzspektrums hinaus brachte der Vertrag von Amsterdam auch institutionelle Neuerungen, die für die spätere Entwicklung der ESVP richtungsweisend waren:
- Ernennung eines Hohen Vertreters für die GASP („Mr. GASP") – Art. 18 Abs. 3 EUV/Amsterdam;

---

[834] Ebenda.
[835] Plate, Bernard von / Schmidt, Peter: Europäische Sicherheits- und Verteidigungspolitik, Informationen zur politischen Bildung, Heft 274, 9. Januar 2004.
[836] Walter, Florian: Erfolge und Defizite der Europäischen / Gemeinsamen Sicherheits- und Verteidigungspolitik unter besonderer Berücksichtigung ihrer Operationen in Afrika, Diss. Wien 2010, S. 2.
[837] Vgl. „Konsolidierte Fassung des Vertrags über die Europäische Union", Art. 17 Abs. 1 UAbs. 2 EUV/Amsterdam. Wörtlich heißt es dort: *„Die Westeuropäische Union (WEU) ist integraler Bestandteil der Entwicklung der Union; sie eröffnet der Union den Zugang zu einer operativen Kapazität insbesondere im Zusammenhang mit Absatz 2. Sie unterstützt die Union bei der Festlegung der verteidigungspolitischen Aspekte der Gemeinsamen Außen- und Sicherheitspolitik gemäß diesem Artikel. Die Union fördert daher engere institutionelle Beziehungen zur WEU im Hinblick auf die Möglichkeit einer Integration der WEU in die Union, falls der Europäische Rat dies beschließt. Er empfiehlt in diesem Fall den Mitgliedstaaten, einen solchen Beschluss gemäß ihren verfassungsrechtlichen Vorschriften anzunehmen."*
[838] Vgl. Art. J.4 Abs. 1 EUV/Maastricht; Art. 17 Abs. 1 UAbs. 1 und 2 EUV/Amsterdam.

- Konstituierung der neuen „Troika" – Art. 18 Abs. 4 EUV/Amsterdam;
- Einrichtung der Strategieplanungs- und Frühwarneinheit (Policy Unit) – Art. 25 EUV/Amsterdam.

Der Vertrag von Amsterdam (seit 1. Mai 1999 in Kraft) war der nächste wichtige Schritt hin zu einer gemeinsamen Verteidigung. Es wurde beschlossen, dass die WEU fortan integraler Bestandteil der EU ist und der EU ihre operative Kapazitäten gerade im Bereich der in Art. 17 Abs. 2 EUV/Amsterdam übernommenen Petersberg-Aufgaben – humanitäre Aufgaben und Rettungseinsätze, friedenserhaltende Aufgaben, Kampfeinsätze bei der Krisenbewältigung einschließlich friedenschaffender Maßnahmen – zur Verfügung stellen soll. Die EU blieb somit weiter von der Handlungsfähigkeit der WEU abhängig. Daher wurde auch festgehalten, dass die NATO weiter die Grundlage für die kollektive Verteidigung Europas darstellt und sich die WEU verstärkt um Zusammenarbeit mit ihr bemühen soll, um im Ernstfall auf Mittel und Kapazitäten der Allianz zurückgreifen zu können.[839] Als erster Schritt ist die wortwörtliche Übernahme der sogenannten „Petersberg-Aufgaben" in Art. J.7 Abs. 2 EUV/Amsterdam zu verstehen, zu deren Durchführung die EU die WEU „*in Anspruch nimmt*". Damit verzichtete die EU implizit auf den Aufbau eigener operationeller Kapazitäten. Vielmehr werden „*engere institutionelle Beziehungen zur WEU im Hinblick auf die Möglichkeit einer Integration der WEU in die Union*" in Aussicht gestellt, „*falls der Europäische Rat dies beschließt*".[840] So wurde die Möglichkeit einer Integration der WEU in die EU im Vertrag grundsätzlich offen gehalten.

Davon blieben die Verpflichtungen einiger Mitgliedstaaten unberührt; die Gemeinsame Verteidigungspolitik der Union „*achtet die Verpflichtungen einiger Mitgliedstaaten, die ihre gemeinsame Verteidigung in der Nordatlantikvertragsorganisation (NATO) verwirklicht sehen, aus dem Nordatlantikvertrag und ist vereinbar mit der in jenem Rahmen festgelegten Sicherheits- und Verteidigungspolitik*".[841]

Gemäß dem „Berlin Plus"-Abkommen wird mit Hilfe der NATO eine „*Rapid Reaction Force*" aufgestellt, wobei die USA versuchen, ein Vordrängen einer militärischen europäischen Entwicklung zu beschränken.

„*Auf die Konflikte in Bosnien und Kosovo folgte erstmalig das offene Eingeständnis in die Unzulänglichkeit und die Schwäche der eigenen Militärkapazitäten und der Anstoß für das Projekt der ESVP durch das französisch-britische Signal von Saint-Malo.*"[842]

Das internationale kollektive Versagen auf dem Balkan in den Jahren zwischen 1991 und 1998 war eine schlechte Bilanz für die Europäer, weil es zeigte, dass die EU Probleme bei der Verhütung und Beilegung von ethnischen Konflikten innerhalb des europäischen Territoriums hatte. Die Kosovo-Krise und die militärische Intervention der NATO wurden ein Katalysator für die Etablierung der europäischen militärischen Kapazitäten.[843] Und genau am Höhepunkt des Kosovo-Krieges, im Dezember 1998, intensivierten die EU-Mitgliedstaaten ihre Bemühungen, die politischen Sicherheits- und Verteidigungsbereiche zu fördern, was bis dahin unvorstellbar gewesen war.

---

[839] Vgl. Erklärung zur Westeuropäischen Union, ABl. C 340 v. 10.11.1997, S. 125-131, Ziff. 13.
[840] Art. J.7 Abs. 1 UAbs. 2 Satz 3 EUV/Amsterdam.
[841] Art. J.7 Abs. 1 UAbs. 3 EUV/Amsterdam.
[842] Siehe Fröhlich, Stefan: Die Europäische Union als globaler Akteur. Eine Einführung, Wiesbaden 2008, S. 27.
[843] Haine, Jean-Yves: Eine historische Perspektive, in: Nicole Gnesotto (Hrsg): Die Sicherheits-und Verteidigungspolitik der EU. Die ersten fünf Jahre (1999-2004), Paris 2004: ISS, S. 41-64 (51).

7.2. „Startschuss" in Saint-Malo

Der „Startschuss" für die ESVP/GSVP fiel beim britisch-französischen Gipfeltreffen in Saint-Malo (3.-4. Dezember 1998), der als *„start of the European defence project"* gilt.[844] Die zwischen den zwei größten europäischen Militärmächten erzielte Einigung sollte sowohl die Theorie als auch die Praxis der europäischen Sicherheits- und Verteidigungspolitik „revolutionieren".[845] Ein Kompromiss hatte sich bereits beim EU-Sondergipfel von Pörtschach (Österreich) im Oktober des Jahres 1998 abgezeichnet; die Verhandlungen und Gespräche mündeten schließlich in einer offiziellen Erklärung Frankreichs und Großbritanniens, der „Gemeinsamen Erklärung über die Europäische Verteidigung", die am 4. Dezember 1998 unterzeichnet wurde.[846]

Mit der Unterzeichnung dieser Erklärung war eine entscheidende Wende in Saint-Malo für eine schnellere Entwicklung der Europäischen Sicherheits- und Verteidigungspolitik und militärischen Kapazitäten getroffen worden, damit die EU in internationalen Krisen agieren kann, ohne dabei der NATO zu schaden.[847] Es wurde eine Vereinbarung über den Aufbau autonomer Fähigkeiten erzielt, um auf internationale Krisen reagieren zu können.[848] Dieser radikale Kurswechsel setzte eine Reihe weiterer Entwicklungen in Gang, wobei erst die negativen Erfahrungen des Kosovo-Konflikts endgültig den Prozess hin zur ESVP ins Rollen brachten. Alexander Witulski meint:

„Unter dem wiederholten Eindruck der militärischen Schwäche und der Ungewissheit hinsichtlich einer künftigen amerikanischen Interventionswilligkeit (...) hat sich deswegen bei allen EU-Mitgliedstaaten letztendlich der Wunsch verstärkt, die GASP durch ein verteidigungspolitisches Fundament definitiv abzustützen (...)."[849]

Der Zweck der britisch-französischen Vereinbarung war es, die europäischen militärischen Fähigkeiten und Fertigkeiten zu verbessern. Dazu sollte auch eine Europäische Verteidigungsagentur (EVA) zur Koordinierung der europäischen Rüstungsindustrie geschaffen werden.[850] Die britisch-französische Abmachung, von Tony Blair initiiert, war sehr wichtig, da sich hier zwei verschiedene Kulturen hinsichtlich der politischen Entwicklung der Europäischen Sicherheits- und Verteidigungspolitik trafen. Dieser Trend war ein positives Zeichen des britischen Premierministers gegenüber der EU, insbesondere da sich Großbritannien an einer gemeinsamen Finanzierung beteiligte.[851] Der britische Vorschlag für eine *„Erklärung über die europäischen Verteidigung"*, der vom französischen Präsidenten Jacques Chirac unterstützt wurde, beabsichtigte, dass die EU in Zukunft eine wichtigere Rolle auf der internationalen Bühne spielt und so die militärische Dimension Europas innerhalb der NATO erhöht. Dazu gehörte auch ein allmählicher Aufbau einer gemeinsamen Verteidigungspolitik innerhalb der EU. Das Ziel dieser Vereinbarung zwischen den

---

[844] Rutten, Maartje: From St-Malo to Nice. European defence: core documents, *Chaillot Paper* No. 47, May 2001, Paris: ISS, p. 8.
[845] Siehe: British-French summit, St-Malo, 3-4 December 1998, Joint declaration on European defence, in: Rutten, Maartje: From St-Malo to Nice. European defence: core documents, *Chaillot Paper* No. 47, May 2001, Paris: ISS, pp. 8 f.; Howorth, Jolyon: Security and Defence Policy in the European Union, Basingstoke, Hampshire 2007, p. 33.
[846] Vgl. Bashlinskaya, Aydan: Die Europäische Sicherheits- und Verteidigungspolitik der EU, Baden-Baden 2009, S. 332.
[847] Vgl. Französisch-britisches Gipfeltreffen der Staats-und Regierungschefs am 4. Dezember 1998 in St. Malo, in: *IP* 2-3/1999, 127 f.
[848] British-French summit St-Malo, 3-4 December 1998, in: Maartje Rutten: From St-Malo to Nice. European defence: core documents, *Chaillot Paper* No. 47, May 2001, Paris: ISS,, pp. 8 f. (8).
[849] Witulski, Alexander: Ist die Europäische Union auf dem Weg zu einer Verteidigungsunion?, Aachen 2002, S. 252.
[850] Ebenda.
[851] Vgl. Dinan, Desmond: Politikat e Bashkimit Evropian (*Ever Closer Union: An Introduction to European Integration*), Tiranë 2009, S. 318.

beiden starken europäischen Ländern war nicht eine Konkurrenz der EU zu den USA, sondern die Konstruktion eines europäischen militärischen Profils als stabilisierender Faktor in den transatlantischen Beziehungen. Darüber hinaus kam die britische Initiative mit der Idee, dass die EU in der Lage sein sollte, mit ähnlichen Ereignissen wie in Bosnien und Kosovo umzugehen, in einer Zeit, in der sehr deutlich wurde, dass der serbische Präsident Slobodan Milošević zu seiner Politik der Repression, diesmal im Kosovo, zurückgekehrt war.

Deshalb lässt sich sagen, dass der Saint-Malo-Gipfel als politischer Impuls diente, welcher der ESVP nur kurz nach dem Vertrag von Amsterdam (1997) eine neue dynamische Entwicklung gab. Die britisch-französische Initiative zeigte, dass die EU den politischen Willen gehabt hat, auf dem Balkan kein zweites Bosnien zu wiederholen. Daher benötigte sie glaubwürdige militärische Mittel, die bei Bedarf ihre politischen Aktionen unterstützen würden. So sollte die EU in die Lage gebracht werden, militärisch zu handeln. Bei dieser Entwicklung nahm die britische Politik eine aktive und führende Rolle ein.[852]

Das NATO-Bombardement gegen Rest-Jugoslawien in den Monaten März bis Juni 1999 bewies einmal mehr, dass die EU viel mehr in den Ausbau der militärischen Kapazitäten investieren musste, die weit von denen der USA entfernt waren. Der Kosovo-Krieg von 1998/1999 zeigte sehr schnell die Grenzen der EU und deren Gemeinsamer Außen- und Sicherheitspolitik (GASP) auf. Die EU war nicht in der Lage, eine gleichartige militärische Rolle neben den Vereinigten Staaten zu spielen. Daher eröffnete sich ein neuer Weg für wichtige Entscheidungen des Europäischen Rates in Köln (Juni 1999) für den Aufbau einer unabhängigen militärischen Komponente, so dass die EU eine aktive Rolle auf der internationalen Bühne übernehmen konnte.

7.3. Vom EU-Gipfel von Köln 1999 bis zum EU-Gipfel von Nizza 2000

Vor diesem Hintergrund gelang es den Staats- und Regierungschefs der EU im Rahmen ihres Treffens in Köln im Juni 1999, die „Europäische Verteidigungs- und Sicherheitspolitik" als eine eigenständige Komponente in der gesamteuropäischen Politik zu verabschieden. Der Europäische Rat bestätigte die Ziele des bilateralen Saint-Malo-Treffens und wiederholte auch den Unterschied zwischen den autonomen Operationen der EU und denen unter Rückgriff auf NATO-Kapazitäten.[853] Gleichzeitig wollen die Mitglieder des Europäischen Rates entschlossen dafür eintreten, dass die Europäische Union ihre Rolle auf der internationalen Bühne uneingeschränkt wahrnimmt, und beabsichtigen, *„der Europäischen Union die notwendigen Mittel und Fähigkeiten an die Hand zu geben, damit sie ihrer Verantwortung im Zusammenhang mit einer gemeinsamen europäischen Sicherheits- und Verteidigungspolitik gerecht werden kann"*.[854]

Der Wortlaut der Erklärung *„zur Stärkung der Gemeinsamen Europäischen Sicherheits- und Verteidigungspolitik"* des Europäischen Rates von Köln am 3./4. Juni 1999 wird als „Geburtsstunde" einer eigenständigen und operativen ESVP gesehen. Die Wurzeln dieser Entwicklung liegen in den Anfängen des europäischen Integrationsprozesses. Während des Europäischen Rates von Köln im Juni 1999 stimmten alle 15 Mitgliedstaaten den in Saint-Malo beschlossenen Vereinbarungen zu. Sie präzisierten als Ziel die Krisenbewältigung im Bereich der Petersberg-Aufgaben (humanitäre Aufgaben und Rettungseinsätze, friedenserhaltende Aufgaben sowie Kampfeinsätze bei der Krisenbewältigung einschließlich friedenschaffender Maßnahmen) und gaben dem Projekt den Namen *„Gemeinsame Europäische Sicherheits- und Verteidigungspoli-*

---

[852] Vgl. Grant, Charles: Can Britain lead in Europe?, London 1998: Centre for European Reform.
[853] Bashlinskaya, Aydan: Die Europäische Sicherheits- und Verteidigungspolitik der EU, Baden-Baden 2009, S. 33.
[854] Europäischer Rat, Köln, 3. und 4. Juni 1999, Schlussfolgerungen des Vorsitzes, Anhang III – Erklärung des Europäischen Rates und Bericht des Vorsitzes über die Stärkung der Gemeinsamen Europäischen Sicherheits- und Verteidigungspolitik, http://www.europarl.europa.eu/summits/kol2_de.htm#an3.

tik" (GESVP). Im Zentrum der ESVP/GSVP stehen vor allem Aufgaben der internationalen Krisenbewältigung, wie sie in Art. 43 EUV/Lissabon festgeschrieben sind (erweiterte Petersberg-Aufgaben). Der Vertrag von Lissabon nahm abermals eine Änderung in der Gemeinsamen Sicherheits- und Verteidigungspolitik (GSVP) vor.[855] Die ESVP/GSVP wurde als integraler Bestandteil der GASP etabliert[856], welche bereits 1993 durch den Vertrag von Maastricht aus der Europäischen Politischen Zusammenarbeit (EPZ) hervorgegangen war. So wurden neben den Zusammenkünften des Rates für Allgemeine Angelegenheiten – gegebenenfalls unter Einbeziehung der Verteidigungsminister – ein Politischer und Sicherheitspolitischer Ausschuss, ein Militärausschuss und ein Militärstab eingerichtet. Die gemäß dem Lissabonner EUV gestaltete GSVP[857] sichert der Union eine auf zivile und militärische Mittel gestützte Fähigkeit zu Operationen. Auf diese kann die Union bei Missionen außerhalb der Union zur Friedenssicherung, Konfliktverhütung und Stärkung der internationalen Sicherheit in Übereinstimmung mit den Grundsätzen der Charta der Vereinten Nationen zurückgreifen. Sie erfüllt diese Aufgaben „mit Hilfe der Fähigkeiten, die von den Mitgliedstaaten bereitgestellt werden".[858] Diese Definition kodifiziert die bisherige Ausgestaltung der ESVP mit militärischem und zivilem Krisenmanagement sowie Operationen zur Unterstützung der GASP. Neu ist die Beschränkung auf Einsätze außerhalb des Territoriums der Mitgliedstaaten.[859]

---

[855] Siehe Walter, Florian: Erfolge und Defizite der Europäischen / Gemeinsamen Sicherheits- und Verteidigungspolitik unter besonderer Berücksichtigung ihrer Operationen in Afrika, Diss. Wien 2010, S. 11.
[856] Art. 42 Abs. 1 EUV.
[857] Art. 42-46 EUV.
[858] Art. 42 Abs. 1 EUV
[859] Bendiek, Annegret/ Lieb, Julia: Gemeinsame Außen- und Sicherheitspolitik (GASP), in: Lieb, Julia / Ondarza, Nicolai von (Hrsg.) Der Vertrag von Lissabon und seine Umsetzung, SWP-Berlin Februar 2011, S.130-146 (S. 138).

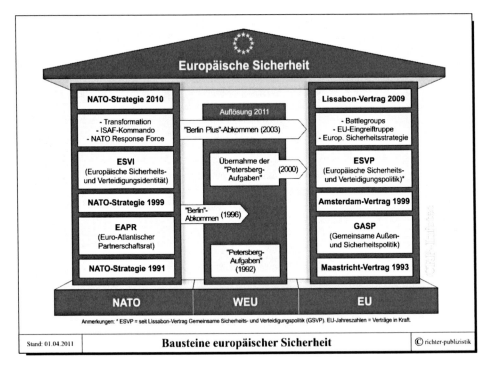

Abbildung 2: Bausteine europäischer Sicherheit[860]

"Die Grafik zeigt drei Säulen der europäischen Sicherheit (von links nach rechts): NATO, WEU und EU sowie die Entwicklung der entsprechenden Strategien, Verträge und Aufgabenbereiche. (...) Die Entwicklung der Gemeinsamen Sicherheits- und Verteidigungspolitik (GSVP) – vormals Europäische Sicherheits- und Verteidigungspolitik (ESVP) – ist der Versuch der Europäischen Union, eine eigenständige sicherheits- und verteidigungspolitische Komponente aufzubauen und sicherheitspolitisch ein ernst zu nehmender globaler Akteur zu werden, allerdings unter Absicherung durch die Fähigkeiten und Kräfte der NATO (sog. „Berlin-Plus-Abkommen"). Die Aufgaben der Westeuropäischen Union (WEU) wurden inzwischen von der EU übernommen, und die WEU selbst wurde 2011 aufgelöst."[861]

Im Dokument „*Erklärung zur Stärkung der Gemeinsamen Sicherheits- und Verteidigungspolitik*"[862] erklärten die EU-Mitgliedstaaten, dass in Zukunft die EU eine uneingeschränkte Rolle auf der internationalen Bühne spielen will. Zu diesem Zweck sollten der EU die notwendigen Werkzeuge gegeben werden, um eine effektive Umsetzung dieses angestrebten Zieles zu verwirklichen und ihre Verantwortung im Rahmen der Europäischen Sicherheits- und Verteidi-

---

[860] http://www.crp-infotec.de/wp-content/uploads/bausteine-europaeischer-sicherheit.gif.
[861] Zitat aus http://www.crp-infotec.de/eu-gemeinsame-sicherheits-und-verteidigungspolitik-gsvp.
[862] Anhang III zu den Schlussfolgerungen des Vorsitzes des Europäschen Rates in Köln, 3. und 4. Juni 1999, Erklärung des Europäischen Rates zur Stärkung der Gemeinsamen Europäischen Sicherheits-und Verteidigungspolitik, in: *IP* 10/1999, 133-137.

gungspolitik (ESVP) zu übernehmen. Um die Petersberg-Aufgaben[863] zu erfüllen, die in Art. 17 Abs. 2 EUV/Amsterdam enthalten waren, sollte die EU unabhängig handeln können, basierend auf militärischer Effektivität, sowie die Mittel und die Bereitschaft aufbringen, um auf internationale Krisensituationen reagieren zu können. So wurden die Mitgliedstaaten gezwungen, ihre militärischen Fähigkeiten aufzustocken, um die industrielle Basis und die militärische Technologie zu stärken und die militärische Harmonisierung der Rüstungspläne zu verwirklichen.[864] Nur so hätten die früheren Erfahrungen der EU auf dem Balkan und im Kosovo-Krieg vermieden werden können, wodurch die Europäer gezwungen waren zuzugeben, dass die Bewältigung der Krise im ehemaligen Jugoslawien aufgrund der inkonsequenten Haltung ihrer politischen Entscheidungsträger gescheitert war.[865]

Noch während des ersten NATO-Krieges beschlossen die Mitglieder des Europäischen Rates in Köln, die GASP durch die Entwicklung einer Gemeinsamen Sicherheits- und Verteidigungspolitik zu stärken. *„Im Hinblick darauf"*, erklärten sie, *„muss die Union die Fähigkeit zu autonomem Handeln, gestützt auf glaubwürdige militärische Fähigkeiten, sowie die Mittel und die Bereitschaft besitzen, deren Einsatz zu beschließen, um – unbeschadet von Maßnahmen der NATO – auf internationale Krisensituationen zu reagieren."*[866]

Der politische Prozess zur Stärkung der GASP und die vollständige Einbeziehung der WEU-Institutionen in die EU, um ihr Handlungs- und Entwicklungsmöglichkeiten im Bereich der ESVP vorzubereiten, wurden vor allem durch die deutsche Regierung vorangetrieben.[867] Der Europäische Rat in Helsinki vom 10./11.12.1999 war eine wichtige Etappe der Entwicklung der ESVP.[868] Auf dem Gipfel von Helsinki wurde eine Reihe wichtiger Beschlüsse gefasst, um die EU in die Lage zu versetzen, sämtliche Petersberger Aufgaben, einschließlich der Aufgaben mit hoher militärischer Intensität wie der Friedensschaffung durch Kampfeinsätze, in Zukunft erfolgreich autonom durchführen und solche Operationen auch im Rahmen der EU-Strukturen vorbereiten und durchführen zu können.[869] Die Teilnehmer des Gipfels in Helsinki bestätigten die Inhalte des Kölner Gipfels mit Nachdruck und unterstrichen ihre Entschlossenheit, *„die Union in die Lage zu versetzen, autonome Entscheidungen zu fällen, und in den Fällen, in denen die NATO als Ganzes nicht einbezogen ist, als Reaktion auf internationale Krisen EU-geführte militärische*

---

[863] Siehe für eine Analyse aus rechtlicher Sicht: Blanck, Kathrin: Die Europäische Sicherheits- und Verteidigungspolitik im Rahmen der europäischen Sicherheitsarchitektur, Wien 2005, S. 214-221.
[864] Siehe: Dembinski, Matthias: Perspektiven der Europäischen Sicherheits- und Verteidigungspolitik, HFSK-Report 11/2000, http://www.bits.de/CESD-PA/HSFK-REP11-00.pdf; Varwick, Johannes, NATO und EU: Partnerschaft oder Konkurrenz?, in: Henning Riecke (Hrsg.): Die Transformation der NATO. Die Zukunft der euro-atlantischen Sicherheitskooperation, Baden-Baden 2000, S. 155-174.
[865] Vgl. Schminke, Alexander: Die Sicherheitspolitik der Europäischen Union, Diplomarbeit, Berlin 2004, S. 77.
[866] Anhang III zu den Schlussfolgerungen des Vorsitzes des Europäischen Rates am 3. und 4. Juni 1999 in Köln, Erklärung des Europäischen Rates zur Stärkung der gemeinsamen europäischen Sicherheits- und Verteidigungspolitik, in: *IP* 10/1999, 133-137.
[867] Siehe dazu Schminke, Alexander: Die Sicherheitspolitik der Europäischen Union, Diplomarbeit, Berlin 2004, S. 74.
[868] Europäischer Rat, Helsinki, 10. und 11. Dezember 1999, Schlussfolgerungen des Vorsitzes, http://www.bits.de/EURA/er10111299.pdf, Anlage 2 zu Anlage IV: Bericht des Vorsitzes zur nichtmilitärischen Krisenbewältigung der Europäischern Union, Punkt: Beschlussfassung und Umsetzung.
[869] Siehe Europäischer Rat, Helsinki, 10. und 11. Dezember 1999, Schlussfolgerungen des Vorsitzes, http://www.bits.de/EURA/er10111299.pdf, Anlage 1 zu Anlage IV: Zwischenbericht des Vorsitzes an den Europäischen Rat (Helsinki) über die Stärkung der Gemeinsamen Europäischen Sicherheits- und Verteidigungspolitik; Bashlinskaya, Aydan: Die Europäische Sicherheits- und Verteidigungspolitik der EU, Baden-Baden 2009, S. 334.

Operationen einzuleiten und durchzuführen". Dieser Prozess impliziere nicht die Schaffung einer europäischen Armee.[870]

Darüber hinaus wurde in Helsinki im Dezember 1999 das „Helsinki (Military) Headline Goal 2003" (HHG 2003) beschlossen, welches den Aufbau einer „Rapid Reaction Force" (RRF) vorsah. Diese 50.000 bis 60.000 Mann starke Einheit soll das gesamte Spektrum der Petersberg-Aufgaben erfüllen können und innerhalb von 60 Tagen für mindestens ein Jahr einsetzbar sein.[871] Die wichtigsten festgelegten Maßnahmen sind: der Aufbau europäischer Krisenreaktionskräfte; institutionelle Maßnahmen; die Frage des UN-Mandates; Krisenbewältigung der EU mit nichtmilitärischen Komponente.[872] Auf dem Europäischen Rat von Santa Maria da Feira am 19. und 20. Juni 2000 wurde in weiterer Folge als ziviles „Headline Goal" die Aufstellung von 5.000 Polizisten, von denen 1.000 innerhalb von 30 Tagen einsetzbar sein müssen, bis zum Jahr 2003 vereinbart.

Den Kern der ESVP würden die Truppen zur schnellen Intervention stellen, die in der Lage sein müssen, in der Krisenregion innerhalb von 60 Tagen eine effektive Truppe von 60.000 Soldaten zu entsenden. Diese werden jedoch keine regulären Truppen aus den Armeen der EU-Mitgliedstaaten sein, sondern die vorhandenen militärischen Kräfte der Europäischen Union im Rahmen von zugelassenen militärischen Operationen unter einem gemeinsamen Befehl.

Beim europäischen Gipfel von Nizza am 7. und 8. Dezember 2000 konnte die Planungs- und Vorbereitungsphase im Zusammenhang mit der Entwicklung der ESVP abgeschlossen und damit der von Köln vorgegebene Zeitplan eingehalten werden. Der Europäische Rat von Nizza beschloss wichtige Änderungen des Unionvertrages und nahm auch ein umfassendes Paket von Maßnahmen und Beschlüssen – u.a. zu den Artikeln 17 und 25 EUV – an,[873] so dass Anfang 2001 eine konkrete Umsetzung der ESVP im militärischen und zivilen Bereich in Gang gesetzt werden konnte. Der Vertrag von Nizza strich die Verweise von Art. 17 EUV auf die WEU und kodifizierte so die in den Jahren 1999 und 2000 gefassten Beschlüsse des Europäischen Rates,[874] wonach die EU mit eigenen operativen Fähigkeiten zum internationalen Krisenmanagement ausgestattet werden soll, wie es im primären Unionsrecht vorgesehen ist. Art. 17 erhält folgende Fassung:

„Die Gemeinsame Außen- und Sicherheitspolitik umfasst sämtliche Fragen, welche die Sicherheit der Union betreffen, wozu auch die schrittweise Festlegung einer gemeinsamen Verteidigungspolitik gehört, die zu einer gemeinsamen Verteidigung führen könnte, falls der Europäische Rat dies beschließt. Er empfiehlt in diesem Fall den Mitgliedstaaten, einen solchen Beschluss gemäß ihren verfassungsrechtlichen Be-stimmungen anzunehmen."[875]

Die Politik der Union nach diesem Artikel berührt nicht den besonderen Charakter der Sicherheits- und Verteidigungspolitik bestimmter Mitgliedstaaten. Sie achtet die Verpflichtungen einiger Mitgliedstaaten, die ihre gemeinsamen Verteidigung in der NATO verwirklicht sehen, aus

---

[870] Siehe Europäischer Rat, Helsinki, 10. und 11. Dezember 1999, Schlussfolgerungen des Vorsitzes, http://www.bits.de/EURA/er10111299.pdf, Ziff. 27.
[871] European Council Helsinki, 10-11 December 1999, in: Maartje Rutten: From St-Malo to Nice. European defence: core documents, *Chaillot Paper* No. 47, May 2001, Paris: ISS„ pp. 82-91 (82).
[872] Siehe Europäischer Rat, Nizza, 7.-9. Dezember 2000, Bericht des Vorsitzes über die Europäische Sicherheits- und Verteidigungspolitik (mit Anlagen I-VII), 14056/2/00 REV 2.
[873] Bashlinskaya, Aydan: Die Europäische Sicherheits- und Verteidigungspolitik der EU, Baden-Baden, S. 34.
[874] Fischer, Klemens H.: Der Vertrag von Nizza. Text und Kommentar einschließlich der konsolidierten Fassung des EUV und EGV sowie des Textes der EU-Charta der Grundrechte, Baden-Baden 2001, S. 91.
[875] Siehe Art. 17 Abs. 1 EUV/Nizza; Sascha: Die rechtlichen Grundlagen der Verteidigungspolitik der Europäischen Union, in: *ZaöRV* 66 (2006), 663-697 (672).

dem Nordatlantikvertrag und ist vereinbar mit der in jenem Rahmen festgelegten gemeinsamen Sicherheits- und Verteidigungspolitik.[876] Nach dieser Überarbeitung ist die EU nunmehr primärrechtlich befugt, Entscheidungen mit verteidigungspolitischen Bezügen im Sinne der Petersberg-Aufgaben selbst umzusetzen.[877] Darüber hinaus wurde in Nizza die Schaffung neuer ständiger politischer und militärischer Entscheidungs- und Beratungsstrukturen beschlossen, um die Union in die Lage zu versetzen, im Bereich der GASP und ESVP ihre Aufgaben gänzlich zu erfüllen. Diese nahmen im Jahr 2001 ihre Tätigkeiten auf. Ihre Aufgabe ist es, eine kohärente europäische Politik in internationalen Angelegenheiten im Bereich des Krisenmanagements und der Konfliktprävention durchzuführen, alle notwendigen Beschlüsse vorzubereiten und die politische Kontrolle und strategische Führung von EU-geführten Petersberg-Operationen sicherzustellen.[878]

Der Europäische Rat von Helsinki brachte auch eine Reihe institutioneller Neuerungen mit sich: Um der Union die Beschlussfassungskapazitäten für die politische und strategische Leitung autonomer Krisenmanagement-Operationen zu ermöglichen, wurde die Einrichtung neuer, ständiger politischer und militärischer Gremien innerhalb des Rates beschlossen:[879]
1. *Politisches und Sicherheitskomitee (PSK)*[880],
2. *EU-Militärkomitee (EU Military Committee – EUMC)*[881],
3. *EU-Militärstab (EU Military Staff – EUMS)*[882].

Die neu geschaffenen Gremien haben seit ihrer interimistischen Einsetzung im März 2000, unter Einbeziehung von NATO-Experten, intensiv an der Umsetzung der Grundsatzbeschlüsse von Köln und Helsinki gearbeitet.[883]

Vor allem im Vertrag von Nizza fand der Prozess einer substantiellen Entwicklung der Europäischen Sicherheits- und Verteidigungspolitik (ESVP), die mit den Verträgen von Maastricht und Amsterdam, den Gipfelerklärungen des Europäischen Rates von Köln und Helsinki und den NATO-Beschlüssen von Berlin und Washington begonnen haben, vorläufig seine letzte primärrechtliche Verankerung und in einer Fülle sekundärrechtlicher Akte seine inhaltliche Fixierung. Außerdem erweiterte der Vertrag von Nizza auch die Möglichkeit einer verstärkten Zusammenarbeit im Bereich der Gemeinsamen Außen- und Sicherheitspolitik (GASP),[884] mit Ausnahme militärischer Fragen und der Verteidigung.[885]

Das übergeordnete Ziel der ESVP war die effektive Nutzung und Koordinierung der Einsätze in allen zivilen und militärischen Spektren der EU-Instrumente zur Überwachung und Lösung von Konflikten auf europäischer und internationaler Ebene. Zu diesem Zweck musste die EU eine Entscheidung zur autonomen Regelung im Bereich der Sicherheits- und Verteidigungs-

---

[876] Art. 17 Abs. 2 EUV/Nizza.
[877] Vgl. Gerteiser, Kristina: Die Sicherheits- und Verteidigungspolitik der EU. Rechtliche Analyse der gegenwärtigen Struktur und Optionen zur weiteren Entwicklung, Frankfurt a.M. 2002, S. 150.
[878] Hochleitner, Erich: Die ESVP nach dem Verfassungsvertrag: Entwicklung. Problemstellungen und Perspektiven, Arbeitspapier des Österreichischen Instituts für Europäische Sicherheitspolitik, Dezember 2004, S. 11.
[879] Vgl. Gebhard, Carmen: Krisenmanagement im Rahmen der ESVP – Eine Einführung, in: Walter Feichtinger / Carmen Gebhard (Hrsg.). EU als Krisenmanager. Herausforderugen – Akteure – Instrumente, Wien 2006, S. 31-59 (43).
[880] Siehe dazu Europäischer Rat, Nizza, 7.-9. Dezember 2000, Bericht des Vorsitzes über die Europäische Sicherheits- und Verteidigungspolitik, 14056/2/00 REV 2, Anlage III.
[881] Siehe dazu Europäischer Rat, Nizza, 7.-9. Dezember 2000, Bericht des Vorsitzes über die Europäische Sicherheits- und Verteidigungspolitik, 14056/2/00 REV 2, Anlage IV.
[882] Vgl. Europäischer Rat, Nizza, 7.-9. Dezember 2000, Bericht des Vorsitzes über die Europäische Sicherheits- und Verteidigungspolitik, 14056/2/00 REV 2, Anlage V.
[883] Siehe Preineder, Alois: Die Europäische Union als militärischer und ziviler Akteur der internationalen Politik. Normatives Selbstverständnis und empirische Befunde, Magisterarbeit, Universität Wien 2008, S. 24.
[884] Artikel 27a bis 27e EUV/Nizza.
[885] Art. 27b EUV/Nizza.

politik finden. Dies bedeutet jedoch nicht, dass es eine gemeinsame Verteidigung im „*Sinne der Verpflichtung zu helfen*" gibt, und auch keine Schaffung einer europäischen Armee. Außerdem erweitert der Vertrag von Nizza auch die Möglichkeit einer verstärkten Zusammenarbeit im Bereich der Gemeinsamen Außen- und Sicherheitspolitik (GASP),[886] mit Ausnahme militärischer Fragen und der Verteidigung.[887]

Allerdings hat Nizza, trotz der Warnungen als „*Konferenz zur Reformierung der EU vor der Erweiterung*", scheinbar die Prognosen und Erwartungen der Europäer nicht erfüllt. Es wurden keine umfassenden Reformen beschlossen, die die EU im 21. Jahrhundert brauchen würde.[888] Es bleibt der Eindruck bestehen, dass in Nizza keine Lösung der vier Hauptprobleme erreicht wurde: eine klare Definition der Zuständigkeiten zwischen der EU und den Mitgliedstaaten, rechtliche Bindungskraft der „Charta der Grundrechte" und die Rolle der nationalen Parlamente in Entscheidungsprozessen innerhalb der EU.[889]

Basierend auf der vor allem durch Großbritannien und Frankreich erzeugten Dynamik erfolgte der Fortschritt der Europäischen Sicherheits- und Verteidigungspolitik zu Beginn des 21. Jahrhunderts weiterhin mit einem rasanten Tempo. Ein weiterer Anstoß kam von außerhalb der EU, und zwar durch die Terroranschläge vom 11. September 2001 in den Vereinigten Staaten, die einen großen Einfluss auf die Entwicklung von ESVP und GASP hatten. Die europäischen Regierungen haben erkannt, dass die Angriffe, vor denen sie nicht geschützt waren, eine neue Herausforderung der globalen Sicherheit darstellten. Die EU zeigte sich in der ersten Phase ganz vereint. Die unmittelbaren Reaktionen waren nach den Anschlägen und während des Afghanistan-Kriegs eindeutig. In Afghanistan spielten und spielen die Europäer, vor allem Deutschland, Spanien und England, eine aktive Rolle.[890]

7.4. Der Europäische Rat von Laeken

In Nizza und in Göteborg hat sich der Europäische Rat verpflichtet, die Union in diesem Bereich rasch einsatzbereit zu machen und spätestens auf der Tagung des Europäischen Rates in Laeken einen entsprechenden Beschluss zu fassen. Die Terroranschläge vom 11. September 2001 brachten eine neue Dynamik in die weltweiten und damit auch europäischen sicherheitspolitischen Aktivitäten. Ein Jahr nach dem Gipfel des Europäischen Rates in Nizza einigten sich die Staats- und Regierungschefs bei einer außerordentlichen Tagung am 21. September 2001 auf Maßnahmen, die die EU als globalen Spieler positionieren sollten, welche einen entscheidenden Entwicklungsschritt darstellten. Auf dieser Sitzung hat der Europäische Rat dieses Ziel bestätigt: „*Die Union wird am effizientesten handeln können, wenn sie die Gemeinsame Außen- und Sicherheitspolitik (GASP) weiter ausbaut und aus der Europäischen Sicherheits- und Verteidigungspolitik (ESVP) umgehend ein einsatzbereites Instrument macht.*"[891]

Alle offenen Fragen von Nizza und Göteborg, um die EU in militärischer Hinsicht fit zu machen, wurden auf die Tagesordnung des EU-Gipfels in Laeken am 14. und 15. Dezember 2001 gesetzt, bei dem die europäischen Staats- und Regierungschefs betonten, dass die ESVP hand-

---

[886] Artikel 27a bis 27e EUV/Nizza.
[887] Art. 27b EUV/Nizza.
[888] Vgl. Poettering, Hans-Gert: Introduction, in: Hans-Gert Poettering (ed.): Our vision of Europe, Leuven, Apeldoorn 2001, p. 10.
[889] Vgl. Reka, Blerim: EU Constitution: the Rubicon of Supranational, Shkup 2007, S. 165.
[890] Siehe hierzu: Sheikhzadeh, Shahram: Das außen- und sicherheitspolitische Verhalten der USA nach dem 11. September 2001, Diss., Rheinisch-Westfälische Technische Hochschule Aachen, 2008, S. 198.
[891] Vgl. Außerordentliche Tagung des Europäischen Rates am 21. September 2001, Schlussfolgerungen und Aktionsplan, Ratsdokument SN 140/01, http://www.consilium.europa.eu/uedocs/cms_data/docs/pressdata/de/ec/85097.pdf.

lungsfähig sei. Weiter wurde beschlossen, die Vereinbarungen mit der NATO rasch zum Abschluss zu bringen und die Regelungen von Nizza bezüglich der Einbindung von Partnerländern umzusetzen. Im Zuge der weiteren Entwicklung der ihr zur Verfügung stehenden Mittel und Fähigkeiten wird die Union in der Lage sein, nach und nach immer anspruchsvollere Operationen durchzuführen, und so erwartete die Union auch, komplexere Einsätze übernehmen zu können.[892]

Darüber hinaus wurde erneut darauf hingewiesen, dass sich der Rat verpflichtet hat, an den Bemühungen der internationalen Gemeinschaft teilzunehmen. In diesem Zusammenhang befürwortete der Rat die Stationierung einer internationalen Schutztruppe in Afghanistan.[893] Mit ihrer Bereitschaft, sich an dieser internationalen Truppe zu beteiligen, setzten die Mitgliedstaaten der Union ein klares Signal für ihren Willen, ihrer Verantwortung bei der Krisenbewältigung besser zu entsprechen.

Wie bereits oben erwähnt, war die *„Erklärung der Einsatzbereitschaft auf dem Gebiet der Gemeinsamen Sicherheits- und Verteidigungspolitik"* ein wesentlicher Bestandteil des Rates von Laeken. In diesem Zusammenhang wurde auch darauf hingewiesen, dass der Aufbau militärischer Fähigkeiten nicht die Schaffung einer europäischen Armee darstelle. Die EU hat jedoch begonnen, die freiwilligen Beiträge der Mitgliedstaaten auf Basis eines EU-Übungsprogrammes hinsichtlich der Strukturen und Verfahren zu überprüfen. Die EU hat Strukturen und Verfahren für die Krisenbewältigung geschaffen, die es ihr ermöglichen, militärische Operationen zur Krisenbewältigung zu analysieren, zu planen und zu beschließen.[894]

Die Zukunft hat bereits begonnen und mit der Erklärung von Laeken[895] ist die EU mit ihrer bisher wohl umfassendsten Reformrunde gestartet. Manche sprechen sogar von einer Palastrevolution, die vom Wohnsitz des belgischen Königs in Laeken ausging. Besser wäre es, von einer Evolution zu reden, denn die bei der Verabschiedung des Vertrages von Nizza formulierte *„Erklärung über die Zukunft der Europäischen Union"*[896] leitete eine geordnete Entwicklung zur Vorbereitung einer grundlegenden Reform der Europäischen Gründungsverträge ein. Auf dem Europäischen Rat von Laeken am 14. und 15. Dezember 2001 wurde auch eingeräumt, dass noch erhebliche Fortschritte erzielt werden müssen, um das gesamte Spektrum der Petersberg-Aufgaben abdecken zu können.

Als Resultat einer umfangreichen öffentlichen Diskussion während der belgischen EU-Präsidentschaft wurde Ende 2001 mit der *„Erklärung von Laeken"* ein „Konvent über die Zukunft der Europäischen Union" einberufen.[897] Es war an der Zeit, mit dem „Prozess der EU-Konstitutionalisierung" zu starten.[898] So wurde im Dezember 2001 die Einsetzung eines Europäischen Konvents unter der Leitung von Valéry Giscard d'Estaing beschlossen und ihm der Auftrag er-

---

[892] Europäischer Rat, Laeken, 14. und 15. Dezember 2001, Schlussfolgerungen des Vorsitzes, Ratsdokument SN 300/1/01 REV 1, http://www.consilium.europa.eu/uedocs/cms_data/docs/pressdata/de/ec/68829.pdf, S. 2 und Anlage II: Erklärung zur Einsatzbereitschaft auf dem Gebiet der Gemeinsamen Sicherheits- und Verteidigungspolitik.
[893] Europäischer Rat, Laeken, 14. und 15. Dezember 2001, Schlussfolgerungen des Vorsitzes, Ratsdokument SN 300/1/01 REV 1, S. 4 f.
[894] Europäischer Rat, Laeken, 14. und 15. Dezember 2001, Schlussfolgerungen des Vorsitzes, Ratsdokument SN 300/1/01 REV 1, Anlage II: Erklärung zur Einsatzbereitschaft auf dem Gebiet der Gemeinsamen Sicherheits- und Verteidigungspolitik.
[895] Europäischer Rat, Laeken, 14. und 15. Dezember 2001, Schlussfolgerungen des Vorsitzes, Ratsdokument SN 300/1/01 REV 1, http://www.consilium.europa.eu/uedocs/cms_data/docs/pressdata/de/ec/68829.pdf, Anlage 1.
[896] Erklärung Nr. 23 in der Schlussakte von Nizza
[897] *„Der Europäische Rat hat bei der Tagung am 14. und 15. Dezember 2001 in Laeken (Belgien) festgestellt, dass sich die Europäische Union an einem entscheidenden Wendepunkt ihrer Geschichte befindet, und hat den Europäischen Konvent zur Zukunft Europas einberufen."* Vorwort zu Teil I und Teil II des Vertrages der Europäschen Union.
[898] Siehe Reka, Blerim: EU Constitution: the Rubicon of Supranational, Shkup 2007, p. 165.

teilt, einen Textvorschlag für einen neuen rechtlichen Rahmen für die Union zu erarbeiten.[899] Erstmals soll eine Reform der EU unter Beteiligung von Vertretern der nationalen Parlamente und des Europäischen Parlaments vorbereitet werden.[900]

Der in diesem Prozess und in der anschließenden Regierungskonferenz erarbeitete Vertrag über eine Verfassung für Europa, der im Ratifikationsprozess scheiterte, sah eine Reihe von tiefgreifenden Veränderungen in verschiedenen Bereichen vor, so bei der Gemeinsamen Sicherheits- und Verteidigungspolitik das Prinzip der „solidarischen Verteidigung", wonach im Falle eines bewaffneten Angriffs auf das Hoheitsgebiet eines Mitgliedstaats die anderen Mitgliedstaaten nach Art. 51 der Charta der Vereinten Nationen alle in ihrer Macht stehende Hilfe und Unterstützung leisten müssen.[901]

7.5. Weiterentwicklung der Gemeinsamen Verteidigungspolitik

Militärisch war die EU in der Zeit nach dem 11. September 2001 zweigeteilt, und die signifikante kollektive europäische Antwort kam von der NATO und nicht von der EU, die noch keine ausreichenden Kapazitäten besaß, um eine bedeutende militärische Rolle zu spielen. Eine nachteilige Wirkung auf die Entwicklung der Kapazität der ESVP hatte die Spaltung innerhalb der EU-Mitgliedstaaten, insbesondere zwischen den „drei Großen", Großbritannien, Frankreich und Deutschland. Traditionell sind die kleinen Länder besorgt über die Tendenz der großen Staaten, die Zusammenarbeit in der Sicherheits- und Verteidigungspolitik zu dominieren.[902]

Vor allem nach den Meinungsverschiedenheiten mit den Europäern über den Irak-Krieg (2002-2003), aber auch wegen der Stärkung der Gemeinsamen Europäischen Sicherheits- und Verteidigungspolitik (ESVP) gegenüber der NATO kühlten traditionell enge Beziehungen ab und eine Spaltung innerhalb der EU fand statt.[903] Zwei große europäische Staaten, Deutschland[904] und Frankreich[905], waren gegen eine militärische Intervention im Irak, während Großbritannien, Spanien und Italien sich dafür aussprachen und ein Bündnis mit den USA vorzogen. Diese Situation schuf ein unwegsames Gelände und schien den Fortschritt der letzten Jahre bei der Zusammenarbeit in der Sicherheits- und Verteidigungspolitik zu zerstören. Die Verwirrung in der EU war für jedermann sehr klar, als sich acht europäische Staats- und Regierungschefs[906] demonstrativ auf die Seite der USA im Irak-Krieg stellten.[907] Ein weiterer problematischer Moment für die EU war im April 2003, als Belgien, Frankreich, Deutschland und Luxemburg sich entschieden, mit ihren Plänen für die Zusammenarbeit in der Verteidigung fortzufahren und eine militärische Basis in Tevyren (Brüssel) zu etablieren. Würde dies bedeuten, dass es die ESVP, die sorgfältig in den letzten fünf Jahren aufgebaut wurde, nicht mehr geben sollte?

---

[899] Der Konvent begann seine Arbeiten im Februar 2002 und wurde am 18. Juli 2003 mit der Übergabe des Entwurfes eines Vertrags über eine Verfassung für Europa beendet.
[900] Vgl. Reka, Blerim / Sela, Ylber: Hyrje në të drejtën evropiane, Tetovë 2011, S. 110 f.
[901] Siehe Art. I-41 Abs. 7 VVE.
[902] Siehe Dinan, Desmond: Politikat e Bashkimit Evropian, Tiranë 2009, S. 321.
[903] Siehe Reka, Blerim: Geopolitics and techniques of EU enlargement, Brussels 2010, p. 56.
[904] Horsley, William: US and Europe split over Iraq, in: *BBC News*, http://news.bbc.co.uk/2/hi/europe/2239377.stm.
[905] France, Russia threaten war veto, *CNN*, http://www.edition.cnn.com/2003/WORLD/europe/03/10/sprj.irq.france.chirac.
[906] Der gemeinsame Aufruf der europäischen Staats- und Regierungschefs Tony Blair (Großbritannien), Silvio Berlusconi (Italien), José María Aznar (Spanien), José Manuel Durão Barroso (Portugal), Peter Medgyessy (Ungarn), Leszek Miller (Polen), Vaclav Havel (Tschechien) und Anders Fogh Rasmussen (Dänemark), 30. January 2003. Siehe: Documents on the Iraq Crisis, last modified: 26 August 2005, https://www.bits.de/main/archive/irak-2.htm (letzter Zugriff am 06.02.2019).
[907] Erklärung der acht europäischen Regierungschefs, in: *IP* 58:5 (2003), 79 f.

Der Entwicklung einer eigenständigen Europäischen Sicherheits- und Verteidigungspolitik (ESVP) standen die Amerikaner eher zwiespältig gegenüber. Zwar drängten die USA die Europäer immer wieder, rasch einsetzbare moderne Interventionskräfte aufzubauen, wollten aber gleichzeitig nicht, dass diese eigenständig im Interesse der EU operieren können,[908] bzw. befürchtete Washington, durch die Entwicklung der GSVP an sicherheitspolitischem Einfluss in Europa zu verlieren.[909] Für die Europäer war der Aufbau der GSVP vorrangig und die Sicherung des europäischen Umfelds wichtiger als ein globales Engagement.

Im Jahr 2003 begann die EU ihre ersten Einsätze im Rahmen der ESVP/GSVP. Bis Anfang 2013 wurden bereits 17 zivile Missionen und sechs militärische Operationen durchgeführt.[910] Der Schwerpunkt liegt einerseits in Afrika (mit neun Einsätzen) und andererseits auf dem Westbalkan (Bosnien-Herzegowina, Kosovo und Mazedonien)[911] mit sechs Operationen und Missionen. Weitere Einsätze finden bzw. fanden in Georgien, der Ukraine, dem Nahen und Mittleren Osten sowie der indonesischen Provinz Aceh statt.[912]

Die EU ist sich bewusst, dass für eine effektive Krisenbewältigung ihre zivilen Fähigkeiten gestärkt und ausgebaut werden müssen.[913] Zur Erweiterung der zivilen Möglichkeiten beschloss der Europäische Rat im Dezember 2004 das „*Civilian Headline Goal 2008*". Ziel ist es, die EU bei der zivilen Krisenbewältigung in Form eigenständiger Missionen oder etwa bei der Unterstützung der UN aktiver, leistungsfähiger und wirkungsvoller zu machen.[914] Im Dezember 2008 beschloss der Rat für Auswärtige Angelegenheiten in einer Erklärung zum Ausbau der ESVP/GSVP einen Katalog von Operationen und Missionen, welche die Union gleichzeitig planen und führen können muss. Dieses neue Niveau soll neben den bisher erreichten Zielmarken (u.a. etwa 60.000 Mann in 60 Tagen für eine Operation verlegen zu können)[915] sowie im Rahmen der oben behandelten militärischen und zivilen „*Headline Goals*" erreicht werden.

---

[908] Sheikhzadeh, Shahram: Das außen- und sicherheitspolitische Verhalten der USA nach dem 11. September 2001, Diss., Rheinisch-Westfälische Technische Hochschule Aachen, 2008, S. 224.
[909] Neuhold, Hanspeter: Die Europäische Union auf dem Weg zu einem politischen und militärischen Akteur in den internationalen Beziehungen, in: Hanspeter Neuhold (Hrsg.): Die GASP: Entwicklungen und Perspektiven – La PESC: Évolution et Perspectives, Occasional Papers of the Diplomatic Academy Vienna, No. 4/2000, S. 63-80 (73).
[910] EU military mission to contribute to the training of the Somali Security Forces EUTM Somalia, http://www.consilium.europa.eu/uedocs/cms_data/docs/missionPress/files/100429%20Fact%20sheet%20EUTM%20-%20version%204_EN.pdf.
[911] Laufende Einsätze auf dem Westbalkan sind die Operation „EUFOR Althea" (siehe Gemeinsame Aktion 2004/570/GASP des Rates v. 12.07.2004 über die militärische Operation der Europäischen Union in Bosnien und Herzegowina, ABl. L 252 v. 28.07.2004, S. 10-14), die EU-Polizeimission (EU Police Mission – EUPM) (siehe Gemeinsame Aktion 2002/210/GASP des Rates v 11.03.2002 über die Polizeimission der Europäischen Union, ABl. L 70 v. 13.03.2002, S. 1-6) sowie die EU Rule of Law Mission (EULEX) Kosovo (siehe Gemeinsame Aktion 2008/124/GASP des Rates v. 04.02.2008 über die Rechtsstaatlichkeitsmission der Europäischen Union im Kosovo, EULEX KOSOVO, ABl. L 42 v. 16.02.2008, S. 92-98, geändert durch Gemeinsame Aktion 2009/445/GASP des Rates v. 09.06.2009 zur Änderung der Gemeinsamen Aktion 2008/124/GASP über die Rechtsstaatlichkeitsmission der Europäischen Union im Kosovo, EULEX Mission, ABl. L 148 v. 11.06.2009, S. 33).
[912] Siehe Walter, Florian: Erfolge und Defizite der Europäischen / Gemeinsamen Sicherheits- und Verteidigungspolitik unter besonderer Berücksichtigung ihrer Operationen in Afrika, Diss. Wien 2010, S. 116.
[913] Europäischer Rat: Ein sicheres Europa in einer besseren Welt. Europäische Sicherheitsstrategie, 12. Dezember 2003, S. 12.
[914] Walter, Florian: Erfolge und Defizite der Europäischen / Gemeinsamen Sicherheits- und Verteidigungspolitik unter besonderer Berücksichtigung ihrer Operationen in Afrika, Diss. Wien 2010, S. 25.
[915] Ebenda, S. 27.

7.6. EU-Sicherheitsstrategie (ESS)

Als Reaktion auf die Spaltung der EU im Vorfeld des Irak-Konflikts erhielt der Hohe Vertreter der GASP der EU, Javier Solana, im Sommer 2003[916] die Aufgabe, eine europäische Sicherheitsstrategie zu formulieren. Am 12. Dezember 2003 verabschiedete der Europäische Rat die erste offizielle und umfassende EU-Sicherheitsstrategie (ESS)[917], die den Titel „*Ein sicheres Europa in einer besseren Welt*" trug.

„*Als Zusammenschluss von 25 Staaten mit über 450 Millionen Einwohnern, die ein Viertel des Bruttosozialprodukts (BSP) weltweit erwirtschaften, ist die Europäische Union ein globaler Akteur; sie sollte daher bereit sein, einen Teil der Verantwortung für die globale Sicherheit zu tragen.*"[918]

Mit diesen Worten in der Präambel beabsichtigte die EU nach dem Debakel im Vorfeld des Irak-Konflikts, sich im Rahmen der Gemeinsamen Außen- und Sicherheitspolitik (GASP) erstmals auf eine gemeinsame Definition eigener Sicherheitsinteressen zu verständigen. Seit vielen Jahren wurde die Notwendigkeit der Formulierung und Implementierung einer wirksamen Gemeinsamen Europäischen Außen- und Sicherheitspolitik diskutiert. Wegen ihrer allgemeinen Bedeutung dürfte die ESS als allgemeine Leitlinie im Sinne von Art. 13 Abs. 1 EUV/Nizza einzuordnen sein, die den politischen Rahmen für zukünftige innerhalb von GASP und ESVP zu treffende sicherheitspolitische Entscheidungen absteckte.[919]

Die Formulierung einer außen- und sicherheitspolitischen Leitlinie wird in dem bemerkenswerten Papier „*Ein sicheres Europa in einer besseren Welt*" zusammengefasst, das unter der Federführung von Javier Solana, dem Hohen Vertreter der Gemeinsamen Außen- und Sicherheitspolitik entstand. Die ESS kann als Antwort auf die ein Jahr zuvor veröffentlichte „National Security Strategy" (NSS) der USA gesehen werden.[920] Andererseits war von Javier Solana darauf ausgerichtet worden, politische Differenzen zu überbrücken,[921] und bedeutete für die EU einen Quantensprung in der Außen- und Sicherheitspolitik.[922]

Die EU zog mit der ESS die strategischen Konsequenzen aus dem doppelten Paradigmenwechsel, der für die Sicherheit der Union nach dem 9. November 1989 und dem 11. September 2001 bestimmend geworden war. Zum einen sollte eine solche gemeinsame und kohärente Strategie die EU in der Weltpolitik nach dem 11. September 2001 neu positionieren, nicht zuletzt auch, um die wirtschaftlichen und politischen Interessen der EU zu wahren.

Um die Sicherheit für Europa in einer globalisierten Welt zu garantieren, bekräftigte dieses Dokument die Notwendigkeit einer multilateralen Kooperation innerhalb und auch außerhalb Europas. Kein einziges Land sei in der Lage, mit den aktuellen komplexen Herausforderungen auf dem Gebiet der Sicherheit umzugehen. In einer Welt mit globalen Bedrohungen, mit globalen

---

[916] Die Staats- und Regierungschefs der EU-Mitgliedstaaten hatten auf dem Europäischen Rat in Thessaloniki vom 19. und 20. Juni 2003 ihre Entschlossenheit bekundet, gemeinsam „für ein sicheres Europa und eine bessere Welt einzustehen"; Europäischer Rat, Thessaloniki, 19. und 20. Juni 2003, Schlussfolgerungen des Vorsitzes (11638/03), S. 17 (Teil VIII Auswärtige Beziehungen, GASP und ESVP), , http://www.consilium.europa.eu/uedocs/cms_data/docs/pressdata/de/ec/76285.pdf.
[917] Siehe Europäischer Rat: Ein sicheres Europa in einer besseren Welt. Europäische Sicherheitsstrategie, 12. Dezember 2003, http://www.consilium.europa.eu/uedocs/cmsUpload/031208ESSIIDE.pdf, auch in: *IP* 6/2004, 162-170.
[918] Ebenda.
[919] Vgl. Reiter, Erich: Die Sicherheitsstrategie der EU, in: *APuZ*, B 3-4/2004, 26-31 (30).
[920] Bindi, Federiga: The Foreign Policy of the European Union, Washington, D.C. 2010, p. 35.
[921] Vgl. Reiter, Erich: Die Sicherheitsstrategie der EU, in: *APuZ*, B 3-4/2004, 26-31 (29).
[922] Für eine ausführliche Erörterung der politischen Hintergründe zur ESS siehe Bailes, Alyson J.K.: The European Security Strategy – An Evolutionary History. Stockholm 2005: Stockholm International Peace Research Institute, p. 1.

Märkten und Medien, aber auch mit global organisierter Kriminalität werde ein wirksames multilaterales System benötigt; der beste Schutz der Sicherheit sei eine Welt verantwortungsvoll geführter demokratischer Staaten.[923]

Ein Kern der Strategie war die Verhinderung von Proliferation.[924] Die EU sah sich als Stabilitätsraum für die eigenen Mitglieder und Nachbarregionen wie Russland, Ukraine, Moldawien und Belarus. In dem Strategiepapier wurden die Beziehungen zu den USA als unersetzlich bezeichnet. Als weitere Partner nannte das Papier Kanada, Japan, China und Indien.[925]

Die EU-Sicherheitsstrategie war ein Meilenstein zur strategischen Bestimmung der Rolle und der Aufgaben der EU in einem dramatisch veränderten sicherheitspolitischen Umfeld unter den Bedingungen der Globalisierung: Die EU hatte den Anspruch, mit einer Stimme zu sprechen, wenn es den Herausforderungen und Risiken unserer Zeit zu begegnen gilt. Die ESS leistete damit einen nicht zu unterschätzenden Beitrag zur Kohärenz der Gemeinsamen Außen- und Sicherheitspolitik (GASP) der EU und beschrieb mit Selbstbewusstsein das gewachsene Gewicht der erweiterten Union als Akteur mit globaler Verantwortung.

In drei Kapiteln wurden eindeutige Zuordnungen zwischen den globalen Herausforderungen und Risiken einerseits und dem säulenübergreifenden Instrumentarium der EU zur Konfliktprävention, zum Krisenmanagement und zur Konfliktnachsorge herausgearbeitet. Die EU-Sicherheitsstrategie identifizierte im ersten Kapitel den Terrorismus, die Verbreitung von Massenvernichtungswaffen, regionale Konflikte, das Scheitern von Staaten sowie die organisierte Kriminalität als die fünf Hauptbedrohungen, denen sich Europa ausgesetzt sah.[926] Das zweite Kapitel der ESS definierte drei strategische Ziele der EU:
1. die Abwehr von neuen Bedrohungen, *„die nie rein militärischer Natur sind und denen deshalb auch niemals nur mit militärischen Mitteln begegnet werden kann"*;[927]
2. die Stärkung der Sicherheit in der europäischen Nachbarschaft; dieses Ziel bringt die EU in größerer Nähe zu Krisengebieten;[928] es liege im Interesse der EU ist, dass östlich der EU und an den Mittelmeergrenzen *„ein Ring verantwortungsvoll regierter"* Staaten entstehe;[929]
3. eine Weltordnung auf der Basis eines wirksamen Multilateralismus und gleichzeitig einer der Grundpfeiler der ESS.[930]

Im dritten Kapitel wurde die Bedeutung der Zusammenarbeit mit Partnern in der ganzen Welt sowie einer aktiveren, handlungsfähigeren und kohärenteren Union bekräftigt. Das Dokument plädierte für ein aktives außenpolitisches Handeln mit dem gezielten Einsatz eines breiten Spektrums von politischen, diplomatischen und zivilen, handels- und entwicklungspolitischen

---

[923] Europäischer Rat: Ein sicheres Europa in einer besseren Welt. Europäische Sicherheitsstrategie, 12. Dezember 2003, S. 9 f.
[924] Proliferation (lateinisch: proles ‚Nachwuchs', ‚Sprößling' und ferre ‚tragen') ist im Rüstungsbereich die Bezeichnung für die Weiterverbreitung bzw. die Weitergabe von Massenvernichtungswaffen und ihren Trägersystemen, oder Bauplänen dafür, von Staaten, die über derartige Technologien verfügen, an andere Staaten, die noch nicht darüber verfügen.
[925] Europäischer Rat: Ein sicheres Europa in einer besseren Welt. Europäische Sicherheitsstrategie, 12. Dezember 2003, S. 13.
[926] Europäischer Rat: Ein sicheres Europa in einer besseren Welt. Europäische Sicherheitsstrategie, 12. Dezember 2003, S. 3 f.; Bindi, Federiga: The Foreign Policy of the European Union, Washinton, D.C. 2010, p. 76.
[927] Europäischer Rat: Ein sicheres Europa in einer besseren Welt. Europäische Sicherheitsstrategie, 12. Dezember 2003, S. 6.
[928] Ebenda, S. 8.
[929] Ebenda, S. 8.
[930] Ebenda, S. 9 f.

Instrumenten bis hin zum militärischen Einsatz als letztem Mittel der Konfliktprävention und der Krisenbewältigung.[931]

Die ESS war ein wichtiger und notwendiger Schritt für die Entwicklung der geopolitischen Rolle der EU, da es den Europäern mit diesem Dokument gelungen war, ein Konzept der strategischen Sicherheit zu etablieren, bei der klare Prioritäten und Ziele der EU gesetzt wurden. Außerdem setzte die ESS langfristige Ziele wie die Stärkung der militärischen Fähigkeiten der Europäer in vielerlei Hinsicht, obwohl in der Praxis der letzten Jahre keine großen Ergebnisse erzielt wurden. Dieses strategische Dokument muss überprüft und in den kommenden Jahren im Einklang mit den neuen Herausforderungen, die aus dem Vertrag von Lissabon hervorgehen, überarbeitet werden.

Problematisch für die Umsetzung der ESS ist die Tatsache, dass die einzelnen Länder zum Teil sehr unterschiedliche nationale Strategien aufweisen,[932] die eine gemeinsame politische Umsetzung erschweren. Dieses Thema wird so lange aktuell bleiben, bis es den EU-Mitgliedstaaten gelingt, ihre nationalen Interessen in Einklang mit den Interessen der EU zu bringen.[933] Die EU setzt sich mit der ESS das Ziel, in einer Krise zu handeln, bevor diese eskaliert. Dafür ist es aber notwendig, dass die Mitglieder, auch wenn sie damit noch Schwierigkeiten haben, ihre nationalen Politiken zugunsten der EU-Politik zurückstellen. Dies ist mit der ESS jedoch nur schwer zu erreichen, weil die ESS für die Mitgliedstaaten lediglich eine politische, aber keine rechtliche Bindung bedeutet.[934]

7.7. Verteidigungspolitik im Vorschlag eines Vertrages über eine Verfassung für Europa

Neben den aktuellen defizitären militärischen Kapazitäten und der Uneinigkeit der europäischen Staaten, die sich aufgrund von Haushaltskürzungen in den Mitgliedsländern ergaben, sowie den Unterschieden in den transatlantischen Beziehungen war ein weiteres rechtliches Problem die Ablehnung des Entwurfs eines Vertrags über eine Verfassung für Europa (VVE), der anfangs mit großem Optimismus erwartet wurde und als vielversprechend galt, da er neue Impulse für die Sicherheits- und Verteidigungspolitik der EU geben würde. Obwohl der Verfassungsvertrag nicht ratifiziert wurde und kein gültiges rechtsverbindliches Dokument wurde, kann er wenigstens als historisches erstes Dokument einer supranationalen Verfassung analysiert werden, das 2004 von europäischen Experten verfasst wurde. Die erste pan-europäische Verfassung wurde unter den Umständen der globalen Bedrohung durch den internationalen Terrorismus und in einer Zeit, als die EU keine gemeinsame Stimme im Bezug auf das Weltgeschehen hatte, entworfen.

Die europäische Verfassung – der *„Vertrag über eine Verfassung für Europa"* – war als bedeutender Schritt zur Vertiefung der europäischen Integration gedacht. Der Entwurf eines EU-Verfassungsvertrages wurde 2003 von einem Europäischen Konvent erarbeitet und nach umfassenden konsolidierenden Arbeiten im Rahmen einer Regierungskonferenz am 29. Oktober 2004 von den damals 25 Staats- und Regierungschefs der EU-Mitgliedstaaten in Rom unterzeichnet. Obwohl der Verfassungsvertrag 2006 in Kraft treten sollte, ist seine Annahme an den negativen Referenden in Frankreich und den Niederlanden gescheitert.[935]

Der Vertrag über eine Verfassung für Europa (VVE) hatte verschiedene Anpassungen im Bereich der Europäische Sicherheits- und Verteidigungspolitik (ESVP) vorgesehen, die die EU in

---
[931] Ebenda, S. 11.
[932] Vgl. Cameron, Fraser: Europas neue Sicherheitsstrategie, in: *IP* 59 (2004), 39-50 (44).
[933] Vgl. Nissen, Sylke: Europäische Identität und die Zukunft Europas, in: *APuZ*, B 38/2004, 21-29 (26 und 29).
[934] Reiter, Erich: Die Sicherheitsstrategie der EU, in: *APuZ*, B 3-4/2004, 26-31.
[935] Stattdessen trat am 1. Dezember 2009 der Vertrag von Lissabon in Kraft.

die Lage versetzen sollte, die sicherheitspolitischen Herausforderungen des beginnenden 21. Jahrhundert zu bewältigen. Gemäß den Bestimmungen des Verfassungsvertrages ist die Gemeinsame Sicherheits- und Verteidigungspolitik ein integraler Bestandteil der Gemeinsamen Außen- und Sicherheitspolitik. Der VVE entwickelte die Verteidigungspolitik der EU in zweierlei Hinsicht weiter: erstens durch die Kodifizierung der Grundlagen der Gemeinsamen Verteidigungspolitik und zweitens durch die Weiterentwicklung der Gemeinsamen Verteidigungspolitik.

Der Europäische Rat, der sich aus den Staats- und Regierungschefs der einzelnen Mitgliedstaaten zusammensetzt und seit den 70er Jahren regelmäßig tagt, sollte mit qualifizierter Mehrheit mit Zustimmung des Präsidenten der Kommission den Außenminister der Union ernennen, der die GASP leitet.[936] Gemäß Art. I-24 VVE sollte der Allgemeine Rat aufgeteilt werden in einen Rat für allgemeine Angelegenheit und in einen speziellen Außenministerrat. Wesentliches Ziel des Verfassungsvertrages war es, die institutionellen Grundlagen der EU zu erneuern. Dabei sollten einerseits die internen Koordinationsmechanismen ausgebaut und die Vetomöglichkeiten einzelner Mitgliedstaaten reduziert werden, um die EU nach der Ostweiterungen 2004 handlungsfähig zu halten; andererseits sollten die Rechte des Europäischen Parlaments gestärkt werden, um die Legitimation der EU zu erhöhen. Die Gemeinsame Sicherheits- und Verteidigungspolitik wurde zum integralen Bestandteil der GASP bestimmt; ihr wurde aufgetragen, der Union die *„auf zivile und militärische Mittel gestützte Fähigkeit zu Operationen"* zu sichern, auf welche sie *„bei Missionen außerhalb der Union zur Friedenssicherung, Konfliktverhütung und Stärkung der internationalen Sicherheit gemäß den Grundsätzen der Charta der Vereinten Nationen"* zurückgreifen kann.[937] *„Im Falle eines bewaffneten Angriffs auf das Hoheitsgebiet eines Mitgliedstaats müssen die anderen Mitgliedstaaten nach Artikel 51 der Charta der Vereinten Nationen alle in ihrer Macht stehende Hilfe und Unterstützung leisten."*[938]

Art. I-41 Abs. 1 Satz 3 und Abs. 3 VVE stellen klar, dass die EU-Aufgaben der Krisenbewältigung mit Fähigkeiten durchzuführen sind, die ihr von den Mitgliedstaaten zur Verfügung gestellt werden.[939] Dies zeigt, dass die EU für die von ihr geführten Operationen nicht auf eigene Einsatzkapazitäten zurückgreifen kann, sondern auf die Unterstützung der Mitgliedstaaten angewiesen ist. Außerdem wird primärrechtlich normiert, dass die Teilnahme an EU-Missionen ausschließlich auf freiwilliger Basis erfolgt und die EU-Mitgliedstaaten die volle Hoheit über ihre zivilen und militärischen Einsatzkapazitäten behalten. Art. III-309 Abs. 1 VVE ergänzt den Aktionsradius für verteidigungspolitische Operationen um neue Themen: Zu den klassischen Petersberg-Aufgaben sollen künftig auch gemeinsame Abrüstungsmaßnahmen, Aufgaben der militärischen Beratung und Unterstützung, Aufgaben der Konfliktverhütung und der Erhaltung des Friedens sowie Operationen zur Stabilisierung der Lage nach Konflikten hinzukommen. Die Bekämpfung des internationalen Terrorismus wird neuerdings im Rahmen der GASP als besondere Priorität der EU-Mitgliedstaaten festgelegt.[940] Das Mandat des neuen Außenministers der EU gemäß Art. III-309 Abs. 2 Satz 2 VVE ist die Koordinierung der zivilen und militärischen Aspekte der von der EU durchgeführten Operationen.[941]

---

[936] Art. I-28 Abs. 1 und 2 VVE.
[937] Art. I-41 Abs. 1 VVE.
[938] Art. I-41 Abs. 7 Satz 1 VVE.
[939] Dietrich, Sascha: Die rechtlichen Grundlagen der Verteidigungspolitik der Europäischen Union, in: ZaöRV 66 (2006), 663-697 (692).
[940] Vgl. die Erklärung des Europäischen Rates zum Kampf gegen den Terrorismus vom 25. März 2004 (Ratsdokument 7906/04).
[941] Vgl. den Schlussbericht der Arbeitsgruppe des Verfassungskonvents zum Thema „Verteidigung" (CONV 461/02), Ziff. 52 b).

Die in Art. I-41 Abs. 3 UAbs. 2 und Art. III-311 VVE vorgesehene und durch die Gemeinsame Aktion 2004/551/GASP[942] bereits eingerichtete Europäische Verteidigungsagentur ermöglicht schließlich unter dem Dach der EU eine engere Zusammenarbeit auch auf dem Gebiet der Rüstungsforschung und -entwicklung, an der sich mit Ausnahme Dänemarks bereits alle EU-Mitgliedstaaten beteiligen.[943] Darüber hinaus muss festgestellt werden, dass die Fortschritte im Bereich der ESVP/GSVP mit dem Verfassungsvertrag oder dem Vertrag von Lissabon nicht verbunden sind. In ihrer Geschichte ist die GSVP in der Regel durch Beschlüsse des Europäischen Rates und des Rates vorangekommen, die erst im Nachhinein kodifiziert wurden. Dies bedeutet, dass die Entwicklung der GSVP nicht zwingend mit dem Verfassungsvertrag oder dem Vertrag von Lissabon verbunden ist.[944] So konnten einige Fortschritte wie die EVA oder die „Battlegroups" ohne Vertrag verwirklicht werden.

7.8. Änderungen im Bereich der ESVP nach dem Reformvertrag von Lissabon

Der Vertrag von Lissabon wurde anders als der Vertrag über die Verfassung Europas im Dezember 2007 unterzeichnet. Nach der Ratifikation durch alle 27 Mitgliedstaaten ist er am 1. Dezember 2009 in Kraft getreten. Im Gegensatz zum Vertrag über eine Verfassung für Europa stellt der Vertrag von Lissabon eine Kontinuität in den Verträgen der Union dar. Der Vertrag von Lissabon (auch Reformvertrag genannt) ist ein völkerrechtlicher Vertrag zwischen den Mitgliedstaaten der Europäischen Union.

Vertragsgrundlage	Art. 42-46 EUV
Wichtigste Reformen	• *Ausweitung des Aufgabenspektrums* • *Initiativrecht für den neuen Hohen Vertreter* • *Beistandsklausel und Solidaritätsklausel* • *Europäische Verteidigungsagentur* • *Permanente Strukturierte Zusammenarbeit*

Übersicht über die wichtigsten Reformen des Lissabon-Vertrages im Bereich der Gemeinsamen Sicherheits- und Verteidigungspolitik

Der zukünftige Außenminister der EU sollte drei bisher existierende Ämter, den Hohen Vertreter für Gemeinsame Außen- und Sicherheitspolitik, die Außenkommissarin und den jeweiligen Vorsitzenden des für Allgemeine Angelegenheiten und Außenbeziehungen, in einem Amt integrieren, um eine von Institutionsgerangel befreite EU-Außenpolitik zu ermöglichen. Außerdem sollte nach Art. III-296 Abs. 3 VVE ein dem Europäischen Außenminister unterstellter Europäischer Auswärtiger Dienst (EAD) eingerichtet werden. Die Aufgabe des Europäischen Außenministers, der im Verfassungsvertrag vorgesehen war, erhält nun der „*Hohe Vertreter für die Außen- und Sicherheitspolitik*". Dabei wird ihm eine Doppelrolle zuerkannt.

„*Der Hohe Vertreter sitzt der neu geschaffenen Ratsformation „Auswärtige Angelegenheiten" vor und ist Vizepräsident der Europäischen Kommission (Art. 18 (3, 4) EUV). Unter diesem neuen „Doppelhut" leitet der Hohe Vertreter zum einen die Gemeinsame Au-*

---

[942] Gemeinsame Aktion 2004/551/GASP des Rates v. 12.07.2004 über die Einrichtung der Europäischen Verteidigungsagentur, ABl. L 245 v. 17.07.2004, S. 17-28.
[943] Dietrich, Sascha: Die rechtlichen Grundlagen der Verteidigungspolitik der Europäischen Union, in: *ZaöRV* 66 (2006), 663-697 (693 f.).
[944] Missiroli, Antonio: ESVP/GSVP – Wie sie funktioniert, in: Nicole Gnesotto (Hrsg.): Die Sicherheits- und Verteidigungspolitik der EU, Paris 2004: ISS, S. 65-86 (76).

ßen- und Sicherheitspolitik (GASP) einschließlich der Gemeinsamen Sicherheits- und Verteidigungspolitik (GSVP), trägt zu ihrer Festlegung bei und ist für ihre Durchführung verantwortlich. (...) Zum anderen ist der Hohe Vertreter innerhalb der Europäischen Kommission mit „deren Zuständigkeit im Bereich der Außenbeziehungen und mit der Koordinierung der übrigen Aspekte des Auswärtigen Handelns der Union betraut."[945]
Weil schon im ersten Kapitel der vorliegenden Arbeit Struktur, Befugnisse, Prinzipien und Funktionsweise der EU im Detail veranschaulicht wurden, werden in der Fortsetzung nur kurz die wichtigsten Neuerungen des Lissabon-Vertrags über die Europäische Sicherheits- und Verteidigungspolitik wiedergegeben.

Der Vertrag von Lissabon, mit dem sich die 27 EU-Mitgliedstaaten am 18. Oktober 2007 auf eine Reform der EU geeinigt haben, enthält die Ausweitung der Petersberger Aufgaben auf die Bereiche der Abrüstungsmaßnahmen, Aufgaben der militärischen Beratung und Unterstützung sowie Konfliktverhütung und Operationen zur Stabilisierung der Lage nach Konflikten. Die Europäische Verteidigungsagentur wird durch den Reformvertrag in das Primärrecht der EU aufgenommen. Sie soll mithelfen, die Beschaffungen der nationalen Armeen noch effizienter zu machen, und auch in anderen Bereichen wie z.B. Forschung oder Ermittlung von benötigten Fähigkeiten mitwirken. All diese Maßnahmen können zur Bekämpfung des Terrorismus beitragen.[946]

Durch den Vertrag von Lissabon wird der Union ausdrücklich Rechtspersönlichkeit verliehen,[947] womit die rechtliche Diskussion über diese Frage geklärt wurde. So kann die Union nun ohne Zweifel völkerrechtliche Verträge abschließen und internationalen Organisationen beitreten. Im Bereich der ESVP/GSVP bringt der Vertrag von Lissabon ebenfalls einige Neuerungen. So erhält der Hohe Vertreter ein Initiativrecht und kann die Einleitung einer ESVP/GSVP-Mission oder Operation sowie den Rückgriff auf einzelstaatliche Mittel und Instrumente der Union vorschlagen.[948] Eine Neuheit stellt die Tatsache dar, dass diese Staaten die Einzelheiten der Missionsführung untereinander regeln können.[949]

Darüber hinaus wurde mit dem Vertrag von Lissabon die Europäische Sicherheits- und Verteidigungspolitik (ESVP) erweitert und in die Gemeinsame Sicherheits- und Verteidigungspolitik (GSVP) umbenannt.[950] Sie setzt sich eine gemeinsame Verteidigungspolitik zum Ziel, die erst nach einem einstimmigen Beschluss des Europäischen Rates in Kraft treten kann. Dabei geht es um den Einsatz von zivilen und militärischen Mitteln zur Friedenssicherung, Konfliktverhütung und Stärkung der internationalen Gemeinschaft.[951] Die Gemeinsame Sicherheits- und Verteidigungspolitik soll einerseits den besonderen Charakter der Sicherheits- und Verteidigungspolitik bestimmter Mitgliedstaaten (z.B. deren Neutralität) respektieren und andererseits die Verpflichtungen einiger Mitgliedstaaten achten, die ihre gemeinsame Verteidigung in der NATO verwirklicht sehen.[952] Darüber hinaus nimmt die europäische Politik der Verteidigung zum ersten Mal mit dem Vertrag von Lissabon den Charakter eines Verteidigungsbündnisses an, wonach im Falle eines bewaffneten Angriffs auf einen Mitgliedstaat die anderen Staaten der EU verpflichtet

---

[945] Lieb, Julia, Der Hohe Vertreter der Union für die Außen- und Sicherheitspolitik und der Europäische Auswärtige Dienst (EAD), in: Julia Lieb, Andreas Maurer (Hrsg.): Der Vertrag von Lissabon. Kurzkommentar, 3. Aufl., Berlin 2009: SWP, S. 27 f. (27).
[946] Art. 43 Abs. 1 EUV/Lissabon.
[947] Art. 47 EUV/Lissabon.
[948] Art. 42 Abs. 4 EUV/Lissabon.
[949] Heise, Volker / von Ondarza, Nicolai, Gemeinsame Sicherheits- und Verteidigungspolitik (GSVP), in: Julia Lieb, Andreas Maurer (Hrsg.): Der Vertrag von Lissabon. Kurzkommentar, 3. Aufl., Berlin 2009: SWP, S. 54 f. (55).
[950] Artikel 42-46 EUV/Lissabon.
[951] Art. 42 Abs. 1 EUV/Lissabon.
[952] Art. 42 Abs. 2 UAbs. 2 EUV/Lissabon.

sind, diesen zu unterstützen.[953] Aber auch nach dem Lissabon-Vertrag können Beschlüsse im Bereich der GSVP nur einstimmig gefasst werden. Auch nach der neu eingeführten Passerelle-Regelung[954] kann für die GSVP nicht die Möglichkeit eingeführt werden, mit qualifizierter Mehrheit zu entscheiden.[955] Wenn jedoch eine Gruppe von Mitgliedstaaten im GSVP-Sektor anspruchsvollere Kriterien in Bezug auf die militärischen Fähigkeiten erfüllen und im Hinblick auf Missionen mit höchsten Anforderungen untereinander weitergehende Verpflichtungen eingehen wollen, dann können sie dazu eine „Ständige Strukturierte Zusammenarbeit" (SSZ) gründen.[956]

Nach dem Inkrafttreten des Vertrags von Lissabon und der Einweihung des europäischen diplomatischen Netzwerks (EAD), verschmolzen zwei Positionen, und zwar die Delegation der Europäischen Kommission als diplomatische Vertretung der EU für technische Unterstützung mit dem Amt des Sonderbeauftragten des Rates der Europäischen Union (EUSR) als politische und sicherheitspolitische Präsenz in der EU, zu einer Position, nämlich in die des Botschafters der EU.[957]

Aus all dem, was wir oben analysiert haben, können wir schließen, dass, obwohl die EU seit 1999 die Europäische Politik der Sicherheit und Verteidigung (ESVP) implementiert, diese als formal-juristischer Begriff bis zum Vertrag von Lissabon im Vertrag über die Europäische Union (EUV) nicht verankert war.[958] Von den Änderungen der institutionellen Arbeitsweise der EU und ihrer Politik, die der Vertrag von Lissabon mit sich bringt, wird erwartet, dass sie den Prozess der grundlegenden Reform der primärrechtlichen Grundlagen der europäischen Integration im Rahmen der EU, beginnend mit dem gescheiterten Verfassungsvertrag, abschließen. Jean-Louis Bourlanges würde auf ironische Weise die Situation der EU von gestern und heute beschreiben: *„Europa funktionierte bisher auf der Basis der drei Komponenten: französische Phantasie, deutsche Entschlossenheit und britische Zurückhaltung. Heute jedoch erleben wir die britische Phantasie, die französische Entschlossenheit und die deutsche Zurückhaltung."*[959]

7.9. Zwischenresümee

Die Europäische Sicherheits- und Verteidigungspolitik (ESVP) der EU befindet sich zurzeit auf einer neuen Entwicklungsstufe und zielt auf das weitere Vorankommen und weitere Fortschritte. Bis Anfang 2013 wurden im Rahmen der ESVP 21 zivile und militärische Missionen im Ausland, teils in enger Zusammenarbeit mit den Vereinten Nationen, organisiert, was noch vor wenigen Jahren undenkbar gewesen wäre. Als Instrument der Gemeinsamen Außen- und Sicherheitspolitik (GASP) hat die ESVP dazu beigetragen, die EU zu einem globalen Akteur mit einheitlichem Auftreten zu machen, der mit „*Soft Power*" – und hypothetisch auch mit „*Hard Power*" – für die Erhaltung des internationalen Friedens und der internationalen Sicherheit, aber auch für

---

[953] Art. 42 Abs. 7 EUV/Lissabon.
[954] *Passerelle-Regelung*. So bezeichnet man ein Verfahren, in dem ein Gremium, das eigentlich eine einstimmige Entscheidung treffen sollte, beschließt, diese Entscheidung künftig durch einen Mehrheitsbeschluss zu treffen. Neben dieser Variante enthält der AEUV auch Brückenklauseln, die den Übergang von einem besonderen zum ordentlichen Gesetzgebungsverfahren ermöglichen. Siehe EU-Glossar: http://www.parlament.gv.at/PERK/GL/EU/P.shtml.
[955] Art. 48 Abs. 7 UAbs. 1 EUV/Lissabon.
[956] Art. 42 Abs. 6 und Art. 46 EUV/Lissabon; Reka, Blerim / Holl, Otmar / Sela, Ylber: Institucionet dhe Politikat e Unionit Evropian, Tetovë 2010, S. 45.
[957] Reka, Blerim / Holl, Otmar / Sela, Ylber: Institucionet dhe Politikat e Unionit Evropian, Tetovë 2010, S. 45.
[958] Art. 42 Abs. 3 EUV/Lissabon.
[959] *Bulletin Quotidienne Europe*, No. 9773, 31 October 2008, zitiert nach Reka, Blerim / Holl, Otmar / Sela, Ylber: Institutions and Policies of EU, Tetova 2010, S. 71.

die Verteidigung ihrer Interessen eintreten kann.[960] Obwohl die Truppen von Frankreich, Großbritannien, Deutschland und Italien, die nur aus einem Kontingent von 2.000 Soldaten bestanden, bereit waren, bis Januar 1999 zu handeln, hatten sie nur begrenzte Handlungsfähigkeiten für spezielle Rettungsaktionen. Diese Mission (*Joint Guarantor*) war die erste europäische Landaktion im Rahmen der NATO und beantwortete damit die Grundinteressen Frankreichs: die Stärkung der Kapazitäten der EU für militärische Aktionen ohne eine direkte Beteiligung der Vereinigten Staaten.

Es ist offensichtlich, dass im Bereich der GSVP vor allem seit 1999 viele Schritte nach vorn gemacht worden sind. Beim Übergang ins zweite Jahrzehnt dieses Jahrhunderts relativierte sich jedoch die anfängliche Begeisterung ein wenig, betreffend die militärischen Kapazitäten der EU, vielleicht nicht bezüglich des Status quo, aber zumindest wegen der Verlangsamung dieses Prozesses. Die EU hat noch nicht ihr pragmatisches Ziel erreicht, nämlich in der Lage zu sein, unabhängig von der NATO in Krisen sowohl innerhalb des europäischen Kontinents als auch außerhalb Europas zu intervenieren. Die GSVP ist als Ergänzung zur NATO konzipiert und ersetzt sie nicht. In erster Linie sind die Bemühungen beider Organisationen bei der Streitkräfteentwicklung komplementär ausgerichtet, insbesondere hinsichtlich der NATO-Initiative zur Verteidigungsfähigkeit, der Schaffung von NATO-Krisenreaktionskräften und der entsprechenden Entwicklung im Rahmen des EU-Planziels 2010.

Das Ziel der EU war nicht darauf ausgerichtet, eine europäische Armee zu schaffen, sondern eine Militärmacht der Mitgliedstaaten zur Verfügung zu stellen, um in internationalen Krisen wirkungsvoll agieren zu können. Ebenso ist die öffentliche Meinung in Europa nicht sehr begeistert von der Erhöhung des militärischen Budgets; das ist ein Hindernis für die Errichtung eines Europäischen Nachrichtendienstes, für strategische Transporte und für andere Instrumente, die wesentliche Voraussetzungen für die Errichtung militärischer Kapazitäten sind. Deshalb bleibt die militärische Macht weiterhin sehr klein und ist abhängig von den Fähigkeiten der NATO und der Vorherrschaft der Vereinigten Staaten.

In der Gemeinsamen Sicherheits- und Verteidigungspolitik der EU identifiziert man zwei Trends der transnationalen Zusammenarbeit innerhalb Europas: Erstens entwickelt sich die Zusammenarbeit in der Verteidigungspolitik der EU gemäß dem Prozess nach dem Zweiten Weltkrieg, in dem die europäischen Staaten begonnen haben, die zwischenstaatliche Zusammenarbeit in den Fragen der Außenpolitik, Sicherheit und Verteidigung immer weiter auszubauen. Zweitens folgt die Entwicklung der gemeinsamen EU-Verteidigung der europäischen Rechtsentwicklung.

Obwohl unter den Mitgliedsländern der EU eine traditionelle Zurückhaltung bestand, in der Sicherheits- und Verteidigungspolitik im Rahmen der europäischen Integration zusammenzuarbeiten, war der Prozess vielversprechend. Die größte Schwäche der EU existiert im militärischen Arm der GSVP, da dort noch immer kein Fortschritt erzielt wurde, was mit der NATO in Verbindung stehen könnte. Die unterschiedlichen nationalen Interessen, die besonderen Beziehungen Großbritanniens zu den USA und die besondere Rolle Dänemarks in der Frage der Verteidigungspolitik sowie die unterschiedlichen Kulturen hinsichtlich militärischer Interventionen und die militärischen Kapazitäten der EU-Mitgliedstaaten, verbunden mit unzureichenden finanziellen Mitteln, führen dazu, dass die Rolle der GSVP weiterhin begrenzt ist und ihre Ergebnisse bescheiden bleiben. Diese begrenzte Rolle ist auch im Falle des Kosovo deutlich geworden, wo die EU die Mission zur Sicherung der Rechtsstaatlichkeit des Kosovo (EULEX) installiert hat,[961]

---

[960] Lasheras, Borja / Ayala, Enrique / Maulny, Jean-Pierre / Liberti, Fabio / Katsioulis, Christos / Bishop, Sven: Eine Zukunftsagenda für die Europäische Sicherheits- und Verteidigungspolitik (ESVP). Zusammenfassung, Berlin 2009: Friedrich-Ebert-Stiftung, http://library.fes.de/pdf-files/id/ipa/06569.pdf, S. 4.
[961] Hierüber siehe nächstes Kapitel.

welche die bis *dato* größte etablierte zivile Mission der Gemeinsamen Sicherheits- und Verteidigungspolitik (GSVP) ist. Aber aufgrund der unterschiedlichen Haltungen der EU-Mitgliedstaaten in der Frage der Unabhängigkeit des Kosovo hat sich die EULEX für neutral erklärt und ist damit außerhalb des Mandats des Ahtisaari-Plans. Aus diesem Grund wurde die Resolution 1244 des UN-Sicherheitsrates die rechtliche Grundlage für die verzögerte Etablierung der EULEX-Mission im Kosovo.

Leider können solche Unterschiede nicht einmal mit dem Projekt eines Europäischen Verfassungsvertrages oder mit dem Vertrag von Lissabon überwunden werden. Daher bleibt für die Zukunft zu hoffen, dass die EU rechtliche Formen und Modalitäten findet, die den Entscheidungsprozess nicht zur Geisel nationaler Interessen oder der politischen Agenda eines einzigen Mitgliedstaates machen. Die Gemeinsame Außen- und Sicherheitspolitik (GSVP) präsentiert sich oft ohne eine kohärente Institution, welche zwischen kollektivem Handeln und nationalen Alleingängen steht. Die EU hat im Bereich der GSVP das Risiko einer Transformation in eine Art europäischen UN-Sicherheitsrates vermieden und das Stadium der intergouvernementalen Zusammenarbeit überwunden.

8. Die Rolle der Europäischen Union im Kosovo der Nachkriegszeit
8.1. Der Stabilitätspakt für Südosteuropa

Kurz vor Beendigung des Krieges im Kosovo versammelte sich der Europäische Rat am 3. und 4. Juni 1999 in Köln und verabschiedete dort wesentliche Grundlagen für eine Europäische Sicherheis- und Verteidigungspolitik. Wenige Tage später, am 10. Juni 1999, schlossen in Köln auf Initiative der EU 40 Partnerstaaten und -organisationen den Stabilitätspakt für Südosteuropa. Dies stellt einen grundlegenden Beweis für das Engagement der EU im Kosovo dar und bedeutete eindeutig eine Stärkung der europäischen Identität in der Außenpolitik, gemeinsam mit der Übernahme einer Hauptrolle im Prozess des Staatsaufbaus im Kosovo. Zur gleichen Zeit unterstützte die EU die Resolution 1244 des UN-Sicherheitsrates, akzeptierte die führende Rolle der UNMIK und der NATO und ihre eingegrenzte Rolle innerhalb der 4. Säule der Übergangsverwaltung für Kosovo.[962] Mit der Verabschiedung des langfristig angelegten Stabilitätspakts für Südosteuropa schuf die EU eine Grundlage für die langfristige Integration der westlichen Balkanländer in die europäischen Strukturen. Es war der Kosovo-Krieg, der diese Veränderung der Einstellung der Mitgliedstaaten und der Organe der EU bekräftigte.

In der ersten fünfjährigen Zeitperiode der Nachkriegszeit war die EU-Politik für das Kosovo hauptsächlich auf den Neuaufbau der Wirtschaft und der Infrastruktur, die humanitäre Hilfe sowie die Schaffung von politischen und administrativen Strukturen fokussiert. Innerhalb der internationalen Präsenz im Kosovo agierte die EU als Teil eines Komplexes, bestehend aus einer Reihe von Staaten, internationaler Organisationen und NGO's. In diesem Rahmen betonte die EU die neue Idee hinter dem Stabilitätspakt, der auf die Stärkung der regionalen Zusammenarbeit mit Südosteuropa zielte.[963] Tatsächlich wurde damit der Grundstein einer neuen EU-Politik für den westlichen Balkan[964] gelegt. Im April 1999 ergriff der deutsche Außenminister Joschka Fischer die erste Initiative zum Stabilitätspakt für Südosteuropa, welcher die Realisierung der Schlussfolgerungen des Europäischen Rats im Zusammenhang mit der Konsolidierung des Friedens im Kosovo erleichtern sollte.[965] Dieser Stabilitätspakt sollte nicht bedeuten, dass auch diesem Teil Europas automatisch der Pfad zur Integration in die EU, zur Rechtsstaatlichkeit und zum wirtschaftlichen und sozialen Fortschritt eröffnet wurde. Die Zukunft des Kosovo und auch anderer Westbalkan-Staaten sollte die EU sein, doch stellte diese europäische langfristige Perspektive für die von den Kriegen des letzten Jahrzehnts des 20. Jahrhunderts zerstörte Region eine große Herausforderung für die EU dar. In der gleichen Art und Weise, wie Westeuropa in der Periode nach dem Zweiten Weltkrieg durch den Marshall-Plan geholfen wurde, sollte ein ähnliches Instrument zur Stabilisierung des Balkan gefunden werden, ein „Stabilitätspakt".[966] Nach Ulrich K. Preuß hat die EU mit der Installation des Stabilitätspakts für Südosteuropa einen großen Schritt in Richtung

---

[962] Europäischer Rat: Schlussfolgerungen des Vorsitzes, Köln, 3.-4. Juni 1999, Teil III.
[963] Der Pakt wurde am 10. Juni 1999 in Köln beschlossen und am 30. Juli 1999 in Sarajevo von den Staats- und Regierungschefs der Teilnehmerstaaten bekräftigt. Am 27. Februar 2008 wurde der Stabilitätspakt durch den Regionalen Kooperationsrat für Südosteuropa (SEECP) abgelöst. Zur Vorgeschichte des Stabilitätspaktes für Südosteuropa siehe: Axt, Heinz-Jürgen: Der Stabilitätspakt für Südosteuropa: Politischer Aktionismus oder langfristig tragfähiges Konzept?, in: *SOE* 48:7-8 (1997), 403-415; The Stability Pact and Lessons From a Decade of Regional Initiatives, Berlin, 01.09.1999, http://www.csiweb.org/pdf/esi_document_id_1.pdf.
[964] Albanien, Bosnien-Herzegowina, Kroatien, Nord-Mazedonien, Montenegro und Serbien sowie das Kosovo.
[965] Bendiek, Annegret: Der Konflikt im ehemaligen Jugoslawien und die Europäische Integration, Wiesbaden 2004, S. 71.
[966] Fischer, Joschka: Die rot-grünen Jahre. Deutsche Außenpolitik – vom Kosovo bis zum 11. September, Köln 2007, S. 247.

der Konsolidierung des regionalen Friedens und einer „späteren Prävention" unternommen.[967] Der Hauptzweck des Pakts war, durch den Erfolg der Kampagne „Hilfe zur Selbsthilfe" den Staaten der Region im Prozess des Neuaufbaus zu helfen, damit durch die wirtschaftliche Zusammenarbeit die Bereitschaft zur Zusammenarbeit über die Grenzen hinaus gestärkt wird. Am 10. Juni 1999 verabschiedete der UN-Sicherheitsrat die Resolution 1244, womit auch offiziell der Krieg im Kosovo endete. Am selben Tag wurde in Köln das Grunddokument für den Stabilitätspakt Südosteuropas vorgestellt.[968] Tatsächlich wendete sich die EU durch diesen Schritt ihren Grundsätzen zu: Stabilisation und Integration. Durch diese Initiative begann, wie Annegret Bendiek[969] sagt, die dritte Phase der EU-Außenpolitik, die den Ländern Südosteuropas und in diesem Kontext auch dem Kosovo eine langfristige Perspektive eröffnete.

Nach Punkt 2 des Kölner Dokuments übernehmen die Länder Südosteuropas ihre Verantwortung innerhalb der internationalen Gemeinschaft und sagen zu, ihren Beitrag bei der Erstellung einer gemeinsamen Strategie zu Stabilität und Fortschritt sowie zu ihrer Umsetzung und zur Beschleunigung der demokratischen und wirtschaftlichen Entwicklung in der Region zu leisten.[970] In Art. 3 dieses Dokuments wurde die Bereitschaft zur Erreichung der Ziele für einen stabilen Frieden, für wirtschaftlichen Fortschritt und für Stabilität in Südosteuropa erklärt, indem klargestellt wird, dass diese Ziele *„durch das kohärente Engagement der Region und durch die Einbeziehung der Europäischen Union, der OSZE, des Europäischen Rats, der UNO, der NATO und anderer international geförderter Institutionen und regionale Initiativen erreicht werden sollen".*[971] In Art. 4 des ersten Teils dieses Dokuments wurde unterstrichen, dass die Lösung des Konflikts im Kosovo von entscheidender Wichtigkeit ist, damit die europäische Fähigkeit zur völligen Realisierung der Ziele des Stabilitätspakts gesteigert werden kann und nachhaltige Maßnahmen für eine Zukunft in Frieden und interethnischer Harmonie ohne die Befürchtung eines neuen Kriegsausbruchs getroffen werden können.[972] Die EU hatte sofort nach dem Kosovo-Krieg durch dieses Projekt Verpflichtungen auf sich genommen, um Voraussetzungen zur vollen Inte-

---

[967] Siehe: Preuß, Ulrich K.: Zwischen Legalität und Gerechtigkeit, Der Kosovo-Krieg, das Völkerrecht und Moral, in: *Blätter für deutsche und internationale Politik* 44 (1999), 816-828; Ukshini, Sylë: Kosova në politikën e jashtme të BE-së 2001-2007, Shkup, Tiranë, Prishtinë 2008, S. 239.
[968] Vgl. Stabilitätspakt für Südosteuropa. Endfassung, veröffentlicht in: IP 54:8 (1999), 120-130 und in: Angelika Volle / Werner Weidenfeld (Hrsg.): Der Balkan zwischen Krise und Stabilität, Bielefeld 2002, S. 133-143.
[969] In den 1990er Jahren lassen sich drei Phasen der Wiederaufbaupolitik der Europäischen Union in Südosteuropa unterscheiden: Im Anschluss an das Abkommen von Washington wurde im März 1994 die Verwaltung der Stadt Mostar der EU übertragen.
– Die erste Wiederaufbauphase umfasst den Zeitraum der EU-Administration in Mostar in den Jahren 1994 bis 1996. Es handelte sich um die erste große Gemeinsame Aktion der EU im Bereich der GASP auf der Grundlage von Artikel J.3 des Vertrags über die Europäischen Union (siehe Beschluss 94/308/GASP des Rates v. 05.05.1994 zur Anpassung und zur Verlängerung der Anwendung des Beschlusses 93/603/GASP über die vom Rat aufgrund von Artikel J.3 des Vertrages über die Europäische Union beschlossene Gemeinsame Aktion zur Unterstützung der Beförderung der humanitären Hilfe in Bosnien-Herzegowina, ABl. L 134 v. 30.05.1994, S. 1).
– Die zweite Phase begann mit dem Abkommen von Dayton/Paris. Infolge der Friedensabkommen von Dayton vom Ende 1995 hatte die Europäische Union einen Finanzrahmen in Höhe von 1 Milliarde Euro für den Wiederaufbau im ehemaligen Jugoslawien im Zeitraum 1996-1999 bereitgestellt.
– Die dritte Phase begann, als der deutsche Außenminister Fischer im Rahmen der deutschen EU-Ratspräsidentschaft eine Initiative zum „Stabilitätspakt für Südosteuropa" lancierte. Der Pakt wurde am 10. Juni 1999 in Köln geschlossen (vgl. Stability Pact for South Eastern Europe, Köln, 10. June 1999, Final Document).
Zu Phasen der EU-Wiederaufbaupolitik im ehemaligen Jugoslawien siehe Bendiek, Annegret: Der Konflikt im ehemaligen Jugoslawien und die Europäische Integration, Wiesbaden 2004, S. 137-148.
[970] Siehe Art. 2 des Stabilitätspaktes für Südosteuropa.
[971] Siehe Art. 3 des Stabilitätspaktes für Südosteuropa.
[972] Art. 4 des Stabilitätspaktes für Südosteuropa. Vgl. Scharping, Rudolf: Wir dürfen nicht wegsehen. Der Kosovo-Krieg und Europa, Berlin 1999, S. 218.

gration der Länder der Westbalkan-Region in die europäischen Strukturen zu schaffen, indem sie ihnen hilft, die Grundvoraussetzungen des Amsterdamer und Kopenhagener Vertrages zu erfüllen.[973]

Außerdem wurde im zweiten Teil dieses Dokuments, „*Prinzipien und Normen*", konstatiert, dass der Stabilitätspakt sich auf Normen und Grundsätze stützte, die in der UN-Charta, in der Schlussakte von Helsinki, in der Charta von Paris, in den Kopenhagener Dokumenten von 1990, in den Dokumenten der OSZE und in anderen relevanten internationalen Dokumenten zu finden sind.[974] Diese Vorschriften müssen auch als Engagement der EU und der internationalen Gemeinschaft zur Wahrung des Status quo der aktuellen Grenzen in Südosteuropa und als Signal gesehen werden, dass die militärische Intervention der NATO nicht die Veränderung der Grenzen Rest-Jugoslawiens (Serbien und Montenegro) zum Ziel hatte.

Trotzdem war dessen Stabilität immer noch ungewiss. Die Montenegriner hatten auch während des Kosovo-Krieges klare Signale dafür gegeben, dass sie diesen von Serben dominierten Staat verlassen und die im Jahre 1918 verlorene Unabhängigkeit wieder herbeiführen wollten.[975] Auch die Unklarheit über den künftigen politischen Status des Kosovo oder, genauer gesagt, die Prolongation der Frage des finalen Status des Kosovo, machte es in Wirklichkeit unmöglich, dieses Balkanland schnell in die europäischen Prozesse zu integrieren. Trotz fehlender Anerkennung als unabhängiger Staat durch alle Mitgliedstaaten hat die EU das Stabilisierungs- und Assoziierungsabkommen (SAA) mit dem Kosovo unterzeichnet.[976] Nach der Übereinkunft zwischen dem Kosovo und Serbien über die regionale Kooperation, die diese am 24. Februar 2012 unter Vermittlung der EU abgeschlossen haben, tritt das Kosovo nach außen unter der Bezeichnung „Kosovo*" mit einer Fußnote auf.[977]

Der am 10. Juni 1999 in Köln beschlossene Stabilitätspakt für Südosteuropa wurde in einer feierlichen Zeremonie bei einem Gipfeltreffen in Sarajevo am 29. und 30. Juli 1999 in Anwesenheit von über dreißig Staatsoberhäuptern und von Vertretern verschiedener internationaler, europäischer und regionaler Organisationen unterzeichnet.[978] Das Gipfeltreffen in Sarajevo hatte auch eine besondere politische Botschaft für die Zukunft der Region, ausgehend von der tragischen Vergangenheit der Stadt, doch auch aus ihrer positiven Tradition als ein Symbol der Toleranz zwischen den verschiedenen Gemeinschaften, Religionen und Kulturen, und mit dem Ziel, dass von hier aus das ehrgeizige Projekt für eine europäische Zukunft des Balkan inauguriert wird. Die aus 15 Punkten bestehende Deklaration, auch bekannt als Deklaration von Sarajevo[979], verabschiedet beim Gipfeltreffen von Sarajevo, kennzeichnet einen wichtigen Moment für die Außenpolitik der EU, doch auch für die deutsche Außenpolitik, die Initiator dieses Pakts war, der schnell zu einem ehrgeizigen Projekt zum Wiederaufbau des Balkan durch internationale Unter-

---

[973] Siehe Art. 20 des Stabilitätspakts für Südosteuropa.
[974] Siehe Art. 5 des Stabilitätspakts für Südosteuropa.
[975] Vgl. Flottau, Renate: „Sehnsucht nach Nikola", in: *Der Spiegel* 28/1999, 12.07.1999.
[976] Das AAA wurde zwischen Oktober 2013 und Mai 2014 ausgehandelt, am 27. Oktober 2015 unterzeichnet und am 12. Februar 2016 förmlich abgeschlossen. Siehe: Europäische Komission-Pressemitteilung, Brüssel, 1. April 2016; Stabilisierungs- und Assoziierungsabkommen zwischen der EU und dem Kosovo, ABl. L 71 v. 16.03.2016, S. 3-331.
[977] Diese Bezeichnung berührt nicht die Standpunkte zum Status und steht im Einklang mit der Resolution 1244/99 des UN Sicherheitsrates und dem Gutachten des IGH zur Unabhängigkeitserklärung des Kosovo. Siehe Czymmeck, Anja: Vereinbarungen zur regionalen Kooperation zwischen Kosovo und Serbien, Konrad-Adenauer-Stiftung e.V., 28. Februar 2012.
[978] Vgl. Peshkëpia, Ridvan: Pakti i Stabilitetit për Evropën Juglindore, Tiranë 2002, S. 33.
[979] Siehe Sarajevo Summit Declaration, Sarajevo, 30 July 1999, http://www.phdn.org/archives/www.ess.uwe.ac.uk/Kosovo/Kosovo-Documents20.htm.

stützung wurde.[980] Außerdem wurde beim Gipfeltreffen von Sarajevo die allgemeine Struktur des Stabilitätspakts für Südosteuropa geschaffen, und die EU unterstützte die Ernennung eines speziellen Koordinators[981] zur Leitung des regionalen Tisches[982] des Stabilitätspakts für Südosteuropa. Mit diesem Schritt realisierte die EU eine gewisse Veränderung des Paradigmas in ihrer Politik für den Balkan nach Beendigung der Kriege in Slowenien, Kroatien, Bosnien-Herzegovina und zuletzt im Kosovo. Diese Ausrichtung wurde auch in der regionalen Konferenz zur Förderung des Stabilitätspakts (Brüssel, März 2000) gestärkt; diese beschloss, Projekte im Kosovo und anderen Ländern Südosteuropas zu finanzieren.

Bezogen auf das Kosovo wurde in Art. 4 der Deklaration die Unterstützung zur vollständigen Umsetzung der Resolution 1244 des UN-Sicherheitsrates und die Unterstützung der Bemühungen der UNMIK und der KFOR zur Konsolidierung des Friedens, der Demokratie, der Sicherheit und des multiethnischen Charakters im Kosovo betont.[983] In Übereinstimmung mit den Verpflichtungen und Zielen des Stabilitätspakts gründete die Regierung des Kosovo das Büro des Stabilitätspakts (Juni 2002), das mit der UNMIK zusammenarbeitete, um dem Kosovo zur Integration in regionale Prozesse zu verhelfen. Über die Tätigkeit des Stabilitätspakts gab es immer Debatten mit denen, die ihn ein bürokratisches Forum nannten, das weit entfernt von seinen anfänglichen Erwartungen bleibe.[984] Der Stabilitätspakt *„ist natürlich ein Schritt in die richtige Richtung, doch ist seine Konzeption nicht genau genug. Er hat keine konkrete Autorität, um Aufgaben zu bestimmen"*, meint Chris Bennett, Leiter der Initiative für Europäische Sicherheit in Berlin.[985] Trotz der bescheidenen Ergebnisse gab die EU dieses Projekt, das zu Beginn mit dem Marshall-Plan verglichen wurde,[986] nicht auf. Beim EU-Gipfeltreffen von Thessaloniki (Juni 2003) betonte sie ihre Unterstützung des Stabilitätspakts für Südosteuropa als komplementäres Instrument für den Stabilitäts- und Assoziierungprozess und die Implementierung anderer Ziele.[987]

Rückblickend kann konstatiert werden, dass der Stabilitätspakt fünf Zwecke erfüllte: erstens hat er gegenüber den Kritikern der Bombardierung Serbiens einen Schlussssrich gezogen; zweitens hat er die wirtschaftliche Stabilisierung der Krisenregion unterstützt; drittens hat er der NATO ermöglicht, ihren Einfluss in der Balkan-Region zu wahren; viertens hat er zu der Eröffnung einer europäischen Perspektive für die Länder Südosteuropas beigetragen, und fünftens hat er der Politik des Isolationismus und der Drohungen im Balkan entgegengewirkt. Diese Ziele haben auch nach der Transformierung des Stabilitätspakts im Zusammenarbeitsprozess Südosteuropas weiterhin hohe Priorität.[988]

---

[980] Siehe: Art. 3 der Sarajevo Summit Declaration, Sarajevo, 30 July 1999; Erklärung der Teilnehmer des Balkan-Gipfels zum Stabilitätspakt am 30. Juli 1999 in Sarajevo, in: *IP* 8/1999, 132-136.
[981] Der deutsche Kanzleramtsminister Bodo Hombach wurde als erster EU-Sonderkoordinator des Stabilitätspaktes für Südosteuropa berufen.
[982] Dieser Stabilitätspakt umfasste als Nehmerländer die Staaten der weiteren Balkanregion und konzentrierte sich auf die sogenanten „drei Tische" (Arbeitsgruppen): 1. Demokratie und Menschenrechte; 2. Wirtschaftlicher Wiederaufbau, Entwicklung und Kooperation; 3. Sicherheitsfragen (Grenzen, Kriminalitätsbekäpfung etc.
[983] Art. 3 der Sarajevo Summit Declaration, Sarajevo, 30 July 1999.
[984] Milo, Paskal: Bashkimi Evropian: ideja, integrimi, identiteti, e ardhmja, Tiranë 2002, S. 285.
[985] Hokenos, Pol: „Pakti i dobët", *BBC*, No. 129, 31.03.2000.
[986] Vgl. Calic, Marie-Janine: Der Stabilitätspakt für Südosteuropa, in: *APuZ*, B 13/14/2001, 9-16.
[987] Siehe Art. 9, Erklärung von Thessaloniki, Gipfeltreffen EU – Westliche Balkanstaaten, Thessaloniki, 21. Juni 2003, 10229/03 (Presse 163), http://europa.eu/rapid/press-release_PRES-03-163_de.htm.
[988] Der Kooperationsrat für Südosteuropa, auch Südosteuropäischer Kooperationsprozess genannt (engl.: South-East European Cooperation Process, SEECP), hat am 27. Februar 2008 den Stabilitätspakt für Südosteuropa abgelöst.

8.2. Die Stabilisierungs- und Assoziierungsabkommen

Der Stabilitäts- und Assoziierungsprozess (SAP) wurde mit dem Ziel der Erleichterung der Akzeptanz der Region in der EU geschaffen. Diese Initiative der EU erschien als direkte Antwort auf den Kosovo-Krieg und die Zerstörungen der Region aus den letzten Kriegen.[989] Die EU hatte die Vision ihrer Außenpolitik für den westlichen Balkan neu formuliert, indem sie den Stabilitäts- und Assoziierungsprozess ins Leben rief.[990] Der Europäische Rat hat in Lissabon im März 2000 und in Santa Maria da Feira im Juni erklärt, dass die in den Stabilitäts- und Assoziierungsprozess eingeschlossenen Staaten potentielle Kandidaten zur Mitgliedschaft in der EU sind. Diese Herausforderung wird die EU durch die weitere Entwicklung des regionalen Ansatzes für die Länder Südosteuropas behandeln.[991] Dazu sind mehrere Kooperationsformen vorgesehen, wobei das Stabilisierungs- und Assoziationsabkommen (SAA) die höchste Stufe darstellt. Im Einzelnen beinhaltet der SAP eine Weiterentwicklung der bestehenden Instrumente:

- *„Entwicklung von Stabilisierungs-und Assoziierungsabkommen, einer neuen Art der vertraglichen Beziehungen, unter Berücksichtigung der jeweiligen Situation des Landes und mit der Perspektive der EU-Mitgliedschaft auf der Grundlage des Amsterdamer Vertrags, sobald die Kopenhagen-Kriteren erfüllt sind;*
- *Weiterentwicklung der bestehenden wirtschaftlichen und handelspolitischen Beziehungen zu und innerhalb der Region;*
- *Weiterentwicklung / teilweise Neuausrichtung der bestehenden wirtschaftlichen und finanziellen Hilfen;*
- *verstärkte Unterstützung der Demokratisierung, der Zivilgesellschaft der Bildung und des Aufbaus der Institutionen;*
- *Nutzung der neuen Möglichkeiten der Zusammenarbeit auf verschiedenen Gebieten, einschließlich Justiz und Inneres (insbesondere nach Inkrafttreten des Amsterdamer Vertrags);*
- *Entwicklung des politischen Dialogs".*[992]

Im Lichte der für die Region wichtigen Ereignisse, der Gipfeltreffen von Zagreb (2000)[993] und von Thessaloniki (2003)[994], betonte man nochmals die europäische Perspektive der Mitgliedstaaten im Stabilitäts- und Assoziierungsprozess und das Engagement zur Integration der Länder des Westbalkan in die EU. In diesem Rahmen ist einer der ersten konkreten Schritte auf dem Wege des Kosovo zur europäischen Integration auch das Engagement der EU im Gipfeltreffen von Thessaloniki, wonach trotz des ungelösten Status auch das Kosovo am begleitenden Stabilitäts- und Assoziierungsprozess teilhaben sollte. Durch diesen Mechanismus (SAP-Tracking-Mechanismus) sollte auch das Kosovo, so wie den anderen Ländern des Westbalkan, die Möglichkeit gegeben werden, Fortschritte innerhalb des Stabilitäts- und Assoziierungsprozesses zu machen.

---

[989] Vgl. Bierman, Rafael: Die europäische Perspektive für den westlichen Balkan, in: *Osteuropa* 8/2001, 922-937.
[990] Vgl. KIPRED, Politika e Jashtme e Kosovës: faktorët, objektivat dhe sfidat, Prishtinë, April 2007, S. 18.
[991] Siehe Bendiek, Annegret: Der Konflikt im ehemaligen Jugoslawien und die Europäische Integration, Wiesbaden 2004, S. 159.
[992] Siehe Bendiek, Annegret: Der Konflikt im ehemaligen Jugoslawien und die Europäische Integration, Wiesbaden 2004, S. 159; Mitteilung der Kommission an den Rat und das Europäische Parlament über den Stabilisierungs-und Assoziierungsprozess für die Länder Südosteuropas Bosnien und Herzegowina, Kroatien, Bundesrepublik Jugoslawien, ehemalige jugoslawische Republik Mazedonien und Albanien, KOM(1999) 235 endg. v. 26.05.1999.
[993] Vgl. Zagreb Summit 24 November 2000, Final Declaration, http://www.esiweb.org/pdf/bridges/bosnia/ZagrebSummit24Nov2000.pdf.
[994] Vgl. Europäischer Rat, Thessaloniki, 19. und 20. Juni 2003, Schlussfolgerungen des Vorsitzes, http://www.consilium.europa.eu/uedocs/cms_data/docs/pressdata/de/ec/76285.pdf.

8.3. „SAP-Tracking-Mechanismus" für das Kosovo

In der Periode der internationalen Verwaltung der UNMIK befand sich das Kosovo in der Außenpolitik der EU für den Westbalkan im Rahmen des Stabilitäts- und Assoziierungsmeachanismus für Kosovo. Die EU übernahm die Verantwortung für die Vierte Säule und somit auch die Verantwortung zum Wiederaufbau und zur Wirtschaftsentwicklung des Kosovo. Innerhalb des Rahmens der UNMIK erhielt die EU die Basis zu umfassenden Maßnahmen zur Wirtschaftsentwicklung des Kosovo. Ihr Mandat war:

> „to plan and motor the reconstruction of Kosovo; prepare and evaluate policies in the economic, social and financial fields; and to coordinate between the various donors and internatinal financial institutions in order to ensure that all financial assistance is directed towards the priorities indicated by UNMIK".[995]

Innerhalb der 4. Säule hatte die EU den Stabilitäts- und Assoziierungsprozess als eine Möglichkeit begonnen, das Kosovo dabei zu unterstützen, als wichtigen Schritt zur Integration in die EU die europäischen Standards zu erreichen. Obwohl der Stabilitäts- und Assoziierungprozess nur für Staaten galt, der Status des Kosovo aber nicht definiert war, formulierte die Europäische Kommission eine alternative Form, um das Kosovo in die Integrationsprozesse einzubeziehen. Damit es nicht ein „schwarzes Loch" auf der Landkarte Europas blieb, wandte die EU am 6. November 2002 den begleitenden Stabilitäts- und Assoziierungsmechanismus (BSAM)[996] an, der offiziell in Prishtina am 12. März 2003 begann. Der BSAM richtete sich an die UNMIK, die Regierung des Kosovo und die Europäische Kommission mit dem Ziel, durch einen Dialog auf Experten-Ebene das Kosovo näher an die Standards der EU heranzubringen, bis sein finaler Status gefunden war, und um die Perspektive zur europäischen Integration offen zu halten. Das Kosovo wurde in den Stabilitäts- und Assoziierungsprozess als eigene Entität einbezogen, natürlich mit Berücksichtigung der Besonderheiten im Vergleich zu den Ländern des Westbalkan. Diese Maßnahme wurde gegenüber Kosovo deswegen angewandt, damit der zukünftige politische Status nicht präjudiziert wird. Auf dieser Linie betonte der EU-Kommissar für Außenpolitik, Chris Patten, dass unabhängig von seinem ungeklärten dem Kosovo nicht erlaubt werde, zu einem „schwarzen Loch" auf dem Balkan zu werden, und dass die EU auch dem Kosovo helfen wird, sich in den europäischen Fluss zwischen den Mechanismen im Rahmen des Stabilitäts- und Assoziierungsprozesses zu integrieren.[997]

Der entscheidende Moment der Einbeziehung des Kosovo in die europäischen Integrationsprozesse war das EU-Gipfeltreffen von Thessaloniki (Juni 2003), das nicht nur den Weg zur Teilnahme der Vertreter des Kosovo eröffnete, sondern auch sehr deutlich die europäische Perspektive des Kosovos unabhängig von seinem ungeklärten Status bestätigte.[998] In Punkt 5 der Deklaration von Thessaloniki wird die Unterstützung zur vollständigen Umsetzung der Resolution 1244 des UN-Sicherheitsrates für das Kosovo und die UNMIK-Politik betont. „Standards

---

[995] United Nations Security Council, Report of the Secretary-General, 12 July 1999, Nos. 101-102.
[996] International Crisis Group: Thessaloniki and After (III). The EU, Serbia, Montenegro and Kosovo, Europe Briefing No. 29, 20.06.2003, http://www.crisisgroup.org/europe-central-asia/balkans/serbia/thessaloniki-and-after-III-eu-serbia-montenegro-and-kosovo.
[997] Qendra Informative e Kosovës (QIK), 21.06.2003.
[998] Siehe Qendra Informative e Kosovës (QIK), 21.06.2003.

vor dem Status"⁹⁹⁹ stellten den „*Beginn einer Ausgangsstrategie für die internationale Gemeinschaft*" dar, „*gleichzeitig aber auch eine Eingangsstrategie in Europa*".¹⁰⁰⁰
Das Interesse der EU am Fortschritt des Kosovo auf dem Weg der Integration bestätigten parallel zur massiven europäischen Präsenz im Kosovo der Nachkriegszeit auch die permanenten Aktivitäten des Vertreters der EU für Außenpolitik, Javier Solana, und des EU-Kommissars für Außenpolitik, Chris Patten, durch regelmäßige Berichterstattung über das Kosovo und Koordinierungen zwischen Brüssel und den Vertretern der UNMIK. Dieses politische Interesse der EU wurde durch die massive Präsenz der EU-Mitgliedstaaten im Kosovo der Nachkriegszeit begründet: 80% von rund 36.000 stationierten KFOR-Truppen kamen aus Ländern der EU, ebenfalls kamen viele UNMIK-Polizeibeamte aus Ländern der EU, parallel dazu kamen 65% der Förderungssummen für den Kosovo sowie auch viele zivile Experten aus der EU.¹⁰⁰¹

Was den Weg zur europäischen Integration angeht, wurde außer der Gründung einer Abteilung für europäische Integration innerhalb des Office of the Prime-Minister of Kosovo¹⁰⁰² zwischen der EU und dem Kosovo eine europäische Partnerschaft auf Grundlage der Verordnung des Rats vom 22. März 2004¹⁰⁰³ und der nachfolgenden Beschlüsse des Rates vom 14. Juni 2004¹⁰⁰⁴ und vom 30. Januar 2006¹⁰⁰⁵ gegründet. Diese europäische Partnerschaft sicherte die Orientierungen und Handlungen ab, die das Kosovo im Bereich Rechtsstaatlichkeit unternehmen sollte, damit seine Integration in die EU innerhalb des Stabilitäts- und Assoziierungsprozesses unterstützt wird. In diesem Kontext muss auch die Verabschiedung der Mitteilung der Europäischen Kommission „*Eine europäische Zukunft für das Kosovo*"¹⁰⁰⁶ vom 20. April 2005 gesehen werden, womit das Engagement der EU gegenüber dem Kosovo weiter gestärkt wurde.

Als Antwort auf den Beschluss zur Gründung einer Europäischen Partnerschaft mit Serbien und Montenegro einschließlich des Kosovo im Sinne der Resolution 1244 des UN-Sicherheitsrats verfasste das Kosovo wie auch die anderen Westbalkan-Länder, für die solche Beschlüsse zur Gründung einer Europäischen Partnerschaft galten, im Januar 2005 das Dokument „Handlungsplan für Kosovo", das als Rahmen der Zusammenarbeit zwischen dem Kosovo und der EU dienen sollte. Ausserdem muss die Unterstützung der EU, besonders durch die European Agency for Reconstruction¹⁰⁰⁷ betont werden, was folgende Bereiche einschließt: den Prozess der Kapazitätensteigerung der Institutionen des Kosovo, Rechtsstaatlichkeit, Entwicklung des Wirt-

---

⁹⁹⁹ Siehe Ziff. 5, Erklärung von Thessaloniki, Gipfeltreffen EU – Westliche Balkanstaaten, Thessaloniki, 21. Juni 2003, 10229/03 (Presse 163), http://europa.eu/rapid/press-release_PRES-03-163_de.htm.
¹⁰⁰⁰ Siehe Report of the Secretary-General on the United Nations Interim Administration Mission in Kosovo, S/2002/1126, 09.04.2002.
¹⁰⁰¹ Siehe „Europa und das Kosovo", http://www.dw.de/dw/article/0,,1231572,00.html.
¹⁰⁰² Vgl. Ukshini, Sylë: Kosova në politikën e jashtme të BE-së 1991-2007, Shkup, Tiranë, Prishtinë 2008, S. 251.
¹⁰⁰³ Verordnung (EG) Nr. 533/2004 des Rates v. 22.03.2004 über die Gründung Europäischer Partnerschaften im Rahmen des Stabilisierungs- und Assoziationsprozesses, ABl. L 86 v. 24.03.2004, S. 1 f.
¹⁰⁰⁴ Beschluss 2004/520/EG des Rates v. 14.06.2004 über die Grundsätze, Prioritäten und Bedingungen der Europäischen Partnerschaft mit Serbien und Montenegro einschließlich des Kosovo im Sinne der Resolution 1244 des UN-Sicherheitsrats vom 10. Juni 1999, ABl. L 227 v. 26.06.2004, S. 21-34.
¹⁰⁰⁵ Beschluss 2006/56/EG des Rates v. 30.01.2006 über die Grundsätze, Prioritäten und Bedingungen der Europäischen Partnerschaft mit Serbien und Montenegro einschließlich des Kosovo im Sinne der Resolution 1244 des UN-Sicherheitsrats vom 10. Juni 1999 und zur Aufhebung des Beschlusses 2004/520/EG , ABl. L 35 v. 07.02.2006, S. 32-56.
¹⁰⁰⁶ Mitteilung der Kommission an den Rat, Eine europäische Zukunft für das Kosovo, KOM(2005) 156 endg. v. 20.04.2005.
¹⁰⁰⁷ Die Europäische Agentur für den Wiederaufbau (EAR, offiziell European Agency for Reconstruction) ist eine Agentur der Europäischen Union und wurde 2000 gegründet. Das jährlich von der EU investierte Budget in der Region für den Wiederaufbau beträgt 2,3 Milliarden Euro. Als eigenständige Agentur ist sie dem Europäischen Parlament, Vertretern der EU-Mitgliedstaaten und der Europäischen Kommission verantwortlich.

schaftssektors, Stärkung der Zivilgesellschaft und den Prozess der Unterstützung von Minderheiten. Außerdem wurde mit dem Ziel des Anreizes zur Annäherung des Kosovo an die EU im Rahmen der Außenpolitik für den Westbalkan und den Stabilitäts- und Assoziierungsprozess wurde in Prishtina das Verbindungsbüro der Europäischen Kommission eröffnet. Es ist aber trotzdessen nicht zu leugnen, dass alle Prioritäten des europäischen Integrationsprozesses wegen des ungelösten Status des Kosovo stecken blieben.

Auch nach der Unabhängigkeitserklärung war wegen der Nicht-Anerkennung des Staates Kosovo seitens fünf EU-Mitgliedstaaten[1008] ein rascher Fortschritt des Kosovo im Stabilitäts- und Assoziierungsprozess nicht möglich. Nachdem die Kommission die Mitteilung „Kosovo – Verwirklichung der europäischen Perspektive"[1009] vorgelegt hatte, konnten weitere Fortschritte nur im Rahmen des Stabilitäts- und Assoziierungmechanismus erzielt werden. Für die Zeit, in der diese Situation sich nicht veränderte, wirkte sich dies als eine Begrenzung zum Beginn des tatsächlichen Stabilitäts- und Assoziierungsprozesses mit dem Kosovo aus, wenn man berücksichtigt, dass zu Beginn der Verhandlungen zum Stabilitäts- und Assoziierungsabkommen ein einstimmiger Beschluss aller EU-Mitgliedstaaten notwendig war. Ein solcher Beschluss ist jedoch nur schwer zu erzielen, solange das Kosovo nicht international als Staat seitens aller EU-Mitgliedstaaten anerkannt ist. Die Veröffentlichung der Machbarkeitsstudie für ein Stabilisierungs- und Assoziierungsabkommen zwischen der EU und dem Kosovo vom Oktober 2012[1010] stellt einen wesentlichen Schritt zur Annäherung des Kosovo an die EU dar. Dies wird ein vertragliches Verhältnis zwischen dem Staat Kosovo und der EU sein, wodurch die internationale Position der Republik Kosovo gestärkt wird. Die Veröffentlichung dieser Studie hat zum ersten Mal die Perspektive des Kosovo für eine Integration in die EU verdeutlicht. Was die europäische Perspektive des Kosovo angeht, hat die EU, außer den bekannten Kriterien von Kopenhagen und Madrid, als weitere Bedingung nach der Zeit des Kosovo-Konflikts gefordert, dass Kosovo die Voraussetzungen des Dokuments „Standards für Kosovo" erfüllt.[1011] Zu dieser Machbarkeitsstudie hatte der Vertreter für Außenpolitik und Sicherheit, Javier Solana, erklärt:[1012]

„*In dem Maße, in dem Fortschritte in Richtung der Erfüllung von Standards gemacht werden, wird Kosovo zu einem noch demokratischeren und multiethnischeren Land. Kosovo nähert sich weiter der Europäischen Union und in Richtung Sicherheit und Wohlstand, die die Europäische Union darstellt und wonach Kosovo natürlich strebt.*"

Gleichzeitig förderte die Europäische Kommission durch die fünf Komponenten des neuen Instruments zur Vormitgliedschaft (the new Instrument for Pre-Accession Assistance (IPA)) den Übergang und den Aufbau von Institutionen, die grenzüberschreitende Zusammenarbeit, die

---

[1008] Die Unabhängigkeitserklärung des Kosovo wurde bis 2018 von 116 der insgesamt 193 UNO Mitgliedstaaten anerkannt, unter der anderem 23 der 28 EU-Mitgliedstaaten. Auch nach dem Gutachten des Internationalen Gerichtshofs in Den Haag (Juli 2008) bleibt die EU in der Kosovo-Frage tief zerstritten. Spanien, Griechenland, Zypern, die Slowakei und Rumänien weigern sich immer noch, formal Beziehungen zu Europas jüngstem Staat aufzunehmen.
Siehe: Liste der Anerkennungen, Ministria i Jashtme e Kosovës, http://www.mfa-ks.net/politika/484/lista-e-njohjeve/484(letzter Zugriff am 07.01.2019); „ EU und das Kosovo: Mit Sorgfalt prüfen" , *FAZ*, 02.08.2010.
[1009] Mitteilung der Kommission an das Europäische Parlament und den Rat, Kosovo – Verwirklichung der europäischen Perspektive, KOM(2009) 534 endg. v. 14.10.2009.
[1010] Mitteilung der Kommission an das Europäische Parlament und den Rat über eine Machbarkeitsstudie für ein Stabilisierungs- und Assoziationsabkommen zwischen der Europäischen Union und dem Kosovo, COM(2012) 602 final, 10.10.2012.
[1011] Security Council, Implementing „Standards before Status", Policy Core Political Project. for UN Kosovo Mission, Security Council Told, Press Release, SC/7999, 06/02/2004.
[1012] Siehe Solana, Javier: „Standardet për Kosovën - standarde për Evropën", in: *Koha Ditore*, 21.12.2003, 7.

regionale Entwicklung, die Entwicklung von menschlichen Ressourcen und die ländliche Entwicklung.[1013]

Das neue Instrument für Vormitgliedschaft ist am 1. Januar 2007 in Kraft getreten, IPA deckt Länder mit Kandidatenstatus (Kroatien[1014], Mazedonien, Türkei) und die Länder mit dem Status als mögliche Kandidaten (Albanien, Bosnien-Herzegovina, Montenegro, Serbien samt dem Kosovo gemäß der Resolution 1244 des UN-Sicherheitsrats). Die Mittel für das Kosovo für den Zeitraum 2007-2010 wurden wie folgt zugeteilt:

	2007	2008	2009	2010	2011	2012	Total
	68.3	**184.7**	**106.1**	**67.3**	**68.7**	**70.0**	**565.1**
Implemented by ECLO	62.0	147.7	106.1				
Implemented by ELARG	6.3	37					

(Quelle: EU Information and Cultural Centre in Kosovo)

8.4. Stabilisierungs- und Assoziierungsabkommen zwischen der EU und dem Kosovo

Auf der Grundlage der Schlussfolgerungen des Rates der Europäischen Union vom 11. Dezember 2012, in denen festgestellt wurde, dass der Rat die Machbarkeitsstudie (*Feasibility Study*) für ein Stabilisierungs- und Assoziierungsabkommen (SAA) zwischen der EU und dem Kosovo begrüßt, „*without prejudice to member state position on status*"[1015], hat das Kosovo am 28. Oktober 2013 die erste Runde der Verhandlungen über ein Stabilisierungs- und Assoziierungsabkommen (SAA) mit der EU begonnen. So hat es den ersten wichtigen Schritt zur Annäherung an die EU gemacht.

Die EU hatte den Beginn der SAA-Verhandlungen mit dem Kosovo mit einer historischen Vereinbarung zwischen Prishtina und Belgrad verknüpft. Die Regierungschefs des Kosovo und Serbiens, Hashim Thaçi und Ivica Dačić, hatten sich am 13. April 2013 unter Führung der EU-Außenbeauftragten Catherine Ashton auf ein bahnbrechendes Abkommen verständigt. Es sieht spezielle Autonomierechte für den mehrheitlich von Serben bewohnten Norden des Kosovo vor. Das Kosovo und Serbien haben sich außerdem verpflichtet, die EU-Integration der jeweils anderen Seite nicht zu blockieren. Serbien erkennt die Unabhängigkeit des Kosovo allerdings weiter nicht an.[1016] Die Aufnahme von Verhandlungen wird von der kosovarischen Regierung als politischer Erfolg gewertet und als „neue Etappe für den Kosovo".[1017]

Fortschritte erhoffte man sich im Kosovo auch bei der Visa-Abschaffung. Das Kosovo ist der einzige Westbalkanstaat, dessen Bürger noch nicht in die Gunst der Visa-Liberalisierung ge-

---

[1013] EU Information and Cultural Centre in Kosovo: „Asistenca financiare e BE-së në Kosovë", http://www.kcsfoundation.org/?page=2,152.
[1014] Kroatien wurde im Juli 2013 als 28. Staat in die Europäische Union aufgenohmen. Siehe „Kroatien feiert seinen EU-Beitritt", *Spiegel Online*, 01.07.2013, http://www.spiegel.de/politik/ausland/kroatien-feiert-eu-beitritt-merkel-und-westerwelle-erwarten-reformen-a-908651.html
[1015] Council of the European Union, Council Conclusions on Enlargement and Stabilization and Association Process, 3210th General Affairs Council meeting, Brussels, 11 December 2012, p. 14.
[1016] Siehe Czymmeck, Anja: Meilenstein im Kosovo-Serbien-Dialog, Konrad-Adenauer-Stiftung e.V., 24. April 2013, http://www.kas.de/wf/doc/kas_34160-544-1-30.pdf?130424114742.
[1017] „Assoziierungsabkommen mit Kosovo am Start", *kurier.at*, 28.10.2013.

kommen sind.[1018] „*Der Kosovo wird derzeit zu Unrecht benachteiligt"*,[1019] sagte Gerald Knaus, Gründer der European Stability Initiative (ESI) und Balkan-Experte. Die Bürger des Kosovo müssten sich als Europäer fühlen, denen die Reisefreiheit als unveräußerliches Recht zusteht. Für eine Visa-Liberalisierung hatte sich in den vergangenen Jahren die Kosovo-Berichterstatterin im Europäischen Parlament, Ulrike Lunacek, eingesetzt.[1020] Aber das Kosovo muss die erforderlichen Voraussetzungen dafür erfüllen. Die Europäische Kommission hat deutlich gemacht, dass das Kosovo für die vollständige Genehmigung des Vorschlags für die Aufhebung der Visa das Demarkationsabkommen mit Montenegro[1021] ratifizieren und seine Effizienz im Kampf gegen Korruption und organisierte Kriminalität stärken muss. Schließlich gelang es dem kosovarischen Parlament im März 2018, das Grenzabkommen mit dem Nachbarstaat Montenegro zu ratifizieren.[1022] Die Kommission hat danach bestätigt, dass der Kosovo mit den beiden ausstehenden Vorgaben für die Visaliberalisierung, nämlich der Ratifizierung des Grenzfestlegungsabkommens mit Montenegro und weiteren Erfolgen bei der Bekämpfung von Kriminalität und Korruption, alle Benchmarks des Fahrplans für die Visaliberalisierung erfüllt. Die Kommission hatte dem Europäischen Parlament und dem Rat im Mai 2016 vorgeschlagen, die Bürger des Kosovo von der Visumpflicht zu befreien, sollten die beiden verbleibenden Vorgaben bis zur Annahme des Vorschlags erfüllt sein. Die Kommission forderte das Europäische Parlament und den Rat nun auf, den Kommissionsvorschlag voranzubringen.[1023] Auch die EU-Kommission sah alle 95 Kriterien als erfüllt an. Aber die EU-Innenminister sind sich hinsichtlich des endgültigen „grünen Lichts" dafür, dass Bürger des Kosovo ohne Visum in EU-Mitgliedstaaten einreisen dürfen, noch uneinig. Daher hat das Kosovo auch im Jahr 2018 noch keine Visafreiheit erhalten. Es ist das einzige Land Europas, dessen BürgerInnen für die Länder des Schengen-Raums ein Visum brauchen. Die Kosovaren warten immer noch auf die EU-Visafreiheit.

Am 2. Mai 2014 fand die letzte Runde der Verhandlungen statt und im Juli 2014 wurde das Stabilisierungs- und Assoziierungsabkommen paraphiert.[1024] Mit dieser Verhandlungsrunde wurde der Prozess praktisch nach Plan abgeschlossen. Aber das Schicksal dieser Vereinbarung bleibt für eine gewisse Zeit offen, auch wenn es in Brüssel und Prishtina Hoffnungen gibt, dass es keine Hindernisse bei der Umsetzung geben wird. Eine große Unklarheit diesbezüglich gab es im Rat der EU, trotz der zunehmenden Unterstützung für ein solches Abkommen mit dem Kosovo.

In der Zwischenzeit wurde geklärt, dass das SAA mit dem Kosovo von der Europäischen Kommission unterzeichnet und vom Europäischen Parlament ratifiziert werden muss. Weil das Kosovo von fünf EU-Mitgliedstaaten noch nicht anerkannt worden ist, hat der Rat die Kommis-

---

[1018] Die Europäische Kommission hatte im Oktober 2012 grünes Licht für Verhandlungen über ein Assoziierungsabkommen gegeben. Das Kosovo startete Verhandlungen mit der EU am 28. Oktober 2013, http://www.austria.com/kosovo-startete-verhandlungen-mit-eu/apa-1415335196.
[1019] Experten fordern Visa-Roadmap für das Kosovo, DW, 11.11.2010.
[1020] Hahn stellt Kosovo das Ende der Visapflicht in Aussicht, Die Presse, 07.11.2015.
[1021] The Agreement for the Border Demarcation between Kosovo and Montenegro was signed by Hashim Thaçi and his Montenegro counterpart Igor Lukšić in August 2015. The agreement is expected to be ratified by the assemblies of both respective countries in order for it to be implemented and come into force. Montenegro has repeatedly stressed that Podgorica has honored its side of the deal. https://sputniknews.com/politics/201608191044418004-montenegro-border-demarcation-agreement/.
[1022] Für das Grenzabkommen mit Montenegro stimmten 80 der 120 Abgeordneten im Parlament. Die EU hatte die Ratifizierung zur Bedingung für die Aufhebung der Visumspflicht gemacht.
[1023] Visaliberalisierung: Kommission bestätigt: Kosovo erfüllt alle Vorgaben, Europäische Kommission – Pressemitteilung, Brüssel, 18. Juli 2018.
[1024] Das SAA wurde zwischen Oktober 2013 und Mai 2014 ausgehandelt, am 27. Oktober 2015 unterzeichnet und am 12. Februar 2016 förmlich abgeschlossen.

sion damit beauftragt im Namen der 28 EU-Mitgliedstaaten das SAA mit dem Kosovo zu verhandeln,[1025] gestützt auf Art. 218 Abs. 3 und 4 AEUV.[1026]

Wie bekannt geworden ist, wurde der Konsens nur dadurch erreicht, dass die SAA-Verhandlungen erst nach der Zusicherung begannen, das Kosovo werde in keiner Weise als unabhängiger Staat behandelt werden, um so die „*statusneutrale Position*" der EU zu sichern. Weiterhin erkennen fünf EU-Mitgliedstaaten – die Slowakei, Griechenland, Rumänien, Spanien und Zypern – das Kosovo nicht als Staat an, darum soll das Abkommen „statusneutral" sein.[1027] Ohne Zweifel kann eine Folge der „*neutralen Haltung gegenüber dem Status*" zur Entfernung aller Referenzen führen, die den Eindruck erwecken würden, dass das Kosovo als Staat behandelt werde. Unter den nichtanerkennenden Staaten hatten vor allem Spanien und Zypern die größten politischen Hindernisse für die Aufnahme der Verhandlungen über das SAA bereitet.

Dennoch hat die EU ein Assoziierungsabkommen mit dem Kosovo unterzeichnet. Am 22. Oktober 2015 billigte der Rat die Unterzeichnung des SAA. Der kosovarische Regierungschef Isa Mustafa unterschrieb am 27 Oktober 2015 in Straßburg die Vereinbarung und verwies auf die Perspektive eines später möglichen EU-Beitritts.[1028]

„*Dieses Abkommen ist ein Meilenstein in unseren Beziehungen zum Kosovo. Es wird dem Kosovo dringend benötigte Reformen erleichtern und neue Handels- und Investitionsmöglichkeiten eröffnen. Es wird den Kosovo auf den Weg eines nachhaltigen Wirtschaftswachstums bringen und hat das Potenzial, dringend benötigte Arbeitsplätze für seine Bürger, insbesondere junge Menschen, zu schaffen*",[1029] erklärte Kommissar Hahn.
Nach der Zustimmung durch das Europäische Parlament ist das SAA[1030] am 1. April 2016 in Kraft getreten.[1031] Mit dem SAA werden vertragliche Beziehungen mit gegenseitigen Rechten und Pflichten geschaffen, die sich auf ein breites Spektrum von Bereichen erstrecken. Das SAA

[1025] European Commission, Recommendation for a Council Decision, authoring the opening of negations on a Stabilization and Association Agreement between the European Union and Kosovo, Brussels, 22.4.2013.
[1026] Art. 218 Abs. 3 AEUV: Die Kommission oder, wenn sich die geplante Übereinkunft ausschließlich oder hauptsächlich auf die Gemeinsame Außen- und Sicherheitspolitik bezieht, der Hohe Vertreter der Union für Außen- und Sicherheitspolitik legt dem Rat Empfehlungen vor; dieser erlässt einen Beschluss über die Ermächtigung zur Aufnahme von Verhandlungen und über die Benennung, je nach dem Gegenstand der geplanten Übereinkunft, des Verhandlungsführers oder des Leiters des Verhandlungsteams der Union.
[1027] Kosovo startete Verhandlungen mit der EU am 28. Oktober 2013, http://www.austria.com/kosovo-startete-verhandlungen-mit-eu/apa-1415335196.
[1028] Das SAA wurde am 27 Oktober im Namen der Europäischen Union von der Hohen Vertreterin der Union für Außen- und Sicherheitspolitik/Vizepräsidentin der Europäischen Kommission, Federica Mogherini, sowie von dem für die Europäische Nachbarschaftspolitik und Erweiterungsverhandlungen zuständigen Kommissar, Johannes Hahn, unterzeichnet. Im Namen des Kosovo unterzeichneten es Premierminister Isa Mustafa und der Minister für Europäische Integration, Bekim Çollaku. Siehe: Europäische Kommission – Pressemitteilung: Unterzeichnung des Stabilisierungs- und Assoziierungsabkommens zwischen der Europäischen Union und dem Kosovo, Straßburg, 27. Oktober 2015, http://europa.eu/rapid/press-release_IP-15_5928_de.htm.
Siehe auch Kosovo 2015 Report, Communication from the Commission to the European Parliament, the Council, the European Economic and Social Committee and the Committee of the Regions, Brussels, 10.11.2015, SWD(2015) 215 final.
[1029] Europäische Kommission – Pressemitteilung: Unterzeichnung des Stabilisierungs- und Assoziierungsabkommens zwischen der Europäischen Union und dem Kosovo, Straßburg, 27. Oktober 2015, http://europa.eu/rapid/press-release_IP-15_5928_de.htm
[1030] Stabilisierungs- und Assoziationsabkommen zwischen der Europäischen Union und der Europäischen Atomgemeinschaft einerseits und dem Kosovo andererseits, ABl. L 71 v. 16.03.2016, S. 3-321.
[1031] Europäische Kommission – Pressemitteilung: Stabilisierungs- und Assoziierungsabkommen (SAA) zwischen der Europäischen Union und dem Kosovo tritt in Kraft, Brüssel, 1. April 2016, http://europa.eu/rapid/press-release_IP-16-1184_de.htm.

wird zur Umsetzung von Reformen beitragen und dem Kosovo eine stärkere Annäherung an die EU erleichtern.

„Mit diesem Abkommen treten die Beziehungen zwischen der EU und dem Kosovo in eine neue Phase. Es leistet einen wichtigen Beitrag zur Sicherung von Frieden, Stabilität und Wohlstand im Kosovo und in der Region insgesamt. Ich sehe seiner Umsetzung erwartungsvoll entgegen", kommentierte die Hohe Vertreterin/Vizepräsidentin Federica Mogherini das Inkrafttreten des Abkommens.[1032]

In dem geschlossenen Stabilisierungs- und Assoziierungsabkommen verpflichtet sich das Kosovo, EU-Standards bei der Regierungsführung und für die Zivilgesellschaft einzuhalten, etwa im Bereich der Menschenrechte oder bei rechtsstaatlichen Justizverfahren. Auch im wirtschaftlichen Bereich ist eine schrittweise Annäherung an die EU vorgesehen, die auch Freihandelsvereinbarungen beinhaltet. Das Abkommen eröffnet eine neue Phase in den Beziehungen zwischen der EU und dem Kosovo und ist ein wichtiger Beitrag für Stabilität und Wohlstand im Kosovo und in der Region als Ganzes.[1033]

Wie dem auch sei, die Aufnahme des Kosovo in den EU-Beitrittsprozess erfordert die Zustimmung aller EU-Mitgliedstaaten. Ansonsten wird es nicht möglich sein, Kosovo in den Prozess einzubeziehen und ihm einen Kandidatenstatus zu verleihen. Laut den Kopenhagener Kriterien zur EU-Mitgliedschaft ist ein Beitrittskandidat als souverän und unabhängig zu behandeln. Natürlich gilt dies auch für das Kosovo. Die EU machte deutlich, jedes Land müsse die Verpflichtungen und die für die Mitgliedschaft vorgesehenen Kriterien erfüllen. Darüber hinaus bleibt die Lösung der Statusfrage für das Kosovo die wichtigste Vorbedingung für dessen europäische Zukunft.

8.5. Abstimmung mit anderen internationalen Akteuren: UNMIK und Kontaktgruppe

8.5.1. Internationale Verwaltung

Nach der Unterzeichnung des technisch-militärischen Abkommens von Kumanovo zwischen der NATO und Rest-Jugoslawien am 9. Juni 1999 und mit der Verabschiedung der Resolution 1244 des UN-Sicherheitsrats[1034] wurde eine rechtliche und politische Grundlage zur internationalen Verwaltung des Kosovo geschaffen. Mit der vollständigen Beseitigung des gesamten militärischen, polizeilichen und administrativen Apparats Serbiens und gleichzeitig mit dem Einmarsch der NATO-Truppen endete die 87-jährige repressive Dominanz Serbiens über das Kosovo, und es eröffnete sich der Weg zu Verhandlungen über seinen endgültigen Status.[1035]

Die UNMIK musste gemeinsam mit der KFOR als bewaffneter Komponente der Großmächte drei Ziele verfolgen: den Aufbau einer vorläufigen Verwaltung nach dem Rückzug der serbischen Behörden, den Aufbau einer kosovarischen Verwaltung und die Vorbereitung einer endgültigen Lösung für den Status des Kosovo in Anlehnung an das internationale Recht.[1036]

In der Resolution 1244 des UN-Sicherheitsrats wurde die Angelegenheit des zukünftigen Status des Kosovo *de jure* offen gelassen, da sie nicht für den Zweck verfasst wurde, die lang-

---

[1032] Ebenda.
[1033] Kosovo und EU unterzeichnen Assoziierungsabkommen, *EurActiv.de*, 27.10.2015, http://www.euractiv.de/sections/eu-aussenpolitik/news/kosovo-und-eu-unterzeichnen-assoziierungsabkommen.
[1034] Resolution 1244 (1999) adopted by the Security Council at its 4011th meeting, on 10 June 1999, http://kossev.info/dokumenti/Resolution%201244.pdf, paras. 10 und 11.
[1035] Siehe Ukshini, Sylë: Nga lufta në paqe, Prishtinë 2004, S. 314-318.
[1036] Schmitt, Oliver: Kosovo. Kurze Geschichte einer zentralbalkanischen Landschaft, Wien, Köln, Weimar 2008, S. 336-338.

fristige Zukunft des Kosovo zu bestimmen, sondern vor allem ein diplomatisches Abkommen war, um die Bombardements zu stoppen.[1037] Die Resolution 1244, die sich auf das Kapitel VII der UNO-Charta bezog, gab der UNMIK-Mission alle grundlegenden legislativen, exekutiven und gerichtlichen Kompetenzen und erteilte dem Besonderen Vertreter des UN-Generalsekretärs (SRSG) im Kosovo absolute Vollmacht.[1038] Der Besondere Vertreter des Generalsekretärs begann mit dem politischen Prozess im Rahmen dieser Resolution. Die Mission der UNO ist in vier sogenannte „Säulen" untergliedert: 1. Polizei und Justiz, 2. Zivilverwaltung, 3. Demokratisierung und Aufbau von Institutionen, 4. Wiederaufbau und Wirtschaftsentwicklung.[1039]

Paragraph 10 der Resolution bevollmächtigte den Generalsekretär, mit Hilfe anderer relevanter internationaler Organisationen „*eine internationale zivile Präsenz im Kosovo einzurichten, um eine Übergangsverwaltung für den Kosovo bereitzustellen, unter der die Bevölkerung des Kosovo substantielle Autonomie innerhalb der Bundesrepublik Jugoslawien genießen kann [...]*"[1040] bis zu einer endgültigen Regelung, der Förderung der Herstellung substantieller Autonomie und Selbstverwaltung im Kosovo unter voller Berücksichtigung der Anlage II und des Rambouillet-Abkommens.[1041]

Gemäß Punkt 17 der Resolution 1244 war die Hauptaufgabe der EU der Wiederaufbau der Infrastruktur und des Wirtschafts- und Sozialsystems im Kosovo. Die 4. Säule sollte den Rahmen für den Übergang zu einer effektiven Marktwirtschaft schaffen, einschließlich der Privatisierung und der Schaffung von Voraussetzungen für Investoren.[1042] Innerhalb dieser Maßnahmen begann die EU, die wesentlichen Grundlagen einer wirtschaftlichen und politischen Struktur zu schaffen. Doch verblieb dieser Prozess häufig im Schatten anderer politischer Entwicklungen, die in den nachfolgenden Jahren erfolgten.

Mit dem Ziel, die politische Elite des Kosovo einzubeziehen, gründete die UNMIK den Vorläufigen Rat des Kosovo, bestehend aus den Vorsitzenden wichtiger politischer Parteien, ethnischen Gruppen und Vertretern der Zivilgesellschaft.[1043] Die lokale Führung hatte eher einen Dekorationscharakter in der internationalen Verwaltung.[1044] Inzwischen wurde die UÇK demobilisiert und die Wehrtruppen Kosovos (TMK)[1045] neu strukturiert und darauf folgend der Polizeidienst des Kosovo mit dem Ziel der Umsetzung der Rechtstaatlichkeit gegründet. Später schufen nationale und internationale Experten eine rechtlich-politische Skizze für die zukünftigen Regierungsinstitutionen, die im Mai 2001 dekretiert wurde als „*Verfassungsrahmen für die provisorische Selbstverwaltung im Kosovo*"[1046]. Dieses Dokument wurde zu einem Instrument, das

---

[1037] Vgl. Triantaphyllou, Dimitrios: (ed.): What Status for Kosovo?, *Chaillot Paper* No. 50, October 2001Paris: ISS, pp. 21 f.; Libal, Wolfgang / Kohl, Christine von: Ballkani, Faktor qëndrueshmërie apo pështjellimi në Evropë, Prishtinë 2006, S. 172.
[1038] Vgl. Weller, Marco: Contested Statehood: Kosovo's Struggle for Independence, Oxford 2009, p. 180.
[1039] „Säule 4" (Wiederaufbau und Wirtschaftsentwicklung) führte die EU. Vgl. Kramer, Helmut / Džihić, Vedran: Die Kosovo Bilanz. Scheitert die internationale Gemeinschaft?, Wien 2005, S. 30.
[1040] Siehe Art. 10 und 11a der Resolution 1244 (1999) adopted by the Security Council at its 4011th meeting, on 10 June 1999, http://kossev.info/dokumenti/Resolution%201244.pdf.
[1041] Interim Agreement for Peace and Self-Government in Kosovo Rambouillet, France, 23 February 1999, S/1999/648, Annex II.
[1042] Vgl. Resolution 1244 (1999) adopted by the Security Council at its 4011th meeting, on 10 June 1999, http://kossev.info/dokumenti/Resolution%201244.pdf.
[1043] Siehe Hoxhaj, Enver: Politika etnike dhe shtetndërtimi i Kosovës, Pejë 2008, S. 181-183.
[1044] Vgl. Ukshini, Sylë: Kosova dhe Perëndimi, Prishtinë 2001, S. 325-329.
[1045] Siehe Report of the Secretary-General on the United Nations Interim Administration Mission in Kosovo, S/1999/1250, 23.12.1999, pp. 3-4; vgl. King, Iain / Whit, Mason: Paqe me çdo kusht. Si dështoi bota në Kosovë, Prishtinë 2007, S. 176.
[1046] Constitutional Framework for Provisional Self-Government in Kosovo,UNMIK/REG/2001/9, 15.05.2001, http://www.unmikonline.org/regulations/2001/reg09-01.htm.

als Verfassung des Kosovo in den nachfolgenden Jahren diente. In der Bezeichnung „Verfassungsrahmen" kommt zum Ausdruck, dass hier ein Kompromiss zwischen der kosovarisch-albanischen Seite und der internationalen Verwaltung gefunden werden konnte: Während die politischen Vetreter der Kosovo-Albaner eine Verfassung und damit eine Anerkennung ihres Anspruches auf staatliche Unabhängigkeit forderten, war die UNMIK bemüht, keine Präjudizierung in der offenen Statusfrage des Kosovo zu provozieren.[1047]

Dabei ist zu berücksichtigen, dass der Besondere Vertreter des Generalsekretärs nach Art. 12 dieses Dokuments das allgemeine Recht behielt, die nationalen Institutionen daraufhin zu überwachen, ob diese die Resolution 1244 und diese Rahmenverfassung respektierten.[1048] Diese Befugnis verlieh ihm größere Macht als die Rahmenverfassung und bestätigte damit, dass seine Macht einen *sui generis*-Charakter hatte.[1049]

Außer der Schaffung einer Rechtsgrundlage zum Aufbau der ersten Institutionen Kosovos nutzte die Rahmenverfassung zum ersten Mal Grundsätze der Konkordanzdemokratie (*principles of consociational democracy*)[1050], die als Vorbereitungsphase zur Demokratie und als Strategie zur Regulierung von Konflikten unter Einbeziehung einer Vielfalt von Gruppen zu sehen sind. Damit wurde auch der institutionelle Rahmen für das Kosovo definiert. Es wurden folgende Institutionen der provisorischen Selbstverwaltung des Kosovo (*PISG – Provisional Institutions of Self-Government*) eingerichtet: Parlamentarische Versammlung (Assembly) mit 120 Sitzen (davon 20 Sitze für Minderheitenvertreter reserviert – zehn für Serben und zehn weitere für andere Minderheiten, nämlich vier für Roma, Ägypter und Ashkali, drei für Bosnier, zwei für Türken und ein Sitz für Gorani)[1051]); das Amt des Präsidenten; das Amt des Ministerpräsidenten; eine Regierung mit entsprechenden Ministerien (zwei Ministerien für serbische Minderheiten reserviert).[1052] Neben der Schaffung eines institutionellen Rahmes für das Kosovo ist eines der wesentlichen Grundelemente des Verfassungsrahmens der Schutz der Minderheiten mittels Maßnahmen der positiven Diskriminierung. Im Bereich der Menschenrechte und Grundfreiheiten werden die höchsten Standards des internationalen Menschenrechtsschutzes verankert.[1053] Interessant ist zu erwähnen, dass diese Grundsätze auch im „*Umfassenden Vorschlag zum Abkommen für den Status Kosovos*" des Sonderbeauftragten der UNO, Martti Ahtisaari, enthalten sind.[1054]

[1047] Vgl. Herrero, Jose Luis (2005): Building State Institutions. in: Junne, Gerd / Verkoren, Willemijn (eds.): Post-conflict Development, Boulder 2005, pp. 43-58 (53).

[1048] Siehe Art. 12 of the Constitutional Framework for Provisional Self-Government in Kosovo; Weller, Marc: Contested Statehood: Kosovo's Struggle for Independence, Oxford 2009, p. 183.

[1049] Siehe Art. 14.3 of the Constitutional Framework for Provisional Self-Government in Kosovo.

[1050] Vgl. Hoxhaj, Enver: Politike etnike dhe shtetndërtimi i Kosovës, Pejë 2008, S. 190; Ramadani, Burim: Shteti i Komuniteteve, Prishtinë 2009, S. 47-58; McGarry, John / O'Leary, Brendan, Introduction: The macro-political regulation of ethnic conflict, in: John McGarry / Brendan O'Leary (eds.): The Politics of Ethnic Conflict Regulation: Case Studies of Protracted Ethnic Conflicts, London 1993, pp. 1-40; Lijphart, Arend: Constitutional design for divided societies, in: *Journal of Democracy* 15:2 (2004), 96-109.

[1051] Siehe Chapter 9, Art. 9.1.3 a), b of the Constitutional Framework for Provisional Self-Government in Kosovo.

[1052] Preamble of the Constitutional Framwork for Provisional Self-Government in Kosovo, Mai 2001.

[1053] Zu diesem Thema siehe Hajrullahu, Arben / Salamin, Michael: Die Verfassungsrahmen für die Provisorische-Selbstverwaltung in Kosovo, in: *Südosteuropa* 1-3/2002, 122-149, sowie Kramer, Helmut/ Džihic,Vedran: Die Kosovo-Bilanz, Wien 2005, S. 70.

[1054] Report of the Special Envoy of the Secretary-General on Kosovo's Future Statatus, United Nations, Security Council, S/2007/168, 26 March 2007, http://www.un.org/press/en/2007/sgsm10923.doc.htm.

8.5.2. Standards vor dem Status

Der Sonderbeauftragte des UN-Generalsekretärs (SRSG)[1055] war nach der Resolution 1244 der Hauptverantwortliche dafür, den Prozess zur Bestimmung des zukünftigen Status des Kosovo zu gestalten. Deswegen stellte der damalige SRSG Michael Steiner am 22. April 2002 im UN-Sicherheitsrat vor Beginn der Verhandlungen zum Status in seinem Bericht für den Sicherheitsrat das sogenannte Dokument „*Standards vor dem Status*"[1056] vor. Dieses Dokument war als eine Ausgangsstrategie für die UNMIK und als ein Wegweiser für den Beginn der Verhandlungen zur Regelung des Status des Kosovo, doch auch als eine Strategie für den Zugang des Kosovo in die EU gedacht.[1057]

Inzwischen wurde klar, dass für die Bestimmung des politischen Status des Kosovo acht Standards erreicht werden mussten: 1. Funktionalität demokratischer Institutionen; 2. Rechtsstaatlichkeit; 3. Bewegungsfreiheit; 4. Rückkehr und Reintegration von Flüchtlingen; 5. wirtschaftliche Entwicklung; 6. Eigentumsrechte; 7. Dialog zwischen Prishtina und Belgrad und 8. Reformen in den Wehrtruppen des Kosovo (*Kosovo Protection Corps, TMK*).[1058] Der ehemalige UNMIK-Chef Joachim Rücker kommt zu dem Schluss, das Dokument „*Standard before Status*" „*represented a strategy of charting a set of conditions that Kosovo has to meet before moving onto a stage of determining its future status*".[1059]

Zu dieser Zeit erhielt die Kontaktgruppe so wie schon 1999 die Rolle eines koordinierenden und entscheidungstragenden Mechanismus auf internationaler Ebene. Während sie in den Jahren der Vorkriegszeit eine aktive Stellung hatte,[1060] gestaltete sie kurz vor den Verhandlungen über den Status des Kosovo den wichtigen Rahmen, in dem sich die Verhandlungen zwischen dem Kosovo und Serbien in der Zeitperiode 2005-2007 entwickeln sollten. Die Aktivierung der Kontaktgruppe verhalf zur Überbrückung des Mangels an Kohäsion und Klarheit in der internationalen Gemeinschaft, einschließlich der EU-Mitgliedstaaten. Während die internationale Gemeinschaft die Notwendigkeit der Umsetzung der Resolution 1244 und des Dokuments „*Standards vor dem Status*" bekräftigte,[1061] wurde eine Lösung innerhalb einer Union Serbien-Montenegro nicht ausgeschlossen.[1062] Der Europäische Rat bekräftigte seine Unterstützung des Dokuments „*Standard vor dem Status*" während des EU-Westbalkan-Gipfels in Thessaloniki (Juni

---

[1055] Von 1999 bis 2007 wurde dieses Amt von einer ganzen Reihe von Diplomaten bekleidet. Nach einer kurzen Interimsphase, in welcher der brasilianische Diplomat Sergio Vieira de Mello die UNMIK führte, übernahm Bernard Kouchner im Juli 1999 als erster SRSG die Mission. Dann folgte der ehemalige dänische Verteidigungsminister Hans Haekkerup (bis Dezember 2001) und der deutsche Spitzendiplomat Michael Steiner (bis Juli 2003). Nach Steiner kam Finnlands Ex-Premierminister Harri Holkeri (bis Mai 2004). Ihm folgte der Däne Søren Jessen-Petersen nach. Mit dem Hinweis, sein Posten werde ohnehin bald obsolet sein, übergab Jessen-Petersen im September 2006 sein Amt an den Deutschen Joachim Rücker (bis Juni 2008). Nach der Unabhängigkeit Kosovos folgte vom 20. Juni 2008 bis 1. Juli 2011 der italienische Diplomat Lamberto Zannier. Nach Zannier kam der afghanische Spitzendiplomat Farid Zarif (1. August 2011 – 29. August 2015), der durch einen weiteren Afghanen, Zahir Tanin, abgelöst wurde. Siehe http://www.unmikonline.org.
[1056] Vgl. Report of the Secretary-General on the United Nations Interim Administration Mission in Kosovo, S/2002/1126, 09.04.2002; Ukshini, Sylë: Nga lufta në paqe, Prishtinë 2004, S. 108-114.
[1057] Vgl. UNMIK/PR/719, 24.04.2002.
[1058] Vgl. Weller, Marc: Negotiating the final status of Kosovo, *Chaillot Paper* No. 114, December 2008, Paris: ISS, p. 18; Ernst, Andreas: „Standards vor Status!" Die Doktrin der UNO-Mission in Kosovo führt in die Sackgasse, in: *SOE* 51:7-9 (2000), 354–366.
[1059] Rücker, Joachim: Standards and Status: How Kosovo Became Independent, München et al. 2011, p. 35.
[1060] Schwegmann, Christoph: The Contact Group and Its Impact on the European Institutional Structure, *Occasional Paper* No. 16, June 2000, Paris: ISS, pp. 170-172.
[1061] Ukshini, Sylë: Kosova dhe Perëndimi, Prishtinë 2001, S. 327
[1062] Die Union von Serbien und Montenegro existierte unter diesem amtlichen Namen vom 4. Februar 2003 bis zum 3. Juni 2006.

2003). Dies war die letzte offizielle Festlegung der EU-Position. Die Umsetzung praktischer Fragen blieb weiterhin eine Voraussetzung und Priorität für die kosovarische Regierung. Egal welche Statuslösung erzielt würde, wichtig war der EU die Verankerung eines Minderheitenschutzes sowie der Aufbau eines multiethnischen, demokratischen und rechtsaatlich verfassten Kosovo. Die europäische Perspektive für das Kosovo wurde von der EU als wichtiges Ziel formuliert. Die GASP als Instrument der EU spielte für die Festlegung des Status fast keine Rolle, sie trat als diplomatisch-politisches Instrument kaum in Erscheinung. Sie wurde erst ab 2005 als Instrument erwähnt, als die Verhandlungen zwischen dem Kosovo und Serbien in Wien begonnen hatten.

Auf der anderen Seite begann die politische Elite des Kosovo, parallel zur Erfüllung der Standards auch die Klärung des politischen Status zu suchen. Sie sah in einigen dieser Standards Hindernisse für die Unabhängigkeit, weil klare Indikatoren zur Messung des Fortschritts in diesen Bereichen fehlten und weil die Umsetzung nicht nur eine autonome Angelegenheit der kosovarischen Institutionen (gewissermaßen ihr „Eigentum") war, sondern auch in der Verantwortlichkeit von UNMIK lag. Daraus schlussfolgerte man den Veränderungsbedarf des Dokuments *„Standards vor dem Status"*.

8.5.3. Standards für Kosovo

Mit der Zeit kam es zu Zweifeln an der Umsetzbarkeit dieser Standards. Der ehemalige Beauftragte der EU für das Kosovo, Wolfgang Petritsch, äußerte seine Kritik an der Formel *„Standards vor dem Status"* und legte die Idee zur Schaffung eines Mechanismus vor, der sich, getrennt von der UNMIK-Verwaltung, mit der Lösung der Frage des finalen Status des Kosovo befassen sollte.[1063] Seit 2002 hat Jan Joost Lagendijk, niederländischer Abgeordneter im Europäischen Parlament, versucht, die Frage über den endgültigen Status des Kosoco auf die Tagesordnung des Europäischen Parlaments zu bekommen. Er stellte fest:

"We cannot have the situation where Kosovo continues to exist whilst the Kosovars want something else, but we just hang onto the 1999 U.N Resolution. [...] I do not whether I am for independence or self-reliance, but I think that it is up to the European Union to start the discussion."[1064]

Nach der Reaktivierung der Kontaktgruppe war es dringend notwendig, einen Zeitplan für die Erfüllung der Standards zu bestimmen und zur Initiierung von Diskussionen zwischen den Mitgliedern der Kontaktgruppe, der EU, dem Kosovo und Serbien und ihren Nachbarländern einen Emissär zu ernennen.[1065] So wie in der Kriegszeit ging die Initiative auf die Amerikaner über, die sich mit der Revidierung des Plans *„Standards vor dem Status"* befassten. Der Staatssekretär Marc Grossman brachte in Prishtina und in Belgrad drei wichtige Botschaften der Kontaktgruppe mit, und zwar sowohl für das Kosovo als auch für die Länder in der Region. Erstens argumentierte er, es müsse schnellstmöglich ein operativer Plan zu den Standards geschaffen werden. Zweitens solle bis zur Mitte des Jahres 2005 eine Bewertung des Erfüllungsniveaus der Standards durchgeführt werden, mit dem Ziel, so die Initiative des Prozesses zur Adressierung der Statusangelegenheit zu unterstützen. Drittens sollten Albanien, Serbien und Mazedonien den politischen Prozess unterstützen, ansonsten werde ihre Integration in die EU unmöglich werden.[1066]

[1063] Interview mit Wolfgang Petritsch: Koha e politikës „Standardet dhe Statusi", Radio Free Europe / Radio Liberty, 02.07.2004.
[1064] Remarks of Jan Jost Lagendijk, Debates of the European Parliament, 6 November 2002.
[1065] Vgl. International Crisis Group: Collapse in Kosovo, Europe Report No. 155, 22 April 2004, http://www.essex.ac.uk/armedcon/story_id/000194.doc.
[1066] Siehe Hoxhaj, Enver: Politika etnike dhe shtetndërtimi i Kosovës, Pejë 2008, S. 196 f.

Hiernach eröffnete sich der Weg, um im Dezember 2003 einen detaillierten Plan zur Umsetzung der Standards zu veröffentlichen *("Standards vor dem Status")*[1067], und gleichzeitig übergab die UNMIK stückweise ihre Kompetenzen an die Verwaltung des Kosovo.[1068] Doch scheiterte die UNMIK daran, den Dialog zwischen dem Kosovo und Serbien zu beginnen, mit Ausnahme eines gescheiterten Treffens in Wien. Es war vollkommen klar, dass die Vereinten Nationen keinen Plan und auch keine Glaubwürdigkeit für Ähnliches besaßen. Wie oben erwähnt wurde, war auch die EU in der Zeit von Juni 1999 bis März 2004 nicht in der Lage, zur Definition des Status des Kosovo zu handeln.

Der fehlende endgültige Status des Kosovo schuf eine Unsicherheit. In deren Folge sich im März 2004 gewalttätige Unruhen ereigneten,[1069] die in erster Linie gegen die langwierigen Vorgehensweisen der UNMIK-Verwaltung gerichtet waren. Die Geschehnisse bewirkten eine Grundlage für eine fortgeschrittene Haltung zum Kosovo, und zwar bei den Vereinten Nationen, in der Kontaktgruppe und in der EU, worauf die Mission des norwegischen Botschafters Kai Eide im Jahr 2005 folgte, der in seinem Bericht[1070] den Beginn der Verhandlungen zum finalen Status empfahl.[1071] Mit der Verabschiedung des Berichts von Kai Eide im UN-Sicherheitsrat begann auch offiziell der Verhandlungsprozess. Der UN-Generalsekretär betraute Martti Ahtisaari und seinen Stellvertreter Albert Rohan mit der Leitung der albanisch-serbischen Verhandlungen zum zukünftigen Status des Kosovo.[1072]

Parallel dazu intensivierte die EU ihr Engagement zur Konsolidierung des Friedens, und das European Commission Liaison Office to Kosovo in Prishtina wurde eröffnet. Die Kontaktgruppe schloss in erweiterter Form als „Contact Group Plus" Vertreter der UNMIK und der NATO, die Präsidentschaft der EU und den Hohen Vertreter für die Gemeinsame Außen- und Sicherheitspolitik der EU, Javier Solana, ein.[1073] Mit der Reaktivierung der Kontaktgruppe, der die vier wichtigsten Mitgliedstaaten der EU angehörten, wurde die Rolle der UNMIK in den internen Prozessen und bei den Verhandlungen über den Status des Kosovo deutlich geschwächt.[1074]

Trotz der Zurückhaltung Russlands empfahl die Kontaktgruppe im November 2005 in Übereinstimmung mit dem zweiten Bericht des Botschafters Kai Eide den Beginn der Verhandlungen zum Status und listete zehn leitende Prinzipien zur Lösung der Statusfrage auf.[1075] Im Wesentlichen wurden diese Prinzipien in einen Rahmen und einen Roten Faden für die Verhandlungsparteien umgewandelt, obwohl sich darunter keine Bestimmung über die Unabhängigkeit

---

[1067] Siehe UN Security Council, 4886th Meeting, 17 December 2004.
[1068] Siehe UN News Service, Prishtina, 31 December 2003.
[1069] Auslöser für die Unruhen war die Ermordung von drei albanischen Kindern in Mitrovica seitens der Serben. Während dieser Unruhen wurden 11 Albaner und 6 Kosovo-Serben ermordet. Siehe Ukshini, Sylë: Dalja nga Prapakthimi, in: Asociacionit Kosovar të Studentëve të Shkencave Politike, Prishtinë, 20.04.2004, Gespräch mit dem Rat für Freiheiten und Menschenrechte, Prishtina, 1. März 2012.
[1070] Eide, Kai: A Comprehensive Review of the Situation in Kosovo, http://www.un.org/press/en/2004/sgsm9496.doc.htm.
[1071] Siehe United Nations Security Council: Letter dated 17 November 2004 from the Secretary-General addressed to the President of the Security Council, Annex: Report on the situation in Kosovo, S/2004/932, 30 November 2004.
[1072] Rücker, Joachim: Standard and Status, S. 38; „Kosovo-Politiker begrüßen Empfehlung für Statusgespräche", *DW*, 09.10.2005, http://www.dw.de/dw/article/6/0,,1740456,00.html.
[1073] Vgl. Kramer, Helmut / Džihić, Vedran: Die Kosovo-Bilanz. Scheitert die internationale Gemeinschaft?, Wien 2005, S. 191.
[1074] Weller, Marc: Contested Statehood: Kosovo's Struggle for Independence, Oxford 2009, pp. 194 f.
[1075] Siehe: Guiding principles of the Contact Group for a settlement of the status of Kosovo, https://www.esiweb.org/pdf/kosovo_Contact%20Group%20-%20Ten%20Guiding%20principles%20for%20Ahtisaari.pdf.; Brief von Shawn Burns vom 5. November 2005 an Präsident Ibrahim Rugova und Premierminister Bajram Kosumi, in: Archiv des Ministerpräsidenten in Prishtina.

befand. Punkt 6 enthält eines der wichtigsten Prinzipien für die Zukunft des Kosovo. Explizit wurden folgende Hauptpunkte definiert: Erstens wurde die Rückkehr des Kosovo in die Lage vor März 1999 ausgeschlossen. Zweitens wurde betont, dass es keine Aufteilung und auch keine Vereinigung des Kosovo mit einem anderen Staat oder einem Teil eines anderen Staates geben dürfe.[1076] Dies schloss vorzeitig jegliche Idee von Territorienaustausch aus, wie beispielsweise den Norden des Kosovo Serbien und die Region Presheva dem Kosovo zuzuordnen. Man hat es hier mit der Bekräftigung des bekannten Grundsatzes *uti possidetis* (Herrscher über das Territorium nach Ende des Konflikts) zu tun, das heißt, die aktuellen administrativen Grenzen des Kosovo sollten zu internationalen Grenzen werden. Dieser Grundsatz wurde im jugoslawischen Kontext bei der Anerkennung der Unabhängigkeit der jugoslawischen Ex-Republiken innerhalb der damaligen administrativen Grenzen nach den rechtlichen Empfehlungen der Badinter-Kommission angewandt. Tatsächlich öffnete sich durch diese Grundsätze der Weg zur Anerkennung einer „entschädigenden Selbstbestimmung" (*remedial self-determination*), eines Rechts auf Selbstbestimmung zum Ausgleich eines durch eine Regierung an einem Volk verursachten Schadens durch diese Regierung.[1077] In ihren leitenden Grundsätzen betonte die Kontaktgruppe ebenfalls, dass die endgültige Lösung für das kosovarische Volk akzeptabel sein müsse.

Es war klar, dass die Kontaktgruppe und andere internationale Organisationen am Ende ihre anfänglichen Positionen gegenüber dem Unabhängigkeitsstreben der dominierenden albanischen Bevölkerung Kosovos gewechselt hatten.[1078] Ein anderes positives Element für den Verhandlungsprozess war die Forderung der Kontaktgruppe, das finale Dokument von Ahtisaari bis Ende 2006 vorzustellen.[1079]

Als Preis für die leitenden Grundsätze, besonders in Punkt 3, verlangte man von den Kosovaren große Zugeständnisse gegenüber den Minderheiten,[1080] besonders im Bereich der Dezentralisierung, eingeschlossen hier auch die Akzeptanz der besonderen Privilegien der serbisch-orthodoxen Kirche im Kosovo. Der Hohe Vertreter für die Gemeinsame Außen- und Sicherheitspolitik, Javier Solana, forderte die kosovarische Seite auf, erhebliche Zugeständnisse im Bereich der Dezentralisierung zu machen.[1081] Der Rat der EU bevollmächtigte die Kommission und Javier Solana, Vorschläge für das Engagement der EU im Kosovo nach dem Beschluss zum Status zu erarbeiten.[1082] Diese Vorschläge empfahlen, dass auch diese zwei Institutionen – so wie auch das Europäische Parlament – grundsätzlich die Unabhängigkeit des Kosovo unterstützen. Tatsächlich hatten die Kommission, das Europäische Parlament und der Vertreter für Außenpolitik gegen Mitte 2005 diesbezüglich ihre Standpunkte angenähert, doch bei den EU-Mitgliedstaaten gab es keine einheitliche Haltung zur Unabhängigkeit. Gleichzeitig betonte der Europäische Rat, dass jedes Abkommen zum Status Kosovos keine Rückkehr zur Lage vor März 1999 beinhalten wird.[1083] Doch beschränkten sich die EU-Mitgliedstaaten wegen ihrer einander widersprechenden

---

[1076] Siehe Guiding principles of the Contact Group for a settlement of the status of Kosovo, 7th October 2005.
[1077] Mehr zum Thema siehe Weller, Marc: Contested Statehood: Kosovo's Struggle for Independence, Oxford 2009, pp. 16-20.
[1078] Vgl. Ukshini, Sylë: „Kursi i ri bashkësisë ndërkombëtare", in: *Koha Ditore*, 02.05.2005; International Crisis Group: Kosovo: The Challenge of Transition, Europe Report No. 170, 17 February 2006.
[1079] Vgl. Erklärung der Kontaktgruppe v. 31.01.2006 in London (Außenminister-Treffen der Kontaktgruppe zu Kosovo am 31.01.2006 in London).
[1080] Mehr dazu: Weller, Marc: Die Verfassung Kosovos und der Schutz der Minderheiten, Dokumentation, in: *SOE* 56 (2008), 115-156.
[1081] Treffen zwischen dem kosovarischen Premierminister Bajram Kosumi und Javier Solana, 06.12 2005, Archiv des Ministerpräsidenten der Republik Kosovo. An diesem Treffen hat auch der Autor dieser Studie teilgenommen.
[1082] Rat der Europäischen Union, 2641. Tagung des Rates Allgemeine Angelegenheiten und Außenbeziehungen, 21. Februar 2005, S. 11.
[1083] Europäischer Rat, Schlussfolgerungen des Vorsitzes, Brüssel, 16.-17. Juni 2005, S. 35, Abs. 9.

Haltungen auf einen Aufruf an die Konfliktparteien zum Willen zum Kompromiss und zum „konstruktiven Dialog". Dies bedeutete, dass es keine vertikale Kohärenz zum zukünftigen Status Kosovos gab. Neben Spanien, Zypern, Rumänien und der Slowakei war auch Griechenland unter den EU-Mitgliedstaaten, welche die Unabhängigkeit ablehnten. Als Argument diente sehr häufig, dass diese einen Präzedenzfall im Internationalen Recht schaffen würde, wonach das Recht der nationalen Selbstbestimmung gegenüber dem Grundsatz der staatlichen Souveränität Vorrang habe.[1084]

8.6. Der Beginn der Verhandlungen über den Status des Kosovo und die Rolle der EU

Gegenüber den generell verhärteten Haltungen zwischen den Albanern des Kosovo und Serbien artikulierte die EU bis Ende 2005 keine einheitliche Haltung oder kohärente Strategie zur Lösung der Statusfrage.[1085] Dies war seit dem ersten Treffen zwischen der kosovarischen und der serbischen Seite deutlich, das Ende 2003 vom Chef der UNMIK, Harri Holkeri, veranstaltet wurde.[1086] Bei diesem Treffen am 14. Oktober 2003 im österreichischen Bundeskongresssaal in Wien – im selben Saal, wo der Wiener Kongress 1815 stattgefunden hatte und wo die neue Karte Südosteuropas skizziert wurde,[1087] – kam nichts heraus. Der Effekt dieses Treffens war, die Kosovaren daran zu erinnern, dass Europa die Angelegenheit des Status des Kosovo nicht vergessen hatte.

Unabhängig davon sprach die EU nun schon über eine Poststatus-Rolle, indem sie zu verstehen gab, dass es sich um ein Problem eines multilateralen Ansatzes handle. Der Kommissar für Erweiterungspolitik der EU, Oli Rehn, erklärte, die zukünftige Rolle der EU im Kosovo hänge von der Lösung des Statusproblems ab.[1088]

Daneben unterstützten die Außenminister der EU die Ahtisaari-Mission und deren Bemühungen um eine Lösung für den Status des Kosovo. Im Bericht von Javier Solana und von Oli Rehn wurde deutlich, dass die Teilnahme der EU aus drei Hauptkomponenten bestand, und es wurde konstatiert, dass das Kosovo über die Fähigkeit verfügen müsse, Verträge mit der EU zu schließen, worüber auch die anderen Länder der Region verfügten.[1089] In der EU existierte Konsens, dass Brüssel die Verantwortung für alle zivilen Überwachungsaufgaben im Kosovo übernehmen sollte. Deswegen beschloss die Europäische Kommission zwei Vertretungen in Prishtina. Das „European Union Planning Team for Kosovo" (EUPT) bereitete ab April 2006 eine ESVP-Mission vor, in deren Rahmen Experten aus der EU den Ausbau von Polizei und Justiz im Kosovo nach der Klärung des Status unterstützen sollten.[1090] Das „International Civilian Office" (ICO) bildete hingegen den Vorläufer für jene internationale Überwachungsmission, die an die Stelle der UNMIK treten sollte.[1091]

[1084] Vgl. International Crisis Group: Kosovo. The Challenge of Transformation, Europe Report No. 177, 17 February 2006.
[1085] Vgl. Kramer, Helmut / Dzihic, Vedran: Die Kosovo Bilanz. Scheitert die internationale Gemeinschaft?, Wien 2005, S. 30-32.
[1086] Siehe „Gespräch Mitte Oktober in Wien", in: Die Presse, 24.09.2003.
[1087] Vgl. Lain, King / Whit, Mason: Paqe me çdo kusht. Si dështoi bota në Kosovë, Prishtinë 2007, S. 177.
[1088] Interview „on-line" mit Oli Rehn, 13.07.2005.
[1089] Ebenda.
[1090] Siehe Gemeinsame Aktion 2006/304/GASP des Rates v. 10.04.2006 zur Einsetzung eines EU-Planungsteams (EUPT Kosovo) bezüglich einer möglichen Krisenbewältigungsoperation der Europäischen Union im Bereich der Rechtsstaatlichkeit und in möglichen anderen Bereichen im Kosovo, ABl. L 112 v. 26.04.2006, S. 19-23.
[1091] Vgl. International Crisis Group: Kosovo Status: Delay is Risky, Europe Report No. 177, 10. November 2006, pp. 7-11.

Parallel zu diesen Maßnahmen der EU diskutierte die internationale Gemeinschaft die Status-Frage. Von Beginn an bestanden die Kosovo-Albaner und Serbien auf ihren verhärteten Positionen. Nach 15 direkten Verhandlungsrunden in Wien wurde deutlich, dass die Verhandlungsparteien nicht von ihren Positionen abließen. Die Haltung der kosovarischen Seite war klar, sie akzeptierte keine niedrigere Lösung als die Unabhängigkeit, war jedoch bereit, über Formen der Dezentralisierung zu sprechen, die die Interessen der serbischen Minderheit erfüllen sollten.[1092] Auf der anderen Seite war die serbische Haltung eine konfuse Option „mehr als Autonomie und weniger als Unabhängigkeit" für Kosovo unter der Souveränität Belgrads. Die serbische Seite erklärte deutlich ihre Unzufriedenheit mit dem Verlauf der Gespräche in Wien und richtete sich mit einem Schreiben, in dem Ahtisaari beschuldigt wurde, zu den Kosovo-Albanern zu halten, an die Außenminister der Kontaktgruppe.[1093]

Inzwischen begannen die Verhandlungen über den Status des Kosovo mit einer Tour des Besonderen Gesandten der Vereinten Nationen, Martti Ahtisaari, und seines Vertreters Albert Rohan in Prishtina und in Belgrad. Danach konzentrierte man sich in den direkten Verhandlungen zwischen den Delegationen des Kosovo[1094] und Serbiens,[1095] die im Februar 2006 begannen, hauptsächlich auf die Dezentralisierung und die Kompetenzen der Kommunen des Kosovo, die überwiegend von Serben bewohnt waren. In dieser Funktion arbeitete das *Office of the Special Envoy for Kosovo, UNOSEK*,[1096] mit Sitz in Wien eng mit den Mitgliedstaaten der Kontaktgruppe und anderen relevanten Akteuren, wie den Vereinten Nationen, dem Sicherheitsrat, der NATO, der EU u.a. zusammen.

Als Antwort auf den Schritt der Vereinten Nationen und zur Demonstration einer aktiveren Rolle der EU-Außenpolitik hatte das Team der EU für das Kosovo eine ständige Präsenz im Büro des Emissärs der Vereinten Nationen für den Status. Die Außenminister der EU-Mitgliedstaaten unterstützten die Nominierung des Diplomaten Stefan Lehne seitens des Hohen Vertreters der Außen- und Sicherheitspolitik der EU zum Vertreter der EU für den Prozess der Definierung des zukünftigen Status des Kosovo.[1097] Der Rat konstatierte ebenfalls, dass der Vertreter der EU eng mit den Mitgliedstaaten und der Europäischen Kommission zusammenarbeiten wird, mit dem Ziel des Aufbaus eines kohärenten Ansatzes der EU in verschiedenen Angelegenheiten des Status und in der substantiellen Unterstützung der Bemühungen des Emissärs der Vereinten Nationen.[1098] An der Sitzung der Kontaktgruppe am 31. Januar 2006 in London nahmen außer den Außenministern der Kontaktgruppe der Hohe Vertreter für die Gemeinsame Außen- und Sicherheitspolitik Javier Solana, der Chef-Unterhändler für den Status des Kosovo Martti Ahtisaari

---

[1092] Am 17. November 2006 verabschiedet das Parlament des Kosovo eine Resolution, um den Willen der Menschen für einen souveränen Staat Kosovo zu bekräftigen.
[1093] Schneider, Wieland: Kosovo/Kosova in der albanisch-serbischen und der internationalen Auseinandersetzung, Diplomarbeit, Universität Wien, 2008, S. 179.
[1094] Die kosovarische Delegation, bekannt auch unter der symbolischen Bezeichnung „Einheits-Team" (Grupi i Unitetit), wurde vom kosovarischen Präsidenten Ibrahim Rugova ins Leben gerufen und geleitet. Nach Rugovas Tod übernahm dann der neue Präsident Fatmir Sejdiu die Leitung.
[1095] Die serbische Delegation war weniger in dieser Form strukturiert, aber stets von der Politik des Premiers Koštunica und des Präsidenten Tadić beeinflusst. Eine Zeit lang wurde sie von der Leiterin des Koordinationszentrums für den Kosovo, Sandra Rašković-Ivič geführt. Vgl. Baliqi, Bekim: Externes State-Building durch die Vereinten Nationen: Am Fallbeispiel des Kosovo, Diss., Universität Wien, 2008, S. 157.
[1096] Mehr dazu: Boskovic, Ana: Die Rolle der UNOSEK bei der Lösung der Kosovo-Statusfrage, Diplomarbeit, Universität Wien, 2010.
[1097] „EU representative to the Kosovo Future Status Process", in: *European Union Newsletter*, December 2005, No. 3, p. 2, The European Commission Liaison Office in Kosovo, http://www.europa.eu/delegations/kosovo/documents/newsletter/eu_newsletter_03_en.pdf.
[1098] Ebenda.

und NATO-Generalsekretär Jaap de Hoop Scheffer teil.[1099] In dieser Phase herrschte auch zwischen den EU-Mitgliedstaaten keine große Einigkeit. Besonders Großbritanien war es, das im Vergleich zu seinen anderen europäischen Partnern einen Schritt voranging. Der Mangel an Fortschritten bei den diskutierten Themen zwang Martti Ahtisaari mehrere Male, seinen Vorschlag zum Status zu verlängern. Nach mehr als 14 Monaten unfruchtbarer Verhandlungen zur Zukunft des Status Kosovos erklärte er, ein Kompromiss zwischen Prishtina und Belgrad sei nicht möglich.[1100] Schlussendlich stellte er am 2. Februar 2007 den „*umfassenden Vorschlag für eine endgültige Lösung der Statusfrage des Kosovo*" vor. „*Belgrad war bereit alles, außer der Unabhängigkeit, zu akzeptieren, Prishtina dagegen wollte nichts weniger als die Unabhängigkeit*", betonte er. In seinem Bericht an den Sicherheitsrat der Vereinten Nationen konstatierte Ahtisaari:

„*I have come to the conclusion that the only viable option for Kosovo is independence, to be supervised for an initial period by the international community.*"[1101]

Wie erwartet, wurde dieser Vorschlag sowohl von den Serben als auch von den Russen abgelehnt. Das Ergebnis war eine Blockade auf internationaler Ebene. Russland hatte sich gegen den Vorschlag Ahtisaaris erklärt und drohte, dieses Dokument im UN-Sicherheitsrat nicht zu verabschieden, wenn Belgrad es nicht unterzeichne.[1102] Die Reaktion der Präsidentschaft der EU war unmittelbar; sie äußerte, dass die Lösung der Statusfrage zur regionalen Sicherheit und Stabilität beitrage und dies einen wichtigen Schritt in Richtung euro-atlantischer Integration darstelle.[1103] In der Zwischenzeit verfassten die USA, Großbritannien und Frankreich von Mai bis Juli 2007 fünf Resolutionen zur Anerkennung des Ahtisaari-Plans im UN-Sicherheitsrat.[1104] Doch wegen der andauernden Drohungen seitens Russlands, von seinem Veto-Recht Gebrauch zu machen, wurde klar, dass die Unabhängigkeit des Kosovo auch ohne einen Beschluss des UN-Sicherheitsrats akzeptiert würde.[1105]

8.7. Vorschlag von Ahtisaari und Ablehnung seitens der UNO

Der umfassende Vorschlag für die Lösung des Status des Kosovo des Gesandten der Vereinten Nationen, Martti Ahtisaari, war ein Rahmenabkommen, das aus 14 Artikeln und 12 Anlagen bestand.[1106] Dieses Dokument war ein Kompromiss und bot besondere Rechte für die Gemeinschaften der Minderheiten mit dem Ziel des leichteren Übergangs, damit Russland im UN-Sicherheitsrat nicht von seinem Veto-Recht machte. Den Albanern des Kosovo eröffnete dieser Plan die Perspektive der uneingeschränkten Unabhängigkeit, den Serben des Kosovo umfassende Rechte, Sicherheit und privilegierte Verhältnisse zu Serbien. Auch Serbien erlangte die Chance, die Ver-

---

[1099] Mehr zum Thema siehe Weller, Marc: Contested Statehood: Kosovo's Struggle for Independence, Oxford 2009, pp. 16-20
[1100] United Nations Office of the Special Envoy for Kosovo: Vienna High-level Meeting Concludes 14 Months of Talks on the Future Status Process for Kosovo, Vienna, 10 March 2007; „Kosovo-Gespräche gescheitert", in: *Die Presse*, 12.03.2007.
[1101] Report of the Special Envoy of the Secretary-General on Kosovo's Future Statatus, United Nations, Security Council, S/2007/168, 26 March 2007, http://www.un.org/press/en/2007/sgsm10923.doc.htm.
[1102] Weller, Marc: Contested Statehood: Kosovo's Struggle for Independence, Oxford 2009, p. 210.
[1103] Siehe Erklärung der Präsidentschaft der EU zu dem von Martti Ahtisaari heute in Belgrad und in Prishtina zu übergebenden Vorschlag zur Lösung des Kosovo-Status, 02.02.2007, http://www.eu2007.de/de/News/CFSP_Statements/February/0202Kosovo.html.
[1104] Erklärung der Präsidentschaft der EU zur heutigen Übermittlung des Vorschlags zum künftigen Status des Kosovo an den VN-Sicherheitsrat, 26.03.2007.
[1105] EU skeptisch über Verhandlungen für Kosovo, in: *NZZ*, 24.09.2007.
[1106] Comprehensive Proposal for the Kosovo Status Settlement, 2 February 2007, https://www.kuvendikosoves.org/common/docs/Comprehensive%20Proposal%20.pdf.

gangenheit hinter sich zu lassen und in Richtung seiner europäischen Zukunft zu schauen.[1107] Der Ahtisaari-Plan legalisierte die autonome Funktionalität der serbischen Kommunen,[1108] was die interne Funktionalität des Staates Kosovo in Frage stellte. Im Unterschied zum Dayton-Abkommen, das im zerbrechlichen bosnischen Staat Frieden, jedoch nie eine innere Einheit schuf, bot dieses internationale Dokument eine stabilere Lösung für das Kosovo. Wenn aber gewollt war, das Dayton-Szenario zu verhindern, das das staatsbildende Element der Serbischen Republik in Bosnien-Herzegowina legitimierte, dann musste die Möglichkeit verhindert werden, dass der Norden sich als eine autonome politische Entität innerhalb des Staates Kosovo etablierte.[1109]

Obwohl im ganzen Dokument von Ahtisaari die Erwähnung des Begriffes „Unabhängigkeit" vermieden wurde, beinhaltete sein Vorschlag zur Lösung des Status tatsächlich alle Attribute eines staatlichen unabhängigen Systems und sah die Mitgliedschaft des Kosovo in den internationalen Organisationen sowie einen Zugang zu internationalen Förderungsinstitutionen vor.[1110] Weil sie darauf abzielten, das Kosovo um jeden Preis unabhängig zu machen, machten die Kosovo-Albaner ungewöhnliche Kompromisse, besonders in zwei Bereichen: erstens bei den erweiterten Rechten für die serbische Minderheit im zentralen und lokalen Bereich und bei deren direkten Verbindungen mit Serbien, welche die die politische und territoriale Integrität des Kosovo maximal relativierten;[1111] zweitens machte die massive Präsenz der internationalen Gemeinschaft in Gestalt von KFOR, EULEX, ICO und des Besonderen Vertreters der EU das Kosovo zu einem der seitens der internationalen Gemeinschaft am intensivsten kontrollierten Staaten.[1112]

Die Anlage V des umfassenden Ahtisaari-Plans sah Rechte, Privilegien und Immunitäten der serbisch-orthodoxen Kirche vor, und es sollten geschützte Zonen für Klöster und orthodoxe Kirchen geschaffen werden. Hinzu kommt, dass der lokalen serbischen Minderheit von rund 6 % Rechte angeboten werden, die keine andere Minderheit in Europa besitzt.[1113] Wegen des internationalen Drucks seitens der USA und der EU war die kosovarische Delegation dazu gezwungen, innerhalb der Dezentralisierung die Teilung Mitrovicas in zwei Kommunen zu akzeptieren, im Süden eine mit Albanern bewohnte, im Norden wird nach Art. 3.7-9 des Anhangs I die Teilnahme und Wahl der Minderheiten im Parlament für Angelegenheiten gesichert, die Einfluss auf die *„nicht-mehrheitliche"* Gemeinschaft haben; diese Rechte können nicht mit einfacher Mehrheit oder durch ein Referendum eingeschränkt werden. Auf Zentralniveau wurden für die serbische Minderheit Ministerposten und zehn Sitze im Parlament reserviert.[1114] Tatsächlich garantierte dieser Plan eine weite Autonomie (einen besonderen Status) auch für drei weitere

---

[1107] Vgl. International Crisis Group: Kosovo: No Good Alternatives to the Ahtisaari Plan, Europe Report No. 182, 4 May 2007, https://www.files.ethz.ch/isn/31172/eur_rep_182_kosovo.pdf.
[1108] Annex II of the Comprehensive Proposal for the Kosovo Status Settlement.
[1109] Ukshini, Sylë: Kosovo, between the Ahtisaari Plan and Tadic's Four Point Plan International community in search of a new plan for the north of Kosovo, May 2012, unveröffentlichtes Papier.
[1110] Art. 1 Abs. 1.5 of the Comprehensive Proposal for the Kosovo Status Settlement.
[1111] Vgl. Annexes II, III and V of the Comprehensive Proposal for the Kosovo Status Settlement.
[1112] Vgl. Annexes VIII, IX, X and XI of the Comprehensive Proposal for the Kosovo Status Settlement.
[1113] Vgl. Annex V of the Comprehensive Proposal for the Kosovo Status Settlement.
[1114] „For the first two electoral mandates upon the adoption of the Constitution, the Assembly of Kosovo shall have twenty (20) seats reserved for representation of Communities that are not in the majority in Kosovo, as follows: Ten (10) seats shall be allocated to the parties, coalitions, citizens' initiatives and independent candidates having declared themselves representing the Kosovo Serb Community and ten (10) seats shall be allocated to other Communities as follows: the Roma community one (1) seat; Ashkali community one (1) seat; the Egyptian community one (1) seat; and one (1) additional seat will be awarded to either the Roma, the Ashkali or the Egyptian community with the highest overall votes; Bosniak community three (3) seats; Turkish community two (2) seats; and Gorani community one (1) seat. Any seats gained through elections shall be in addition to the ten (10) reserved seats allocated to the Kosovo Serb Community and other Communities respectively." Siehe The Comprehensive proposal for the Kosovo Status, Annex I – Constitutional Provisions, Article 3.2.

Kommunen mit einer serbischen Bvölkerungsmehrheit. Außerdem erhielten die Vertreter der Minderheiten eine wichtige Rolle bei der Auswahl der Mitglieder des Verfassungsgerichts (Art. 6.6 des Anhangs I) und bei einer Verfassungsänderung (Art. 10 des Anhangs I).

Im Unterschied zur Resolution 1244 des UN-Sicherheitsrats erwähnte das Ahtisaari-Dokument nicht die Wahrung der territorialen Integrität Jugoslawiens bzw. Serbiens. Es wurde ebenfalls vorgesehen, dass das Mandat der UNMIK abläuft und dass alle legislativen und exekutiven Kompetenzen auf die Autoritäten Kosovos übergehen. Das Paket bestätigte die Absicht, Kosovo mit Kapazitäten auszustatten, um internationale Verhältnisse zu schaffen und um Kosovo die Mitgliedschaft in internationalen Organisationen zu ermöglichen. Außerdem enthielt dieses Dokument alle notwendigen Elemente dafür, dass das Kosovo ein Staat werden und als solcher anerkannt werden konnte. Da jedoch eine überwachte Unabhängigkeit vorgesehen war, wurden im Anhang IX die Kompetenzen und das Mandat des internationalen Zivilvertreters beschrieben, dann auch die internationale militärische Präsenz (Anhang XI).[1115] Gleichzeitig wurde in Anhang X das Mandat der Europäischen Mission für Sicherheitspolitik und Verteidigung beschrieben:

"*Article 1 Mandate and Powers*
1.1 The ESDP Mission shall, under the direction of the European Union Special Representative, exercise the power as outlined in Article 2.3 of Annex IX of this Settlement.
1.2 The ESDP Mission and its personnel will be accorded the privileges and immunities as specified in Article 4.6 of Annex IX of this Settlement.
Article 2 Structure
2.1 The Head of the ESDP Mission shall be appointed by the Council of the European Union.
2.2 The Head of the ESDP Mission may establish whatever presence he/she deems necessary, at a central and/or local level, to ensure full implementation of the rule of law elements of this Settlement.
Article 3 Cooperation
3.1 Kosovo shall facilitate all appropriate assistance to the ESDP Mission necessary for the efficient and effective discharge of its duties, including the provision of logistical and administrative support as necessary."[1116]

Dies war auch der Grund, warum dieser Plan, mit Ausnahme Russlands, vom Vertreter für Außenpolitik der EU, Javier Solana, und dem Generalsekretär der Vereinten Nationen, Ban Ki-Moon, unterstützt wurde. Mit allen Begrenzungen bot der Plan Elemente für eine zukünftige Verfassung und ermöglichte dem Kosovo die Grundelemente einer Staatlichkeit, einschließlich einer eigenen Armee.[1117] Der umfassende Vorschlag Ahtisaaris wurde im Kosovo, mit Ausnahme der Bürgerinitiative „Vetëvendosja" (VV), von allen kosovo-albanischen politischen Parteien akzeptiert, da dieser Plan unter den damaligen nationalen und internationalen Umständen eine einzigartige Möglichkeit zu sein schien.

Das schwache Element des Ahtisaari-Pakets für eine überwachte Unabhängigkeit des Kosovo war die Umsetzungsmethodologie; der UN-Sicherheitsrat musste eine neue Resolution verabschieden, da deutlich war, dass Russland sein Veto-Recht gegen dieses Dokument nutzen würde, so wie es auch auf der Rambouillet-Konferenz und während der NATO-Intervention gegen

---

[1115] Siehe The Comprehensive Proposal for the Kosovo Status Settlement, Annex XI – International Military Presence.
[1116] The Comprehensive Proposal for the Kosovo Status Settlement, Annex X – European Security and Defence Policy (ESDP) Mission.
[1117] Vgl. Verfassung und eigene Armee, aber kein „Staat", in: *FAZ*, 02.02.2007.

das restliche Jugoslawien geschehen war. Russland hielt bis zuletzt konsequent seine ablehnende Haltung gegenüber dem Ahtisaari-Plan bzw. gegen die Unabhängigkeit des Kosovo aufrecht.

Es gibt die Meinung, dass der Kohärenzmangel in der Außenpolitik der EU während der Endphase der Regelung des Status des Kosovo, der Mangel einer klaren Unterstützung des „*endgültigen umfassenden Vorschlag zur Lösung des Status von Kosovo*" Russland dazu bewog, sich gegen dessen überwachte Unabhängigkeit zu erklären. Unter diesen Umständen konnte natürlich keine neue Resolution zur Unterstützung der zukünftigen Mission der EU im Kosovo verabschiedet werden. Mit ihrer zögernden Haltung schwächten einige EU-Mitgliedstaaten die Kohäsion der EU-Außenpolitik.

„*Es ist bedauerlich, dass es bisher nicht gelungen ist, völlige Einheit herzustellen. Zwar wird fast von allen EU-Staaten der Ahtisaari-Plan unterstützt. Es gibt aber drei bis vier Länder, die einen eigenen Weg gehen wollen. Das schwächt die Europäische Union. Kosovo ist ein europäisches Problem. Wenn die EU schon hier keine einheitliche Haltung findet, dann ist es um die gemeinsame Außenpolitik traurig bestellt*"[1118], resümiert Albert Rohan.

[1118] Interview mit Albert Rohan: „Man kann den Serben nicht mehr anbieten", *Die Presse*, 29.08.2007, http://diepresse.com/home/politik/aussenpolitik/326469/Man-kann-den-Serben-nicht-mehr-anbieten.

8.8. Neue Verhandlungen unter Führung der Troika

Die Mehrheit der EU-Mitgliedstaaten und die USA unterstützten den *„Comprehensive Proposal"* und sahen ihn auch als eine gute Grundlage für die weiteren Verhandlungen im UN-Sicherheitsrat.[1119] Deswegen vermieden sie es, direkt über die Unabhängigkeit zu sprechen, und erwähnten den Teil des Ahtisaari-Plans nicht, der explizit die Souveränität betonte. Hingegen ging die russische Blockade im UN-Sicherheitsrat weiter, was die Verabschiedung eines Resolutions-Entwurfs zum Kosovo unmöglich machte. Somit erfuhr der Ahtisaari-Plan einen ersten internationalen Schlag, im Kosovo dagegen begann der interne Druck zur einseitigen Unabhängigkeitserklärung zu wachsen. Ebenfalls wurde die Handlungsfähigkeit des Europäischen Rates weiter eingeengt, da, im Gegensatz zu den USA, viele EU-Mitgliedstaaten nicht bereit waren, einen solchen Schritt seitens des Kosovo zu akzeptieren.[1120] Nicht nur der Europäische Rat, sondern auch das Europäische Parlament und die Kommission betonten unmittelbar nach Veröffentlichung des Ahtisaari-Plans die Wichtigkeit der Regelung des Status Kosovos durch eine neue UN-Resolution. Die Anerkennung der einseitig erklärten Unabhängigkeit Kosovos ohne eine UN-Resolution stellte ein politisches und rechtliches Problem für die EU dar. Trotz der Tatsache, dass die Kompetenzen der EU im Bereich der Außenpolitik begrenzt waren, unterstützte sie einen multilateralen Ansatz. Des Weiteren ergab sich diese Haltung der EU aus dem rechtlichen Aspekt, dass die zwei europäischen Missionen (ESVP und EU-Sondergesandter) in der Zukunft im Kosovo eine ausreichende internationale rechtliche Grundlage benötigten. Mit der Initiative des Europäischen Rates in der Zeit von August bis Dezember 2007 wurden in der sogenannten „Troika" – bestehend aus dem EU-Vertreter (Wolfgang Ischinger), den USA (Frank Wiesner) und Russland (Alexander Botsan-Kharchenko) – weitere Gespräche zwischen dem Kosovo und Serbien geführt.[1121] Mit Ischinger, einem hoch profilierten Diplomaten, wollten die Europäer ein Gleichgewicht gegenüber den Amerikanern schaffen.[1122] Mit dieser Drei-Staaten-Konstellation sollten die Gespräche seitens der EU und der Kontaktgruppe erleichtert werden. Ischinger sollte ebenfalls den EU-Außenministern berichten.[1123] Innerhalb kurzer Zeit stellte der EU-Gesandte Ischinger eine Liste aus 14 möglichen Kompromisspunkten vor, durch welche man alle Vorbehalte gegenüber der Unabhängigkeit zu überwinden suchte.[1124] Zur Reihe von Test-Vorschlägen im Prozess der Statuslösung Kosovos kam ein weiterer Vorschlag von Ischinger hinzu, nämlich die Normalisierung der Beziehungen zwischen dem Kosovo und Serbien nach dem Modell der zwei deutschen Staaten im Jahr 1972.[1125]

Die Weiterführung der 120-tägigen Gespräche versprach keine weitergehende Lösung als die von Ahtisaari, doch dienten sie mehr dazu, Zeit zu gewinnen, bis innerhalb der EU ein Konsens gefunden würde. Mit anderen Worten, man wollte eine Einigkeit und Koordination in der europäischen Haltung über den Status erreichen, um im Bedarfsfall eine kritische Masse von EU-Mitgliedstaaten zu erreichen, die gemeinsam mit den USA das Kosovo anerkannten. Russland

---

[1119] Siehe Council of the European Union, External Relations, Conclusions on Western Balkans, 18 June 2007, pp. 1 f.
[1120] Siehe Kosovo Future Fuels Serious EU Divisions, in: *EU Observer*, 10.09.2007, https://euobserver.com/foreign/24731.
[1121] Vgl. „EU will neue Verhandlungen über den Kosovo", in: *NZZ*, 24.07.2007; Cufaj, Beqë: „Pranohet Trojka – s´ka agjendë për negociata", in: *Koha Ditore*, 26.07.2007.
[1122] Vgl. Wimmer, Willy: „Die Kosovo-Falle", in: *Freitag*, 23.11.2007.
[1123] Vgl. „Völkerrechtliche Drehbücher für das Kosovo", in: *FAZ*, 05.12.2007.
[1124] Diese Punkte sind als „The 14 Working Points Charts" im Anhang 8 des endgültigen Troika-Berichts zu finden. Siehe „14 Punkte für den Kosovo", in: *Die Presse*, 22.10.2007.
[1125] Vgl. Ischinger, Wolfgang / Rolofs, Oliver: Kosovo und Serbien: Möglichkeiten für einen Modus vivendi?. in: *SOE* 50:4-5 (2010), 6-19.

dagegen war für unbefristete Gespräche[1126] mit dem Ziel der Stärkung der serbischen Position, um die Kosovo-Frage, so lange es ging, offen zu lassen.

Inzwischen erklärten die EU-Außenminister, die Kosovo-Frage stelle „*zur Zeit die größte Herausforderung für die EU*" dar und einigen EU-Mitgliedstaaten gehe die Geduld aus, denn es müsse „*eine Lösung erreicht werden*".[1127] Nach dem Scheitern der Troika am 14. Dezember 2007 (das letzte Treffen fand im österreichischen Baden statt) trafen die EU-Außenminister zusammen, um über die Zukunft des Kosovo zu diskutieren. Der Europäische Rat äußerte sich unzufrieden darüber, dass die Parteien keine Einigung erreichen konnten, und konstatierte gleichzeitig, dass die Weiterführung der Gespräche verlorene Zeit wäre.[1128]

„*After 120 days of intensive negotiations, the parties were unable to reach an agreement on Kosovo's status (...) neither party was willing to concede its position on the fundamental question of sovereignty of Kosovo*",[1129] erklärte der europäische Vermittler Wolfgang Ischinger.

Doch trotz des Engagements der wichtigsten EU-Mitgliedstaaten, besonders derer, die auch Mitglieder der Kontaktgruppe waren,[1130] verpasste die EU den Moment, einstimmig zu sprechen und in ihrer Außenpolitik zu Kosovo einig aufzutreten. Jedoch zeigte sich die EU bereit, eine leitende Rolle bei der Erfüllung des Ahtisaari-Plans in der Post-Status-Zeit zu übernehmen.[1131] Hiermit signalisierte der Europäische Rat implizit eine Einigung darüber, die politische Statusfrage auch ohne die Zustimmung Serbiens und Russlands voranzubringen. Trotzdem sprachen die EU-Mitgliedstaaten nicht explizit über die Unabhängigkeit des Kosovo und auch nicht darüber, dass diese im Widerspruch zum Internationalen Recht stehe. Der Fall Kosovo wurde als ein Fall *sui generis* betrachtet, der nicht als Präzedenzfall genutzt werden könne.[1132] Der besondere Charakter der Kosovo-Frage wurde auch in der Unabhängigkeitserklärung Kosovos vom 17. Februar 2008 betont: „*Kosovo ist ein besonderer Fall aus der nicht-konsensualen Auflösung Jugoslawiens und kein Präzedenzfall für jegliche andere Situationen.*"[1133]

8.9. Zwischenresümee

Die EU, die innerhalb der vierten Säule der UNMIK engagiert war, war hauptsächlich für den Wiederaufbau der Infrastruktur und das Wirtschafts- und Sozialsystem sowie für die Privatisierung verantwortlich. Was den Stabilitätspakt und die begleitenden Stabilitäts- und Assoziierungsmechanismen angeht, gab es trotz der großen Erwartungen und Forderungen keinen schnellen Fortschritt. Tatsächlich hing alles von der Unklarheit des ungelösten Status des Kosovo ab. So konnte auch ein einfaches Abkommen für saisonale Beschäftigung von albanischen Arbeitskräften in der EU mit der Begründung, das Kosovo sei kein Staat, nicht realisiert werden.[1134]

[1126] „Troika nimmt Beratungen auf", in: *Der Standard*, 09.08.2007.
[1127] Palokaj, Augustin: „BE-ja gati për çdo skenar", in: *Koha Ditore*, 08.09.2007, 1.
[1128] Schlussfolgerung des Vorsitzes, Tagung des Europäischen Rates, Brüssel, 14. Dezember 2007.
[1129] Vgl. Goldirova, Renata: „Kosovo leadership rules out hurried steps towards independence", *euobserver.com*, 10.12.2007: http://euobserver.com/24/25305.
[1130] Ebenda.
[1131] Vgl. European Council, Brussels, Extract from the Presidency Conclusions, 14 December 2007.
[1132] Ebenda.
[1133] Vgl. Kosovo Declaration of Independence, Assembly of Kosovo, Prishtina, 17.02.2008, http://www.assembly-kosova.org/?cid=2,128,1635
[1134] Die Regierung von Kosovo hat 2004 die Initiative ergriffen und Vereinbarungen mit den EU-Mitgliedstaaten zur saisonalen Beschäftigung von Bürgern des Kosovo unterzeichnet. Trotz der erfolgreichen Gespräche zwischen der Regierung und diplomatischen Vertretern der EU-Mitgliedstaaten in Prishtina war die Antwort negativ: Der Kosovo sei kein Staat, könne also nicht förmlich Vereinbarungen billigen. (Quelle: Der Autor der Studie war Teilnehmer an diesen Gesprächen im Januar und Februar 2004.)

Rückblickend wäre, als im Juni 1999 der Krieg im Kosovo endete, dies der passende Moment gewesen, in dem die internationale Gemeinschaft seine Unabhängigkeit hätte anerkennen müssen. Zu dieser Zeit wäre die Unabhängigkeit des Kosovo von der Führung Serbiens leichter anerkannt worden, da die volle Verantwortung für den „Verlust" an die falsche Politik Miloševićs adressiert worden wäre.

Die EU leistete einen wichtigen Beitrag im Aufbauprozess des Staates Kosovo. Sie handelte nicht allein, sondern zu Beginn als fördernder Akteur und mit der Bestimmung von Standards. Die Maßnahmen zur Konsolidierung des Friedens und die Assoziierungspolitik, die die Europäische Kommission mit der Erlaubnis des Rats und in Übereinstimmung mit der internationalen UNMIK-Verwaltung anwandte, führten von Beginn an in Richtung Unabhängigkeit. Darüber gab es jedoch keine Einigkeit zwischen allen EU-Mitgliedstaaten. Im internationalen Aufbauprozess des Staates Kosovo war die Rolle der EU nicht von besonders großer Wichtigkeit, obwohl sie grundlegend zu dieser Entwicklung beigetragen hatte und sich auf die Übernahme einer Hauptrolle in der Post-Status-Zeit vorbereitet hatte. Deswegen ging die diplomatische Initiative auf die Kontaktgruppe über. Die Unruhen im Kosovo vom März 2004 führten zu einem grundlegenden Wendepunkt für die EU-Außenpolitik gegenüber der Frage des Status des Kosovo. Von diesem Moment an nahmen die EU und ihr Vertreter für Außenpolitik eine aktivere und immer deutlichere Position zum Lösungsbedarf für die Statusfrage des Kosovo ein, was letztendlich die Voraussetzung für die Annäherung des Kosovo an die EU war. Das Europäische Parlament und Javier Solana, der Hohe Vertreter für die EU-Außenpolitik, begünstigten ein souveränes Kosovo. Doch fehlte es ihnen an Entscheidungsmacht und Autorität zum Einfluss auf die Mitgliedstaaten in Bezug auf den Status des Kosovo. Doch waren bis zur Unabhängigkeitserklärung des Kosovo im Februar 2008 die EU-Mitgliedstaaten, die der Option der Unabhängigkeit widersprachen, eine Minderheit. Die EU-Außenpolitik zeigte in dieser Phase oft Unstimmigkeit durch eine widersprüchliche und im Wesentlichen ambivalente Haltung: Einerseits sei die Unabhängigkeit in der Resolution 1244 des UN-Sicherheitsrats nicht vorgesehen, andererseits sei sie wegen der neuen Realität unvermeidlich. Dieses ambivalente Verhalten der Außenpolitik wurde in hohem Maße durch einzelne EU-Mitgliedstaaten bestimmt, die der EU nur einen begrenzten Handlungsraum ließen.

In politischer Hinsicht stellte die russische Ablehnung einer Resolution des UN-Sicherheitsrates zur Unterstützung des Ahtisaari-Plans einen Schlag für die multilaterale EU-Politik dar. In rechtlicher Hinsicht machte die Nicht-Verabschiedung der Resolution die Mission der EU im Kosovo unmöglich; gleichzeitig scheiterte hierdurch der Ahtisaari-Plan. Für den Fall der Nicht-Erreichung einer gemeinsamen Haltung innerhalb der EU warnten die Mitgliedstaaten, außerhalb der EU tätig zu werden, wenn das Kosovo die Unabhängigkeit erkläre. So war die Mehrheit der EU-Mitgliedstaaten und der Kontaktgruppe an der Erstellung einiger Szenarien für das Kosovo und für die Entwicklung der Option der *„bedingten Unabhängigkeit"* (*„conditional independence"*) beteiligt, wonach das Kosovo seine Unabhängigkeit erhalten sollte, jedoch nur mit begrenzter Souveränität und unter starker internationaler Präsenz.

Tatsächlich war die Option der *„überwachten Unabhängigkeit"* integraler Bestandteil des umfassenden Vorschlags Martti Ahtisaaris für das Kosovo und ergab sich auch aus dem Bedarf, eine Strategie für die Überwindung der Resolution 1244 des UN-Sicherheitsrats und einen Konsens zwischen der EU, den Vereinten Nationen, den USA und Russland zu finden.

9. Unabhängigkeit des Kosovo

9.1. Proklamation der Unabhängigkeit des Kosovo und die Reaktion der EU

Wie 1999, in der Zeit des NATO-Kriegs gegen Rest-Jugoslawien, wurde das Kosovo auch 2008 zu einer der Schlüsselfragen der Außenpolitik der EU. Hauptziel der Außenpolitik der EU war es, das europäische Sicherheits- und Stabilitätskonzept auf die Nachbarregionen bzw. auf den Westbalkan auszudehnen. In diesem Rahmen kam der Festlegung des politischen Status für das Kosovo eine besondere Bedeutung zu.[1135]

Am 10. Dezember 2007 war der Generalsekretär der UNO, Ban Ki-Moon, über das Scheitern der Zusatzgespräche unter der Führung der Troika informiert worden,[1136] wobei hinzugefügt worden war, dass sämtliche Möglichkeiten zum Finden einer Lösung ausgeschöpft seien[1137] und die Umsetzung des Plans zu einem ruhigen Übergang entsprechend dem Ahtisaari-Plan so schnell wie möglich beginnen müsse. Von jenem Moment an war das Kosovo in eine politische Pattsituation geraten. In den internationalen Zentren, in Brüssel und in New York, wurde die Besorgnis zum Ausdruck gebracht, dass in der entstandenen Situation jede unkontrollierte Reaktion der albanischen oder der serbischen Seite im Kosovo die achtjährigen Investitionen der UNO, der EU und der NATO gefährden könne.

Daher behielten Fortschritte bei der Festlegung des künftigen Status des Kosovo für den UN-Sicherheitsrat Priorität,[1138] ebenso für die EU, die gerade erklärt hatte, sie wolle im Kosovo eine führende Rolle im Rahmen ihrer Bemühungen für die Integration der Länder des Westbalkan in die EU spielen.

Obwohl dies ein Fortschritt der europäischen Außenpolitik gegenüber dem Jahr 2005 war, als der Europäische Rat jede „einseitige Lösung" für „unannehmbar" erklärt hatte,[1139] blieb die EU bezüglich der Frage der Verkündung der Unabhängigkeit des Kosovo gespalten. Während zunächst vier EU-Mitgliedstaaten, die Mitglieder in der Kontaktgruppe waren, schrittweise ihre Haltung änderten und ab Juni 2007 über die Möglichkeit der Anerkennung des Kosovo auch ohne Mandat der UNO diskutierten, widersetzte sich ein Teil der übrigen Mitgliedstaaten einem solchen Schritt. Die ablehnende Haltung Griechenlands, der Slowakei, Rumäniens, Spaniens und Zyperns, die auch weiterhin (Stand Frühjahr 2019) die Unabhängigkeit des Kosovo nicht anerkennen, machte den Aufbau einer einheitlichen Außenpolitik der EU in Bezug auf das Kosovo unmöglich. Beim Europäischen Rat vom 14. Dezember 2007 erklärten die Staats- und Regierungschefs der EU-Mitgliedstaaten, eher um Zeit zu gewinnen und in Ermangelung einer klaren Haltung, der Ahtisaari-Plan sei der beste Weg, den es weiterhin zu beschreiten gelte.[1140]

[1135] Vgl. Tolksdorf, Dominik: Die deutsche Ratspräsidentschaft und Südosteuropa – zwischen Kosovo-Statusentscheidung und Fortführung des Beitrittsprozesses, C·A·P Analyse 6/2007, S. 46.
[1136] Das Treffen im österreichischen Baden, welches den letzten Versuch darstellte, ein Abkommen zwischen der albanischen und der serbischen Seite zu erreichen, markierte auch offiziell das endgültige Scheitern der Bemühungen der internationalen Gemeinschaft, eine kreativere friedliche Lösung als den umfassenden Vorschlag von Ahtisaari zu finden. Siehe Kosovo' Status: Troika Press Communiqué, Baden Conferernce, 28.11.2007, http://www.un.org/en/ga/search/view_doc.asp?symbol=S/2007/723.
[1137] Vgl. „Kosovo wird bald eigene Tatsachen schaffen", in: NZZ, 10.11.2007.
[1138] Bericht des Generalsekretärs Ban Ki-Moon über die Interimsverwaltung der UN im Kosovo, UN Doc. S/2007/768, 03.01.2008.
[1139] Europäischer Rat, Schlussfolgerungen des Vorsitzes, Brüssel, 16. und 17. Juni 2005, S. 35, Ziff. 9.
[1140] Vgl. Europäischer Rat, Brüssel, 14. Dezember 2007, Schlussfolgerungen des Vorsitzes, 16616/1/07 REV 1, Punkte 65-71, S. 19 f.

Gleichzeitig erneuerte die EU ihre Haltung bezüglich einer schnellen Lösung der Kosovo-Frage.[1141] Aber auch zwischen der EU und den USA bestanden große Unterschiede in der Frage, wie weiter vorzugehen sei. Tatsächlich hatten die USA deutliche Zeichen gegeben, dass sie die Unabhängigkeit des Kosovo auch ohne europäische Billigung anerkennen könnten. Daher waren weder Washington noch Prishtina bereit, lange darauf zu warten, dass die EU bezüglich der Status des Kosovo ihre innere Einheit erreichte.

Dennoch setzte das Kosovo seine Bemühungen zur Proklamation der Unabhängigkeit in Koordination auch mit den wichtigsten Staaten der EU fort, da in der Zeit nach der Klärung des Status der sofortige Beginn der EULEX-Mission und die Ernennung des Sonderbeauftragten der EU erwartet wurde.

Auf der anderen Seite drohte Serbien für den Fall einer Unabhängigkeitserklärung des Kosovo damit, dass es als Konsequenz nicht nur eine Wirtschaftsblockade errichten, sondern die diplomatischen Beziehungen zu jenen EU-Mitgliedstaaten, die die Unabhängigkeit anerkennen sollten, abbrechen werde.[1142] Und Russland, das wie gewöhnlich hinter Serbien stand, erklärte, im Fall der Anerkennung der Unabhängigkeit des Kosovo ohne vorherigen Beschluss der UNO werde es mit geeigneten Maßnahmen antworten.[1143] Mit dieser Haltung beabsichtigte Russland eher, die EU-Mitgliedstaaten zu spalten, als dass es bereit war, etwas Konkretes zu unternehmen. Aber die EU hatte nicht wie erforderlich darauf hingearbeitet, dass Russland sich dem Ahtisaari-Plan nicht widersetzen würde,[1144] obwohl dieser ursprünglich in einer Form ausgearbeitet worden war, die eine Zustimmung des UN-Sicherheitsrats hätte ermöglichen sollen.

Was im Zusammenhang mit dem Kosovo in der Zeit nach den Verhandlungen am 10. Dezember 2007 diskutiert wurde und innerhalb der EU geschah, erfahren wir aus dem Tagebuch des ehemaligen slowenischen Außenministers Dimitrij Rupel. Ihm zufolge befand sich die slowenische Ratspräsidentschaft unter dem Feuer der inneren Gegensätze der EU, aber auch der unterschiedlichen Positionen zwischen den Europäern[1145] und den Amerikanern hinsichtlich der Proklamation der Unabhängigkeit des Kosovo und der Art und Weise, wie diese anzuerkennen sei.

Ohne eine klare Haltung einzunehmen, brachte der Europäische Rat sein Einverständnis mit dem Generalsekretär der UNO zum Ausdruck, dass die gegenwärtige Lage im Kosovo nicht hingenommen werden könne, und kam daher zu dem Schluss, dass ein Abkommen erreicht werden müsse, was für die Stabilität der Region sehr wichtig sei. Ebenso wurde die Haltung bekräftigt, dass die Lösung der Kosovo-Frage eine Sache *sui generis* und keinen Präzedenzfall darstelle.[1146]

Ein weiterer bedeutender Beschluss dieses Treffens war die Bereitschaftserklärung der EU, im Fall des Erreichens eines Abkommens über den künftigen Status des Kosovo eine führende Rolle für die Sicherheit und Stabilität in dieser Region zu übernehmen.

Unabhängig von dieser Verpflichtung aber unternahm die EU im Dezember 2007 nicht viel im Sicherheitsrat der Vereinten Nationen. Es zeigte sich nicht, dass sie bereit gewesen wäre, eine führende Rolle in der Statusfrage zu übernehmen und die Zusage, im Rahmen der *Europäischen Sicherheits- und Verteidigungspolitik ESVP* (ESDP und EULEX) und der Errichtung des

---

[1141] EU warnt Kosovo vor einseitiger Unabhängigkeitserklärung, http://www.euractiv.de/section/erweiterung-und-nachbarn/news/eu-warnt-kosovo-vor-einseitiger-unabhangigkeitserklarung-de/.
[1142] Flottau, Renate: „Russland, hilf uns", in: *Der Spiegel* 52/2007, S. 107 f., http://www.spiegel.de/politik/ausland/0,1518,524482,00.html.
[1143] Ebenda.
[1144] Gespräch des Verfassers mit Enver Hoxhaj, Außenminister des Kosovo, 29. Dezember 2012.
[1145] Vgl. „Die EU uneins über Ahtisaaris Kosovo-Plan", in: *NZZ*, 11. Juli 2007.
[1146] Rupel, Dimitrij: „Çka u tha çka ndodhi në Bashkimin Evropian para dhe pas shpalljes së pavarësisë së Kosovës", in: *Zëri*, 27.01.2010.

Internationalen Zivilbüros im Rahmen der internationalen Vermittlung zu helfen, in die Tat umzusetzen.

Da der *„Umfassende Vorschlag für ein Abkommen über den Status des Kosovo"* von Martti Ahtisaari im UN-Sicherheitsrat aufgrund der russischen Blockade keine Unterstützung fand,[1147] gaben die USA und die Mehrheit der EU-Mitgliedstaaten zu verstehen, dass das Kosovo sich in Richtung Proklamation der Unabhängigkeit bewegen könnte. Der Ahtisaari-Plan stelle eine gute Grundlage für den Staat Kosovo dar und für dessen internationale Anerkennung durch die USA, wichtige Staaten der EU und weitere internationale Institutionen.[1148]

Als zu Beginn des Jahres 2008 deutlich wurde, dass aufgrund der Verweigerungshaltung Serbiens und Russlands kein Raum für Verhandlungen bestand, wuchs bei einem Teil der wichtigsten europäischen Staaten und bei den USA die Unterstützung dafür, dass das Kosovo sich für unabhängig erkläre, was am 17. Februar 2008 geschah.

Und auch jene Staaten, die das Kosovo in den darauffolgenden Wochen anerkannten, unternahmen diesen Schritt im Bewusstsein, dass dies nicht die beste, vielleicht aber die einzige Möglichkeit war. Die Gegner der Unabhängigkeit des Kosovo betonten, dieser Schritt der Kosovaren könne Präzedenzcharakter für andere separatistische Bewegungen haben.[1149] *„Das ist ein großer Erfolg für Europa, ein großer Erfolg für die Kosovaren und sicher keine Niederlage für die Serben",*[1150] hob der französische Außenminister Bernard Kouchner hervor. Das Kosovo stellt *„bei der nicht im Konsens erfolgten Auflösung Jugoslawiens einen Sonderfall dar und ist kein Präzedenzfall für irgendeine andere Situation",* hob das Parlament des Kosovo hervor. Im ersten Punkt der Unabhängigkeitserklärung heißt es:

„Rufen wir, die Führer unseres Volkes, auf demokratische Weise gewählt, mittels dieser Erklärung Kosovo zum unabhängigen und souveränen Staat aus. Diese Erklärung spiegelt den Willen unseres Volkes wider und steht in völligem Einklang mit den Empfehlungen des Sondergesandten der Vereinten Nationen, Martti Ahtisaari, und seinem umfassenden Vorschlag zur Lösung des Status von Kosovo."[1151]

Der Inhalt der Deklaration enthielt wichtige juristische Implikationen für das Kosovo. In diesem Sinne erlegte sich das Parlament des Kosovo selbst Einschränkungen der Souveränität entsprechend dem Ahtisaari-Plan auf. Auch seine Verfassung sollte im Geiste dieses Plans, der bekanntlich den nationalen Minderheiten besondere Rechte und Privilegien garantierte, ausgearbeitet und verabschiedet werden.[1152]

Schon einen Tag nach der Unabhängigkeitsklärung des Kosovo traf sich der Rat der EU zu einer Sitzung, um über die dortige Lage zu debattieren. Die Minister einigten sich darauf, die Anerkennung den einzelnen EU-Mitgliedstaaten zu überlassen: *„Der Rat nimmt zur Kenntnis, dass die Mitgliedstaaten sollen im Einklang mit ihrem nationalen Gepflogenheiten und dem Völ-*

[1147] Siehe „Russland blockiert Kosovos Unabhängigkeit", in: *Tagesspiegel*, 17.07.2007.
[1148] Vgl. Hoxhaj, Enver: Politika etnike dhe shtetndërtimi i Kosovës, Pejë 2008, S. 333.
[1149] Vgl. Schmitt, Oliver: Kosovo. Kurze Geschichte einer zentralbalkanischen Landschaft, Wien, Köln, Weimar 2008, S. 336 f.
[1150] Siehe „EU überlässt Anerkennung des Kosovo jedem Mitgliedsland", in: *Reuters Deutschland*, 18.02.2008, http://de.reuters.com/articlePrint?articleId=DEHUM84138120080218.
[1151] Siehe Declaration of Independence of Kosovo, 17 February 2008: Republic of Kosovo Assembly, Prishtina, 17 February 2008, http://www.assembly-kosova.org?cid=2,128,1635.
[1152] Vgl. Constitution of the Republic of Kosovo, 15 June 2008, http://www.kushtetutakosoves.info/repository/docs/Constitution.of.the.Republic.of.Kosovo.pdf;Weller, Marc: Die Verfassung Kosovos und der Schutz der Minderheiten, Dokumentation, in: *SOE* 56 (2008), 115-156.

kerrecht über ihre Beziehungen zum Kosovo beschließen werden."[1153] Die EU-Mitgliedstaaten waren sich nicht einig wie bei der einhelligen Unterstützung des Ahtisaari-Plans. Der Rat der EU vermied eine eindeutige Stellungnahme zur Legitimität der Unabhängigkeitserklärung, brachte aber seine Überzeugung zum Ausdruck, dass das Kosovo ein Sonderfall sei:

„Der Rat erklärt erneut, dass die EU fest zu den Grundsätzen der VN-Charta und der Schlussakte von Helsinki, einschließlich der Grundsätze der Souveränität und der territorialen Integrität, sowie allen Resolutionen des VN-Sicherheitsrates steht. Er bekräftigt seine Überzeugung, dass das Kosovo angesichts des Konflikts der 90er Jahre und des langen Zeitraums unter internationaler Verwaltung gemäß der Resolution 1244 des VN-Sicherheitsrates einen Fall eigener Art darstellt, der diese Grundsätze und Resolutionen nicht in Frage stellt."[1154]

Als erstes Mitglied der EU erkannte Frankreich die Republik Kosovo an. In den nächsten Tagen folgten dann Großbritannien, Deutschland und andere europäische Staaten. Im Oktober 2008 folgte die bis heute letzte Anerkennung des Kosovos durch einen EU-Mitgliedstaat, nämlich Portugal. Auf der anderen Seite ließen die fünf EU-Mitgliedstaaten Griechenland, Rumänien, Slowakei, Spanien und Zypern vorher wissen, dass sie im Unterschied zu den anderen 22 EU-Mitgliedstaaten[1155] eine Unabhängigkeitserklärung des Kosovos nicht anerkennen werden. Sie sind auch weiterhin von dieser Position nicht abgerückt und haben sich nicht dem Konsens der Mehrheit in der EU angeschlossen,[1156] auch nicht nach dem Gutachten des Internationalen Gerichtshof (IGH) in Den Haag zur Völkerrechtskonformität der Unabhängigkeit des Kosovos.[1157] So wie Ahtisaari schloss auch der IGH jede Verknüpfung der Unabhängigkeitserklärung des Kosovos mit irgendwelchen separatistischen Bewegungen in verschiedenen Regionen der Welt aus.[1158]

Die uneinheitliche Haltung der EU-Mitgliedstaaten schwächte die Rolle der EU-Außenpolitik in der Region und auf internationaler Ebene.[1159] Man versuchte nicht, diese Uneinheitlichkeit zu überwinden, mit der Argumentation des Rates der EU, die letzten Endes auf der Begründung fußte, dass die Lage im Kosovo ein Fall *„sui generis"* sei und als solcher nicht als Präzedenzfall genutzt werden könne. In diese Richtung ging auch die Argumentation des UN-Sonderbeauftragten Martti Ahtisaari, der in seinem Bericht feststellte:

„Kosovo is a unique case that demands a unique solution. It does not create a precedent for other unresolved conflicts."[1160]

Die Außenminister der EU-Mitgliedstaaten kamen überein, das Kosovo als Fall *„sui generis"* zu definieren, um dem Prozess der Anerkennung den Weg zu bahnen.[1161] Dieses Argument der EU spricht ebenfalls zu Gunsten der Klärung der Frage, ob diese Unabhängigkeitserklärung im Einklang mit dem Völkerrechts steht, auch wenn die Frage der Sezession nicht klar definiert ist.

[1153] Mitteilung an die Presse 2851. Tagung des Rates, Allgemeine Angelegenheiten und Außenbeziehungen, 6496/08 (Presse 41), Brüssel, 18. Februar 2008, http://www.consilium.europa.eu/ueDocs/cms_Data/docs/pressData/de/gena/99070.pdf, S. 7.
[1154] Ebenda.
[1155] Kroatien, das am 1. Juli 2013 als 28. Mitgliedstaat in die EU aufgenommen wurde, hat die Unabhängigkeit Kosovos am 19. März 2008 anerkannt.
[1156] „EU splits on Kosovo recognition", in: *BBC News*, 18.02.2008, archived from the original on 19.02.2008.
[1157] „ICJ: Kosovo Independence Declaration Does Not Violate International Law or Resolution 1244", in: *Balkan Insight*, 22.07.2010.
[1158] Ahtisaari: „Historia e Kosovës është krejtësisht ndryshe nga ajo e Baskisë", in: *Zëri*, 13.06.2008.
[1159] Vgl. Rohan, Albert: „Gegner der Unabhängigkeit schwächen die EU", in: *Die Presse*, 05.12.2007.
[1160] Report of the Special Envoy of the Secretary-General on Kosovo's Future Statatus, United Nations, Security Council, S/2007/168, 26 March 2007, http://www.un.org/press/en/2007/sgsm10923.doc.htm.
[1161] „Europa über Unabhängigkeit des Kosovo uneinig", in: *EurActiv.de*, 18.02.2008, http://www.euractiv.de/section/erweiterung-und-nachbarn/news/europa-uber-unabhangigkeit-des-kosovo-uneinig-de.

Auch wenn die Resolution 1244 des UN-Sicherheitsrats keine Grundlage für die Loslösung des Kosovo darstellte, so untersagte sie diese auch in keinem ihrer Paragraphen. Daher implizierte für die Mehrheit der EU-Mitgliedstaaten die Anerkennung des Staates Kosovo keine Verletzung der Prinzipien der UNO oder des Völkerrechts. Davon ausgehend vertraten diese Staaten die Auffassung, dass ein weiteres Hinausschieben der Anerkennung der Unabhängigkeit eine neue Instabilität verursachen würde. Neben anderen Argumenten zu Gunsten der Anerkennung der Unabhängigkeit des Kosovo hatten die EU-Mitgliedstaaten auch das Recht der Völker auf Selbstbestimmung, die praktische Gleichheit der Republiken und Provinzen entsprechend der jugoslawischen Verfassung des Jahres 1974, die repressive Haltung Serbiens gegenüber den Albanern im Kosovo, die Massenvertreibung und den Massenmord durch Milošević gegenüber den Albanern des Kosovo insbesondere in den Jahren 1998/1999 und die neunjährige Verwaltung der internationalen Gemeinschaft im Kosovo als Begründung angeführt wie auch die Tatsache, dass die Unabhängigkeitserklärung des Kosovo auf der Grundlage desselben Rechts geschehen war, das auch die übrigen Republiken (Entitäten) während des Zerfallsprozesses Jugoslawiens 1991 angewandt hatten.[1162]

Dennoch gelang es den Außenministern der 27 Mitgliedstaaten der EU nicht, eine einheitliche Haltung aller Mitgliedstaaten zu erreichen. Der Rat der EU formulierte die folgenden Schlussfolgerungen bezüglich des Kosovo, die einen Tag nach der Verkündung der Unabhängigkeit gebilligt worden sind:
- Die EU bestätigt die Tatsache, dass der Kosovo die Unabhängigkeitsresolution verabschiedet hat.
- Die EU stellt fest, dass sich der Kosovo mit dieser Resolution auf das demokratische Prinzip verpflichtet – zum Beispiel gegenüber der serbischen Minderheit und gegenüber den Kulturmonumenten.
- Die EU bestätigt die Fortsetzung der internationalen Mission und die Bereitschaft zu einer führenden Rolle in der Region.
- Die EU bestätigt die europäische Perspektive für den Westbalkan.
- Die Europäische Kommission wird konkrete (wirtschaftliche ...) Beschlüsse für die gesamte Region vorbereiten.
- Die EU ist sich der Grundsätze der internationalen Gemeinschaft bewusst und hebt hervor, dass die Proklamation der Unabhängigkeit des Kosovo aufgrund ihrer Spezifika diese Prinzipien nicht gefährdet.[1163]

Diese pragmatische Haltung vermied die Spaltung der EU, die nicht in der Lage war, im Blick auf die Anerkennung der Unabhängigkeit des Kosovo eine gemeinsame Stellungnahme zu formulieren. Tatsächlich bekräftigte diese Erklärung die Unfähigkeit der EU, in Bezug auf die Anerkennung als Einheit zu handeln.[1164] Das Fehlen eines Konsenses innerhalb der EU in Bezug auf das Kosovo erschwerte die Stationierung der EULEX im Kosovo bzw. verzögerte den Prozess der Neukonfiguration der UNMIK und hat Belgrad ermutigt, die Implementierung des umfassenden Vorschlags zur Regelung des Status von Martti Ahtisaari im Norden des Kosovo zu behindern.

[1162] Rupel, Dimitrij: „Çka u tha dhe çka ndodhi në Bashkimin Evropian para dhe pas shpalljes së pavarësisë së Kosovës", in: *Zëri*, 27.01.2010.
[1163] Ebenda; siehe auch Mitteilung an die Presse, 2851. Tagung des Rates, Allgemeine Angelegenheiten und Außenbeziehungen, 6496/08 (Presse 41), Brüssel, 18. Februar 2008, http://www.consilium.europa.eu/ueDocs/cms_Data/docs/pressData/de/gena/99070.pdf, S. 7.
[1164] Siehe Weller, Marc: Contested Statehood: Kosovo's Struggle for Independence, Oxford 2009, p. 234.

Daher wurde die Frage der Anerkennung des Staates Kosovo zu einer unüberwindbaren Herausforderung für die Außenpolitik der EU selbst. Dennoch waren bezüglich des EU-Mandats für die Rechtsstaatlichkeitsmission EULEX sämtliche EU-Mitgliedstaaten dafür, darunter diejenigen, die die Unabhängigkeit des Kosovo nicht anerkannt hatten.[1165]

9.2. Die Unabhängigkeit des Kosovo und das Völkerrecht[1166]

Die Verkündung der Unabhängigkeit des Kosovo auf der Grundlage des „Umfassenden Vorschlags für die Regelung des Status des Kosovo"[1167] markiert den Beginn einer neuen, fortgeschritteneren Form der Unabhängigkeitserklärungen von Staaten im internationalen System. Der Fall Kosovo zeigt, dass die Menschenrechte eine größere Bedeutung haben als das eindimensionale Konzept der staatlichen Souveränität und dass dies nicht mehr als Schutzbehauptung für die Verweigerung des Rechts auf Selbstbestimmung eines Volkes dienen kann. Nach dem Kalten Krieg hat sich vor allem in Europa das Prinzip der uneingeschränkten Souveränität verändert, welches gemäß dem „Westfalen-Modell" seit dem Friedensvertrag zur Beendigung des Dreißigjährigen Krieges im Jahr 1648 bestand.[1168]

In diesem Sinne bleibt der europäische Kontinent auf dem Gebiet der Außenpolitik für die anderen Kontinente, wie Kofi Annan sagt, ein Beispiel der Inspiration.[1169]

Von diesem Blickwinkel aus betrachtet, hat das Kosovo aufgezeigt, dass die staatliche Souveränität in der Zeit nach dem Kalten Krieg gegenüber den Menschenrechten und -freiheiten eine immer stärkere Einschränkung erfährt. Das Recht einer von einem Staat unterdrückten Bevölkerungsgruppe wiegt mehr als die staatliche Integrität.[1170]

Wie die Intervention der NATO im Kosovo-Krieg kann analog dazu auch die Loslösung des Kosovo von Serbien zur Begründung des Standpunktes dienen, dass ein Volk einen Staat verlassen kann, falls es einer systematischen Repression durch die Behörden der Zentrale unterworfen ist. Dieses Prinzip wurde explizit durch die Kontaktgruppe hervorgehoben, die Anfang 2006 erklärte, dass bei der Regelung des Status des Kosovo der Wille seiner Bevölkerung respektiert werden müsse.[1171] Darüber hinaus stützt sich der Fall Kosovo auch auf die Besonderheiten des Verfassungssystems der SFRJ aus dem Jahr 1974, denen zufolge das Kosovo als eine besondere Einheit der Föderation definiert und unmittelbar im Präsidium der SFRJ vertreten war. Dennoch blieb das Kosovo ebenso wie die Vojvodina nach Art. 4 der Verfassung von 1974 mit Serbien verbunden.[1172] In dieser Hinsicht wirkt der Zerfall eines Landes, im konkreten Fall der Bundesre-

---

[1165] „UN Security Council to meet on Kosovo-diplomat UPDATE", in: *AFX News Limited (Forbes)* (17.02.2008).
[1166] Völkerrechtliche Aspekte des Kosovo und die Implikationen seines Status für das Völkerrecht waren Thema zahlreicher Arbeiten. Siehe u.a. Goodwin, Morag: From Province to Protectorate to State? Speculation on the Impact of Kosovo's Genesis upon the Doctrines of International Law, in: *German Law Journal, Special Issue – What Future for Kosovo?* 8:1 (2007), 1-20.
[1167] Report of the Special Envoy of the Secretary-General on Kosovo's Future Statatus, United Nations, Security Council, S/2007/168, 26 March 2007, http://www.un.org/press/en/2007/sgsm10923.doc.htm.
[1168] „Es geht um die Stärkung der Legitimität", in: *Deutschlandfunk*, 15.07.2008, http://www.dradio.de/dlf/sendungen/interview_dlf/816664/.
[1169] Fröhlich, Manuel (Hrsg.): Kofi Annan. Die Vereinten Nationen im 21. Jahrhundert. Reden und Beiträge 1997-2003, Wiesbaden 2004, S. 272.
[1170] Ukshini, Sylë: Lufta për Kosovën, Prishtinë 2008, S. 7-14.
[1171] Statement by the Contact Group on the Future of Kosovo, London, 31 January 2006, available at http://www.consilium.europa.eu/uedocs/cms_data/docs/pressdata/en/declarations/88236.pdf, Absatz 7. Dass das Ergebnis der Statusgespräche „für die Menschen im Kosovo akzeptabel" sein müsse, wurde von den Ministern der Kontaktgruppe in ihrer Stellungnahme vom 20. September 2006 in New York noch einmal wiederholt.
[1172] Siehe dazu Beckmann-Petey, Monika: Der jugoslawische Föderalismus, München 1990, S. 67-73; Verfassung der Sozialistischen Autonomen Provinz Kosovo vom 27. Februar 1974, in: Službeni list SAP Kosovo 1974 Nr. 4;

publik Jugoslawien, die mit Beschluss der UNO formal zu existieren aufgehört hatte, zu Gunsten des Völkerrechts auf Selbstbestimmung.[1173] Auf diese Weise haben wir es nicht mehr mit der Kontinuität eines Staates zu tun, dessen konstitutiver Bestandteil auch das Kosovo war. Gleichzeitig waren in der jugoslawischen Verfassung auch die Grenzen das Kosovo festgelegt, und die Einheit, die sich loslöste, genoss das Recht auf Wahrung der eigenen Grenzen entsprechend dem Prinzip *uti possidetis*.[1174]

Ein weiteres Argument zu Gunsten des Rechts auf Selbstbestimmung gründet sich auf die Standpunkte von Allen Buchanan, der feststellt, dass die Sezession eine legitime Maßnahme ist, um historisch ungerechte Teilungen von Territorien zu korrigieren.[1175] Ein anderes Argument zu Gunsten des Rechts auf Selbstbestimmung ist der letzte Krieg 1998/1999, als die serbischen Machthaber mit Gewalt fast eine Million Albaner aus dem Kosovo vertrieben, was Grund für die NATO-Intervention im Kosovo auch ohne vorheriges UN-Mandat war. Konkret liege ein Fall der „*remedial secession*" vor, der Selbstbestimmung als Notwehrrecht. Bezug genommen wird dabei insbesondere auf die Ereignisse der Jahre 1989/1999: die Zurücknahme der Autonomiezugeständnisse, den Versuch der systematischen Serbisierung des Kosovo und die Unterdrückung und der Massenmord an der albanischen Bevölkerung im Kosovo.

Die Kosovo-Albaner haben seit der Zeit ihrer Besetzung durch Serbien 1912 aus unterschiedlichen Gründen die Schaffung eines eigenen Staates (Sezession) angestrebt: als Reaktion gegenüber ethnischer Diskriminierung und Repression, aber ebenso auch als Schutz für ihre Kultur vor Assimilierung. Der vielleicht wichtigste Grund für die Forderung der Kosovo-Albaner nach Loslösung von Jugoslawien[1176] ist in der Tatsache zu suchen, dass die Albaner niemals als Nation, sondern stets als Volk zweiter Klasse behandelt wurden.

Das letzte Argument ist, dass der verlängerte Zeitraum der internationalen Verwaltung den Fall Kosovo zu Gunsten der Unabhängigkeit stärkte. Obwohl es scheinen mag, als ob dieses Argument nicht für die Selbstbestimmung zutrifft, stellte die Zeit der UNMIK-Verwaltung eine Zeit der Selbstverwaltung des Kosovo außerhalb der Kontrolle Serbiens dar. Darüber hinaus wurde gegen Ende des internationalen Verhandlungsprozesses für die Festlegung des Status des Kosovo die klare Empfehlung von Ahtisaari zu Gunsten der Unabhängigkeit auch vom UN-Generalsekretär Ban Ki-Moon unterstützt. In diesem Sinne ergab sich die Unabhängigkeit des Kosovo als gegenseitige Verbindung zwischen einer internationalen Verwaltung, die mehr als acht Jahre andauerte, und dem Scheitern des Verhandlungsprozesses für die Lösung des endgültigen Status. Eine große Anzahl von Staaten hat die Doktrin der wiederherstellenden Selbstbestimmung auch während der Anhörungssitzungen über die Unabhängigkeit des Kosovo vor dem IGH unterstützt. In diesem Kontext erscheint es so, als ob das Kosovo der erste Fall der „*entschädigenden Selbstverwaltung*" („*remedial self-determination*") wäre – eines Rechts auf Selbstverwaltung, das als Ausgleich für die Schäden dient, die durch die Repression einer Zentralregie-

---

Salihu, Kurtesh: Lindja, zhvillimi, pozita dhe aspektet e autonomitetit të Krahinës Socialiste Autonome të Kosovës në Jugosllavinë Socialiste, Prishtinë 1984, S. 170-175.

[1173] Anknüpfungspunkt für eine völkerrechtliche Diskussion über das Sezessionsrecht ist das Selbstbestimmungsrecht der Völker in Art. 1 Nr. 2 der UN-Charta. Selbstbestimmung ist aber nicht das Gleiche wie Sezession. Vielmehr steht das Sezessionsrecht im Spannungsfeld zwischen dem Selbstbestimmungsrecht der Völker und der Souveränität des Staates. Es kann nur unter bestimmten Voraussetzungen aus dem Selbstbestimmungsrecht abgeleitet werden. Siehe dazu Ott, Martin: Das Recht auf Sezession als Ausfluss des Selbstbestimmungsrechts der Völker, Berlin 2008.

[1174] Vgl. Weller, Marc: Contested Statehood: Kosovo's Struggle for Independence, Oxford 2009, p. 39.

[1175] Buchanan, Allen: Self-Determination, Secession, and the Rule of Law, in: Robert McKim / Jeff McMahan (eds.): The Morality of Nationalism, New York, Oxford 1997, pp. 301 ff.

[1176] Siehe Sundhaussen, Holm: Kosovo: Eine Konfliktgeschichte, in: Konrad Clewing / Jens Reuter (Hrsg.): Der Kosovo-Konflikt: Ursachen, Verlauf, Perspektiven, München 2000, S. 65-88 (81).

rung gegenüber der Bevölkerung, die die Loslösung begehrt, entstanden sind. Solche Schäden können Verletzungen von Menschenrechten, ethnische Säuberungen oder der Ausschluss der unterdrückten Bevölkerungsgruppe von der politischen Mitbestimmung sein.[1177] Insbesondere im Zusammenhang mit solchen schwerwiegenden Verstößen scheint die Verwendung des Begriffs „*remedial secession*" mehr als ausreichend. Das Völkerrecht zögert jedoch weiterhin, ein Recht auf entschädigende Sezession zu definieren und als Rechtsgrundlage zu bestimmen.[1178] Auch von einigen Autoren wird dieser Anspruch problematisiert; ein Sezessionsrecht als *remedial secession* gebe es nicht, meint Peter Hilpold.[1179]

Laut dem Gutachten des (IGH) verstößt die Unabhängigkeitserklärung des Kosovo vom 17. Februar 2008 nicht gegen internationales Recht. Sie habe das allgemeine internationale Recht nicht verletzt.[1180] Dass ein Recht zur Sezession besteht, bedeutet nicht zwangsläufig, dass dieses auch tatsächlich ausgeübt wird. Umgekehrt ist auch eine Staatsgründung möglich, ohne dass ein solches Recht besteht. Aber unabhängig davon und von der Meinung des IGH, dass die Unabhängigkeitserklärung des Kosovo nicht das Völkerrecht verletzt, lehnen fünf EU-Mitgliedstaaten ebenso wie Russland und andere Länder auch nach vielen Jahren die Unabhängigkeit des Kosovo ab, wobei sie sich auf das allgemeine Völkerrecht und das Prinzip der territorialen Integrität von Staaten sowie auf die Resolution 1244 des UN-Sicherheitsrates aus dem Jahr 1999 beziehen. Sie argumentieren, dass Staatlichkeit solange keine Option ist, wie sich die Zentralregierung damit nicht einverstanden erklärt. Gegen diese Haltung ist die vorherrschende Position im Völkerrecht, dass der Staat eine faktische Angelegenheit ist. Eine Entität kann ein Staat werden, wenn sie die traditionellen Kriterien der Staatlichkeit der Konvention von Montevideo erfüllt,[1181] aber ohne internationale Anerkennung wäre eine Sezession nicht geglückt. Jeder Staat muss, um existieren zu können, von anderen Staaten und internationalen Organisationen wie der EU anerkannt werden. Das Kosovo erfüllt auch formal die drei klassischen Elemente, um von der internationalen Gemeinschaft als staatliche Einheit behandelt zu werden, nämlich Staatsgebiet, Staatsvolk, Staatsgewalt.[1182] Darüber hinaus erfüllt Kosovo auch das Element der „*capacity to enter into relations with other States*", worunter man die Forderung nach effektiver Ausübung staatlicher Gewalt versteht.[1183]

Unter juristischen Gesichtspunkten ist das Verhältnis zwischen Souveränität und territorialer Integrität[1184] eines Staates und der Loslösung eines Teils des Territoriums unter Berufung auf das Selbstbestimmungsrecht[1185] eine der kompliziertesten und der am meisten diskutierten Fragen

---

[1177] Weller, Marc: Contested Statehood: Kosovo's Struggle for Independence, Oxford 2009, p. 239.
[1178] Siehe dazu Pechalova, Tanita: Remedial secession as right of self-determination: The cases of Kosovo and Abkhazia. Tilburg University, 2017, pp. 60-61.
[1179] Vgl. dazu ausführlich Hilpold, Peter: Die Sezession – zum Versuch der Verrechtlichung eines faktischen Phänomens, in: *Zeitschrift für öffentliches Recht* 63 (2008), 117-141.
[1180] International Court of Justice: Accordance with International Law of the Unilateral Declaration of Independence in Respect of Kosovo, Advisory Opinion of 22 July 2010, I.C.J. Report 2010, pp. 403 et seq., https://www.icj-cij.org/files/case-related/141/141-20100722-ADV-01-00-EN.pdf.
[1181] Die Konvention von Montevideo (1933) legt die Definition des Staates sowie die Rechte und Pflichten der Staaten fest. Sie erweitert die Zusammengehörigkeit der drei klassischen Voraussetzungen (nach der Jellinekschen Trias der konstitutiven Elemente des Staatsbegriffs) um eine vierte Bedingung: die aus einer äußeren Souveränität (ausschließliche Völkerrechtsunmittelbarkeit) folgende Fähigkeit zur Aufnahme auswärtiger Beziehungen. Zitiert nach Schweisfurth, Theodor: Völkerrecht, Tübingen 2006, S. 17.
[1182] Vgl. Jellinek, Georg: Allgemeine Staatslehre, 3. Aufl. 1914, 6. Neudruck, Darmstadt 1959, S. 396.
[1183] Vgl. Stein, Torsten / von Buttlar, Christian: Völkerrecht, 11. Aufl., Köln 2005, S. 90.
[1184] UNO-Charta, Art. 2 Abs. 4.
[1185] UNO-Charta, Art. 1 Abs. 2.

im Völkerrecht.[1186] Und eben darum ist der Fall der Unabhängigkeit des Kosovo Gegenstand der höchsten gerichtlichen Institution im Rahmen der UNO geworden, da die Generalversammlung der UNO den Antrag Serbiens billigte, der IGH solle ein Gutachten dazu abgeben, ob diese Unabhängigkeitserklärung im Einklang mit dem Völkerrecht steht.[1187]

9.3. Befassung des IGH mit der Unabhängigkeitserklärung des Kosovo

Da die Unabhängigkeitserklärung des Kosovo ohne Abstimmung mit dem UN-Sicherheitsrat erfolgt war, vertraten die EU-Mitgliedstaaten wegen der Opposition Russlands gegen den Ahtisaari-Plan keine einheitliche Linie zum Kosovo. Dies entspricht dem Kompromiss, zu dem der Rat für Allgemeine Angelegenheiten und Außenbeziehungen am Tag nach der Unabhängigkeitserklärung gelangt war, die EU-Mitgliedstaaten sollten über ihre Beziehungen zum Kosovo nach ihren nationalen und internationalen Rechtspraktiken beschließen.[1188] Großbritannien, Deutschland, Frankreich und andere EU-Mitgliedstaaten, die das Kosovo international anerkannt hatten, waren der Auffassung, dass die Unabhängigkeit und territoriale Integrität unwiderlegbare Tatsachen sind. Dagegen lehnten die fünf EU-Mitgliedstaaten Spanien, Griechenland, Rumänien, Slowakei und Zypern[1189] die Anerkennung der Unabhängigkeit des Kosovo ab. Sie schlossen sich der ablehnenden Haltung Serbiens und Russlands an, äußerten rechtliche Bedenken und betrachteten die Anerkennung des Kosovo als Präzedenzfall. Spanien befürchtete beispielsweise, Separatisten zu ermutigen, während in Rumänien und der Slowakei die Existenz der ungarischen Minderheit ein wichtiges Motiv für die Unterstützung der serbischen Position ist.[1190] Sie vertraten die Auffassung, die Unabhängigkeitserklärung des Kosovo verstoße gegen das Völkerrecht und die UN-Resolution 1244.

Im September 2008 hat Serbien die Generalversammlung der Vereinten Nationen mit dieser Angelegenheit befasst.[1191] Diese verabschiedete am 8. Oktober 2008 mit Stimmenmehrheit bei nur sechs Gegenstimmen (u.a. Albanien und USA) die Resolution 63/3,[1192] mit der der IGH, der Oberste Gerichtshof der Vereinten Nationen,[1193] aufgefordert wurde, ein Rechtsgutachten über die Vereinbarkeit der Unabhängigkeitserklärung des Kosovo mit dem Völkerrecht zu erstellen. Es sei darauf hingewiesen, dass dies das erste Mal war, dass der IGH aufgefordert wurde, zur Rechtmäßigkeit der Unabhängigkeit eines Landes Stellung zu nehmen.

[1186] Vgl. Kosovo: Selbstbestimmungsrecht vs. territoriale Integrität, in: *Die Presse*, 22.07.2010, http://diepresse.com/home/politik/aussenpolitik/582924/Kosovo_Selbstbestimmungsrecht-vs-territoriale-Integritaet.
[1187] Am 8. Oktober 2008 beauftragte die Generalversammlung der Vereinten Nationen den Internationalen Gerichtshof (IGH) mit der Erstellung eines Rechtsgutachtens zur Gültigkeit der Unabhängigkeitserklärung Kosovos.
[1188] Siehe Mitteilung an die Presse, 2851. Tagung des Rates, Allgemeine Angelegenheiten und Außenbeziehungen, 6496/08 (Presse 41), Brüssel, 18. Februar 2008, http://www.consilium.europa.eu/ueDocs/cms_Data/docs/pressData/de/gena/99070.pdf, S. 7.
[1189] Auch nach dem IGH-Gutachten aus dem Jahr 2010 halten Rumänien, die Slowakei, Spanien, Griechenland und Zypern bis heute an ihrer Nichtanerkennung des Kosovo fest.
[1190] „Nicht alle EU-Staaten anerkennen Kosovo", in: *NZZ*, 23.07.2010.
[1191] UN, General Assembly A/63/L.2, 23 September 2008, Draft resolution submitted by Serbia.
[1192] 63rd session of the UN General Assembly, 22nd plenary meeting, 8 October 2008, Official Records, A/63/PV.22, https://documents-dds-ny.un.org/doc/UNDOC/GEN/N08/541/01/pdf/N0854101.pdf?Open%20Element, p. 11: *"Draft resolution A/63/L.2 was adopted by 77 votes to 6, with 74 abstentions (resolution 63/3)."*
[1193] Parteien vor dem Internationalen Gerichtshof können nur Staaten sein, nicht internationale Organisationen und andere Völkerrechtssubjekte. Zugang zum Gericht haben nur Vertragsstaaten des IGH-Statuts. Dies sind zum einen gemäß Art. 93 Abs. 1 der Charta der Vereinten Nationen alle UN-Mitglieder und zum anderen solche Staaten, die kein Mitglied der UN sind, aber das Statut ratifiziert haben. Das Gericht ist nur dann für die Entscheidung eines Falles zuständig, wenn alle beteiligten Parteien die Zuständigkeit anerkannt haben. Siehe Statut des Internationalen Gerichtshofs, Kapitel II: Zuständigkeit des Gerichtshofs, https://www.unric.org/de/voelkerrecht/86?start=2 (18.01.2019).

Die Frage an den Internationalen Gerichtshof lautete:
„Is the unilateral declaration of independence by the Provisional Institutions of Self-Government of Kosovo in accordance with international law?"[1194]
Der serbische Außenminister Vuk Jeremić betonte, Serbien habe beschlossen, seine Souveränität und territoriale Integrität durch Diplomatie und internationales Recht zu verteidigen. Deshalb habe es sich dazu entschlossen, ein Gutachten des Internationalen Gerichtshofs (IGH) zur Rechtmäßigkeit der einseitigen Erklärung der Unabhängigkeit des Kosovo einzuholen.[1195] Zur Begründung des Resolutionsentwurfes äußerte er die Erwartung, die Prüfung dieser Frage durch den IGH werde verhindern, dass der Kosovo-Fall für andere Teilen der Welt, in denen separatistische Ambitionen aufkommen, ein höchst problematischer Präzedenzfall werde. Serbien glaubte auch, ein solches Rechtsgutachten werde vielen politischen Akteuren, die in Zukunft die Möglichkeit einer völkerrechtskonformen einseitigen Unabhängigkeitserklärung prüfen könnten, eine politisch-neutrale juristische Orientierungshilfe geben.[1196]

Die 22 EU-Mitgliedstaaten, die die Unabhängigkeit des Kosovo anerkannt hatten, enthielten sich bei der Abstimmung der UN-Generalversammlung der Stimme,[1197] während die fünf EU-Mitgliedstaaten, die die Unabhängigkeit des Kosovo nicht anerkannt hatten, für den Antrag Serbiens stimmten.[1198] Mit dieser Position standen sie im Widerspruch zur Haltung der großen Mehrheit der EU-Mitgliedstaaten, verhinderten in dieser Frage eine eindeutige Positionierung der Gemeinsamen Außen- und Sicherheitspolitik der EU und teilten die Position anderer Länder außerhalb des europäischen Kontinents, wie Argentinien, Aserbaidschan, Brasilien, China, Kuba, Nordkorea, Indien, Iran, Jamaika, Russland, Tansania, die die Unabhängigkeit des Kosovo ablehnten. Die Annahme dieser Resolution half Belgrad, zumindest bis zur Vorlage des Rechtsgutachtens durch den IGH eine ablehnende Haltung gegenüber der Unabhängigkeit des Kosovo beizubehalten.[1199] Serbien ging davon aus, Russland, China und andere verbündete Staaten könnten im Rahmen der Vereinten Nationen dazu beitragen, die weitere internationale Anerkennung des Staates Kosovo zu verhindern und die Unabhängigkeitserklärung als Verstoß gegen das Völkerrecht einzustufen.

Zusätzlich zu den unterschiedlichen Positionen der EU-Mitgliedstaaten während des Verhandlungsprozesses zur Bestimmung des Status des Kosovo unter der Leitung des UN-Sonderbeauftragten Martti Ahtisaari wurde die Außen- und Sicherheitspolitik der EU in der Frage der Eigenstaatlichkeit des Kosovo durch die unterschiedliche Positionierung der Mitgliedstaaten im Verfahren vor dem IGH zur Rechtmäßigkeit der Unabhängigkeitserklärung des Kosovo einer schwierigen Bewährungsprobe ausgesetzt. Ähnlich wie im Jahr 1991 bei den Gutachten der Badinter-Kommission, in der die Kriterien für die Anerkennung neuer Staaten im Zuge der Auflösung Jugoslawiens festgelegt wurden, wurde erwartet, dass eine Bestätigung der Rechtmäßigkeit eine neue Dynamik des Prozesses der internationalen Anerkennung der Republik Kosovo bewir-

---

[1194] United Nations, A/RES/63/3: Resolution adopted by the General Assembly on 8 October 2008, http://www.un.org/en/ga/search/view_doc.asp?symbol=A/RES/63/3(letzter Zugriff am 12.01.2019); eine ausführliche Erläuterung bietet: General Assembly Plenary Backing Request by Serbia, General Assembly Decides to Seek International Court of Justice Ruling on Legality of Kosovo's Independence, 22nd Meeting (AM), 8 October 2008, https://www.un.org/press/en/2008/ga10764.doc.htm(11.01.2019).
[1195] 63rd session of the UN General Assembly, 22nd plenary meeting, 8 October 2008, Official Records, A/63/PV.22, p. 1.
[1196] Ebenda.
[1197] Ebenda, p. 10: *Abstaining*: Austria, Belgium, Bulgaria, Czech Republic, Denmark, Estonia, Finland, France, Germany, Ghana, Hungary, Ireland, Italy, Japan, Latvia, Lithuania, Luxembourg, Malta, Netherlands, Poland, Portugal, Slovenia, Sweden, United Kingdom of Great Britain and Northern Ireland.
[1198] Ebenda, p. 10: In favour: Cyprus, Greece, Romania, Slovakia, Spain.
[1199] Batt, Judy: „Serbia: Turning the Corner at Last?", Madrid: FRIDE, January 2009 (FRIDE Policy Brief No. 3).

ken oder im Gegenteil den Prozess an seinen Ausgangspunkt zurückbringen würde. Insofern war klar, dass die Stellungnahmen des IGH als präventive Diplomatie und als Instrument der Friedenssicherung verwendet werden würde. Obwohl Gutachten des IGH keine verbindliche Wirkung haben,[1200] war zu erwarten, dass die erbetene „Advisory Opinion" zur Klärung und Entwicklung des Völkerrechts beitragen und folglich Auswirkungen auf die Beziehungen zwischen dem Kosovo und Serbien haben würde.

Wie wir weiter unten sehen werden, haben die fünf EU-Mitgliedstaaten, die gegen eine Unabhängigkeit Kosovos Position bezogen hatten, aus der Rechtsauffassung des IGH, die Unabhängigkeitserklärung des Kosovo sei mit dem Völkerrecht vereinbar, nicht die Konsequenz gezogen, Kosovo als unabhängigen Staat anzuerkennen. Die anhaltenden Meinungsdifferenzen zeigen das Fehlen einer Gemeinsamen Außen- und Sicherheitspolitik der EU. Das Votum der fünf EU-Mitgliedstaaten gegen die Unabhängigkeit Kosovos schwächte die Bemühungen der EU in Bezug auf den Kosovo und die Förderung eines Prozesses, mit dem der westlichen Balkanregion eine EU-Perspektive verschafft werden könnte. Das Auseinanderfallen der innen- und außenpolitischen Motivation kann man auch daran ablesen, dass Spanien, Griechenland und Rumänien ihre Beteiligung an der Schutztruppe der NATO nicht in Frage stellten. Spanien hatte in dieser Zeit 637 Soldaten im Kosovo, Griechenland 605, Rumänien 147.

9.4. Im Verfahren vor dem IGH vertretene Rechtspositionen

Gemäß Art. 65 Abs. 2 der Satzung des IGH hat der Generalsekretär der Vereinten Nationen dem IGH am 30. Januar 2009 eine Akte mit Dokumenten überreicht, die Aufschluss zur Beantwortung der gestellten Frage geben könnten.[1201] Innerhalb der vom IGH gesetzten Fristen hatten 29 interessierte Staaten, darunter die Vereinigten Staaten, Frankreich, das Vereinigte Königreich und Russland, schriftlichen Stellungnahmen[1202] zur Völkerrechtskonformität der Unabhängigkeitserklärung des Kosovo vorgelegt. Umfassende Anhörungen fanden vom 1. bis 11. Dezember 2009 statt.[1203] Das Team der Republik Kosovo wurde von dem Rechtsexperten Sir Michael Wood angeführt. Die besondere Bedeutung dieses Verfahrens vor dem IGH wird daran deutlich, dass die fünf ständigen Mitglieder des Sicherheitsrates (Vereinigte Staaten von Amerika, Vereinigtes Königreich, Frankreich, die Russische Föderation und China) an dem Beratungsprozess teilgenommen haben.

Die kontroversen Positionen des Kosovo und Serbiens prallten im Dezember 2009 bei den Anhörungen des IGH aufeinander: Die kosovarische Seite sah im Ahtisaari-Plan eine Grundlage für eine unwiderrufliche Entscheidung zur Staatlichkeit und Unabhängigkeit, mit der Begründung, es sei undenkbar, erneut mit Serbien über die Zukunft des Kosovo zu sprechen: *„Das wäre*

[1200] Siehe International Court of Justice (ICJ) Advisory jurisdiction, https://www.icj-cij.org/en/advisory-jurisdiction (18.01.2019).
[1201] Einen Überblick über diese Dokumente findet man unter
https://www.icj-cij.org/files/case-related/141/15022.pdf.
[1202] Neben Kosovo und Serbien haben folgende Staaten schriftliche Stellungnahmen eingereicht: Ägypten, Albanien, Argentinien, Aserbaidschan, Bolivien, Brasilien, Dänemark, Deutschland, Estland, Finnland, Frankreich, Iran, Irland, Japan, Lettland, Libyen, Luxemburg, Malediven, Niederlande, Norwegen, Österreich, Polen, Rumänien, Russland, Schweiz, Sierra Leone, Slowakei, Slowenien, Spanien, Tschechische Republik, Venezuela, Vereinigte Staaten, Vereinigtes Königreich, Volkrepublik China und Zypern. Zugang zu allen eingereichten schriftlichen Stellungnahmen findet man unter International Court of Justice: Accordance with international law of the unilateral declaration of independence in respect of Kosovo, Written Proceedings, https://www.icj-cij.org/en/case/141/written-proceedings(letzter Zugriff am 12.01.2019).
[1203] Die Anhörung ist dokumentiert unter International Court of Justice: Accordance with international law of the unilateral declaration of independence in respect of Kosovo, Oral Statements, https://www.icj-cij.org/en/case/141/oral-proceedings (letzter Zugriff am 12.01.2019).

höchst zerstörerisch und könnte sogar einen neuen Konflikt in der Region entfachen"[1204], sagte der kosovarische Außenminister Skënder Hyseni. Die kosovarische Seite sah die Unabhängigkeit auch als eine Lösung an, die Frieden und Sicherheit in der Region geschaffen habe Sie fügte hinzu, die serbische Armee habe nach den gewalttätigen und brutalen Repressionen gegen Albaner das Recht auf die weitere Verwaltung des Kosovo verloren. Die serbische Seite trug vor, die Unabhängigkeitserklärung des Kosovo sei ein Bruch des Völkerrechts und mithin ein illegaler Akt gegen die staatliche Souveränität Serbiens gewesen.[1205]

In der Kosovo-Frage stehen sich zwei Denkschulen gegenüber: Die Befürworter der Rechtmäßigkeit der Unabhängigkeitserklärung sind der Auffassung, dass bei genozidartigen Verfolgungen wie im Kosovo eine Autonomie innerhalb des bisherigen Staates unmöglich ist. Laut dieser Sichtweise sind die Kosovo-Albaner von der serbischen Unterdrückungspolitik zur Unabhängigkeitserklärung getrieben worden. Diese sei deshalb rechtmäßig. Der Völkerrechtler Christian Tomuschat, Professor an der Berliner Humboldt-Universität, vertritt die Ansicht, dass die Kosovo-Albaner das Recht auf eine Sezession gehabt hätten, weil sie in der Tat extrem schlecht von Serbien behandelt worden seien:[1206]

„Das auslösende Moment war der Widerstand der Kosovo-Albaner gegen die serbische Unterdrückungspolitik. Unterstützung erfuhr diese Bewegung durch den Sicherheitsrat der Vereinten Nationen, der den Kosovo in seiner Gesamtheit unter die Aufsicht der internationalen Gemeinschaft stellte. Schließlich wurde die Unabhängigkeitserklärung von 17. Februar 2008 in schneller Folge von zahlreichen Staaten anerkannt (...). Eine solche massive Unterstützung zeigt an, dass auch von einer unangefochtenen de-jure-Herrschaft der Belgrader Regierung im Kosovo trotz der formalen Zusicherungen im Text der Resolution 1244 nicht mehr die Rede sein konnte."[1207]

Auf der anderen Seite gibt es nach Ansicht einiger Völkerrechtler keinen anerkannten Anspruch auf staatliche Sezession. Diese sei ohne Einwilligung der Konfliktparteien und der Vereinten Nationen unzulässig. Dieser Meinung sind zum Beispiel der Frankfurter Völkerrechtler Michael Bothe und der Potsdamer Völkerrechtler Andreas Zimmermann, der vor dem IGH die Interessen Serbiens vertreten hat.[1208]

Die Unabhängigkeitserklärung des Kosovo vom 17. Februar 2008 und ihre internationale Anerkennung haben die EU-Mitgliedstaaten vor und während der Überprüfung durch den IGH getrennt. Wie bereits erwähnt, waren sie in zwei entgegengesetzte Lager aufgeteilt: Während die meisten EU-Mitgliedstaaten, einschließlich aller Mitglieder der Europäischen Kontaktgruppe, die Rechtmäßigkeit der Unabhängigkeitserklärung befürworteten, schlossen sich fünf EU-Mitgliedstaaten der Position von Serbien, Russland, China, Venezuela und anderen Ländern an, die behaupteten, die Unabhängigkeit des Kosovo stehe im Widerspruch zur Resolution 1244. Aber es gab auch Staaten, die keinen festen Standpunkt hatten. Der Fall des Kosovo ist eine Besonderheit im Vergleich zur Anerkennung der anderen Staaten, die im Zusammenhang mit der Auflösung Jugoslawiens gegründet wurden. Die Unabhängigkeit des Kosovo wird von einer großen Gruppe

---

[1204] „Ganz Kosovo blickt nach Den Haag", in: *Tagesanzeiger*, 21.07.2010.
[1205] „UN court hears Kosovo independence case", in: *BBC News*, 01.12.2009.
[1206] Robelli, Enver: „Ist Kosovo ein Staat? Oder war die Abspaltung von Serbien unrechtmäßig?", in: *Tagesanzeiger*, 21.07.2010.
[1207] Tomuschat, Christian: Die Anerkennung von Neustaaten – Die vorzeitige Anerkennung, in: Peter Hilpold (Hrsg.): Das Kosovo-Gutachten des IGH vom 22. Juli 2010, Leiden/Boston 2012, S. 31-47 (43 f.).
[1208] Robelli, Enver: „Ist Kosovo ein Staat? Oder war die Abspaltung von Serbien unrechtmäßig?", in: *Tagesanzeiger*, 21.07.2010.

von Staaten unterstützt. Bislang haben 116 Staaten den Staat Kosovo anerkannt,[1209] der mit der Unabhängigkeitserklärung vom 17. Februar 2008 das letzte politische und rechtliche Stadium der Staatswerdung erreicht hat. Zu den Staaten, die die Unabhängigkeit des Kosovo anerkannten, gehörten drei der fünf ständigen Mitglieder des Sicherheitsrates – Frankreich, das Vereinigte Königreich und die Vereinigten Staaten – sowie 23 EU-Mitgliedstaaten.[1210]

Die Unabhängigkeitserklärung des Kosovo wird von vielen Seiten als ein Fall „*sui generis*" eingestuft. In der EU hielt man sich zugute, dass es trotz der Meinungsverschiedenheiten gelungen sei, eine gemeinsame Erklärung zu dieser Frage zustande zu bringen. Schon vor der schwierigen Sitzung des Rates der Außenministerrates am Tag nach der Unabhängigkeitserklärung hatten die Spanier den anderen EU-Mitgliedstaaten signalisiert, sie seien an einer konstruktiven Lösung interessiert. Diese bestand am Ende in einem Kernsatz: Der Kosovo sei ein Fall „*sui generis*"[1211], heißt es im letzten Absatz der Schlussfolgerungen des Rates, also eine Ausnahme, die nicht als Präzedenz für andere Minderheitenkonflikte herangezogen werden kann. Auf spanischen Wunsch hin wurde sogar noch einmal ausdrücklich angeführt, die EU fühle sich weiter an die UN-Charta und die Schlussakte von Helsinki gebunden, die wichtigsten völkerrechtlichen Verträge, in denen die territoriale Integrität von Staaten festgelegt ist. Der deutsche Außenminister Steinmeier drückte es so aus: „*Grenzveränderungen sind von dieser Entscheidung nicht berührt, es geht hier um eine Sonderentwicklung aus dem Zerfall des ehemaligen Jugoslawienss.*"[1212]

Die fünf EU-Mitgliedstaaten, die bisher die Anerkennung der Eigenstaatlichkeit des Kosovo abgelehnt haben, befürchten jedoch, dass seine Unabhängigkeit ein Präzedenzfall sein könnte, der ihre eigene territoriale Integrität gefährden könnte. Sie betrachten die Unabhängigkeitserklärung des Kosovo als einen Verstoß gegen das Völkerrecht; die Anerkennung Kosovos durch andere Staaten führe zu einem gefährlichen Präzedenzfall. Den von der UN-Generalversammlung verabschiedeten Antrag auf Erstellung eines Rechtsgutachtens durch den IGH sahen sie als ein Mittel zur Rechtfertigung ihrer politischen und rechtlichen Ansichten in Bezug auf Selbstbestimmung, Sezession und territoriale Integrität an.

Die meisten EU-Mitgliedstaaten, einschließlich aller Mitglieder der Europäischen Kontaktgruppe, unterstützten und anerkannten die Eigenstaatlichkeit des Kosovo, die von den demokratisch gewählten Vertretern der Menschen im Kosovo erklärt worden war:

„*We, the democratically-elected leaders of our people, hereby declare Kosovo to be an independent and sovereign state. This declaration reflects the will of our people and it is in full accordance with the recommendations of UN Special Envoy Martti Ahtisaari and the Comprehensive Proposal for the Kosovo Status Settlement.*"[1213]

Die schriftliche Erklärung des Vereinigten Königreichs enthielt zwei wichtige rechtliche Argumente. Erstens habe der Sicherheitsrat, der die Verletzung der Menschenrechte im Kosovo durch das Belgrader Regime nachdrücklich verurteilt habe, weder die Unabhängigkeit des Kosovo im Voraus verhindert, noch habe er die endgültige Unabhängigkeitserklärung sanktioniert. Zweitens

---

[1209] Als bisher letzter Staat hat Barbados am 15.02.2018 die Anerkennung ausgesprochen. Liste der Anerkennungen Kosovos, http://www.mfa-ks.net/al/politika/484/lista-e-njohjeve/484.
[1210] Tomuschat, Christian: Die Anerkennung von Neustaaten – Die vorzeitige Anerkennung, in: Peter Hilpold (Hrsg.): Das Kosovo-Gutachten des EuGH vom 22. Juli 2010, Leiden/Boston 2012, S. 31-47 (41).
[1211] Siehe Mitteilung an die Presse, 2851. Tagung des Rates, Allgemeine Angelegenheiten und Außenbeziehungen, 6496/08 (Presse 41), Brüssel, 18. Februar 2008,
http://www.consilium.europa.eu/ueDocs/cms_Data/docs/pressData/de/gena/99070.pdf, S. 7.
[1212] Busse, Nikolas: „Im Konfliktfall müssen Fußnoten helfen", in: *FAZ*, 20.02.2008.
[1213] Unabhängigkeiterklärung vom 17. Februar 2008, Abs. 1 der Präambel; vgl. schriftliche Stellugnahme, Abs. 16 und mündliche Stellungnahme, Abs. 4.

verbiete das Völkerrecht eine solche Unabhängigkeitserklärung nicht.[1214] In seiner Erklärung argumentierte Deutschland[1215], der Kosovo-Fall sei etwas Besonderes und habe nichts mit den Gegnern der Unabhängigkeit des Kosovo zu tun. In diesem Zusammenhang verwies es auch auf die Erklärung der Außenminister der EU-Mitgliedstaaten, die den *sui generis* Charakter der Kosovo-Frage betont hätten:

„[Der Rat] ... bekräftigt seine Überzeugung, dass das Kosovo angesichts des Konflikts der 90er Jahre und des langen Zeitraums unter internationaler Verwaltung gemäß der Resolution 1244 des VN-Sicherheitsrates einen Fall eigener Art darstellt, der diese Grundsätze und Resolutionen nicht in Frage stellt." [1216]

In der Erklärung Frankreichs wurde betont, es gebe keinen Grund zu behaupten, dass die Unabhängigkeitserklärung des Kosovo nicht *„im Einklang mit dem Völkerrecht"* stehe. Das Völkerrecht verhindere grundsätzlich und generell nicht die Abspaltung und Unabhängigkeit eines Landes.[1217] Deswegen könne die Unabhängigkeitserklärung des Kosovo nicht rechtswidrig sein; der ihm zugrunde liegende politische Prozess verdeutliche den *sui generis* Charakter des Falles Kosovo. Gleichzeitig erklärte Frankreich angesichts der oben genannten Faktoren, die EU unterstütze die Behörden des Kosovo weiterhin völlig rechtmäßig; die Unabhängigkeitserklärung sei nicht als Bedrohung für den internationalen Frieden und die Sicherheit in der Region einzustufen.[1218]

In diesem Sinne äußerten sich auch andere EU-Mitgliedstaaten, die in den Anhörungen vor dem IGH, die vom 1. bis 11. Dezember 2009 stattfanden,[1219] die Rechtmäßigkeit der Unabhängigkeitserklärung befürworteten. Die Tschechische Republik, Frankreich, Österreich, Deutschland, Finnland, Polen, Luxemburg, Großbritannien, Estland, die Niederlande, Slowenien, Litauen und Dänemark haben sich in ihren schriftlichen Stellungnahmen für ihre Völkerrechtskonformität ausgesprochen. Diese europäischen Staaten, die den neuen Staat Kosovo anerkannt haben, haben nie bestritten, dass sich die Resolution 1244 auf die Souveränität und territoriale Integrität des verbleibenden Jugoslawien bezog, wiesen jedoch darauf hin, dass sie nur in ihrer Präambel erwähnt wurde, ohne die Frage des endgültigen Status des Kosovo abschließend zu klären. Die Existenz des Staates Kosovo könne nicht ignoriert werden kann, seine Existenz beruhe auf dem Selbstbestimmungsrecht der dort lebenden Menschen. Der Grundsatz der Wirksamkeit sei der einzige Grundsatz, der im Fall des Kosovo angewandt werden könne, da es die klassischen Elemente der Staatlichkeit (Staatsgebiet, Staatsvolk, Staatsgewalt) erfülle.

Eines der wichtigsten Argumente war, das Prinzip der Selbstbestimmung habe laut Susanne Wasum-Rainer, Rechtsexpertin im Auswärtigen Amt Deutschlands, die Gründung des Staates Kosovo völkerrechtlich gerechtfertigt. Wasum-Rainer hat einige Argumente angeführt, warum das Kosovo kein Präzedenzfall, sondern ein Sonderfall ist. In der Anhörung vor dem IGH trug

---

[1214] Written Comments of the United Kingdom, 15 July 2009, pp. 6-7, https://www.icj-cij.org/files/case-related/141/15702.pdf (letzter Zugriff am 13.01.2019).
[1215] Statement of the Federal Republic of Germany, April 2009, https://www.icj-cij.org/files/case-related/141/15624.pdf (letzter Zugriff am 13.01.2019).
[1216] Siehe Mitteilung an die Presse, 2851. Tagung des Rates, Allgemeine Angelegenheiten und Außenbeziehungen, 6496/08 (Presse 41), Brüssel, 18. Februar 2008, http://www.consilium.europa.eu/ueDocs/cms_Data/docs/pressData/de/gena/99070.pdf, S. 7.
[1217] Written Statement of France, 17 April 2009, p. 28, https://www.icj-cij.org/files/case-related/141/15607.pdf (letzter Zugriff am 13.01.2019).
[1218] Ebenda, p. 29.
[1219] „Thirty States and the authors of the unilateral declaration of independence have expressed their intention of participating in the oral proceedings", International Court of Justice, 9 October 2009, retrieved: 1 December 2009.

Deutschland vor, die Unabhängigkeitserklärung verstoße nicht gegen geltende Regeln des Völkerrechts, einschließlich der Resolution 1244 des Sicherheitsrates (1999).[1220]

Die Argumente der kosovarischen Seite deckten mehrere wichtige Aspekte ab. Erstens, die Republik Kosovo sei einer der sieben souveränen und unabhängigen Staaten,[1221] die in Folge der Auflösung der Sozialistischen Föderativen Republik Jugoslawien (SFRJ) entstanden seien. Der Kosovo sei wie die anderen sechs Staaten (und die Vojvodina) eine der acht konstituierenden Einheiten der SFRJ. Die Lösung des Kosovo-Problems sei *„das letzte Problem im Zusammenhang mit der Auflösung Jugoslawiens".*[1222] Die SFRJ sei nicht offiziell getrennt worden, habe sich aber aufgelöst; unter diesen Umständen sei die Unabhängigkeit des Kosovo erklärt worden. Zweitens sei Serbiens Taktik gegenüber dem Kosovo auch von den anderen Republiken wahrgenommen worden; diese hätten befürchtet, dass sie ebenfalls den Bemühungen Serbiens um politische Dominanz zum Opfer fallen würden. Folglich hätten die Mitglieder der Kosovo-Versammlung am 2. Juli 1990 erklärt, der Kosovo sei *„an equal and independent entity within the framework of the Yugoslav Federation".*[1223] 1991 hätten einzelne jugoslawische Republiken begonnen, ihre Unabhängigkeit zu erklären, worauf Serbien mit aggressiven Mitteln reagiert habe, die das ehemalige Jugoslawien in eine Reihe bewaffneter Konflikte gestürzt hätten. Drittens wurden die diplomatischen Bemühungen der Kontaktgruppe und des Sicherheitsrate hervorgehoben (Entschließungen 1199 und 1160 zur politischen Lösung der Kosovo-Krise 1998-1999), die mit den Bemühungen um eine Übergangslösung auf der Konferenz von Rambouillet im Februar/März 1999 fortgesetzt wurden, aber an Miloševićs Ablehnung und Aggression gescheitert waren.[1224] Viertens sei nach der humanitären Intervention der NATO Serbien während der langen Präsenz der internationalen Gemeinschaft unter dem Dach der UN-Resolution 1244 jeder Einfluss im Kosovo verweigert worden. Die UN-Resolution 1244 enthalte keine Angaben darüber, wie der endgültige Status des Kosovo gestaltet werden solle.[1225] Das fünfte Argument ist der UN-geführte Verhandlungsprozesses über den Status im Zeitrahmen Mai 2005 bis Dezember 2007 unter der Leitung des Generalsekretärs der Vereinten Nationen.[1226] Sechstens sei die Unabhängigkeitserklärung von den demokratisch gewählten Führern der Bevölkerung des Kosovo verkündet worden. Sie unterstreiche auch die besonderen Umstände, die die Unabhängigkeit des Kosovo unumgänglich gemacht hätten. Die Präambel erinnere daran: *„Kosovo is a special case arising from Yugoslavia's non-consensual breakup and is not a precedent for any other situation."*[1227] Ein weiteres Hauptargument ist das Selbstbestimmungsrecht der Völker, das der IGH im Fall Osttimor als *jus cogens* eingestuft habe; es sei ein Recht aller Völker, nicht nur derer, die

---

[1220] Oral Statements of the Federal Republic of Germany, The public hearings on 2 December 2009, in: Kosovo in the International Court of Justice, Ministry of Foreign Affairs of the Republic of Kosovo, 2010, p. 540.
[1221] Bosnien-Herzegowina, die Republik Kroatien, die Republik Kosovo, die Republik Mazedonien, die Republik Montenegro, die Republik Serbien und die Republik Slowenien.
[1222] Written Contribution of the Republic of Kosovo, 17 April 2009, in: Kosovo in the International Court of Justice. Ministry of Foreign Affairs of the Republic of Kosovo, 2010, p. 101. Die schriftliche Stellungnahme der Republik Kosovo vom 17. April 2009 ist auch zugänglich unter https://www.icj-cij.org/files/case-related/141/15678.pdf, die ergänzende Stellungnahme vom 17. Juli 2009 unter https://www.icj-cij.org/files/case-related/14115708.pdf.
[1223] Ebenda, p. 146.
[1224] Ebenda, pp. 151-152.
[1225] Borgen, Christopher J.: Kosovo's Declaration of Independence: Self-Determination, Secession and Recognition, in: Insights 12:2 (2008), 29.02.2008,
https://www.asil.org/insights/volume/12/issue/2/kosovos-declaration-independence-self-determination-secession-and(letzter Zugriff am 12.01.2019).
[1226] Written Contribution of the Republic of Kosovo, 17 April 2009, p. 185; Oral Statements of the Federal Republic of Germany, The Public Hearings on 2 December 2009, p. 540.
[1227] Written Contribution of the Republic of Kosovo, 17 April 2009, p. 208.

sich in einem kolonialen Kontext befänden. Wie im ersten schriftlichen Beitrag des Kosovo erwähnt, hätten die Menschen im Kosovo angesichts der massenhaften Verletzungen der Menschenrechte und der systematischen Leugnung des Rechts auf Selbstbestimmung durch die SFRJ/Serbien das Recht auf Selbstbestimmung.[1228] Weder die Unabhängigkeit Sloweniens noch die Kroatiens sei mit der Zustimmung der damaligen Bundesrepublik Jugoslawien eingetreten. Diese Unabhängigkeitsprozesse seien von der Badinter-Kommission, deren Gutachten den Weg für die Anerkennung neuer Staaten durch die EG geebnet habe, für rechtmäßig erklärt worden.

Von den EU-Mitgliedstaaten, die die Unabhängigkeit Kosovos nicht anerkannt haben, haben Spanien, Rumänien, Slowakei und Zypern Stellungnahmen im Verfahren vor dem IGH abgegeben. Sie haben ihre Argumente im Allgemeinen auf gesetzliche Bestimmungen und das Völkerrecht gestützt. Das Völkerrecht verbiete die einseitige Unabhängigkeitserklärung außerhalb eines kolonialen Kontextes; die provisorischen Selbstverwaltungseinrichtungen des Kosovo seien nicht befugt gewesen, die Unabhängigkeit zu erklären. Darüber hinaus griffen diese Länder als Hauptargument gegen die Unabhängigkeit des Kosovo auch auf die Resolution 1244 des UN-Sicherheitsrates zurück und nahmen Bezug auf die Souveränität Serbiens[1229] und den Grundsatz der territorialen Integrität. Eine Lösung hätte mittels eines Abkommens zwischen den beiden Parteien anstatt durch eine einseitige Aktion gesucht werden müssen. Im Jahr 2008 habe es keine weiteren Repressionen durch das Milošević-Regime gegeben. Der Vorwurf der Misshandlung von Albanern durch das serbische Regime sei keine Rechtfertigung dafür, sich auf das Recht der *„secession as a last resort"* zu berufen. Daraus wurde der Schluss gezogen, Kosovo habe keinen durch äußere Umstände bedingten Anspruch Selbstbestimmung (*external self-determination*) gehabt.[1230]

Spanien vertrat die Ansicht, die einseitige Unabhängigkeitserklärung der provisorischen Institutionen des Kosovo sei aus folgenden Gründen nicht mit dem Völkerrecht vereinbar:

„It ignores Serbia's right to sovereignty and territorial integrity derived from the applicable rules and principles of international law which is expressly recognized in the specific instruments that constitute the basis for the interim international administration regime and for the provisional self-government regime for Kosovo set up pursuant to Security Council Resolution 1244 (1999), and no special circumstance or ad hoc legal regime concurs that would allow the application of such rules and principles to be excluded in the present case."[1231]

Zypern widersprach nicht nur der Rechtmäßigkeit der Unabhängigkeitserklärung Kosovos, sondern behauptete auch, dass es keine effektive Regierung besitze. Ein Staat müsse über ein Territorium, eine Bevölkerung und eine effektive Regierung verfügen und in der Lage sein, internationalen Beziehungen aufzunehmen. Dieses Recht sei aber der UNMIK vorbehalten. Zypern bestand daher darauf, dass *„Kosovo does not satisfy the 'factual' criteria of Statehood"*.[1232] Zypern machte zudem geltend:

„Nothing in UN Security Council resolution 1244 (1999) purports to authorize the secession of Kosovo. In any event, the UN Security Council does not have the legal power to

---

[1228] Written Contribution of the Republic of Kosovo, 17 July 2009, p. 434.
[1229] Written Statement of the Kingdom of Spain, 17 April, 2009, p. 12, https://www.icj-cij.org/files/case-related/141/15644.pdf(letzter Zugriff am 19.01.2019).
[1230] Written Statement of Cyprus, 17 April 2009, p. 38, https://www.icj-cij.org/files/case-related/141/15609.pdf (letzter Zugriff am 18.01.2018).
[1231] Written Statement of the Kingdom of Spain, 17 April 2009, p. 56.
[1232] Written Statement of Cyprus, 17 April 2009, p. 8.

modify territorial title or make changes to a State's territory without that State's consent."[1233]
Rumänien begründete seine Nichtanerkennung der Unabhängigkeit des Kosovo damit, beide Seiten hätten keine Einigung erzielen können und es liege keine Resolution des UN-Sicherheitsrats vor, die die Unabhängigkeitserklärung des Kosovo legalisiere.[1234] Die provisorischen Selbstverwaltungsinstitutionen im Kosovo seien nicht befugt gewesen, einseitig eine Lösung für den endgültigen Status des Kosovo zu erklären. Die Menschen im Kosovo hätten nach den Grundsätzen des Völkerrechts kein Recht auf Selbstbestimmung.[1235]

Die Slowakei machte geltend, auch schwerwiegende Verstöße gegen das Völkerrecht seitens Jugoslawiens im Zusammenhang mit der Behandlung von Kosovaren in der Vergangenheit rechtfertigten nicht die einseitige Änderung des Status des Kosovo:

„*SC Resolution 1244 explicitly reiterates the agreed formulations of ‚substantial autonomy' and ‚meaningful self-administration' for Kosovo. Such formulations, combined with the consistent omission of any reference to the principle of selfdetermination, conclusively indicate that there is no legal basis whatsoever for the type of independent statehood that has been unilaterally declared and recognized by some States (...). There is no authority for a rule of law which allows the ‚punishment' of States, especially by something as a loss of territory, for breaches of the law.*"[1236]

Diese Stellungnahmen weichen von den Schlussfolgerungen des Rates vom 8. Februar 2008 ab, das Kosovo sei ein „*sui generis*"-Fall sei und stelle die UN-Prinzipien und die Resolution 1244 des UN-Sicherheitsrats nicht in Frage.[1237] Das Kosovo unterscheidet sich von den Fällen Zyperns, Kataloniens und des Baskenlands in Spanien und der Ungarn in Rumänien und der Slowakei sowohl in historischer als auch in politischer und rechtlicher Hinsicht sehr stark.[1238] Diese Länder sind heute demokratisch und die Beziehungen zu den vorgenannten Regionen sind absolut unvergleichlich mit dem Verhalten Serbiens gegenüber den Albanern im gesamten 20. Jahrhundert und insbesondere im Zeitraum 1990-1999. Laut Giovanni Poggeschi kann man vielleicht einen Vergleich der Situation des Kosovo unter serbischer Herrschaft mit der Situation in den katalanischen und baskischen Regionen während des Bürgerkriegs der 30er Jahre des 20. Jahrhunderts ziehen; aber auch in diesem Fall sei der Unterschied groß, da der Bürgerkrieg kein Krieg zwischen Spanien und Katalonien bzw. dem Baskenland gewesen sei.[1239] Wenn der Fall des Kosovo mit diesen beiden Regionen Spaniens nicht vergleichbar ist, können die anderen Fälle in der Slowakei, Rumänien oder Zypern nicht einmal erwähnt werden. Das ändert allerdings nichts an den Befürchtungen der genannten Staaten, die Unabhängigkeit des Kosovo sei ein „*gefährlicher Präzedenzfall*" für ihre Minderheiten.[1240]

Erwähnenswert ist in diesem Zusammenhang auch der Standpunkt der EU im September 2017 zum katalanischen EU-Referendum zur Unabhängigkeit, in dem Ähnlichkeiten und Parallelen zum Fall Kosovo ausgeschlossen wurden.

[1233] Ebenda, p. 7.
[1234] Written Statement of Romania, 17 April 2009, p. 5, https://www.icj-cij.org/files/case-related/141/15616.pdf (letzter Zugriff am 13.01.2019).
[1235] Ebenda, p. 46.
[1236] Written Statement of Slovakia, 17 April 2009, pp. 6-7, https://www.icj-cij.org/files/case-related/141/15626.pdf (letzter Zugriff am 13.01.2019).
[1237] 2851st Council meeting General Affairs and External Relations, Brussels, 18 February 2008, 6496/08 (Presse 41), https://www.consilium.europa.eu/ueDocs/cms_Data/docs/pressData/en/gena/98818.pdf.
[1238] Poggeschi, Giovanni: Katalonien und Baskenland: Zwei vom Kosovo „weit entfernte" Modelle, in: Joseph Marko (Hrsg.): Gordischer Knoten Kosovo/a: Durchschlagen oder entwirren?, Baden-Baden 1999, S. 105-114.
[1239] Ebenda.
[1240] Siehe auch „Den Haag nennt Unabhängigkeit Kosovos rechtens", in: *Die Zeit*, 22.07.2010.

"‚When it comes to recognition of Kosovo, that was a very specific context. This position was adopted by various UN declarations and various UN resolutions and the international community. A very specific context, with specific reasons', says EC spokesman Margaritis Schinas – but without explaining which UN declarations and resolutions he had in mind – or what the ‚specific' issues had been."[1241]

Die Unterdrückung und die ethnischen Säuberungen im Kosovo durch die serbische Regierung von Milošević können absolut nicht mit der Politik demokratischer Regierungen in anderen europäischen Ländern verglichen werden. Es gibt keine politischen oder rechtlichen Argumente, die belegen, dass der Fall des Kosovo mit Fällen in anderen Regionen vergleichbar ist. Der Unabhängigkeitsweg des Kosovo ist also einzigartig; er wurde beschritten nach der Intervention und dem Einsatz der NATO und achtete den Rahmen der internationalen zivilen und militärischen Verwaltung, die nicht dazu gedacht war, das Kosovo von einem anderen Land zu trennen oder zu annektieren.[1242] Der neue Staat Kosovo wurde bis Anfang 2018 von 116 von 192 Staaten anerkannt. Aber aufgrund des russischen Vetos, das mit der NATO-Intervention und damit begründet wird, die Unabhängigkeitserklärung sei ohne Zustimmung des Sicherheitsrates erfolgt, ist Kosovo immer noch nicht Mitglied der Vereinten Nationen. Die Abspaltung des Kosovo ist legitim, da sie friedlich und auf Grundlage der von der Kontaktgruppe[1243] und dem Vertreter des UN-Generalsekretärs festgelegten Regeln und Prinzipien geschehen ist.[1244]

Es sei darauf hingewiesen, dass es in Europa nach dem Kalten Krieg bereits ein Muster für eine andere zivilisierte Spaltung einer gemeinsamen Staatsstruktur gibt. 1993 vereinbarten die Tschechen und Slowaken, ihre gemeinsame Republik aufzulösen und zwei unabhängige Staaten zu gründen.[1245] Russland lehnt die Unabhängigkeit des Kosovo ab, rechtfertigt aber die Annexion der Krim mit dem ethnisch begründeten Recht auf Selbstbestimmung.

Die Überprüfung der Rechtmäßigkeit der Unabhängigkeitserklärung des Kosovo durch den IGH war auch für die Länder bedeutsam, die bereits seine Unabhängigkeit anerkannt hatten und die maßgeblich dazu beigetragen haben, den endgültigen Status herbeizuführen. Vom IGH wurde erwartet, viele umstrittene Rechtsfragen zu klären. Serbien und anderen Staaten ging es darum, die Anerkennung des Kosovo zu stoppen und indirekt diejenigen Staaten, die es bereits anerkannt hatten, ins Unrecht zu setzen.

Das Gutachten des IGH würde auch Grundlage für die Beziehungen zwischen dem Kosovo und Serbien sein, und es wurde erwartet, dass ein positives Votum den Weg für das Kosovo erleichtern wird, um die volle internationale Anerkennung und die Mitgliedschaft in den Vereinten Nationen zu erlangen. Spräche sich der IGH gegen die Rechtmäßigkeit der Unabhängigkeitserklärung des Kosovo aus, wäre dies ein Schlag für die Unabhängigkeit des Kosovo und den Anerkennungsprozess.[1246]

[1241] „EC claims Catalonia and Kosovo are ‚not comparable'", 02.10.2017, https://www.b92.net/eng/news/world.php?yyyy=2017&mm=10&dd=02&nav_id=102454 (letzter Zugriff am 13.01.2019).
[1242] Siehe auch Herzinger, Richard: „Separatismus: Wann darf sich ein Landesteil abspalten?", in: *Die Welt*, 29.03.2014,https://www.welt.de/debatte.kommentare/article126345907/Wann-darf-sich-ein-Landesteil-abspalten.html.
[1243] Guiding principles of the Contact Group for a settlement of the status of Kosovo, https://www.esiweb.org/pdf/kosovo_Contact%20Group%20-%20Ten%20Guiding%20principles%20for%20Ahtisaari.pdf.
[1244] Comprehensive Proposal for the Kosovo Status Settlement, United Nations, S/2007/168/Add.1, 26 March 2007.
[1245] Herzinger, Richard: "Separatismus: Wann darf sich ein Landesteil abspalten?", in: *Die Welt*, 29.03.2014.
[1246] „Serbien fechtet Unabhängigkeit des Kosovo an", *EurActiv*, 01.12.2009, https://www.euractiv.de/section/erweiterung-und-nachbarn/news/serbien-fechtet-unabhangigkeit-des-kosovo-an-de/189099/(letzter Zugriff am 13.01.2019).

„Wir erwarten eine Stellungnahme, aus der mit gutem Willen alle Seiten politischen Honig saugen können", sagte ein europäischer Diplomat in Den Haag. *„Vermutlich wird sie Serbien teilweise Recht geben, aber zugleich deutlich machen, dass am Status quo nicht mehr zu rütteln ist."*[1247]
Das Gutachten des IGH musste den Frieden und die Stabilität in der Region beeinflussen und konnte eigentlich nicht ein politisches und rechtliches Versagen des mehrjährigen Engagements der internationalen Gemeinschaft und der EU im Kosovo konstatieren. Frankreichs Außenminister Bernard Kouchner erklärte bei einer Sondersitzung des Parlaments in Prishtina: *„Niemand kann diesen Fluss der Geschichte ändern und man sollte das akzeptieren."* Das Kosovo und Serbien würden eines Tages der EU als unabhängige Staaten angehören.[1248] Auf der anderen Seite werde man versuchen, Serbien einen Bonus anzubieten, um das Gesicht der politischen Elite in Belgrad zu wahren, Serbien an den Verhandlungstisch zurückzubringen und andere Kompromisse anzubieten. Die Politiker in Belgrad hofften, dass nach der Stellungnahme des IGH eine neue Resolution der Generalversammlung der Vereinten Nationen verabschiedet würde, die den Weg für neue Verhandlungen in dieser Frage ebnen würde. Vor einem solchen Schritt warnten die USA und die EU Serbien. Er werde zu einer offenen Konfrontation Serbiens mit den Staaten führen, die das Kosovo anerkannt haben.[1249]

9.5. Das Gutachten des IGH zur Rechtmäßigkeit der Unabhängigkeitserklärung des Kosovo und seine Folgen

Am 22. Juli 2010 gab der IGH auf Anforderung der UN-Generalversammlung sein Gutachten über die Rechtmäßigkeit der einseitigen Unabhängigkeitserklärung des Kosovo ab.[1250]

Der IGH ging zunächst auf die Frage ein, ob er für die Beantwortung der gestellten Frage zuständig ist.[1251] Einige Länder hatten in ihren Stellungnahmen argumentiert, die dem IGH vorgelegte Frage sei kein rechtliches Problem. Das Völkerrecht regele nicht den Akt der Unabhängigkeitserklärung, der als politischer Akt einzustufen sei. In dieser Hinsicht erinnert der IGH daran, er habe wiederholt entschieden, die Tatsache, dass ein Problem politische Aspekte enthalte, reiche nicht aus, um es seiner rechtlichen Bedeutung zu entziehen.[1252] Gemäß der ihm vorgelegten Frage habe der IGH nicht untersucht, ob das Kosovo berechtigt war, seine Unabhängigkeit einseitig zu erklären, und ob das Völkerrecht unter bestimmten Voraussetzungen ein Sezessionsrecht gewährt.[1253] Bei der Prüfung der Form und Art und Weise der Übermittlung der Frage der UN-Generalversammlung sah der IGH keine Notwendigkeit, Änderungen an der Formulierung der Frage vorzunehmen.

[1247] „Rechtmäßigkeit der Kosovo-Unabhängigkeit: IGH-Gutachten mit Spannung erwartet", N-TV, de, 21.07.2010, https://www.n-tv.de/politik/dossier/IGH-Gutachten-mit-Spannung-erwartet-article1103111.html (letzter Zugriff am 13.01.2019).
[1248] Ebenda.
[1249] Ebenda.
[1250] International Court of Justice, Accordance with International Law of the Unilateral Declaration of Independence in Respect of Kosovo, Advisory Opinion of 22 July 2010, https://www.icj-cij.org/files/case-related/141/141-20100722-ADV-01-00-EN.pdf (Zugriff am 21.01.2019).
[1251] Ebenda, nos. 18-28.
[1252] Ebenda, no. 27.
[1253] Ebenda, nos. 56, 83; siehe auch Schaller, Christian: Das Kosovo-Gutachten des IGH und seine Implikationen für die Vereinten Nationen, in: Halbach, Uwe/Richter, Solveig/ Schaller, Christian: Kosovo – Sonderfall mit Präzedenzwirkung? Völkerrechtliche und politische Entwicklungen nach dem Gutachten des Internationalen Gerichtshofs, SWP-Studie S 13, Berlin 2011, S. 7-13 (7).

In seinem Rechtsgutachten, das mit zehn zu vier Richterstimmen angenommen wurde,[1254] hat der IGH nicht geklärt, ob das Kosovo nach den klassischen Kriterien ein unabhängiger Staat ist, sondern sich auf die Frage konzentriert, ob die seine Unabhängigkeitserklärung im Einklang mit dem Völkerrecht steht. Er gelangt zunächst zu dem Schluss, dass die Unabhängigkeitserklärung nicht gegen das allgemeine Völkerrecht verstößt:

„(...), the Court considers that general international law contains no applicable prohibition of declarations of independence. Accordingly, it concludes that the declaration of independence of 17 February 2008 did not violate general international law. (...)"[1255]

Er prüft dann weiter, ob sie auch vereinbar ist mit der Resolution 1244 (1999) des Sicherheitsrates und der UNMIK-Verordnung 2001/9 vom 15. Mai 2001 über einen Verfassungsrahmen für die Provisorische Selbstverwaltung des Kosovo; beide Rechtsakte stuft er als Bestandteile des internationalen Rechts ein:

„(...) the Court concludes that Security Council regulation 1244 (1999) and the Constitutional Framework form part of the international law which is to be considered in replying to the question posed by the General Assembly in its request for the advisory opinion."[1256]

Die Analyse der Resolution 1244 (1999) des Sicherheitsrates[1257] führt den IGH zu folgendem Zwischenresultat:

„The Court thus concludes that the object and purpose of resolution 1244 (1999) was to establish a temporary, exceptional legal regime which, save to the extent that it expressly preserved it, superseded the Serbian legal order and which aimed at the stabilization of Kosovo, and that it was designed to do so on an interim measure."[1258]

Die Verfasser und Unterzeichner der Unabhängigkeitserklärung hätten nicht als Provisorische Institutionen der Selbstverwaltung des Kosovo im geltenden Verfassungsrechtlichen Rahmen gehandelt, sondern „as persons who acted as representatives of the people of Kosovo outside the framework of the interim administration".[1259] Die Resolution 1244 (1999) des Sicherheitsrates habe die Möglichkeit der Unabhängigkeit nicht ausgeschlossen, sondern nur die Interimsverwaltung des Kosovo unter internationaler Verantwortung geregelt; dies sei mit der Zielsetzung erfolgt, einen langfristigen Prozess zur Festlegung des endgültigen Status des Kosovo zu ermöglichen.[1260] Das führt zu der Schlussfolgerung:

„(...) that Security Council resolution 1244 (1999) did not bar the authors of the declaration of 17 February 2008 from issuing a declaration of independence from the Republic of Serbia. Hence, the declaration of independence did not violate Security Council resolution 1244(1999)."[1261]

Damit kommt der IGH insgesamt zu dem Schluss, dass die Unabhängigkeitserklärung weder gegen das allgemeine Völkerrecht verstößt noch gegen die Resolution 1244 (1999) des Sicherheitsrates oder gegen den Verfassungsrechtlichen Rahmen:

[1254] *In favour*: President Owada; Judges Al-Khasawneh, Buergenthal, Simma, Abraham, Keith, Sepúlveda-Amor, Cançado Trindade, Yusuf, Greenwood; *against*: Vice-President Tomka; Judges Koroma, Bennouna, Skotnikov. Alle abweichenden und ergänzenden Meinungen sind zugänglich unter https://www.icj-cij.org/files/case-related/141/15022.pdf.
[1255] ICJ, Advisory Opinion of 22 July 2010, no. 84.
[1256] Ebenda, no. 93.
[1257] Ebenda, nos. 95-99.
[1258] Ebenda, no. 100.
[1259] Ebenda, no. 109.
[1260] Ebenda, nos. 110-118.
[1261] Ebenda, no. 119.

"The Court has concluded (,,,) that the adoption of the declaration of independence of 17 February 2008 did not violate general international law, Security Council resolution 1244 (1999) or the Constitutional Framework. Consequently the adoption of that declaration did not violate any applicable rule of international law."[1262]
Der IGH ist ausdrücklich nicht auf die äußerst kontroverse Debatte eingegangen, ob die Kosovo-Albaner ein Recht auf Selbstverwaltung oder ein Recht auf *„remedial secession"* haben.[1263] Diese Debatten beträfen das Sezessionsrecht: *"Debates regarding extent of the right of self-determination and the existence of any right of ‚remedial secession', however, concern the right to separate from a State."*[1264] Die UN-Generalversammlung habe aber nur nach der Vereinbarkeit der Unabhängigkeitserklärung vom 17. Februar 2008 mit dem internationalen Recht gefragt.

Obwohl Gutachten des IGH nicht rechtsverbindlich sind, ist dieses Gutachten für die Zukunft des Kosovo von großer politischer Bedeutung. Dieses Gutachten stellt eine Korrektur der restriktiven Haltung der Badinter-Kommission hinsichtlich des Rechts des Kosovo auf eine äußere Selbstbestimmung (*external self-determination*) dar. Es ist unerwartet deutlich ausgefallen.[1265] Es nahm Serbien die Möglichkeit, die Unabhängigkeit des Kosovo mit Verweis auf das Völkerrecht in Frage zu stellen, und zerstörte seine Hoffnung, die Diskussion zum Status des Kosovo wieder an den Ausgangspunkt zurückzuführen.

Trotz dieses Gutachtens negiert Serbien weiterhin die Unabhängigkeit des Kosovo. Bereits unmittelbar nach Verkündung des Gutachtens unterstrich Serbiens Außenminister Jeremić: *„Wir werden niemals die Unabhängigkeit des Kosovos anerkennen."*[1266] Die EU-Außenbeauftragte Catherine Ashton erklärte dennoch: *„Die EU ist bereit, den Prozess des Dialogs zwischen Prishtina und Belgrad zu unterstützen."*[1267] Die Erklärung bedeutete, dass die EU einen neuen Verhandlungsprozess zwischen dem Kosovo und Serbien eröffnen wollte, zu einem Zeitpunkt, als sie aufgrund des fehlenden internen Konsenses eine neutrale Haltung zur Eigenstaatlichkeit des Kosovo einnahm. Tatsächlich hat diese EU-Position Serbien gegenüber dem Kosovo bevorzugt.

Die fünf EU-Mitgliedstaaten, die eine Anerkennung des Kosovo abgelehnt hatte, blieben auch nach dem Gutachten des IGH bei ihrer ablehnenden Haltung.[1268] Unter diesen Umständen ist die EU gezwungen, eine neutrale Position in Bezug auf die Unabhängigkeit des Kosovo einzunehmen. Die EU handelt weniger einheitlich als in den Jahren 1991-1992, als die zwölf EU-Mitgliedstaaten die neuen Staaten anerkannte, die im Zuge der Auflösung Jugoslawiens geschaffen wurden, und sich dabei auf die Rechtsauffassung der Badinter-Kommission stützte.

Dies zeigt, dass die EU im Bereich der Gemeinsamen Außen- und Sicherheitspolitik auch fast zwei Jahrzehnte nach dem Gipfel von Maastricht nach wie vor sehr gespalten ist und es nicht gelungen ist, im Fall des Kosovo nationale Interessen zu überwinden. Das hat das Ansehen der EU auf der internationalen Bühne als glaubwürdiger Akteur für Lösungen und Probleme auf dem europäischen Kontinent beschädigt.

[1262] Ebenda, no. 122.
[1263] Ebenda, nos. 82, 83.
[1264] Ebenda, no. 83.
[1265] Bohnet, Henri / Basten, Marco, Die politische Situation in Serbien nach dem Gutachten des Internationalen Gerichtshofes zu Kosovos Unabhängigkeit, Konrad-Adenauer-Stiftung e.V. Belgrad, 7. August 2010, S. 1.
[1266] Ebenda, S. 2.
[1267] „Kosovo-Urteil: Ein Beispiel für doppelte Standards", *EurActiv*, 23.07.2010, https://www.euractiv.de/section/wahlen-und-macht/news/kosovo-urteil-ein-beispiel-fur-doppelte-standards/ (letzter Zugriff am 14.01.2019).
[1268] Ebenda.

Die Staatswerdung des Kosovo bildet den (vorläufigen) Schlusspunkt im Zyklus der Bildung neuer Staaten in Südosteuropa in der Zeit nach dem Kalten Krieg, nachdem den Kosovo-Albanern das Selbstbestimmungsrecht auf der Londoner Konferenz von 1912/1913, auf der Pariser Friedenskonferenz 1919-1920, auf der Jalta-Konferenz 1945 sowie bei den Konferenzen für das ehemalige Jugoslawien in Den Haag 1991 und London 1992 und bei der Dayton-Konferenz 1995 verweigert worden war. Doch obwohl das Gutachten des IGH den Versuchen Serbiens, die Vereinbarkeit der Unabhängigkeitserklärung des Kosovo mit dem Völkerrecht zu bestreiten, den Boden entzogen hatte, gelang es der internationalen Gemeinschaft und den EU-Mitgliedstaaten (bisher) nicht, einen Konsens in dieser Frage herzustellen. Dies deutet darauf hin, dass der IGH die Probleme nicht abschließend gelöst hat, sondern dies dem weiteren politischen Prozess überlassen bleibt.

Serbien startete im Nachgang zum Gutachten des IGH eine internationale Kampagne für die Verabschiedung einer UN-Resolution zur Unabhängigkeit des Kosovo. In der Präambel der Resolution sollte die Abspaltung des Kosovo durch die UN-Vollversammlung verurteilt werden. Viele Länder erachteten den von Serbien vorgelegten Resolutionsentwurf als äußerst problematisch, weil damit die endgültige Klärung des Status des Kosovo auf unbestimmte Zeit aufgeschoben worden wäre. Daher erarbeiteten die EU-Mitgliedstaaten den Entwurf für eine Alternativ-Resolution, welche den kleinsten gemeinsamen Nenner reflektierte, was bedeutet, dass die Status-Frage ausgeklammert und die beiden Konfliktparteien zur Wiederaufnahmen von Gesprächen, unter Begleitung der EU, aufgefordert wurden.[1269] Dabei konnten auch die fünf EU-Mitgliedstaaten, welche das Kosovo nicht anerkennen, für die Unterstützung gewonnen werden. Die UN-Generalversammlung hat die revidierte Resolution 64/298 am 9. September 2010 ohne förmliche Abstimmung angenommen.[1270] In dieser Entschließung wurde die zentrale Rolle der EU bei der Vermittlung zwischen dem Kosovo und Serbien anerkannt:

„*Further by the resolution, a compromise text crafted by Serbia and the 27 Member States of the European Union, the Assembly welcomed that the proposed dialogue between the parties would help promote cooperation, achieve progress on the path to the European Union and improve the lives of the people.*"

Um die kosovarische Seite zufrieden zu stellen, anerkannte die Resolution auch das Rechtsgutachten des IGH zur Vereinbarkeit der Unabhängigkeitserklärung des Kosovo mit dem internationalen Recht.[1271]

Trotz der vielen Punkte im Gutachten, hinsichtlich welcher man geteilter Meinung sein kann, ist anzuerkennen, dass der IGH am 22. Juli 2010 eine grundlegende Weichenstellung vorgenommen hat, die die weitere politische Diskussion entscheidend beeinflusst hat und die der Kosovo-Frage auch einiges von ihrer tagespolitischen Brisanz genommen hat.[1272] Im Frühjahr des Jahres 2011 begann unter der Vermittlung der EU der „technische Dialog" zwischen Prishtina und Belgrad, der sich Schritt für Schritt in einen Dialog mit politischem Charakter umwandelte und es Serbien ermöglichte, in eine Art *Status quo* in Bezug auf das Kosovo einzutreten. Außerdem hoffte die serbische Seite, dass der Dialog von Brüssel zum Dialog über den Status des Ko-

---

[1269] Erny, Matthias: Externe Demokratieförderung durch die EU – Eine Analyse an den Beispielen Slowenien und Serbien, Dissertation an der Universität St. Gallen, Hochschule für Wirtschafts-, Rechts- und Sozialwissenschaften sowie Internationale Beziehungen (HSG), 2016, S. 259.
[1270] Adopting Consensus Resolution, General Assembly Acknowledges World Court Opinion on Kosovo, Welcomes European Union Readiness to Facilitate Process of Dialogue, Sixty-fourth General Assembly, GA/10980, 9 September 2010, https://www.un.org/News/Press/docs/2010/ga10980.doc.htm (letzter Zugriff am 14.01.2019).
[1271] Ebenda.
[1272] Hilpold, Peter: Das Kosovo-Gutachten vom 22. Juli 2010: Historische, politische und rechtliche Voraussetzungen, in: Peter Hilpold (Hrsg.): Das Kosovo-Gutachten des IGH vom 22. Juli 2010, Leiden/Boston 2012, S. 1-29 (25).

sovo führen könnte,[1273] und stellte ihn gegenüber Dritten als Dialog über den endgültigen Status des Kosovo dar. Die Verhandlungen in Brüssel wurden auf politischer Ebene fortgesetzt, unterstützt von der EU-Außenbeauftragten Catherine Ashton. Ein Jahr später wurde ein historisches Abkommen erzielt, das die Zukunft der Serben im Nordkosovo sicherstellt. Im Jahr 2014 eröffnete die EU die Beitrittsgespräche mit Serbien. Mit dem Kosovo wurde über einen Assoziierungsstatus verhandelt, den ersten Schritt zur EU-Mitgliedschaft.[1274] Im Laufe der Jahre wurden in diesem Dialog jedoch keine weiteren Fortschritte erzielt, und viele Vereinbarungen wurden von der serbischen Seite nicht umgesetzt. Zur gleichen Zeit startete Belgrad eine aggressive Kampagne, um die Staaten, die das Kosovo anerkannt hatten, zur Rücknahme dieser Anerkennung zu bewegen,[1275] was die EU-Bemühungen, die Beziehungen zwischen den beiden Nachbarländern zu normalisieren, beschädigt hat. Für den gesamten Prozess der Normalisierung der Beziehungen zwischen dem Kosovo und Serbien können auch die Leitprinzipien der Kontaktgruppe (2006) gelten,[1276] deren Mitglied auch Russland war. Sie waren damals auch vom Kosovo und von Serbien akzeptiert worden und dienten als Rahmen bei den Statusverhandlungen unter der Leitung der UN-Sonderbeauftragten Martti Ahtisaari.[1277]

9.6. Rechtliche und politische Hindernisse für die Errichtung der EU-Mission EULEX

„Der Rechtsstaat hat nicht zu siegen, er hat auch nicht zu verlieren, sondern er hat zu existieren!"[1278]

Helmut Schmidt, Ex-Bundeskanzler der Bundesrepublik Deutschland

Die Europäische Rechtsstaatlichkeitsmission (EULEX)[1279] im Kosovo ist die bislang im Rahmen der Gemeinsamen Sicherheits- und Verteidigungspolitik (GSVP) größte zivile Mission. Noch vor der Unabhängigkeitserklärung des Kosovo vom 17. Februar 2008, nämlich am 4. Februar 2008, wurde EULEX geschaffen, jedoch erst am 9. Dezember 2008 operational.[1280] Die EULEX-Mission hat insbesondere den Auftrag, für Stabilität im Kosovo zu sorgen und Polizei, Justiz und Zollwesen mit multi-ethnischer Struktur aufzubauen,[1281] was zu einem starken Rechtsstaatlichkeitssystem im Kosovo führen soll. EULEX dient auch der Beobachtung, Anleitung und Beratung der kosovarischen Behörden. Darüber hinaus sind ihr in wenigen Einzelbereichen auch Exe-

---

[1273] Ebenda.
[1274] Das Abkommen Kosovo – Serbien, https://www.youtube.com/watch?v=eZmIva8TeXw (01.03.2019).
[1275] „Da li je srpska kampanja za povlačenje priznanja Kosova dala rezultate?", *vesti online*, 30.12.2018, https://www.vesti-online.com/Vesti/Srbija/722595/Da-li-je-srpska-kampanja-za-povlacenje-priznanja-Kosova-dala-rezultate (letzter Zugriff am 14.01.2019).
[1276] Bushati, Ditmir, „Albanien Diplomacy, 5 Years Later", in: *Albanian Daily News*, 19.01.2019.
[1277] Guiding principles of the Contact Group for a settlement of the status of Kosovo, November 2005, https://www.esiweb.org/pdf/kosovo_Contact%20Group%20-%20Ten%20Guiding%20principles%20for%20Ahtisaari.pdf (19.01.2019).
[1278] Schmidt, Helmut: „Ich bin in Schuld verstrickt", Interview mit Giovanni di Lorenzo, in: *Die Zeit*, 30.08.2007.
[1279] Nach den Plänen der EU und entsprechend den Bestimmungen des Ahtisaari-Plans hätte die EULEX nach Ablauf der ersten 120 Tage nach der Erklärung der Unabhängigkeit – also ab dem 15. Juni 2008 – die Funktionen der UNMIK übernehmen sollen. Siehe Džihić, Vedran / Kramer, Helmut: Der Kosovo nach der Unabhängigkeit. Hehre Ziele, enttäuschte Hoffnungen und die Rolle der internationalen Gemeinschaft, Berlin 2008: Friedrich-Ebert-Stiftung (Internationale Politikanalyse), S. 17.
[1280] Gemeinsame Aktion 2008/124/GASP des Rates v. 04.02.2008 über die Rechtsstaatlichkeitsmission der Europäischen Union im Kosovo, EULEX KOSOVO, ABl. L 42 v. 16.02.2008, S. 92-98, geändert durch Gemeinsame Aktion 2009/445/GASP des Rates v. 09.06.2009 zur Änderung der Gemeinsamen Aktion 2008/124/GASP über die Rechtsstaatlichkeitsmission der Europäischen Union im Kosovo, EULEX Mission, ABl. L 148 v. 11.06.2009, S. 33.
[1281] Artikel 2 und 3 der Gemeinsamen Aktion 2008/124/GASP.

kutivbefugnisse übertragen worden.[1282] Die EULEX-Mitarbeiter bieten durch Beratung kosovarischen Institutionen eine Möglichkeit, staatliche Strukturen und eine Verfestigung der Rechtstaatlichkeit im Kosovo zu erreichten.[1283] EULEX soll auch im allgemeinen Rahmen der Resolution 1244 der UN-Sicherheitsrates tätig sein,[1284] jedoch mit einer neutralen Haltung gegenüber dem Status des Kosovo. Im Folgenden werden die juristischen und politischen Schwierigkeiten bei der Errichtung und Funktionsweise der europäischen Mission im Kosovo behandelt.

Zur Durchführung dieser Gemeinsamen Aktion, die im Rahmen der Europäischen Sicherheits- und Verteidigungspolitik stattfindet, war der Einsatz von bis zu 2.200 Personen vorgesehen. Zur Erfüllung des Auftrags der Mission gemäß Art. 2 hat EULEX KOSOVO gemäß Art. 3 der Gemeinsamen Aktion 2008/124/GASP die Aufgabe,

„a) die zuständigen Institutionen des Kosovo in allen Tätigkeitsfeldern mit Bezug zum weiter gefassten Bereich der Rechtsstaatlichkeit (einschließlich der Zolldienste) zu beobachten, anzuleiten und zu beraten, wobei sie auch weiterhin Exekutivbefugnisse in einigen Bereichen wahrnimmt;

b) die Aufrechterhaltung und Förderung der Rechtsstaatlichkeit sowie der öffentlichen Ordnung und Sicherheit – erforderlichenfalls auch durch Rücknahme oder Aufhebung operativer Entscheidungen der zuständigen Behörden des Kosovo in Absprache mit den einschlägigen internationalen Zivilbehörden im Kosovo – zu gewährleisten;

c) dazu beizutragen, dass gewährleistet wird, dass alle im Bereich der Rechtsstaatlichkeit tätigen Dienststellen des Kosovo, einschließlich eines Zolldienstes, frei von politischer Einflussnahme sind;

d) zu gewährleisten, dass Fälle von Kriegsverbrechen, Terrorismus, organisierter Kriminalität, Korruption, interethnischen Verbrechen, Finanz- und Wirtschaftskriminalität und anderen schweren Verbrechen nach geltendem Recht ordnungsgemäß untersucht, verfolgt, gerichtlich entschieden und sanktioniert werden, gegebenenfalls auch durch internationale Ermittler, Staatsanwälte und Richter, die gemeinsam mit Ermittlern, Staatsanwälten und Richtern des Kosovo oder unabhängig tätig werden, und durch Maßnahmen, die gegebenenfalls die Schaffung von Strukturen für die Zusammenarbeit und Koordinierung zwischen Polizei und Strafverfolgungsbehörden einschließen;

e) zur Stärkung der Zusammenarbeit und Koordinierung während des gesamten gerichtlichen Prozesses, insbesondere im Bereich der organisierten Kriminalität, beizutragen;

f) zur Bekämpfung von Korruption, Betrug und Finanzkriminalität beizutragen;

g) zur Umsetzung der Strategie und des Aktionsplans zur Korruptionsbekämpfung für das Kosovo beizutragen;

h) weitere Aufgaben – allein oder zur Unterstützung der zuständigen Behörden des Kosovo – zu übernehmen, um die Wahrung und Förderung der Rechtsstaatlichkeit sowie der öffentlichen Ordnung und Sicherheit in Absprache mit den zuständigen Agenturen des Rates zu gewährleisten; und

---

[1282] Art. 3 lit. a) der Gemeinsamen Aktion 2008/124/GASP.
[1283] ZUM EULEX-Programm siehe EULEX Programme Office, EULEX Programm,e Report, July 2009, http://www.eulex-kosovo.eu/docs/Accountability/EULEX-PROGRAMME-REPORT-July-2009-new.pdf; The EULEX Programmatic Approach. "What gets measured gets done", in: *ESDP Newsletter*, Winter 2009, pp. 12-13. Siehe auch: Reqica, Hamdi: Die Entwicklung der Gemeinsamen Sicherheits- und Verteidigungspolitik der Europäischen Union bis zur Ständigen Strukturierten Zusammenarbeit, verdeutlicht und überprüft an den Interventionen auf dem Westbalkan, Berlin 2016, S. 373 f.
[1284] Erklärung des Vorsitzes im Namen der Europäischen Union zum Einsatz von EULEX, 16482/08 (Presse 348), 28.11.2008.

i) bei allen ihren Tätigkeiten die Einhaltung der internationalen Menschenrechts- und Gleichstellungsnormen zu gewährleisten."

Der UN-Generalsekretär ist bereits im Jahr 2005 mit der Absicht an die EU herangetreten, die Aufgaben der UNMIK in den Bereichen Polizei und Justiz nach erfolgter Klärung des Status des Kosovo an die EU zu übertragen. Die Übergabe der zivilen Verwaltung von den Vereinten Nationen an die EU steht im Einklang mit dem Ahtisaari-Plan. Mit der Gemeinsamen Aktion 2006/304/ GASP vom 10. April 2006 beschloss der Rat der EU die Entsendung eines EU-Planungsteams für eine mögliche EU-Rechtsstaatlichkeitsmission im Kosovo (EUPT Kosovo).[1285] Dieses Team sollte im Kontext des Prozesses zur Bestimmung des künftigen Status des Kosovo einen reibungslosen Übergang von Aufgaben der UNMIK in den Bereichen Polizei und Justiz an eine mögliche EU-Rechtsstaatlichkeitsmission im Kosovo vorbereiten.[1286]

Ab März 2007, als der Ahtisaari-Plan bei den Vereinten Nationen zur Prüfung überreicht worden war, wurde die EUPT sehr aktiv bei den Diskussionen zwischen der UNMIK und den Behörden des Kosovo im Zusammenhang mit der Übertragung von Verantwortlichkeiten und die notwendigen Ergänzungen in der bestehenden Gesetzgebung und Veränderungen in den Verwaltungsstrukturen, die den Ahtisaari-Plan unterstützen sollten.

Nach der Beendigung des Prozesses der Troika am 10. Dezember 2007 und dem Abschlussbericht der Kontaktgruppe, der dem Generalsekretär der Vereinten Nationen vorgelegt worden war, stellte der Rat der EU fest, dass die Europäer bereit seien, eine führende Rolle bei der Festigung der Stabilität in der Region und bei der Implementierung des Abkommens zu spielen. Ebenso wurde die Bereitschaft der EU betont, das Kosovo auf dem Weg zu dauerhafter Stabilität durch die europäische Mission der Sicherheits- und Verteidigungspolitik (ESVP) und des Internationalen Zivilbüros als Teil der internationalen Präsenz zu unterstützen.[1287] In sechs der Schlussfolgerungen des Rates der EU im Dezember 2007 wurde der Hohe Vertreter für Außenpolitik aufgefordert, Verhandlungen mit den verantwortlichen Autoritäten im Kosovo und bei den Vereinten Nationen bezüglich der Modalitäten der Stationierung der EULEX im Kosovo durchzuführen.[1288]

Da aber fünf Mitgliedstaaten der EU, die die Anerkennung der Unabhängigkeit des Kosovo ablehnten, verlangten, dass EULEX nicht entsprechend dem im Ahtisaari-Plan vorgesehenen Mandat, sondern im Einklang mit der Resolution 1244 stationiert werden solle, wurde als Folge die Frage der Stationierung von EULEX sehr erschwert, und der Arbeitsbeginn dieser Mission verzögerte sich um ungefähr ein Jahr.

Dennoch hat der Rat der EU am 16. Februar 2008, einen Tag vor der Unabhängigkeitserklärung des Kosovo, die Entscheidung über die Entsendung der EULEX-Mission getroffen, wodurch sich deren vorläufige Befristung bis Mitte Juni 2010 ergibt.[1289] Die völkerrechtliche Grund-

---

[1285] Gemeinsame Aktion 2006/304/GASP des Rates v. 10.04.2006 zur Einsetzung eines EU-Planungsteams (EUPOT Kosovo) bezüglich einer möglichen Krisenbewältigungsoperation der Europäischen Union im Bereich der Rechtsstaatlichkeit und in möglichen anderen Bereichen im Kosovo, ABl. L 112 v. 26.04.2006, S. 19-23.
[1286] Im Rahmen des Budgets der EU für die Gemeinsame Außen- und Sicherheitspolitik (GASP) sind für EULEX in dem Zeitraum von Februar 2008 bis Juni 2012 insgesamt 580 Mio. E Mio ausgegeben worden. Die Mission ist in drei Teilbereiche unterteilt: 1. Polizei; 2. Justiz; 3. Zoll. Das Personal von EULEX besteht in erster Linie aus Polizisten, Richtern, Staatsanwälten und Justizwachbeamten. Siehe Gemeinsame Aktion 2008/124/GASP des Rates v. 04.02.2008 über die Rechtsstaatlichkeitsmission der Europäischen Union im Kosovo, EULEX KOSOVO, ABl. L 42 v. 16.02.2008, S. 92-98.
[1287] Europäischer Rat, Brüssel, 14. Dezember 2007, Schlussfolgerungen des Vorsitzes, 16616/1/07 REV 1.
[1288] Ebenda.
[1289] Die Mission startete am 9. Dezember 2008 auf dem Gebiet des gesamten Kosovo und war Neuland für die Europäische Sicherheits- und Verteidigungspolitik (ESVP) als größte zivile EU-Mission.

lage von EULEX ist die Resolution 1244 (1999) des Sicherheitsrates der UN.[1290] Gleichzeitig wurde den Modalitäten der künftigen internationalen Präsenz im Kosovo großer Raum eingeräumt, und in diesem Rahmen auch dem Mandat und der Mission des internationalen Vertreters und der EULEX sowie der Frist für den Übergang der Kompetenzen von der UNMIK auf die EULEX und die kosovarischen Behörden.[1291] Damit hat die EU politisch grünes Licht für den Einsatz einer 1.800 Mann starken Polizei- und Zivilmission im Kosovo, gegeben, doch sind die Differenzen bezüglich der möglichen Anerkennung der Unabhängigkeit des Kosovo geblieben.

Nach dem Gründungsdokument für die Mission der EU, welches sich ebenfalls auf die Resolution 1244 des UN-Sicherheitsrats stützt, sollen die Hauptaufgaben der Mission die Einflussnahme auf die kosovarischen Institutionen, Justizbehörden, die Agenturen zur Umsetzung des Rechts mit Monitoring, Instruktion und Beratung, jedoch auch mit exekutiver Verantwortlichkeit sein.[1292]

Eine wichtige Einrichtung im Übergangsprozess im Kosovo war auch die Internationale Steuerungsgruppe (ISG).[1293] Der Sonderbeauftragte der EU für das Kosovo wird auch als Internationaler Ziviler Vertreter (ICR) für das Kosovo ernannt,[1294] dessen Funktionen und Kompetenzen im Anhang IX des Ahtisaari-Dokuments festgelegt sind.[1295] Aber diese Auswahl wurde von der UNO bzw. ihrem Generalsekretär Ban Ki-Moon nicht so gern gesehen, dem es aufgrund seiner Haltung zum Kosovo nicht gefiel, dass dieser gleichzeitig sein Vertreter sein sollte.[1296]

Der EU-Sonderbeauftragte soll die politischen Ziele der EU im Kosovo umsetzen. Er soll eine führende Rolle bei der Stärkung der Stabilität in der Region und der Umsetzung einer Rege-

---

[1290] Siehe Erwägungsgrund 1 der Gemeinsamen Aktion 2008/124/GASP.
[1291] „Das Lösungspaket der UN-Vermittler", *Die Presse*, 03.02.2007, S. 9; Comprehensive proposal for the Kosovo status settlement, Article 11: International Civilian Representative, Article 12: International Support for the Area of Rule of Law, Article 14: Transitional Arrangements and Final Provisions.
[1292] Art. 2 Abs. 1 der Gemeinsamen Aktion 2008/124/GASP lautet: *„EULEX KOSOVO unterstützt die Institutionen des Kosovo, einschließlich der Justiz- und Strafvollzugsbehörden, bei ihren Fortschritten auf dem Weg zu stabilen und verantwortungsbewussten Einrichtungen und bei der weiteren Entwicklung und Festigung eines unabhängigen multiethnischen Justizwesens sowie von multiethnischen Polizei- und Zolldienststellen und stellt sicher, dass diese Organe frei von politischer Einflussnahme sind und international anerkannte Standards und bewährte europäische Praktiken anwenden."*
[1293] Die Bildung der ISG ist im Plan des Ex-UN-Vermittlers Martti Ahtisaari zur überwachten Unabhängigkeit Kosovos vorgesehen. Die Mitgliedstaaten der ISG sind: Österreich, Belgien, Bulgarien, Kroatien, Tschechien, Dänemark, Estland, Finnland, Frankreich, Deutschland, Ungarn, Irland, Italien, Litauen, Lettland, Luxemburg, die Niederlande, Norwegen, Polen, Slowenien, die Schweiz, Schweden, die Türkei, Großbritannien und die Vereinigten Staaten von Amerika. Die ISG, bestehend aus Unterstützern der Unabhängigkeit des Kosovo, hat am 2. Juli 2012 in Wien beschlossen, die internationale Überwachung der Unabhängigkeit zu beenden. Der Kosovo erlangte am 10. September 2012 seine „volle Souveränität". Die ISG verkündete in Prishtina ihre Auflösung und beendete damit die internationale Beobachtung. Siehe „Der Kosovo erlangt volle Souveränität", in: *Der Standard*, 02.07.2012.
[1294] Press Statement, First meeting of International Steering Group (ISG) for Kosovo, 18 February 2008, Vienna; siehe Art. 7 der Gemeinsamen Aktion 2008/124/GASP.
[1295] „Kosovo shall be responsible for managing its own affairs, based upon the democratic principles of the rule of law, accountability in government, and the protection and promotion of human rights, the rights of members of all Communities, and the general welfare of all its people. Recognizing that fulfilling Kosovo's responsibilities under this Settlement will require a wide range of complex and difficult activities, an International Civilian Representative (ICR) shall supervise the implementation of this Settlement and support the relevant efforts of Kosovo's authorities." Siehe Article 1.1 Annx IX of the Comprehensive Proposal for the Kosovo Status Settlement, 2 February 2007, http://www.kuvendikosoves.org/common/docs/Comprehensive%20Proposal%20.pdf.
[1296] Rupel, Dimitrij: „Çka u tha dhe çka ndodhi në Bashkimin Evropian para dhe pas shpalljes së pavarësisë së Kosovës", in: *Zëri*, 27.01.2010.

lung für den künftigen Status des Kosovo übernehmen, um zu einem stabilen, lebensfähigen, friedlichen, demokratischen und multi-ethnischen Kosovo zu gelangen.[1297]

Die internationale Präsenz im Kosovo, ICO und EULEX, wurde auch in der Unabhängigkeitserklärung der Republik Kosovo begrüßt, und der EU wurde eine deutliche Einladung zur Stationierung dieser Rechtstaatlichkeitsmission im Kosovo im Einklang mit dem Ahtisaari-Plan ausgesprochen.[1298] Ebenso wurde die NATO eingeladen, *„eine Führungsrolle bei der internationalen Militärpräsenz einzunehmen und die Verantwortlichkeiten wahrzunehmen, die ihr gemäß der Resolution 1244 des Sicherheitsrates der Vereinten Nationen (1999) und dem Ahtisaari-Plan übertragen wurden, bis zu der Zeit, in der die Institutionen von Kosovo in der Lage sein werden, diese Verantwortlichkeiten selbst zu übernehmen".*[1299]

EULEX führt ihre Mission auch nach dem Ende der internationalen Überwachung fort, und es besteht die Möglichkeit, dass diese Mission auch noch nach dem Juni 2018 präsent sein wird, dem Zeitpunkt, zu dem vorgesehen ist, dass die EU den Auftrag von EULEX überprüft und gegebenenfalls neu regelt.[1300]

9.7. „Rekonfiguration" der UNMIK zur EULEX im Sinne der Resolutionen der UN

Die Pläne der EU, innerhalb von 120 Tagen nach der Erklärung der Unabhängigkeit des Kosovo die Übertragung der Verantwortlichkeiten von der UNMIK auf die EULEX durchzuführen, wurden aufgrund des Fehlens einer Vereinbarung zwischen der EU und den Vereinten Nationen von Verspätungen und Schwierigkeiten begleitet.[1301] Und so markierte auch das Inkrafttreten der Verfassung des Kosovo keinen neuen Moment bei der Erfüllung des Ahtisaari-Plans beim Beginn der Ausübung der vollen Souveränität als unabhängiger Staat, da die UNMIK noch weiter im Kosovo verblieb. Damit dauerten die internationale Präsenz im Kosovo und der Dualismus der Gewalten auch nach dem 15. Juni 2008 an.[1302]

Mehr noch, die Kosovaren waren gegen die Tendenz, dass die Präsenz der UNMIK als eine Art Terrain für die *„sanfte Teilung"* des Kosovo dienen sollte: die UNMIK in den vorwiegend von Serben bewohnten Landesteilen, insbesondere in Nord-Kosovo, die EULEX im übrigen Teil mit albanischer Bevölkerungsmehrheit.[1303]

[1297] Art. 2 der Gemeinsamen Aktion 2008/123/GASP des Rates v. 04.02.2008 zur Ernennung eines Sonderbeauftragten der Europäischen Union im Kosovo, ABl. L 42 v. 16.02.2008, S. 88-91.
[1298] *„Wir begrüßen die bestehende Unterstützung der internationalen Gemeinschaft bei unserer demokratischen Entwicklung durch die in Kosovo auf der Grundlage der Resolution 1244 des Sicherheitsrates der Vereinten Nationen (1999) etablierten internationalen Präsenzen. Wir laden eine internationale zivile Präsenz ein und heißen sie willkommen, die die Umsetzung des Ahtisaari-Plans überwachen soll, ebenso eine von der Europäischen Union geführte Rechtsstaatsmission."* Ziff. 5 Sätze 1 und 2 der deutschen Übersetzung der Unabhängigkeitserklärung des Kosovo, http://www.albanien-dafg.de/kosovo/unabhaengigkeitserklaerung.html.
[1299] Ziff. 5 Satz 3 der deutschen Übersetzung der Unabhängigkeitserklärung des Kosovo,
[1300] Vgl. Brief des Präsidenten des Kosovo, adressiert an Catherine Ashton, Nr. 1061, 03.09.2012, Office of the President of Kosovo: *„In accordance with Articles 17 (I), and 20 (I) of the Constitution of the Republic of Kosovo and with a view to the end of the supervised independence of Kosovo as set out in the Comprisive Proposal for the Kosovo Status Settlement, we welcome the presence of the Rule of Law Mission of the European Union in Kosovo ("EULEX KOSOVO"). [...] this invitation will support EULEX under its current mandate until 15 June 2014. Subject to joint assessment, this would be the expected end date for EULEX KOSOVO."*
[1301] Vgl. „Vonesa dhe vështirësi në vendosjen e EULEX-it në Kosovë", in: *Zëri*, 17.05.2008.
[1302] Chapter XIV Transitional Provisions, Article 146 [International Civilian Representative] of the Constitution of the Republic of Kosovo, 15 June 2008; vgl. „Historischer Moment: Verfassung des Kosovo in Kraft gesetzt", *Spiegel Online*, 15.06.2008, http://www.spiegel.de/politik/ausland/historischer-moment-verfassung-des-kosovo-in-kraft-gesetzt-a-559823.html.
[1303] Siehe „Uniteti i brishtë i BE-se dhe problemet e vazhdueshme në Kosovë", in: *Zeri*, 15.07.2008.

Obwohl das Kosovo seinen Willen zur Stationierung von EULEX im Einklang mit dem Ahtisaari-Plan auch durch seine Verfassung zum Ausdruck gebracht hatte, wurde der Arbeitsbeginn von EULEX über Monate zum Gegenstand einer Debatte und von Repliken zwischen der EU, der UNO und Russland. In erster Linie geschah dies aufgrund der nicht erfolgten Billigung des Ahtisaari-Plans im UN-Sicherheitsrat als Folge des russischen Widerstands. Auch wenn Russland zustimmte, dass die EU einen Teil der Verantwortlichkeiten im Kosovo übernehmen sollte, so verteidigte es den Standpunkt, dass die UNMIK nicht die Macht an die EULEX übertragen solle,[1304] solange darüber keine neue Resolution im UN-Sicherheitsrat verabschiedet worden sei.

Danach wurde offensichtlich, dass eine Konsenslösung über den Status des Kosovo und damit über die Stationierung von EULEX nicht möglich wäre. Tatsächlich wurde es aufgrund der inneren Spaltung der EU unmöglich, eine Übereinkunft über die Stationierung der europäischen Rechtsstaatlichkeitsmission, so wie sie der Ahtisaari-Plan vorsah, zu erzielen.[1305] Dieses Dilemma wurde durch den Rat der EU-Außenminister gelöst, die darauf drängten, über die Gemeinsame Aktion einen Beschluss über die Gründung der EULEX vor der Proklamation der Unabhängigkeit des Kosovo zu fassen, also zu einer Zeit, als zumindest kein EU-Mitgliedstaat die Gründung der EULEX ablehnte.[1306] Die Verabschiedung der Gemeinsamen Aktion zur Gründung der EULEX nach Art. 14 und 25 Abs. 3 EUV/Nizza war nur unter dem Gesichtspunkt der Vereinbarung möglich, dass EULEX auf freiwilliger Basis geführt wird und dank der Möglichkeit zu konstruktiver Abstinenz nach Art. 23 Abs. 1 EUV/Nizza.[1307]

Die Frage der Anwendung der Europäischen Sicherheits- und Verteidigungspolitik (ESVP) hing nun aber auch von der Haltung der UNO ab, da das Kosovo auch nach der Unabhängigkeit weiter unter der rechtlichen Autorität der Resolution 1244 stand. Dies bewirkte, dass eine „Legalisierung" von EULEX aus der Perspektive der UNO erst im November 2008 erfolgen könnte, unter der Bedingung, dass diese Mission unter der Resolution 1244 operierte und unter der allgemeinen Autorität und innerhalb des neutralen Status im Rahmen der UNO.[1308]

Auch nach Inkrafttreten der Verfassung des Kosovo am 15. Juni 2008 blieb die Macht im Kosovo zwischen der UNMIK, der KFOR, der OSZE, der EULEX und der ICO sowie der Regierung des Kosovo aufgeteilt. Gemäß Art. 5 Abs. 1 S. 2 der Gemeinsamen Aktion 2008/124/GASP war der Beginn der operativen Phase von EULEX mit dem Kommandowechsel von UNMIK vorgesehen. EULEX sollte UNMIK also ablösen. Der Kommandowechsel war ursprünglich für den Tag des Inkrafttretens der kosovarischen Verfassung am 12. Juni 2008 geplant.[1309] Diese Situation brachte EULEX zwangsläufig in eine schwierige Situation, weil sie einerseits im rechtlichen

---

[1304] Vgl. Weller, Marc: Contested Statehood: Kosovo's Struggle for Independence, Oxford 2009, p. 234.
[1305] Muharremi, Robert: The European Union Rule of Law Mission in Kosovo (EULEX) from the Perspective of Kosovo Constitutional Law, in: ZaöRV 70 (2010), 357-379 (366).
[1306] Gemeinsame Aktion 2006/623/GASP des Rates v. 15.09.2006 zur Einsetzung eines EU-Teams zur Mitwirkung an den Vorbereitungen für die Einsetzung einer eventuellen internationalen zivilen Mission im Kosovo, einschließlich der Komponente eines Sonderbeauftragten der Europäischen Union (ICM/EU SR-Vorbereitungsteam), ABl. L 253 v. 16.09.2006, S. 29-33; Džihić, Vedran / Kramer, Helmut: Der Kosovo nach der Unabhängigkeit. Hehre Ziele, enttäuschte Hoffnungen und die Rolle der internationalen Gemeinschaft, Berlin 2008: Friedrich-Ebert-Stiftung (Internationale Politikanalyse), S. 7.
[1307] Muharremi, Robert: The European Union Rule of Law Mission in Kosovo (EULEX) from the Perspective of Kosovo Constitutional Law, in: ZaöRV 70 (2010), 357-379 (366).
[1308] Report of the Secretary-General on the United Nations Interim Administration Mission in Kosovo, S/2008/692, 24.11.2008, para. 50.
[1309] Vgl. Gemeinsame Aktion Rates 2008/228/GASP v. 17.03.2008 zur Änderung und Verlängerung der Gemeinsamen Aktion 2006/304/GASP des Rates v. 10.04.2006 zur Einsetzung eines EU-Planungsteams (EUPT Kosovo), ABl. L 75 v. 18.03.2008, S 78 f.

Rahmen der Resolution 1244 arbeiten sollte, andererseits die kosovarischen Institutionen, die im Rahmen der Kosovo-Verfassung arbeiten, zu beraten hatte, um die Rechtsstaatlichkeit des neuen Staates zu stärken. Auch angesichts dieser schwierigen Zuordnung blieb der Beitrag der EULEX-Mission, der größten Mission der EU im zivilen Bereich der GSVP, begrenzt und es bestand keine große Hoffnung, dass sie bis zum Ende ihres Mandats alle Erwartungen der Bevölkerung in der Republik Kosovo erfüllen kann.

Ein Kenner der Entwicklungen im Kosovo, der Politologe Stephan Lipsius, unterstreicht, dass sowohl Belgrad mit seinem Machtanspruch auf das Kosovo als auch Prishtina ihr politisches Handeln jeweils durch die Resolution 1244 des UN-Sicherheitsrats, die auch die rechtliche Grundlage für die Tätigkeit der UNMIK bildet, gedeckt sehen. Auch die EU-Mission EULEX ist nach Ansicht Brüssels durch diese Resolution gedeckt, so dass in Prishtina in kritischen Medienberichten von Neu- und Uminterpretationen der Resolution 1244 des UN-Sicherheitsrats gesprochen wird, wobei sich jeder gerade das heraussuche, was ihm politisch passe.[1310]

Als Folge davon sollte die UNMIK ihre Mission auch 120 Tage nach Inkrafttreten der Verfassung des Kosovo noch nicht für beendet erklären,[1311] auch nicht in den folgenden Jahren. Dennoch marginalisierte sich die Rolle der UNMIK deutlich, was ihre Bedeutung anbelangt. Aber UNMIK war weiterhin im Norden des Kosovo in Funktion, dort, wo auch Parallelstrukturen und illegale Strukturen des serbischen Staates bestehen.[1312] Die serbische Strategie der Blockade der EULEX und des Zurückdrängens der Autorität des Kosovo im Norden zeigte sich als erfolgreich. So begannen auf Initiative Belgrads, die durch die Resolution 64/298 der Generalversammlung der UNO (10. September 2010) legitimiert wurde, ab März 2011 neue politische Verhandlungen zwischen Prishtina und Belgrad unter der Leitung der EU bezüglich der Siedlungsgebiete der Kosovo-Serben im Norden, die sicherlich mit einer Lösung enden werden, die über den Ahtisaari-Plan hinausgeht.[1313] Unter den oben beschriebenen Umständen verlangte der Generalsekretär der UNO eine Art *modus vivendi*, eine Art Kompromiss, um voranzuschreiten, damit unter Nutzung der Resolution 1244 die Neukonfiguration der UNMIK erfolgen könne.

Das Kosovo war bei diesen Verhandlungen über die Neukonfiguration der UNMIK nicht einbezogen und stand vor vollendeten Tatsachen, wie es auch später beim *„Sechs-Punkte-Plan"* des Generalsekretärs der UNO der Fall war.[1314] Andererseits lehnte Serbien nicht nur die Stationierung der EULEX nach dem Ahtisaari-Plan ab, sondern verlangte gleichzeitig einen *„modus vivendi"* für den Verbleib der UNMIK.[1315] Unter diesen Umständen wurde deutlich, dass der EU im Verhältnis zur UNO, zu Russland und zu Serbien eine Handlungsstrategie fehlte. Der Hohe

---

[1310] Vgl. Lipsius, Stephan: Kosovo erklärt Unabhängigkeit, in: *Albanische Hefte* 1/2008, 12.
[1311] Es gibt auffallende Parallelen im Verfassungsrecht der Bundesrepublik Deutschland und der Republik Kosovo: Beide Verfassungen sind aus einer Nachkriegssituation unter internationaler Beteiligung entstanden und zeichnen sich durch Elemente der Rezeption anderer Verfassungen, durch Akzente der Reaktion auf die eigene Geschichte und durch eine besonders starke Verfassungsgerichtsbarkeit aus.
[1312] Parallelstrukturen im Kosovo: Institutionen serbischen Rechts, die nach 1999 trotz der UN-Sicherheitsratsresolution 1244 illegal weiter bestanden und ausgebaut wurden; Parallelstrukturen der Republik Serbien: Filialen der Belgrader Ministerien; Sicherheitsorgane (Gendarmerie, Einheiten des Innenministeriums (MUP), Geheimdienste, Zivil- und Heimatschutz); Zoll- und Steuerverwaltung; Post; Gerichtswesen. Vgl. Wittkowsky, Andreas / Kasch, Holger: Testfall Kosovo: Zwischenbilanz der europäischen Konfliktbearbeitung, Berlin 2012: Zentrum für Internationale Friedenseinsätze (ZIF), S. 3.
[1313] Vgl. Ristic, Marija: EU Ready to Discuss Tadic's Kosovo Plan, *BalkanInsight*, 10.05.2012, http://www.balkaninsight.com/en/article/eu-may-accept-tadic-s-kosovo-plan.
[1314] Vgl. Statement dated 18.11.2008, Report of the Secretary-General on the United Nations Interim Administration Mission in Kosovo, S/2008/692, 24.11.2008, note 87.
[1315] Siehe Aliu, Fatmir / Miftari, Zija: „OKB-ja i ka informatat që Serbia punon për ndarjen e Kosovës", in: *Koha Ditore*, 25.03.2008.

Vertreter der EU für die Außen- und Sicherheitspolitik, Javier Solana, fand sich schließlich damit ab, dass die EULEX unter den Schirm der UNO trat, obwohl er dies lange Zeit abgelehnt hatte.[1316]

Im Gegensatz dazu setzte die EU ihre eher rhetorischen Verpflichtungen fort, um bei der Rechtsstaatlichkeit im Kosovo eine unterstützende Rolle *„in dem durch die Resolution 1244 festgelegten Rahmen"* zu spielen.[1317] Dieser Umstand bewirkte, dass der Zeitraum der Umwandlung der UNMIK sich verlängerte und die EULEX mit Verspätung stationiert wurde. Als sich der Arbeitsbeginn der EULEX-Mission hinauszögerte, präsentierte UN-Generalsekretär Ban Ki-Moon in Anbetracht der Gefahr für die Stabilisierung der Lage im Kosovo nur drei Tage, bevor die Verfassung des Kosovo am 12. Juni 2008 in Kraft trat, den Plan zur Verringerung und Neukonfiguration der Rolle der UNMIK in der neuen Realität nach der Unabhängigkeit des Kosovo. In diesem Bericht an den Sicherheitsrat wurde eine neue UNMIK-Strategie formuliert und grünes Licht für die schrittweise Etablierung der EULEX auf dem gesamten Gebiet des Kosovo gegeben; er brachte sein Einverständnis zum Ausdruck, dass die EU die Arbeit der Vereinten Nationen erfüllen kann.[1318]

Gleichzeitig informierte der UN-Generalsekretär in seinem Bericht an den Sicherheitsrat und in Briefen an den Präsidenten des Kosovo, Fatmir Sejdiu, und an den Präsidenten Serbiens, Boris Tadić, seine Lösung sei bezüglich des Status des Kosovo praktisch und neutral, und kündigte sein Ziel an, die Reorganisation der internationalen zivilen Präsenz im Kosovo in Gang zu setzen.[1319] Ban Ki-Moon präzisierte in seinem Bericht nicht, wie lange die Übergangsphase dauern sollte. Als Folge verlängerte sich die Übergangszeit,[1320] und die UN-Mission zog sich nicht aus dem Kosovo zurück, während der Internationale Zivile Repräsentant (ICR) nicht die führende Rolle einnahm und die EULEX-Mission sich nicht vollständig etablierte und das Internationale Zivile Büro (ICO)[1321] nicht in der Lage war, im Terrain zu operieren.

Auch wenn die Regierung des Kosovo nicht in der Lage war, irgendeinen Einfluss auf die Art und Weise der Etablierung von EULEX auszuüben oder gar das Schlüpfen der EULEX unter das „Dach" der UNO zu verhindern, lud sie die Europäische Rechtsstaatlichkeitsmission ein. Ihre Etablierung im Dezember 2008 wurde nur dank der Verabschiedung des „Sechs-Punkte-Planes"[1322] von Ban Ki-Moon möglich.[1323] Am 26. November 2008 wurde im UN-Sicherheitsrat der

---

[1316] Vgl. Rupel, Dimitrij: „Çka u tha dhe çka ndodhi në Bashkimin Evropian para dhe pas shpalljes së pavarësisë së Kosovës", in: *Zëri*, 27.01.2010.
[1317] UN Security Council, Report of the Secretary-General on the United Nations Interim Administration Mission in Kosovo, 12 June 2008, S/2008/354, Articel 8.
[1318] Siehe UN Security Council, Report of the Secretary-General on the United Nations Interim Administration Mission in Kosovo, 12 June 2008, S/2008/354.
[1319] Ebenda, Articels 13-16; „Kosovo will am 15. Juni neue Verfassung in Kraft setzen – Serbien läuft Sturm", in: *Focus Online*, 12.06.2008; „UN für neue Kosovo-Mission", in: *Der Standard*, 12.06.2008; „Ban to give EU role in UN Kosovo mission-document", *Reuter*, 12.06.2008.
[1320] Ukshini, Sylë: „Vonesa e paralajmëruar e EULEX-it", *Telegrafi*, 16.6.2008; Pöll, Regina: „EU-Mission im Kosovo droht Verzögerung", Die Presse, 29.04.2008.
[1321] Der Sonderbeauftragte (EUSR) war bis Mitte 2011 in Personalunion der International Civilian Representative (ICR). Nicht zuletzt aufgrund des inhärenten Zielkonflikts zwischen beiden Funktionen (der ICR soll die Unabhängigkeit unterstützen und den Ahtisaari-Plan überwachen, der EUSR soll „status-neutral" agieren) wurde diese Verbindung gelöst. Der EUSR leitet seitdem die EU-Delegation im Kosovo.
[1322] Der „Vier-Punkte"-Plan fand zwar auf Druck der USA Eingang in den Kosovo-Bericht des UN-Generalsekretärs an den Sicherheitsrat vom 24. November 2008, veränderte aber nichts am Umstand, dass das aktuelle Zusammenspiel zwischen UNMIK und EULEX auf der Grundlage des „Sechs-Punkte-Plans" erfolgt. In der Praxis hat aber die kosovarische Regierung keine weiteren Schritte gesetzt, um den eigenen Vier-Punkte-Plan zu präzisieren und bei der UN Lobbyismus für diesen zu betreiben. Džihić, Vedran / Kramer, Helmut: Der unabhängige Kosovo im Herbst

Bericht des UN-Generalsekretärs ohne irgendwelche Einwände angenommen. Nach dem in den Punkten 28 und 50 des Berichts von Ban Ki-Moon spezifizierten Mandat sollte die EULEX sämtliche Kompetenzen von der UNMIK erhalten.[1324] Dieser Schritt des UN-Sicherheitsrats der UNO wurde von der EU begrüßt, die hervorhob, *„dass bei der Vorbereitung des Einsatzes der EULEX-Mission Fortschritte erzielt wurden. [...] Eine enge Partnerschaft zwischen der EULEX und den Institutionen des Kosovo ist eine wesentliche Voraussetzung für den Erfolg der Mission, wie sie in der Gemeinsamen Aktion 2008/124/GASP definiert ist."*[1325]

Tatsächlich erfolgte der Beginn der Rekonfiguration der internationalen Präsenz im Kosovo als Kompromiss, der zwischen UN-Generalsekretär Ban Ki-Moon, dem serbischen Präsidenten Boris Tadić und dem damaligen Hohen Vertreter der EU, Javier Solana, erzielt wurde, wobei allerdings die Regierung des Kosovo übergangen wurde. Die Etablierung der EULEX unter dem „Schirm" der UNO begrenze die Autonomie und Funktionalität, aber auch die Ergebnisse dieser europäischen Mission im Kosovo.[1326] Dies war ein Zurückweichen der EU vom Ausgangsmandat der EULEX, wie es im Ahtisaari-Plan definiert war. Das ist auch aus der Erklärung von Javier Solana, des Hohen Vertreters für Außen- und Sicherheitspolitik der EU, vom Juni 2008 bezüglich der eher unwillig hingenommenen Rekonfiguration zu ersehen:

„Reconfiguration of the civilian presence will allow for the EULEX mission, in the framework of the UNSC 1244, to intensify its deployment and to move towards assuming its operational functions."[1327]

Die Frage der sechs Punkte und der *„Neutralität gegenüber dem Status"* seitens der EULEX erreichten, was die Beziehungen zwischen der UNO und der EU anbelangte, eine Stufe, dass Ban Ki-Moon sich am 13. Oktober 2008 in einem Brief an Javier Solana, den Hohen Vertreter der EU für Außen- und Sicherheitspolitik, wandte. Darin erinnerte der UN-Generalsekretär Javier Solana daran, dass die EULEX im Kosovo nur dann etabliert werden könne, wenn das Merkmal der Neutralität gegenüber dem Status des Kosovo erfüllt bleibe.[1328] Nach der Professorin für Völker- und Europarecht an der Universität St. Gallen, Kerstin Odendahl, hat eine solche Umgestaltung einer Kooperation zwischen der EU und der UN in der Geschichte der UN-Friedensmissionen bisher noch nie stattgefunden.[1329]

Auch wenn die EULEX-Mission als ein Zeichen und eine Demonstration der Stärke der Außen- und Sicherheitspolitik der EU vorgesehen war, so verdeutlichen die oben erwähnten Mängel und Kompromisse das Fehlen von Kohärenz und Einheit in der EU, um zivilen Krisen auf dem Westbalkan zu begegnen.[1330] Daher sind die Ergebnisse dieser Mission der EU auch

---

2009 Kann die EULEX-Mission ihre Aufgaben erfüllen?, Berlin, Oktober 2009, Friedrich-Ebert-Stiftung (Internationale Politikanalyse), http://library.fes.de/pdf-files/id/ipa/06746.pdf.

[1323] Siehe Sebastian, Sofia: Making Kosovo Work, FRIDE (Fundación para las Relaciones Internacionales y el Diálogo Exterior), Policy Brief N° 7 – March 2009, https://www.files.ethz.ch/isn/131361/PB7_Kosovo_work_ENG_mar09.pdf.

[1324] Report of the Secretary-General on the United Nations Interim Administration Mission in Kosovo, S/2008/692, 24.11.2008.

[1325] Erklärung des Vorsitzes im Namen der Europäischen Union zum Einsatz von EULEX, Brüssel, 28. November 2008, 16482/08 (Presse 348).

[1326] „Veriu i Kosovës: Sovraniteti dyfish në praktikë", Grupi Ndërkombëtar i Krizave. Raporti për Evropën N° 211, 14.03.2011.

[1327] Council of the European Union, Javier Solana, EU High Representative for the CFSP, on UN reconfiguration of the civilian presence in Kosovo, S223/08, Brussels, 21 June 2008.

[1328] „Ban Ki-Moon – Solanës: EULEX-i mund të vendoset në Kosovë vetëm si neutral ndaj statusit", in: *Zëri*, 21.10.2008.

[1329] Odendahl, Kerstin: Die Beteiligung der EU an UN-Missionen im Kosovo: UNMIK, EUPT Kosovo und EULEX Kosovo, in: *Schweizerische Zeitschrift für internationales und europäisches Recht* 19:3 (2009), 359-379 (369).

[1330] Siehe Bancroft, Ian: „Kosovo – A new frozen conflict", in: *The Guardian*, 09.06.2008.

nach zehn Jahren der Unterstützung „bescheiden" gewesen.[1331] Dies ist nicht nur den besonderen Umständen im Kosovo geschuldet, sondern auch der Tatsache, dass die EU-Mitgliedstaaten keinen ausreichenden Mitarbeiterstab und auch keine Koordinierung der EULEX mit den übrigen internationalen Akteuren offerierten, sowie der fehlenden Anerkennung des Kosovo durch fünf EU-Mitgliedstaaten.[1332]

Während dieser zehn Jahre ist die große internationale Präsenz oft zum Hindernis für die Herstellung von Recht und Ordnung geworden, insbesondere im Norden des Kosovo, wo die illegalen Strukturen des serbischen Staates die Ausweitung der Autorität der kosovarischen Regierung behindert haben. Oftmals kam es zu Konflikten zwischen der Regierung und der EULEX. Ein besonderer Fall war der, als EULEX die Aktion der Regierung des Kosovo am 25. Juli 2011 ablehnte, die beiden Grenzübergangspunkte 1 und 31, die sich seit der Proklamation der Unabhängigkeit des Kosovo außerhalb der Kontrolle der kosovarischen und internationalen Behörden befanden, unter ihre Kontrolle zu stellen.[1333]

Im Unterschied zur EULEX und zur EU unterstützte das Internationale Zivile Büro im Kosovo (ICO), das der Garant für die Umsetzung des Ahtisaari-Plans war, die Regierung des Kosovo bei ihrem Vorgehen in Nord-Kosovo.[1334] Problematisch blieb die Vermengung der Kompetenzen: Vier legale Gewalten im Kosovo (Regierung, EULEX, UNMIK, ICO) sowie zahlreiche Dokumente und Rechtsakte gestalteten den Aufbau des Rechtstaats noch komplexer und machten die Aufteilung der Kompetenzen und Verantwortlichkeiten im Kosovo noch unklarer. Insbesondere ist die Rolle der UNMIK im Norden des Kosovo problematisch, wo sie versucht, ein Akteur zu sein, der in erster Linie die Resolution 1244 des UN-Sicherheitsrats verteidigt und oftmals die Autorität der Regierung des Kosovo herausfordert. Tatsächlich hat es auch die EULEX im Norden des Kosovo nicht vermocht, mehr Rechtsstaatlichkeit als die UNMIK zu bewirken, da sie von den Strukturen des organisierten Verbrechens und der politischen, sicherheitspolitischen und finanziellen Einmischung Serbiens, das seine territorialen Ansprüche gegenüber dem Staat Kosovo nicht aufgegeben hat, abgelehnt wird.

Vor allem war die Etablierung der EULEX mit der „*Neutralität gegenüber dem Status*" eine halbherzige Lösung, die nicht nur eine Reihe von Problemen und Hindernissen hervorrief, sondern auch den Erfolg dieser europäischen Mission gefährdete und die führende Rolle der EU im Kosovo schwächte. Diese Position der EULEX wird durch die fehlende Anerkennung der Unabhängigkeit durch sämtliche Staaten der EU determiniert. Real betrachtet beschädigt dies auch die Kohärenz der EU-Außenpolitik selbst und gleichzeitig wird dies zu einer Barriere für die Einbeziehung des Kosovo in das internationale System. Auf diese Weise behandelt die EULEX das Kosovo mit der „*Neutralität gegenüber dem Status*" tatsächlich als eine immer noch nicht abgeschlossene Angelegenheit, und so werden die Gemeinsame Verteidigungs- und Sicherheitspolitik und die Gemeinsame Außen- und Sicherheitspolitik der EU dadurch bestimmt, dass sie

---

[1331] Vgl. „Vernichtendes Urteil über EU-Mission im Kosovo", in: *FAZ*, 30.10.2012.
[1332] Vgl. „Im Kosovo versickern EU-Milliarden", in: *Die Welt*, 31.10.2012.
[1333] Vgl. European Union, Brussels, Statement by High Representative Catherine Ashton on the situation in the north of Kosovo, 28 July 2011, A 303/11, http://www.consilium.europa.eu/uedocs/cms_Data/docs/pressdata/EN/foraff/124081.pdf.
[1334] Vgl. „ICO mbështet aksionin e Qeverisë në veri", in: *Telegrafi*, 26.07.2011, http://www.telegrafi.com/?id=2&a=15996; „Serbien droht mit Ende des Kosovo-Dialogs", in: *Spiegel Online*, 29.07.2011, http://www.spiegel.de/politik/ausland/0,1518,777317,00.html, „Grenzstreit zwischen Serbien und Kosovo eskaliert", in: *Spiegel Online*, 27.07.2011, http://www.spiegel.de/politik/ausland/0,1518,776991,00.html; „Konflikt zwischen Serbien und Kosovo: Gewaltausbruch gefährdet Belgrads EU-Strategie", 28.07.2011, in: *Spiegel Online*, http://www.spiegel.de/politik/ausland/konflikt-zwischen-serbien-und-kosovo-gewaltausbruch-gefaehrdet-belgrads-eu-strategie-a-777168.html.

nur sehr bescheidene Ergebnisse bei der Erfüllung der vollständigen Agenda der EU im Kosovo zeitigen.[1335]

9.8. Die europäische Zukunft des Kosovo nach der Klärung der Statusfrage

Nachdem der Krieg im Kosovo beendet war, trat die EU mit der langfristigen Strategie der Stabilisierung und Assoziierung des Westbalkan als Rahmen für die Verwirklichung der europäischen Integration auf den Plan. Die EU bekräftigte erneut die europäische Perspektive für die Staaten des Westbalkan, zum einen durch die Einführung der Strategie für den Westbalkan (Solana-Patten Report, 2000) sowie durch die EU-Gipfel in Santa Maria da Feira (Juni 2000), Zagreb (November 2000) und insbesondere Saloniki (Juni 2003). Die EU machte deutlich, dass es keine Mitgliedschaft „en bloc" geben würde. Jedes Land müsse die Verpflichtungen und vorgesehenen Kriterien für die Mitgliedschaft erfüllen.[1336] Darüber hinaus blieb die Lösung der Statusfrage für das Kosovo die wichtigste Vorbedingung für dessen europäische Zukunft. Neben der Einbeziehung in den Prozess der Stabilisierung und Assoziierung stellt der EU-Gipfel vom Dezember 2007, bei dem trotz aller Unterschiede in der Statusfrage die 27 EU-Mitgliedstaaten übereinkamen, dass das Kosovo Priorität in der Gemeinsamen Außen- und Sicherheitspolitik genießt, und dass der EU eine führende Rolle in der Zeit nach der Verkündung der Unabhängigkeit zukommt, einen Wendepunkt dar.[1337] [1338]

Unabhängig von diesen Verpflichtungen Brüssels, dem Kosovo wie den anderen Staaten des Westbalkan eine europäische Perspektive zu eröffnen, muss für eine Vollmitgliedschaft in der EU die in Art. 49 und Art. 6 EUV/Lissabon festgelegte Schwelle überschritten werden und sämtliche EU-Mitgliedstaaten müssen einem Beitritt zustimmen.

Die starke europäische Präsenz im Bereich der Justiz, der Polizei und des Zolls mit EULEX[1339] zeigt, dass das Kosovo so wahrgenommen wird, dass es noch weit von einem akzeptablen Standard der Rechtsstaatlichkeit entfernt ist.[1340]

Was die europäische Perspektive des Kosovo anbelangt, so sind außer den grundlegenden Kriterien besonders die drei „Grundnormen"[1341] oder Kopenhagener Kriterien (1993)[1342] – institutionelle Stabilität als Garantie für Demokratie, Rechtsstaatlichkeit, Menschenrechte sowie Achtung und Schutz von Minderheiten; eine funktionsfähige Marktwirtschaft und die Fähigkeit, dem Wettbewerbsdruck und den Marktkräften in der EU standzuhalten; Fähigkeit, die aus einer Mitgliedschaft erwachsenden Verpflichtungen zu übernehmen und wirksam zu erfüllen, einschließlich der Ziele der Politischen Union sowie der Wirtschafts- und Währungsunion – und das in Madrid (1995) hinzugefügte Kriterium der Fähigkeit, EU-Recht anzuwenden und zu gewährleisten, dass das in nationale Rechtsvorschriften umgesetzte EU-Recht durch angemessene Verwal-

---

[1335] EULEX Programme Report 2012, http://www.eulex-kosovo.eu/docs/Accountability/2012/EULEX_Programme_Report_2012-LowQuality.pdf.
[1336] Ibrahimi, Arta: Integrimi i Ballkanit Perëndimor në UE, Shkup, Prishtinë, Tiranë 2009, S. 61.
[1337] Europäischer Rat, Brüssel, 14. Dezember 2007, Schlussfolgerungen des Vorsitzes, 16616/1/07 REV 1; „EU will aus Kosovo-Sackgasse", in: Stern, 14. Dezember 2007.
[1338] Statement of the International Steering Group (ISG) on Kosovo, 22 May 2008, Prishtina; „Es wäre falsch, die Tür für immer zuzuschlagen", in: Die Welt, 21. April 2008.
[1339] Gemeinsame Aktion 2008/124/GASP des Rates v. 04.02.2008 über die Rechtsstaatlichkeitsmission der Europäischen Union im Kosovo, EULEX KOSOVO, ABl. L 42 v. 16.02.2008, S. 92-98.
[1340] Muharremi, Robert: Kosova dhe integrimi i saj në Bashkimi Evropian: Sfida e themelimit të shtetit funksional të bazuar në sundimin e ligjit, Prishtinë 2008.
[1341] Manners, Ian 2002: Normative Power Europe: A Contradiction in Terms?, in: JCMSt 40:2 (2002), 235-258.
[1342] Es handelt sich genauer um drei Gruppen von Kriterien, die alle Beitrittsländer erfüllen müssen: politische, wirtschaftliche und Acquis-Kriterien. Siehe dazu: Europäischer Rat, Kopenhagen, 21. und 22. Juni 1993, Schlussfolgerungen des Vorsitzes, http://www.consilium.europa.eu/ueDocs/cms_Data/docs/pressData/de/ec/72924.pdf.

tungs- und Justizstrukturen umgesetzt wird,[1343] aufgestellt worden und zusätzlich das Post-Konflikt-Kriterium: die Erfüllung des Ahtisaari-Plans[1344].

Bei diesen Prämissen erscheint die europäische Perspektive des Kosovo sehr speziell und schwieriger, solange die EU in der Frage der Anerkennung der Unabhängigkeit des Kosovo gespalten bleibt. Und so ist das Kosovo weiterhin das letzte Glied im europäischen Integrationsprozess im Verhältnis zu den übrigen Staaten des Westbalkan, und es ist das einzige Land in der Region, das noch nicht von der Liberalisierung der Visa für die Reisen in die EU profitiert hat.[1345]

Während die EU von den Kosovaren auf der Ebene der Rechtsstaatlichkeit mehr verlangt,[1346] was die *acquis*-Kapitel anbelangt, hat sie betont, dass das Kosovo bei der gesetzlichen Harmonisierung Fortschritte erzielt hat.

Aus dieser Perspektive betrachtet, bleiben die offiziellen EU-Erklärungen, dass auch das Kosovo eine europäische Zukunft habe, ein rhetorisches Versprechen, welches für die Kosovaren abstrakt ist. Obwohl die EU erklärt, dass sie nicht auf die Agenda von Saloniki (2003)[1347] für die Mitgliedschaft sämtlicher Länder des Westbalkan in der EU verzichtet hat, ist die Frage der europäischen Integration für das Kosovo ein langer und schwieriger Weg. In diesem Punkt vertreten Vedran Džihić und Helmut Kramer die Ansicht, dass die EU bei der Entwicklung eines Konzepts und einer Strategie für die Einbeziehung des Kosovo in den europäischen Integrationsprozess seit dem Gipfel von Saloniki gescheitert ist.[1348]

Die EU hat, wie es scheint, keine klare Strategie, was mit dem Kosovo zu geschehen habe, und zwar in der Weise, dass die „road map" des Kosovo für die Mitgliedschaft in der EU bekannt wäre. Die Europäische Kommission ist jedoch ein wenig weiter gegangen, in dem sie erneut die Unterstützung für die künftige Entwicklung im Kosovo durch eine internationale zivile Mission unterstreicht, die durch den Sonderbeauftragten der EU, Pieter Feith,[1349] geleitet wurde, der im Januar 2012 durch den ehemaligen slowenischen Außenminister Samuel Žbogar ersetzt worden ist.[1350] Ebenso wurde in der Mitteilung der Kommission „*Westlicher Balkan: Stärkung der europäischen Perspektive*"[1351] das Versprechen hervorgehoben, dass der Kosovo allein bis 2010 eine Milliarde Euro an umfassenden Hilfen für seine Wirtschaftsentwicklung erhalten werde. Ein solches Versprechen wurde sofort durch die Organisation einer Geberkonferenz für das Kosovo im Juli 2008[1352] mit der Absicht des wirtschaftlichen Wiederaufbaus des fragilen Staates

---

[1343] Europäischer Rat, Madrid, 15. und 16. Dezember 1995, Schlussfolgerungen des Vorsitzes, http://www.consilium.europa.eu/ueDocs/cms_Data/docs/pressdata/de/ec/00400-C.D5.htm.
[1344] Comprehensive Proposal for the Kosovo Status Settlement, 2 February 2007, http://www.kuvendikosoves.org/common/docs/Comprehensive%20Proposal%20.pdf.
[1345] Ab dem 19. Dezember 2009 ist die Visapflicht für die Bürger des FYROM, Serbiens und Montenegros und ab 15.Dezember 2010 auch für Albanien, Bosnien-Herzegowina weggefallen. Nur für Kosovo verbleibt weiterhin die Visapflicht.
[1346] Vgl. Kastrati, Sami: „Solana: s'ka liberalizim pa i plotësuar kushtet", in: *Koha Ditore*, 15.07.2009.
[1347] Europäischer Rat, Thessaloniki, 19. und 20. Juni 2003, Schlussfolgerungen des Vorsitzes, http://www.consilium.europa.eu/uedocs/cms_data/docs/pressdata/de/ec/76285.pdf.
[1348] Džihić, Vedran / Kramer, Helmut: Der Kosovo nach der Unabhängigkeit. Hehre Ziele, enttäuschte Hoffnungen und die Rolle der internationalen Gemeinschaft, Berlin 2008: Friedrich-Ebert-Stiftung (Internationale Politikanalyse).
[1349] Mitteilung der Kommission an das Europäische Parlament und den Rat, Westlicher Balkan: Stärkung der europäischen Perspektive, KOM(2008) 127 endg. v. 05.03.2008.
[1350] Siehe Beschluss 2012/39/GASP des Rates v. 25.01.2012 zur Ernennung des Sonderbeauftragten der Europäischen Union im Kosovo, ABl. L 23 v. 26.01.2012, S. 5-8.
[1351] Mitteilung der Kommission an das Europäische Parlament und den Rat, Westlicher Balkan: Stärkung der europäischen Perspektive, KOM(2008) 127 endg. v. 05.03.2008.
[1352] Mitteilung der Europäischen Kommission, Geberkonferenz für den Kosovo, IP/08/913, Brüssel, 10. Juni 2008; „Geberkonferenz brachte 1,2 Milliarden Euro für Kosovo", in: *Die Presse*, 11.07.2008.

bekräftigt.¹³⁵³ Die Notwendigkeit, die europäische Perspektive des Kosovo zu klären und eine neue, viel schnellere Dynamik bezüglich der Lösung der größten Probleme, mit denen sich das Kosovo nach der Unabhängigkeit konfrontiert sieht, herzustellen, hat auch der italienische Außenminister Franco Frattini während eines gemeinsamen Treffens der Außenminister der EU und der USA im April 2009 aufgezeigt.¹³⁵⁴

Und auch das Kosovo hat der Frage der europäischen Integration strategische Priorität auch im mittelfristigen Rahmen der Haushaltsausgaben des Kosovo, der legislativen Agenda sowie sonstiger Dokumente Priorität gegeben. Darüber hinaus wird die Frage der Integration als strategische Priorität für den Kosovo auch im Aktionsplan für die europäische Partnerschaft erneut bekräftigt:

„*The Plan follows the structure of the European Partnership for Kosovo and it is in compliance with the Copenhagen and Madrid criteria, including the following sections: political criteria; economic criteria; European standards; monitoring and reporting on EPAP and revision of the action plan.*"¹³⁵⁵

Dennoch bestehen zwischen den strategischen Dokumenten der Regierung des Kosovo und der Haltung der Europäischen Kommission sowie der bestehenden Lage beim Prozess der europäischen Integration des Kosovo grundlegende Unterschiede. Solange das Kosovo keine vertraglichen Beziehungen mit der EU hat, bleibt die Frage der europäischen Integration ein Sonderweg, der auch lang sein wird. Ironischerweise ist die Schlüssel-Herausforderung das Fehlen einer Kohärenz innerhalb der EU selbst bzw. die Nichtanerkennung des Kosovo durch fünf EU-Mitgliedstaaten. Aber so, wie man im Fall der EULEX eine praktische Lösung gefunden hat, wird auch in diesem Punkt versucht, ein praktisches Modell zu erreichen, um das Kosovo nicht zum „schwarzen Loch" in der Region und in Europa werden zu lassen.¹³⁵⁶ In dieser Hinsicht ist der positive Beschluss der EU zu sehen, Anfang 2012 mit dem Kosovo einen Dialog in dieser Frage zu beginnen. Ebenso stellt der Beschluss der EU vom 24. Februar 2012¹³⁵⁷ für die Aufnahme einer Machbarkeitsstudie für das Kosovo ein Schlüsselmoment auf dem Weg seiner europäischen Integration dar, als einem Prozess, der zu Verhandlungen über ein – mittlerweile abgeschlossenes¹³⁵⁸ – Stabilisierungs- und Assoziierungsabkommen (SAA)¹³⁵⁹ sowie die Mitgliedschaft des Kosovo in der European Bank for Reconstruction and Development (EBRD) führt.¹³⁶⁰ Diese Beschlüsse eröffnen dem Land eine gute europäische Perspektive. In ihnen wird allerdings nur in allgemeinen Begriffen die Bereitschaft der EU unterstrichen, die wirtschaftliche und politische

---

¹³⁵³ Vgl. Donald, Neil Mac: „Kosovo envoy stands firm agains partition, Financial Times, 28 February 2008.
¹³⁵⁴ Siehe http://dictionary.sensagent.com/policies+of+silvio+berlusconi/en-en/, „Roma e shqetësuar me telashet në Ballkan, Berlini dhe Parisi të fokusuar në forcimin e BE-së," in: *Zëri*, 07.04.2009.
¹³⁵⁵ Action Plan 2010 for the Implementation of the European Partnership for Kosovo, Pristine, July 2010, S. 9 f., http://www.mei-ks.net/repository/docs/EPAP_2010_final.pdf.
¹³⁵⁶ Vgl. „Rehn do rrugë praktike për Kosovën", in: *Koha Ditore*, 26.03.2009.
¹³⁵⁷ Siehe Rat der Europäischen Union, 3150. Tagung des Rates Allgemeine Angelegenheiten, 28. Februar 2012, 6854/12.
¹³⁵⁸ Stabilisierungs- und Assoziationsabkommen zwischen der Europäischen Union und der Europäischen Atomgemeinschaft einerseits und dem Kosovo andererseits, ABl. L 71 v. 16.03.2016, S. 3-321.
¹³⁵⁹ Council Conclusions on Enlargement and Stabilisation and Association Process, 3210th General Affairs Council meeting, Brussels, 11 December 2012,
http://www.consilium.europa.eu/uedocs/cms_data/docs/pressdata/EN/genaff/134234.pdf.
¹³⁶⁰ Am 16.11.2012 erfolgte die Entscheidung der Gouverneure der Europäischen Bank für Wiederaufbau und Entwicklung (EBRD), die Republik Kosovo als 66. Mitglied aufzunehmen,
http://www.pristina.diplo.de/Vertretung/pristina/de/00/Seite__EBRD.html.

Entwicklung des Kosovo durch eine klare europäische Perspektive in Übereinstimmung mit der europäischen Perspektive der Region zu unterstützen.[1361]

Diese Feststellung bekräftigt gleichzeitig, dass die europäische Zukunft des Westbalkan auch durch die Perspektive und das Voranschreiten des Kosovo in Richtung EU determiniert ist. Es besteht kein Zweifel daran, dass seit der Proklamation der Unabhängigkeit die Beziehungen des Kosovo zur EU in eine neue, dynamischere und qualitativ bessere Phase getreten sind. Das Kosovo schreitet nun gleichzeitig in zwei Richtungen voran: in Richtung der Abrundung seiner politischen Souveränität, indem die internationale Überwachung entfällt, und durch Erfüllung seiner strategischen Zielsetzung der Integration und Vollmitgliedschaft in der EU.[1362]

9.9. Zwischenresümee

Die Kosovo-Frage hat nicht nur die EU gespalten, sondern die gesamte internationale Gemeinschaft. Ebenso wie im Fall der NATO-Intervention im Kosovo-Krieg, die ohne Autorisierung durch die UNO erfolgte, da Russland eine Veto-Strategie praktizierte, hat auch die Haltung der internationalen Gemeinschaft im Verhältnis zum Staat Kosovo eine scharfe Debatte zwischen den Staaten und internationalen akademischen Kreisen hervorgerufen. Es besteht die Auffassung, dass nach Beendigung des Kalten Krieges im Völkerrecht eine neue Dimension entstanden ist, geformt durch die universellen Werte des 21. Jahrhunderts, in denen das Konzept der staatlichen Souveränität gegenüber den Menschenrechten eine Erosion erlitten hat.

Die Nichtanerkennung des Staates Kosovo durch fünf EU-Mitgliedstaaten hat seine Beteiligung an regionalen und europäischen Initiativen erschwert, ebenso den Prozess der europäischen Integration. Ein entscheidender Moment für die Überwindung der Differenzen innerhalb der EU auch in rechtlicher Hinsicht, auf die sich die Staaten, die die Unabhängigkeit nicht anerkannt haben, gerne berufen, war das Gutachten des Internationalen Gerichtshofs in Den Haag, welches bekräftigte, dass die Proklamation der Unabhängigkeit des Kosovo am 17. Februar 2008 keine Verletzung des Völkerrechts darstellte.

Letztlich unterliegt jede Unabhängigkeitsbewegung ihren eigenen Gesetzen und entwickelt sich in einem besonderen Klima und unter besonderen Umständen.[1363] Dieses Gutachten des IGH beinhaltete eine neue Interpretation des Völkerrechts bzw. eine neue Dimension des Völkerrechts, die sich auch bereits bei der ersten „humanitären Intervention" der NATO im Kosovo-Krieg im März 1999 gezeigt hatte. Aber auch ein Jahrzehnt nach der Unabhängigkeitserklärung des Kosovo haben sich fünf EU-Mitgliedsländer immer noch nicht dem Standpunkt der übrigen 23 Staaten angeschlossen.

Mit der Proklamation der Unabhängigkeit des Kosovo am 17. Februar 2008 wurde der Traum einer Mitgliedschaft in der EU und in den sonstigen westeuropäischen Strukturen realer. Der Weg der europäischen Integration bleibt lang, und in dieser Richtung stellt die Tatsache, dass das Kosovo als Staat nicht durch alle EU-Mitgliedstaaten anerkannt worden ist, eine große Barriere dar.

Eben aufgrund des Fehlens einer Kohärenz in der EU begann die EULEX-Mission nicht nur mit Verspätung, sondern werden ihre Ergebnisse auch als sehr bescheiden bewertet. Als Kompromiss zwischen EU und UN wurde beschossen, die EULEX-Mission im rechtlichen Rahmen der Resolution 1244 des UN-Sicherheitsrates einzurichten. Diese „neutrale" Position der EULEX-Mission hat politische und rechtliche Barrieren für die Zusammenarbeit mit den staatlichen Institutionen des Kosovo geschaffen. Zweifellos hat diese Position auch die Glaubwürdig-

---

[1361] Ebenda.
[1362] Siehe Ukshini, Sylë: „Rruga e gjatë e Kosovës", in: *Telegrafi*, 12.03.2011.
[1363] IGH-Entscheidung zum Kosovo – Recht auf Freiheit, in: *SZ*, 22.07.2010.

keit der GASP der EU unterminiert. Außerdem kann es keine neuen Anstöße zur Integration geben, wenn nicht die Verweigerungshaltung der fünf EU-Mitgliedstaaten gegenüber dem Staat Kosovo überwunden wird. Nicht nur, dass die EU-Mitgliedstaaten der EU, die bislang die Unabhängigkeit des Kosovo nicht anerkannt haben, jetzt keinerlei juristische Argumente mehr haben, sie haben den Aufbau einer kohärenten europäischen Außenpolitik in Bezug auf das Kosovo und dessen europäische Zukunft unmöglich gemacht.

Das Jahr 2012 markiert eine neue Phase in den Beziehungen zwischen der EU und dem Kosovo mit einer umfangreichen Agenda, die die Liberalisierung der Visa, die Machbarkeitsstudie für ein Stabilisierungs- und Assoziierungsabkommen, Fortschritte bei der Position zu den Programmen der Union und die Mitgliedschaft in der EBRD beinhaltete.[1364] Es ist deutlich zu sehen, dass es in den Beziehungen zwischen der EU und dem Kosovo eine neue Qualität gibt und ein Momentum, das in den folgenden Jahren erhalten bleiben muss.

Das Kosovo bleibt auch weiterhin eine der wichtigsten Herausforderungen für die Führungsqualität der EU.[1365] Die Strategie der EU darf nicht auf Distanz ausgerichtet sein, sondern muss stärkere Einbeziehung anstreben, oder genauer ausgedrückt, die EULEX muss eine gute Prädisposition für eine möglichst schnelle Integration und Mitgliedschaft des Kosovo in der EU herstellen.[1366]

[1364] „Ashton: Më 17 janar në dialog bisedohet për veriun", Interview mit Catherine Ashton, Hohe Vertreterin der Europäischen Union für Außen- und Sicherheitspolitik, in: *Koha Ditore*, 04.01.2013.
[1365] Ukshini, Sylë: Kosova dhe raporti i Serbisë me të kaluarën, in: *Koha Ditore*, 16.08.2010, http://www.kohaditore.com/index.php?cid=1,12,31466.
[1366] Ukshini, Sylë: Ballkani dhe pranimi në BE, in: *Shekulli*, 22.06.2009, http://www.shekulli.com.al/2009/06/22/ballkani-dhe-pranimi-ne-be.html.

10. Schlusskapitel

In dieser Arbeit wurde versucht, die Rolle der Außenpolitik der Europäischen Gemeinschaft / Europäischen Union (EG/EU) im Rahmen der Krisenbewältigung auf dem Balkan, mit besonderem Schwerpunkt auf der Kosovo-Frage seit dem Zerfall Jugoslawiens bis zur Unabhängigkeit (2008), zu reflektieren. Die These, dass die EU versuchte, die Option der Unabhängigkeit Kosovos als Lösung des Konfliktes durch einen aktiven und engagierten Einsatz der europäischen Außen- und Sicherheitspolitik zu vermeiden, wurde in der vorliegenden Arbeit bestätigt.

10.1. Der Zerfall Jugoslawiens als Herausforderung für die EG/EU

Um das Engagement und die Rolle der Europäischen Politischen Zusammenarbeit (EPZ) der EG sowie der Gemeinsamen Außen- und Sicherheitspolitik (GASP) der EU in Bezug auf das Kosovo im Zeitraum von 20 Jahren zu verstehen, ist zu berücksichtigen, dass die Beziehungen zwischen der EU und dem Kosovo komplex, spezifisch und oft unklar waren, da das Kosovo bis Februar 2008 keine staatliche und unabhängige Entität gewesen ist. Das Engagement der EU in der Kosovo-Krise war bis zum Ausbruch des Krieges in den Jahren 1998-1999 facettenreich, vor allem seitens der Nationalstaaten im Rat der EU, des EU-Sondervermittlers und des EU-Sondergesandten.[1367] Während der Prozess der europäischen Integration im Rest des europäischen Kontinents Fortschritte erzielte, setzten sich auf dem Balkan die Desintegration und die ethnischen Konflikte fort, die von tragischen und seit dem Ende des Zweiten Weltkriegs unvorstellbaren Ausmaßen waren. Für die von internationaler Seite geschaffenen Verhältnisse zur Konfliktbewältigung nach dem Ende des Kalten Krieges und nach dem Zerfall Jugoslawiens hatte die EG weder eine Strategie noch ein Struktur für eine Konfrontation und verfügte zudem über keine ausreichenden diplomatischen und militärischen Kapazitäten.

Die EG befand sich im Jahr 1991 auf dem Weg zur Politischen Union und zur Schaffung einer Gemeinsamen Außen- und Sicherheitspolitik. Jedoch stellten die Unabhängigkeitserklärungen von Kroatien und Slowenien sowie die massiven Militäraktionen der jugoslawischen Zentralregierung gegen deren Abspaltung die EG vor die größte militärische, politische und völkerrechtliche Herausforderung. Trotz der gewalttätigen Auseinandersetzungen auf dem Gebiet Jugoslawiens und der Ablehnung dieser Gewalt durch die EG und die USA unterstützten beide Akteure unmittelbar vor und nach der Unabhängigkeitserklärung Sloweniens und Kroatiens im Juni 1991 zunächst die jugoslawische Einheit. Die Vertiefung der Diskrepanzen bei der Bewertung der jugoslawischen Krise geschah durch verschiedene staatliche und nationale Traditionen. Während wichtige EU-Mitgliedstaaten wie Großbritannien, Spanien und Frankreich sich auf die Seite Serbiens schlugen, befürworteten Deutschland und Österreich die Abspaltung von Kroatien und Slowenien. „*Gegenüber dem Balkan hat sich Europa für eine lange Zeit so verhalten, als wäre es Anfang des zwanzigsten Jahrhunderts, am Vorabend des Ersten Weltkrieges, stecken geblieben; die Deutschen kroatophil, die Franzosen serbophil, und so weiter, als ob seitdem sich nichts verändert hätte*",[1368] sagte der ehemalige italienische Ministerpräsident Massimo D'Alema.

Diese Positionierungen wurden ein Hindernis für eine präventive Intervention und die Identifizierung wirksamer Instrumente zur Verhinderung bzw. zur Lösung der Jugoslawien-Krise.

[1367] Vgl. Swoboda, Veit / Stahl, Bernhard: Die EU im Kosovo-Konflikt (1996-1999): Von der Vernachlässigung zur Verantwortung, in: Bernhard Stahl, Sebastian Harnisch (Hrsg.): Vergleichende Außenpolitikforschung und nationale Identitäten. Die Europäische Union im Kosovo-Konflikt 1996-2008, Baden-Baden 2009, S. 59-80 (76).
[1368] D´Alema, Massimo: Kosova, italianët dhe lufta, Tiranë 2004, S. 85.

Die EG war nicht in der Lage, nach dem Kalten Krieg ein klares außen- und sicherheitspolitisches Profil zu entwickeln. Dieser Zustand minimaler Wirkung der erst in Ansätzen entstehenden Gemeinsamen Außen- und Sicherheitspolitik hatte zur Folge, dass erst einige Zeit nach dem Inkrafttreten des Vertrags über die Europäische Union (Vertrag von Maastricht) Initiativen im Rahmen anderer internationaler Institutionen unternommen wurden.[1369] Besonders die Amerikaner waren gegen die Vertretung der EU in Form der „Troika", da zu dieser Zeit Griechenland, das auch eine pro-serbische Haltung vertrat, die rotierende Präsidentschaft innehatte.[1370]

10.2. Die Anerkennung der jugoslawischen Republiken durch die EG bzw. die EU

Die Anerkennung neuer Staaten, die aus Jugoslawien hervorgingen, war eine Fortsetzung der Entwicklung des juristischen Denkens und der historischen Praxis. Dort wurden zusätzliche Elemente der Anerkennung durch die EG im Zusammenhang mit historischen Konventionen eingeführt, und zwar nicht nur die Grundsätze der europäischen Politik für die Anerkennung von Staaten im Dezember 1991, sondern auch die Meinungen der Badinter-Kommission. Ebenso hat die EU selektiv Elemente des Völkerrechts verwendet, um ihre Politik zu stärken.

Der ganze Konflikt in Jugoslawien war von einer Art Selbstbestimmung und der Anerkennung dieses Konzepts durch die EU über die Badinter-Kommission und die Grundsätze der EG für die Anerkennung neuer Staaten in der Sowjetunion und in Osteuropa (16. Dezember 1991)[1371] geprägt und öffnete den Weg zur externen Selbstbestimmung der ehemaligen jugoslawischen Republiken. Aber im Gegensatz zur kolonialen Selbstbestimmung wurden im Fall von Jugoslawien und der Sowjetunion bestimmte Kriterien in Bezug auf die Umsetzung der internen und externen Selbstbestimmung festgelegt. Sie unterliegen keiner einheitlichen Anwendung und Probleme ergaben sich, als die praktische Anwendung begann. Das Kosovo wurde von der EG wie die anderen Regionen/Ethnien behandelt, die im ehemaligen sozialistischen Jugoslawien keinen politischen oder rechtlichen Status hatten, so wie es der Fall mit der „Serbischen Republik" in der kroatischen Krajina[1372] oder der „Republik Srpska" in Bosnien-Herzegowina war, die durch Gewalt im Kontext der Bemühungen geschaffen wurden, das hegemoniale Projekt eines Großserbien zu realisieren.

10.3. Die Außenpolitik der EU und das Kosovo

In den frühen 1990er Jahren spielte die Kosovo-Frage keine besondere Rolle in der politischen Agenda der europäischen Zwölf. Das oberste Ziel der EU war es aber letztlich, den Staat Jugoslawien so weit wie möglich zu stabilisieren und zu erhalten. Die Hoffnung, auf diesem Weg Ergebnisse zu erzielen, war aber angesichts des Willens der Serben, die eigenen Ziele rigoros durchzusetzen, trügerisch und am Ende auch vergebens. Generell war die Haltung der EU in der Kosovo-Frage bei weitem nicht so eindeutig, wie sie hätte sein sollen. Die Signale, die aus der EU kamen, ließen die Serben eher in dem Glauben, dass man bereit sei, das Kosovo zu Gunsten

---

[1369] Vgl. Giersch, Carsten: NATO und militärische Diplomatie im Kosovo-Konflikt, in: Konrad Clewing / Jens Reuter (Hrsg.): Der Kosovo-Konflikt, Ursachen, Akteure, Verlauf, München 2000, S. 443-466.
[1370] Vgl. Karakas, Cemal: Die Balkankrise als Gegenstand der Gemeinsamen Außen- und Sicherheitspolitik (GASP). Die EU zwischen Integration und Kooperation, Frankfurt a.M. 2004, S. 87.
[1371] Richtlinien für die Anerkennung neuer Staaten in Osteuropa und in der Sowjetunion, Brüssel, 16.12.1991, in: *EA* 3/1992, D 120-121.
[1372] Als Kroatien 1991 seine Unabhängigkeit erklärt hatte, besetzten daraufhin Mitglieder der serbischen Minderheit in Kroatien mit militärischer Unterstützung der Führung in Belgrad mehrheitlich von Serben bewohnte Gebiete. Die Operation „Sturm" besiegelte das Ende der selbst proklamierten Serbischen Republik Krajina, die zeitweise ein Drittel des kroatischen Staatsgebiets einnahm. Vgl. Danner, Mark: Operation Storm, in: *The New York Review of Books*, 22.10.1998, http://www.nybooks.com/articles/archives/1998/oct/22/operation-storm/.

anderer Thematiken fallen zu lassen. Hier wurde viel Zeit verloren bzw. wurden viele Möglichkeiten schon im Vorfeld vergeben. Die Erkenntnis, dass Milošević das entscheidende Hindernis bei der Kosovo-Frage gewesen ist, setzte sich bei der EU ebenfalls erst spät durch.[1373]

Das Problem des Kosovo war kein Problem der Verletzung der Menschenrechte, wie die EU behauptete, sondern ein tiefer liegendes Problem, ein ethnisch-territorialer Konflikt, bei dem sich die albanische Mehrheit für die Abspaltung engagierte, während Serbien dieses Vorhaben mit dem Ziel, dieses Territorium zu kontrollieren, bekämpfte.[1374] Diplomatische Initiativen für das Kosovo wurden kaum unternommen, und die Frage einer militärischen Intervention war unvorstellbar. Als auch im Fall der internationalen Anerkennung der Unabhängigkeit der jugoslawischen Republiken die EG das Konzept der „klassischen" und „europäischen" Anerkennung der Staaten anwandte, wurde das Kosovo vollständig übergangen, weil für die internationale Anerkennung einer konstitutionellen Einheit, nach der Stellungnahme der Badinter-Kommission, der Status als Republik entscheidend war und das Kosovo nur den Status einer autonomen Provinz gehabt hatte.

Obwohl das Kosovo-Problem gelegentlich übergangen wurde, war es nicht komplett aus dem Fokus der Außenpolitik der EU verschwunden. In dieser Arbeit wird die These vertreten, dass sich die Außenpolitik der EU in Bezug auf das Kosovo in der Zeitspanne 1991-2008 in vier Stufen einer unterschiedlichen Intensität unterteilen lässt:

Die erste Stufe fängt mit dem Beginn des Zerfalls Jugoslawiens an, dem die gewaltsame Aufhebung der Kosovo-Verfassung durch die Republik Serbien (1989) vorausging, und schließt mit der Friedenskonferenz von Dayton (1995) ab. Das Ende des Kalten Krieges und die Vereinigung der beiden deutschen Staaten, die Positionierung und Profilierung der GASP sowie der europäische Integrationsprozess und die Auflösung Jugoslawiens waren Anlass für Hoffnungen der Kosovo-Albaner, dass das Prinzip der Selbstbestimmung auch in ihrem Fall respektiert werden würde. Aber bei den europäischen Konferenzen für Jugoslawien in Den Haag, London und Genf in der ersten Hälfte der 90er Jahre wurde die Durchsetzung der Wilsonschen Idee für die Anerkennung des Grundsatzes der Selbstbestimmung für die Kosovo-Albaner immer schwieriger, weil das politische Recht und das Völkerrecht zwei widersprüchliche Dinge darstellen.

Die Konferenzen in Den Haag 1991 und London 1992 und die folgenden Verhandlungen in Genf markieren ein Engagement der EG und später der EU in der Kosovo-Frage. Das Engagement der EU war zu diesem Zeitpunkt weder ausreichend für die Lösung der Kosovo-Frage noch dafür, um Frieden zu schaffen. Bezüglich des Kosovo und der Kriege im ehemaligen Jugoslawien wurde der Misserfolg der GASP in den folgenden Jahren klar, in denen dank der amerikanischen Entschlossenheit die Kontaktgruppe gegründet wurde.

Die GASP hat nicht gut funktioniert, auch wenn ihre Ziele ehrgeizig waren. Das Problem lag nicht nur im Fehlen eines Mechanismus oder der Struktur, sondern in den tiefen historischen Veränderungen, die durch die radikalen Änderungen des Kontextes deutlich wurden, die nach dem Ende des Kalten Krieges stattgefunden hatten. Auf der anderen Seite war der einzige Grund, warum das Kosovo auf der Verfassung von 1974 bestand, die Perspektive auf einen künftigen Dialog über die Frage des eigenen politischen Status aufrecht erhalten zu können; dieser Dialog sollte unter internationaler Aufsicht stattfinden. Allerdings hat Serbien die Position nicht aufgegeben, dass Kosovo seine interne Angelegenheit ist, und aus diesem Grund lehnte Belgrad jeden nationalen oder internationalen Dialog über die Status-Frage ab, während für die serbische Min-

---

[1373] Vgl. Schulz, Peter: Der Kosovokonflikt unter Berücksichtigung der deutschen Rolle, Hamburg 2008, S. 22 f.
[1374] Vgl. Reuter, Jens: Die Entstehung des Kosovo-Problems, in: *APuZ*, B 34/99, 2-10; Schmidt, Fabian: Im Griff der großen Mächte. Das Kosovo in der wechselvollen Gesichte des Balkans, in: Thomas Schmidt (Hrsg.): Krieg im Kosovo, Reinbek 1999, S. 82-100.

derheit in Kroatien und Bosnien ein Sonderstatus oder die Vereinigung mit Serbien gefordert wurde. Diesen Widerspruch von zwei Konzepten versuchte man durch Verhandlungen über Fragen der Bildung zu umgehen. So beschloss die „Sondergruppe", die vom deutschen Botschafter Geert Ahrens geleitet wurde, die heikle Frage des Status auszuklammern und sich mit Fragen der Bildung auf einen Bereich zu konzentrieren, in dem Fortschritte möglich erschienen, in der Hoffnung, dass später Verhandlungen zwischen Prishtina und Belgrad über den politischen Status des Kosovo begonnen werden könnten. Während in der Zwischenzeit das Kosovo diesen Dialog nutzen wollte, um seinen friedlichen Kurs zur Erzielung einer Lösung zu zeigen, versuchte Serbien, die Frage der Bildung dazu zu verwenden, um jede Motivation für den Dialog über die Frage des künftigen politischen Status des Kosovo zu eliminieren. Diese Situation erinnert an den technischen Dialog zwischen dem Kosovo und Serbien unter der Überwachung der EU im Jahre 2011, wo sich nun die Positionen geändert haben, da nunmehr Belgrad den technischen Dialog auf das politische Terrain zu verlagern wünscht und einen besonderen Status für etwa 40.000 Serben im Norden des Kosovo diskutieren will.[1375]

In der Tat zeigte der Dialog über die Frage der Bildung im Kosovo das Fehlen eines Konzeptes und einer Strategie der EG, um dieses Problem angesichts der kategorischen Ablehnung durch Belgrad zu lösen. Ein solcher Dialog diente mehr dazu, politische Fragen zu verstecken, da die Frage der albanischen Bildung als Ergebnis des politischen Konflikts zwischen den Kosovo-Albanern und Serben über die Ausübung der Kontrolle des Kosovo zu sehen ist. In der Phase, als die Außen- und Sicherheitspolitik der EU keine Einheit und keinen Erfolg bei der Krisenbewältigung in Jugoslawien bzw. im Kosovo zeigte, wurde die politische Initiative an die Kontaktgruppe und an die Vereinigten Staaten von Amerika übergeben. Die Gründung der Kontaktgruppe und das Fehlen einer formalen Beteiligung der EU markierten einen Rückschlag für die Außen- und Sicherheitspolitik der EU und waren sogar eine Art Rückkehr zu alten Mustern der Krisenbewältigung auf dem Balkan in der Zeit des europäischen Wettstreitens am Ende des 19. Jahrhunderts. Dies verbarg nicht die defensive Rolle der EU im Friedensprozess und auch nicht das Scheitern ihrer Bemühungen, die Kämpfe in Jugoslawien zu beenden und einen erfolgreichen Prozess der Staatsbildung abzuschließen.

Während in Bosnien-Herzegowina ein konföderatives System gegründet wurde, wurde die interne Selbstbestimmung auf die serbische Entität „Republika Srpska" angewendet; der Status der Kosovo-Albaner in Rest-Jugoslawien wurde jedoch zu einem System der Apartheid und der leisen ethnischen Säuberung degradiert. Die EU zeigte durch ihre Forderung nach Wiederherstellung des autonomen Status des Kosovo den Mangel an einer klaren Plattform für den künftigen Status des Kosovo und, dass nach dem Zerfall Jugoslawiens der Aufbau einer neuen Föderation nicht realistisch war. Darüber hinaus war das Kosovo nie ein integrativer Teil des serbischen Staates, sondern eine Einheit, die im Dezember 1918 gegründet worden war und danach mit Gewalt in Jugoslawien gehalten wurde. Deshalb war nach dem Zerfall Jugoslawiens 1991/1992, als Slowenien, Kroatien, Bosnien-Herzegowina und Mazedonien unabhängig wurden, die Tendenz der Europäer, das Kosovo in eine staatliche Struktur zurückzuführen, die komplett von den Serben dominiert wurde, falsch. In Wirklichkeit war eine solche Option nicht ein Ansatz für eine dauerhafte Lösung, sondern eine Akzeptanz der Milošević-Politik und ihren Bestrebungen, ein Großserbien zu schaffen.

[1375] Vgl. Interview mit Außenminister Enver Hoxhaj: „Konflikt mit Serbien ein für alle Mal beenden", *EurActiv.de*, 27.09.2012,
http://www.euractiv.de/erweiterung-und-nachbarn/interview/kosovo-konflikt-mit-serbien-ein-fr-alle-male-beenden-006666.

Dies zeigte, dass die Außen- und Sicherheitspolitik der EU nach dem Vertrag von Maastricht ohne Inhalt geblieben ist, da jeder Mitgliedstaat eigene nationale Agenden verfolgte. Dies zeigte sich auch im Fall der Anerkennung von Rest-Jugoslawien (Serbien und Montenegro), wodurch auch die ungelöste Kosovo-Frage ignoriert wurde, in der Hoffnung, dass eine Lösung im Rahmen der „substanziellen Autonomie" gefunden werden könnte. Der Grundgedanke dieses Ansatzes wurde bereits in der Badinter-Kommission formuliert. Danach haben nur die ehemaligen jugoslawischen Republiken das Recht auf externe Selbstbestimmung, ein Recht, das nicht nur durch das allgemeine Völkerrecht, sondern auch von der jugoslawischen Verfassung von 1974 anerkannt wurde. Die Einheiten wie das Kosovo und die Vojvodina die zum Zeitpunkt der Auflösung Jugoslawiens nicht den Status einer Republik besaßen, genossen dieses Recht nicht. Das Kosovo stützte sich weiterhin auf das Recht der Selbstbestimmung mit dem Argument, sein Recht stamme aus der Tatsache, dass die Sozialistische Föderative Republik Jugoslawien sich in der Auflösung befinde, und es fordere den Austritt aus einem Land, das nicht mehr existiere. Selbst nach dem Grundsatz *uti possidetis*[1376], der im Falle der Selbstbestimmung der anderen Republiken verwendet wurde, hatte das Kosovo den Vorteil gegenüber der Sezession, dass es die Unabhängigkeit innerhalb der bestehenden Grenzen Jugoslawiens forderte.

Darüber hinaus waren für die Kosovo-Albaner in Jugoslawien zwei Grundsätze der Selbstbestimmung akzeptabel, der des Prinzips *uti possidetis* und jener des Territoriums. Allerdings wies die EU das Prinzip der territorialen Selbstbestimmung zurück, da es eher eine Forderung von Serbien für die Anwendung des Rechts auf Selbstbestimmung der serbischen Bevölkerung, überall wo sie lebten, war. Diese Forderung zielte darauf, die territoriale Einheit der neuen unabhängigen Einheiten in Frage zu stellen. Aber zur gleichen Zeit lehnte Serbien das gleiche Recht für die Kosovo-Albaner ab, was bis zu dem Zeitpunkt geschah, als es die Kontrolle über Kosovo im Juni 1999 verlor.

In der zweiten Hälfte der 90er Jahre, in welche die zweite Phase der EU-Außenpolitik in Bezug auf das Kosovo fällt, begann die Gemeinsamen Außen- und Sicherheitspolitik der EU Gestalt anzunehmen. Mit dem Ausbruch des Krieges im Kosovo im Herbst 1997 wurde diese schließlich zu einer Frage mit hoher Priorität für die EU. Trotzdem entstand auch während dieser Phase ein divergenter Ansatz zwischen der EU und den USA in Bezug auf Rest-Jugoslawien (Serbien und Montenegro oder BRJ) bzw. hinsichtlich der Möglichkeiten zur Lösung der Kosovo-Frage. Das wirksame Engagement der amerikanischen Diplomatie im Rahmen der Kontaktgruppe für die Bosnien-Krise und der Nicht-Anerkennung Rest-Jugoslawiens, das mit der Entwicklung der Situation im Kosovo verknüpft war, zeigte die Schwächen der EU-Außenpolitik auf, in Krisen zu intervenieren und die Anwendung von Gewalt zu verhindern.

Es zeigte sich, dass ohne enge Kooperation zwischen der EU, den USA und der NATO viele Probleme auf dem Balkan und die inneren Sicherheitsangelegenheiten Europas nicht gelöst werden können.[1377] Auch nach dem Dayton-Abkommen blieb der Prozess der Bildung einer Gemeinsamen Außen- und Sicherheitspolitik der EU schwierig, weil es keine volle Kompatibilität zwischen den Interessen der Mitgliedstaaten der EU gab. In der Außenpolitik der EU-Mitgliedstaaten spiegeln sich ethnische, historische, geographische und wirtschaftliche Präferenzen wider. Die Unwirksamkeit der europäischen Politik führte zwangsläufig zur Notwendigkeit, die bestehenden EU-Verträge zu reformieren. Einen bedeutenden Durchbruch bei dem ersten Versuch,

---

[1376] Der Begriff *Uti possidetis* (lat. wie ihr besitzt) kommt ursprünglich aus dem römischen Sachenrecht. Im Völkerrecht wird dieser Begriff häufig in Verbindung mit der Unverletzlichkeit existierender Staatsgrenzen genannt. Vgl. Schweisfurth, Theodor: Völkerrecht, Tübingen 2006, S. 283.
[1377] Vgl. Davutoglu, Ahmet: Thellësia strategjike. Pozita ndërkombëtare e Turqisë, Shkup, Prishtinë, Tiranë 2010, S. 357.

den Vertrag von Maastricht zu verbessern, markiert ohne Zweifel der Gipfel von Amsterdam im Juni 1997, als die EU den Posten des Hohen Vertreters für die Gemeinsame Außen- und Sicherheitspolitik schuf. Dieser Schritt der EU zusammen mit der Reaktivierung der Kontakt-Gruppe, der die wichtigsten EU-Mitgliedstaaten angehörten, stellt eine dynamische Außenpolitik der EU in der Beziehung zum Kosovo dar. Unter anderem war diese Wende das Ergebnis von Veränderungen in der britischen Regierung (Ablösung von John Major (Konservative) im Jahr 1997 durch Tony Blair (Labour)), die komplementär zur Nachfolge von Bill Clinton (Demokraten) auf George Bush (Republikaner) im Jahr 1993 in den USA erfolgte. Diese Entwicklungen schufen schließlich ein neues Gleichgewicht innerhalb der EU und der transatlantischen Beziehungen.

Die Vertiefung der Krise im Kosovo im Jahr 1998 machte deutlich, dass die Vermittlungen gleichzeitig mit militärischen Maßnahmen begleitet werden sollten. Die EU war aber dazu nicht in der Lage, weil sie über keine ausreichenden Kapazitäten und keine einheitliche militärische Struktur verfügte. Das Engagement der europäischen Außenpolitik, die sich statt auf Konfrontation auf Zusammenarbeit ausgerichtet hatte, erwies sich als unzureichend, um die Änderung der serbischen Politik gegenüber dem Kosovo zu beeinflussen. Die mangelnde Fähigkeit der EU zu einem militärischen Eingreifen führte zum Verlust der Glaubwürdigkeit der europäischen Vermittlungsdiplomatie. Es musste viel Zeit vergehen, damit angesichts der Erfahrungen mit den Ereignissen in Bosnien-Herzegowina in den europäischen Hauptstädten die Einschätzung Oberhand gewann, dass das Kosovo-Problem nicht ohne den Einsatz militärischer Gewalt gelöst werden kann, was zugleich ein schmerzhafter Lernprozess für die Europäer war.

Nach dem Ausbruch des Kosovo-Krieges zwischen der UÇK und den serbischen Sicherheitskräften in Kosovo, deren brutales Vorgehen einschließlich Massakern an albanischen Zivilisten Anfang 1998 die Öffentlichkeit erschütterten, war die EU eher bereit, Verantwortung zu übernehmen. Die EU verhängte weitere Sanktionen gegen Rest-Jugoslawien. Die Sanktionen hatten die Funktion zu demonstrieren, dass die EU nicht bereit war, ein „zweites Bosnien" hinzunehmen.[1378] Mit der Ernennung des österreichischen Sonderbeauftragten, des Botschafters Wolfgang Petritsch, gewann das Engagement der EU an Profil und ihre Rolle in der Kosovo-Krise wurde bedeutender. Die EU spielte während der Internationalen Konferenz zum Kosovo in Rambouillet und Paris die Rolle des Vermittlers. In diesem Zeitraum war die EU nicht nur bereit, die Verantwortung für die Finanzierung des Wiederaufbaus im Kosovo zu übernehmen, sie ernannte auch einen europäischen Vertreter, der verantwortlich für die zivile Umsetzung des Friedensabkommens für das Kosovo war.[1379]

Ein weiterer Moment des Erfolges der EU in der Außenpolitik war die einstimmige Entscheidung der Mitgliedstaaten, sich an der militärischen Intervention der NATO gegen Rest-Jugoslawien zu beteiligen. Während der Operationen „Allied Force" und „Allied Harbour" wurde die Rolle der EU wichtiger und von entscheidender Bedeutung für den Frieden und für die „Europäisierung" des Balkans. Es war das erste Mal in der Geschichte der EU, dass die Mitgliedstaaten, die auch Teil der NATO sind, eine militärische Aktion im Namen der Verteidigung der Menschenrechte unternahmen. Es ist eine Tatsache, dass der Kosovo-Krieg und die militärische Intervention gegen Rest-Jugoslawien als Katalysator dazu dienten, dass die Gemeinsame Außen- und Sicherheitspolitik der EU an Profil gewann. Der Einsatz im Kosovo ist somit „ein Geburtshelfer in der Weiterentwicklung des Völkerrechts".[1380] Naumann beifällig: „Was im Westfäli-

---

[1378] Reuter, Jens: Die Kosovo-Politik der internationalen Gemeinschaft in den neunziger Jahren, in: Konrad Clewing / Jens Reuter (Hrsg.): Der Kosovo-Konflikt. Ursachen, Akteure, Verlauf, München 2000, S. 321-334 (324 f.).
[1379] Vgl. „Bonn befürwortet stärkere Rolle der EU im Kosovo-Konflikt", in: *FAZ*, 13.02.1999.
[1380] Naumann, Klaus: Der nächste Konflikt wird kommen. Erfahrungen aus dem Kosovo-Einsatz, in: *Europäische Sicherheit* 1999, Heft 11, 8-22 (8).

schen Frieden von 1648 Grundlage der internationalen Politik wurde, ist durch das Handeln der Nato im Fall Kosovo außer Kraft gesetzt worden. Das Beispiel wird vermutlich in der weiteren Entwicklung eine wichtige Rolle spielen."[1381]

Schließlich könnte aus der Kosovo-Krise die Hoffnung Gestalt gewinnen, dass dies das Ende von Krieg als Mittel der Politik in Europa bedeutet und auf jeden Fall das Ende einer Innenpolitik, in der ein Staat unter Berufung auf Souveränität mit seinen Bürgern machen konnte, was er wollte. Der Kosovo-Krieg könnte somit Endpunkt des Europas der Kriege sein und Anfang eines Europas der Kooperation, in der die Rolle des Nationalstaates in der Außen- und Sicherheitspolitik zunehmend in den Hintergrund tritt.[1382] Er könnte aber auch ein Geburtshelfer in der Weiterentwicklung der GASP sein, um Glaubwürdigkeit gegenüber den Bürgern, den Bündnispartnern und den politischen Gegner zu gewinnen.

Der NATO-Einsatz gegen Rest-Jugoslawien schuf die Voraussetzungen nicht nur für die Errichtung der UN-Verwaltung, sondern eröffnete auch die Möglichkeit dafür, dass das Kosovo ein selbständiger Staat wurde. Dies wurde zu einem notwendigen Wendepunkt für die EU zur Überwindung ihrer militärischen Defizite im Verhältnis zu den Vereinigten Staaten. Die EU zog aus dem Kosovo-Krieg die Lehre, dass sie ohne die Unterstützung der USA nicht in der Lage war, einen solchen Konflikt auf dem europäischen Kontinent zu lösen.[1383] Dies bestimmt die Notwendigkeit so genannter besonderer Beziehungen der EU zu den Vereinigten Staaten von Amerika. Auch trug der Kosovo-Krieg entscheidend zur weiteren Normierung der Außen- und Sicherheitspolitik der EU bei. Scharping betonte in einer Rückschau auf den Krieg die Bedeutung der europäisch-amerikanischen Kooperation zur Konfliktbewältigung, *„when a serious crisis in one of the most unstable regions of this world again jeopardized peace and stability in Europe"*.[1384]

Im Falle des Kosovo-Krieges folgte die EU zwei neuen Ansätzen in der internationalen Politik: Erstens unterstützte die EU entgegen dem Grundsatz der Nicht-Einmischung in die „inneren Angelegenheiten" eine militärische Intervention in einem souveränen Staat. Zweitens bezeugte sie mit ihren diplomatischen Initiativen, nämlich dem „Fischer-Plan" und der Mission von Martti Ahtisaari, dass die Gemeinsame Außen- und Sicherheitspolitik der EU eine positive Entwicklung zu einer weiteren Profilierung der EU als wichtiger Akteur in der Weltpolitik ist.

Am Ende der militärischen und diplomatischen Kampagne in der Kosovo-Krise zeigten sich Tendenzen, dass die EU sich den Erfolg selbst zuschreiben wollte, trotz der Tatsache, dass die US-militärischen Fähigkeiten in der militärischen Konfrontation mit Rest-Jugoslawien entscheidend waren. Es kann daher gesagt werden, dass die EU aus den Krisen und anderen Konflikten im ehemaligen Jugoslawien während der 1990er Jahre Lehren gezogen hat. Vor diesem Hintergrund gelang im europäischen politisch-diplomatischen Bereich insbesondere im Falle der Annahme der Resolution 1244 des UN-Sicherheitsrates eine Interaktion mit Russland. Die Petersberg-Erklärung vom 6. Mai 1999 bedeutete die Realisierung des „Fischer-Planes". Im Falle des Kosovo wurde die EU-Außenpolitik mit bis dahin unerreichten Kapazitäten realisiert und erzielte vor allem durch Kooperation und Koordination mit der NATO, der OSZE, der Kontakt-Gruppe, der G8 und den Vereinten Nationen Erfolge.

[1381] Bölsche, Jochen: „Amerikaner kommen vom Mars, Europäer von der Venus", *Spiegel Online*, 19.02.2003, http://www.spiegel.de/politik/ausland/anatomie-einer-krise-auslaender-kommen-vom-mars-europaer-von-der-venus-a-236450.html.
[1382] Naumann, Klaus: Kosovo – Modell für die Zukunft? http://www.bundesheer.at/pdf_pool/publikationen/05_kk_03_naumann.pdf.
[1383] Schröder, Gerhard: Entscheidungen. Mein Leben in der Politik, Hamburg 2007, S. 139.
[1384] Scharping, Rudolf: Germany, Kosovo and the Alliance, in: Wolfgang-Uwe Friedrich (ed.), Legacy of Kosovo: German Politics and Policies in the Balkans, German Issues 22, Washington, D.C. 2010, pp. 38-50 (38).

Das Kosovo-Problem wie auch andere Krisen auf dem Balkan wurden ein Lern- und Reformprozess für die EU-Institutionen. Die gemeinsame Bewältigung – vor allem im Zusammenhang mit der Konsolidierung von Frieden im ehemaligen Jugoslawien – war gekennzeichnet durch eine engere Zusammenarbeit und durch eine größere Entschlossenheit der EU im Laufe der Kosovo-Krise als im Fall von Bosnien-Herzegowina. Die Kosovo-Krise zeigte deutlich, dass nach dem Vertrag von Amsterdam (1. Mai 1999) die Schaffung neuer Konturen in der Außenpolitik notwendig war, was durch die Bildung des Amtes des Hohen Vertreters („Mister GASP") geschah. Mit der Ernennung des ehemaligen spanischen Außenministers und des damaligen Generalsekretärs der NATO, Javier Solana, für das Amt des Vertreters der GASP, hat die EU zum ersten Mal ein „Gesicht" in der Außenpolitik bekommen. Diese Ernennung markierte den Höhepunkt der Profilierung der europäischen Außenpolitik zum Zeitpunkt der Beendigung des Kosovo-Krieges. Kurz nach dem Kosovo-Krieg beschloss der Europäische Rat beim Kölner Gipfel (Juni 1999), im Rahmen der Gemeinsamen Außen- und Sicherheitspolitik einen militärischen Arm zu schaffen, der damals die *„Gemeinsame Europäische Sicherheits- und Verteidigungspolitik"* genannt wurde (auch bekannt als die Europäische Sicherheits- und Verteidigungspolitik). Dieser Beschluss des Europäischen Rates beim Kölner Gipfel, die eine Lehre aus dem Kosovo-Krieg war, markiert den Zeitpunkt der Geburt der Europäischen Sicherheits- und Verteidigungspolitik. Trotz anfänglicher Begeisterung verblasste wegen der Ablehnung einer europäischen Verfassung und der Unterschiede innerhalb der EU in Bezug auf die Intervention im Irak und bezüglich der Integration weiterer Länder des westlichen Balkan in die EU die Absicht, dass eines Tages die ESVP ein würdiger Partner oder eine Institution werden könnte, die die Rolle der NATO in Europa und außerhalb Europas ersetzen könnte.

Die dritte Phase schließlich wird markiert durch den Beginn der Errichtung der internationalen Verwaltung im Kosovo, die von zwei umfassenden Initiativen der EU, die westlichen Balkanstaaten einschließlich dem Kosovo betreffend, gekennzeichnet ist. Unter deutscher EU-Ratspräsidentschaft wurden die Initiative des Stabilitätspaktes für Südosteuropa und der Beginn des Stabilisierungs- und Assoziierungsprozesses beim Kölner Gipfel als langfristiges Engagement der EU für die europäische Integration, begonnen. Der Stabilitätspakt enthielt die meisten der bisherigen Initiativen für die regionale Zusammenarbeit sowie die Bemühung der Politik der EU und der Vereinigten Staaten, eine gemeinsame Politik im westlichen Balkan zu betreiben. Die Südosteuropapolitik der EU vollzog sich besonders im internationalen Kontext. Im Zentrum stand dabei der Stabilitätspakt. Dies war neben dem SAP das wichtigste zivile Instrument für die Außenpolitik der EU, vor allem für die Lösung der Kosovo-Frage. Die GASP trat als diplomatisch-politisches Instrument kaum in Erscheinung und spielte nur eine Nebenrolle.

Der künftige Status des Kosovo blieb zunächst offen und unklar. Im Gegensatz zu den kriegerischen Auseinandersetzungen in Bosnien-Herzegowina endete der Kosovo-Krieg mit der Resolution 1244 des UN-Sicherheitsrates und dem sogenannten militärisch-technischem Abkommen von Kumanovo,[1385] das keine langfristige Lösung für die Statusfrage enthielt. Im Laufe der Jahre wurde zusammen mit der Notwendigkeit, die Statusfrage anzugehen, immer deutlicher, dass das Kosovo mehr ein europäisches Problem als ein UN-Problem war. Darum sollte Europa eine größere Rolle bei den administrativen Strukturen der Mission und dem Aufbau demokratischer Institutionen spielen.

Als Ahtisaaris Vorschlag für den Status noch nicht bekannt war, traten der Hohe Vertreter für die EU-Außenpolitik, Javier Solana, und der Kommissar für EU-Erweiterung, Olli Rehn, mit

---

[1385] Mit dem Militärisch-Technischen Abkommen von Kumanovo wurde entschieden, dass sich entlang der Grenze zum Kosovo fünf Kilometer innerhalb des Territoriums von Serbien eine sogenannte Sicherheitszone erstreckt (Art. I, Abs. 3); weiter wurden Instrumente für die Überwachung und Kontrolle vereinbart.

einem Bericht unter dem Titel „Die künftige Rolle der EU im Kosovo" hervor. Sie betonten, dass „Kosovo die Macht haben sollte, Verträge zu unterzeichnen". Darüber hinaus wollten sie eine „Machbarkeitsstudie" für ein Stabilisierungs- und Assoziierungsabkommen zwischen der EU und Kosovo vorlegen. „Indem Kosovo eine Perspektive des Erreichens eines Stabilisierungs- und Assoziierungsabkommens mit der EU bekommt, wird es dort einen großen Schub für Reformen geben",[1386] hatten Solana und Rehn geschrieben.

Darüber hinaus stieg nach der Entscheidung der UN am Ende des Jahres 2005 die politische Rolle der EU im Kosovo sowie beim Beginn des internationalen Verhandlungsprozesses zur Bestimmung des Status des Kosovo unter der Leitung des UN-Sonderbeauftragten und einer erheblichen Beteiligung der EU allmählich an. Die EU spielte jedoch während der Verhandlungen nur eine passive Rolle, obwohl am Ende dieses Prozesses eine führende Rolle in der Zeit nach der Unabhängigkeit versprochen wurde, d.h. durch ein stärkeres Engagement der EU sollte der Prozess der Staatsbildung des Kosovo weiter gestärkt werden.

10.4. Die Rolle der EU nach der Unabhängigkeit des Kosovo

In der vierten Phase ist die Rolle der EU nach der Unabhängigkeitserklärung durch eine deutliche Verbesserung der Beziehungen zwischen der EU und dem Kosovo gekennzeichnet, da es nach dem 17. Februar 2008 den Status einer staatlichen Entität in den Beziehungen mit der EU erwarb. Mit der Lösung des Kosovo-Status wurde das letzte Kapitel des Zerfalls Jugoslawiens abgeschlossen, das im Rahmen des Systems von Versailles auf den Trümmern der österreichischungarischen Monarchie und des Osmanischen Reiches gegründet worden war. Ebenso endete der Prozess der Staatsgründungen auf dem Balkan, die unter dem Versailler System und dem Kalten Krieg eingefroren worden waren. Dies ebnete den Weg für einen Transformationsprozess in Richtung einer gemeinsamen europäischen Zukunft für die Menschen im Kosovo und in seinen Nachbarstaaten. Allerdings bleiben für die EU und das Kosovo die Resolution 1244 des UN-Sicherheitsrates ein Hindernis, da diese sich auf die territoriale Integrität der Bundesrepublik Jugoslawien bezieht, eines Staates, der nicht mehr existiert. Nachdem der „Umfassende Vorschlag für die Kosovo-Status-Verhandlungen" von Martti Ahtisaari den UN-Sicherheitsrat nicht passieren konnte, ist die Resolution 1244 noch in Kraft, womit die UNMIK ihren Auftrag noch nicht beendet hat. Obwohl sie nur mit begrenzten Befugnissen ausgestattet ist, vertritt die UNMIK den Kosovo noch immer in internationalen Foren.

Es gibt es keinen Widerspruch zwischen der Erklärung der Unabhängigkeit des Kosovo und den Grundsätzen des Völkerrechts, einschließlich der Resolution 1244 des UN-Sicherheitsrates.[1387] Darüber hinaus führte die Erklärung der Unabhängigkeit zu einem Prozess unter Aufsicht der Vereinten Nationen, an dem Serbien sowie Russland, die immer noch ein störender Faktor für die Staatlichkeit des Kosovo bleiben, beteiligt waren. Der Weg des Kosovo in die Unabhängigkeit geschah international und nicht unilateral und vor allem in Übereinstimmung mit dem Völkerrecht. Die Unabhängigkeitserklärung war das Produkt von fünf wichtigen Faktoren, die sie nicht vorbereiteten, aber halfen, sie auszurufen: der Zerfall Jugoslawiens; die schweren Menschenrechtsverletzungen und die Vertreibung der Albaner; die fast neunjährige UN-Verwaltung im Rahmen der Resolution 1244, welche die gesamte Macht Belgrads über Kosovo ausgesetzt

---

[1380] Siehe ‚Summary note on the joint report by Javier SOLANA, EU High Representative for the CFSP, and Olli REHN, EU Commissioner for Enlargement, on the on the future EU Role and Contribution in Kosovo', S412/05, Brussels, 9 December 2005, http://www.consilium.europa.eu/ueDocs/cms_Data/docs/pressdata/EN/reports/87565.pdf.
[1387] Vgl. Written Statement of the United States of America (U.S. Statement) in the International Court of Justice, 8 December 2009, p. 3.

hat; das Scheitern der Verhandlungen unter der internationalen Vermittlung in Rambouillet (1999) und in Wien (2005-2007); die Ausrufung der Unabhängigkeit des Kosovo durch ein zuständiges und demokratisch gewähltes Organ (Parlament von Kosovo) für ein bestimmtes Territorium.[1388]

Obwohl die Erklärung der Unabhängigkeit gegen keine internationale Norm verstößt, fehlte der EU-Außenpolitik ein gemeinsamer Ansatz für die staatliche Anerkennung des Kosovo.[1389] Die Entscheidung des Rates der EU von Februar 2008 für die individuelle Anerkennung des Kosovo durch einzelne EU-Mitgliedstaaten traf die EU als Akteur für die Konsolidierung des Friedens stark. Das Konzept der EU aktivierte die Bemühungen Russlands und Serbiens, den Beginn der EULEX-Mission im Kosovo zu verschieben und sie in den rechtlichen Rahmen der Resolution 1244 des UN-Sicherheitsrates zu integrieren. Darüber hinaus hat die EU die passende Gelegenheit, um einen einheitlichen Ansatz für Kosovo aufzubauen, obwohl sie bis dahin den Ahtisaari-Plan unterstützte, ungenutzt gelassen. Dies führte am Ende zu einem internationalen politischen Prozess, der unter der Führung des UN-Sonderbeauftragten stand und bei dem die EU erheblich beteiligt war. Durch die Feststellung des Internationalen Gerichtshofs im Juli 2010, dass die Erklärung der Unabhängigkeit des Kosovo nicht das Völkerrecht und auch nicht die Resolution 1244 des UN-Sicherheitsrates verletzt hat, bot sich eine gute Gelegenheit, dass die restlichen fünf EU-Mitgliedstaaten ihre Haltung ändern.

Von zentraler Bedeutung sind also die Anerkennungserklärungen, insbesondere jene der EU-Mitgliedstaaten. Die EU selbst kann keine Anerkennungserklärungen abgeben. Dieser rein politische Akt verbleibt weiterhin im Zuständigkeitsbereich der einzelnen Mitgliedstaaten. Es wäre denkbar, dass die EU zu den Entwicklungen im Kosovo im Rahmen der GASP einen Gemeinsamen Standpunkt gemäß Art. 29 EUV annimmt. Somit wäre es denkbar, dass die EU-Mitgliedstaaten gemäß Art. 32 EUV ein gemeinsames Vorgehen festlegen. Nach Art. 32 Abs. 1 S. 1 EUV stimmen sich die Mitgliedstaaten im Europäischen Rat und im Rat zu jeder außen- und sicherheitspolitischen Frage von allgemeiner Bedeutung ab, um ein gemeinsames Vorgehen festzulegen. Die Mitgliedstaaten gewährleisten durch konvergentes Handeln, dass die Union ihre Interessen und ihre Werte auf internationaler Ebene geltend machen kann. Es wäre auch denkbar gewesen, dass die EU-Mitgliedstaaten, die bisher Kosovo nicht anerkannt haben, die Option der konstruktiven Stimmenthaltung gemäß Art. 31 Abs. 1 UAbs. 2 EUV wählen, mit der Folge, dass sie den Mehrheitsbeschluss als für die Union bindend akzeptieren, aber nicht verpflichtet sind, diesen Beschluss durchzuführen. Nach Art. 31 Abs. 1 UAbs. 2 S. 3 EUV hätten sie dann im Geiste gegenseitiger Solidarität alles unterlassen müssen, was dem auf diesen Beschluss beruhenden Vorgehen der Union zuwiderlaufen oder es behindern könnte.

Die Haltung gegen die Unabhängigkeit des Kosovo auch vor dem Internationalen Gerichtshof in Den Haag schadet nicht nur dem Kosovo, sondern vor allem der Außenpolitik der EU und deren Glaubwürdigkeit auf internationaler Ebene. Sie ist auch ein Indikator dafür, dass der Prozess der Schaffung der GASP der EU noch nicht abgeschlossen ist.

Das Verpassen dieser beiden Momente, Einigkeit über die Unabhängigkeit des Kosovo zu schaffen, hat die Rolle der Gemeinsamen Außen- und Sicherheitspolitik der EU geschwächt[1390]

[1388] Dieses Recht wird auch bestätigt und gestützt von Murswiek, Dietrich, Die Problematik eines Rechts auf Sezession – neu betrachtet, in: *Archiv des Völkerrechts* 31:4 (1993), 307-332.
[1389] Vgl. „Reaktionen auf Kosovo-Unabhängigkeit: Europas neues Problemkind", in: *Spiegel Online*, 17.02.2008, http://www.spiegel.de/politik/ausland/reaktionen-auf-kosovo-unabhaengigkeit-europas-neues-problemkind-a-535852.html.
[1390] *„Nach zähem Ringen haben sich die EU-Außenminister auf eine gemeinsame Position zur Unabhängigkeitserklärung des Kosovo verständigt und feiern sich dafür. Grundlos, denn Europa zeigt sich wieder einmal tief zerstritten."* So heißt es in Schlamp, Hans-Jürgen, „EU-Erklärung zum Kosovo: Die Brüsseler Lösung – eine Lachnum-

und drohte von Anfang an, den Erfolg der großen zivilen Mission der EU im Kosovo (EULEX) zu gefährden. Der Fall des Kosovo hat die Bemühungen der EU zur Schaffung einer gemeinsamen Außenpolitik und ihre Absicht, eine globale Rolle zu spielen, herausgefordert. So ist die EULEX bisher bei der Ausübung ihrer Autorität im Norden des Kosovo gescheitert, da die Polizei, die Gerichte und der Zoll unter der Kontrolle der UNMIK bleiben.[1391]

Der Beginn der EULEX-Mission wurde nur dank des Sechs-Punkte-Planes von Ban Ki-Moon möglich, der im November 2008 im UN-Sicherheitsrat beschlossen wurde und der EU half, „das Gesicht zu wahren". Diese Mission wurde gemäß den Komponenten des neutralen Status von Kosovo eingeleitet. Es ist kein Zufall, dass es der EULEX-Mission im Laufe der letzten Jahre nicht gelungen ist, mehr als die UNMIK für die Wiedereingliederung des nördlichen Kosovo zu tun.

Die unterschiedlichen Haltungen der EU-Mitgliedstaaten gegenüber Kosovo begünstigten das Scheitern des Versuchs, eine Zustimmung zum Ahtisaari-Plan im UN-Sicherheitsrat zu erzielen, am russischen Veto und zeigten sich noch deutlicher nach der Erklärung der Unabhängigkeit, als die Slowakei, Zypern, Griechenland, Rumänien und Spanien sich der EU-Mehrheit auch nach einem Jahrzehnt nicht anschlossen. Das russische Veto im Sicherheitsrat gestaltete den Übergang der Macht von der UNMIK auf die Kosovo-Regierung und die EULEX schwierig. Die EULEX-Mission, deren Hauptziel es ist, die Behörden des Kosovo vor allem in den Bereichen Polizei, Justiz, Zoll und Verwaltung beim Aufbau rechtsstaatlicher Strukturen zu unterstützen,[1392] wurde ohne eine klare Perspektive und ohne eine Rückzugsstrategie aufgebaut.

Obwohl die EU eine führende Rolle in der Zeit nach der Unabhängigkeit des Kosovo hatte, war sie nicht fähig, die ganze Verantwortung für den Aufbau des Rechtsstaats im Kosovo und für die Ausweitung ihrer Autorität auf das gesamte Hoheitsgebiet zu übernehmen. Darüber hinaus gab es zwischen EULEX und dem EU-Sonderbeauftragten im Kosovo[1393] sowie mit dem Leiter des Internationalen Zivilbüros (ICO)[1394] keinen Konsens, und die wichtigen Ziele wurden aufgrund von Rivalitäten zwischen den Agenturen nicht erfüllt, weil es zu viele „Hausherren" gab.

Allerdings bleiben die europäische Aufsicht im Kosovo, vor allem die EULEX-Mission und der europäische Integrationsprozess des Kosovo, derzeit ein sehr wichtiges Projekt der Gemeinsamen Außen- und Sicherheitspolitik der EU. Daher steht die EU vor zwei großen Herausforderungen: erstens der wesentlichen Beteiligung an der Überwachung der Umsetzung des Ahtisaari-Plans und zweitens der Beschleunigung der Reformen und der Unterstützung für die europäischen Integrationsprozesse im Kosovo als Teil ihrer Verpflichtungen im Rahmen der regionalen Prozesse zur europäischen Integration.

Während die EU mit der standardisierten Anwesenheit der Delegation der Europäischen Kommission im Kosovo bei der Umsetzung der Normen, Kriterien und Standards im Rahmen des Beitrittsprozesses hilft, zeigt sie mit dem Sonderbeauftragten des Rates der EU (EUSR) eine eindrucksvolle Präsenz bei der europäischen politischen und sicherheitspolitischen Stabilisierung

---

mer", in: *Spiegel Online*, 18.02.2008, http://www.spiegel.de/politik/ausland/eu-erklaerung-zum-kosovo-die-bruesseler-loesung-eine-lachnummer-a-536153.html.

[1391] Nach der Vereinbarung zwischen dem Premier von Kosovo, Hashim Thaçi, und dem Premierminister Serbiens, Ivica Dačić, ist damit begonnen worden, die serbischen Parallelstrukturen im nördlichen Kosovo, die von der serbischen Regierung in Belgrad finanziert und kontrolliert wurden, allmählich aufzulösen und in das staatliche System des Kosovo zu integrieren.

[1392] EULEX Programme Report 2010 „Building Sustainable Change Together", 01.04.2010, http://www.eulex-kosovo.eu/docs/tracking/EULEX%20Programme%20Report%202010%20.pdf.

[1393] European Union Office in Kosovo / European Union Special Representative in Kosovo, http://eeas.europa.eu/delegations/kosovo/index_en.htm.

[1394] The International Civilian Office: http://www.ico-kos.org/?id=8.

des Kosovo. Durch die Delegation der Europäischen Kommission im Kosovo wird die EU auf der technischen Ebene und gleichzeitig mit dem EU-Sonderbeauftragten auf der politischen Ebene vertreten. Diese Praxis der dualistischen Anwesenheit des Rates und der Europäischen Kommission im Kosovo wurde im Europäischen Auswärtigen Dienst (EAD) erst nach dem Inkrafttreten des Vertrags von Lissabon kodifiziert. Dieser Dualismus von politischer und technischer Präsenz der EU im Kosovo scheint bisher nicht sehr effektiv bei der Integration in den europäischen Prozess und bei der Vorbereitung auf eine spätere EU-Mitgliedschaft zu sein. Diese Situation kann erst geändert werden, wenn alle EU-Mitgliedstaaten das Kosovo als Staat anerkennen. Nur wenn die EU mit einer Stimme im Kosovo und im gesamten europäischen Raum des Balkans spricht, kann sie Erfolge erzielen. Erst dann wird die Rolle der EU und der Gemeinsamen Außen- und Sicherheitspolitik auf globaler Ebene ernst genommen. Die hohe Vertreterin für die EU-Außenpolitik Catherine Ashton hat zu Beginn ihrer Arbeit im Frühjahr 2010 vor dem Europäischen Parlament behauptet: *„Der Balkan ist der Geburtsort der EU-Außenpolitik. Gerade hier können wir uns kein Scheitern erlauben."*[1395]

10.5. Die gewonnenen Erkenntnisse

Nachfolgend sind die Ergebnisse der Dissertation, ausgehend von den Annahmen, die bestätigt wurden, und der gestellten Fragen, die diskutiert wurden, aufgeführt. Die Hauptfragestellung der Arbeit lautete: Wieviel hat die Außen- und Sicherheitspolitik der EU wirklich zu der Lösung der Kosovo-Frage und der Konsolidierung des Friedens beigetragen? Und weiter: Was sind die ausgewählten Kriterien für die Erreichung dieser Ziele? Unter Berücksichtigung der Entwicklungen der Ereignisse im Kosovo bis zum Beginn des Verhandlungsprozesses zur Bestimmung des Status und für die Umsetzung des gesamten Planes von Martti Ahtisaari lassen sich für das Engagement der EU-Außenpolitik folgende Erkenntnisse festhalten:
- Offensichtlich war die Gemeinsame Außen- und Sicherheitspolitik der EU im Zusammenhang mit der Kosovo-Frage fragmentiert und nicht einheitlich. Zunächst handelte die EU in Form von Nationalstaaten, dann durch internationale Konferenzen und die Ernennung von Sonderbeauftragten. Die meiste Zeit blieben die europäischen Institutionen, wie z.B. die Europäische Kommission, passiv. In der ersten Phase verfolgte die EU eine inkohärente und kurzfristige Politik.
- Bei der Behandlung des Kosovo-Konflikts waren die EU-Bedingungen gegenüber Belgrad zur europäischen Integration und zur Kooperation mit internationalen sowie finanziellen Organisationen unzureichend. Auch die Parameter für die Konfliktlösung waren unzureichend: auf der einen Seite die Erhaltung der territorialen Integrität der Bundesrepublik Jugoslawien (Serbien und Montenegro) und auf der anderen Seite die Implementierung einer internen Selbstbestimmung für das Kosovo mit einer weitreichenden Autonomie, die abgeschafft werden könnte, wann immer Belgrad es wollte.
- Die Signale, die aus der Außenpolitik der EU kamen, ließen die Serben eher in dem Glauben, dass man bereit sei, das Kosovo zugunsten anderer Thematiken fallen zu lassen. Hier wurden viele Möglichkeiten schon im Vorfeld vergeben. Dennoch ist verwunderlich, dass diese Erkenntnis während der Verhandlungen in Dayton nur mangelhaft genutzt wurde.
- Im Zeitraum 1995-1997 hat die EU-Außenpolitik ihre politischen Fehler der Jahre 1991 bis 1993 wiederholt. Die Hoffnungen auf ein schnelles Ende der Kosovo-Krise und selektive Maßnahmen gegen Miloševićs Politik waren Merkmale der europäischen Politik.

[1395] Catherine Ashton, High Representative / Vice President, Joint Debate on Foreign and Security Policy, European Parliament, Strasbourg, 10 March 2010; Reference: Speech/10/82, 10.03.2010.

- Die Kosovo-Frage wurde jahrelang als innerstaatliche Angelegenheit Belgrads betrachtet. Erst seit 1997 rückte das Kosovo allmählich auf die politische Agenda der Außen- und Sicherheitspolitik der EU, als sich die Situation im Kosovo verschlechterte und als die ersten bewaffneten Auseinandersetzungen zwischen der UÇK und serbischen Polizei- und Streitkräften begannen.
- In den späten 1990er Jahren war die EU ursprünglich in der Kosovo-Krise sehr präsent, aber als zurückhaltender Akteur zu kennzeichnen. Sie zeigte ihr Engagement durch die Anwesenheit der Mitgliedstaaten in den Institutionen der Kontaktgruppe, des Sicherheitsrates, der NATO und in der Gruppe der G8. Die EU-Außenpolitik litt in dieser Phase jedoch unter nationalen Profilierungen und einem Mangel an militärischen Ressourcen. Die EU ist weiterhin darauf angewiesen, dass ihr für ihre Missionen im Rahmen der ESVP nationale Einheiten zur Verfügung gestellt werden.
- Im Laufe des Jahres 1998, als Serbien massive militärische Kampagnen gegen die Kosovo-Albaner startete, begann die EU eine Neubewertung ihrer Außenpolitik in Bezug auf die Kosovo-Krise. Als Belgrad allerdings die Vermittlung von Felipe Gonzáles als EU-Sonderbeauftragten im Kosovo-Konflikt ablehnte, wurde die Initiative im diplomatischen Bereich an den US-amerikanischen Botschafter in Mazedonien, Christopher Hill, und an Richard Holbrooke, den Sondergesandten der US-Regierung, übergeben. Zu diesem Zeitpunkt übernahm die EU vor allem eine unterstützende Rolle.
- Die Teilnahme der EU an der NATO-Operation und ihre Rolle bei der diplomatischen Lösung der Kosovo-Krise durch den „Fischer-Plan" stellte den Höhepunkt des multilateralen und diplomatischen Engagements des EU dar.
- Die Entscheidung der EU für die Ernennung des österreichischen Botschafters in Belgrad, Wolfgang Petritsch, zum EU-Sonderbeauftragten für das Kosovo, markierte die Rückkehr der GASP auf die internationale politische Bühne. Dieser Schritt diente als Beweis, dass die EU-Außenpolitik nun eine aktive Rolle im Kosovo-Konflikt spielen sollte.
- Die EU-Außenpolitik verzeichnete in den Jahren 1998-1999 einen Fortschritt bei der Formulierung einer gemeinsamen Haltung im Kosovo. Es wird auch bestätigt, dass die Kosovo-Krise ein Katalysator zur Beschleunigung der Entwicklung der Gemeinsamen Außen- und Sicherheitspolitik und des gesamten institutionellen Systems der EU geworden ist. Mit dem Vertrag von Amsterdam wurde die Wirksamkeit der Gemeinsamen Außen- und Sicherheitspolitik der EU verbessert sowie die Europäische Sicherheits- und Verteidigungspolitik erweitert. Nach dem Ende des Kosovo-Krieges von 1999 ging es für die Außen- und Sicherheitspolitik der EU zunächst nicht um den Status des Kosovo. Die EU sah das Kosovo als eine Region an, die von den Vereinten Nationen verwaltet wurde.
- In der Zwischenzeit wurde die EU zu einer Institution zur Krisenbewältigung weiterentwickelt. Sie präsentierte sich nun nicht nur als globale wirtschaftliche Macht, sondern mehr und mehr als ein Akteur der Außen- und Sicherheitspolitik. Von Jahr zu Jahr verbesserte die EU ihr Profil als außenpolitischer Akteur. Nach dem Krieg im Kosovo wurde die dringende Notwendigkeit zum Kapazitätsaufbau der Europäischen Sicherheits- und Verteidigungspolitik (ESVP) für die Behandlung von Konflikten durch die EU deutlich. Das Ziel war es, wirksame und autonome Maßnahmen der EU im Rahmen der Zweiten Säule in solchen Fällen zu ergreifen, in denen sich die NATO nicht engagiert.
- Die Position der EU in der Frage des Status des Kosovo war nicht immer klar definiert, und die GASP spielte nur eine sekundäre Rolle, weil Brüssel keine klare Strategie hatte, wie man diese Frage angehen sollte. Das Zögern und der Mangel an Einheit unter den EU-Mitgliedstaaten hat nicht nur den Zusammenhalt der EU-Außenpolitik beschädigt, sondern animierte

Russland dazu, im UN-Sicherheitsrat seine Zustimmung für den umfassenden Vorschlag für den Status des Kosovo zu verweigern.
- Der richtige Moment, eine einheitliche Position zum Status des Kosovo aufzubauen, ging im Februar 2008 verloren, als das Kosovo seine Unabhängigkeit erklärte. Diese Erklärung der Unabhängigkeit erfolgte nicht einseitig, sondern in Koordination mit der internationalen Gemeinschaft am Ende eines internationalen politischen Prozesses.
- Ein weiterer verlorener Moment in der EU-Außenpolitik, um eine einheitliche Positionierung in Bezug auf das Kosovo aufzubauen, war der Juli 2010, als der Internationale Gerichtshof seine Stellungnahme abgab, dass die Erklärung der Unabhängigkeit nicht im Widerspruch mit dem internationalen Recht oder mit der Resolution 1244 des UN-Sicherheitsrates stehe. Die fünf EU-Mitgliedstaaten (Spanien, Rumänien, die Slowakei, Griechenland und Zypern), welche die Unabhängigkeitserklärung als einen Verstoß gegen das Völkerrecht eingestuft hatten, hatten nach diesem Gutachten die Gelegenheit, ihre Position zu ändern. Indem sie an ihrer Ablehnung der Anerkennung der Unabhängigkeit des Kosovo festhielten, stellten sich diese fünf EU-Mitgliedstaaten faktisch an die Seite von Russland und Serbien und gleichzeitig gegen die politische Haltung der Mehrheit der EU-Mitgliedstaaten, welche die Unabhängigkeit des Kosovo auch vor dem Internationalen Gerichtshof verteidigt haben.
- Das Fehlen einer einheitlichen Position schwächt den Zusammenhalt der Außen- und Sicherheitspolitik der EU und deren Position im Kosovo. Es erschwert besonders die europäische Rechtsstaatlichkeitsmission EULEX und ermutigt Serbien und Russland, die Realität im Kosovo abzulehnen sowie dadurch auf jede Weise den Erfolg der EULEX-Mission zu stören.
- Die EULEX-Ambitionen waren nicht sehr realistisch. Nach dem langen serbisch-albanischen Konflikt im Kosovo seit der serbischen Invasion im Oktober/November 1912 konnte keine Rekonstruktion einer multi-ethnischen Gesellschaft geschaffen werden, schon gar nicht in einem mono-ethnischen Land.[1396] Wenige Balkanländer, einschließlich Kosovo, empfanden es als lohnenswert, sich mit rivalisierenden Gemeinschaften zu beschäftigen. Allerdings könnte die internationale Gemeinschaft in den Balkanländern mehr für die kritische Auseinandersetzung mit der Vergangenheit leisten, anstatt zu versuchen, eine Art von Symmetrie der Verbrechen aus der Vergangenheit zu konstruieren.
- Die Einrichtung der EULEX unter dem Schirm der UNO, begrenzt die Autonomie und Funktionalität, aber auch die Ergebnisse dieser europäischen Mission im Kosovo. Die EULEX-Mission markiert einen Schritt nach vorn im Projekt der EU, Einfluss außerhalb ihrer Grenzen auszuüben und die Anerkennung der Werte der EU auszubauen. Die EU muss das Profil der EULEX-Mission neu definieren, weil, wie die Erfahrungen auf dem Balkan bisher gezeigt haben, die Missionen mit unklarem Mandat und Auftrag zum Scheitern verurteilt sind. Nur wenn sie einen eindeutigen Erfolg nachweisen kann, könnte die EULEX-Mission im Kosovo ein Modell für künftige Operationen in der Region oder andernorts in der Welt werden.
- Keine der oben diskutierten Schwächen wäre unüberwindbar gewesen, wenn die führenden Länder, insbesondere die Länder der „Quinti", also die USA, Großbritannien, Frankreich, Deutschland und Italien, mehr Bereitschaft gezeigt hätten, nicht jenseits des Kompromisses des Ahtisaari-Dokuments zu gehen. Anstatt uneingeschränkt die Umsetzung des Ahtisaari-Plans zu unterstützen, beeilten sie sich, verschiedene politische Initiativen in Belgrad zu unterstützen, und von Prishtina forderten sie die Entwicklung eines neuen Plans für die Kosovo-Serben im Norden.[1397] Die Unwilligkeit, den Ahtisaari-Plan als einzige Lösung durchzusetzen,

---

[1396] Vgl. dazu ausführlich Troebst, Stefan, Balkanische Politik, in: *FAZ*, 29.03.2004.
[1397] „Bëjeni planin", Samuel Zbogar, shef i Zyrës së BE-së në Kosovë, in: *Express*, 28.04.2008.

führt ohne Zweifel zur Schwächung der internen Funktionalität der Staatlichkeit des Kosovo und rüttelt an den Grundfesten seiner Staatlichkeit.
- Die EU kann im Fall des Kosovo nur dann mit einer Stimme sprechen, wenn alle Mitgliedstaaten den Kosovo als Staat anerkannt haben. Dies würde drei positive Effekte haben: Es würde die Fortschritte des Kosovo in Richtung einer EU-Integration beschleunigen, es würde der EULEX-Mission eine bessere Arbeit im Kosovo ermöglichen sowie gleichzeitig Serbien zwingend klar machen, dass es ohne die Anerkennung von Kosovo kein Mitglied der EU werden kann.
- Die fünf EU-Länder, die Kosovo nicht anerkannt haben, stellen keine Gruppe oder einen Block gegen die Unabhängigkeit des Kosovo dar. Es gibt verschiedene Gründe, warum diese fünf Staaten Kosovo nicht anerkannt haben. Aber der meistzitierte Hauptgrund ist, dass man das internationale Recht respektieren sollte. Zur Einhaltung des internationalen Rechts hat der Internationale Gerichtshof der Vereinten Nationen im Juli 2010 ein Gutachten vorgelegt, das im Klartext besagt, dass die Unabhängigkeitserklärung des Kosovo im Einklang mit dem internationalen Recht steht und dass Kosovo dieses Recht nicht verletzt hat. Daher haben diese Staaten weder einen rechtlichen noch einen politischen Grund, die Anerkennung von Kosovo zu verschieben.[1398] Dieses Gutachten des IGH beinhaltete eine neue juristische Interpretation des Völkerrechts bzw. eine neue Dimension des Völkerrechts, die sich auch bereits bei der „humanitären Intervention" der NATO im Kosovo-Krieg im März 1999 gezeigt hatte.
- Das Beispiel des Kosovo zeigt, wie umfassend und vielschichtig die europäische Außenpolitik gefordert ist.
- Die EU muss eine aktive und kreative Politik in Verbindung mit Maßnahmen im Bereich der wirtschaftlichen und sozialen Entwicklung, Arbeitsmigration sowie Visa- und Bildungsprogrammen führen. Die Vision einer künftigen EU-Mitgliedschaft bleibt mittel- bis langfristige Basis für eine demokratische und nachhaltige wirtschaftliche Entwicklung im Kosovo sowie für die Vorbereitung darauf, den gesamten Rechtskorpus der EU, den *acquis communautaire*, zu übernehmen.
- Es war ein historischer Fehler, dass die EU nicht alle Länder, die nach den Kriegen und dem Prozess des Zerfalls Jugoslawiens entstanden sind, integrierte.
- Solange Kosovo und die anderen Länder des westlichen Balkans keine Mitglieder der EU sind, werden sie die „Achillesferse" Europas bleiben. Die EU hat ein außerordentliches Interesse an einer langfristigen Stabilisierung des Balkans. Die Tatsache, das die EU-Mitgliedstaaten im Rahmen der KFOR das größte nationale Kontingent stellen, unterstreicht noch einmal die Bedeutung eines friedlichen und stabilen Balkan auch für die europäische Integration.
- Kosovo ist und bleibt die größte und wichtigste Herausforderung für die Außenpolitik der EU beim Prozess des Abschlusses der politischen Integration, der durch den Vertrag von Lissabon zu realisieren versucht wurde. Die EU-Außenpolitik darf am Kosovo nicht scheitern.

[1398] Vgl. Ukshini, Sylë: Europäische Herausforderungen für Kosovo, in: *EurActiv.de*, 10.08.2012, http://www.euractiv.de/erweiterung-und-nachbarn/artikel/europaeische-herausforderungen-fr-kosovo-006623.

Dokumenten- und Literaturverzeichnis

Dokumente und Materialien[1399]

Abkommen über einen Waffenstillstand in Kroatien, 1. September 1991 in Belgrad, in: *EA*, 21/1991, D 544-555.

Action Plan 2010 for the Implementation of the European Partnership for Kosovo, Pristine, July 2010, http://www.mei-ks.net/repository/docs/EPAP_2010_final.pdf.

Ashton, Catherine, High Representative / Vice President, Joint Debate on Foreign and Security Policy, European Parliament Strasbourg, 10 March 2010, Reference: SPEECH/10/82, 10/03/2010.

Auswärtiges Amt (Hrsg.): Gemeinsame Außen- und Sicherheitspolitik (GASP). Dokumentation, 10. Aufl., Bonn 1994.

Auswärtiges Amt (Hrsg.): Deutsche Außenpolitik 1995. Auf dem Weg zu einer Friedensregelung für Bosnien und Herzegovina: 53 Telegramme aus Dayton. Eine Dokumentation, Bonn 1998.

3. Bericht der Bundesregierung über die Umsetzung des Aktionsplans „Zivile Krisenprävention, Konfliktlösung und Friedenskonsolidierung", Berlin 2010, http://www.auswaertiges-amt.de/cae/servlet/contentblob/384190/publicationFile/44790/Aktionsplan-Bericht3-de.pdf.

Bericht des Generalsekretärs Ban Ki-Moon über die Interimsverwaltung der UN im Kosovo, UN Doc. S/2007/768, 3.01.2008.

Bericht über die Beziehungen zwischen der Europäischen Union und den Vereinten Nationen, EP-Dok. A5-0480/2003 endg. v. 16.12.2003.

Beschluss 94/308/GASP des Rates v. 05.05.1994 zur Anpassung und zur Verlängerung der Anwendung des Beschlusses 93/603/GASP über die vom Rat aufgrund von Artikel J.3 des Vertrages über die Europäische Union beschlossene Gemeinsame Aktion zur Unterstützung der Beförderung der humanitären Hilfe in Bosnien-Herzegowina, ABl. L 134 v. 30.05.1994, S. 1.

Beschluss 2004/520/EG des Rates v. 14.06.2004 über die Grundsätze, Prioritäten und Bedingungen der Europäischen Partnerschaft mit Serbien und Montenegro einschließlich des Kosovo im Sinne der Resolution 1244 des UN-Sicherheitsrats vom 10. Juni 1999, ABl. L 227 v. 26.06.2004, S. 21-34.

Beschluss 2006/56/EG des Rates v. 30.01.2006 über die Grundsätze, Prioritäten und Bedingungen der Euopäischen Partnerschaft mit Serbien und Montenegro einschließlich des Kosovo im Sinne der Resolution 1244 des UN-Sicherheitsrates vom 10. Juni 1999 und zur Aufhebung des Beschlusses 2004/520/EG, ABl. L 35 v. 07.02.2006, S. 32-56.

Beschluss 2012/39/GASP des Rates v. 25.01.2012 zur Ernennung des Sonderbeauftragten der Europäischen Union im Kosovo, ABl. L 23 v. 26.01.2012, S. 5-8.

Brief des Präsidenten des Kosovo, adressiert an Catherine Ashton, Office of the President of Kosovo, Nr. 1061, 03.09.2012.

Brief von Shawn Burns an Präsident Ibrahim Rugova und Premierminister Bajram Kosumi, am 5. November 2005, in: Archiv des Ministerpräsidenten in Prishtina.

[1399] Alle Internetquellen wurden letztmals am 14.01.2019 überprüft.

British-French summit, St-Malo, 3-4 December 1998, Joint declaration on European defence, in: Rutten, Maartje: From St-Malo to Nice. European defence: core documents, *Chaillot Paper* No. 47, May 2001, Paris: ISS, pp. 8 f.

Carnegie Commission on Preventing Deadly Conflict (ed.): Preventing Deadly Conflict. Final Report, New York 1997, http://www.dtic.mil/dtic/tr/fulltext/u2/a372860.pdf.

Common Position by the Council on freezing of funds held abroad by FRY and Serbian Governments, 7 May 1998, in: Heike Krieger (ed.): The Kosovo Conflict and International Law. An Analytical Documentation, Cambridge 2001, pp. 141 f.

Comprehensive Proposal for the Kosovo Status Settlement, 2 February 2007, https://www.kuvendikosoves.org/common/docs/Comprehensive%20Proposal%20.pdf.

Constitution of the Republic of Kosovo, 15 June 2008, http://www.kushtetutakosoves.info/repository/docs/Constitution.of.the.Republic.of.Kosovo.pdf.

Constitutional Framework for Provisional Self-Government in Kosovo, UNMIK/REG/2001/9, 15 May 2001, http://www.unmikonline.org/regulations/2001/reg09-01.htm.

Contact Group Statement, Bonn, 8 July 1998, http://www.ohr.int/?ohr_archive=contact-group-statement-bonn-8-july-1998.

Council Common Position, Ban on flights by Yugoslav carriers between FRY and the EC, 29 June 1998, in: Heike Krieger (ed.): The Kosovo Conflict and International Law. An Analytical Documentation, Cambridge 2001, pp. 146 f.

Council Conclusion on Kosovo, 31 March 1998, in: Marc Weller (ed.): The Crisis in Kosovo 1989-1999: From the Dissolution of Yugoslavia to Rambouillet and the Outbreak of Hostilities, Cambridge 1999, p. 229.

Council Conclusions on Enlargement and Stabilisation and Association Process, 3210th General Affairs Council meeting, Brussels, 11 December 2012, http://www.consilium.europa.eu/uedocs/cms_data/docs/pressdata/EN/genaff/134234.pdf.

Council of the European Union, External Relations, Conclusions on Western Balkans, 18 June 2007.

Council of the European Union, Javier Solana, EU High Representative for the CFSP, on UN reconfiguration of the civilian presence in Kosovo, S223/08, Brussels, 21 June 2008.

Council of the European Union, Council Conclusions on Enlargement and Stabilization and Association Process, 3210th General Affairs Council meeting, Brussels, 11 December 2012

Dayton Peace Accords. General Framework Agreement for Peace in Bosnia and Herzegovina, available at https://avalon.law.yale.edu/20th_century/day01.asp.

Declaration by the Informal European Political Cooperation Ministerial Meeting on Yugoslavia, Château de Senningen, 26 March 1991.

Die Verfassung der SFR Jugoslawien, eingeleitet von Herwig Roggemann, Berlin 1980.

Draft resolution (A/63/L.2), United Nations A/63/PV.22, New York, 8 October 2008.

Eide, Kai: A Comprehensive Review of the Situation in Kosovo, http://www.un.org/press/en/2004/sgsm9496.doc.htm.

Entwurf eines Interimsabkommens für Frieden und Selbstregierung im Kosovo vom 23. Februar 1999, vorgelegt in Rambouillet, in: *IP* 54:5 (1999), 104-116.

Entwurf zu einem Vertrag über die Satzung der Europäischen (Politischen) Gemeinschaft (EPG), 10. März 1953, http://www.politische-union.de/epg1.htm.

EPZ-Erklärung zu Jugoslawien, Luxemburg, Brüssel, 26. März 1991, in: *EA* 21/1991, D 527-528.
EPZ-Erklärung zu Jugoslawien, Luxemburg, Brüssel, 9. Mai 1991, in: *EA* 21/1991, D 528.
EPZ-Erklärung zur Lage in Jugoslawien, Den Haag, 5. Juli 1991, in: *EA* 21/1991, D 536-537.
EPZ-Erklärung zu Jugoslawien, Den Haag, 6. August 1991, in: *EA* 21/1991, D 540-541.
EPZ-Erklärung zu Jugoslawien, Brüssel, 27. August 1991, in: *EA* 21/1991, D 543-544.
EPZ-Erklärung zu Jugoslawien, Den Haag, 19. September 1991, in: *EA* 21/1991, D 549-550.
EPZ-Erklärung zur Lage in Jugoslawien, Brüssel, 28. Oktober 1991, in: *EA* 3/1992, D 117-118.
EPZ-Erklärung zu Jugoslawien, Rom, 8. November 1991, in: *EA* 3/1992, D 118-119.
Erklärung der EU zu einem Gesamtkonzept für Kosovo, P/98/128, 27. Oktober 1998.
Erklärung der acht europäischen Regierungschefs, in: *IP* 58:5 (2003), 79 f.
Erklärung der Kontaktgruppe vom 31.01.2006 in London (Außenminister-Treffen der Kontaktgruppe zu Kosovo am 31.01.2006 in London).
Erklärung der Präsidentschaft der EU zu dem von Martti Ahtisaari heute in Belgrad und in Prishtina zu übergebenden Vorschlag zur Lösung des Kosovo-Status, 02.02.2007, http://www.eu2007.de/de/News/CFSP_Statements/February/0202Kosovo.html.
Erklärung der Präsidentschaft der EU zur heutigen Übermittlung des Vorschlags zum künftigen Status des Kosovo an den VN-Sicherheitsrat, 26.03.2007.
Erklärung der Teilnehmer des Balkan-Gipfels zum Stabilitätspakt am 30. Juli 1999 in Sarajevo, in: *IP Politik* 54:8 (1999), 132-136.
Erklärung des Europäischen Rates zur Stärkung der Gemeinsamen Europäischen Sicherheits-und Verteidigunspolitik, Anhang III zu den Schlussfolgerungen des Vorsitzes des Europäschen Rates in Köln, 3. und 4. Juni 1999, in: *IP* 10/1999, 133-137.
Erklärung des Europäischen Rates zum Kampf gegen den Terrorismus vom 25. März 2004 (Ratsdokument 7906/04).
Erklärung des Ministertreffens der Kontaktgruppe am 9. März in London zu Kosovo, in: *IP* 53:4 (1998), 115-118.
Erklärung des Vorsitzenden zum Abschluss des Treffens der Außenminister der G8 auf dem Petersberg am 6. Mai 1999, http://www.glasnost.de/kosovo/g8erkl.html.
Erklärung des Vorsitzes im Namen der Europäischen Union zum Einsatz von EULEX, Brüssel, 28. November 2008, 16482/08 (Presse 348).
Erklärung über die Schaffung der souveränen und unabhängigen Republik Kroatien vom 25. Juni, in: *EA* 21/1991, D 531-534.
Erklärung von Bundesaußenminister Dr. Klaus Kinkel zu den anhaltenden gewaltsamen Ausschreitungen in der serbischen Provinz Kosovo, Pressereferat des Auswärtigen Amtes, Bonn, 115/98, 02.03.1998.
Erklärung von Laeken, Europäischer Rat, Laeken, 14. und 15. Dezember 2001, Schlussfolgerungen des Vorsitzes, Ratsdokument SN 300/1/01 REV 1, https://www.consilium.europa.eu/uedocs/cms_data/docs/pressdata/de/misc/76317.pdf, Anlage 1.
Erklärung von Thessaloniki, Gipfeltreffen EU – Westliche Balkanstaaten, Thessaloniki, 21. Juni 2003, 10229/03 (Presse 163), http://europa.eu/rapid/press-release_PRES-03-163_de.htm.

Erklärung zu einem Waffenstillstand in Jugoslawien, 17. September 1991, in: *EA* 21/1991, D 548.

Erklärung zur Westeuropäischen Union, ABl. C 340 v. 10.11.1997, S. 125-131.

Erklärungen der Staats- und Regierungschefs Deutschlands, Frankreichs, Großbritanniens, Italiens, Japans, Kanadas und der Vereinigten Staaten sowie Vertretern der Europäischen Gemeinschaft zum Wirtschaftsgipfel in München vom 6. bis zum 8. Juli, in: *EA* 17/1992, 516-520.

Erklärungen zum Abschluss der Internationalen Jugoslawien-Konferenz in London am 26. und 27. August 1998, in: *EA* 19/1992, D 584-590.

EU Information and Cultural Centre in Kosovo: Asistenca financiare e BE-së në Kosovë", http://www.kcsfoundation.org/?page=2,152.

EU-NATO Declaration on ESDP, NATO Press Release (2002) 142, 16 December 2002, http://www.nato.int/docu/pr/2002/p02-142e.htm.

EULEX Programme Report 2010 „Building Sustainable Change Together", 01.04.2010, http://www.eulex-kosovo.eu/docs/tracking/EULEX%20Programme%20Report%202010%20.pdf.

EULEX Programme Report 2012, http://www.eulex-kosovo.eu/docs/Accountability/2012/EULEX_Programme_Report_2012-LowQuality.pdf.

Europäische Kommission – Pressemitteilung: Unterzeichnung des Stabilisierungs- und Assoziierungsabkommens zwischen der Europäischen Union und dem Kosovo, Straßburg, 27. Oktober 2015, http://europa.eu/rapid/press-release_IP-15_5928_de.htm.

Europäische Kommission – Pressemitteilung: Stabilisierungs- und Assoziierungsabkommen (SAA) zwischen der Europäischen Union und dem Kosovo tritt in Kraft, Brüssel, 1. April 2016, http://europa.eu/rapid/press-release_IP-16-1184_de.htm.

Europäischer Konvent: Entwurf eines Vertrages über eine Verfassung für Europa. Vom Europäischen Konvent im Konsensverfahren angenommen am 13. Juni und 10. Juli 2003, dem Präsidenten des Europäischen Rates in Rom überreicht, 18. Juli 2003, Luxemburg 2003.

Europäischer Rat, Kopenhagen, 21. und 22. Juni 1993, Schlussfolgerungen des Vorsitzes, http://www.consilium.europa.eu/ueDocs/cms_Data/docs/pressData/de/ec/72924.pdf.

Europäischer Rat, Madrid, 15. und 16. Dezember 1995, Schlussfolgerungen des Vorsitzes, http://www.consilium.europa.eu/ueDocs/cms_Data/docs/pressdata/de/ec/00400-C.D5.htm.

Europäischer Rat, Amsterdam, 16. und 17. Juni 1997, Schlussfolgerungen des Vorsitzes.

Europäischer Rat, Cardiff, 15. und 16. Juni 1998, Schlussfolgerungen des Vorsitzes, SN 150/1/98 REV 1.

Europäischer Rat, Wien, 11. und 12. Dezember 1998, Schlussfolgerungen des Vorsitzes.

Europäischer Rat, Berlin, 24. und 25. März 1999, Schlussfolgerungen des Vorsitzes, 1001/1/99, Teil III – Erklärung zum Kosovo, http://ec.europa.eu/regional_policy/sources/docoffic/official/regulation/pdf/berlin_de.pdf.

Europäischer Rat, Köln, 3. und 4. Juni 1999, Schlussfolgerungen des Vorsitzes, Anhang III – Erklärung des Europäischen Rates und Bericht des Vorsitzes über die Stärkung der Gemeinsamen Europäischen Sicherheits- und Verteidigungspolitik, http://www.europarl.europa.eu/summits/kol2_de.htm#an3.

Europäischer Rat, Helsinki, 10. und 11. Dezember 1999, Schlussfolgerungen des Vorsitzes, http://www.bits.de/EURA/er10111299.pdf.

Europäischer Rat, Santa Maria da Feira, 19. und 20. Juni 2000, Schlussfolgerungen des Vorsitzes, http://www.europarl.europa.eu/summits/fei1_de.htm.

Europäischer Rat, Nizza, 7.-9. Dezember 2000, Bericht des Vorsitzes über die Europäische Sicherheits- und Verteidigungspolitik, 14056/2/00 REV 2

Europäischer Rat, Laeken, 14. und 15. Dezember 2001, Schlussfolgerungen des Vorsitzes, Ratsdokument SN 300/1/01 REV 1, http://www.consilium.europa.eu/uedocs/cms_data/docs/pressdata/de/ec/68829.pdf.

Europäischer Rat, Thessaloniki, 19. und 20. Juni 2003, Schlussfolgerungen des Vorsitzes, http://www.consilium.europa.eu/uedocs/cms_data/docs/pressdata/de/ec/76285.pdf.

Europäischer Rat: Ein sicheres Europa in einer besseren Welt. Europäische Sicherheitsstrategie, Brüssel, 12. Dezember 2003, http://www.consilium.europa.eu/uedocs/cmsUpload/031208ESSIIDE.pdf, auch in: *IP* 6/2004, 162-170.

Europäischer Rat, Brüssel, 14. Dezember 2007, Schlussfolgerungen des Vorsitzes, 16616/1/07 REV 1.

Europäisches Parlament: Entschließung zum Kosovo v. 11.10.1990, ABl. C 284 v. 12.11.1990, S. 129 f.

European Commission, Recommendation for a Council Decision, authoring the opening of negations on a Stabilization and Association Agreement between the European Union and Kosovo, Brussels, 22.4.2013.

European Council, Cardiff Summit, 16 June 1998, Annex II, Declaration on Kosovo.

European Council, Brussels, Extract from the Presidency Conclusions, 14 December 2007.

European Union, Brussels, Statement by High Representative Catherine Ashton on the situation in the north of Kosovo, 28 July 2011, A 303/11, http://www.consilium.europa.eu/uedocs/cms_Data/docs/pressdata/EN/foraff/124081.pdf.

First meeting of International Steering Group (ISG) for Kosovo, 18 February 2008, Vienna, Press Statement.

Foreign Secretary of State Robin Cook: Contact Group Discussion on Kosovo, 8 October 1998.

Französisch-britisches Gipfeltreffen der Staats-und Regierungschefs am 4. Dezember 1998 in St. Malo, in: *IP* 2-3/1999, 127 f.

FRY-Russian Federation, Joint Declaration Signed in Moscow by President Yeltsin and President Milošević, Moscow, 16 June 1998, in: Keike Krieger (ed.): The Kosovo Conflict and International Law. An Analytical Documentation, Cambridge 2001, p. 144.

Gemeinsame Aktion 2002/210/GASP des Rates v 11.03.2002 über die Polizeimission der Europäischen Union, ABl. L 70 v. 13.03.2002, S. 1-6.

Gemeinsame Aktion 2004/551/GASP des Rates v. 12.07.2004 über die Einrichtung der Europäischen Verteidigungsagentur, ABl. L 245 v. 17.07.2004, S. 17-28.

Gemeinsame Aktion 2004/570/GASP des Rates v. 12.07.2004 über die militärische Operation der Europäischen Union in Bosnien und Herzegowina, ABl. L 252 v. 28.07.2004, S. 10-14.

Gemeinsame Aktion 2006/304/GASP des Rates v. 10.04.2006 zur Einsetzung eines EU-Planungsteams (EUPOT Kosovo) bezüglich einer möglichen Krisenbewältigungsoperation der

Europäischen Union im Bereich der Rechtsstaatlichkeit und in möglichen anderen Bereichen im Kosovo, ABl. L 112 v. 26.04.2006, S. 19-23.

Gemeinsame Aktion 2006/623/GASP des Rates v. 15.09.2006 zur Einsetzung eines EU-Teams zur Mitwirkung an den Vorbereitungen für die Einsetzung einer eventuellen internationalen zivilen Mission im Kosovo, einschließlich der Komponente eines Sonderbeauftragten der Europäischen Union (ICM/EU SR-Vorbereitungsteam), ABl. L 253 v. 16.09.2006, S. 29-33.

Gemeinsame Aktion 2008/123/GASP des Rates v. 04.02.2008 zur Ernennung eines Sonderbeauftragten der Europäischen Union im Kosovo, ABl. L 42 v. 16.02.2008, S. 88-91.

Gemeinsame Aktion 2008/124/GASP des Rates v. 04.02.2008 über die Rechtsstaatlichkeitsmission der Europäischen Union im Kosovo, EULEX KOSOVO, ABl. L 42 v. 16.02.2008, S. 92-98.

Gemeinsame Aktion Rates 2008/228/GASP v. 17.03.2008 zur Änderung und Verlängerung der Gemeinsamen Aktion 2006/304/GASP des Rates v. 10.04.2006 zur Einsetzung eines EU-Planungsteams (EUPT Kosovo), ABl. L 75 v. 18.03.2008, S. 78 f.

Gemeinsame Aktion 2009/445/GASP des Rates v. 09.06.2009 zur Änderung der Gemeinsamen Aktion 2008/124/GASP über die Rechtsstaatlichkeitsmission der Europäischen Union im Kosovo, EULEX Mission, ABl. L 148 v. 11.06.2009, S. 33.

Gemeinsame Erklärung der Ministertroika der EG und der jugoslawischen Konfliktparteien über einen Friedensplan für Jugoslawien, Brioni am 7. Juli 1991, in: *EA* 21/1991, D 537-539.

Gemeinsamer Standpunkt im Hinblick auf die Anerkennung jugoslawischer Republiken, Brüssel, 16. Dezember 1991, in: *EA* 3/1992, D 121.

Guiding principles of the Contact Group for a settlement of the status of Kosovo, https://www.esiweb.org/pdf/kosovo_Contact%20Group%20-%20Ten%20Guiding%20principles%20for%20Ahtisaari.pdf.

Interim Agreement for Peace and Self-Government in Kosovo Rambouillet, France, 23 February 1999, S/1999/648.

International Court of Justice: Accordance with International Law of the Unilateral Declaration of Independence in Respect of Kosovo, Advisory Opinion of 22 July 2010, I.C.J. Reports 2010, pp. 403 et seq., https://www.icj-cij.org/files/case-related/141/141-20100722-ADV-01-00-EN.pdf.

Jahresbericht 1999 über die Aktivitäten der OSZE (1. Dezember 1998 - 31. Oktober 1999), Wien 1999.

Joint Action on the nomination of an EU Special Representative for the FRY, 8 June 1998, in: Marc Weller (ed.): The Crisis in Kosovo 1989-1999: From the Dissolution of Yugoslavia to Rambouillet and the Outbreak of Hostilities, Cambridge 1999, pp. 229 f.

Kommuniqué der Konferenz der Staats- und Regierungschefs der Mitgliedstaaten der Europäischen Gemeinschaften in Den Haag, 1. und 2. Dezember 1969, in: *Bull.-EG* 2/1970, 12-17.

Kopenhagener Bericht: Zweiter Bericht der Außenminister an die Staats- und Regierungschefs der EG-Mitgliedstaaten vom 23. Juli 1973, in: Auswärtiges Amt (Hrsg.): Gemeinsame Außen und Sicherheitspolitik (GASP). Dokumentation, 10. Aufl, Bonn 1994, S. 40 ff.

Konferenz der Vertreter der Regierungen der Mitgliedstaaten, Vertrag über eine Verfassung für Europa CIG 87/2/04 REV 2, 29.10.2004, veröffentlicht in ABl. C 310 v. 16.12.2004 und vom Amt für amtliche Veröffentlichungen der Europäischen Gemeinschaften: Vertrag über eine Verfassung für Europa, Luxemburg 2005.

Kosovo Declaration of Independence, Assembly of Kosovo, Prishtina, 17.02.2008, http://www.assembly-kosova.org/?cid=2,128,1635.

Kosovo 2015 Report, Communication from the Commission of the European Parliament, the Council, the European Economic and Social Committee and the Committee of the Regions, Brussels, 10.11.2015, SWD(2015) 215 final.

Kosovo' Status: Troika Press Communiqué, Baden Conferernce, 28.11.2007, http://www.un.org/en/ga/search/view_doc.asp?symbol=S/2007/723.

Luxemburger Bericht: Erster Bericht der Außenminister an die Staats- und Regierungschefs der EG-Mitgliedstaaten vom 27. Oktober 1970, in: Hans von der Groeben, Jochen Thiesing, Claus-Dieter Ehlermann (Hrsg.): Handbuch des Europäischen Rechts (Europäische Union: Gemeinsame Bestimmungen, Gemeinsame Außen- und Sicherheitspolitik, Art. 1-28 EUV), 341. Lieferung, Baden-Baden 1996, IA 13/1.2, S. 2 ff.

Mitteilung an die Presse, 2851. Tagung des Rates Allgemeine Angelegenheiten und Außenbeziehungen, Brüssel, 18. Februar 2008, http://www.consilium.europa.eu/uedocs/cms_data/docs/pressdata/de/gena/99070.pdf.

Mitteilung der Europäischen Kommission, Geberkonferenz für den Kosovo, IP/08/913, Brüssel, 10. Juni 2008.

Mitteilung der Kommission an den Rat und das Europäsche Parlament über den Stabilisierungs- und Assoziierungsprozess für die Länder Südosteuropas Bosnien und Herzegowina, Kroatien, Bundesrepublik Jugoslawien, ehemalige jugoslawische Republik Mazedonien und Albanien, KOM(1999) 235 endg. v. 26.05.1999.

Mitteilung der Kommission an den Rat, Eine Europäische Zukunft für das Kosovo, KOM(2005) 156 endg. v. 20.04.2005.

Mitteilung der Kommission an das Europäische Parlament und den Rat, Westlicher Balkan: Stärkung der europäischen Perspektive, KOM(2008) 127 endg. v. 05.03.2008.

Mitteilung der Kommission an das Europäische Parlament und den Rat, Kosovo – Verwirklichung der europäischen Perspektive, KOM(2009) 534 endg. v. 14.10.2009.

Mitteilung der Kommission an das Europäische Parlament und den Rat über eine Machbarkeitsstudie für ein Stabilisierungs- und Assoziationsabkommen zwischen der Europäischen Union und dem Kosovo, COM(2012) 602 final, 10.10.2012.

Mitteilung der OSZE vom 25. Oktober 1998, Kosovo Verification Mission, http://www.osce.org/kosovo/58550.

Opinion No. 1 of the Arbitration Commission of the Peace Conference on Yugoslavia, Paris, 29 November 1991, in: *International Legal Materials* 31 (1992), 1494 ff., nachgedruckt in: Snezana Trifunovska (ed.): Yugoslavia Through Documents. From its Creation to its Dissolution, Dordrecht 1993, pp. 415-417.

Opinions of the Arbitration Commission, in: Bertrand G. Ramcharan (ed.): The International Conference on the Former Yugoslavia, Official Papers, Vol. 2, The Hague 1997: Kluwer Law, pp. 1259-1302.

OSCE Urges FRY to Cooperate Fully with Gonzales, OSCE Press Release No. 18/98, 11 March 1998.

Österreichische EU-Präsidentschaft, 1.7.-31.12.1998, Nr. 16 der Schriftreihe des Landes-Europabüros, Salzburg 1999.

Petersberg-Erklärung vom 19.05.1992, Teil II, Punkt 4, in: Europa Archiv 14/92, D479-485.

Press Statement by NATO Secretary-General following the ACTWARN decision, Brussels, 24 September 1998.

Pressekonferenz der Außenminister Deutschlands und der Vereinigten Staaten, Klaus Kinkel und Madeleine Albright, nach ihrem Gespräch am 8. März 1998 in Bonn, in: *IP* 53:4 (1998), 112.

Programm des italienischen Vorsitzes des Rates der Europäischen Union, vorgestellt am 27. Juni 2003 in Brüssel, dokumentiert in: *IP* 9/2003, S. 121.

Rat der Europäischen Union, 2641. Tagung des Rates Allgemeine Angelegenheiten und Außenbeziehungen, 21. Februar 2005.

Rat der Europäischen Union, 3150. Tagung des Rates Allgemeine Angelegenheiten, 28. Februar 2012, 6854/12.

Ratsdokument SN 140/01, Außerordentliche Tagung des Europäischen Rates am 21. September 2001, Schlussfolgerungen und Aktionsplan, http://consilium.europa.eu/uedocs/cms_data/docs/pressdata/de/ec/85097.pdf.

Remarks of Lagendijk: Debats of European Parlament. (November 6, 2002).

Report of the European Community Arbitration Committee, Opinion No. 6 – The recognition of the Republic of Macedonia, in: Yugoslav Survey No. 1/1992, pp. 127-130.

Report of the Secretary-General on the United Nations Interim Administration Mission in Kosovo, S/1999/1250, 23.12.1999.

Report of the Secretary-General on the United Nations Interim Administration Mission in Kosovo, S/2002/1126, 09.04.2002.

Report of the Special Envoy of the Secretary-General on Kosovo's Future Statatus, United Nations, Security Council, S/2007/168, 26 March 2007, http://www.un.org/press/en/2007/sgsm10923.doc.htm.

Report of the Secretary-General on the United Nations Interim Administration Mission in Kosovo, S/2008/692, 24.11.2008.

Report on the Implementation of the European Security Strategy: Providing Security in a Changing World, S407/08, Brussels, 11 December 2008, http://www.consilium.europa.eu/ueDocs/cms_Data/docs/pressdata/EN/reports/104630.pdf.

Resolution 1199 (1998) adpted by the Security Council at its 3930th meeting on 23 September 1998, abgedruckt in: *IP* 5/1999, 88-91.

Resolution 1244 (1999) adopted by the Security Council at its 4011th meeting on 10 June 1999, http://kossev.info/dokumenti/Resolution%201244.pdf.

Richtlinien für die Anerkennung neuer Staaten in Osteuropa und in der Sowjetunion, Brüssel, 16.12.1991, in: *EA* 3/1992, D 120-121.

Sarajevo Summit Declaration, 30 July 1999, http://www.phdn.org/archives/www.ess.uwe.ac.uk/Kosovo/Kosovo-Documents20.htm.

Schlussbericht der Arbeitsgruppe des Verfassungskonvents zum Thema „Verteidigung" (CONV 461/02).

Schlussfolgerungen des Rates (Allgemeine Angelegenheiten), 31. März 1998.

Schlussfolgerungen des Rates zum ehemaligen Jugoslawien vom 30. Oktober 1995, in: *Bull.-EU* 10-1995, 99 f.

Security Council, Implementing „Standards before Status", Policy Core Political Project. For UN Kosovo Mission, Security Council Told, Press Release, SC/7999, 06/02/2004.

Speech by The Rt. Hon. Chris Patten to German Bundestag, 'European Affairs Committee', Berlin, 28 April 2004, http://ec.europa.eu/enlargement/archives/ear/publications/main/pub-speech_berlin_20040428.htm.

Stabilitätspakt für Südosteuropa, in: *IP* 54:8 (1999), 120-130.

Stabilisierungs- und Assoziationsabkommen zwischen der Europäischen Union und der Europäischen Atomgemeinschaft einerseits und dem Kosovo andererseits, ABl. L 71 v. 16.03.2016, S. 3-321.

Statement of the International Steering Group (ISG) on Kosovo, 22 May 2008, Prishtina.

Statement on Kosovo of the Contact Group Foreign Ministers, New York, 24 September 1997.

Statement on Kosovo, Contact Group Meeting in Washington, D.C., 8 January 1998.

Statement by the Contact Group on the Future of Kosovo, London, 31 January 2006, http://www.consilium.europa.eu/uedocs/cms_data/docs/pressdata/en/declarations/88236.pdf

Statuti i Krahinës Autonome të Kosovës e Metohis in: Fletorja Zyrtare e Krahinës Autonome së Kosovës e Metohis, Nr. 7, XVIII, Prishtinë, 10.04.1963.

Summary note on the joint report by Javier SOLANA, EU High Representative for the CFSP, and Olli REHN, EU Commissioner for Enlargement, on the on the future EU Role and Contribution in Kosovo, S412/05, Brussels, 9 December 2005, http://www.consilium.europa.eu/ueDocs/cms_Data/docs/pressdata/EN/reports/87565.pdf.

Tagung des Ministerrates der WEU am 19. Juni 1992, http://www.glasnost.de/militaer/weu/92weubonn.html.

Tagung des Rates, Allgemeine Angelegenheiten, Brüssel, 15. September 1997, Schlussfolgerungen.

Tagung des Rates Allgemeiner Angelegenheiten am 27.04.1998 in Luxemburg, PRES/98/109.

The Dayton Peace Accords – General Framework on Peace in Bosnia and Herzegovina, 21 November 1995.

The National Security Strategy of the United States of America, Washington 2006, http://www.state.gov/documents/organization/63562.pdf.

UNHCR Press Release: UN Seeks US$ 54.3 Million for Kosovo, 8 September 1998.

United Nations Office of the Special Envoy for Kosovo: Vienna High-level Meeting Concludes 14 Months of Talks on the Future Status Process for Kosovo, Vienna, 10 March 2007.

United Nations Security Council: Letter dated 17 November 2004 from the Secretary-General addressed to the President of the Security Council, Annex: Report on the situation in Kosovo, S/2004/932, 30 November 2004.

United Nations Security Council: Report of the Secretary-General, 12 July 1999.

United Nations Security Council: Report of the Secretary-General on the United Nations Interim Administration Mission in Kosovo of 12 June 2008, S/2008/354.

Ustava Socialistične federativne republike Jugoslavije, 1974 (Verfassung der Sozialistischen Föderativen Republik Jugoslawien), Beograd 1974; siehe auch: Die neue Verfassung der Sozialistischen Föderativen Republik Jugoslawien vom 21. Februar 1974, in: *Jahrbuch für Ostrecht* 15 (1974), 13 ff.

Verfassung der Sozialistischen Autonomen Provinz Kosovo vom 27. Februar 1974, in: Službeni list SAP Kosovo 1974 Nr. 4.

Verordnung (EG) Nr. 533/2004 des Rates v. 22.03.2004 über die Gründung Europäischer Partnerschaften im Rahmen des Stabilisierungs- und Assoziationsprozesses, ABl. L 86 v. 24.03. 2004, S. 1 f.

Visaliberalisierung: Kommission bestätigt: Kosovo erfüllt alle Vorgaben, Europäische Kommission – Pressemitteilung, Brüssel, 18. Juli 2018.

Vorläufiges Abkommen für Frieden und Selbstverwaltung im Kosovo, Rambouillet, 23. Februar 1999, in: *Blätter für deutsche und internationale Politik* 44:5 (1999), 611-629.

Washington Summit Communiqué, issued by the Heads of State and Goverment participating in the meeting of the North Atlantic Council in Washington, D.C. on 25th April 1999, An Alliance for the 21st Century, http://www.nato.int/docu/pr/1999/p99-064e.htm.

Western European Union, Council of Ministers, Petersberg Declaration, Bonn, 19. Juni 1992, http://www.weu.int/documents/920619peten.pdf.

Zagreb Summit 24 November 2000, Final Declaration, http://www.esiweb.org/pdf/bridges/bosnia/ZagrebSummit24Nov2000.pdf.

Monographien, Aufsätze und Artikel[1400]

Ahrens, Geert-Hinrich: Diplomacy on the Edge: Containment of Ethnic Conflict and the Minorities Working Group of the Conferences on Yugoslavia, Washington, D.C. 2007: Woodrow Wilson Center Press.

Ahrens, Geert-Hinrich: Diplomacy on the Edge [Diplomacia mbi tehun e shpatës], Tiranë 2010.

Ahtisaari, Martti: Detyra në Beograd, Prishtinë 2008.

Akademia e Shkencave dhe Arteve të Kosovës: Kosova: Vështrim monografik, Prishtinë 2011.

Akademia e Shkencave të Shqipërisë (Hrsg.): E vërteta mbi Kosovën dhe shqiptarët në Jugosllavi, Tiranë 1990.

Akademie der Künste und Wissenschaften der Republik Albanien (Hrsg.): Die Wahrheit über Kosovo, Tirana 1993.

Albright, Madeleine: Madam Secretary – Die Autobiographie, München 2003: Bertelsmann.

Algieri, Franco: Die Europäische Sicherheits- und Verteidigungspolitik, in: Werner Weidenfeld (Hrsg.): Europa-Handbuch, 2. Aufl., Gütersloh 2001: Bertelsmann, S. 585-602.

Algieri, Franco / Bauer, Thomas: Europa – die gespaltene Macht. Die Konventsvorschläge zur Sicherheits- und Verteidigungspolitik, in: Claus Giering (Hrsg.): Der EU-Reformkonvent – Analyse und Dokumentation, Gütersloh, München 2003: Bertelsmann Stiftung, S. 103-110.

Altermatt, Urs: Das Fanal von Sarajewo. Ethnonationalismus in Europa, Paderborn u.a. 1996. Schöningh.

Andréani, Gilles / Bertram, Christoph / Grant, Charles: Europe's Military Revolution, London 2001: Centre for European Reform.

[1400] Alle Internetquellen wurden letztmals am 14.01.2019 überprüft.

Asseburg, Muriel: Der Nahost-Friedensprozess und der Beitrag der EU – Bilanz und Perspektiven, in: *Friedenswarte* 2-3/2001, 257-288.

Auerswald, Philip E. / Auerswald, David P. (eds.): The Kosovo Conflict. A Diplomatic History Through Documents, Novell, Mass. / The Hague 2000: Kluwer Law International.

Axt, Heinz-Jürgen: Hat Genscher Jugoslawien entzweit? Mythen und Fakten zur Außenpolitik des vereinten Deutschland, in: *EA* 12/1993, 351-360.

Axt, Heinz-Jürgen: Mazedonien: ein Streit um Namen oder ein Konflikt vor dem Ausbruch?, in: EA 48/1993, 65-75.

Axt, Heinz-Jürgen: Der Stabilitätspakt für Südosteuropa: Politischer Aktionismus oder langfristig tragfähiges Konzept?, in: *SOE* 48:7-8 (1997), 403-415.

Axt, Heinz-Jürgen: Die EU nach Amsterdam: Kompetenzzuwachs für Außen- und Sicherheitspolitik, in: *Europäische Rundschau* 25:4 (1997), 3-14.

Bailes, Alyson J.K.: The European Security Strategy – An Evolutionary History. Stockholm 2005: Stockholm International Peace Research Institute.

Baker, James A.: The Politics Diplomacy. Revolution, War and Peace, New York 1995: Putnam Adults.

Baliqi, Bekim: Die US-Außenpolitik in Bezug auf Kosovo, *Globi*, Iliria Royal University, Prishtinë 2008

Baliqi, Bekim: Externes State-Building durch die Vereinten Nationen: Am Fallbeispiel des Kosovo, Diss., Universität Wien, 2008.

Bartl, Peter: Die Albaner, in: Michael W. Weithmann (Hrsg.): Der ruhelose Balkan. Die Konfliktregionen Südosteuropas, München 1993: dtv, S. 176-204.

Bashlinskaya, Aydan: Die Europäische Sicherheits- und Verteidigungspolitik der EU. Das Rechtsverhältnis zu den Vereinten Nationen und zu regionalen Sicherheitsorganisationen, Baden-Baden 2009: Nomos.

Bebler, Anton: Der Untergang des jugoslawischen Modells des föderalistischen Kommunismus, in: *Europäische Rundschau* 20:3 (1992), 3-20.

Beckmann-Petey, Monika: Der jugoslawische Föderalismus, München 1990: Oldenbourg.

Bellamy, Alex J. / Griffin, Stuart: OSCE peacekeeping: Lessons from the Kosovo Verification Mission, in: *European Security* 11:1 (2002), 1-26.

Bendiek, Anngret: Der Konflikt im ehemaligen Jugoslawien und die Europäische Integration, Wiesbaden 2004: VS Verlag für Sozialwissenschaften.

Bendiek, Annegret/ Lieb, Julia: Gemeinsame Außen- und Sicherheitspolitik (GASP), in: Lieb, Julia / Ondarza, Nicolai von (Hrsg.) Der Vertrag von Lissabon und seine Umsetzung, SWP-Berlin Februar 2011, S.130-146.

Biermann, Rafael: Die europäische Perspektive für den westlichen Balkan, in: *Osteuropa* 8/2001, 922-937.

Biermann, Rafael: Lehrjahre im Kosovo: Das Scheitern der internationalen Krisenprävention vor Kriegsausbruch, Paderborn u.a. 2006: Schöningh.

Bindi, Federiga: The Foreign Policy of the European Union, Washinton, D.C. 2010: Brookings Institution Press.

Blanck, Kathrin: Die Europäische Sicherheits- und Verteidigungspolitik im Rahmen der europäischen Sicherheitsarchitektur, Wien, New York 2005: Springer.

Bohnet, Henri / Basten, Marco, Die politische Situation in Serbien nach dem Gutachten des Internationalen Gerichtshofes zu Kosovos Unabhängigkeit, Konrad-Adenauer-Stiftung e.V. Belgrad, 7. August 2010, S. 1.

Borchardt, Klaus-Dieter: Das ABC des Rechts der Europäischen Union, Luxemburg 2010: Amt für Veröffentlichungen der Europäischen Union.

Borgen, Christopher J.: Kosovo's Declaration of Independence: Self-Determination, Secession and Recognition, in: Insights 12:2 (2008), 29.02.2008, https://www.asil.org/insights/volume/12/issue/2/kosovos-declaration-independence-self-determination-secession-and.

Boskovic, Ana: Die Rolle der UNOSEK bei der Lösung der Kosovo-Statusfrage, Diplomarbeit, Universität Wien, 2010.

Both, Norbert: From Indifference to Entrapment: The Netherlands and the Yugoslav Crisis 1990-19995, Amsterdam 2000: Amsterdam University Press.

Bretherton, Charlotte / Vogler, John: The European Union as a Global Actor, 2nd ed., London 2005: Routledge.

Brey, Thomas: Die Logik des Wahnsinns: Jugoslawien – von Tätern und Opfern, Freiburg 1993: Herder.

Brok, Elmar: Der Amsterdamer Vertrag – Eine Bewertung des Gipfels von Amsterdam, in: Claus-Dieter Ehlermann (Hrsg.): Rechtliche Grenzen eines Europas in mehreren Geschwindigkeiten und unterschiedlichen Gruppierungen, Le cadre juridique d'une Europe à géométrie variable et à plusieurs vitesses, Köln 1999: Bundesanzeiger Verlag, S. 151-158.

Brunner, Georg: Völkerrecht und Selbstbestimmungsrecht im Kosovo, in: Konrad Clewing / Jens Reuter (Hrsg.): Der Kosovo-Konflikt. Ursachen, Akteure, Verlauf, München 2000: Bayerische Landeszentrale für politische Bildungsarbeit, S. 117-135.

Buchanan, Allen: Self-Determination, Secession, and the Rule of Law, in: Robert McKim / Jeff McMahan (eds.): The Morality of Nationalism, New York, Oxford 1997: Oxford University Press, pp. 301-323.

Büchse, Nicolas: Die reformierte Gemeinsame Außen- und Sicherheitspolitik. Stärkung und Weiterentwicklung der GASP im Verfassungsentwurf des Europäischen Konvents, Göttingen 2004 (Seminarreferat), http://www.iuspublicum-thomas-schmitz.uni-goettingen.de/Downloads/Buechse_Reformierte_GASP.pdf.

Burkard, Johannes: Die Gemeinsame Außen- und Sicherheitspolitik und ihre Berührungspunkte mit der Europäischen Gemeinschaft, Berlin 2001: Duncker & Humblot.

Bytyqi, Enver: Vetëvendosja e Kosovës, Tiranë 2007.

Calic, Marie-Janine: Der Krieg in Bosnien-Hercegovina. Ursachen, Konfliktstrukturen, Internationale Lösungsversuche, Frankfurt a.M. 1995

Calic, Marie-Janine: Krieg und Frieden in Bosnien-Hercegovina, erweiterte Neuausgabe, Frankfurt a.M. 1996

Calic, Marie-Janine: Die Jugoslawienpolitik des Westens seit Dayton, in: *APuZ*, B 34/1999, 22-32.

Calic, Marie-Janine: Der Balkan zwischen prekärer Konsolidierung und neuer Kriegsgefahr, in: *Jahrbuch Internationale Politik* 1997-1998, München 2000, S. 136-148.

Calic, Marie-Janine: Der Stabilitätspakt für Südosteuropa, in: *APuZ*, B 13/14/2001, 9-16.

Calic, Marie-Janine: Europas Herausforderungen auf dem Balkan, in: *IP* 12/2003, 57-63.

Cameron, Fraser: Europas neue Sicherheitsstrategie, in: *IP* 1/2004, 39-50.

Caplan, Richard: International diplomacy and the crissis in Kosovo, in: *International Affairs* 74:4 (1998), 745-761.

Caplan, Richard: Europe and the Recognition of New States in Yugoslavia, Cambridge 2005: Cambridge University Press.

Çeku, Ethem: Mendimi politik i lëvizjes ilegale në Kosovë 1945-1981, Prishtinë 2003.

Clark, Howard: Civil Resistance in Kosovo, London 2000: Pluto Press.

Clark, Wesley K.: Të bësh luftë moderne, Prishtinë 2001.

Clewing, Konrad: Amerikanische und französische Kosovo-Politik vor Dayton, in: *SOE* 45:1-2 (1996), 179-186.

Clewing, Konrad: Mythen und Fakten zur Ethnostruktur in Kosovo – Ein geschichtlicher Überblick, in: Konrad Clewing / Jens Reuter (Hrsg.): Der Kosovo-Konflikt. Ursachen, Akteure, Verlauf, München 2000: Bayerische Landeszentrale für politische Bildungsarbeit, S. 17-63.

Clinton, William Jefferson: My Life, New York 2004: Vintage Books.

Craven, Matthew C.R.: The European Community Arbitration Commission on Yugoslavia, in: *British Yearbook of International Law* 66 (1995), 333-413.

Czymmeck, Anja: Vereinbarungen zur regionalen Kooperation zwischen Kosovo und Serbien, Konrad-Adenauer-Stiftung e.V., 28. Februar 2012.

D'Alema, Massimo: Kosova, italianët dhe lufta (Intervistë e gazetarit Federico Rampini), „Uegen", Tiranë 2004.

Damaschke, Cornelia / Schliewenz, Brigit: Spaltet der Balkan Europa?, Berlin 1994: Aufbau-Verlag.

Dammann, Michael: Internationale Bearbeitung des Kosovokonfliktes 1990-1999, Trierer Arbeitspapiere zur Internationalen Politik Nr. 3, Universität Trier, 2000.

Davutoglu, Ahmet: Thellësia strategjike. Pozita ndërkombëtare e Turqisë, Shkup, Prishtinë, Tiranë 2010.

Deimel, Johanna / Garcia Schmidt, Armando: „It's still the status, stupid!" – Eckpunkte einer neuen Politik der Verantwortung im Kosovo, in: *Südosteuropa-Mitteilungen* 1/2009, 36-49.

Dembinski, Matthias: Perspektiven der Europäischen Sicherheits- und Verteidigungspolitik, HFSK-Report 11/2000, http://www.bits.de/CESD-PA/HSFK-REP11-00.pdf.

Dembinski, Matthias / Förster, Christian: Die EU als Partnerin der Vereinten Nationen bei der Friedenssicherung, HSFK-Report 7/2007.

Dembinski, Matthias: EU-Außenbeziehungen nach Lissabon, S.9. in: Europa nach Lissabon. *Aus Politik und Zeitgeschichte*, 18/2010, 3. Mai 2010.

Dietrich, Sascha: Die Europäische Sicherheits-und Verteidigungspolitik (ESVP): Die Entwicklung der rechtlichen und institutionellen Strukturen der sicherheits- und verteidigungspolitischen Zusammenarbeit im Europäischen Integrationsprozess von den Brüsseler Verträgen bis zum Vertrag über eine Verfassung für Europa, Baden-Baden 2006: Nomos.

Dietrich, Sascha: Die rechtlichen Grundlagen der Verteidigungspolitik der Europäischen Union, in: *ZaöRV* 66 (2006), 663-697.

Dinan, Desmond: Politikat e Bashkimit Evropian [*Ever Closer Union: An Introduction to European Integration*], Tiranë 2009: AIIS.

Documents on the Iraq Crisis, last modified: 26 August 2005, https://www.bits.de/main/archive/irak-2.htm.

Dufour, Pierre: Kosova. Paqja e shpërfilluar [Kosovo on a marché sur la Paix], Prishtinë 2010 [fr.: Dufour, Pierre: Kosovo, on a marché sur la paix, Paris 2007: Thélès].

Džihić, Vedran / Kramer, Helmut: Der Kosovo nach der Unabhängigkeit. Hehre Ziele, enttäuschte Hoffnungen und die Rolle der internationalen Gemeinschaft, Berlin 2008: Friedrich-Ebert-Stiftung (Internationale Politikanalyse).

Džihić, Vedran / Kramer, Helmut: Der unabhängige Kosovo im Herbst 2009. Kann die EULEX-Mission ihre Aufgaben erfüllen?, Berlin, Oktober 2009: Friedrich-Ebert-Stiftung (Internationale Politikanalyse), http://library.fes.de/pdf-files/id/ipa/06746.pdf.

Ehrhart, Hans-Georg (Hrsg.): Die Europäische Sicherheits- und Verteidigungspolitik. Positionen, Perzeptionen, Probleme, Perspektiven (Demokratie, Sicherheit, Frieden, 142). Nomos, Baden-Baden 2002.

Eiff, Hansjörg: Zum Problem des Kosovo-Status, ZEI Discussion Paper, Bonn 2005.

Erlbacher, Friedrich: Rechtspersönlichkeit und Rechtsnachfolge, in: Waldemar Hummer, Walter Obwexer (Hrsg.): Der Vertrag von Lissabon, Baden-Baden 2009: Nomos, S. 123-132.

Ernst, Andreas: „Standards vor Status!" Die Doktrin der UNO-Mission in Kosovo führt in die Sackgasse, in: *SOE* 51:7-9 (2000), 355-366.

Erny, Matthias: Externe Demokratieförderung durch die EU – Eine Analyse an den Beispielen Slowenien und Serbien. Dissertation der Universität St.Gallen, Hochschule für Wirtschafts-Rechts- und Sozialwissenschaften sowie Internationale Beziehungen (HSG), 2016.

Europa im Krieg: Die Debatte über den Krieg im ehemaligen Jugoslawien, Frankfurt a.M. 1992: Suhrkamp.

Eyal, Jonathan: Europe and Yugoslavia: Lessons from a Failure (Whitehall Paper Series 1993, Royal United Services Institute for Defence Studies), Weymouth 1993.

Fabry, Mikulas: Recognizing States. International Society and the Establishment of New States Since 1776, New York 2010: Oxford University Press Inc.

Fiedler, Wilfried: Staatensukzession und Menschenrechte, in: Burkhardt Ziemske u.a. (Hrsg.): Staatsphilosophie und Rechtspolitik. Festschrift für Martin Kriele, München 1997: C.H. Beck, S. 1371-1391.

Filipiak, Rainer: Europäische Sicherheitspolitik und amerikanische Verteidigungskonzeptionen, Diss., Universität Duisburg-Essen, 2006.

Fischer, Joschka: Die Rückkehr der Geschichte: Die Welt nach dem 11. September und die Erneuerung des Westens, Köln 2005: Kiepenheuer & Witsch.

Fischer, Joschka; Die rot-grünen Jahre. Deutsche Außenpolitik – vom Kosovo bis zum 11. September, Köln 2007: Kiepenheuer & Witsch.

Fischer, Klemens H.: Der Vertrag von Nizza. Text und Kommentar einschließlich der konsolidierten Fassung des EUV und EGV sowie des Textes der EU-Charta der Grundrechte, Baden-Baden 2001: Nomos.

Fischer, Peter / Köck, Heribert Franz / Karollus, Margit Maria: Europarecht: Recht der EU/EG, des Europarates und der wichtigsten anderen europäischen Organisationen, 4. Aufl., Wien 2002: Linde Verlag.

Fitzgerald, Shane: David Cameron's European Strategy: An Initial Assessment, edited by Paul Gillespie, Dublin 2009: Institute of European and International Affairs.

Formann, Michel / Viau, Hélène: A Model Ally? France and the US during the Kosovo Crisis of 1998-99, in: David G. Haglund (ed.): The France-US Leadership Race: Clearly Watched Allies, Kingston, Ontario 2000: Queens University Press, pp. 87-110.

Frashëri, Sami: Kamus-ul-a'lâm, in: Enciklopedia-Pjesë të zgjedhura, Prishtinë 1984, S. 75-80.

Frashëri, Sami: Mbi hapësirën shqiptare në shek. e 19-të, shih vështrimin e ideologut kombtëtar, 1999.

Friedrich, Roland: Die deutsche Außenpolitik im Kosovo-Konflikt, Wiesbaden 2005: VS Verlag für Sozialwissenschaften.

Fröhlich, Manuel (Hrsg.): Kofi Annan. Die Vereinten Nationen im 21. Jahrhundert. Reden und Beiträge 1997-2003, Wiesbaden 2004: VS Verlag für Sozialwissenschaften.

Fröhlich, Stefan: Die Europäische Union als globaler Akteur. Eine Einführung, Wiesbaden 2008: VS Verlag für Sozialwissenschaften.

Fröhlich, Stefan: Die Europäische Union als globaler Akteur: Eine Einführung, 2. Aufl., Wiesbaden 2014.

Funke, Hajo / Rhotert, Alexander: Unter unseren Augen. Ethnische Reinheit: Die Politik des Milošević-Regimes und die Rolle des Westens, Berlin 1999: Verlag Das Arabische Buch.

Garton Ash, Timothy: Zeit der Freiheit: Aus den Zentren von Mitteleuropa, München, Wien 1999: Carl Hanser Verlag.

Gashi, Dardan / Steiner, Ingrid: Albanien: archaisch, orientalisch, europäisch, Wien 1994: Promedia.

Gashi, Shkëlzen: Marrëveshja për Paqe të Përkohshme, Prishtinë 2004.

Gebhard, Carmen: Krisenmanagement im Rahmen der ESVP – Eine Einführung, in: Walter Feichtinger / Carmen Gebhard (Hrsg.): EU als Krisenmanager. Herausforderugen – Akteure – Instrumente, Wien 2006, S. 31-59.

Genscher, Hans-Dietrich: Erinnerungen, München 1997: Siedler.

Gerteiser, Kristina: Die Sicherheits- und Verteidigungspolitik der Europäischen Union: Rechtliche Analyse der gegenwärtigen Struktur und der Option zur Weitentwicklung, Frankfurt a.M. 2002: Peter Lang.

Giannis, Valinakis / Sotiris, Dalis: To Zitima ton Skopion [Das Skopje-Problem], Athen 1994: I. Sideris.

Gieg, Georg: Clausula rebus sic stantibus und Geschäftsgrundlage. Ein Beitrag zur Dogmengeschichte, Aachen 1994: Shaker Verlag.

Giersch, Carsten: Konfliktregulierung in Jugoslawien 1995-1995. Die Rolle von OSZE, EU, UNO und NATO, Baden-Baden 1998: Nomos

Giersch, Carsten: Die Europäische Union und der Krieg in Kosovo, in: Konrad Clewing / Jens Reuter (Hrsg.): Der Kosovo-Konflikt. Ursachen, Akteure, Verlauf, München 2000: Bayerische Landeszentrale für politische Bildungsarbeit, S. 499-512.

Giersch, Carsten: NATO und militärische Diplomatie im Kosovo-Konflikt, in: Konrad Clewing / Jens Reuter (Hrsg.): Der Kosovo-Konflikt, Ursachen, Akteure, Verlauf, München 2000: Bayerische Landeszentrale für politische Bildungsarbeit, S. 443-466.

Giersch, Carsten: Multilateral Conflict Regulation, The Case of Kosovo, Weatherhead Center for International Affair, Working Paper Series, 4/2000, Cambridge, Mass. 2000.

Giersch, Carsten / Eisermann, Daniel: Die westliche Politik und der Kroatien-Krieg 1991-1992, in: *SOE* 43:3-4 (1994), 91-125.

Gimpert, David: How to Defeat Serbia, in: *Foreign Affairs* 73:4 (1994), 30-47.

Glawe, Robert A.P.: Der Zerfall Jugoslawiens, in: *Wissenschaft & Sicherheit online* 5/2006, http://www.sicherheitspolitik.de/uploads/media/wus_05_2006_DerZerfallJugoslawiens-WiSiOnline.pdf.

Glöckler-Fuchs, Juliane: Institutionalisierung der Europäischen Außenpolitik, München 1997: Oldenbourg.

Goodwin, Morag: From Province to Protectorate to State? Speculation on the Impact of Kosovo's Genesis upon the Doctrines of International Law, in: *German Law Journal, Special Issue – What Future for Kosovo?* 8:1 (2007), 1-20.

Gow, James: Serbian Nationalism and the Hissing Snake in the International Order: Whose Sovereignty? Which Nation?, in: *Slavic and East European Review* 72 (July 1994), 456-476.

Grant, Charles: Can Britain lead in Europe?, London 1998: Centre for European Reform.

Griffiths, Stephen Iwan: Nationalism and Ethnic Conflict. Threats to European Security, Oxford, New York 1993: Oxford University Press.

Grmek, Mirko / Gjidara, Mac / Simac, Neven (Hrsg.): Spastrimi etnik. Dokumente historike mbi një ideologji serbe, Tiranë 2002.

György, Konrád / Handke, Peter / Lipus, Florjan: Europa im Krieg: Die Debatte über den Krieg im ehemaligen Jugoslawien, Frankfurt a.M. 1992: Suhrkamp.

Hasbsburg-Lothringen, Leopold: Die GASP – von Amsterdam bis Nizza: Bilanz und Analyse, Diss., Rechtswissenschaftliche Fakultät der Universität Wien, 2003.

Hafner, Gerhard: Rechtsprobleme der GASP, in: Hanspeter Neuhold (Hrsg.): Die GASP: Entwicklungen und Perspektiven – La PESC: Èvolution et Perspectives, Occasional Papers of the Diplomatic Academy Vienna No. 4/2000, S. 45-55.

Hafner, Gerhard: Die Gemeinsame Außen- und Sicherheitspolitik, in: Peter Fischer, Heribert Franz Köck, Margit Maria Carollus (Hrsg.): Europrecht: Recht der EU/EG, des Europarates und der wichtigsten anderen europäischen Organisationen, 4. Aufl., Wien 2002: Linde Verlag, S. 926-956.

Haine, Jean-Yves: Eine historische Perspektive, in: Nicole Gnesotto (Hrsg.): Die Sicherheits-und Verteidigungspolitik der EU. Die ersten fünf Jahre (1999-2004), Paris 2004: EU Institute for Security Studies, S. 41-64.

Hajrullahu, Arben / Salamin, Michael: Die Verfassungsrahmen für die Provisorische Selbstverwaltung in Kosovo, in: *Südosteuropa* 1-3/2002, 122-149.

Heise, Volker / von Ondarza, Nicolai: Gemeinsame Sicherheits- und Verteidigungspolitik (GSVP), in: Julia Lieb, Andreas Maurer (Hrsg.): Der Vertrag von Lissabon. Kurzkommentar, 3. Aufl., Berlin 2009: SWP, S. 54 f.

Herrero, Jose Luis: Building State Institutions, in: Junne, Gerd / Verkoren, Willemijn (eds.): Postconflict Development, Boulder 2005; pp. 43-58.

Herz, Dietmar: Die Europäische Union, München 2002: C.H. Beck.

Herzinger, Richard: Unheiliger Wahnsinn hockt über grimmigen Waffen. Vom Versagen des Westens zum Krieg der Werte, in: Thomas Schmid (Hrsg.): Krieg im Kosovo, Hamburg 1999: Rowohlt S. 243-268.

Hill, Christopher / Smith, Karen E. (eds.): European Foreign Policy: Key Documents, London 2000: Routledge.

Hille, Saskia: Völkerrechtliche Probleme der Staatenanerkennung bei den ehemaligen jugoslawischen Teilrepubliken, München 1996: Herbert Utz Verlag.

Hilpold, Peter: Die Sezession – zum Versuch der Verrechtlichung eines faktischen Phänomens, in: *Zeitschrift für öffentliches Recht* 63 (2008), 117-141.

Hilpold, Peter: Das Kosovo-Gutachten vom 22. Juli 2010: historische, politische und rechtliche Voraussetzungen, in: Peter Hilpold (Hrsg.): Das Kosovo-Gutachten des IGH vom 22. Juli 2010, Leiden/Boston 2012: Martinus Nijhoff Publishers, S. 1–29.

Hochleitner, Erich Peter: Das europäische Sicherheitssystem zu Beginn des 21. Jahrhunderts, Wien, Köln, Weimar 2000: Böhlau.

Hochleitner, Erich: Die ESVP nach dem Verfassungsvertrag: Entwicklung. Problemstellungen und Perspektiven, Arbeitspapier des Österreichischen Instituts für Europäische Sicherheitspolitik, Dezember 2004.

Hoffmann, Stanley: Yugoslavia: Implications for Europe and for European Institutions, in: Richard H. Ullman (ed.): The World and Yugoslavia's Wars, New York 1996: Council on Foreign Relations, pp. 97-121.

Holtz, Uwe (Hrsg.): 50 Jahre Europarat, Baden-Baden 2000: Nomos.

Hoti, Ukshin: Filozofia politike e çështjes shqiptare, Prishtinë 1996.

Howorth, Jolyon: Security and Defence Policy in the European Union, Basingstoke, Hampshire 2007: Palgrave, Macmillan.

Hoxhaj, Enver: Politika etnike dhe shtetndërtimi, Pejë 2008: Dukagjini.

Hoxhaj, Enver: Mythen und Erinnerungen der albanischen Nation – Illyrer, Nationsbildung und nationale Identität, Digitale Ausgabe des Tyche-Bandes 20, Wien 2005.

Human Rights Watch: Humanitarian Law: Violations in Kosovo, New York 1998.

Hutchings, Robert L.: Als der Kalte Krieg zu Ende war. Ein Bericht aus dem Inneren der Macht, Berlin 1999: Alexander Fest Verlag.

Ibrahimi, Arta: Integrimi i Ballkanit Perëndimor në UE, Shkup, Prishtinë, Tiranë 2009: Logos-A.

Ignatieff, Michael: Empire Lite. Nation-Building in Bosnia, Kosovo and Afghanistan, London 2003: Minerva.

International Crisis Group: Collapse in Kosovo, Europe Report No. 155, 22 April 2004, http://www.essex.ac.uk/armedcon/story_id/000194.doc.

International Crisis Group: Kosovo: The Challenge of Transition, Europe Report No. 170, 17 February 2006.

International Crisis Group: Kosovo Status: Delay is Risky, Europe Report No. 177, 10 November 2006.

International Crisis Group: Kosovo: No Good Alternatives to the Ahtisaari Plan, Europe Report No. 182, 4 May 2007, https://www.files.ethz.ch/isn/31172/eur_rep_182_kosovo.pdf.

International Crisis Group: Thessaloniki and After (III). The EU, Serbia, Montenegro and Kosovo, Europe Briefing No. 29, 20.06.2003, http://www.crisisgroup.org/europe-central-asia/balkans/serbia/thessaloniki-and-after-III-eu-serbia-montenegro-and-kosovo.

International Institute for Strategic Studies: European Military Capabilities: Building Armed Forces for Modern Operations, London 2008.

Ischinger, Wolfgang: Die Gemeinsame Außen- und Sicherheitspolitik der Europäischen Union. Europäische Sicherheitsarchitektur im Aufbau, in: *Europäische Sicherheit* 47:7 (1998), 11-13.

Ischinger, Wolfgang: Kosovo: Germany Considers the Past and Looks to the Future, in: Wolfgang-Uwe Friedrich (ed.): The Legacy of Kosovo: German Politics and Policies in the Balkans, German Issues 22, Washington, D.C. 2000: American Institute for Contemporary German Studies, pp. 27-37.

Ischinger, Wolfgang / Rolofs, Oliver: Kosovo und Serbien: Möglichkeiten für einen Modus vivendi?, in: *SOE* 50:4-5 (2010), 6-19.

Jellinek, Georg: Allgemeine Staatslehre, 3. Aufl., 1914, 6. Neudruck, Darmstadt 1959: Wissenschaftliche Buchgesellschaft.

Jelzin, Boris: Mitternachtstagebuch. Meine Jahre im Kreml, Berlin, München 2000: Propyläen Verlag.

Joetze, Günter: Der letzte Krieg in Europa? Das Kosovo und die deutsche Politik, Stuttgart, München 2001: DVA.

Judah, Tim: Kosova – Luftë dhe Hakmarrje, Prishtinë 2002: Koha.

Jünemann, Annette / Schörnig, Niklas: Die Sicherheits- und Verteidigungspolitik der „Zivilmacht Europa". Ein Widerspruch in sich?, HSFK-Report 13/2002

Jureković, Predrag: Die Entwicklung des Konflikts im Kosovo seit „Dayton", in: *Österreichische Militärische Zeitschrift* 35:3 (1997), 309-316.

Jureković, Predrag, Die politische Dimension des Krieges im Kosovo und in der BR Jugoslawien, in: Erich Reiter (Hrsg.): Der Krieg um das Kosovo 1998/99, Mainz 2000: Hase & Koehler, S. 39-80.

Jürgens, Thomas: Die Gemeinsame Europäische Außen- und Sicherheitspolitik, Köln 1994: Carl Heymannns.

Kadare, Ismail: Ballkani: Të vërteta dhe të pavërteta; in: Ismail Kadare, Predrag Simic, Ljubimir Frckovski, Ylber Hysa, Ballkani i Jugut: Perspektiva nga rajoni, Tiranë 2001, S. 15-31.

Kagan, Robert: Macht und Ohnmacht.Amerika und Europa in der neuen Weltordnung, Berlin 2003: Siedler Verlag.

Kaiser, Karl: Der Balkan als Modell, in: *IP,* 11/2003, 20-28.

Kapri, Gregor A.: Die EU als ziviler Krisen- und Konfliktmanager. Historische Fundierung, institutionelle Entwicklung, empirische Bewertung, Magisterarbeit, Wien 2009.

Karakas, Cemal: Die Balkankrise als Gegenstand der Gemeinsamen Außen- und Sicherheitspolitik (GASP). Die EU zwischen Integration und Kooperation, Frankfurt a.M. 2004: Peter Lang.

Keohane, Dan: The Debate on British Policy in the Kosovo Conflict: An Assessment, in: *Contemporary Security Policy* 21:3 (2000), 78-94.

Keukeleire, Stephan / MacNaughtan, Jennifer: The Foreign Policy of the European Union. Basingstoke 2008: Palgrave.

KIPRED: Politika e Jashtme e Kosovës: faktorët, objektivat dhe sfidat, Prishtinë, April 2007.

Kirste, Knut: Der Jugoslawienkonflikt. Fallstudie im DFG-Projekt „Zivilmächte", Fassung: 07.01.1998, Trier 1998.

Kissinger, Henry: Die künftigen Beziehungen zwischen Europa und den Vereinigten Staaten, in: *EA* 47/1992, 671-679.

Kissinger, Henry: Diplomacy, New York 1994: Simon & Schuster.

Kohl, Christine von / Libal, Wolfgang: Kosovo: Gordischer Knoten des Balkan, Wien, Zürich 1992: Europa-Verlag.

Kondi, Arben: Krimi i fundshekullit, Tiranë 1999.

Köhler, Henning: Adenauer. Eine politische Biographie, Berlin 1994: Propyläen.

König, Marietta S.: Auswirkungen der Kosovo-Statusverhandlungen auf das Verhältnis zwischen Russland und der EU sowie auf die De-facto-Staaten im postsowjetischen Raum, in: *OSZE-Jahrbuch* 2007, 39-53.

Kosumi, Bajram: Koncept për mendimin e ri politik, Prishtinë 2001.

Kraja, Mehmet: Mirupafshim në një luftë tjetër, Prishtinë 2003.

Kramer, Helmut / Džihić, Vedran: Die Kosovo-Bilanz. Scheitert die internationale Gemeinschaft?, Wien 2005: LIT Verlag.

Krasniqi, Jakup: Kthesa e madhe, Ushtria Çlirimtare e Kosovës, Prishtinë 2006.

Krause, Joachim: Deutschland und die Kosovo-Krise, in: Konrad Clewing / Jens Reuter (Hrsg.): Der Kosovo-Konflikt. Ursachen, Akteure, Verlauf, München 2000: Bayerische Landeszentrale für politische Bildungsarbeit, S. 395-416.

Krbek, Ivo: Die Verfassung der Sozialistischen Föderativen Republik Jugoslawien vom 7. April 1963, in: *JöR* 13 (1964), 289-324.

Krieger, Heike (ed.): The Kosovo Conflict and International Law: An Analytical Documentation 1974-1999, Cambridge International Documents Series, Cambridge 2001: Cambridge University Press.

Kristian, Ivan: Verfassungsentwicklung in Slowenien, in: *JöR* 42 (1991), 59-110.

Kuçi, Hajredin: Independence of Kosova: a stabilizing or destabilizing factor in the Balkans?, Houston 2005: Jalifat Group.

Kupchan, Charles: Die europäische Herausforderung: Vom Ende der Vorherrschaft Amerkas, Berlin 2003: Rowohlt [Original: The End of the American Era by Alfred A. Knopf, New York 2002].

Kux, Stephan: Ursachen und Lösungsansätze des Balkankonflikts: Folgerungen für das Abkommen von Dayton, Basler Schriften zur europäischen Integration, Basel 1996.

Lain, King Iain / Whit, Mason: Paqe me çdo kusht. Si dështoi bota në Kosovë, Prishtinë 2007.

Lasheras, Borja / Ayala, Enrique / Maulny, Jean-Pierre / Liberti, Fabio / Katsioulis, Christos / Bishop, Sven: Eine Zukunftsagenda für die Europäische Sicherheits- und Verteidigungspolitik (ESVP), Zusammenfassung, Friedrich-Ebert-Stiftung, Berlin 2009, http://library.fes.de/pdf-files/id/ipa/06569.pdf.

Leiße, Olaf (Hrsg.): Die Europäische Union nach dem Vertrag von Lissabon, Wiesbaden 2010.

Leutloff-Grandits, Carolin: Claiming Ownership in Postwar Croatia, Münster u.a. 2004: LIT Verlag.

Libal, Michael: Limits of Persuasion. Germany and the Yugoslav Crisis, 1991-1992, Westport, London 1998: Praeger.

Libal, Wolfgang / Kohl, Christine von: Ballkani, Faktor qëndrueshmërie apo pështjellimi në Evropë, Prishtinë 2006.

Lieb, Julia: Der Hohe Verteter der Union für die Außen- und Sicherheitspolitik und der Europäische Auswärtige Dienst (EAD), in: Julia Lieb, Andreas Maurer (Hrsg.): Der Vertrag von Lissabon. Kurzkommentar, 3. Aufl., Berlin 2009: *SWP*, S. 27 f. (27).

Lieb, Julia und Kremer, Martin: Der Aufbau des Europäischen Auswärtigen Dienstes: Stand und Perspektiven. Integration, Vol. 33, No. 3 (Juli 2010), S. 195-208.

Lieb, Julia / Kremer, Martin: Der Aufbau des Europäischern Auswärtigen Dienstes: Stand und Perspektiven, in: *integration* 33:3 (2010), 195-208.

Lijphart, Arend: Constitutional design for divided societies, in: *Journal of Democracy* 15:2 (2004), 96-109.

Lindstrom, Gustav: EU-US Burdensharing. Who does what?, *Chaillot Paper* No. 82, September 2005, Paris: ISS.

Lipgens, Walter / Loth, Wilfried (Hrsg.): 45 Jahre Ringen um die Europäische Verfassung. Dokumente 1939-1984. Von den Schriften der Widerstandsbewegung bis zum Verfassungsentwurf des Europäischen Parlaments, Bonn 1986: Europa-Union-Verlag.

Lippert, Barbara: Mittel- und Osteuropa, in: *Jahrbuch der Europäischen Integration* 1996/97, 231-240.

Lipsius, Stephan: Untergrundorganisationen im Kosovo – Ein Überblick, in: *SOE* 47:1-2 (1998), 75-82.

Lipsius, Stephan: Kosovo: Politische Führung zerstritten, in: *SOE* 48:7-8 (1999), 359-372.

Lipsius, Stephan: Neue Minister und Resorts in Kosovo, in: *SOE* 48:9-10 (1999), 497-505.

Lipsius, Stephan: Kosovo erklärt Unabhängigkeit, in: *Albanische Hefte* 1/2008, 12.

Lübkemeier, Eckhard: Abenteuer Europa, in: *IP* 12/2003, 45-50.

Malcolm, Noel: Kosovo. A Short History, London 1998: Macmillan.

Malcolm, Noel: Kosova, një histori e shkurtër, Prishtinë, Tiranë 2001.

Malcolm, Noel: The War over Kosovo, in: Brad K. Blitz (ed.): War and Change in the Balkans. Nationalism, Conflict and Cooperation. Cambridge 2006: Cambridge University Press, pp. 143-155.

Manners, Ian: Normative Power Europe: A Contradiction in Terms?, in: *JCMSt* 40:2 (2002), 235-258.

Maull, Hanns W. / Stahl, Bernhard: Durch den Balkan nach Europa? Deutschland und Frankreich in den Jugoslawienkriegen, in: *Politische Vierteljahresschrift* 43:1 (2002), 82-111.

Maull, Hanns W.: Die prekäre Kontinuität: Deutsche Außenpolitik zwischen Pfadabhängigkeit und Anpassungsdruck, in: Schmidt, Manfred G. / Zohlnhöfer, Reimut (Hrsg.): Regieren in der Bundesrepublik Deutschland. Innen- und Außenpolitik seit 1949, Wiesbaden 2006, S. 421-446.

Maurer, Daniel: Europäische Sicherheit: Konfliktmanagment am Beispiel „Ex-Jugoslawien", Zürich 2001: ETH Zürich, Forschungsstelle für Sicherheitspolitik.

Mayer, Lawrence C. / Burnett, John H. / Ogden, Susane / Ymeri, Kujtim / Gazheli, Rudina: Politikat krahasuese: Popujt dhe teoritë në ndryshimin e botës, Tiranë 2003: Ora.

McBreen, Orla: The Diplomatic Involvement of the EU in the Kosovo Crisis, in: Dieter Mahncke (ed.): Old Frontiers – New Frontiers. The Challenge of Kosovo and its Implications for the EU, Bern u.a. 2001: Peter Lang, pp. 79-131.

McGarry, John / O'Leary, Brendan: Introduction: The macro-political regulation of ethnic conflict, in: John McGarry / Brendan O'Leary (eds.): The Politics of Ethnic Conflict Regulation: Case Studies of Protracted Ethnic Conflicts, London 1993: Routledge, pp. 1-40.

Mearsheimer, John J.: Back to the Future. Instability in Europe After the Cold War, in: *International Security* 15:1 (1990), 5-56.

Meier, Viktor: Wie Jugoslawien verspielt wurde, München 1999: C.H. Beck.

Meiers, Franz-Josef: Die „NATO Response Force" und die „European Rapid Reaction Force": Kooperationspartner oder Konkurrenzen?, in: Johannes Varwick (Hrsg.): Die Beziehungen zwischen NATO und EU-Partnerschaft, Konkurrenz, Rivalität?, Opladen 2005: Barbara Budrich, S. 119-138.

Merkel, Reinhard (Hrsg.): Der Kosovo-Krieg und das Völkerrecht, Frankfurt a.M. 2000: Suhrkamp.

Meyer, Berthold / Schlotter, Peter: Die Kosovo-Kriege 1998/9. Die internationale Intervention und ihre Folgen, Frankfurt a.M. 2000: Hessische Stiftung Friedens- und Konfliktforschung (HSFK).

Milo, Paskal: Bashkimi Evropian: ideja, integrimi, identiteti, e ardhmja: Tiranë 2002.

Milo, Paskal: Ditari i një ministri të jashtëm. Konflikti i Kosovës, Tiranë 2009.

Missiroli, Antonio: ESVP/GSVP – Wie sie funktioniert, in: Nicole Gnesotto (Hrsg.): Die Sicherheits- und Verteidigungspolitik der EU, Paris 2004: EU Institute for Security Studies, S. 65-86.

Muharremi, Robert: Kosova dhe integrimi i saj në Bashkimi Evropian: Sfida e themelimit të shtetit funksional të bazuar në sundimin e ligjit, Prishtinë 2008.

Muharremi, Robert: The European Union Rule of Law Mission in Kosovo (EULEX) from the Perspective of Kosovo Constitutional Law, in: *ZaöRV* 70 (2010), 357-379.

Müller-Brandeck-Bocquet, Gisela: Das neue Entscheidungssystem in der Gemeinsamen Außen- und Sicherheitspolitik der Europäische Union, in: Gisela Müller-Brandeck-Bocquet (Hrsg.): Europäische Außenpolitik, Die GASP- und ESPV-Konzeptionen ausgewählter Mitgliedstaaten, Baden-Baden 2002: Nomos, S. 9-27.

Murswiek, Dietrich, Die Problematik eines Rechts auf Sezession – neu betrachtet, *Archiv des Völkerrechts* 31:4 (1993), 307-332.

NATO: NATO Transformed, Brussels 2004: NATO, Public Diplomacy Division.

NATO: NATO Handbook, Brussels 2006: NATO, Public Diplomacy Division.

NATO: What is NATO?, Brussels 2012: NATO, Public Diplomacy Division.

Naumann, Klaus: Der nächste Konflikt wird kommen. Erfahrungen aus dem Kosovo-Einsatz, *Europäische Sicherheit* 1999, Heft 11, 8-22.

Naumann, Klaus: Kosovo – Modell für die Zukunft?, http://www.bundesheer.at/pdf_pool/publikationen/05_kk_03_naumann.pdf.

Nawparwar, Manazha: Die Außenbeziehungen der Europäischen Union zu internationalen Organisationen nach dem Vertrag von Lissabon, Beiträge zum Europa- und Völkerrecht, Heft 4, Institut für Wirtschaftsrecht, Forschungsstelle für Transnationales Wirtschaftsrecht, Juristische und Wirtschaftswissenschaftliche Fakultät der Martin-Luther-Universität Halle-Wittenberg, Halle 2009.

Neubeck, Arne von: Die Europäische Union als außenpolitischer Akteur – Konfliktmanagement auf dem Balkan, Norderstedt 2002: GRIN Verlag.

Neuhold, Hanspeter: Die Europäische Union auf dem Weg zu einem politischen und militärischen Akteur in den internationalen Beziehungen, in: Hanspeter Neuhold (Hrsg.): Die GASP: Entwicklungen und Perspektiven – La PESC: Évolution et Perspectives, Occasional Papers of the Diplomatic Academy Vienna No. 4/2000, S. 63-80.

Nissen, Sylke: Europäische Identität und die Zukunft Europas, in: *APuZ,* B 38/2004, 21-29.

Norman, Peter: The Accidental Constitution: The Making of Europe's Constitutional Treaty, 2nd ed., Brussels 2005: EuroComment.

Odendahl, Kerstin: Die Beteiligung der EU an UN-Missionen im Kosovo: UNMIK, EUPT Kosovo und EULEX Kosovo, in: *Schweizerische Zeitschrift für internationales und europäisches Recht* 19:3 (2009), 359-379.

Oppermann, Thomas: Europarecht, 3. Aufl., München 2005: C.H. Beck.

Oschlies, Wolf: Jugoslawien 1988 – eine kurze Bestandsaufnahme, in: *SOE* 38:1 (1989), 19-27.

Ott, Martin: Das Recht auf Sezession als Ausfluss des Selbstbestimmungsrechts der Völker, Berlin 2008: Berliner Wissenschaftsverlag.

Owen, David: Balkan-Odyssee, München, Wien 1996: Carl Hanser Verlag.

Paulsen, Thomas: Die Jugoslawienpolitik der USA 1989-1994, Baden-Baden 1995: Nomos.

Pauschenwein, Gernot: Gemeinsame Außen- und Sicherheitspolitik – Motor oder Bremse des Europäischen Integrationszuges?, Masterarbeit an der Theresianischen Militärakademie, Wiener Neustadt 2003.

Pechalova, Tanita: Remedial secession as right of self-determination: The cases of Kosovo and Abkhazia. Tilburg University, 2017.

Pechstein, Matthias / Koenig, Christian: Die Europäische Union. Die Verträge von Maastricht und Amsterdam, Tübingen 2000: Mohr & Siebeck.

Pellet, Alain: The Opinions of the Badinter Arbitration Commission. A Second Breath for the Self-Determination of Peoples, in: *EJIL* 3 (1992), 178-185.

Pernthaler, Peter / Hilpold, Peter: Sanktionen als Instrument der Politikkontrolle – der Fall Österreich, in: *Integration* 23:2 (2000), 105-119.

Perritt, Jr., Henry H.: Kosovo Liberation Army: The Inside Story of an Insurgency, University of Illinois Press 2008 [albanische Ausgabe: Ushtria Çlirimtare e Kosovës: Rrëfim prej brenda për një kryengritje, Prishtinë 2008].

Peshkëpia, Ridvan: Pakti i Stabilitetit për Evropën Juglindore, Tiranë 2002.

Peters, Susanne: GASP und WEU – Wegbereiter einer Supermacht Europa, in: Elfriede Regelsberger (Hrsg.): Die Gemeinsame Außen- und Sicherheitspolitik der Europäischen Union. Profilsuche mit Hindernissen, Bonn 1993: Europa-Union-Verlag, S. 139-154.

Peterson, John / Bomberg, Elizabeth: Decision-Making in the European Union. New York 1999: Palgrave.

Petritsch, Wolfgang: Bosnien und Herzegovina 5 Jahre nach Dayton. Hat der Friede eine Chance?, Klagenfurt, Wien, Ljubljana, Tuzla, Sarajevo 2001.

Petritsch, Wolfgang / Kaser, Karl / Pichler, Robert (Hrsg.): Kosovo/Kosova: Mythen, Daten, Fakten, Klagenfurt, Wien, Ljubljana, Sarajevo 1999: Wieser.

Petritsch, Wolgang / Pichler, Robert: Kosovo: Der lange Weg zum Frieden, Klagenfurt, Wien, Ljubljana, Sarajevo 2005: Wieser.

Petritsch, Wolfgang / Pichler, Robert: Rruga e gjatë në luftë, Prishtinë 2002: Koha.

Pettifer, James: Kosova Express: A Journey in Wartime, London 2005: C. Hurst.

Pfetsch, Frank R. / Beichelt, Timm: Die Europäische Union: Geschichte, Institutionen, Prozesse, 3. Aufl., München 2005: W. Fink.

Pijpers, Alfred/Regelsberger, Elfriede/Wessels, Wolfgang (Hrsg.), Die Europäische Politische Zusammenarbeit in den achtziger Jahren. Eine gemeinsame Außenpolitik für Westeuropa? Bonn: Europa Union-Verlag, 1989.

Piotrowski, Ralph: Sprache und Außenpolitik. Der deutsche und US-amerikanische Diskurs zur Anerkennung Kroatiens, Diss., Freie Universität Berlin, 2003.

Pippan, Christian: Die Herausforderungen der Kosovo-Frage für die Europäische Union vor dem Hintergrund des Statusprozesses, in: Georg Nolte, Peter Hilpold (Hrsg.): Auslandsinvestitionen – Entwicklung großer Kodifikationen – Fragmentierung des Völkerrechts – Status des Kosovo, Frankfurt a.M. 2008: Peter Lang, S. 231-258.

Plate, Bernard von / Schmidt, Peter: Europäische Sicherheits- und Verteidigungspolitik, Informationen zur politischen Bildung, Heft 274, 9. Januar 2004.

Poettering, Hans-Gert: Introduction, in: Hans-Gert Poettering (ed.): Our vision of Europe, Leuven, Apeldoorn 2001: Garant, pp. 9-11.

Poggeschi, Giovanni: Katalonien und Baskenland: Zwei vom Kosovo „weit entfernte" Modelle, in: Joseph Marko (Hrsg.): Gordischer Knoten Kosovo/a: Durchlagen oder entwirren?, Baden-Baden 1999: Nomos, S. 105-114.

Prange, Klaus: Schlüsselwerke der Pädagogik. Band 1: Von Plato bis Hegel, Stuttgart 2008: W. Kohlhammer Verlag.

Preineder, Alois: Die Europäische Union als militärischer und ziviler Akteur der internationalen Politik. Normatives Selbstverständnis und empirische Befunde, Magisterarbeit, Universität Wien 2008.

Preuß, Ulrich K.: Zwischen Legalität und Gerechtigkeit. Der Kosovo-Krieg, das Völkerrecht und die Moral, in: *Blätter für deutsche und internationale Politik* 44:7 (1999), 816-828.

Reiter Erich: Die Entwicklung der ESVP und der transatlantischen Beziehungen. Die europäische Sicherheitsstrategie wird die transatlantischen Beziehungen bestimmen, Wien, 2004.

Qosja, Rexhep: Paqja e përgjaksme, – Konferenca Ndërkombëtare për Kosovën, Tiranë 1999: Toena.

Qosja, Rexhep: Çështja shqiptare, historia dhe politika, Prishtinë 1994.

Radan, Peter: Post-Secession International Borders: A Critical Analysis of the Opinions of the Badinter Arbitration Commission, in: *Melbourne University Law Review* 24 (2000), 50-76.

Ramadani, Burim: Shteti i Komuniteteve, Prishtinë 2009.

Ramet, Sabrina P.: Die politische Strategie der Vereinigten Staaten in der Kosovo-Krise: Parteipolitik und nationales Interesse, in: Konrad Clewing / Jens Reuter (Hrsg.): Der Kosovo-Konflikt: Ursachen, Verlauf, Perspektiven, München 2000: Bayerische Landeszentrale für politische Bildungsarbeit, S. 365-380.

Ramet, Sabrina P.: Die drei Jugoslawien. Eine Geschichte der Staatsbildungen und ihrer Probleme, München: Oldenbourg 2011.

Rauert, Fee: Das Kosovo. Eine völkerrechtliche Studie, Wien 1999: Braumüller.

Regelsberger, Elfriede: Gemeinsame Außen- und Sicherheitspolitik nach Maastricht – Minimalreformen in neuer Entwicklungsperspektive, in: *Integration* 15:2 (1992), 83-93.

Regelsberger, Elfried: Die Außen- und Sicherheitspolitik nach ‚Nizza' – Begrenzter Reformeifer und außervertragliche Dynamik, in: Mathias Jopp, Barabara Lippert, Heinrich Schneider (Hrsg.): Das Vertragswerk von Nizza und die Zuknft der Europäischen Union, Berlin 2001: Europa-Union-Verlag, S. 112-122.

Regelsberger, Elfriede / Arnswald, Sven: Europäische Außen- und Sicherheitspolitik. Papiertiger oder Ordnungsfaktor?, in: Bundeszentrale für politische Bildung (Hrsg.): Europa an der Schwelle zum 21. Jahrhundert. Reform und Zukunft der Europäischen Union, Bonn 1998, S. 261-304.

Reichardt, Hans Wilhelm: Auswärtige Beziehungen der Europäischen Gemeinschaft für Kohle und Stahl zu Drittstaaten und Internationalen Organisationen, Diss., Universität Köln 1961.

Reiter, Erich: Die Entwicklung der ESVP und der transatlantischen Beziehungen. Die europäische Sicherheitsstrategie wird die transatlantischen Beziehungen bestimmen, Wien 2004.

Reiter, Erich: Die Sicherheitsstrategie der EU, in: *APuZ*, B 3-4/2004, 26-31.

Reka, Blerim: Diplomacia preventive dhe Kosova, Prishtinë 1994.

Reka, Blerim: Kushtetuta e EU-së, Rubikoni i supranacionales, Shkup, Prishtinë, Tiranë 2007: Logos-A.

Reka, Blerim: Constitution of the EU – The Rubicon of Supranational, Shkup 2007: Logos-A.

Reka, Blerim: Geopolitics and techniques of EU enlargement, Brussels 2010: Aspect.

Reka, Blerim / Holl, Otmar / Sela, Ylber: Institucionet dhe Politikat e Unionit Evropian, Tetovë 2010.

Reka, Blerim / Höll, Otmar /Sela, Ylber: Institutions and Policies of EU, Tetova 2010: Universitas.

Reka, Blerim / Sela, Ylber: Hyrje në të drejtën evropiane, Tetovë 2011.

Renne, Barbara: Die Europäische Sicherheits- und Verteidigungspolitik zwischen Anspruch und Wirklichkeit: Probleme und Perspektiven der EU-Eingreiftruppe unter besonderer Berücksichtigung ihres Verhältnisses zur NATO-Response Force, Hamburg, Institute for Peace Research and Security Policy, Heft 134, Januar 2004.

Rentoul, John: Tony Blair – Prime Minister, London 2001: Warmer Books.

Reqica, Hamdi: Die Entwicklung der Gemeinsamen Sicherheits- und Verteidigungspolitik der Europäischen Union bis zur Ständigen Strukturierten Zusammenarbeit, verdeutlicht und überprüft an den Interventionen auf dem Westbalkan, Berlin 2016: WVB.

Reuter, Jens: Die Albaner in Jugoslawien, München 1982: Oldenbourg.

Reuter, Jens: Prioritäten der jugoslawischen Außenpolitik: EFTA und/oder EG?, in: *SOE* 40:1 (1991), 10-16.

Reuter, Jens: Die Entstehung der jugoslawischen Krise und ihre Internationalisierung, in: *SOE* 40/1991, 343-352.

Reuter, Jens: Die Kosovo-Albaner im ehemaligen Jugoslawien, in: Georg Brunner / Hans Lemberg (Hrsg.): Volksgruppen in Ostmittel- und Südosteuropa, Baden-Baden 1994: Nomos, S. 187-194.

Reuter, Jens: Slowenien, Kroatien und Serbien: Wie groß ist der Abstand zur Europäischen Union?, in: *SOE* 47:5-6 (1998), 190-205.

Reuter, Jens: Kosovo 1998, in: *OSZE-Jahrbuch* 4 (1998), 203-214

Reuter, Jens: Die internationale Gemeinschaft und der Krieg in Kosovo, in: *SOE* 47:7-8 (1998), 281-297.

Reuter, Jens: Die Entstehung des Kosovo-Problems, in: *APuZ*, B 34/1999, 3-10.

Reuter, Jens: Die Kosovo-Politik der internationalen Gemeinschaft in den neunziger Jahren, in: Konrad Clewing / Jens Reuter (Hrsg.): Der Kosovo-Konflikt. Ursachen, Akteure, Verlauf, München 2000: Bayerische Landeszentrale für politische Bildungsarbeit, S. 321-334.

Rezac, David: Militärische Intervention als Problem des Völkerrechts. Eine Untersuchung bewaffneten Eingreifens in innerstaatliche Konflikte anhand des Kosovo-Krieges, Wien 2002.

Rich, Roland: Recognition of States: The Collapse of Yugoslavia and the Soviet Union, in: *EJIL* 4 (1993), 36-65.

Richardson, Louise: A Force for God in the World? Britains Role in the Kosovo Crisis, in: Pierre Martin, Mark Brawlez (eds.): Alliance Politics, Kosovo, and NATO's War: Allied Force or Forced Allies?, Basingtoke, Hampshire 2000: Palgrave, pp. 145-164.

Rosefeldt, Martin: Deutschlands und Frankreichs Jugoslawienpolitik im Rahmen der Europäischen Gemeinschaft, Diss., München 1993.

Ruhnke, Andre: Der Kosovo-Krieg 1998-1999, Universität Rostock, Institut für Politik und Verwaltungswissenschaft, Rostock 2004.

Rutten, Maartje: From St-Malo to Nice. European defence: core documents, *Chaillot Paper* No. 47, May 2001, Paris: ISS.

Rücker, Joachim: Standards and status: how Kosovo became independent. Südosteuropa-Gesellschaft. Verlag Otto Sagner, München-Berlin 2011.

Saadhoff, Christian: Die Gemeinsame Außen- und Sicherheitspolitik der Europäischen Union. Fragen der Handlungsfähigkeit und der Entwicklungsperspektiven, Dresden 1999 (Magisterarbeit TU Dresden).

Saadhoff, Christian: GASP: Außenpolitik für ein geeintes Europa. Die zweite Säule der EU auf dem Prüfstand, Norderstedt 2000: Libri BoD.

Salihu, Kurtesh: Lindja, zhvillimi, pozita dhe aspektet e autonomitetit të Krahinës Socialiste Autonome të Kosovës në Jugosllavinë Socialiste, Prishtinë 1984.

Schäfer, Anton (Hrsg.): Die Verfassungsentwürfe zur Gründung einer Europäischen Union. Herausragende Dokumente von 1923 bis 2004, Dornbirn 2001: Edition Europa.

Schaller, Christian: Das Kosovo-Gutachten des IGH und seine Implikationen für die Vereinten Nationen, in: Halbach, Uwe / Richter, Solveig / Schaller, Christian: Kosovo – Sonderfall mit Präzedenzwirkung? Völkerrechtliche und politische Entwicklungen nach dem Gutachten des Internationalen Gerichtshofs, SWP-Studie S 13, Berlin 2011, S. 7-13.

Scharping, Rudolf: Wir dürfen nicht wegsehen. Der Kosovo-Krieg und Europa, Berlin 1999: Ullstein Verlag.

Scharping, Rudolf: Germany, Kosovo and the Alliance, in: Wolfgang-Uwe Friedrich (ed.), Legacy of Kosovo: German Politics and Policies in the Balkans, German Issues 22, Washington, D.C. 2010: American Institute for Contemporary German Studies, pp. 38-50.

Schattenmann, Marc: Außenpolitische Perspektiven im europäischen Einigungsprozess, in: Dietmar Herz (Hrsg.): Die Europäische Union. Politik, Recht, Wirtschaft, Frankfurt a.M. 1999: Fischer Taschenbuch Verlag, S. 232-238.

Scheffran, Jürgen: Von Racak bis Rambouillet. Diplomatie als Nullsummenspiel, in: *Vierteljahresschrift für Sicherheit und Frieden* 17, Heft 3, 1999, 145-152.

Scherff, Dyrk: Die Fähigkeit der Europäischen Union zum aktiven Krisenmenagment: Lehren aus den Vermittlungsbemühungen 1991/92 während des jugoslawischen Bürgerkrieges und der derzeitige Konflikt im Kosovo, in: *SOE* 47:7-8 (1998), 298-333.

Schlegel, Dietrich: Wie kann Südosteuropa langfristig stabilisiert werden? – Eine deutsche Initiative, in: *SOE* 49:1 (1999), 17-25.

Schley, Nicole / Busse, Sabine / Brökelmann, J. Sebastian: Knaurs Handbuch Europa: Daten – Länder – Perspektiven, München 2004: Knaur Taschenbuch.

Schmalz, Uwe: Kohärenz der EU-Außenbeziehungen? Der Dualismus von Gemeinschaft und Gemeinsamer Außen- und Sicherheitspolitik in der Praxis, Arbeitspapier der Konrad-Adenauer-Stiftung, Bereich Forschung und Beratung – Internationale Politik, Sankt Augustin 1997.

Schmidt, Fabian: Supporting the Status quo, in: *War Report*, May 1996, p. 32.

Schmidt, Fabian: Im Griff der großen Mächte. Das Kosovo in der wechselvollen Gesichte des Balkans, in: Thomas Schmidt (Hrsg.): Krieg im Kosovo, Reinbek 1999: Rowohlt, S. 82-100.

Schmidt, Fabian / Moore, Patrick: Die Albaner im ehemaligen Jugoslawien als Sicherheitsproblem, in: Gerhard Seewann (Hrsg.): Minderheiten als Konfliktpotential in Ostmittel- und Südosteuropa, München 1995: Oldenbourg, S. 70-139.

Schminke, Alexander: Die Sicherheitspolitik der Europäischen Union, Diplomarbeit, Berlin 2004.

Schmitt, Oliver: Kosovo. Kurze Geschichte einer zentralbalkanischen Landschaft, Wien, Köln, Weimar 2008: UTB.

Schneider, Wieland: Kosovo/Kosova in der albanisch-serbischen und der internationalen Auseinandersetzung, Diplomarbeit, Universität Wien, 2008.

Schröder, Gerhard: Entscheidungen. Mein Leben in der Politik, Hamburg 2007: Hoffmann und Campe.

Schubert, Klaus / Müller-Brandeck-Bocquet, Gisela: Die Europäische Union als Akteur der Weltpolitik. Ein Resümee, in: Klaus Schubert, Gisela Müller-Brandeck-Bocquet (Hrsg.): Die Europäische Union als Akteur der Weltpolitik, Opladen 2000: Leske + Budrich, S. 281-288.

Schultz, Lothar: Die jüngste Verfassungreform der Sozialistischen Föderativen Volksrepublik Jugoslawien, in: *Jahrbuch des Ostrechts* 13 (1972), 7-36.

Schulz, Peter: Der Kosovokonflikt unter Berücksichtigung der deutschen Rolle, Hamburg 2008:; Igel Verlag.

Schulze, Reiner / Hoeren Thomas (Hrsg.): Dokumente zum Europäischen Recht, Bd. 1: Gründungsverträge, Berlin, Heidelberg, New York 1999: Springer.

Schwabe, Klaus: Weltmacht und Weltordnung. Amerikanische Außenpolitik von 1898 bis zur Gegenwart: Eine Jahrhundertgeschichte, Paderborn 2007: Schöningh.

Schwarz, Oliver: Auf dem Weg zur Friedensmacht? Stationen europäischer Außenpolitik in Bosnien-Herzegovina 1991-2003, Diplomarbeit, Duisburg 2003.

Schwegmann, Christoph: The Contact Group and Its Impact on the European Institutional Structure, *Occasional Papers* No. 16, June 2000, Paris: ISS.

Schwegmann, Christoph: Die Jugoslawien-Kontaktgruppe in den Internationalen Beziehungen, Baden-Baden 2002: Nomos.

Schwegmann, Christoph: Kontaktgruppen und EU-3-Verhandlung. Notwendige Flexibilisierung Europäischer Außenpolitik, *SWP-Aktuell* 62/2005.

Schweisfurth, Theodor: Völkerrecht, Tübingen 2006: Mohr Siebeck.

Schwerin, Otto Graf: Die Solidarität der EG-Staaten in der KSZE, in: *EA* 30:15 (1975), 483-492.

Shala, Blerim: Lufta diplomatike për Kosovën, (Dialog me ambasadorin Christopher Hill), Prishtinë 2003: Zëri.

Shala, Blerim: Vitet e Kosovës 1998-1999, Prishtinë 2000.

Sheikhzadeh, Shahram: Das außen- und sicherheitspolitische Verhalten der USA nach dem 11. September 2001, Diss., Rheinisch-Westfälische Technische Hochschule, Aachen 2008.

Silber, Laura / Little, Allan: The Death of Yugoslavia, London 1995: Penguin Books.

Smith, Hazel: European Union Foreign Policy. What it is and What it Does, London 2002: Pluto Press.

Smith, Michael E.: Diplomacy by Decree: The Legalization of EU Foreign Policy, in: *JCMSt* 39:1 (2001), 79-104.

Staber, Maria Franziska: Militärisches Krisen- und Konfliktmanagement der Europäischen Union unter besonderer Berücksichtigung der Kooperation mit den Vereinten Nationen, Diplomarbeit, Universität Wien, 2009.

Stavileci, Esat: Kosova nën administrimin ndërkombëtar, Gjakovë 2000.

Staub, Christian: Kosovo. Eine rechtliche Analyse, Norderstedt 2008.

Stein, Torsten / von Buttlar, Christian: Völkerrecht, 11. Aufl., Köln 2005: Carl Heymanns Verlag.

Studnitz, Ernst Jörg von: Die Internationalisierung der Jugoslawien-Krise 1991/92, in: Hans Peter Lins, Roland Schoenfeld (Hrsg.): Deutschland und die Völker Südosteuropas, Festschrift für Walter Althammer, München (Südosteuropa-Jahrbuch 23), S. 85-91.

Sundhaussen, Holm: Jugoslawien und seine Nachfolgestaaten 1943-2011, Wien, Köln, Weimar 2012: Böhlau.

Sundhaussen, Holm: Von „Lausanne" nach „Dayton". Ein Paradigmenwechsel bei der Lösung ethnonationaler Konflikte, in: Rüdiger Hohls, Iris Schröder, Hannes Siegrist (Hrsg.): Europa und die Europäer. Quellen und Essays zur modernen europäischen Geschichte, Stuttgart 2005: Franz Steiner Verlag, S. 409-414.

Sundhaussen, Holm: Eine Konfliktgeschichte, in: Konrad Clewing / Jens Reuter (Hrsg.): Der Kosovo-Konflikt. Ursachen, Verlauf, Perspektiven, München 2000: Bayerische Landeszentrale für politische Bildungsarbeit, S. 65-88.

Sundhaussen, Holm: Nur Menschen können frei sein, nicht Territorien, Forum für Politik, Ökonomie, Kultur 25:3 (2007), 39-43.

Swoboda, Veit / Stahl, Bernhard: Die EU im Kosovo-Konflikt (1996-1999), in: Bernhard Stahl, Sebastian Harnisch (Hrsg.): Vergleichende Außenpolitikforschung und nationale Identitäten: die Europäische Union im Kosovo-Konflikt 1996-2008, Baden-Baden 2009: Nomos, S. 59-80.

Tafaj, Sinan: Marrëdhëniet e Shqipërisë me vendet anëtare të Bashkimit Ekonomik Evropian, Tiranë 1999.

Tahiri, Edita: Konferenca e Rambujesë: Procesi negociator & dokumentet (= The Rambouillet Conference: negotiating process & documents), Pejë 2001: Dukagjini.

Tërnava, Muhamet: Popullësia e Kosovës gjatë shekujve XIV/XVI, Instituti Albanologjik, Prishtinë 1995.

The Carnegie Endowment for International Peace: Report of the International Commission to Inquire into the Causes and Conducts of the Balkan Wars, Washington 1914.

The Kosovo Report. The Independent International Commission on Kosovo, Oxford University Press, New York 2000.

The Lord Byron Foundation for Balkan Studies, Centre for Peace in the Balkans (eds.): Kosovo under NATO. Anatomy of an Unjust War, London, Aiken, Toronto 2000.

Thym, Daniel: Außenverfassungsrecht nach dem Lissaboner Vertrag, in: Ingolf Pernice (Hrsg.): Der Vertrag von Lissabon: Reform der EU ohne Verfassung?, Baden-Baden 2008: Nomos, S. 173-189.

Tiede, Wolfgang / Schirmer, Jakob: Die rechtlichen Grundlagen der Überwachungsmission der Europäischen Union in Georgien (EUMM), in: *Osteuropa-Recht* 4/2009, 403-413.

Tolksdorf, Dominik: Die deutsche Ratspräsidentschaft und Südosteuropa – zwischen Kosovo-Statusentscheidung und Fortführung des Beitrittsprozesses, C·A·P Analyse 6/2007.

Tomuschat, Christian: Die Anerkennung von Neustaaten – Die vorzeitige Anerkennung, in: Peter Hilpold (Hrsg.): Das Kosovo-Gutachten des IGH vom 22. Juli 2010, Leiden/Boston 2012: Martinus Nijhoff Publishers, S. 31-47.

Triantaphyllou, Dimitrios (ed.): What Status for Kosovo?, *Chaillot Paper* No. 50, October 2001, Paris: ISS.

Trifunovska, Snezana (ed.): Yugoslavia through Documents. From its Creation to its Dissolution, Dordrecht 1993: Martinus Nijhoff Publishers.

Troebst, Stefan: Makedonische Antwort auf die „Makedonische Frage" 1944-1992: Nationalismus, Republiksgründung, *nation-building*, in: *SOE* 41 (1992), 423-442.

Troebst, Stefan: The Kosovo War, Round One: in: *SOE* 48:3-4 (1998), 156-190.

Troebst, Stefan: Conflict in Kosovo. Failure of Prevention? An Analytical Documentation, 1992-1998, European Centre for Minority Issues (ECMI), Working Paper 1, Flensburg 1998.

Troebst, Stefan: Chronologie einer gescheiterten Prävention. Vom Konflikt zum Krieg im Kosovo, 1989-1999, in: *Osteuropa* 8/1999), 777-795.

Türk, Danilo: Recognition of States: A Comment, in: *EJIL* 4 (1993), 66-71.

Udovicki, Jasminka / Rideway, James (eds.): Makthi etnik i Jugosllavisë, Tiranë 1998: Albin.

Ukshini, Sylë: Kosova dhe Perëndimi, Prishtinë 2001: Rilindja.

Ukshini, Sylë: Refleksione historiografike, Prishtinë 2002: Rozafa.

Ukshini, Sylë: Nga lufta në paqe, Prishtinë 2004: Rozafa.

Ukshini, Sylë: Kosova në politikën e jashtme të BE-së 1991-2007, Shkup, Prishtinë, Tiranë 2008: Logos-A.

Ukshini, Sylë: Lufta për Kosovën, Prishtinë 2008: Rozafa.

Unfinished Peace, Report to the International Commission on the Balkans, Aspen Instiutute Berlin and Carnegie Endowment for International Peace, Washington 1996.

United Nations (ed.): The partnership between the UN and the EU. The United Nations and the European Commission working together in Development and Humanitarian Cooperation, Brussels 2006.

van Eckelen, Wim F.: Perspektiven der Gemeinsamen Außen- und Sicherheitspolitik der EU. ZEI-Discussion Paper C 21/1998.

Varwick, Johannes: Frankreich auf dem Balkan, in: Bernd Rill (Hrsg.): Deutschland und Frankreich: Gemeinsame Zukunftsfragen, München 2000: Hanns Seidel Stiftung, S. 101-111.

Varwick, Johannes: NATO und EU: Partnerschaft oder Konkurrenz?, in: Henning Riecke (Hrsg.): Die Transformation der NATO. Die Zukunft der euro-atlantischen Sicherheitskoopetration, Baden-Baden 2000: Nomos, S. 155-174.

Vasileviq, Vlladan: Kosova: realizimi dhe mbrojtja e të drejtave të njeriut, in: Konflikt apo dialog, Pejë 1995.

Veremis, Thanos: The Kosovo Puzzle, in: Thanos Veremis, Evangelos Kofos (eds.): Avoiding another War, Athens 1998: ELIAMEP, University of Athens, pp. 17-42.

Vetschera, Heinz: Früherkennung krisenhafter Entwicklungen am Beispiel der Jugoslawien-Krise, in: Wolfgang Pühs, Thomas Weggel, Claus Richter (Hrsg.): Sicherheitspolitisches Symposium Balkankonflikt. Instrumente des Internationalen Krisenmanagements, Baden-Baden 1994: Nomos, S. 17-37.

Vickers, Miranda: Between Serbs and Albanian: A History of Kosovo, London 1998.

Volle, Angelika / Wagner, Wolfgang (Hrsg.): Der Krieg auf dem Balkan. Die Hilflosigkeit der Staatenwelt, Beiträge und Dokumente aus dem Europa-Archiv, Bonn 1994: Verlag für internationale Politik.

Volle, Angelika / Weidenfeld, Werner (Hrsg.): Der Balkan zwischen Krise und Stabilität, Bielefeld 2002: Bertelsmann Verlag.

Walter, Florian: Erfolge und Defizite der Europäischen / Gemeinsamen Sicherheits- und Verteidigungspolitik unter besonderer Berücksichtigung ihrer Operationen in Afrika, Diss. Wien 2010.

Weidenfeld, Werner / Wessels, Wolfgang (Hrsg.): Europa von A bis Z. Taschenbuch der europäischen Integration, Institut für Europäische Politik, 8. Aufl., Bonn 2002: Europa-Union Verlag.

Weller, Marc: The International Response to the Dissolution of the Socialist Federal Republic of Yugoslavia, in: *American Journal for International Law* 86:3 (1992), 569-607.

Weller, Marc: International Law and Chaos, in: *Cambridge Law Journal* 52:1 (1993), 6-9.

Weller, Marc (ed.): The Crisis in Kosovo 1989-1999: From the Dissolution of Yugoslavia to Rambouillet and the Outbreak of Hostilities, Cambridge 1999.

Weller, Marc: The Rambouillet Conference on Kosovo, in: *International Affairs* 75:2 (1999), 211-252.

Weller, Marc: Die Verfassung Kosovos und der Schutz der Minderheiten, Dokumentation, in: *SOE* 56 (2008), 115-156.

Weller, Marc: Negotiating the final status of Kosovo, *Chaillot Paper* No. 114, December 2008, Paris: ISS.

Weller, Marc: Contested Statehood: Kosovo's Struggle for Independence, Oxford 2009: Oxford University Press.

Witte, Eric A.: Die Rolle der Vereinigten Staaten im Jugoslawien-Konflikt und der außenpolitische Handlungsspielraum der Bundesrepublik Deutschland (1990-1996), München 2000: Osteuropa-Institut.

Wittkowsky, Andreas: Der Stabilitätspakt für Südosteuropa und die „führende Rolle" der Europäischen Union, in; *APuZ* B 29-30/2000, 3-13.

Wittkowsky, Andreas / Kasch, Holger: Testfall Kosovo: Zwischenbilanz der europäischen Konfliktbearbeitung, Berlin 2012: Zentrum für Internationale Friedenseinsätze (ZIF).

Witulski, Alexander: Ist die Europäische Union auf dem Weg zu einer Verteidigungsunion?, Aachen 2002: Verlag Mainz.

Woyke, Wichard (Hrsg.): Handwörterbuch Internationale Politik, 8. Aufl., Bonn 2000: Bundeszentrale für politische Bildung.

Zajmi, Gazmend: Shpërbërja e Jugosllavisë dhe çështja shqiptare, in: Konflikt apo dialog, Pejë 1995.

Zeitler, Klaus Peter: Deutschlands Rolle bei der völkerrechtlichen Anerkennung der Republik Kroatien unter besonderer Berücksichtigung des deutschen Außenministers Genscher, Marburg 2000: Tectum Verlag.

Zimmermann, Warren: „The Demons of Kosovo", in: *The National Interest* No. 52 (Spring 1998), pp. 3-13.

Zimmermann, Warren: Origins of a Catastrophe. Yugoslavia and its destroyers: America's Last Ambassador Tells What Happened and Why, New York 2000: Times Books / Random House.

Artikel in Zeitungen und im Internet[1401]

Adopting Consensus Resolution, General Assembly Acknowledges World Court Opinion on Kosovo, Welcomes European Union Readiness to Facilitate Process of Dialogue, Sixty-fourth General Assembly, GA/10980, 9 September 2010, https://www.un.org/News/Press/docs/2010/ga10980.doc.htm

Ahtisaari: „Historia e Kosovës është krejtësisht ndryshe nga ajo e Baskisë", in: *Zëri*, 13.06.2008.

„Albanien und Kroatien sind neue NATO-Mitglieder", in: *Spiegel Online*, 01.04.2009, http://www.spiegel.de/politik/ausland/0,1518,616846,00.html

Albright, Madeleine: The Right Balance will Secure NATO's Future, in: *Financial Times*, 07.12.1998.

Aliu, Fatmir / Miftari, Zija: „OKB-ja i ka informatat që Serbia punon për ndarjen e Kosovës", in: *Koha Ditore*, 25.03.2008.

Altermatt, Urs: Etnonacionalizmi në Evropë, Tiranë 1996: „Gefährlicher politischer Stillstand in Kosovo", NZZ, 30.07.2007, http://www.nzz.ch/nachrichten/politik/international/gefaehrlicher_politischer_stillstand_in_kosovo_1.534498.html

„Assoziierungsabkommen mit Kosovo am Start", *kurier.at*, 28.10.2013.

Auswärtiges Amt: Gemeinsame Außen- und Sicherheitspolitik (GASP), http://www.auswaertiges-amt.de/DE/Europa/Aussenpolitik/GASP/Uebersicht.html

„Ban Ki-Moon – Solanës: EULEX-i mund të vendoset në Kosovë vetëm si neutral ndaj statusit", in: *Zëri*, 21.10.2008.

„Ban to give EU role in UN Kosovo mission-document", *Reuter*, 12.06.2008.

Bancroft, Ian: „Kosovo – A new frozen conflict", in: *The Guardian*, 09.06.2008

Batt, Judy: „Serbia: Turning the Corner at Last?", Madrid: FRIDE, January 2009 (FRIDE Policy Brief No. 3).

„BE: Për Kosovën – autonomia sipas planit Z-4", in: *Koha Ditore*, 22.08.1998.

„BE-ja iu afrua qëndrimit amerikan për Kosovën", in: *Koha Ditore*, 29.04.1998.

„BE-ja kërkon shpjegime nga serbia për ngjarjet në Kosovë", in: *Koha Ditore*, 02.03.1998.

Beck, Ulrich / Giddens, Anthony: „Ein blau-gelbes Wunder", in: *SZ*, 01.10.2005.

„Bëjeni planin", Samuel Zbogar, shef i Zyrës së BE-së në Kosovë, in: *Express*, 28.04.2008.

„Belgrad lehnt Sonderstatus für Kosovo ab", in: *NZZ*, 27.11.1997.

Bergström, Hans: „Evropa në sytë e Amerikës", in: *Koha Ditore*, 24.05.2004, 11.

Beste, Ralf: „Fischers Plan sieht Pause bei Angriffen vor", in: *Berliner Zeitung*, 14.04.1999.

Bölsche, Jochen, „Amerikaner kommen vom Mars, Europäer von der Venus", *Spiegel Online*, 19.02.2003, http://www.spiegel.de/politik/ausland/anatomie-einer-krise-auslaender-kommen-vom-mars-europaeer-von-der-venus-a-236450.html

„Bonn befürwortet stärkere Rolle der EU im Kosovo-Konflikt", in: *FAZ*, 13.02.1999.

Bugajski, Janusz: „Bashkimi i dobët evropian", in: *Koha Ditore* 2006, 10 f.

„Bundesaußenminister Dr. Klaus Kinkel erklärte heute (02.10.) zu den Demonstrationen der kosovo-albanischen Studenten in Pristina",

---

[1401] Alle Internetquellen wurden letztmals am 14.01.2019 überprüft.

http://www.bndlg.de/~wplarre/protest2.htm#Kinkel%20zu%20Demonstrationen%20kosovo-albanischer%20Studenten%20in%20Pristina

„Bush in Albanien: Für Kosovo-Unabhängigkeit", in: *Die Presse*, 10.06.2007, http://diepresse.com/home/politik/aussenpolitik/309517/Bush-in-Albanien_Fuer-KosovoUnabhaengigkeit

Bushati, Ditmir, „Albanien Diplomacy, 5 Years Later", in: *Albanian Daily News*, 19.01.2019.

Busse, Nikolas: „Im Konfliktfall müssen Fußnoten helfen", in: *FAZ*, 20.02.2008.

„Cook angazhohet për një shkallë të lartë të autonomisë për Kosovën", in: *Koha Ditore*, 05.03.1998.

Cufaj, Beqë: „Pranohet Trojka – s´ka agjendë për negociata", in: *Koha Ditore*, 26.07.2007.

Czymmeck, Anja: Meilenstein im Kosovo-Serbien-Dialog, Konrad-Adenauer-Stiftung e.V, 24. April 2013, http://www.kas.de/wf/doc/kas_34160-544-1-30.pdf?130424114742

Danner, Mark: Operation Storm, in: *The New York Review of Books*, 22.10.1998, http://www.nybooks.com/artiles/archives/1998/oct/22/operation-storm/

„Da li je srpska kampanja za povlačenje priznanja Kosova dala rezultate?", *vesti online*, 30.12.2018, https://www.vesti-online.com/Vesti/Srbija/722595/Da-li-je-srpska-kampanja-za-povlacenje-priznanja-Kosova-dala-rezultate (letzter Zugriff am 14.01.2019).

„Das EU-Parlament für Militäraktion im Kosovo", in: *NZZ*, 09.10.1998.

„Das Gespräch mit Madeleine Albright: Europa ist kein Gegengewicht", in: *Der Spiegel*, 29.09.2003, S. 132-138, http://www.spiegel.de/spiegel/print/d-28721229.html

„Das Lösungspaket der UN-Vermittler", *Die Presse*, 03.02.2007, S. 9.

„Den Haag nennt Unabhängigkeit des Kosovos rechtens", in: *Die Zeit*, 22.07.2010.

„Der deutsche Friedensplan für den Kosovo", http://www.glasnost.de/kosovo/friedensplan.html

„Der Kosovo erlangt volle Souveränität", in: *Der Standard*, 02.07.2012.

„Deutscher Friedensplan", in: *Der Spiegel*, 14.04.1999.

„Deutschlands Rolle im Jugoslawien-Konflikt", in: *DW*, 19.07.2010.

„Die Europäer warnen Milošević. Kofi Annan setzt weiter auf Diplomatie", in: *FAZ*, 06.10.2008.

„Die EU uneins über Ahtisaaris Kosovo-Plan", in: *NZZ*, 11.07.2007.

„Die NATO eröffnet die Phase 3 ihrer Luftangriffe", in: *FAZ*, 01.04.1999.

„Dokumenti i Keringtonit", in: *Bujku*, 22.10.1991.

Donald, Neil Mac: Kosovo envoy stands firm agains partition, in: *Financial Times*, 28.02.2008.

„EC claims Catalonia and Kosovo are ‚not comparable'", 02.10.2017, https://www.b92.net/eng/news/world.php?yyyy=2017&mm=10&dd=02&nav_id=102454

„EG droht Jugoslawien mit Sperrung der EG-Hilfe", in: *SZ*, 01.07.1991, S. 1.

„Ein britischer Patriot für Europa. Winston Churchills Europa-Rede, Universität Zürich, 19. September 1946", in: *Die Zeit*, http://www.zeit.de/reden/die_historische_rede/200115_hr_churchill1_englisch

Ein Stabilitätspakt für Südosteuropa, 09.04.1999, http://www.bndlg.de/~wplarre/back243.htm

„Entwicklung der Verträge und Strukturen der EU", http://www.crp-infotec.de/eu-entwicklung-vertraege-strukturen

Erler, Gernot: Die Zukunft der GASP – Sozialdemokratische Perspektiven für die „Gemeinsame Außen- und Sicherheitspolitik" der Europäischen Union, http://www.gernot-erler.de/cms/upload/Texte/ZukunftGASP.pdf

„Es geht um die Stärkung der Legitimität", in: *Deutschlandfunk*, 15.07.2008, http://www.dradio.de/dlf/sendungen/interview_dlf/816664/

„Es wäre falsch, die Tür für immer zuzuschlagen", in: *Die Welt*, 21.04.2008.

EU military mission to contribute to the training of the Somali Security Forces EUTM Somalia, http://www.consilium.europa.eu/uedocs/cms_data/docs/missionPress/files/100429%20Fact%20sheet%20EUTM%20-%20version%204_EN.pdf

„EU representative to the Kosovo Future Status Process", in: *European Union Newsletter*, December 2005, No. 3, p. 2, The European Commission Liaison Office in Kosovo, http://eeas.europa.eu/delegations/kosovo/documents/newsletter/eu_newsletter_03_en.pdf

„EU skeptisch über Verhandlungen für Kosovo", in: *NZZ*, 24.09.2007.

„EU splits on Kosovo recognition", in: *BBC News*, 18.02.2008, archived from the original on 19.02.2008.

„EU überlässt Anerkennung des Kosovo jedem Mitgliedsland", in: *Reuters Deutschland*, 18.02.2008, http://de.reuters.com/articlePrint?articleId=DEHUM84138120080218

„EU und das Kosovo", in: *FAZ*, 02.08.2010.

EU warnt Kosovo vor einseitiger Unabhängigkeitserklärung, http://www.euractiv.de/section/erweiterung-und-nachbarn/news/eu-warnt-kosovo-vor-einseitiger-unabhangigkeitserklarung-de/

„EU will aus Kosovo-Sackgasse", in: *Stern*, 14.12.2007.

„EU will neue Verhadlungen über den Kosovo", in: *NZZ*, 24.07.2007.

„EU-Außenminister beraten über Kosovo-Konflikt Kinkel appelliert an Rugova": „Einen eigenen Staat unterstützen wir nicht", in: *FAZ*, 14.03.1998.

EU-Ratspräsident will Ernennung von Beauftragtem für Außenpolitik", Wien *(dpa)*.

„Europa über Unabhängigkeit des Kosovo uneinig", in: *EurActiv.de*, 18.02.2008, http://www.euractiv.de/section/erweiterung-und-nachbarn/news/europa-uber-unabhangigkeit-des-kosovo-uneinig-de

„Europa und das Kosovo", http://www.dw.de/dw/article/0,,1231572,00.html

„EU und das Kosovo: Mit Sorgfalt prüfen" , FAZ, 02.08.2010.

„Experten fordern Visa-Roadmap für das Kosovo", DW, 11.11.2010.

Fischer, Joschka: „Does Europe Have a Death Wish?", Project Syndicate/Institute for Human Sciences, 27.06.2011, http://www.project-syndicate.org/commentary/fischer63/English

Flechtner, Stefanie: Neue Impulse in der europäischen Außen- und Sicherheitspolitik. Der Verfassungsentwurf des Konvents und die Sicherheitsstrategie von Solana, http://library.fes.de/pdf-files/id/01969.pdf

Flottau, Renate: „Sehnsucht nach Nikola", in: *Der Spiegel* 28/99, 12.07.1999.

Flottau, Renate / Schleicher, Roland: „Marsch in die Sackgasse", in: *Der Spiegel* 12/1999, 22.03.1999, S. 196-198, http://www.spiegel.de/spiegel/print/d-10246239.html

Flottau, Renate: „Russland, hilf uns", in: *Der Spiegel* 52/2007, S. 107 f., http://www.spiegel.de/politik/ausland/0,1518.524482.00.html

„France, Russia threaten war veto", *CNN*:
http://www.edition.cnn.com/2003/WORLD/europe/03/10/sprj.irq.france.chirac

„Fuqitë e mëdha do të hartojnë themelet e statusit të Kosovës", in: *Koha Ditore*, 09.07.1998.

„Ganz Kosovo blickt nach Den Haag", in: *Tagesanzeiger*, 21.07.2010.

„Geberkonferenz brachte 1,2 Milliarden Euro für Kosovo", in: *Die Presse*, 11.07.2008.

„Gefährlicher politischer Stillstand in Kosovo", in: *NZZ*, 30.07.2007, http://www.nzz.ch/nachrichten/politik/international/gefaehrlicher_politischer_stillstand_in_kosovo_1.534498.html

Genscher: „Es war kein Alleingang", in: *DW*, 22.06.2011, http://www.dw-world.de/dw/article/0,,6553943,00.html

„Genscher droht Serbien mit Anerkennung Kroatiens", in: *SZ*, 07.08.1991, S. 2.

„Genschers Alleingang", in: *SZ*, 23.11.2011, http://www.sueddeutsche.de/politik/slowenien-und-kroation-jahre-unabhaengigkeit-genschers-alleingang-1.1112330

„Gespräch Mitte Oktober in Wien", in: *Die Presse*, 24.09.2003.

Goldirova, Renata: „Kosovo leadership rules out hurried steps towards independence", in: *euobserver.com*, 10.12.2007, http://euobserver.com/24/25305

„Grenzstreit zwischen Serbien und Kosovo eskaliert", in: *Spiegel Online*, 27.07.2011, http://www.spiegel.de/politik/ausland/0,1518,776991,00.html

„Grupi Drejtues Ndërkombëtar për Kosovën mbështet përfundimin e pavarësisë së mbikëqyrur", in: *VOA News.com*, 24.01.2012.

Hahn stellt Kosovo das Ende der Visapflicht in Aussicht, Die Presse, 07.11.2015.

Herzinger, Richard: „Separatismus: Wann darf sich ein Landesteil abspalten?", in: *Die Welt*, 29.03.2014, https://www.welt.de/debatte.kommentare/article126345907/Wann-darf-sich-ein-Landesteil-abspalten.html

„Hill: Kosova është problemi më i rëndë që kam parë ndonjëherë", in: *Koha Ditore*, 06.09.1999.

„Historischer Moment: Verfassung des Kosovo in Kraft gesetzt", *Spiegel Online*, 15.06.2008, http://www.spiegel.de/politik/ausland/historischer-moment-verfassung-des-kosovo-in-kraft-gesetzt-a-559823.html

Hokenos, Pol: „Pakti i dobët", *BBC*, No. 129, 31.03.2000.

„Holbrooke kërkon unitet të Perëndimit për Kosovën", in: *Koha Ditore*, 08.03.1998.

Horsley, William: US and Europe split over Iraq, in; *BBC News*, http://news.bbc.co.uk/2/hi/europe/2239377.stm

Hyseni, Hydajet: „U përcaktuam për kërkesën Kosova Republikë", in: *Zëri*, 26.10.2001.

„ICJ: Kosovo Independence Declaration Does Not Violate International Law Or Resolution 1244", in: *Balkan Insight*, 22.07.2010.

„ICO mbështet aksionin e Qeverisë në veri", in: *Telegrafi*, 26.07.2011, http://www.telegrafi.com/?id=2&a=15996

„IGH-Entscheidung zum Kosovo – Recht auf Freiheit", in: *SZ*, 22.07.2010.

Im Gespräch: Marie-Janine Calic: „Die Deutschen waren eingeschüchtert", in: *FAZ*, 15.01.2012, http://www.faz.net/aktuell/politik/ausland/im-gespraech-marie-janine-calic-die-deutschen-waren-eingeschuechtert-11605776.html

„Im Kosovo versickern EU-Milliarden", in: *Die Welt*, 31.10.2012.

„In zwei Monaten entscheiden wir über die Anerkennung", in: *Die Presse*, 18.10.1991.

Interview mit Albert Rohan: „Man kann den Serben nicht mehr anbieten", in: *Die Presse*, 29.08.2007, http://diepresse.com/home/politik/aussenpolitik/326469/Man-kann-den-Serben-nicht-mehr-anbieten

Interview mit Außenminister Enver Hoxhaj: „Konflikt mit Serbien ein für alle Mal beenden", *EurActiv.de*, 27.09.2012, http://www.euractiv.de/erweiterung-und-nachbarn/interview/kosovo-konflikt-mit-serbien-ein-fr-alle-male-beenden-006666

Interview mit Catherine Ashton, Hohe Vertreterin der Europäischen Union für Außen- und Sicherheitspolitik, in: *Koha Ditore*, 04.01.2013.

Interview mit dem deutschen Außenminister Klaus Kinkel, in: *Koha Ditore*, 23.04.1998.

Interview mit dem Sondergesandten für den Kosovo, Wolfgang Petritsch, in: *Koha Ditore*, 28.10.1998.

Interview mit Ibrahim Rugova: „As status special', as republikë e tretë, vetëm pavarësi ", in: *Zëri*, Dezember 1997.

Interview mit Noel Malcolm: „Pretendimet serbe nuk jane te vërteta", in: *Shekulli*, 23.10.2007.

Interview mit Shawn Burns: „Negociatat e ardhshme do të jenë më të vështira se ato në Rambouillet", in: *Koha Ditore*, 08.11.2005.

Interview mit Sloweniens Parlamentspräsidenten France Bucar: „Der Westen ist zynisch", in: *Der Spiegel*, 27/1991, 01.07.1991.

Interview mit Stephan Lipsius, „UÇK-ja e detyroi Perëndimin të merret me Kosovën", in: *Koha Ditore*, 17.10.1998.

Interview mit Wolfgang Petrisch: Koha e politikës „Standardet dhe Statusi", Radio Free Europe / Radio Liberty, 02.07.2004.

Interview mit Wolfgang Schüssel, Bundesaußenminister Österereichs, in: *Die Woche*, 07.08.1998.

„Jovanović's statement prompts debate on Republika Srpska", http://newsdemo.atlasproject.eu/asset_demo/news/details/en/details.html?hl=%D0%98%D0%B2%D0%B8%D1%86%D0%B0%20%D0%94%D0%B0%D1%87%D0%B8%D1%87&ci=1e01ff2e-b609-4c25-a3be-3382e87a043a

Kaleshi, Hasan / Jürgen, Hans: Vilajeti i Prizrenit, „*Përparimi*", nr. 2, Prishtinë 1965, S. 32.

Kastrati, Sami: „Solana: s'ka liberalizim pa i plotësuar kushtet", in: *Koha Ditore*, 15.07.2009.

„Këshilli i BE-së: Beogradi mban përgjegjësinë më të madhe për krizën në Kosovë", in: *Koha Ditore*, 02.12.1998.

„Kinkel e Vedrine sjellin karrota për Milosheviqin?", in: *Koha Ditore*, 18.03.1998.

Kinkel ruft im Kosovo-Konflikt nach Zwangsmaßnahmen der Vereinten Nation, in: *FAZ*, 23.07.1998.

„Komuniteti ndërkombëtar dhe ish-Republika e Jugosllavisë", in: *Koha Ditore*, 21.07.2005.

Konflikt zwischen Berlin und Belgrad über Kosovo: http://www.focus.de/politik/ausland/international-konflikt-zwischen-berlin-und-belgrad-ueber-kosovo_aid_658001.html

„Konflikt zwischen Serbien und Kosovo: Gewaltausbruch gefährdet Belgrads EU-Strategie", 28.07.2011, in: *Spiegel Online*, http://www.spiegel.de/politik/ausland/konflikt-zwischen-serbien-und-kosovo-gewaltausbruch-gefaehrdet-belgrads-eu-strategie-a-777168.html

„Kosova mund të përfundojë me një ‚intifadë' shqiptare!", in: *Koha Ditore*, 05.04.1998.

„Kosovo Future Fuels Serious EU Divisions", in: *EU Observer*, 10.09.2007, https://euobserver.com/foreign/24731

„Kosovo-Gespräche gescheitert", *Die Presse*, 12.03.2007.

„Kosovo-Konferenz geht in die zweite Verlängerung", in: *Die Welt*, 22.02.1999.

„Kosovo-Politiker begrüßen Empfehlung für Statusgespräche", in: *DW*, 09.10.2005, http://www.dw.de/dw/article/6/0,,1740456,00.html

„Kosovo: Selbstbestimmungsrecht vs. territoriale Integrität", in: *Die Presse*, 22.07.2010, http://diepresse.com/home/politik/aussenpolitik/582924/Kosovo_Selbstbestimmungsrecht-vs-territoriale-Integritaet

Kosovo startete Verhandlungen mit der EU am 28. Oktober 2013, http://www.austria.com/kosovo-startete-verhandlungen-mit-eu/apa-1415335196

Kosovo' Status: Troika Press Communiqué, Baden Conferernce, 28.11.2007, http://www.un.org/en/ga/search/view_doc.asp?symbol=S/2007/723

„Kosovo und EU unterzeichnen Assoziierungsabkommen ", *EurActiv.de*, 27.10.2015, http://www.euractiv.de/sections/eu-aussenpolitik/news/kosovo-und-eu-unterzeichnen-assoziierungsabkommen

„Kosovo-Urteil: Ein Beispiel für doppelte Standards", *EurActiv*, 23.07.2010, https://www.euractiv.de/section/wahlen-und-macht/news/kosovo-urteil-ein-beispiel-fur-doppelte-standards/

„Kosovo will am 15. Juni neue Verfassung in Kraft setzen – Serbien läuft Sturm", in: *Focus Online*, 12.06.2008.

„Kosovo wird bald eigene Tatsachen schaffen", in: *NZZ*, 10.11.2007.

„Kosovos Schleichweg zur Unabhängigkeit", in: *FAZ*, 02.02.2007.

„Kroatien feiert seinen EU-Beitritt", *Spiegel Online*, 01.07.2013, http://www.spiegel.de/politik/ausland/kroatien-feiert-eu-beitritt-merkel-und-westerwelle-erwarten-reformen-a-908651.html

Malcolm, Noel: „Is Kosovo Serbia? We ask a historian", in: *The Guardian*, 26.02.2008, http://www.guardian.co.uk/world/2008/feb/26/kosovo.serbia

Meier, Viktor: „EG-Sanktionen und Verzögerung der Anerkennung schaffen eine schwere Lage", in: *FAZ*, 28.11.1991.

Middel, Andreas, „Schnelle Eingreiftruppe der EU nimmt Gestalt an", Die Welt, 15.06.2000

„Në mars duhet organizuar Konferencë ndërkombëtare për Kosovën", in: *Koha Ditore*, 12.12.1998.

„Nicht alle EU-Staaten anerkennen Kosovo", in: *NZZ*, 23.07.2010.

„Nun werden wir warten", in: *Der Spiegel*, 8/1951.

„One year on," in: *The Economist*, 14.02.2009, p. 36.

Palokaj, Augustin: „BE-ja gati për çdo skenar", in: *Koha Ditore*, 08.09.2007.

„Pavarësia dhe fati i minoriteteve (1991-1992)", in: *Koha Ditore*, 10.05.2005, 8.

„Petritsch: UÇk-ja duhet të përfshihet në procesin e çfarëdolloj negociatash", in: *Koha Ditore*, 18.12.1998.

Pfaff, William: Who Would Have Thought Europe So Fragile?, in: *International Herald Tribune*, 26.11.1992.

Pöll, Regina: „EU-Mission im Kosovo droht Verzögerung", Die Presse, 29.04.2008.

„14 Punkte für den Kosovo", in: *Die Presse*, 22.10.2007.

„Racak war ein Massaker", *Der Tagesspiegel*, 06.06.2002.

Radio Free Europe / Radio Liberty: Kosovo: ‚Frozen-Conflict' Zones React to Bush's Independence Remarks, 11.06.2007, http://www.rferl.org/content/article/1077075.html

Rathfelder, Erich: Heikle Mission mit vielen Schwachstellen, in: *Die Presse*, 09.01.1999, S. 4.

„Reaktionen auf Kosovo-Unabhängigkeit: Europas neues Problemkind", in: *Spiegel Online*, 17.02.2008, http://www.spiegel.de/politik/ausland/reaktionen-auf-kosovo-unabhaengigkeit-europas-neues-problemkind-a-535852.html

„Rechtmäßigkeit der Kosovo-Unabhängigkeit: IGH-Gutachten mit Spannung erwartet", N-TV, de, 21.07.2010, https://www.n-tv.de/politik/dossier/IGH-Gutachten-mit-Spannung-erwartet-article1103111.html

„Rehn do rrugë praktike për Kosovën", in: *Koha Ditore*, 26.03.2009.

„Rettungsversuche für Rambouillet", in: *NZZ*, 08.03.1999.

„Richard Holbrooke gestorben ", in: *NZZ*, 14.12.2010.

Ridderbusch, Katja: „Außenpolitische EU-Kakophonie", in: *Die Welt*, 13.09.2004.

Ristic, Marija: EU Ready to Discuss Tadic's Kosovo Plan, *BalkanInsight*, 10.05.2012, http://www.balkaninsight.com/en/article/eu-may-accept-tadic-s-kosovo-plan

Robelli, Enver: „Ist Kosovo ein Staat? Oder war die Abspaltung von Serbien unrechtmäßig?", in: *Tagesanzeiger*, 21.07.2010.

Robert Schuman Foundation: Robert Schuman (Biografie), http://www.schumanfoundation.eu/index.php?option=com_content&task=view&id=21&Itemid=33

Rohan, Albert: „Gegner der Unabhängigkeit schwächen die EU", in: *Die Presse*, 05.12.2007.

„Roma e shqetësuar me telashet në Ballkan, Berlini dhe Parisi të fokusuar në forcimin e BE-së", in: *Zëri*, 07.04.2009.

Rüb, Mathias: „Schulabkommen unterzeichnet, Vereinbarung zwischen Kosovo-Albanern und serbischer Regierung", in: *FAZ*, 24.03.1998.

Rupel, Dimitrij: „Çka u tha dhe çka ndodhi në Bashkimin Evropian para dhe pas shpalljes së pavarësisë së Kosovës", in: *Zëri*, 27.01.2010.

„Russland blockiert Kosovos Unabhängigkeit", in: *Tagesspiegel*, 17.07.2007.

Schlamp, Hans-Jürgen, „EU-Erklärung zum Kosovo: Die Brüsseler Lösung – eine Lachnummer", in: *Spiegel Online*, 18.02.2008, http://www.spiegel.de/politik/ausland/eu-erklaerung-zum-kosovo-die-bruesseler-loesung-eine-lachnummer-a-536153.html

Schmidt, Helmut: „Ich bin in Schuld verstrickt", *Die Zeit*-Interview mit Giovanni di Lorenzo, in: *Die Zeit*, 30.08.2007.

Schumann, Wolfgang: Bashkimi Evropian, http://www.dadalos-europe.org/alb/grundkurs5/bilanz.htm

Sebastian, Sofia: Making Kosovo Work, FRIDE (Fundación para las Relaciones Internacionales y el Diálogo Exterior), Policy Brief N° 7 – March 2009, https://www.files.ethz.ch/isn/131361/PB7_Kosovo_work_ENG_mar09.pdf

Sell, Luis: „Fakte të reja për Kosovën e viteve 1991-1999", in: *Zëri*, 27.01.2003.

„Serben ärgern sich über Merkel. Wütende Reaktionen auf Forderungen zum Kosovo", in: *Der Tagesspiegel*, 20.12.2011.

„Serben lassen Panzer rollen", in: *Die Welt*, 06.03.2003.

„Serbien droht mit Ende des Kosovo-Dialogs", in: *Spiegel Online*, 29.07.2011, http://www.spiegel.de/politik/ausland/0,1518,777317,00.html

„Serbien fechtet Unabhängigkeit des Kosovo an", *EurActiv*, 01.12.2009, https://www.euractiv.de/section/erweiterung-und-nachbarn/news/serbien-fechtet-unabhangigkeit-des-kosovo-an-de/189099/ (letzter Zugriff am 13.01.2019).

Serbien-Kosovo: „Ein Koffer voller neuer Vorschläge", in: *Die Presse*, 08.03.2011, http://diepresse.com/home/politik/aussenpolitik/640371/SerbienKosovo_Ein-Koffer-voller-neuer-Vorschlaege

Shala, Blerim: „Vetëvendosja, secesioni, krijimi i shteteve" (Selbstbestimmungsrecht, Sezession, Gründung neuer Staaten), in: *Zëri*, 11.08.2005.

„Skandalöse Äußerung Kinkels zum Kosovo: Rest-Jugoslawien reagiert gereizt ", in: *Der Tagesspiegel*, 09.02.1998.

Solana, Javier: „Standardet për Kosovën-standarde për Evropën", in: *Koha ditore*, 21.12.2003.

„Statusi special e ndalon kryengritjen në Kosovë", in: *Danas*, 25.12.1997.

Stieger, Cyrill: Kosovos langer Weg in die Unabhängigkeit. Vom Osmanischen Reich über Jugoslawien zur Eigenstaatlichkeit, http://www.nzz.ch/nachrichten/kultur/literatur_und_kunst/kosovos_langer_weg_in_die_una bhaengigkeit__1.671002.html

„The Future of Europe: A Stronger Union or a Smaller One?", 13.08.2011, http://debtcrisis.wordpress.com/2011/08/13/the-future-of-europe-a-stronger-union-or-a-smaller-one/

The Stability Pact and Lessons From a Decade of Regional Initiatives, Berlin, 01.09.1999, http://www.esiweb.org/pdf/esi_document_id_1.pdf

„Trazirat në Kosovë nuk mund të trajtohen si çështje e brendshme e Serbisë", in: *Koha Ditore*, 04.03.1998.

Troebst, Stefan: Balkanische Politik, in: *FAZ*, 29.03.2004.

„Troika nimmt Beratungen auf", in: *Der Standard*, 09.08.2007.

Tylor, Paul: „Gjërat duken mjaft zi në horizontin diplomatik të Kosovës", in: *Koha Ditore*, 09.03.1998.

Tziampiris, Aristotelis: Europäische Union und Makedonische Frage, http://www.macedonian-heritage.gr/HistoryOfMacedonia/Downloads/History_Of_Macedonia_DE-18.pdf

Ukshini, Sylë: „Kursi i ri bashkësisë ndërkombëtare", in: *Koha Ditore*, 02.05.2005.

Ukshini, Sylë: „Vonesa e paralajmëruar e EULEX-it", in: *Telegrafi*, 16.06.2008.

Ukshini, Sylë: „Ballkani dhe pranimi në BE ", in: *Shekulli*, 22.06.2009, http://www.shekulli.com.al/2009/06/22/ballkani-dhe-pranimi-ne-be.html

Ukshini, Sylë: „Kosova dhe raporti i Serbisë me të kaluarën ", in: *Koha Ditore*, 16.08.2010, http://www.kohaditore.com/index.php?cid=1,12,31466

Ukshini, Sylë: „Pavarësia e Sllovenisë dhe Kroacisë 20 vjet të shkatërrimit të Jugosllavisë", in: *Kosova sot,* 10.07.2011.

Ukshini, Sylë: „Rruga e gjatë e Kosovës", *Telegrafi,* 12.03.2011.

Ukshini, Sylë: Europäische Herausforderungen für Kosovo, in: *EurActiv.de,* 10.08.2012, http://www.euractiv.de/erweiterung-und-nachbarn/artikel/europaiesche-herausforderungen-fr-kosovo-006623

„UN court hears Kosovo independence case", in: *BBC News*, 01.12.2009.

„UN für neue Kosovo-Mission", in: *Der Standard,* 12.06.2008.

„UN Security Council to meet on Kosovo-diplomat UPDATE", in: *AFX News Limited (Forbes)* (17.02.2008).

„Uniteti i brishte i BE-se dhe problemet e vazhdueshme ne Kosove", in: *Zeri*, 15.07.2008.

„Van den Broek Meets FRY Foreign Minister", Together in Europe – Newsletter for Central Europe, No. 100, 15.12.1996

Verfassung und eigene Armee, aber kein „Staat", in: *FAZ,* 02.02.2007.

Verhandlungen des Europäischen Parlaments, 10.03.2010, http://www.europarl.europa.eu/RegData/seance_pleniere/compte_rendu/traduit/2010/03-10/P7_CRE%282010%2903-10_DE.pdf

„Veriu i Kosovës: Sovraniteti dyfish në praktikë", Grupi Ndërkombëtar i Krizave, in: *Raporti për Evropën*, No. 211, 14.03.2011.

„Vernichtendes Urteil über EU-Mission im Kosovo", in: *FAZ,* 30.10.2012.

„Völkerrechtliche Drehbücher für das Kosovo", in: *FAZ,* 05.12.2007.

„Vonesa dhe vështirësi në vendosjen e EULEX-it në Kosovë", in: *Zëri,* 17.05.2008.

Vor 60 Jahren: Debatte zum Montanunion-Beitritt, http://www.bundestag.de/dokumente/textarchiv/2011/34170545_kw28_montanunion/index.html

Weller, Marc: Shtetësia e Kosovës është një çështje faktike, in: *Koha Ditore*, 21.10.2008.

Wiegel, Michaela: „Gegen Amerikas Ein-Mann-Show", in: *FAZ,* 25.02.1999.

Wimmer, Willy: „Die Kosovo-Falle", in: *Freitag,* 23.11.2007.

„20 vjet nga pavarësimi i Kroacisë", in: *DW,* 13.01.2012, http://www.dw.de/dw/article/0,,15664837,00.html

Zimmermann, Warren: „Diplomacia e pushkës së zbrazët", in: *Zëri,* 24.12.2002, S. 19.

Europäisierung
Beiträge zur transnationalen und transkulturellen Europadebatte
Prof. Dr. Ulrike Liebert, Prof. Dr. Josef Falke und Prof. Dr. Wolfgang Stephan Kissel (Universität Bremen)

Astrid Kufer
Europäische Wertegemeinschaft?
Eine empirische Untersuchung gesellschaftlicher Werte in 27 EU-Staaten auf Basis sozialgeschichtlicher Analysen und aktueller Umfragedaten
Was hält Europa zusammen? Welche Werte und Leitbilder liegen diesem Projekt zugrunde? Diese keinesfalls neue, doch angesichts der jüngsten Krisen überaus aktuelle Frage wird in der vorliegenden Arbeit empirisch betrachtet. Hierfür wird neben sozialgeschichtlichen Analysen insbesondere auf die jüngste Europäische Wertestudie (EVS) zurückgegriffen. Letztere berücksichtigt Umfragedaten aus 27-EU-Mitgliedsländern und erlaubt einen ausführlichen Vergleich der Einstellungen zu Politik, Wirtschaft und Familie.
Bd. 11, 2013, 224 S., 39,90 €, br., ISBN 978-3-643-12224-7

Henrike Müller (Hg.)
Ein Recht auf Rechte in Europa?
Zur Bedeutung Europäischer Grundrechte im Kontext nationaler Praktiken
Bd. 10, 2013, 184 S., 24,90 €, br., ISBN 978-3-643-12077-9

Lenka Fedorová
The Effectiveness and Limits of EU Conditionality
Changing Domestic Policies in Slovakia (1989 – 2004)
Bd. 8, 2011, 240 S., 24,90 €, br., ISBN 978-3-643-11046-6

Wolfgang Kissel; Ulrike Liebert (Hg.)
Perspektiven einer europäischen Erinnerungsgemeinschaft
Nationale Narrative und transnationale Dynamiken seit 1989
Bd. 7, 2010, 256 S., 19,90 €, br., ISBN 978-3-643-10964-4

LIT Verlag Berlin – Münster – Wien – Zürich – London
Auslieferung Deutschland / Österreich / Schweiz: siehe Impressumsseite